Filmwissenschaftliche Genreanalyse
De Gruyter Studium

Filmwissenschaftliche Genreanalyse

Eine Einführung

Herausgegeben von
Markus Kuhn, Irina Scheidgen, Nicola Valeska Weber

DE GRUYTER

ISBN 978-3-11-029698-3
e-ISBN 978-3-11-029699-0

Library of Congress Cataloging-in-Publication Data
A CIP catalog record for this book has been applied for at the Library of Congress.

Bibliografische Information der Deutschen Nationalbibliothek
Die Deutsche Nationalbibliothek verzeichnet diese Publikation in der Deutschen Nationalbibliografie; detaillierte bibliografische Daten sind im Internet über http://dnb.dnb.de abrufbar.

© 2013 Walter de Gruyter GmbH, Berlin/Boston
Einbandabbildungen: Filmstills aus den Filmen „Singin' in the Rain" (1952), „High Noon" (1952), „My Own Private Idaho" (1991), „Pulp Fiction" (1994)
Druck und Bindung: Hubert & Co. GmbH & Co. KG, Göttingen
♾ Gedruckt auf säurefreiem Papier
Printed in Germany

www.degruyter.com

Vorwort

Die Bedeutung des Genrekonzepts in der zeitgenössischen Medienkultur und Medienwissenschaft ist ungebrochen. Dies zeigt sich nicht nur in der Forschung und der allgegenwärtigen Verwendung von Genrebegriffen in der Filmproduktion, Filmkritik und Filmrezeption, sondern auch in der universitären Lehre. Eine systematische Einführung in die filmwissenschaftliche Genretheorie und Genreanalyse liegt im deutschsprachigen Raum jedoch bisher nicht vor.

In der gebündelten Form eines Einzelbandes gibt diese Einführung einen kompakten Überblick über die wichtigsten Genretheorien und Genrekonzepte und stellt in zusätzlichen Kapiteln einzelne Filmgenres sowie die intermediale Dimension des Genrekonzepts in ausgewählten anderen Medien vor. Durch die systematische Gliederung und die dezidierte Übersicht über Genretheorien und Einzelgenres sowie die exemplarischen Analysen eines typischen Genrefilms eignet sich der Band als Grundlage und Lehrbuch für Seminare im Bachelor- und Master-Bereich, für Vorlesungen zum Genrekino, für die studienbegleitende Lektüre, den Oberstufenunterricht und selbstverständlich für sämtliche filmbegeisterte Leserinnen und Leser.

Die Idee für diese Einführung geht zurück auf die Ringvorlesung *Genre Reloaded: Zur Entwicklung von Filmgenres und ihrer Bedeutung in der Medienkultur und Medienwissenschaft der Gegenwart*, die wir im Wintersemester 2010/2011 im Rahmen des Bachelor-Studiengangs Medien- und Kommunikationswissenschaft und des Master-Studiengangs Medienwissenschaft an der Universität Hamburg veranstaltet haben. Seitdem haben wir das Konzept modifiziert und erweitert. Im Mittelpunkt steht nun der Überblickscharakter, die Zusammenführung und Bündelung des in der film- und medienwissenschaftlichen Genreforschung angesammelten Wissens.

Die vorliegende Einführung fasst zunächst in Teil I grundlegende Fragestellungen und zentrale Positionen filmwissenschaftlicher Genretheorien zusammen und bietet mit dem Entwurf eines *dynamisch-strukturellen, diskursiv-kontextuellen Genremodells* theoretisch fundierte und pragmatische Vorschläge zur Definition und Konzeptualisierung des Genrebegriffs und der Anwendung des Genrekonzepts in der Analyse.

In Teil II des Bandes werden insgesamt elf Filmgenres sowie der Animationsfilm in einzelnen Kapiteln vorgestellt. Die Auswahl, die auf die Kinogenres Western, Komödie, Melodrama, Gangsterfilm, Musical, Kriegsfilm, Horrorfilm, Biopic, Science Fiction, Roadmovie und Jugendfilm gefallen ist, stellt einen Kompromiss aus wichtigen tradierten, populären klassischen sowie aktuell relevanten Genres dar, musste aber aufgrund des Ziels, einen einzigen kompakten Band vorzulegen, zwangsläufig andere wichtige Genres außen vor lassen. Sie will deshalb nicht als Beitrag zur Kanonbildung verstanden werden. Die Entscheidung für oder gegen ein bestimmtes Genre ist keineswegs als Wertung oder Ablehnung zu verstehen. Vielmehr soll der Einführungsband dazu anregen, sich über die ausgewählten Filmgenres hinaus auch mit anderen Genres und Subgenres auseinanderzusetzen. Mit dem Animationsfilm, den wir nicht als Genre verstehen, wird schließlich der Bezug zwischen Genre, Gattung und darstellerischem Modus thematisiert.

Jedem Kapitel folgt je eine Filmanalyse, die den Leserinnen und Lesern exemplarisch veranschaulicht, wie das erfahrene Genrewissen angewendet werden kann. So sind die einzelnen Kapitel zusammen mit der Filmanalyse als Einführung in das jeweilige Genre zu verstehen, die zu einem weiterführenden Studium motivieren können.

In Teil III wird am Beispiel des Videospiels, des Fernsehens und des Comics schließlich die Frage nach der intermedialen Dimension des filmwissenschaftlichen Genrekonzepts und seiner Anwendbarkeit auf andere Medien gestellt.

In der Gesamtschau ergibt sich so ein umfassender Überblick, der das für die studienbegleitende und weiterführende Genreforschung notwendige Wissen vermittelt, zur eigenständigen Genreanalyse anregt und die ungebrochene Produktivität des Genrekonzepts für die Film- und Medienwissenschaft herausstellt.

Danken möchten wir allen Autorinnen und Autoren, die unsere Begeisterung für Genres und Genretheorien geteilt und diesen Band mit ihren Beiträgen bereichert haben. Ein ganz besonderer Dank gebührt David Ziegenhagen für das Layout und die graphische Umsetzung sowie für die intensive und professionelle redaktionelle Mitarbeit. Simon Klingler, Johannes Noldt, Stella Schaller und Felix Schröter sei für ihre kritische Durchsicht, die produktiven Hinweise und die unermüdliche Unterstützung gedankt. Ein herzlicher Dank geht außerdem an Manuela Gerlof, Susanne Rade und den Verlag Walter de Gruyter für die hervorragende Zusammenarbeit.

Hamburg, im März 2013
Markus Kuhn, Irina Scheidgen, Nicola Valeska Weber

Inhalt

I. Genretheorien und Genrekonzepte
(Markus Kuhn, Irina Scheidgen, Nicola Valeska Weber)

1. **Was ist ein Genre?** —— 1
   1.1 Vom Verständigungsbegriff zum theoretischen Konzept —— 3
   1.2 Zur historischen Entwicklung von Genres —— 5
2. **Zur Entwicklung von Genretheorien und Genrekonzepten** —— 8
   2.1 Filmgenre und Filmgattung —— 11
   2.2 Konzepte und Schulen der filmwissenschaftlichen Genretheorie —— 13
3. **Entwurf eines dynamisch-strukturellen, diskursiv-kontextuellen Genremodells** —— 16
   3.1 Dimensionen eines elaborierten Genrekonzepts —— 17
   3.2 Definitorische Zugänge —— 21
4. **Das Genrekonzept und die Einzelgenres** —— 24
   4.1 Genretheorie und Einzelgenretheorie —— 25
   4.2 Einzelgenres und Genreanalyse —— 27
   4.3 Genre und Hybridisierung —— 29
   4.4 Ausblick: Genres im Zeitalter von Digitalisierung, Medienkonvergenz und Multimedia —— 31

II. Filmgenres

Western —— 39
(Dagmar Brunow)

Filmanalyse: THE ASSASSINATION OF JESSE JAMES BY THE COWARD ROBERT FORD —— 62
(Rayd Khouloki)

Komödie —— 67
(Lisa Gotto)

Filmanalyse: ANNIE HALL —— 86
(Christian Maintz)

Melodrama —— 91
(Nicola Valeska Weber)

Filmanalyse: Io sono l'amore —— 114
(Nicola Valeska Weber)

Gangsterfilm —— 119
(Arno Meteling)

Filmanalyse: Once Upon a Time in America —— 142
(Simon Klingler)

Musical —— 147
(Susie Trenka)

Filmanalyse: Mamma Mia! —— 163
(Susie Trenka)

Kriegsfilm —— 167
(Christian Hißnauer)

Filmanalyse: Jarhead —— 189
(Johannes Noldt)

Horrorfilm —— 193
(Benjamin Moldenhauer)

Filmanalyse: Låt den rätte komma in —— 209
(Benjamin Moldenhauer)

Biopic —— 213
(Markus Kuhn)

Filmanalyse: The Agony and the Ecstasy —— 240
(Markus Kuhn)

Science Fiction —— 245
(Simon Spiegel)

Filmanalyse: Blade Runner —— 266
(Simon Spiegel)

Roadmovie —— 271
(Skadi Loist)

Filmanalyse: Vivere —— 290
(Skadi Loist)

Jugendfilm —— 295
(Julia Schumacher)

Filmanalyse: AMERICAN GRAFFITI —— 314
(Julia Schumacher)

Animationsfilm —— 319
(Maike Sarah Reinerth)

Filmanalyse: THE GREEN WAVE —— 338
(Maike Sarah Reinerth)

III. Die intermediale Dimension

Genre und Videospiel —— 345
(Thomas Klein)

Genre und Fernsehen —— 361
(Joan Kristin Bleicher)

Genre und Comic —— 381
(Sebastian Bartosch)

Teil I: **Genretheorien und Genrekonzepte**

Genretheorien und Genrekonzepte

Markus Kuhn, Irina Scheidgen, Nicola Valeska Weber

1. Was ist ein Genre?

Genrebegriffe dienen sowohl der Theoretisierung und Analyse spezifischer Phänomene innerhalb des film- und medienwissenschaftlichen Diskurses als auch der Verständigung unter und zwischen den Rezipienten und Produzenten (vgl. Hickethier 2002: 63). In der Diskussion über Filme, in der Programmgestaltung von Kinos und Fernsehsendern, in der Einordnung von Filmen in Programmzeitschriften, in Filmkritiken, auf Online-Plattformen sowie in alltäglichen Gesprächen werden Genrebegriffe verwendet – mehr oder weniger eindeutig und systematisch, mehr oder weniger standardisiert. Das macht das Konzept des ‚Genres‘ so vielfältig und die wissenschaftliche Auseinandersetzung damit notwendig, gleichzeitig erschwert es aber auch seine Definition. Die scheinbar einfache Frage ‚*Was ist ein Genre?*‘ ist die zentrale Herausforderung, der sich die verschiedenen Genretheorien stellen müssen.

In der alltäglichen Kommunikation über Filme rufen die meisten Genrebezeichnungen sofort konkrete Vorstellungen und Erwartungen hervor und aktivieren somit eine bestimmte Rezeptionshaltung. Denken wir spontan an eines der ‚klassischen‘ Genres wie den Western oder das Musical, haben wir sogleich eine Vorstellung davon, was die dem Genre zugehörigen Filme ausmacht. Von einem als Horrorfilm angekündigten Werk erwarten wir ein anderes Erlebnis und andere Emotionen als von einer Komödie. Und wir sind höchstwahrscheinlich enttäuscht, wenn uns ein Melodrama nicht anrührt.

Die Produktion, Distribution und Vermarktung von Filmen machen sich diese Vorstellungskomplexe und Erwartungshaltungen seitens der Rezipienten zunutze. In diesem Sinne können klassifizierende Genrekategorien dazu beitragen, die Filmproduktion zu standardisieren und damit den Produktionsprozess effizient zu gestalten. Was einmal erfolgreich war, wird wiederholt. Erwartungshaltungen sind leichter zu bedienen, wenn sie anhand klarer Genrekategorien zu bestimmen sind, Filme leichter zu bewerben, wenn sie sich Kategorien zuordnen lassen. Hat ein Roadmovie Erfolg bei Publikum und Kritik, produziert man daran anknüpfend einen vergleichbaren Film. Gleichzeitig ist eine Reihe an ähnlichen Genrefilmen notwendig, damit eine entsprechende Erwartungshaltung überhaupt erst entstehen kann.

Eine Einteilung von Filmen in bestimmte Filmgruppen, wie sie mit dem Genrebegriff in verschiedenen Diskursen vorgenommen wird, beeinflusst sowohl die Produktion und Distribution von Filmen als auch deren Rezeption und Bewertung. Der Begriff ‚Genre' ist in seiner Verwendung und konkreten Ausgestaltung demnach als multidimensional aufzufassen. Intuitiv erscheint die Frage, was ein Genre ist, zwar leicht zu beantworten, tatsächlich hat die theoretische Konzeptualisierung von Genres immer wieder durchaus kontroverse Debatten ausgelöst. Genres sind keine feststehenden ontologischen Größen, sie existieren nicht aus sich selbst heraus. Sie realisieren sich erst in einem vielschichtigen Prozess, in einem Spannungsfeld aus Filmen, Produktions- und Rezeptionsbedingungen, Diskursen über Filme und kulturellen Kontexten.

Der Begriff ‚Genre' lässt sich ableiten vom französischen Wort *genre* für ‚Typ' oder ‚Art' (vgl. Langford 2005: vii), das wiederum vom lateinischen Wort *genus* abstammt (vgl. Hagener 2011: 11). Vereinfacht kann man zunächst festhalten, dass der Ausdruck ‚Genre' eine Gruppe von Filmen bezeichnet, die gekennzeichnet sind „z.B. durch eine typische soziale oder geographische Lokalisierung, durch spezifische Milieus oder Ausstattungsmerkmale, Figuren- und Konfliktkonstellationen oder durch besondere Themen oder Stoffe" (Müller 1997: 141). Ein Genre etabliert sich dann, wenn es einen oder mehrere erfolgreiche filmische Prototypen gibt, deren Formen und Strukturen immer wieder aufgegriffen und leicht variiert werden (Schweinitz 1994: 111). Das Ensemble von formal-ästhetischen und inhaltlich-thematischen Varianten ergibt schließlich ein spezifisches *Einzelgenre*. Das heißt, Genres sind stereotype Formen des Erzählens, Darstellens und/oder Gestaltens; sie beinhalten wiederkehrende Handlungsmotive, eine bestimmte Dramaturgie, Standardsituationen und/oder häufig einen typischen audiovisuellen Stil. Jenseits all dieser werkspezifischen Merkmale haben Genres aber auch eine historische, eine mediale und eine kulturelle – sowie je nach theoretischem Fundament auch eine kognitive – Dimension; sie stellen „Systeme kultureller Konventionen" dar (Tudor [1974] 1977: 92).

Die Genrefrage ist keine spezifisch film- und medienwissenschaftliche Fragestellung. In nahezu jeder Philologie, aber auch in vielen Geisteswissenschaften wie z.B. der Kunstgeschichte oder der Kulturwissenschaft wird das Konzept diskutiert. Auch wenn einige der für die Beschäftigung mit Filmgenres relevanten Fragen vergleichbar mit den wissenschaftlichen Diskursen benachbarter Disziplinen sind, beschränkt sich diese Einführung – abgesehen von begründeten Ausnahmen – auf den Genrebegriff im Film. Die Filmwissenschaft kann als eigenständige Disziplin und als der Teil der Medienwissenschaft verstanden werden, der sich primär mit dem Medium Film und filmischen Formen beschäftigt. Wenn im Folgenden von ‚der Filmwissenschaft' gesprochen wird, sind all jene Bereiche der Film-, Medien- und anderer Geisteswissenschaften gemeint, die sich mit dem Film auseinandersetzen.

Eng verknüpft mit dem Begriff des ‚Genres' ist, vor allem im deutschsprachigen Raum, der Begriff der ‚Gattung' (vgl. Hickethier 2002: 62f.). In dieser Einführung werden die beiden Bezeichnungen, wie in weiten Teilen der deutschsprachigen Filmwissenschaft, *nicht* synonym verwendet. Darüber hinaus ist der Genrebegriff von anderen ordnenden, klassifizierenden und gruppenbildenden Bezeichnungen wie Epoche, Serie oder Zyklus (vgl. Ryall 1998: 327) zu unterscheiden.

1.1 Vom Verständigungsbegriff zum theoretischen Konzept

Die Filmtheorie knüpft mit ihren Genrebegriffen an die alltäglichen Begriffsbildungen und Vorstellungskomplexe an und erweitert diese. Aus wissenschaftlicher Sicht ist zuallererst zwischen a) dem Genre als Verständigungsbegriff und b) dem Genre als theoretischem/analytischem Konzept zu unterscheiden. Zwischen beiden gibt es – unabhängig von dem jeweils zugrunde liegenden theoretischen Ansatz – immer eine Beziehung. Um das Verhältnis zwischen Verständigungsbegriff und theoretischem Konzept zu konturieren, gehen wir in einem ersten Schritt von zwei modelltypischen Szenarien aus.

a) *Der Verständigungsbegriff*: Der Genrebegriff wird als Verständigungsbegriff in verschiedenen Diskursfeldern verwendet. So sprechen etwa Internet-Filmdatenbanken wie die *Internet Movie Database* (*IMDb*), Fernsehprogrammzeitschriften wie die *Hörzu*, Filmkritiker in der Presse, die Programmplaner von Filmfestivals oder Filmliebhaber über das Genre des Western. Es ist evident, dass nicht jede Verwendung des Begriffs exakt das Gleiche meint, sich aber doch auf einen vergleichbaren Kern bezieht. Will man den jeweiligen Genrebegriff in diesen Diskursen systematisch erfassen, ist eine Diskursanalyse unerlässlich. Es stellt sich die Frage, wie der Begriff im Einzelnen verwendet wird, welche Filme mit diesem Begriff in Zusammenhang gebracht und welche Merkmale mit ihm bezeichnet werden. Man kann dabei beispielsweise differenzieren, ob man sich auf den gesamten ‚öffentlichen Diskurs', den ‚privaten Diskurs', sämtliche Programmzeitschriften, eine Gruppe von Online-Foren oder eine ausgewählte Filmfachzeitschrift konzentrieren möchte. Jede Verwendung innerhalb eines spezifischen Diskurses hat Auswirkungen auf den Begriff, die Diskurse beeinflussen sich aber auch gegenseitig.[1] Eine derartige empirische Erfassung des Genrebegriffs würde sich analytisch weniger mit den bezeichneten Filmen selbst beschäftigen, als vielmehr mit den Texten, in denen die Genrebegriffe eingesetzt werden.[2]

b) *Das theoretische/analytische Konzept*: Filmwissenschaftliche Genretheorien haben das Ziel – aufbauend auf konkreten methodischen und theoretischen Prämissen –, einen intersubjektiv gültigen Genrebegriff als Konzept oder theoretische Kategorie zu statuieren und zu definieren. Ein unkomplizierter Weg wäre: Der Wissenschaftler wählt eine Gruppe an Filmen aus, die in einem vorgegebenen Kontext zu einer bestimmten Zeit in einem Diskurs z.B. mit dem Label ‚Western' versehen worden sind, analysiert diese und stellt dadurch formal-ästhetische und inhaltlich-thematische Merkmale fest, die alle diese Filme teilen. Anhand dieser Merkmale lässt sich das Genre bestimmen und ggf. auch definieren. Die Gruppe an Filmen, die ein Wissenschaftler bei einem derartigen *Bottom-up*-Verfahren wählt, lässt sich auch als das *Film-* oder *Genrekorpus* bezeichnen.

Dieses musterhafte Vorgehen – vom Verständigungsbegriff zum theoretischen Konzept – und der Zusammenhang der beiden Felder sind jedoch nicht ganz so unproblematisch, wie es auf den ersten Blick scheint. An dieser Stelle seien bereits einige der Fragestellungen angedeutet, die sich sowohl in diesem Teil des Bandes als auch in Teil II immer wieder auftun werden: Wie wird das Korpus ausgewählt? Wer bestimmt, welche Filme zu einem Genre gehören und welche nicht? Setzt man beim Genre als Verständigungsbegriff an, bleibt immer die Frage offen: Sollen alle Filme aufgenommen werden, die (auch bei einem offensichtlichen Irrtum) als Western bezeichnet wurden? Orientiert man sich an der Überlieferung bisheriger Filmwissenschaft und Filmgeschichte? Birgt ein solches Vorgehen nicht die Gefahr, nur eine Handvoll bekannter ‚Klassiker' zu wählen und andere Filme auszuschließen bzw. zu übersehen? Sollte man also besser umgekehrt vorgehen und anhand einer eindeutigen Definition die Vertreter des Genres auswählen? Doch wie gelangt man zu dieser Definition? Wie *exklusiv* (eng) oder *inklusiv* (breit) sollte die Definition ausfallen? In diesem

---

[1] Der wissenschaftliche Genrebegriff ist letztlich ebenfalls ein Verständigungs- und Diskursbegriff, und zwar des wissenschaftlichen Diskurses, der mit (anderen) öffentlichen und privaten Diskursen selbstverständlich in einem wechselseitigen Einflussverhältnis stehen kann.
[2] Der Textbegriff wird im Rahmen dieser Einführung intermedial aufgefasst, d.h., Text bezeichnet neben rein sprachlichen durchaus auch multimodale ‚mediale Texte' wie Filme, Fernsehsendungen, Websites im Internet, Comics, Hörspiele etc. (zu einem intermedialen Textbegriff vgl. Bateman/Kepser/Kuhn 2013).

Fragenkatalog, der problemlos zu ergänzen wäre, deutet sich bereits der *Circulus vitiosus* an, in dem sich jede Genretheorie verfangen kann.

Eine theoretisch-analytische Genretheorie, die eine argumentativ nachvollziehbare und konzise Definition eines Genres vorlegt, die analytisch präzise funktioniert, distinkt und überschneidungsfrei ist, die aber an der Begriffsverwendung des Genrelabels in sämtlichen öffentlichen und privaten Diskursen vorbeizielt, läuft *ad absurdum*. Umgekehrt dürfte sich anhand aller öffentlichen Diskurse zu einem Genre – selbst wenn man einmal das Problem außen vor lässt, dass es unmöglich ist, wirklich *alle* Diskurse zu erfassen – niemals eine analytisch präzise, intersubjektiv gültige und theoretisch kohärente Definition entwickeln lassen, weil man immer eine Auswahl treffen muss, nicht jede Fehlbezeichnung integrieren kann und immer wieder eine Grenze ziehen muss, die man eigentlich erst nach der Definition ziehen dürfte.

Mit welcher Definition man an ein spezifisches Genre auch herangeht, man sollte immer die Frage stellen, welche Erkenntnisse mit dem jeweiligen Ansatz gewonnen werden sollen, und sich bewusst machen, dass es *die* eine, absolute und allseits gültige Definition nicht gibt. Das darf im Gegenzug natürlich nicht zur Beliebigkeit führen: Die Tatsache, dass Genres nicht absolut und in breitem Konsens zu definieren sind, sollte nicht in einer rein intuitiven Begriffsverwendung resultieren. Diese Einführung wird an verschiedenen Stellen klar umrissene Lösungen anbieten, die als abgesicherte Zugänge zur Genretheorie und Einzelgenreforschung gelten können und einen Einstieg ermöglichen, der sich am *state of the art* der Filmwissenschaft orientiert.

1.2 Zur historischen Entwicklung von Genres

In Bezug auf die historische Entwicklung von Genres, Genrebegriffen und Genrekonzepten muss man streng genommen unterscheiden zwischen a) dem Gegenstandsfeld, b) dem Begriff und c) der Theorie. Differenziert wird demnach, ob a) die historische Entwicklung einer Gruppe von Filmen nachgezeichnet wird, die Gemeinsamkeiten aufweisen, von denen ein erfolgreicher Film den anderen beeinflusst hat (unabhängig davon, ob diese schon mit einem bestimmten Genrelabel bezeichnet wurden); ob b) die Herausbildung und Entwicklung von Genrebegriffen beschrieben wird, deren Existenz davon abhängig und zugleich ein Symptom dafür ist, dass sich in bestimmten Kreisen bereits ein

‚Genrebewusstsein‘ gebildet hat;[3] oder ob c) auf die Entwicklung und Diskussion von Genretheorien im wissenschaftlichen Feld rekurriert wird.

Eine Genretheorie im engeren Sinne entwickelte sich erst in den späten 1960er- und frühen 1970er-Jahren (vgl. Kap. 2). Doch bereits in den 1910er-Jahren avancierten Genrebezeichnungen zur Klassifikation von Produkttypen zu einem kulturindustriellen Prinzip innerhalb der US-amerikanischen Filmkultur (Schweinitz 1994: 101). Die Einteilung von Filmen in Typologien fällt in Deutschland mit der Etablierung des Langfilms (um 1910/11) zusammen. Aber schon Varietéveranstalter und Kinobesitzer nutzten Klassifizierungen wie z.B. „Drama“, „Natur“ oder „komisch“ für die Ankündigung der vielteiligen Kinoprogramme der Stummfilmzeit (Abb. 1). Auch das Publikum richtete sich bei der Auswahl von Filmen nach genreähnlichen Gruppierungen und Bezeichnungen.

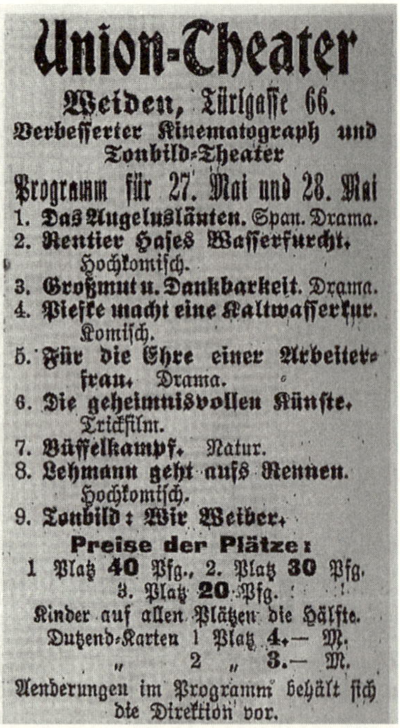
Union-Theater
Weiden, Türlgasse 66.
Verbesserter Kinematograph und Tonbild-Theater
Programm für 27. Mai und 28. Mai
1. Das Angelusläuten. Span. Drama.
2. Rentier Hases Wasserfurcht. Hochkomisch.
3. Großmut u. Dankbarkeit. Drama.
4. Piefke macht eine Kaltwasserkur. Komisch.
5. Für die Ehre einer Arbeiterfrau. Drama.
6. Die geheimnisvollen Künste. Trickfilm.
7. Büffelkampf. Natur.
8. Lehmann geht aufs Rennen. Hochkomisch.
9. Tonbild: Wir Weiber.
Preise der Plätze:
1 Platz 40 Pfg., 2. Platz 30 Pfg.
3. Platz 20 Pfg.
Kinder auf allen Plätzen die Hälfte.
Dutzend-Karten 1 Platz 4.— M.
" 2 " 3.— M.
Aenderungen im Programm behält sich die Direktion vor.

Abb. 1: Kinoprogramm des Union-Theaters in Weiden (Weidener Anzeiger, 28.05.1911)

Formale und thematische Muster, die man nach heutigem Verständnis als genrekonstituierend bezeichnen kann, haben sich zunächst durch die Orientierung der Filmproduktion an erfolgreichen Vorgängern und das wiederholte Übernehmen bestimmter filmischer Formen entwickelt. Mit dem zunehmenden Bedarf an Filmen ergab sich die Notwendigkeit ökonomisch organisierter Produktionsabläufe, die dazu führten, dass auf bewährte Produktionsmuster und ähnliche Gestaltungsmerkmale zurückgegriffen wurde (vgl. Hickethier 2002: 75). Diese Entwicklung begann bereits kurz nach der Erfindung des Films selbst, bekam einen ersten Schub mit der Institutionalisierung der Filmdistribution durch die Verlagerung der Filmvorführungen aus den Varietés in die Ladenkinos und Nickelodeons und wurde spätestens seit dem Entstehen der ersten Filmstudios massiv vorangetrieben. Die Filmproduktion in den Hollywoodstudios war von Beginn an durch standardisierte Arbeitsabläufe geprägt: Filme wurden nach bestimmten Schemata, mit bestimmten Stars, an denselben Dreh-

3 Zum Begriff des ‚lebendigen Genrebewusstseins‘ vgl. Schweinitz (1994).

orten, mit denselben Kulissen und der möglichst gleichen Länge produziert (vgl. Hickethier 2002: 75). So entstanden die frühen Genres aus logistischer Notwendigkeit, und zwar nicht nur in den USA, sondern auch in Europa. Genres sind jedoch keine genuine Erfindung des Films, sondern entwickelten sich teilweise auch aus bereits etablierten kulturellen Formen und Unterhaltungsformaten in Literatur, Theater und anderen Medien (ebd.).

Seit der Frühphase des Kinos haben sich also sowohl Genres als Gruppen von Filmen mit gemeinsamen Merkmalen herausgebildet als auch Genrebegriffe, die von Filmproduzenten, Kinobetreibern, Werbern und/oder dem Publikum verwendet worden sind – unabhängig davon, dass das Genre als theoretisches Konzept zu dieser Zeit noch nicht etabliert war. Genres und ihre Entwicklung sind also immer auch als historisches Phänomen zu betrachten (vgl. Hickethier 2002: 70; Neale 2000). In jeder Phase der Kinogeschichte haben sich neue Genres entwickelt, sind alte Genres unwichtiger oder bedeutungslos geworden, während andere eine erstaunlich konstante Präsenz im historischen Verlauf hatten und sich wieder andere in viele Subgruppen ausdifferenziert haben. Um ein einzelnes Genre in seiner historischen Wandlung zu beschreiben, schlägt Knut Hickethier ein Phasenmodell vor, das die Phasen *Entstehung*, *Stabilisierung*, *Erschöpfung* und *Neubildung* umfasst (2002: 71ff.).[4] Ein Genre *entsteht*, wenn sich ein bestimmter Film bzw. eine Gruppe von Filmen beim Publikum als erfolgreich erweist und immer wieder kopiert wird, bis eine Mischung von Themen, Motiven und Typen gefunden ist, die sich reproduzieren lässt (ebd.: 71f.). Eine Genre*stabilisierung* setzt ein, wenn immer neue Varianten entstehen, die im Kern noch mit dem zugrunde liegenden Schema übereinstimmen (ebd.: 72). In der Phase der *Erschöpfung* hat sich das generische Muster für die Zuschauer abgenutzt, es stößt nur noch auf wenig Interesse. In dieser Phase verliert das Genre seine kulturelle Legitimation; häufig kommt es zur verstärkten Produktion von Genreparodien (ebd.: 72f.). Eine *Neubildung* des Genres wird möglich, wenn ein oder mehrere filmische Überraschungserfolge erneut die Aufmerksamkeit auf das Genre lenken, das sich bereits weitgehend abgenutzt hatte (ebd.: 73). Eine solche Neubildung kann durch neue technische Möglichkeiten (z.B. Tonfilm, Farbfilm, Dolby-Sound, digitales Kino, 3D-Kino) oder eine ‚Retro-‘ und ‚Nostalgiewelle‘ begünstigt werden.

Der evolutionäre Charakter, der dieses Phasenmodell auszeichnet, ist keineswegs zielgerichtet, sondern vielmehr als kontinuierlich andauernd und zirkulär zu verstehen. Es handelt sich bei der Entwicklung von Genres nie um

---

4 Das Phasenmodell von Hickethier lässt sich teilweise mit dem evolutionären Modell von Schatz (1981: 36-41) vergleichen, das u.a. von Altman (1999: 21f.) kritisch diskutiert wird.

einen abgeschlossenen Prozess; auch gehen die einzelnen Phasen nicht überschneidungsfrei ineinander über, sondern überlappen sich vielfach. Zudem kann nicht jede Genreentwicklung mit diesem abstrakten Muster beschrieben werden (wie sich in Teil II zeigen wird). Dennoch hilft das Modell, einen ersten Zugang zur spezifischen Historizität einzelner Genres zu gewinnen und zu fragen, ob die Entwicklungen eines bestimmten Genres modelltypisch oder abweichend verlaufen. Dabei ist zu beachten, dass die Entfaltung eines einzelnen Genres niemals unabhängig von anderen Genres verläuft. Die Übergänge zwischen Genres sind fließend, die Abgrenzung untereinander nicht eindeutig. Doch gerade ihre Unschärfe und Flexibilität macht, wie Hickethier feststellt, „das Funktionieren der Genrebegriffe im kommunikativen Gebrauch" erst möglich, denn allzu klare Definitionen würden Assoziationen und Erwartungen wecken, die von den Filmen möglicherweise nicht erfüllt werden könnten (2002: 65).

2. Zur Entwicklung von Genretheorien und Genrekonzepten

Praktische Relevanz besaß das Genrekonzept bereits früh, im filmtheoretischen und filmkritischen Diskurs spielte es jedoch lange keine Rolle. Eine kritische Auseinandersetzung mit dem Konzept innerhalb der Filmwissenschaft erfolgte erst Jahrzehnte später, nachdem die Begriffe bereits zum filmkulturellen Standard gehörten.

Frühe Versuche einer Theoretisierung, beispielsweise von André Bazin (1953) in Frankreich und Robert Warshow (1948) in den USA, lassen sich bis in die späten 1940er-Jahre zurückverfolgen (vgl. Ryall 1998: 327). Die ersten grundlegenden systematischen Beiträge zur Genretheorie in der Filmwissenschaft sind auf das Ende der 1960er-Jahre zu datieren. Zunächst war es die angloamerikanische Forschung, die sich dem Thema zuwandte (vgl. Schweinitz 1994: 104; Hickethier 2002: 65), während die deutsche Filmwissenschaft das Konzept erst später für sich entdeckte. Hollywood galt und gilt zum Teil noch heute als Synonym für eine beispielhafte Genrefilmproduktion. So ist es kaum verwunderlich, dass auch die wissenschaftliche Auseinandersetzung zunächst fast ausschließlich am Beispiel von Hollywoodproduktionen stattfand. Die Genretheorie war zuallererst eine Theorie einzelner Genres (vgl. Hickethier 2002: 65, 69). Filme, die man thematisch als zusammengehörig verstand, wurden historisch und systematisch beschrieben, allen voran der Western (vgl. Schweinitz 1994: 107).[5]

Ende der 1960er-, Anfang der 1970er-Jahre bildete sich erst in den USA, später dann auch in Europa, eine differenzierte Genretheorie heraus (vgl. Hickethier 2002: 65ff.; Schweinitz 2002: 80). Die Reader von Barry Keith Grant (1. Aufl. 1986, 2. Aufl. 1995, 3. Aufl. 2003 und 4. Aufl. 2012) und Wes Gehring (1988) versammeln sowohl theoretische als auch anwendungsorientierte Beiträge der angloamerikanischen Genredebatte und gelten bis heute als Standardtextsammlungen. Die in den Readern versammelten Texte können in Bezug auf ihre Herangehensweise an das Genrekonzept grob in zwei ‚Lager' unterschieden werden: Zum einen handelt es sich um jene Ansätze, die das Genre als einen gleichsam intrinsischen Bestandteil des Films selbst verstehen (z.B. Buscombe [1970] 2003; Schrader [1972] 2003), das analytische Herausarbeiten von textuellen Merkmalen verfolgen und somit vor allem ein essentialistisches Genrekonzept propagieren. Zum anderen sind hier z.B. mit Steve Neale ([1990] 2003) und Rick Altman ([1984] 2003) jene Ansätze vertreten, die Genres als einen kulturellen und historisch wandelbaren Prozess begreifen, der von unterschiedlichen Faktoren beeinflusst wird. Auch wenn der diskursive Aspekt des Konzepts seit Beginn der Genredebatte betont wird, tritt dieser zumeist hinter der Beschreibung und Interpretation von mehr oder weniger statischen formalen und thematischen Merkmalen zurück.

Obwohl Genres bei weitem kein exklusives Hollywoodphänomen sind und Alan Williams bereits 1984 gefordert hatte, den Blick über die USA hinaus zu erweitern (1984: 124; vgl. hierzu auch Neale [1990] 2003: 160), hat die deutsche Filmgeschichtsschreibung die Kategorie lange Zeit nicht berücksichtigt (vgl. Wedel 2007: 7). In der Tradition der Weimarer Filmtheorie und -kritik stehend, wurde der Genrefilm als ‚Durchschnittsproduktion' (Kracauer 1928) oder als ‚Konfektionsfilm' (Arnheim 1932) bezeichnet und dem urheberbezogenen ‚Filmkunstwerk' bzw. dem lange als intellektuell und kulturell höher bewerteten Autorenfilm[6] entgegengestellt und erfuhr in dieser Opposition nicht selten eine Abwertung. Für den deutschsprachigen Raum datiert Jörg Schweinitz den Einstieg in die filmwissenschaftliche Genretheorie auf den Anfang der 1970er-Jahre zusammen mit der Etablierung einer Filmsemiotik (1994: 104).

Mit der mehrbändigen von Bernhard Roloff und Georg Seeßlen herausgegebenen Reihe *Grundlagen des populären Films* konstituiert sich der Genrebegriff

---

5 Vgl. auch das Kapitel „Western" in diesem Band.
6 Zum Konzept des Autorenfilms und den vielfältigen Verwendungen des Autorenbegriffs in Filmtheorie, Filmgeschichte und -praxis vgl. Felix (2002) und Grob (2007).

in den 1970er- und 1980er-Jahren sowohl in der deutschsprachigen Filmtheorie als auch in der populärwissenschaftlichen und journalistischen Publizistik. Die Bände liefern systematische Übersichten über verschiedene Einzelgenres.[7] In den seit 2003 erscheinenden Bänden der Reihe *Filmgenres* des Reclam Verlags werden einzelne Filme vor dem Hintergrund des jeweiligen Genres (Komödie, Western, Kriminalfilm etc.) interpretiert.

Die semiotisch-strukturalistische Genredebatte der 1970er- und 1980er-Jahre konnte sich nur bedingt von der Textfixierung früherer Ansätze lösen. Jetzt rückte vor allem die „inhaltliche Dimension" der Genrefilme in den Fokus (Schweinitz 1994: 105). Die Debatte der Zeit war von den Stichworten *Ikonographie* (u.a. Buscombe [1970] 2003) und *Ideologie* (u.a. Wood [1977] 2003) geprägt. Das narrative System von Genres wurde der visuellen und soziokulturellen Bedeutungsebene untergeordnet (vgl. Braidt 2008: 26). Strukturalistische Genretheorien beriefen sich auf den Mythos als überzeitliche Grundlage für bestimmte Erzählstrukturen und Inhalte, die nun in den Genrefilmen wiederkehren und dort erneut ‚bearbeitet' würden (vgl. Wedel 2007: 32). In den Genretheorien des vergangenen Jahrzehnts richtet sich das Interesse dann vermehrt auf das Moment der emotionalen Steuerung des Publikums durch einzelne Genres. Vor allem die kognitionstheoretischen Ansätze haben ihren Blick auf dieses Thema gelenkt, wobei die Emotionen hier nicht mehr nur als körperlicher Affekt, sondern als Teil der Kognition selbst verstanden werden (Hickethier 2002: 89; vgl. auch Carroll 1999: 27ff.). Neben diesen kognitionstheoretischen Überlegungen, die „Emotionen als kognitive Phänomene der Filmwahrnehmung" definieren, können Genres auch als „Stimulationsprogramme für die Erzeugung von Zuschaueremotionen" angesehen werden (Hickethier 2002: 88); der Zuschauer verknüpft bestimmte, unterschiedlich ausgestaltete Emotionsangebote mit einem spezifischen Genre (ebd.). Gleichzeitig führen Vertreter einer ‚evolutionären' Kognitionstheorie die Prominenz bestimmter Genres darauf zurück, dass sie universale menschliche Affektstrukturen ansprechen und dadurch dem spielerischen Testen vitaler Verhaltensformen dienen (etwa in Hinblick auf Selbsterhaltung oder soziale Bindung). So können Genres wie das Melodrama oder der Horrorfilm als Fortschreibung einer erzählerischen Tradition verstanden werden, die Basisemotionen wie Angst, Wut oder Trauer aktivieren und prototypische Bewältigungsstrategien präsentieren (vgl. Grodal 1997;

---

[7] Der erste Band *Klassiker der Filmkomik* wurde 1976 im Eigenverlag veröffentlicht, gefolgt von weiteren Bänden der Reihe. Zwischen 1979 und 1983 wurden zehn Bände als Wiederauflage bzw. Erweiterung im Rowohlt-Verlag publiziert. Eine Wiederbelebung erfährt die Reihe durch die seit den 1990er-Jahren aktualisierten sowie überarbeiteten Bände von Seeßlen (vgl. z.B. 1995; 2011).

2009). Eine weitere, vor allem seit Anfang der 1990er-Jahren zunehmende Fragestellung hat die feministische Filmtheorie in die Genretheorieforschung eingebracht, indem sie sich mit der Konstruktion genrespezifischer Geschlechterbilder und der geschlechtsspezifischen Rezeption von Filmgenres wie dem Melodrama auseinandersetzte (vgl. Hickethier 2002: 88, 91; vgl. Kap. 2.2).

2.1 Filmgenre und Filmgattung

Genres sind keine ‚Erfindung' des Films und der Filmwissenschaft. Sie sind ein intermediales Phänomen (vgl. Hickethier 2002: 63; vgl. Kap. 3.1). Filmische Genres können unmittelbar von Genres in anderen Medien beeinflusst werden (wie das filmische Melodrama von der Bühnenform des Melodramas oder dem sentimentalen Roman). Einzelne filmwissenschaftliche Genrebegriffe sind vergleichbar mit analogen Begriffsverwendungen in der Literaturgeschichte und Literaturwissenschaft. Eng verwandt mit dem literaturwissenschaftlichen Genre ist die Gattung. Beide können als Klassifikations- und Ordnungsmodelle betrachtet werden.

Der Begriff Gattung wird in der Literaturwissenschaft auf unterschiedliche Weise und nicht immer einheitlich gefasst. Zum einen werden mit Gattung in einer übergeordneten Bedeutung Epik, Lyrik und Dramatik bezeichnet, die sich durch „Aussageweisen, Grundmöglichkeiten der Stoffgestaltung und der Haltung des Dichters zu Umwelt, Werk und Publikum" unterscheiden (Wilpert 1989: 320). Zum anderen werden auch einzelne literarische Formen wie z.B. der Roman, die Novelle oder die Kurzgeschichte als Gattung verstanden. In einer untergeordneten Bedeutung steht der Terminus schließlich für spezifische Ausprägungen dieser einzelnen literarischen Formen wie im Fall des Romans für den Kriminalroman oder den Bildungsroman (Dusini 1997: 113). Letztere werden in anderen Ansätzen teilweise auch als Genres bezeichnet; demnach wären der Kriminal- und der Liebesroman als unterschiedliche Genres innerhalb der Gattung Roman zu begreifen.

Innerhalb der Literaturwissenschaft aber auch in Disziplinen wie der Film- und Medienwissenschaft werden die beiden Begriffe Genre und Gattung nicht immer überschneidungsfrei verwendet. Das liegt nicht zuletzt daran, dass die Begriffe im Englischen und Deutschen unterschiedlich eingesetzt und übersetzt werden. Das englische ‚*genre*' wird im Deutschen sowohl mit ‚Genre' als auch mit ‚Gattung' übersetzt (umgekehrt wird aus ‚Genre' und ‚Gattung' im Englischen zumeist einfach nur ‚*genre*'). Die nicht eindeutige Verwendung der Begriffe lässt sich demnach zumindest teilweise auf ein Übersetzungsproblem zurückführen.

Ungeachtet der Tatsache, dass die Begriffe Genre und Gattung in nichtwissenschaftlichen Zusammenhängen und in einigen Disziplinen synonym verwendet werden, und obwohl viele Geisteswissenschaften verschieden abstrakte und konkrete Genrekonzepte vorgelegt haben, hat sich innerhalb der deutschen Film- und Medienwissenschaft weitgehend die Auffassung durchgesetzt, dass die Gattung durch den darstellerischen Modus (z.B. Spiel-, Dokumentar- oder Animationsfilm) und/oder die Verwendung (z.B. als Lehr-, Werbe-, Industrie- oder Experimentalfilm) definiert wird (Hickethier 2002: 62f.).[8] Filmgenres zeichnen sich dagegen durch formal-ästhetische und/oder durch inhaltlich-thematische Strukturen aus. Somit bezeichnen Genrebegriffe Filmgruppen, die unterhalb der Gattungsebene des Films, also unter den sogenannten filmischen Großformen angesiedelt sind (vgl. Schweinitz 2007: 283). In diesem Sinne können einzelne Filmgenres auch in unterschiedlichen Filmgattungen vertreten sein. Der Einfachheit halber und da eine kritische Diskussion des filmwissenschaftlichen Gattungsbegriffs an dieser Stelle zu weit führen würde, fassen wir Gattung hier im Sinne Hickethiers auf, wohl wissend, dass der Gattungsbegriff ebenfalls einer kritischen Reflexion und Aufarbeitung bedarf.[9]

Auch wenn das Genre ein medienübergreifendes Phänomen ist, haben die meisten Genretheorien der Filmwissenschaft die medienspezifische Dimension des Konzepts in den Mittelpunkt gerückt. Genretheorien des Films, die im engeren Sinne meist Theorien des Kinofilms sind, werden aber auch auf fiktionale Spielfilm-Formen im Fernsehen angewendet (z.B. Fernsehfilme, Fernsehspiele, TV-Movies).[10] Auch die verschiedenen Distributionsformen und Rezeptionsmöglichkeiten, die sich im Laufe der Film- und Technikgeschichte für den ‚Kinofilm' herausgebildet haben und die Medienkultur der Gegenwart prägen (Fernsehausstrahlung, Video, DVD, Blu-ray, Internetstream, Download etc.), werden in der Regel in den Genretheorien des Films unausgesprochen miteinbezogen. Wenn im Folgenden von ‚Genre' gesprochen wird, sind entsprechend der Ausrichtung dieser Einführung immer die entsprechenden Filmgenres gemeint; die intermediale Dimension des Konzepts wird jedoch implizit mitgedacht.

---

8 Zum Gattungsbegriff innerhalb der Medientheorie und -wissenschaft vgl. Viehoff (2002).
9 Zur Diskussion des Gattungsbegriffs in der Filmwissenschaft vgl. auch das Kapitel „Animationsfilm" in diesem Band.
10 Eine genuine Genretheorie des Fernsehens steht dagegen vor der Herausforderung, sich mit einer Vielzahl an Genres und Formaten auseinanderzusetzen (Nachrichtenformate, Shows, Informationssendungen, serielle Formate etc.). Vgl. auch das Kapitel „Genre und Fernsehen" in diesem Band.

2.2 Konzepte und Schulen der filmwissenschaftlichen Genretheorie

Die filmwissenschaftliche Genretheorie – insbesondere die angloamerikanische – zeichnet sich durch eine große Varianz an unterschiedlichen Ansätzen aus. Im Folgenden werden die wichtigsten und einflussreichsten Konzepte knapp erörtert. Obwohl es sich nicht um akademische ‚Schulen' in einem engeren Sinne handelt, wird der Begriff hier dennoch verwendet, um anzudeuten, dass sich neben den exemplarisch genannten Autoren eine Reihe von Wissenschaftlern mit dem jeweiligen Konzept befasst, sich in dessen Tradition gestellt und es weiterentwickelt oder modifiziert hat. Es versteht sich von selbst, dass sich diese Schulen nicht linear entwickelt haben. Die einzelnen Ansätze überschneiden sich personell und inhaltlich, aber auch in ihrer zeitlichen Entwicklung.

1.) Das Genre als *textimmanente, strukturelle Kategorie*: Als sich in den späten 1960er- und frühen 1970er-Jahren angloamerikanische Filmwissenschaftler wie Stuart Kaminsky (1974) und Edward Buscombe (u.a. 1970) den Filmgenres zuwendeten, suchten sie vornehmlich nach distinkten Merkmalen, um ein Genre zu bestimmen. Die meisten Konzepte dieser Zeit betonen das statische und essentialistische Moment (vgl. Schweinitz 2002: 80), d.h., sie gehen davon aus, dass jedes Genre einen ‚Kern' oder eine ‚Essenz' besitzt, die freigelegt werden müssen. Es bestand die Sehnsucht, so Schweinitz, Genres als „invariante intertextuelle Strukturschemata" zu konzeptualisieren (ebd.: 82). Das große Interesse dieser Zeit an invariablen, klar abgrenzbaren Genrekategorien führt er darauf zurück, dass sich den Filmgenres traditionell vom einzelnen Film aus genähert wurde (ebd.: 80). Die Vorstellung vom Genre als stabil und unveränderlich gilt aus heutiger Sicht als zu eng.

2.) Das Genre als *systematisch-mehrdimensionales Konzept*: 1984 erscheint im *Cinema Journal* Rick Altmans einflussreicher Aufsatz „A Semantic/Syntactic Approach". Altman kritisiert hier die semiotischen und strukturalistisch geprägten Ansätze der 1960er- und 1970er-Jahre ([1984] 2003: 29) und schlägt stattdessen eine Systematik vor, die die *semantisch* orientierte Textanalyse mit der *syntaktischen* Betrachtung der Filme vereint. Die semantische Ebene umfasst dabei die Identifikation verschiedener generischer Bedeutungselemente wie z.B. das Setting, spezifische Kameraeinstellungen oder charakteristische Figuren, während die syntaktische Ebene das strukturell organisierte Zusammenspiel der unterschiedlichen Bedeutungselemente zu einem spezifisch generischen Gesamtbild betrifft (vgl. ebd.: 31ff.). Erst mit diesem dualen Ansatz sei ein kritischer Umgang mit den verschiedenen Ebenen des Generischen möglich (ebd.). Altman stellt die Hypothese auf, dass ein Genre entweder als ein relativ stabiles

Set semantischer Merkmale entsteht, die immer wieder neu kombiniert werden, bis sich schließlich eine kohärente Syntax etabliert, oder aus einer bereits bestehenden syntaktischen Struktur hervorgeht, die eine Reihe neuer semantischer Elemente adaptiert (Altman [1984] 2003: 35). Später erprobt und erweitert Altman seinen eigenen Ansatz in seiner Monographie *The American Film Musical* am Beispiel des Hollywoodmusicals (1989).[11]

3.) Das Genre als *prozessuales, kontextuelles Konzept*: Der von Steve Neale erstmals 1990 in der Zeitschrift *Screen* veröffentlichte Aufsatz „The Question of Genre" gilt als wegweisend für die Genredebatte der folgenden Jahre. Neale plädiert für ein prozessuales Genreverständnis, das neben dem Text auch die Ebene der Produktion und der Rezeption sowie die historische Dimension der Genrebegriffe einschließt. Die Merkmale, die ein Genre auszeichnen, sind nicht konstant. Beispielhaft hat Neale dies in dem Aufsatz „Melo Talks: On the Meaning and Use of the Term ‚Melodrama' in the American Film Press" für die Verwendung der Bezeichnung ‚Melodrama' herausgearbeitet (1993).[12] Eine bestimmte Genreausprägung muss somit immer auch vor dem Hintergrund des jeweiligen Entstehungskontexts und des jeweiligen historischen Genrebewusstseins betrachtet werden. Für die 1990er-Jahre ist eine erneute Konjunktur von Publikationen zum Genre zu verzeichnen. Diese ‚neue Welle' der Genredebatte bildet sich auch in der zweiten Auflage des Genrereaders von Grant aus dem Jahr 1995 ab. Neben dem Aufsatz von Neale wurden hier u.a. noch Beiträge von Linda Williams (1991) und Vivian Sobchack (1990) aufgenommen.

4.) Das Genre als *diachrones, evolutionäres Modell*: Wie bereits dargelegt, hat Knut Hickethier in Anlehnung an Schatz (1981), Neale (2000) und andere historisch orientierte Genrekonzepte ein allgemeines Phasenmodell aufgestellt, das die historische Entwicklung eines Genres beschreibt (Hickethier 2002: 71f.; vgl. Kap. 1.2). Genres werden so – auch in Abgrenzung von einer essentialistisch strukturalistischen Konzeption – als historisch veränderbar, dynamisch und nicht immer eindeutig voneinander abgrenzbar verstanden (vgl. Hickethier 2002: 65). Schweinitz spricht in diesem Zusammenhang auch von einem ‚lebendigen Genrebewusstsein' (1994).

5.) Das Genre als *intermediales, diskursives ‚Cluster'*: Die Debatte um das Genrekonzept ist in den letzten Jahren vor allem durch einen intermedialen Zugang geprägt. Einzelne Genrekonventionen können medienübergreifend, etwa im Fernsehen, Internet oder Computerspiel adaptiert und Genrebegriffe übertragen werden. Jason Mittell hat das Genrekonzept sowohl in seinem 2001

---

11 Vgl. auch das Kapitel „Musical" in diesem Band.
12 Vgl. auch das Kapitel „Melodrama" in diesem Band.

im *Cinema Journal* erschienenen Aufsatz „A Cultural Approach to Television" als auch in der 2004 veröffentlichten Monographie *Genre and Television. From Cop Shows to Cartoons in American Culture* auf das Fernsehen übertragen und in diesem Zusammenhang den Begriff des ‚Clusters' geprägt. Er plädiert für einen dynamischen Genrebegriff im Sinne eines diskursiven Clusters, das eine Ansammlung von Strukturen und Merkmalen darstellt, die sich in immer wieder neuen, sich verändernden Zusammenschlüssen konfigurieren (Mittell 2001: 10f.). Genres existieren durch die Zirkulation und Rezeption von Texten im kulturellen Kontext (vgl. ebd.: 8). Mittell entwickelt seinen Ansatz primär mit Blick auf das Fernsehen, doch Film- und Medienwissenschaftler haben den Begriff des Clusters in Anlehnung an Mittell gewinnbringend auf den Film übertragen.[13]

6.) Das Genre als *kognitivistisches Phänomen*: In den letzten Jahrzehnten rückt verstärkt auch die Frage nach den Prozessen der Steuerung der Filmrezeption durch Genres in den Fokus der Forschung. Inspiration boten hier jene kognitionstheoretischen Ansätze (u.a. von George Lakoff), die sich mit der Bildung von Kategorien im Alltagsdenken auseinandersetzen (vgl. Schweinitz 2002: 86; 1994: 110ff.). Die intertextuellen Signale der Genrezugehörigkeit werden als Kommunikationsinstrument „zur Verständigung über Bedeutung" (Casetti 2001: 155) verstanden – als ein „kommunikativer Vertrag" (ebd.: 163), geschlossen zwischen Produzent und Rezipient. Nach Francesco Casetti können wir erst dann begreifen, was einen Text/ein Genre formal-ästhetisch und inhaltlich-thematisch ausmacht, wenn wir untersuchen, wie sich der Text an seine Zuschauer richtet und wie umgekehrt die Zuschauer den Text/das Genre interpretieren (ebd.: 156). Neben seiner kommunikativen Funktion als Verständigungsbegriff kommt dem Genreprinzip demnach auch eine kognitive Funktion zu. Nach Siegfried J. Schmidt ermöglichen sogenannte kognitive Schemata, zu denen man auch Genrekategorien zählen kann, unserem Bewusstsein, Sachverhalte „auf einen Schlag" zu erkennen und angemessen zu reagieren, indem sie Komplexität reduzieren (1994: 168f.).

7.) Das Genre *in der feministischen Filmtheorie*: Die feministische Filmtheorie ist Fragen nach den genrespezifischen Konstruktionen von Geschlecht und der feministischen Um- und Ausdeutung bestimmter Genres nachgegangen (Braidt/Jutz 2002: 297). Es liegen Untersuchungen zu Gender in den unter-

---

13 Vgl. Hagener: „Hier [im Cluster] werden einzelne Elemente unter bestimmten Gesichtspunkten zusammengefasst, die dennoch ihre Singularität behalten. Ein Cluster deckt seinen Konstruktionscharakter bewusst auf und operiert anti-essenziell, fasst Elemente zusammen und diskutiert ausgehend davon eine gemeinsame Schnittmenge. Der Begriff Cluster impliziert ebenfalls, dass sich die einzelnen Elemente auch anders zusammenfassen lassen und es sich lediglich um eine temporäre Konfiguration handelt" (2011: 19).

schiedlichen Genres wie Melodrama, Film Noir, Science-Fiction-Film oder Horrorfilm vor (z.B. Brauerhoch 1996; Bronfen 2004; Sennewald 2007; Shelton 2008). Vor allem das Melodrama, das aufgrund seiner Fokussierung auf die weibliche Protagonistin und auf einen emotionalen Konflikt als typisch weibliches Genre und somit als ‚Frauenfilm' gilt, hat Wissenschaftler dazu veranlasst, sich mit Genderkonstruktionen in diesem Genre auseinanderzusetzen (z.B. Gledhill 1987; Byars 1991).[14] Zwischen der Gender- und Genre-Forschung können einige forschungsgeschichtliche Parallelen ausgemacht werden. Irmela Schneider stellt die These auf, dass es eine Interaktion zwischen den Klassifikationen Genre und Gender gibt, was bedeutet, dass Genres sich immer auch über Genderkonstruktionen konstituieren (2004: 16; vgl. auch Blaseio 2004: 30f.). Andrea B. Braidt hat in ihrer kognitionswissenschaftlich ausgerichteten Monographie *Film-Genus. Gender und Genre in der Filmwahrnehmung* außerdem herausgearbeitet, dass die Wahrnehmung von Gender bzw. vom Geschlecht der im Film handelnden Personen an die Wahrnehmung des jeweiligen Filmgenres gekoppelt ist (2008: 8).

3. Entwurf eines dynamisch-strukturellen, diskursiv-kontextuellen Genremodells

Heute hat sich in der Filmwissenschaft die theoretische Vorstellung von Genres als dynamische, historisch wandelbare, sich überlappende, kontextabhängige Strukturkomplexe gegenüber einem rein taxonomischen, essentialistischen Genrekonzept durchgesetzt. Genres stellen nicht nur deskriptive Bezeichnungen dar, sondern sind multidimensionale Konstrukte (vgl. Altman 1999: 14; Neale [1990] 2003: 161). Sie werden nicht nur aus den Erwartungen der Zuschauer und den Filmen selbst, sondern auch von den institutionellen und produktionstechnischen Belangen sowie theoretischen Implikationen geformt und beeinflusst. Genres dienen nicht nur der Erfassung von formalen Phänomenen auf der textuellen Ebene, sondern bilden eine filmhistorische Prozessualität ab, „an der individuelle Produktionsabläufe ebenso mitwirken wie Veränderungen von Aufführungspraktiken und Rezeptionserwartungen, die Herausbildung kultureller Dispositionen ebenso wie gesellschaftspolitische Verschiebungen und ideologische Inanspruchnahmen des Mediums und seiner Institutionen" (Wedel 2007: 30).

---

14 Vgl. auch das Kapitel „Melodrama" in diesem Band.

Genres können in diesem Sinne als Systeme von Orientierungen, Erwartungen und Konventionen, die zwischen Industrie, Text und Subjekt zirkulieren, verstanden werden (vgl. Neale [1990] 2003). Unsere Vorstellung davon, was einen Western ausmacht, ist davon abhängig, dass uns bereits im Vorfeld entsprechende Kategorien zur Verfügung stehen. Diese Zuordnungskriterien sind ihrerseits aus Filmen abgeleitet. Die Beschreibung eines Genres zirkuliert damit kontinuierlich zwischen dem Befund am einzelnen Film und einem Repertoire von Kategorien, die aus anderen Filmen abstrahiert worden sind (Borstnar/ Pabst/Wulff 2008: 67). Der Prozesscharakter von Genres, ihre Historizität, Wandelbarkeit und Zirkularität bedeuten jedoch keineswegs, dass das Konzept methodischer Willkür und begrifflicher Beliebigkeit preisgegeben werden darf.

Angesichts der unterschiedlichen Zugangsweisen und der verschiedenen Definitionen, die im Laufe der Geschichte der Genretheorie vorgelegt worden sind, fällt es schwer, eine Definition zu liefern, die der Vielfalt dieser Ansätze und den multiplen Dimensionen des Genrekonzepts gerecht wird. Für eine produktive Anwendung des Genrebegriffs ist eine solche Definition jedoch unerlässlich. Um dem Anspruch einer konsistenten Definition und der Multidimensionalität des Phänomens zugleich nachzukommen, werden wir im Folgenden zweistufig vorgehen: Zunächst werden hier all jene Dimensionen und Aspekte zusammengefasst, die ein Genrekonzept heute berücksichtigen muss (3.1). Im Anschluss schlagen wir *vier* verschieden komplexe definitorische Formeln vor und erörtern, in welchem Untersuchungs- und Analysekontext diese Formeln jeweils sinnvoll anzuwenden sind (3.2).

3.1 Dimensionen eines elaborierten Genrekonzepts

1. Die Mehrdimensionalität (Die Ebene der Produktion/Distribution, des Textes und der Rezeption)

Wie bereits in vielen, auch frühen genretheoretischen Ansätzen festgehalten worden ist, muss das Genrekonzept als mehrdimensionales Konzept mindestens zu den drei grundlegenden Dimensionen eines ästhetischen Werks in Beziehung gesetzt werden: a) zur Seite der *Produktion/Distribution*, b) zum *Werk/Text/Film* selbst und c) zur *Rezeption* (durch Zuschauer, Kritiker, Wissenschaftler etc.). Wie bereits erörtert, ist a) die Entwicklung von Genres eng mit Prozessen der ökonomischen Effektivität sowie der Standardisierung der Produktion verknüpft. Außerdem verwendet die Produktions- und Distributionsseite Genrebegriffe, um Filme zu entwickeln und zu vermarkten. Einzelne Filme und Gruppen von Filmen können b) gemeinsame Merkmale aufweisen, die man in einem bestimmten historischen Kontext und in bestimmten – oft wissenschaftlichen – Diskursen einem Genre zuschreibt. Wenn man berücksichtigt, dass diese Merkmale nicht distinkt und überschneidungsfrei und nur von begrenzter Dauer gültig sind, kann eine Analyse von spezifischen Filmgruppen als Grundlage für weiterführende Genredefinitionen und Genreuntersuchungen dienen. Rezipienten nutzen c) Genrebegriffe in unterschiedlichen Diskursen und werden in ihrer Rezeption von Genreerwartungen gelenkt. Ihre Erwartungen haben wiederum Einfluss auf die Filmproduktion und Distribution und damit letztlich auch auf den einzelnen Film. Alle drei Aspekte (Produktion, Werk, Rezeption) beeinflussen und bedingen sich somit gegenseitig.

2. *Das Genre als diskursives, kontextuelles und soziokulturelles Phänomen (Die Ebenen des Textes, Paratextes, Kontextes und der Kultur)*

Genres sind textbezogene Kategorien, d.h., sie stehen im Verhältnis zu einem (oder mehreren) – in diesem Fall filmischen – Text(en). Sie können aber nicht auf diesen Bezug reduziert werden, sondern sind darüber hinaus immer auch in unterschiedlich ausgeprägten Kontexten verankert. Dieses wechselseitige Verhältnis lässt sich mit Hilfe der Begriffe Text, Paratext, Kontext und Kultur beschreiben. Der Begriff Text bezieht sich auf den konkreten Genrefilm. Mit Paratexten sind die den eigentlichen Genrefilm begleitenden Texte und Medienprodukte gemeint (also z.B. Filmtrailer, Werbeplakate, Rezensionen; aber auch Titel, Vorspann, Abspann). Paratexte sind demnach mediale Texte, die den Haupttext begleiten und in einem engen, zumeist offensichtlichen Verhältnis zu diesem stehen.[15] Der Begriff des Kontexts umfasst – in einem weiten Sinne – zum einen die unter Punkt 1 erörterten Produktions-, Vermarktungs- und Rezeptionskontexte, aber auch weiter reichende Kontexte, wie das Produktionsumfeld, das Filmstudio, die soziokulturellen Umstände, politische und diskursive Einflüsse etc. Je größer man den Kontext fasst, umso mehr nähert man sich dem breiten kontextuellen Feld der Kultur, das sowohl in einem abstrakten Sinne als Gesamtheit der geistigen, künstlerischen, technischen und wissenschaftlichen Leistungen und Hervorbringungen einer Gemeinschaft verstanden, aber auch – etwas enger – auf Nationalkulturen z.B. abendländisch-westlicher Prägung bezogen werden kann. Allgemein gilt: Filmtext und Kontext stehen in einem reziproken, Bedeutung generierenden Wechselverhältnis zueinander.

---

15 Zur Anwendung des Begriffs Paratext – der ursprünglich in der Literaturwissenschaft geprägt wurde (Genette 1989) – auf den Film sowie zu weiteren Unterdifferenzierungen vgl. u.a. Böhnke (2007). Vgl. auch das Kapitel „Biopic" in diesem Band.

3. *Die intertextuelle und intermediale Dimension (Die Ebene der Intertextualität und der Intermedialität)*

Auch die Begriffe der Intertextualität und der Intermedialität beschreiben ein spezifisches Verhältnis von Text und Kontext. Das Genrekonzept ist per se ein intertextuelles Konzept: Genrebegriffe stellen immer den Bezug eines filmischen Textes zu mindestens einem weiteren filmischen Text her. Der Begriff der Intertextualität betont dabei, dass der Text eines Mediums zu einem Text desselben Mediums in Beziehung gesetzt wird; wohingegen der Begriff der Intermedialität betont, dass sich ein medialer Text auf einen Text in einem anderen Medium beziehen lässt. Die meisten Genretheorien konzeptualisieren das Genre als ein intermediales Konzept, welches auch Bezüge zwischen Texten in unterschiedlichen Medien herstellt. So können Genres wie der Western, das Melodrama oder die Komödie nicht nur im Film, sondern u.a. auch im Roman, in Hörspielen, der Oper, Comics und Computerspielen realisiert werden.

4. *Die Dimensionen des Gegenstandsfeldes (Die Ebene des Genrekorpus: inklusiv/ exklusiv; prototypenbasiert)*

Bei korpusbasierten Genreanalysen ergibt sich früher oder später die Frage, wie die Filme auszuwählen sind, die es zu untersuchen gilt. Hier lassen sich zwei Extrempositionen benennen: a) Man erstellt eine breit angelegte Liste und bezieht zunächst all jene Filme mit ein, die auch nur ansatzweise eine sehr weit gefasste Minimalbedingung erfüllen (z.B. Western sind Filme, deren Handlung im US-amerikanischen Westen angesiedelt sind; Roadmovies sind Filme, in denen die Hauptfiguren eine längere Reise unternehmen). Ein solches Korpus kann als *weites* oder *inklusives* Korpus bezeichnet werden (vgl. Altman [1984] 2003: 27f.). Oder man wählt b) eine möglichst eng gefasste Gruppe von Filmen, z.B. jene, welche innerhalb der Filmwissenschaft unumstritten zum Kanon des Western gezählt werden (vgl. ebd.: 28). In diesem Fall ist von einem *engen* oder *exklusiven* Korpus zu sprechen. Diese beiden Positionen deuten nur zwei extreme Vorgehensweisen an; die Korpuswahl einer genretheoretischen oder genreanalytischen Studie verortet sich in der Regel zwischen beiden Positionen oder verfährt von vornherein zweigleisig, indem anhand eines exklusiven und eines inklusiven Korpus sowohl Kern als auch Peripherie des Genrefeldes definiert werden. Eine weitere Herangehensweise, die der Wahl eines engen Korpus nicht unähnlich ist, aber von anderen Voraussetzungen ausgeht, ist c) die Annahme eines oder weniger *Prototypen* des jeweiligen Genres. Anhand kognitivistischer Studien lässt sich – hier stark vereinfacht – nachweisen, dass sich Menschen beim Verarbeiten von Informationen im Allgemeinen an prototypischen Mustern oder Schemata orientieren (vgl. hierzu Schweinitz 1994: 110ff.; Schmidt 1994). Dieser Befund lässt sich auf die Genretheorie übertragen. Die implizite

Hypothese wäre dann, dass sich Zuschauer beim Verarbeiten von Genrefilmen an wenigen prototypischen Beispielen orientieren, die sie zuvor gesehen haben (oder die ihnen vielleicht nur indirekt bekannt sind). Somit könnte auch ein Genre anhand weniger, als typisch angenommener Beispiele bestimmt werden. Ein solches Vorgehen entspricht bis zu einem gewissen Grad unseren alltäglichen Erfahrungen (vgl. Schweinitz 1994: 111). Das idealisierte Modell eines Genres wird mit konkreten Filmbeispielen aufgefüllt und gleichzeitig abgeglichen. Neben persönlichen Vorlieben hängt die Wahl eines Prototyps vor allem „von ‚kultureller Normung' ab, also etwa davon, welche Werke immer wieder als ‚Klassiker' des Genres gezeigt, kulturell aufbereitet, also entsprechend konventionalisiert werden" (ebd.). Zuschauer, die unterschiedlichen Generationen angehören, werden aber vermutlich verschiedene Prototypen für das gleiche Genre ausmachen, ebenso Angehörige divergenter sozialer Gruppen.

5. Die interkulturelle und intermediale Übertragbarkeit

Viele Genrestudien und ein Großteil der theoretischen Ansätze in der angloamerikanischen und deutschen Filmwissenschaft beziehen sich primär auf das Hollywoodkino. Doch die hier gewonnenen Erkenntnisse können auch auf andere nationale Kinokulturen übertragen und so u.a. am Beispiel des deutschen, französischen und britischen Kinos neu diskutiert werden. Auch das indische oder nigerianische Kino ließe sich vor dem Hintergrund des Genrekonzepts analysieren. Die großen Kinoindustrien dieser beiden Länder zeichnen sich – der Hollywoodfilmproduktion teilweise verwandt – u.a. durch Standardisierungen im Produktionsprozess, durch vergleichbare Mechanismen der Rückkopplung von Genrediskursen, verschiedene populäre Genres und ein Genrebewusstsein aus. Eine derartige inter- oder transkulturelle Genretheorie kann zum einen das US-amerikanische Kino als Bezugsgröße auffassen und danach fragen, inwiefern sich in der entsprechenden Kinokultur Einflüsse des US-amerikanischen Genresystems identifizieren lassen. Zum anderen lässt sich, mit der entsprechenden nationalen Kinokultur als Bezugspunkt, die spezifische Genrekultur dieser Länder untersuchen. In Zeiten des globalen Austauschs und der internationalen Vernetzung stellt sich zudem die Frage, welchen Einfluss derartige ‚nationale Genres' wiederum auf das US-amerikanische Genrekino ausüben oder ob sich vergleichbare historische Muster und andere Analogien finden lassen.

Dass das Genrekonzept eine intertextuelle und intermediale Dimension hat, ist oben erörtert worden. Die intermediale Dimension lässt sich jedoch noch weiter auffächern: Zum einen kann a) ein Einzelgenre in seiner intermedialen Ausprägung untersucht werden (wie z.B. das Krimigenre, der Western oder das Melodrama); zum anderen können b) medienspezifische Genresysteme miteinander verglichen werden. So stellt sich die Frage, inwieweit das Genresystem des Computerspiels vom Genresystem des Films mitgeprägt wurde bzw. ob das Computerspiel aufgrund seiner interaktiven Dimension ein anders gelagertes Genresystem ausgeprägt hat.[16] Hat das visuell-sprachliche Medium des Comics medienspezifische Genres hervorgebracht, die wiederum Auswirkungen auf den Film hatten? Und inwiefern ist die Genreentwicklung des Comics vom Film beeinflusst? Oder standen die Medien Comic und Film schon immer in einem wechselseitigen Austausch?[17]

6. *Die praktische Dimension (Die Ebene der Analyse)*

Jede Genretheorie und Genredefinition muss hinsichtlich ihrer Anwendbarkeit reflektiert werden. Es ist zu unterscheiden zwischen abstrakten Theorien, die Erklärungszusammenhänge modellieren, ohne auf die konkrete Analyse von Filmen oder Filmgruppen bzw. Diskursen abzuzielen, und jenen theoretischen Ansätzen und Definitionen, welche dezidiert auf die Analyse bezogen sind. Hier kann man entsprechend der bereits gemachten Differenzierungen mindestens unterscheiden, ob a) Filme und Filmgruppen textimmanent analysiert werden, ob b) das Verhältnis von Text und Kontext im Fokus der Analyse steht oder ob c) der Genrediskurs und die Entwicklung des Genrebegriffs analysiert werden sollen. Das Verhältnis von Genredefinition und analytischem Anwendungspotenzial wird in Kap. 3.2 weiter ausdifferenziert; Probleme der Genreanalyse werden in Kap. 4.2 erörtert und bezüglich der jeweiligen Einzelgenres in Teil II diskutiert.

3.2 Definitorische Zugänge

Die Mehrdimensionalität des Genrekonzepts reicht in ihrer historischen Entwicklung von einem engen essentialistischen Verständnis über einen diskursiven kontextuell geprägten Zugang bis zu einem offeneren Cluster-Begriff. Aber auch heute finden enger gefasste Ansätze durchaus eine methodologisch mehr oder weniger kritisch reflektierte Anwendung. Die Fokussierung auf eine oder mehrere der vorgestellten Dimensionen des Konzepts ist dabei von dem jeweiligen Erkenntnisinteresse abhängig, das letztlich auch die Genredefinition beeinflusst.

---

16 Vgl. auch das Kapitel „Genre und Videospiel" in diesem Band.
17 Vgl. auch das Kapitel „Genre und Comic" in diesem Band.

Im Folgenden schlagen wir *vier* Definitionen vor und erörtern kurz das analytische Potenzial, die Probleme sowie die Grenzen, die diese Zugänge jeweils mit sich bringen.

(1) *Genres sind Begriffe zur Bezeichnung von Filmen. In verschiedenen Diskurspraxen werden mit Genrelabels mehrere Filme unter einem Begriff zusammengefasst.*

Diese durchaus basale Definition setzt beim Genrebegriff im engeren Sinne an. Genrebegriffe dienen der Verständigung über Filme in unterschiedlichen Diskursen. Sie bezieht sich letztlich nur auf den Aspekt des Bezeichnens von Filmgruppen mit Genreetiketten und ermöglicht den oben skizzierten diskursanalytischen Zugang. Sie ist dann sinnvoll anzuwenden, wenn die Verwendung von Genrebegriffen in bestimmten (historisch und bezüglich ihrer medialen Ausdehnung eingrenzbaren) Diskursen untersucht werden soll.

(2) *Genres sind Gruppen von Filmen, die spezifische Merkmale teilen und die in bestimmten historischen Kontexten in der Filmpraxis, der Filmrezeption und/oder anderen Diskursen einander zugeordnet worden sind. In diesem Sinne sind sie analytisch und theoretisch erfassbare Konfigurationen historisch wandelbarer formaler, ästhetischer, thematischer, inhaltlicher, narrativer, dramaturgischer, visueller und auditiver Merkmale.*

Es handelt sich hier um eine klassische Definition, die in ihrem Kern essentialistisch ist, auch wenn sie bereits auf die Diskurspraxis und den Produktions- und Rezeptionskontext sowie die historische Dynamik verweist. Im Mittelpunkt steht trotz dieser Kontextsensitivität die Hypothese, dass sich die Filme eines Genres durch die gleiche Verwendung spezifischer Merkmale auszeichnen. Die Definition eignet sich daher als Grundlage für eine Genreanalyse, die den Fokus auf die filmischen Werke selbst legt und in einem Bottom-up-Verfahren Genrefilme vergleichend analysiert oder einzelne Filme vor dem Hintergrund eines Genres analysiert und interpretiert (vgl. Kap. 4.2). Solange man berücksichtigt, dass es sich bei den von verschiedenen Genrefilmen geteilten Merkmalen keinesfalls um distinkte, historisch konstante Merkmale handelt, die nur einem einzigen Genre zugerechnet werden können, lassen sich viele weiterführende Hypothesen durch konkrete, mit einer derartigen Analyse erzielte Ergebnisse stützen.

(3) *Genres basieren auf Gruppen von Filmen, die aufgrund gemeinsamer Merkmale in einer kulturell eingebundenen Produktions-, Rezeptions- und/oder Diskurspraxis in einer bestimmten historischen Phase in einem bestimmbaren Kontext unter einem spezifischen Genrebegriff einander zugeordnet worden sind. Es handelt sich – im Sinne eines Clusters – um eine Ansammlung von Strukturmerkma-*

len, die sich in immer wieder neuen wandelbaren Zusammenschlüssen konfigurieren können. Genres lassen sich nicht allein an einer Gruppe von Filmen festmachen, sie existieren vielmehr erst durch die Zirkulation und Rezeption von Texten im kulturellen Kontext.

Diese vergleichsweise komplexe Definition setzt bei Definition (2) an, indem sie immer noch davon ausgeht, dass die Basis eines Genres eine Gruppe an Filmen ist, die ein Set von Merkmalen teilen. Zugleich wird jedoch betont, dass Genres nicht auf diesen Aspekt reduziert werden dürfen. Sie ist orientiert an dem Konzept des Clusters (vgl. Kap. 2.2). Eine Analyse, die mit einer derartigen Definition arbeitet, zeichnet sich durch ein breit gefächertes Vorgehen aus: Um die sich wandelnden Konfigurationen eines Genres – die sich jeweils erst durch die Zirkulation von Texten im Spannungsfeld aus Text, Kontext und Kultur bilden – zu analysieren, müssen sowohl Genrefilme selbst betrachtet werden als auch deren Verhältnis zu den sie prägenden Diskursen, die z.B. anhand von Quellen zur Produktion und Rezeption aufgearbeitet und zueinander und zu den Filmen in Beziehung gesetzt werden.

(4) Das Genre zeichnet sich vor allem durch seine kognitive Funktion aus. In der Regel erkennen Zuschauer aufgrund ihrer Filmsozialisation einen Genrefilm, wenn sie ihn sehen. Es besteht somit ein Zusammenhang zwischen der Genrezugehörigkeit eines Films und dessen spezifischer Rezeption durch das Publikum. Genres sind als Kategorien des alltäglichen Verstehens und Denkens zu definieren, sie dienen der kognitiven Orientierung beim Umgang mit den Medien.

Eine solche kognitivistische Definition versteht Genres als die Wahrnehmung, das Wissen und die Erkenntnis organisierende ‚Werkzeuge', die vergleichbar mit einer Landkarte (vgl. Hediger/Vonderau 2005) der Orientierung dienen. Produzenten können sich in diesem Sinne darauf verlassen, dass der Genretext im Rahmen der Konventionen von den Zuschauern auch als solcher verstanden wird (dabei sind auch Lesarten ‚gegen den Strich' denkbar). Reziprok können die Zuschauer darauf vertrauen, dass ihre Erwartungen an ein Genre von dem einzelnen Film erfüllt werden. In diesem Zusammenhang können Genres auch als Instrumente der jeweiligen gesellschaftlichen Realitätskonstruktion gefasst werden (vgl. Schmidt 1994). Eine Analyse, der diese Definition zugrunde liegt, kann bei der Rezeption von Genrefilmen ansetzen und nach der wirklichkeitskonstruierenden Dimension sowie den emotionsauslösenden Gestaltungsprinzipien von Genres fragen. Weiterführend können auch die spezifischen Emotionen, die ein Genre beim Zuschauer auslösen kann – z.B. Rührung im Melodrama, Angst im Horrorfilm –, in den Fokus der Forschung rücken.

4. Das Genrekonzept und die Einzelgenres

In der Filmwissenschaft hat sich eine Unterscheidung von sogenannten *klassischen* bzw. *Major Genres* (u.a. Neale 2000) und *nicht-klassischen* Genres etabliert. Die Charakterisierung einer distinkten Gruppe von Genres als klassisch geschieht in der Regel explizit, während andere Genres implizit – dadurch, dass sie erst gar nicht erwähnt werden – als nicht-klassisch eingestuft werden. Eine solche Abgrenzung ist zunächst einmal nur durch die quantitative Ausprägung einer Gruppe von Filmen bestimmt, ggf. aber auch durch die zeitliche Ausdehnung der Hoch- oder Blütephase eines Genres oder durch die Relevanz, die dem einzelnen Genre innerhalb der Filmgeschichtsschreibung beigemessen wird. Demnach handelt es sich bei der Unterscheidung zwischen klassisch und nicht-klassisch um eine arbiträr gesetzte Grenze. Wie bei jeder Kanonbildung spielen aber auch hier verschiedene wissenschaftliche und publizistische Diskurse sowie die jeweils entscheidenden Diskursinstanzen eine große Rolle. So haben filmwissenschaftliche Autoritäten z.B. mehr Diskursmacht als die Masse der Filmliebhaber. Jede Auswahl kann – so sie ihre Kriterien nicht offenlegt und begründet – als Bewertung und ggf. als normative Setzung betrachtet werden.

Zu den klassischen Filmgenres werden in der Regel jene Genres wie der Western, die Komödie oder der Horrorfilm gezählt, die sich über einen langen Zeitraum – mitunter seit Beginn der Filmgeschichte – etablieren konnten und in der Filmwissenschaft unbestritten als Genres gelten. Was als nicht-klassisch gelten kann, hängt letztlich von der jeweiligen Konzeption des klassischen Genrekorpus ab. Häufig werden relativ gesehen jüngere Genres von jeweils aktueller Relevanz wie z.B. das Roadmovie oder der Teenager-Film als nicht-klassisch aufgefasst. Ein Blick in die filmwissenschaftliche Genreliteratur zeigt allerdings, dass die jeweiligen Auflistungen von klassischen bzw. Major Genres (die auch als Ur- oder Kerngenres bezeichnet werden) voneinander abweichen. Im Durchschnitt werden zwischen acht und zwölf Genres zu den klassischen gezählt. Richard Maltby zählt in seiner Monographie *Hollywood Cinema* acht tradierte Genres auf: Western, Komödie, Musical, Kriegsfilm, Thriller, Kriminal- oder Gangsterfilm, Horrorfilm und Science-Fiction-Film (1995: 116). Steve Neale fügt dieser Liste noch den Detektivfilm, das Epos, den Social-Problem-Film, den Jugendfilm, das Biopic und das Action-Abenteuer hinzu (2000). Werner Faulstich zählt in seinem *Grundkurs Filmanalyse* zu den „wichtigsten zehn Filmgenres" den Western, den Kriminalfilm, das Melodrama, den Science-Fiction-Film, den Abenteuerfilm, den Horrorfilm, den Thriller, die Komödie, das Musical und den Erotikfilm (2002: 29ff.).

Eine solche Einteilung folgt nicht selten einer bestimmten argumentativen Stoßrichtung, kann aber auch willkürlich erfolgen. Der Ausschluss eines Genres aus dem klassischen Kanon kann eine Abwertung darstellen. Andererseits hat z.B. Steve Neale sowohl das Melodrama als auch den Film Noir bewusst nicht in seine Aufzählung der Major Genres integriert, sondern die beiden als komplexe *„special cases"* diskutiert (Neale 2000: 51ff.), was ihre gewichtige Rolle umso mehr betont. Systematische Überblicke über Genres unterscheiden sich demnach durchaus voneinander, zumal die Einteilung in klassische und nichtklassische Genres sowie die Ausbildung von Subgenres unterschiedliche Akzentuierungen zulassen. Dennoch greifen die meisten Überblicke auf den Stand der Wissenschaft zurück und stehen – trotz aller Schwerpunktsetzungen und argumentativer Prämissen – immer im Kontext der bisherigen Forschung.

Innerhalb eines Genres können sich Filmgruppen mit bestimmten noch spezifischeren formal-ästhetischen und/oder inhaltlich-thematischen Merkmalen herausbilden, die dann ein sogenanntes Subgenre konstituieren. In diesem Sinne kann z.B. der Vampirfilm als Subgenre des Horrorfilms, der High-School-Film als Subgenre des Jugendfilms verstanden werden. Es handelt sich hier häufig um Spezifizierungen z.B. hinsichtlich der typischen Figuren, der Handlungsorte oder der dramaturgischen Grundmuster; Subgenres beschränken sich oft auch nur auf eine bestimmte filmhistorische Phase.

Es sollte festgehalten werden: Jede Sammlung von Genres enthält durch die Auswahl eine explizite oder implizite Wertung. Die impliziten Kriterien und Kategorien, nach denen eine Auswahl getroffen wird, können offengelegt werden oder nicht. Es kann sich bei derartigen Kriterien um die Quantität, die Wichtigkeit eines Genres in der Filmgeschichte und/oder der Medienkultur der Gegenwart, die Stabilität eines Genres, die intermediale Dimension, die soziokulturelle Bedeutung oder die Stellung des Genres im filmwissenschaftlichen Diskurs handeln, zum Teil sicherlich auch um persönliche Vorlieben des Wissenschaftlers. Für populärwissenschaftliche Buchreihen muss darüber hinaus berücksichtigt werden, dass auch das angenommene Vermarktungspotenzial der Bücher eine Rolle bei der Auswahl der Genres spielen kann. Sehr oft bleibt bei Aufzählungen von Major Genres unerwähnt, dass dabei häufig ‚nur' die vom US-amerikanischen Kino geprägten Genres gemeint sind.

4.1 Genretheorie und Einzelgenretheorie

Die Genretheorie beschäftigt sich mit dem Konzept, dem Begriff, der Anwendbarkeit und der historischen und kulturellen Ausprägung von Genres im Allgemeinen. Idealerweise liefert sie theoretische Erklärungsmuster über die allgemeinen Funktionsweisen von Einzelgenres und darüber, wie diese definiert werden können, was sie auf abstrakter Ebene als Phänomen miteinander teilen und wie sie zueinander in Beziehung stehen (in diesem Sinne operiert sie auf einer den Einzelgenres übergeordneten Metaebene).

Die Einzelgenretheorie, also die Theorie eines einzelnen Genres wie des Western, des Melodramas oder der Komödie, kann sich an der allgemeinen Genretheorie orientieren und umgekehrt: Die allgemeine Genretheorie setzt bei den Einzelgenretheorien an, indem sie Erkenntnisse zu einzelnen Genres in einer umfassenden Genretheorie verallgemeinert. Wie oben erwähnt, war die frühe theoretische Beschäftigung mit Genres vor allem von Reflexionen über Einzelgenres geprägt, aus denen sich dann übergreifende Genretheorien entwickelt haben. Aber auch eine abstrakte Genretheorie orientiert sich exemplarisch an einem oder mehreren Einzelgenres. Zu Beginn der theoretischen Auseinandersetzung galt vor allem der Western als beliebtes Referenzgenre (Buscombe ([1970] 2003). Auch später entwarfen Genretheoretiker ihre Modelle zumeist anhand exponierter Beispielgenres; so Altman am Beispiel des Musicals (1989) oder Thomas Elsaesser ([1972] 1994) und Steve Neale (1993) anhand des Melodramas.

Eine empirisch abgesicherte Konfiguration von Grundmustern, die von allen Filmen eines Genres und nur von diesen geteilt wird, existiert nicht. Es gibt kaum einen Film, der sich exklusiv nur einem einzigen Genre zuordnen lässt. Weil die Merkmale kombinierbar sind und Genres einem geschichtlichen Wandel unterliegen, entziehen sich Genrebezeichnungen einer übergreifenden Systematik. Vergleicht man, was die verschiedenen Genrebezeichnungen jeweils benennen, weisen diese in Bezug auf ihre Bedeutung eine große Varianz auf: So verweisen z.B. die Begriffe Western und Roadmovie auf eine räumliche und topographische Einordnung der Handlung, Abenteuerfilm und Katastrophenfilm heben das Thema der Filme hervor, Musical verweist auf die Rolle der Musik, Thriller und Horrorfilm auf dramaturgisch-psychologische Wirkungsmechanismen etc. Die einzelnen Genrekonzepte setzen „mit ihrem jeweils im Genreetikett ausgestellten Indikator bei höchst unterschiedlichen Abstraktionsebenen und Aspekten an" (Schweinitz 1994: 109).

Mit der Genrebezeichnung wird also jeweils ein zumeist unterschiedliches Klassifizierungsmerkmal hervorgehoben. Filme, die einem Genre zugerechnet werden, enthalten aber nicht nur dieses eine dominierende Merkmal, sondern weitere Elemente, die auch und gerade für andere Genres typisch sein können. Jeder Genrefilm ist durch eine Mischung, ein divergentes Merkmalsbündel gekennzeichnet. Die dominanten Merkmale können dazu führen, dass der Film innerhalb eines bestimmten Genres angekündigt wird. Das heißt aber nicht zwingend, dass der einzelne Film auch so rezipiert wird, denn die dominanten

Elemente sind nicht exklusiv; die Zuschauer finden möglicherweise andere Genremerkmale wichtiger (vgl. Mikos 2003: 255). Lothar Mikos führt in diesem Zusammenhang das Beispiel TITANIC von James Cameron an (ebd.). Der Film erzählt zwei Geschichten: vom Untergang des als unsinkbar geltenden Luxusliners und der ‚Gesellschaftsschichten übergreifenden' Liebe zwischen Rose und Jack (ebd.). Während im ersten Teil des Films die Liebesgeschichte dominiert, steht im zweiten Teil nach der Kollision mit dem Eisberg die Katastrophengeschichte im Vordergrund. Da die Katastrophe auch nur als Folie betrachtet werden kann, vor der die tragische Liebesgeschichte entfaltet wird, wurde der Film von großen Teilen des Publikums als romantischer Liebesfilm und weniger als Katastrophenfilm wahrgenommen (Mikos 2003: 255f.).

4.2 Einzelgenres und Genreanalyse

Unter dem Begriff der ‚Genreanalyse' können wir nach Hickethier zweierlei verstehen (2002: 90f.): a) Die Analyse einer Gruppe von zusammengehörigen Filmen als Genre, d.h. als Filme, die sich verschiedene Merkmale teilen, und b) die Analyse und Interpretation eines Films vor dem Hintergrund eines Genres.

a) Um eine Gruppe von Filmen als Genre zu analysieren, kann man induktiv, also im Sinne eines Bottom-up-Verfahrens, vom Gegenstand ausgehen. So werden beispielsweise zehn Filme, die mutmaßlich – z.B. einem bestimmten Diskurs zufolge – einem Genre zugerechnet werden oder als Prototypen eines Genres oder Subgenres gelten, ausgewählt und nach den Regeln einer klassischen Filmanalyse[18] untersucht. Auf diese Weise lassen sich auf verschiedenen Analyseebenen Merkmale extrahieren, die alle diese Filme teilen. Die Liste der gemeinsamen Merkmale kann als Merkmalskatalog einer spezifischen historischen Phase oder Ausprägung des Genres postuliert werden. Dieser Katalog würde dann als Grundlage für die Frage dienen, inwiefern andere Filme ebenfalls zu der spezifischen Phase oder Ausprägung des Genres zu zählen sind, als Hybridformen einige Merkmale des Genres teilen oder als Renaissance des Genres gelten können, oder aber inwiefern andere Medienprodukte wie Computerspiele, Fernsehsendungen oder Comis diese Merkmale adaptiert haben.

Sinnvoll ist ein solches Vorgehen, wenn man einen Merkmalskatalog zur Beschreibung eines Genres benötigt, auf dem aufbauend weitere Filme analy-

---

[18] Exemplarisch sind hier die deutschsprachigen Einführungen in die Filmanalyse von Borstnar/Pabst/Wulff (2008); Mikos (2003); Hickethier (2012); Faulstich (2002) und Kuchenbuch (2005) zu nennen.

siert und interpretiert werden sollen. Wie zuvor klar herausgestellt wurde, ist ein solcher Katalog an Merkmalen allerdings immer als Hilfskonstruktion zu verstehen[19] und dennoch notwendig, um das Genrekonzept überhaupt für die Filmanalyse zu operationalisieren. Je differenzierter man dabei methodisch vorgeht, desto besser lässt sich das Genre auch als flexibel und dynamisch erfassen. Zur Rekonstruktion bestimmter Genreentwicklungen und Ausdifferenzierungen eines Genres ist es zunächst sinnvoll, eine Gruppe von Genrefilmen aus einem konkreten historischen und kulturellen Produktionskontext herauszugreifen und auf gemeinsame Strukturmerkmale hin zu untersuchen. Anhand verschiedener historischer (oder auch kultureller, nationaler oder studiobezogener) Querschnitte, die in einem zweiten Schritt miteinander verglichen werden, lässt sich so beispielsweise eine historische Entwicklung von Genreformationen nachzeichnen. Mit Hilfe einer derartigen vergleichenden Analyse kann die Vorstellung eines dynamischen Genrekonzepts auf eine analytische Basis gestellt werden; darüber hinaus können konkrete historische oder nationale Ausprägungen bestimmt und differenziert werden. Eingesetzt werden kann eine Genreanalyse auch, wenn vor der Folie der Genretheorie die Frage aufgeworfen werden soll, ob sich ein neues Genre herausgebildet hat, ob also eine Gruppe an Filmen, die noch nicht in einem Zusammenhang analysiert worden ist, als Genre bestimmt werden kann;[20] oder ob eine Gruppe an Filmen, die einem Genre zugeordnet wird, durch zusätzliche markante Merkmale eine Untergruppe begründet, die man als Subgenre bezeichnen kann. Derartige gegenstandsbezogene Analysen können wiederum als Grundlage für weiter reichende kontextuelle Untersuchungen oder als Vergleichsfolie für eine systematische diskursanalytische Untersuchung der Begriffsverwendungen dienen.

Wenn man b) einen Film vor dem Hintergrund eines Genres analysieren und interpretieren möchte, greift man zumeist auf die vorliegenden Theorien zu dem entsprechenden Genre zurück. Um beispielsweise zu diskutieren, inwieweit ein ‚Neo-Western' noch als Western oder ein ‚Neo-Noir' noch als Film Noir gelten kann und inwiefern sie sich von Klassikern des jeweiligen Genres unterscheiden, kann man auf verschiedene vorliegende Merkmalslisten, Forschungsergebnisse und theoretisch untermauerte Hypothesen zu diesen Genres zurückgreifen und durch eine genrebezogene Analyse Gemeinsamkeiten und Abwei-

---

19 In der konkreten Analyse von Genrefilmen im Laufe der Entwicklung eines Genres wird man immer wieder mit der Dynamik und Heterogenität des Feldes konfrontiert.
20 In der Geschichte der Genretheorie wurden sowohl Gruppen an Filmen als Genre analysiert, die bereits während ihrer Produktion als Genrefilme aufgefasst wurden, wie z.B. Westernfilme, als auch Filmgruppen, die während ihrer Produktion noch nicht als Genre betrachtet wurden, wie z.B. der Film Noir.

chungen bestimmen. Auf diese Weise ist es sowohl möglich, Filme auf ihre Genrezugehörigkeit zu überprüfen, die von der Filmkritik oder der Filmvermarktung in eine ‚Genreschublade' gesteckt worden sind, als auch Filme bewusst ‚gegen den Strich' zu lesen. Interessant ist ein solches Vorgehen, wenn man bestimmen will, wie Filme durch das Anspielen auf und/oder Kombinieren von Genrekonventionen zusätzliche Bedeutungsschichten generieren, z.B. bei Hybridformen sowie bei selbst- und medienreflexiven Genrefilmen. Denn Genremerkmale bergen das Potenzial großer Erzählökonomie und Bedeutungsverdichtung. Mit einem stereotypen Muster, das ein Film in einer Szene aufruft, einem ikonographischen Code, den er benutzt, oder einem Merkmal, das er einsetzt, kann er in kürzester Zeit eine hohe Bedeutungsdichte generieren. Ein Beispiel sind die vielen intertextuellen Anspielungen des Films PULP FICTION auf Genrekonventionen des Gangsterfilms (vgl. Hickethier 2002: 97ff.). Eine Genreanalyse dieses Films vermag die thematischen, strukturellen und stilistischen Elemente des Gangsterfilms als Teil des Geflechts intertextueller Bezüge herauszuarbeiten und eine Bedeutungsdimension des Films zu erschließen, indem gezeigt wird, wie die Elemente des Gangsterfilms in PULP FICTION zusammengefügt und neu funktionalisiert worden sind.

4.3 Genre und Hybridisierung

Mit den Begriffen ‚hybrid' und ‚Hybridisierung' wird innerhalb der Genredebatte das Phänomen der Kombination von Elementen unterschiedlicher Genres in einem einzigen Film beschrieben. Hybride Phänomene können nicht immer eindeutig von Varianten der Parodie, dem Genremix oder der bloßen Mischung von Genremerkmalen abgegrenzt werden. Der Begriff der ‚Parodie' ist der Verwendung in der Literaturwissenschaft entlehnt; seine durchaus komplexe und nicht unumstrittene Bedeutung kann an dieser Stelle lediglich angedeutet werden. Die *Parodie* bezeichnet – sehr vereinfacht – die Übernahme oder Nachahmung der Genreform, innerhalb derer die charakteristischen Eigenschaften des jeweiligen Genres dann übertrieben dargestellt werden, oft mit einer kritischen, satirischen und/oder komischen Funktion (vgl. Weidhase/Kauffmann 2007: 572). Die Parodie zeichnet sich also – und das gilt auch für die Hybridisierung – durch eine spezifische Weise der Abhängigkeit vom Referenztext aus. Hybride Genrefilme wenden sich an ein *genrebewusstes* Publikum; die Vertrautheit des Publikums mit verschiedenen Genres wird für die Rezeption vorausgesetzt. Sie ist zwar nicht notwendig, um den Film zu verstehen, hilft aber, eine weitere Bedeutungsschicht zu entdecken. Inwiefern die Grenzen zwischen den einzelnen Genres innerhalb eines hybriden Genrefilms betont oder gar ‚vertuscht' werden, ist abhängig vom Einzelfall.

Nicht selten werden hybride Phänomene innerhalb der Genretheorie als evolutionäre Kulminationspunkte der Genreentwicklung bzw. als Indikatoren für eine Phase der ‚Erschöpfung' oder ‚Neubildung' des Genres verstanden. Doch in der Filmgeschichte, speziell jener Hollywoods, gibt es kaum einen Film, der sich exklusiv nur einem Genre zuordnen lässt; vielmehr ist die Kombination von unterschiedlichen Genremerkmalen die Regel und nicht die Ausnahme. Jörg Schweinitz hat herausgestellt, dass die Mischung von Genres und das ständige Überschreiten von impliziten Genregrenzen schon im klassischen Filmbetrieb üblich waren (2002; 2006). Sogenannte ‚Genremischungen' sind „nicht etwa ein einmaliges Spezifikum des postmodernen Kinos, wie heute manchmal behauptet wird, sondern eine Konstante der Filmgeschichte" (Schweinitz 2002: 84; vgl. auch Schweinitz 2006: 79-97) und damit auch ein integraler Bestandteil der Entstehung und Entwicklung von Genres generell. Auch Janet Staiger hat darauf verwiesen, dass die theoretische und historische Annahme, Hollywoodfilme und Genres seien ursprünglich ‚rein' und überschneidungsfrei gewesen sowie hybride Genrefilme vornehmlich ein Phänomen des postmodernen Hollywoods, ein Missverständnis ist ([1997] 2003: 186). Stattdessen muss die Hybridisierung immer wieder neu, für unterschiedliche Epochen und einzelne Genres untersucht und bestimmt werden. Zweifelsohne lassen sich dann historische Kulminationspunkte ausmachen, bei denen Hybridisierungen gehäuft auftreten.

Wir unterscheiden daher zwischen a) der dem Genrekonzept bis zu einem gewissen Grad generell *inhärenten* Hybridität, im Sinne einer kontinuierlichen Erweiterung/Fortschreibung der generischen Konventionen, und b) einer nachweisbar eingesetzten, rhetorischen Strategie der *selbstreflexiven* Hybridisierung in Form von mehr oder weniger expliziten Hinweisen auf die generischen Konventionen und den spielerischen Umgang mit diesen in den Filmen selbst (als Beispiel wären hier Filme wie PULP FICTION von Quentin Tarantino sowie die Kombination aus Western- und Science-Fiction-Elementen in WILD WILD WEST oder COWBOYS & ALIENS zu nennen).[21]

So wirken sich Hybridität und Hybridisierung letztlich auf vielfältige Weise auf unterschiedliche Aspekte und Dimensionen des Genrekonzepts aus; z.B. auf die Systematisierung von Einzelgenres, das Entstehen neuer Genres und Subgenres (wenn sich eine Genremischung als so erfolgreich herausstellt, dass sie

---

21 Auch die Unterscheidung zwischen inhärenter Hybridität und rhetorisch-selbstreflexiver Hybridisierung ist nicht absolut zu treffen und muss – gerade bei Grenzfällen – am jeweiligen Filmbeispiel analysiert und diskutiert werden.

einen neuen Zyklus begründet), aber auch auf die spezifische Filmrezeption und Filmerfahrung. Hybridität und Hybridisierung können innerhalb des Genrekonzepts demnach als eine historische Konstante, eine nachweisbare rhetorisch-selbstreflexive Strategie eines Films sowie als Grundstein zur Ausdifferenzierung von Genres und der Bildung von neuen Subgenres aufgefasst werden.

4.4 Ausblick: Genres im Zeitalter von Digitalisierung, Medienkonvergenz und Multimedia

Die Genretheorie geht per se von einer intertextuellen Betrachtungsweise aus, indem sie annimmt, dass zwischen mindestens zwei Werken in einem Medium, in unserem Fall dem Medium des Kinofilms, eine Beziehung besteht, wenn sie demselben Genre zugeordnet werden. Diese intertextuelle Perspektive kann medienübergreifend zur Intermedialität erweitert werden, wenn derartige Beziehungen zwischen zwei Werken unterschiedlicher Medien, etwa einem Kino- und einem Fernsehfilm angenommen und nachgewiesen werden. Nicht selten wird ein medienspezifisch etabliertes Genre in einem anderen Medium adaptiert. Als Beispiel sei das intensive Wechselspiel zwischen den Entwicklungen des Kriminalfilms als *Kino*genre und den Ausprägungen des *Fernseh*krimis erwähnt. Ebenso kann die Adaption von Elementen des Roadmovie in Roadnovels seit den 1990er-Jahren genannt werden wie in *Das neue Leben* von Orhan Pamuk (1994) oder *Tschick* von Wolfgang Herrndorf (2010). Ursprünglich im Einflussfeld literarischer Genres entstanden, hat das Roadmovie später viele literarische Reisegeschichten beeinflusst. Das Kinomelodrama lässt sich nicht nur auf eine Bühnenform zurückführen, sondern wurde u.a. für das Fernsehen in das Format der Telenovela transformiert. Auch der klassische Film Noir der 1940er- und 1950er-Jahre übt bis heute einen großen Einfluss sowohl auf zahlreiche Kinofilme (Neo-Noir) als auch auf viele andere Medien aus. Der ‚Film-Noir-Stil' oder die ‚noir-typischen' Figuren finden sich in Fernsehfilmen und -serien (z.B. *Public Eye*) oder in Comics (z.B. *The Spirit*) wieder.

Die intermediale Perspektive wird durch neue mediale Entwicklungen immer wieder herausgefordert. Als Beispiel sei die relativ neue serielle audiovisuelle Erzählform der *Webserie* genannt (zur Definition und Klassifikation von Webserien vgl. Kuhn 2012). Nicht zuletzt aufgrund der immer professioneller werdenden Produktionsformen und kommerzieller Interessen der Portalbetreiber, die die Serien veröffentlichen, arbeiten Webserien zunehmend auch mit etablierten und erfolgreichen Genremustern aus Film- und Fernsehen (ebd.). Ein Beispiel ist die Webserie *Prom Queen*, eine professionell produzierte Webserie, die u.a. das prototypische Personal des High-School-Films einschließlich zugehöriger figurenzentrierter Handlungsmuster adaptiert, die größtenteils auf den genretypischen Abschlussball als Kulminationspunkt zulaufen. Die Hauptfiguren, die in der zweiten von insgesamt 80 Episoden der ersten Staffel vorgestellt werden, erinnern unmittelbar an das typische High-School-Film-Personal: der Klassenflirt, der Top-Sportler, die politisch Alternative, der Business-Streber, der Klassenclown etc. (vgl. Kuhn 2013). Dass insgesamt zehn Figuren – einschließlich gängiger Handlungsmuster – in den nur 90 Sekunden dieser Folge eingeführt werden können, liegt an der unmittelbaren Vertrautheit des Zielpublikums mit den Stereotypen des High-School-Films als Subgenre des Jugendfilms[22] (vgl. ebd.). Der hohe Grad an Erzählökonomie, der bei der Kürze der Episoden von Webserien notwendig ist, lässt sich durch etablierte genretypische Darstellungs- und Erzählmuster besonders effizient erreichen. Die Produzenten von Webserien greifen auf eingeübte Genreschemata zurück und ‚bedienen' sich damit auch der kognitiven Dimension des Genrekonzepts.

Auch für Computerspiele werden immer wieder Genremuster des Kinofilms intermedial adaptiert. So setzen die Produzenten der Spiele *Grand Theft Auto* (*GTA*) und *Grim Fandango* Elemente des Film Noir und des Gangsterfilms ein. Das Spiel *L.A. Noire* verweist schon mit seinem Titel auf die inhärenten Film-Noir-Anleihen und auch *Red Dead Redemption,* das auf typischen Merkmalen des Western beruht, hat diese intermediale Bezugnahme bereits erfolgreich vorgeführt.[23]

Vor dem Hintergrund aktueller medialer Phänomene wie dem Web 2.0, der Medienkonvergenz, dem *transmedia storytelling* und gesamtgesellschaftlicher Vorgänge wie der Globalisierung gewinnt auch das filmwissenschaftlich geprägte Genrekonzept eine intermediale und interdisziplinäre Dimension. Angesichts der vielen multimodalen und medienübergreifenden Entwicklungen, die auch in der digitalen und vernetzten Medienkultur der Gegenwart durch audiovisuelle Bestandteile gekennzeichnet und von einem filmkulturellen Genrebewusstsein beeinflusst sind, sollte das filmwissenschaftliche Genrekonzept auch in Zukunft angewendet, diskutiert und erweitert werden.

---

22 Vgl. zum Jugendfilm auch das gleichnamige Kapitel in diesem Band.
23 Vgl. auch das Kapitel zu „Genre und Videospiel" in diesem Band.

Medienverzeichnis

COWBOYS & ALIENS (USA 2011, Regie: Jon Favreau)
Grand Theft Auto (Rockstar North/Rockstar Games, 1997-2012)
Grim Fandango (LucasArts, 1998)
Herrndorf, Wolfgang (2010): *Tschick*. Berlin: Rowohlt.
L.A. Noire (Team Bondi/Rockstar Games, 2011)
Pamuk, Orhan ([1994] 1998): *Das neue Leben*. München/Wien: Carl Hanser.
PULP FICTION (USA 1994, Regie: Quentin Tarantino)
Public Eye (GB 1965-1975, TV-Serie)
Prom Queen (Staffel I: USA 2007, Vuguru, Myspace)
Red Dead Redemption (Rockstar San Diego/Rockstar Games, 2010)
The Spirit (Will Eisner, 1940-1952, Comic)
TITANIC (USA 1997, Regie: James Cameron)
WILD WILD WEST (USA 1999, Regie: Barry Sonnenfeld)

Literaturverzeichnis

Altman, Rick (1989): *The American Film Musical*. Bloomington/London: Indiana University Press.
Altman, Rick (1999): *Film/Genre*. London: British Film Institute.
Altman, Rick ([1984] 2003): „A Semantic/Syntactic Approach to Film". In: Grant, Barry Keith (Hg.): *Film Genre Reader III*. Austin: University of Texas Press, S. 27-41.
Bateman, John A./Kepser, Matthis/Kuhn, Markus (2013): „Einleitung". In: Dies. (Hgg.): *Film, Text, Kultur: Beiträge zur Textualität des Films*. Marburg: Schüren, S. 7-29.
Blaseio, Gereon (2004): „Genre und Gender. Zur Interdependenz zweier Leitkonzepte der Filmwissenschaft". In: Liebrand, Claudia/Steiner, Ines (Hgg.): *Hollywood hybrid: Genre und Gender im zeitgenössischen Mainstream-Film*. Marburg: Schüren, S. 29-44.
Böhnke, Alexander (2007): *Paratexte des Films. Über die Grenzen des filmischen Universums*. Bielefeld: transcript.
Borstnar, Nils/Pabst, Eckhard/Wulff, Hans Jürgen (2008): *Einführung in die Film- und Fernsehwissenschaft*. 2. überarb. Aufl., Konstanz: UVK Verlagsgesellschaft.
Braidt, Andrea B. (2008): *Film-Genus. Gender und Genre in der Filmwahrnehmung*. Marburg: Schüren.
Braidt, Andrea B./Jutz, Gabriele (2002): „Theoretische Ansätze und Entwicklungen in der feministischen Filmtheorie". In: Dorer, Johanna/Geiger, Brigitte (Hg.): *Feministische Kommunikations- und Medienwissenschaft. Ansätze, Befunde und Perspektiven der aktuellen Entwicklung*. Wiesbaden: Westdeutscher Verlag, S. 292-306.
Brauerhoch, Annette (1996): *Die gute und die böse Mutter. Kino zwischen Melodrama und Horror*. Marburg: Schüren.
Bronfen, Elisabeth (2004): „‚You've got a great big dollar sign where most women have a heart'. Refigurationen der Femme fatale im Film Noir". In: Liebrand, Claudia/Steiner, Ines (Hgg.): *Hollywood hybrid: Genre und Gender im zeitgenössischen Mainstream-Film*. Marburg: Schüren, S. 91-135.

Buscombe, Edward ([1970] 2003): „The Idea of Genre in the American Cinema". In: Grant, Barry Keith (Hg.): *Film Genre Reader III*. Austin: University of Texas Press, S. 12-27.

Byars, Jackie (1991): *All that Hollywood allows: re-reading gender in 1950s melodrama*. London: Routledge.

Carroll, Noël (1999): „Film, Emotion, and Genre". In: Plantinga, Carl/Smith, Greg M. (Hgg.): *Passionate Views. Film, Cognition and Emotion*. Baltimore/London: The John Hopkins University Press, S. 21-47.

Casetti, Francesco (2001): „Filmgenre, Verständigungsvorgänge und kommunikativer Vertrag". In: *montage/av*, 10.2, S. 155-173.

Dusini, Arno (1997): „Gattung". In: Brunner, Horst/Moritz, Rainer (Hgg.): *Literaturwissenschaftliches Lexikon. Grundbegriffe der Germanistik*. Berlin: Erich Schmidt, S. 113-114.

Elsaesser, Thomas ([1972] 1994): „Tales of Sound and Fury. Observations on the Family Melodrama". In: Cargnelli, Christian/Palm, Michael (Hgg.): *Und immer wieder geht die Sonne auf. Texte zum Melodramatischen im Film*. Wien: PVS Verleger.

Faulstich, Werner (2002): *Grundkurs Filmanalyse*. München: Fink.

Felix, Jürgen (2002): „Autorenkino". In: Ders. (Hg.): *Moderne Film Theorie*. Mainz: Bender, S. 13-57.

Gehring, Wes D. (1988) (Hg.): *Handbook of American Film Genres*. New York: Greenwood Press.

Genette, Gérard (1989): *Paratexte. Das Buch vom Beiwerk des Buches*. Frankfurt a.M./New York: Campus.

Gledhill, Christine (1987) (Hg.): *Home is where the heart is. Studies in Melodrama and the Woman's Film*. London: British Film Institute.

Grant, Barry Keith (2003) (Hg.): *Film Genre Reader III*. Austin: University of Texas Press.

Grodal, Torben (1997): *Moving Pictures. A New Theory of Film Genres, Feelings, and Cognition*. Oxford: Oxford University Press.

Grodal, Torben (2009): *Embodied Visions. Evolution, Emotion, Culture, and Film*. Oxford: Oxford University Press.

Grob, Norbert (2007): „Autorenfilm". In: Koebner, Thomas (Hg.): *Reclams Sachlexikon des Films*. 2., akt. u. erw. Aufl., Stuttgart: Reclam, S. 49-53.

Hagener, Malte (2011): „Der Begriff Genre". In: Rother, Rainer/Pattis, Julia (Hgg.): *Die Lust am Genre. Verbrechergeschichten in Deutschland*. Berlin: Bertz + Fischer, S. 11-24.

Hediger, Vinzenz/Vonderau, Patrick (2005): „Landkarten des Vergnügens: Genres in Filmwerbung und Filmvermarktung". In: Dies. (Hgg.): *Demnächst in ihrem Kino. Grundlagen der Filmwerbung und Filmvermarktung*. Marburg: Schüren, S. 240-248.

Hickethier, Knut (2002): „Genretheorie und Genreanalyse". In: Felix, Jürgen (Hg.): *Moderne Film Theorie*. Mainz: Bender, S. 62-96.

Hickethier, Knut (2012): *Film- und Fernsehanalyse*. 5. akt. u. erweit. Aufl., Stuttgart/Weimar: Metzler.

Kaminsky, Stuart (1974): *American Film Genres. Approaches to a Critical Theory of Popular Film*. Dayton: Pflaum.

Kuchenbuch, Thomas (2005): *Filmanalyse. Theorien. Methoden. Kritik*. Wien u.a.: Böhlau.

Kuhn, Markus (2012): „Zwischen Kunst, Kommerz und Lokalkolorit: Der Einfluss der Medienumgebung auf die narrative Struktur von Webserien und Ansätze zu einer Klassifizierung". In: Nünning, Ansgar/Rupp. Jan/Hagelmoser, Rebecca/Meyer, Jonas Ivo (Hgg.): *Narrative Genres im Internet. Theoretische Bezugsrahmen, Mediengattungstypologie und Funktionen*. Trier: WVT, S. 51-92.

Kuhn, Markus (2013/im Druck): "Der Einfluss medialer Rahmungen auf das Spiel mit Genrekonventionen. Die Webserie Prom Queen als Netzadaption eines Highschoolfilms". In: Henke, Jennifer/Krakowski, Magdalena/Moldenhauer, Benjamin/Schmidt, Oliver (Hgg.): *Hollywood Reloaded. Genrewandel und Medienerfahrung nach der Jahrtausendwende*. Marburg: Schüren.

Langford, Barry (2005): *Film Genre. Hollywood and beyond*. Edinburgh: Edinburgh University Press.

Maltby, Richard (1995): *Hollywood Cinema*. Cambridge: Blackwell.

Mikos, Lothar (2003): *Film- und Fernsehanalyse*. Konstanz: UVK.

Mittell, Jason (2001): "A Cultural Approach to Television Genre Theory". In: *Cinema Journal*, 40.3, S. 3-24.

Mittell, Jason (2004): *Genre and Television: From Cop Shows to Cartoons in American Culture*. New York u.a.: Routledge.

Müller, Eggo (1997): "Genre". In: Rother, Rainer (Hg.): *Sachlexikon Film*. Reinbek bei Hamburg: Rowolth, S. 141-142.

Neale, Steve (1993): "Melo Talks: On the Meaning and Use of the Term ,Melodrama' in the American Film Press". In: *Velvet Light Trap*, Herbst 1993, S. 66-89.

Neale, Steve (2000): *Genre and Hollywood*. London: Routledge.

Neale, Steve ([1990] 2003): "The Question of Genre". In: Grant, Barry Keith (Hg.): *Film Genre Reader III*. Austin: University of Texas Press, S. 160-184.

Ryall, Tom (1998): "Genre and Hollywood". In: Hill, John/Church Gibson, Pamela (Hgg.): *The Oxford Guide to Film Studies*. New York: Oxford University Press, S. 327-341.

Schatz, Thomas (1981): *Hollywood Genres: formulas, filmmaking, and the studio system*. Philadelphia: Temple University Press.

Schmidt, Siegfried J. (1994): *Kognitive Autonomie und soziale Orientierung. Konstruktivistische Bemerkungen zum Zusammenhang von Kognition, Kommunikation, Medien und Kultur*. Frankfurt a.M.: Suhrkamp.

Schneider, Irmela (2004): "Genre, Gender, Medien. Eine historische Skizze und ein beobachtungstheoretischer Vorschlag". In: Liebrand, Claudia/Steiner, Ines (Hgg.): *Hollywood hybrid: Genre und Gender im zeitgenössischen Mainstream-Film*. Marburg: Schüren, S. 16-28.

Schrader, Paul ([1972] 2003): "Notes on Film Noir". In: Grant, Barry Keith (Hg.): *Film Genre Reader III*. Austin: University of Texas Press, S. 229-242.

Schweinitz, Jörg (1994): "Genre und Lebendiges Genrebewusstsein". In: *montage/av*, 3.2, S. 99-118.

Schweinitz, Jörg (2002): "Von Filmgenres, Hybridformen und goldenen Nägeln". In: Sellmer, Jan/Wulff, Hans J. (Hgg.): *Film und Psychologie – nach der kognitiven Phase?* Marburg: Schüren, S. 79-93.

Schweinitz, Jörg (2006): *Film und Stereotyp. Eine Herausforderung für das Kino und die Filmtheorie. Zur Geschichte eines Mediendiskurses*. Berlin: Akademie Verlag.

Schweinitz, Jörg (2007): "Genre". In: Koebner, Thomas (Hg.): *Reclams Sachlexikon des Films*. Stuttgart: Reclam, S. 283- 285.

Seeßlen, Georg (1995): *Western: Geschichte und Mythologie des Westernfilms*. Überarb. u. akt. Neuaufl., Marburg: Schüren.

Seeßlen, Georg (2011): *Filmwissen: Detektive*. Marburg: Schüren.

Sennewald, Nadja (2007): *Alien Gender. Die Inszenierung von Geschlecht in Science-Fiction-Serien*. Bielefeld: transcript.

Shelton, Catherine (2008): *Unheimliche Inskriptionen. Eine Studie zu Körperbildern im postklassischen Horrorfilm*. Bielefeld: transcript.

Sobchack, Vivian ([1990] 2003): „,Surge and Spledor': A Phenomenology of the Hollywood Historical Epic". In: Grant, Barry Keith (Hg.): *Film Genre Reader III*. Austin: University of Texas Press, S. 296-323.

Staiger, Janet ([1997] 2003): „Hybrid or Inbred. The Purity Hypothesis and Hollywood Genre History". In: Grant, Barry Keith (Hg.): *Film Genre Reader III*. Austin: University of Texas Press, S. 185-199.

Tudor, Andrew ([1974] 1977): *Film-Theorien*. (Hgg. Hoffmann, Hilmar/Schobert, Walter) Frankfurt a.M.: Kommunales Kino.

Viehoff, Reinhold (2002): „Gattung". In: Schanze, Helmut (Hg.): *Metzler Lexikon Medientheorie/Medienwissenschaft*. Stuttgart/Weimar: Metzler, S. 125-126.

Wedel, Michael (2007): *Der deutsche Musikfilm. Archäologie eine Genres 1914-1945*. München: edition text + kritik.

Weidhase, Helmut/Kauffmann, Kai (2007): „Parodie". In: Burdorf, Dieter/Fasbender, Christoph/Moennighoff, Burkhard (Hgg.): *Metzler Lexikon Literatur*. 3. Aufl., Stuttgart: Metzler, S. 572.

Williams, Alan (1984): „Is a Radical Genre Criticism Possible". In: *Quarterly Review of Film Studies* 9/2, S. 121-125.

Williams, Linda ([1991] 2003): „Film Bodies. Gender, Genre and Excess". In: Grant, Barry Keith (Hg.): *Film Genre Reader III*. Austin: University of Texas Press, S. 141-159.

Wilpert, Gero von (1989): *Sachwörterbuch der Literatur*. 7., verb. u. erweit. Aufl., Stuttgart: Kröner.

Wood, Robin ([1977] 2003): „Ideology, Genre, Auteur". In: Grant, Barry Keith (Hg.): *Film Genre Reader III*. Austin: University of Texas Press, S. 60-75.

Teil II: **Filmgenres**

Western

Dagmar Brunow

Einleitung

Fünfzig Jahre lang, von 1910 bis 1960, galt der Western als „das bedeutendste Genre des Kinos" weltweit (Buscombe 1998: 260). Seine Anziehungskraft gewann der Western nicht zuletzt als Ausdruck des amerikanischen Mythos: als „der einzige nationale Mythos der Vereinigten Staaten" (ebd.). Den Western allerdings ausschließlich als „das amerikanische Kino par excellence" (Bazin 1975: 111) zu verstehen, erklärt nicht den immensen Erfolg seiner weltweiten Transformationen und Adaptionen – von den bundesrepublikanischen WINNETOU-Filmen, den italienischen Spaghetti-Western bis zu den indischen Curry-Western.[1] Der Western hat Regisseure wie Lew Kuleshow, Jean-Luc Godard, Rainer Werner Fassbinder und Quentin Tarantino beeinflusst und selbst wiederum Einflüsse aus aller Welt verarbeitet. Denn er war eben nie nur ein US-Genre, sondern immer schon ein globales Phänomen: Gedreht wurden Westernfilme in der Camargue, in Kroatien, im südspanischen Almeria, am Neckar oder auf der Krim. So lässt sich die Frage stellen, wie amerikanisch der klassische Western überhaupt ist. Und ist er nicht ohnehin schon hybrid mit seiner Cowboy-Ikonographie, die sich von mexikanischen Vaqueros herleitet und die längst fester Bestandteil der Populärkultur ist?[2] Ist womöglich der Hollywood-Western hybrider, queerer und transnationaler als bislang angenommen?

Ein solcher Genrebegriff, der den Western nicht als statisches, essentielles Konzept, sondern als wandelbar und hybrid begreift, erlaubt neue Perspektiven und Lesarten. Im Folgenden wird eine Einführung in den Western gegeben, die zunächst einen Überblick über seine Merkmale und Grundlagen liefert, bevor am Beispiel von THE SEARCHERS demonstriert wird, dass das Genre auch in seiner

---

1 Als ‚Spaghetti-Western' bezeichnet man den Italowestern der Jahre 1965-1975 (siehe Frayling 2006; Eleftheriotis 2001). Kennzeichnend ist der Bruch mit den strikten Moralvorstellungen des klassischen Hollywood-Western, wobei sich die Filme von Sergio Leone mit ihren Antihelden und ihrem viel zitierten Soundtrack von Ennio Morricone als stilbildend erwiesen haben. Der Ausdruck ‚Spaghetti-Western' inspirierte zu Bezeichnungen wie ‚Borschtsch-Western', ‚Sauerkraut-Western', ‚Camembert-Western' oder ‚Chopsuey-Western'.
2 Zur Frage, inwieweit multikulturelle Einflüsse womöglich konstitutiv für den Western sind, besteht noch Forschungsbedarf. Insbesondere die Bedeutung hispanischer Einflüsse für den US-Western ist nicht zu unterschätzen, wie Buscombe/Pearson gezeigt haben (1998: 6f.).

klassischsten Ausformung nie ahistorisch und stabil war. Anschließend wird gezeigt, welchen Beitrag Ideen aus den Cultural Studies, der Weißseinsforschung, den Gender und Queer Studies sowie aus der transnationalen Filmforschung zur Aktualisierung der filmwissenschaftlichen Auseinandersetzung mit dem Western leisten können.[3]

Typische Merkmale des US-Western

Auch wenn viele Western vor dem historischen Hintergrund der Zeit zwischen 1865 und 1890 und geographisch in den Gegenden westlich des Mississippi und nördlich des Rio Grande spielen (Kitses 1969; Buscombe 1998), sind Schauplatz und Zeitpunkt doch flexibel. Den Stoff des US-Western bildet die mythisch überhöhte Besiedlung des nordamerikanischen Kontinents in Richtung Westen, deren Durchführung nur im Krieg gegen die Ureinwohner, die Indianer, möglich wird. Erzählt wird dies mit Hilfe standardisierter Situationen wie Verfolgungsjagden, Überfällen und Schießereien und einer Figurengalerie aus Cowboys, Scouts, Trappern, Banditen, Sheriffs und Indianern. Die genrespezifische Ikonographie mit für den Western typischer Kleidung (Cowboyhut und -stiefel), Landschaft (Wüste, Monument Valley), Kulissen (Westernstadt, Saloon), Transportmittel (Pferd, Postkutsche), Waffen (Colt, Revolver) bildet dabei ein Reservoir an Bestandteilen, die immer wieder neu kombiniert werden und die, wenn sie auch nicht in jedem Western zwangsläufig vorkommen, Teil des intertextuellen Verweissystems innerhalb eines Genres sind. Dennoch muss, wie André Bazin es bereits in den 1950er-Jahren formuliert hat, der „Western [...] also etwas anderes sein, etwas, das über seine Form hinausgeht. Die Galoppritte, die Schlägereien, die starken und mutigen Männer in einer wilden und kargen Landschaft reichen nicht aus, die Anziehungskraft des Genres zu erklären und abzugrenzen" (1975: 112).

---

3 Einen Blick auf bislang vernachlässigte europäische Western werfen Bock et al. (2012). Dieser Band basiert auf dem *cinefest* im Jahr 2011 zum Thema: „Europas Prärien und Cañons. Western zwischen Sibirien und Atlantik" (siehe CineGraph 2011). Eine interkulturelle Perspektive auf den Western liefert der Sammelband *Crossing Frontiers. Intercultural Perspectives on the Western* (Klein et al. 2012).

Historische Grundlagen des Genres: der Westernmythos

Ein Trend in der Forschung zum Westerngenre besteht darin, den Western als Mythisierung der amerikanischen Geschichte zu verstehen (Schatz 1981; Buscombe/Pearson 1998).[4] Insbesondere Slotkin (1998) sieht im Western einen Ausdruck historischer Spannungen in den USA, die im Film symbolisch verhandelt werden.[5] Der Westernmythos geht aus der Siegergeschichtsschreibung hervor, als nachträgliche Rechtfertigung der Expansionspolitik und des Genozids an der indigenen Bevölkerung. Der wohl langlebigste aller amerikanischen Mythen ist der Mythos der *Frontier*, jener Grenzlinie, die sich bei der Landnahme durch die Europäer, die vom Osten aus das Land in Richtung Westen in Besitz nahmen, immer weiter verschob. Östlich der Frontier lag die Zivilisation, westlich von ihr die Wildnis. Zwar ist die Frontier-These mittlerweile unter Historikern umstritten (Lusted 2003: 34), als diskursive Formation durchzieht sie aber das Westerngenre.[6] Ideologisch unterfüttert wird sie mit dem Mythos des ‚regeneration through violence', dem ‚Gesetz' des kapitalistischen Wettbewerbs, mit dem sozialdarwinistischen ‚survival of the fittest' als Grundprinzip der Gesellschaft und des ‚Manifest Destiny' (vgl. Slotkin 1998), also der Ideologie, es sei göttliche Bestimmung und damit eine zivilisatorische Verpflichtung, den amerikanischen Kontinent zu besiedeln und zu ‚zivilisieren'. Vom Frontier-Mythos geprägt sind die fünf Lederstrumpf-Romane von James Fenimore Cooper, vor allem *The Last of the Mohicans* (1826). Diese und andere literarische Werke, Groschenromane und kulturelle Praxen wie die populären Wild West Shows haben einen Westernmythos entworfen, der vom neuen Medium Kino

---

4 Vgl. dazu Thomas Schatz (1981: 58): „the Western represents American culture, explaining its present in terms of its past and virtually redefining the past to accommodate the present." Für den Western gilt dasselbe wie für historische Filme im Allgemeinen: Sie sagen in der Regel weniger über die historische Phase aus, die sie vorgeben zu schildern, als über die spezifischen gesellschaftlichen Bedürfnisse zur Zeit ihrer Entstehung und Produktion (vgl. dazu auch Buscombe 2012).

5 So lassen sich Western als Allegorien auf zeitgenössische Ereignisse wie den Koreakrieg oder den Vietnamkrieg interpretieren.

6 Der Frontier-Mythos ist weder auf den Western beschränkt (siehe STAR WARS), noch ist er der ausschließliche Mythos, der das Westerngenre prägt. Indem die Forschung (Cawelti, Warshow und Wright) jenen Filmen Klassikerstatus zuspricht, die auf dem Frontier-Mythos basieren, wird die vielfältige Western-Produktion der 1920er- und 1930er-Jahre marginalisiert (Neale 2000: 139f.). Auch Schneider (1998) weist darauf hin, dass in den deutschen WINNETOU-Verfilmungen die Frontier keine Rolle spielt und die Landschaft zudem frei von jenen ideologischen Bezügen ist, die dem Western von der strukturalistischen Filmforschung zugeschrieben werden.

übernommen und weiterentwickelt wurde. Damit konnte der Western schon in seinen Anfängen auf eine etablierte Ikonographie zurückgreifen. Buffalo Bills *Wild West Show* ist eine Mischung aus Zirkus, Rodeo und Vaudeville, deren typische Bestandteile wie Verfolgungsjagden zu Pferd, Schießübungen und Wettschützen in die Filme integriert wurden. Die Show, die auch durch Europa tourte, prägte für viele Besucher das Bild vom Wilden Westen. Wie die populären Völkerschauen von Carl Hagenbeck in Hamburg hat sie mit ihrem Eurozentrismus an der kolonialistischen Bilderproduktion mitgewirkt (vgl. Shohat/Stam 1994).

Inwieweit THE GREAT TRAIN ROBBERY (1903) als erster Western gelten kann, ist mittlerweile umstritten. Denn bereits 1894 zeigt ein Film der Edison Kinescope die Schießkünstlerin Annie Oakley in Aktion.[7] Diese formelhafte Situation, die sich zu einem klassischen Topos des Western entwickeln sollte (wobei der Schießkünstler nahezu ausnahmslos als männlich kodiert wurde), war keine dokumentarische Aufnahme, sondern eine Inszenierung für die Kamera im Black Maria-Studio, ganz nach dem Muster von Buffalo Bill Codys Wild West Shows (vgl. Rebhandl 2007). Wie Charles Musser (1984) gezeigt hat, verdankt THE GREAT TRAIN ROBBERY seinen Erfolg nicht seiner Genrezugehörigkeit als Western, sondern weil in ihm Einflüsse aus dem Melodrama, dem „chase film", dem „railway genre" und dem Kriminalfilm verarbeitet sind. Der Begriff des „Western" setzte sich ohnehin erst in den 1920er-Jahren als Genrebezeichnung durch, während er vorher in erster Linie als Adjektiv verwendet wurde.[8] Zwischen 1907 und 1911 bildet sich der Western in den USA als nationales Genre heraus, in dem nationale Identität verhandelt wird (vgl. Neale 2000).

Genretheorie des Western

In der Beschäftigung mit dem Genrekino wurde der Western als vorrangiges Untersuchungsobjekt herangezogen und vor allem als Beispiel für US-amerikanisches Kino betrachtet. „Der Western ist das einzige Genre, dessen Anfänge mit denen des Kinos überhaupt fast identisch sind", konstatierte André Bazin (1975: 111) in den 1950er-Jahren. Bazins Arbeiten zum Western (1975) und Robert Warshows Text (2001) zum Tragischen des Westernhelden, der ebenfalls in den 1950er-Jahren erstmalig veröffentlicht wurde, trugen dazu bei, den Western zu nobilitieren.

---

7 Der Film wurde unter dem Titel ANNIE OAKLEY bekannt.
8 Zum Gebrauch der Begriffe „western" bzw. „Western" siehe Neale (2000: 43f.).

Besonders die strukturalistische Genretheorie hat die Westernforschung bis heute geprägt und auch dazu beigetragen, dass bestimmte Konzepte wie das der Frontier (das in der geschichtswissenschaftlichen Forschung bereits als überkommen gilt und in den unzähligen B-Western ohnehin kaum eine Rolle spielt) immer noch häufig eine zentrale Rolle in der Analyse von Western einnehmen. So liefert Jim Kitses (1969) mit seiner Liste von binären Oppositionen, die den Western durchziehen, ein einflussreiches Modell für die spätere Theoretisierung des Genres. Solche binären Oppositionen, die sich aus der Frontier-Mythologie ableiten und die Kitses unter dem Einfluss der strukturalistischen Methode des Anthropologen Claude Lévi-Strauss entwickelt hat, sind Wildnis kontra Zivilisation, Natur versus Kultur, West versus Ost (Kitses 1969). Vor allem der Gegensatz von Zivilisation und Wildnis sollte für die weitere Forschung zum Paradigma werden. Die Westernlandschaft als symbolischen Raum in der Frontier-Zone entwirft John Cawelti (1970), während Will Wright (1975) eine Taxonomie von Plot-Strukturen des Western erstellt.[9] Dass die visuellen Konventionen des Western hochgradig kodiert sind, zeigt Buscombe (1970), betont jedoch, dass die Bedeutung von Kostümen, Requisiten und Kulissen nicht statisch ist, sondern mit jedem neuen Film aktualisiert wird.

Bemerkenswert ist, dass sich die strukturalistische Westernforschung den A-Produktionen widmet, die nicht unbedingt typische Beispiele für das Genre darstellen, schließlich ist die Formelhaftigkeit von Western in den weitaus zahlreicheren B-Filmen und den Western-Serien deutlich ausgeprägter. Weil die A-Filme der großen Studios eher dem Zeitgeist unterworfen waren, macht sich in ihnen die generelle Durchlässigkeit von Genres bemerkbar: So können, wie in den Western Anthony Manns, Stilelemente des Film Noir mit einfließen. Auch der gesellschaftskritische Problemfilm nach dem Zweiten Weltkrieg hat spürbare Einflüsse auf den Western hinterlassen, zum Beispiel in BROKEN ARROW (1950). Nicht zuletzt bringen Mischformen wie Western-Komödien (BLAZING SADDLES) oder Western-Musicals (CALAMITY JANE) die Hybridität des Genres zum Ausdruck. Der revisionistische Western der 1960er-Jahre mit seinen Antihelden entstand aus einer Skepsis gegenüber dem amerikanischen Helden und der simplizistischen Unterscheidung zwischen Gut und Böse, die nicht zuletzt vom Ende der Filmzensur, dem Vietnamkrieg und den aufkommenden gegenkulturellen Strö-

---

9 In Anlehnung an das strukturalistische Analysemodell von Vladimir Propp entwickelt Wright in *Sixguns and Society* einen Katalog von 16 narrativen Funktionen, die einen klassischen Western-Plot strukturieren, wie zum Beispiel „The hero enters a social group", „The hero is unknown to the society", „The society does not completely accept the hero" (Wright 1975: 48f.). Wright klassifiziert drei weitere Strukturmodelle, die den klassischen Plot im Western variieren: „The Vengeance Variation", „The Transition Theme", „The Professional Plot".

mungen gespeist wurde, z.B. PAT GARRETT AND BILLY THE KID, THE WILD BUNCH, LITTLE BIG MAN und DEAD MAN. Als weitere Subgenres lassen sich der Acid Western als Ausdruck der Gegenkultur (THE SHOOTING), aber auch der im städtischen Milieu angesiedelte Urban Western oder der Neo-Western, der das Frontier-Motiv in einen zeitgenössischen Kontext verlagert, kategorisieren. Dies ist kein neues Phänomen, denn Subkategorien des Western und Genre-Hybride existierten bereits im frühen Kino (Gallagher 2003: 265; Neale 2000: 248ff.).[10]

Insofern ist ein evolutionäres Modell von Genre, wie es Thomas Schatz (1981) vertritt, fragwürdig. Laut einer solchen biologistischen Sicht, die das Genre als Lebenszyklus von Geburt bis zum Niedergang versteht, folgt nach linear erzählten Geschichten ein selbstreflexiver Formalismus. Dieser teleologische Ansatz hat viel Skepsis hervorgerufen und ist durch Forschung zum frühen Kino widerlegt worden (Gallagher 2003). Da in den Jahren nach 1909 nach Einschätzungen von Tag Gallagher pro Monat mehr Western in den Verleih kamen als im gesamten Jahrzehnt der 1930er-Jahre, entwickelte sich bereits früh ein hohes Maß an Selbstreflexivität innerhalb des Genres. Aus diesem Grund wendet sich auch Neale (2000) gegen eine statische, essentialistische Auffassung von Genres, um stattdessen das Prozesshafte von Genres und die Dynamik des Genrebegriffs hervorzuheben. Biologistischen, evolutionären Genrekonzepten wird damit eine Absage erteilt. Vielmehr werden Genres eher als Antworten auf politische und ökonomische Bedingungen verstanden. Genres reagieren wie ein Barometer auf die Bedürfnisse des Publikums, sind also vom sozialhistorischen Kontext abhängig. So kann aufgezeigt werden, wie die zu untersuchenden Filme von verschiedenen Diskursen durchzogen werden. Der Mythos des Western bleibt in einem solchen Verständnis nicht allgemeingültig, statisch und zeitlos, sondern unterliegt ganz aktuellen Bedürfnissen des zeitgenössischen Publikums und des industriellen Kontexts und wird ständig aktualisiert.

---

10 Zentrale Unterkategorien waren laut Gallagher (2003: 265) „frontier dramas, Indian dramas, Civil dramas, Western comedies".

Die Repräsentation von Nation, Weißsein und Maskulinität im US-Western

Der Western war von Anfang an ein Medium, mit dem nationale Identität verhandelt wurde, vor allem in Bezug auf Kategorien wie Weißsein und Maskulinität.[11] Indem er die Geschichte der Besiedelung des nordamerikanischen Kontinents durch weiße Einwanderer noch einmal neu erzählt, konstruiert der Western die amerikanische Identität als ‚vorgestellte Gemeinschaft' (Anderson 1988), die auf der Opposition von Weißen und den Anderen basiert. Während die Perspektive der amerikanischen Ureinwohner, der Indianer, ausgeblendet wird, bietet der Western Deutungsvorschläge, Identifikationsflächen und die Definitionsmacht über die Geschichte. Dabei geht es nicht darum, seine historische Darstellung auf ihren Wahrheitsgehalt zu untersuchen, sondern vielmehr zu analysieren, inwiefern sich die Deutungen historischer Ereignisse in den hegemonialen Diskurs einschreiben. Populäres Kino erzeugt ein Gefühl von Zugehörigkeit (*belonging*) – zur Nation, zur Gemeinschaft – und zeigt, wer nicht dazugehört bzw. wer die Störenfriede dieser Gemeinschaft sind. Stereotype Darstellungen von Indianern als blutrünstige Bestien haben im Western die Funktion, den gemeinsamen Feind zu markieren.[12]

Sich bei der Filmanalyse jedoch nur auf Stereotype zu beschränken, birgt die Gefahr der Essentialisierung. Da ohne eine genaue Analyse der filmischen Mittel die Komplexität der filmischen Repräsentation nicht erfasst werden kann, betonen Ella Shohat und Robert Stam (1994) die Bedeutung filmischer Stilmittel, der narrativen Struktur und der Positionierung des Zuschauers.[13] Ein klassi-

---

11 Die Weißseinsforschung (Whiteness Studies) problematisiert die Konstruktion von weißer Identität als universell und nicht durch Kategorien wie ‚race' oder Ethnizität markiert. Frühe einflussreiche Arbeiten, die eine kritische Analyse der Kategorie Weißsein darstellen, sind die von Morrison (1994) und Dyer (1997).
12 Meines Erachtens reicht es nicht aus, wenn sich filmwissenschaftliche Untersuchungen ausschließlich auf die Darstellung von Stereotypen beschränken. Indem eine Vielfalt von Figuren aus unterschiedlichsten Entstehungskontexten in festgelegte Kategorien gezwängt wird, fällt der Forschungsansatz demselben Essentialismus anheim, den er eigentlich kritisieren will. Das Risiko besteht also darin, veränderte historische Kontexte außer Acht zu lassen und damit jede Möglichkeit einer (emanzipatorischen) Veränderung bereits durch den Analyseansatz auszuschließen. Eine Stereotypenanalyse blendet auch die Gründe einer sich verändernden Repräsentation aus, beispielsweise ökonomische Ursachen, Veränderungen im industriellen Kontext oder ein verändertes Rezeptionsverhalten (vgl. Shohat/Stam 1994).
13 Leitfragen hierbei sind: Wie beeinflussen Licht, Rahmung, Mise-en-Scène und Musik die Repräsentation? Soziale Machtverhältnisse werden in Vorder- und Hintergrund, in Rahmung (was wird gezeigt, was nicht?) sowie in den Dialog (wer darf (wie viel) sprechen, wer schweigt?)

sches Beispiel für die Konstruktion von Weißsein ist die Darstellung des Überfalls der Indianer auf die kleine Gruppe weißer Insassen einer Postkutsche in John Fords STAGECOACH. Während des gesamten Angriffs nimmt die Kamera die Perspektive der Weißen ein, die bereits allesamt als Charaktere in die Handlung eingeführt und individualisiert sind, d.h. der Zuschauer kennt ihre Namen und ihre Geschichte. Die Reaktion der Weißen zeigt die Kamera in Nahaufnahmen. Die attackierenden Indianer wiederum werden nahezu ausschließlich als anonyme Gruppe in der Totale gefilmt, unterlegt mit dramatischer Musik. Über ihre Beweggründe erfahren wir nichts. So wird eine gesellschaftliche Gruppe als das Andere konstruiert. Die *suture* des Films, durch die der Zuschauer über die Blickstrukturen mit der filmischen Handlung „vernäht" wird, positioniert den Betrachter als ‚weiß'. Die Szene ist nur *ein* Beispiel von unzähligen, wie Film Identitäten konstruiert.

Auch die Tonspur trägt entscheidend zu Identifikationsprozessen der Zuschauer mit den Protagonisten bei, da Sound und Musik den *point of audition* (*point-d'écoute*) bestimmen (Chion 1985). Diese Situierung des Hörens, der Standpunkt der Hörsituation, wird in der Regel als ‚weiß' konstruiert, zum Beispiel durch symphonische Musik. Hingegen wird traditionelle Musik indianischer Gruppen im klassischen Kino oft indexikalisch im Sinne einer lauernden Gefahr verwendet, zum Beispiel – wie in STAGECOACH – bei einem Angriff von Indianern (Shohat/Stam 1994).[14] Nicht nur Musik, auch der Hintergrundkommentar situiert den Zuschauer als ‚weiß'. Filme wie BROKEN ARROW und LITTLE BIG MAN zeichnen zwar ein sympathischeres Bild von den Indianern, die Perspektive bleibt aber eurozentrisch, u.a. über den Off-Kommentar des weißen Protagonisten, der eine Art Vermittlerposition zwischen dem als ‚weiß' konstruierten Publikum und dem auf der Leinwand repräsentierten Indianer einnimmt. Derartige formale und narrative Mittel lassen sich mit einer bloßen Stereotypenanalyse nicht fassen. Dennoch greift auch eine Analyse der Repräsentation zu kurz. Schließlich geht es nicht nur um Fragen von Repräsentation, sondern die Konstruktion von Weißsein ist geradezu konstitutiv für die Entstehung des Holly-

---

übersetzt. Daraus leiten sich folgende Fragestellungen für die Analyse ab: Wer wird wie in Vorder- und Hintergrund positioniert? Wem wird darüber Autorität und Prestige zugeteilt? Wie viel Platz wird den Minoritäten im Bild zuteil? Haben sie Anrecht auf ein Close-up oder sind sie lediglich in der Totalen zu sehen? Sind sie aktiv, treiben sie die Handlung voran oder stellen sie nur eine dekorative Kulisse dar bzw. ein Spektakel? Wessen Blicke werden erwidert bzw. ignoriert? (vgl. Shohat/Stam 1994: 208).

14 Hingegen vermittelt uns der in einer europäischen Kunstmusiktradition stehende symphonische Soundtrack von Filmen wie OUT OF AFRICA, „that their [the films'] emotional ‚heart' is in the West" (Shohat/Stam 1994: 209).

woodkinos (vgl. Gotto 2006). Schwarze – oder indianische – Körper dienen der Selbstvergewisserung des weißen Amerika, als Ausdruck seiner Identitätssuche, seiner Ängste und Wunschvorstellungen.

Die filmisch entworfene nationale Identität ist nicht nur weiß, d.h. wird auf Kosten der ethnischen Minoritäten konstruiert, sondern ist darüber hinaus, entlang der Opposition von Zivilisation versus Wildnis, geschlechtsspezifisch kodiert. So galt der Westen als Ort der Wiederherstellung von Maskulinität, als Freiheit vor dem Staat, vor Verweiblichung und vor der Dekadenz der Städte im Osten, während die Stadt und das Heim im Unterschied dazu weiblich konnotiert sind. Eine Modellerzählung für die Verschränkung von Nation und Geschlecht liefern die sogenannten *captivity narratives*, die seit dem 17. Jahrhundert in literarischer Form die Erfahrungen weißer Frauen in indianischer Gefangenschaft schildern. Sie sind ein Ort, an dem nationale Identität und Geschlechterpositionen verhandelt werden. Die Repräsentation von ethnischen Minoritäten und von Weiblichkeit als das ‚Andere' stützt die hegemoniale Identitätskonstruktion von weißer Männlichkeit.

Inwieweit Blaxploitation-Western[15] wie SOUL SOLDIERS/RED WHITE AND BLACK ebenfalls dazu beitragen, das Primat des weißen Helden zu unterwandern oder lediglich den weißen Helden durch einen schwarzen ersetzen, bedarf einer genaueren Analyse. Das gleiche gilt für Filme wie POSSE mit seinen afroamerikanischen Protagonisten und Einflüssen aus dem *Gangsta Rap* (vgl. Holmlund 2002). Mag sich die Repräsentation von Frauen im Western auf den ersten Blick auf die Stereotype von Hure und Madonna erstrecken, werden diese Bilder bei genauerem Hinschauen unterlaufen. So gibt es im Western mit dem *good bad girl* eine Zwischenfigur: die Frau ‚mit Vergangenheit' (und damit ist immer eine sexuelle gemeint) und dem guten Herzen. Insbesondere in der Stummfilm-Ära, aber auch im Western der 1940er-Jahre finden sich Filme, die um Cowgirls oder Rodeo-Reiterinnen kreisen (Neale 2000: 51). Dass es nicht reicht, nur nach Stereotypen zu suchen, betont auch Pam Cook (1988: 298), wenn sie auf Gender-Turbulenzen aufmerksam macht, die das Primat des männlichen Helden unterminieren: Joan Crawford als Tomboy in JOHNNY GUITAR oder Marlon Brando, der sich in MISSOURI BREAKS als Pionierfrau verkleidet. Immer noch eher eine Seltenheit ist es dagegen, dass der gesamte Film aus der Perspektive der Protagonistin erzählt wird, wie im Falle von MEEK'S CUTOFF (2010).

---

15 Als „Blaxploitation" (ein Portmanteau aus ‚Black' und ‚Exploitation') bezeichnet man die Welle von Filmen, die Anfang der 1970er-Jahre in den USA kostengünstig produziert wurden und auf afroamerikanische Publikumsschichten abzielten.

Aushandlungen von Weißsein und Maskulinität: THE SEARCHERS und BROKEBACK MOUNTAIN

Ein Western, der die eigenen Voraussetzungen hinterfragt und die Normierungen aufzeigt, ist THE SEARCHERS von John Ford. THE SEARCHERS, der häufig als prototypischer Western bezeichnet wird (vgl. Eckstein 2004), funktioniert nur bedingt als Selbstvergewisserung des weißen Amerika und ist ein Beispiel dafür, wie sich ein Klassiker des Genres selbst dekonstruiert. THE SEARCHERS erzählt die Geschichte von Ethan Edwards (John Wayne), der nach vielen Jahren in der Fremde zur Farm seines Bruders zurückkehrt, dessen Frau Martha er insgeheim begehrt. Kurze Zeit später wird die Farm bei einem Indianerüberfall niedergebrannt, die Familie wird ermordet, die beiden Töchter Lucy und Debbie werden von den Indianern verschleppt. Ethan begibt sich auf einen Rachefeldzug, um die Tat zu vergelten und seine Nichten zu finden. Während der mehrjährigen Suche entdeckt er die Leiche von Lucy. Ethan findet schließlich auch Debbie, die inzwischen mit Scar (dem Chief der Komantschen) zusammenlebt. Er will sie zunächst umbringen, weil sie in seinen Augen „keine Weiße mehr" sei, entschließt sich dann am Ende doch dazu, sie zu den weißen Siedlern zurückzubringen.

Der Film basiert auf der ‚wahren' Geschichte der Cynthia Ann Parker, die 1836 als Neunjährige von Komantschen verschleppt worden war. Solche sogenannten *captivity novels* erfreuten sich großer Beliebtheit. Es sind patriarchale sexuelle Phantasien für das puritanische Publikum über die weiße Frau, die vom Anderen, vom ‚Wilden' erobert wird. Als John Ford den Film drehte, war noch der *Production Code* in Kraft. Seit 1932 bzw. 1934 untersagte Hollywoods Filmzensur die Darstellung von *miscegenation*, der sogenannten ‚Rassenmischung', die aber (als Leerstelle) das zentrale Motiv des Films bildet. Der Film ist von mehreren zeitgenössischen Diskursen durchzogen: einerseits von der Debatte um die mögliche Aufhebung der Rassentrennung im Zuge der Schwarzen Bürgerrechtsbewegung (und der damit einhergehenden Furcht vor vermehrter ‚Rassenmischung'), andererseits vom Kalten-Krieg-Diskurs des Anti-Kommunismus mit seinem Bedrohungsszenario von Infiltratoren und Manipulateuren (vgl. Eckstein 2004; Henderson 2004). Filme wie Don Siegels INVASION OF THE BODY SNATCHERS (1956) thematisieren, wie Fremde die Gemeinschaft verändern und in den Abgrund stürzen. Dieses Thema finden wir auch in THE SEARCHERS in der Furcht, dass die entführten Mädchen durch den Kontakt mit Indianern zu Fremden werden, zum Anderen, und eine andere – bedrohliche – Identität annehmen. „Sie sind keine Weißen mehr, sie sind Komantschen", sagt Ethan Edwards an einer Stelle im Film.

In THE SEARCHERS ist die Trennung zwischen Weißen und Indianern aufgehoben. Martin Pawley, der von Ethans Bruder wie ein Sohn in die Familie aufgenommen wurde und sich mit Ethan auf die Suche macht, ist ebenso ein ‚Halbblut' wie Chief Scar, den der Regisseur John Ford mit dem in Berlin als Heinrich von Kleinbach geborenen Henry Brandon besetzen ließ. In diesem Film wird auch die Frontier-Gemeinschaft als habgierig, verlogen und rassistisch dargestellt, sind die Weißen wild und brutal. Zum ersten Mal schildert ein Western ein Massaker der Kavallerie an Indianern. Ethan Edwards bricht mit dem Ethos des klassischen Westernhelden: Er erschießt Leute von hinten, raubt sie aus, hat keinen Respekt vor Begräbnissen, schändet Tote und begegnet der Religion mit Zynismus (vgl. Eckstein 2004: 3f.).

Die klassische Moral-Einteilung in Gut und Böse, die so kennzeichnend für das Kino aus der Zeit des *Production Codes* war, ist in THE SEARCHERS aufgebrochen, indem Scar als Spiegelbild von Ethan, sein Alter Ego, entworfen wird (Abb. 1 und 2).[16] Ethan spricht die Sprache der Komantschen, kennt ihre Sitten und Gebräuche und wird mit indianischen Requisiten ausgestattet (Mokassins, Gewehrschaft, Satteldecke). Immer wieder werden Parallelen eröffnet zwischen dem toten Indianer in seinem Grab, dem die Augen ausgeschossen werden, damit er ziellos umherwandert, und Ethan, der ebenfalls nirgendwo ankommt, sondern ein ewiger Wanderer bleibt, wie es im Titelsong bereits artikuliert wird.

Abb. 1 und 2: Ethan und Scar in THE SEARCHERS

Mit diesem Topos aktualisiert der Film auch einen amerikanischen Mythos, wie wir ihn zu dieser Zeit nicht nur im Mainstream, sondern auch im Underground finden: Der Mann, der ziellos umherzieht, während die Frau zu Hause bleibt. Ein solcher Männlichkeitsentwurf zieht sich von der Beat Generation mit Kerouacs *On the Road* (1957) über das Roadmovie bis in die populäre Musik, ob Rock

---

16 Eine ausführliche Lesart des Films bietet Bronfen (1999).

oder Punk, von den *Doors* bis zu den *Stooges* (vgl. Reynolds/Press 1995). Die männlich konnotierte Wildnis wird dem mit Weiblichkeit assoziierten Heim gegenübergestellt. In der Anfangs- und Schlussszene von THE SEARCHERS steht Martha (am Filmanfang) bzw. eine Nachbarin (am Ende) beim Haus, Ethan aber in der Wildnis der Frontier. Eine weitere intermediale Referenz findet sich in der Figur des männlichen Helden der Lederstrumpf-Romane, des Trappers Natty Bumppo. Weil er seine Lebensweise den Indianern angepasst hat, muss sein Weißsein im Text immer wieder betont bzw. performativ hergestellt werden. Eine Frau hat er nicht, aber dafür ist ihm sein ‚dunkler' Gefährte stets zur Seite. Leslie Fiedler deutet diese homoerotische Relation als archetypische Beziehung der amerikanischen Psyche:

> two lonely men /.../ bend together over a carefully guarded fire in the virgin heart of the American wilderness. They have forsaken all others for the sake of the austere, almost inarticulate, but unquestioned love that binds them to each other and to the world of nature which they have preferred to civilization. ([1960] 1997: 192)

Das Bild der beiden Männer in ihrer bedingungslosen Liebe, vereint in der Natur, die sie der Zivilisation vorziehen, führt uns zu BROKEBACK MOUNTAIN. Bei BROKEBACK MOUNTAIN ist die Wildnis den Männern vorbehalten, sie sind frei von den Beschränkungen und Konventionen der Zivilisation (Abb. 3).[17] Doch der Hort der Maskulinität wird hier gequeert, d.h. der Film hinterfragt die Konstruktion von Maskulinität im Western als ausschließlich heterosexuell.

Wenn nun anzunehmen ist, dass heutige Studierende, zumindest zu Beginn ihres Studiums, eher mit BROKEBACK MOUNTAIN vertraut sind als mit Filmklassikern, wie verändert sich dann die Sicht auf das Genre des Western? Setzt ein evolutionäres Modell, wie es Schatz (1981) vertritt, nicht zumindest die Kenntnis der Klassiker des Genres voraus? Oder lässt sich ein Genre auch „rückwärts" lesen? Patricia Whites (1999) Konzept der „retrospectatorship" erlaubt uns, ausgehend von BROKEBACK MOUNTAIN, das Genre des Western zu ‚reloaden', indem neuere Filme den Blick auf ältere Vertreter des Genres prägen und damit Relektüren ermöglichen. Derartige Umdeutungen älterer Filme durch heutige Betrachter lassen neue Bedeutungsebenen zutage treten.[18] So erlaubt die Schilderung der Männerliebe in BROKEBACK MOUNTAIN (Abb. 4) rückwirkend einen neuen Blick auch auf die Männerbeziehungen der Cowboys im klassischen Wes-

---

17 Wie es in STAGECOACH am Ende heißt: „They are free from civilization."
18 Da Homosexualität wegen der Filmzensur des Production Code nicht auf der Leinwand gezeigt werden durfte, war das Publikum ohnehin gefragt, mittels eines *queer reading* die Filme entsprechend zu deuten. Beispiele für *queer readings*, jedoch nicht für den Western, liefert Doty (2000).

tern, zum Beispiel in RED RIVER. Für Gary Needham ist der Western per se ein homoerotisches Genre „because its investments are rooted in the visual pleasure of male display" (2010: 60). Needham bezieht aber ‚queer' nur auf (schwule) Sexualität, nicht auf andere Ausgrenzungsmechanismen oder Normierungen.[19] Aus queertheoretischer Perspektive ließen sich aber auch andere Filme analysieren: THE BALLAD OF LITTLE JO, in dem sich die als Mann verkleidete Titelheldin in einen chinesischen Eisenbahnarbeiter verliebt, kreist um die Verschränkung von Geschlecht, Sexualität und Ethnizität. Mit einer queertheoretischen Perspektive lassen sich nicht nur homo- oder bisexuelle Subtexte in einem Film freilegen, sondern ebenso die Konstruktion von Heteronormativität und Weißsein kritisch analysieren. So legen Jane Gaines und Charlotte Herzog (1998) dar, wie der Western männliche Sexualität und Erotik verhandelt.[20]

Abb. 3 und 4: Wildnis und Männerliebe in BROKEBACK MOUNTAIN

---

[19] Needham diskutiert u.a. den Warhol-Film LONESOME COWBOYS als queeren Western (2010: 68-77).
[20] „[T]he gunfight itself is a masterpiece of the ritualization of sexual tension and release, the elongation of anticipation in the cross-cutting between two men faced off against one another, exposing their weapons, cupping trigger-ready hands, opening the coat, readying for what viewers and diegetic onlookers know will be short ejaculations of fire" (Gaines/Herzog 1998: 179). Siehe auch Lusted (2003: 30-33) für einen Überblick zu Forschungsarbeiten zu Maskulinität im Western sowie Weidinger (2006).

Vom europäischen Western zur transnationalen Genreforschung

Die europäische Filmforschung mit ihrem Fokus auf dem Autorenkino hat viele Jahre lang das Genrekino als simples Unterhaltungskino oder bloße Nachahmung von Hollywood ausgeblendet. Das hat sich mittlerweile geändert.[21] Dennoch besteht weiterhin erheblicher Forschungsbedarf in Bezug auf die globale Westernproduktion. Während US-Produktionen häufig eine universelle Gültigkeit beanspruchen, wird das Filmschaffen jenseits von Hollywood oftmals ausschließlich als Ausdruck einer nationalen Kinematographie verstanden: als Filme, die die Ikonographie des Western nutzen, um nationale und zeitgenössische politische Themen abzuhandeln.[22] Sind also zum einen Forschungsarbeiten vonnöten, die die „weißen Flecken" auf der Weltkarte des Western ergänzen,[23] so bedarf es zum anderen eines Paradigmenwechsels hin zu einer wirklich transnationalen Perspektive, die Kinokultur als Resultat internationaler Wechselbeziehungen betrachtet.[24]

Der europäische Western feierte nicht erst mit dem Italowestern und den Winnetou-Verfilmungen der 1960er-Jahre Erfolge an den Kinokassen, sondern bereits in den 1910er-Jahren mit den populären Camargue-Western. In Heidelberg entstehen ab 1919 die Neckarwestern, bei denen u.a. Phil Jutzi Regie geführt hat.[25] Die zahlreichen humorvollen Western- und Karl May-Referenzen in der Stummfilmkomödie DIE KLEINE VOM VARIETÉ (1926) mit Ossi Oswalda im Männerkostüm belegen, dass das Kinopublikum der Weimarer Republik durchaus als westernkundig eingestuft wurde. Das NS-Kino wiederum hat den Western in propagandistischer Absicht adaptiert, zum Beispiel in DER KAISER VON KALIFOR-

---

21 Siehe Frayling (2006), Schneider (1998), Fisher (2011) bzw. die Anthologien von Bock et al. (2012) und Klein et al. (2012).
22 So übernehmen im australischen Western QUIGLEY DOWN UNDER die Aborigine die Rolle der Indianer, während der neuseeländische Film UTU Western-Einflüsse in einen Maori-Kontext stellt.
23 Beispiele sind CineGraph (2011), Bock et al. (2012), Klein et al. (2012).
24 Vgl. dazu Tim Bergfelder, der die theoretischen Grundlagen für eine transnationale Perspektive in der Filmforschung liefert und feststellt, dass Forschung zum „europäischen Film" sich immer noch in erster Linie an nationalen Kinematographien abarbeitet: „what has been striking is how little impact the supranational implication of the term ‚European' has had on theoretical frameworks and methodologies in this area. Indeed, in most cases, research into European cinema still equals research into discrete national cinemas" (2005: 315). Eine europäische Perspektive findet sich bei Klein (2012). Ein weiteres gelungenes Beispiel für einen transnationalen Ansatz im Sinne Bergfelders stellt Ritzer (2012) dar.
25 Siehe CineGraph (2011).

NIEN, für den Luis Trenker mit seinem Team die Außenaufnahmen in den USA drehte, in GOLD IN NEW FRISCO sowie in WASSER FÜR CANITOGA, in dem Hans Albers sein „Good-Bye Johnny" singt.

Inzwischen fester Bestandteil des kulturellen Gedächtnis in Deutschland und an den Kinokassen erfolgreicher als jeder US-Western[26] sind die zahlreichen westdeutschen Karl May-Adaptionen aus den 1960er-Jahren, insbesondere Harald Reinls DER SCHATZ IM SILBERSEE und die Trilogie um die Männerfreundschaft zwischen Winnetou, dem „Häuptling der Apachen", und Old Shatterhand. Diese Filme, die in Kroatien gedreht wurden, waren europäische Koproduktionen mit internationaler Besetzung. Dass diese „Sauerkraut-Western" mehr waren als nur eine billige Nachahmung des US-Western, hat die Forschung inzwischen gezeigt (vgl. Schneider 1998; Bergfelder 2004; 2012). Ihr Erfolg erklärt sich sowohl aus Rückgriffen auf die deutsche Genretradition von Berg- und Heimatfilm, aber auch aus ihrem homoerotischen Subtext, ihrer Darstellung von Männerfreundschaften – kann aber auch in der romantisch-mythisierenden Repräsentation des edlen Wilden ideologisch als Ausdruck eines Versöhnungswillen mit „anderen Völkern" oder als Sublimierung der NS-Verbrechen gedeutet werden. Als Reaktion auf die westdeutschen Karl May-Verfilmungen, die als unauthentisch galten, entstanden DEFA-Filme wie DIE SÖHNE DER GROßEN BÄRIN und CHINGACHGOOK, DIE GROßE SCHLANGE, eine *Lederstrumpf*-Adaption. Ihr positives Indianerbild, das ideologisch als Repräsentation von Opfern des US-Imperialismus begründet wurde, fand in der Bewegung der „Indianerfreunde", der Indianisten, in der DDR seine Fortsetzung. Auch im Rahmen des Neuen Deutschen Films in Westdeutschland sollten Lokalisierungen des Western entstehen (CineGraph 2011: 88-105; Bock et al. 2012).

Noch weitgehend unerforscht sind auch die Red Western, die Western-Produktionen aus der Sowjetunion und den umliegenden Staaten wie Litauen (NIEKLAS NENOREJO MIRTI / dt.: Niemand wollte sterben), Bulgarien oder Rumänien.[27] Die Vielfalt dieser Produktionen wird in der Regel ideologiekritisch als Ausdruck des Kalten Krieges oder als Entwurf sowjetischer Geschichte rezipiert,

---

26 Bergfelder (2004: 172). Dies gilt natürlich nur für die Bundesrepublik.
27 Sergej Lavrentievs (2012) Überblick über die Red Western in der Sowjetunion von den 1920er- bis in die 1980er-Jahre zeigt auch die Bedeutung von Distribution und Filmzensur. Von 1950 bis in die 1980er liefen nur fünf (!) US-Western in sowjetischen Kinos. Unter den Filmen aus dem NS-Reichsfilmarchiv, die die Rote Armee 1945 nach der Befreiung Berlins nach Moskau brachte, befanden sich auch Western, u.a. von John Ford, doch Stalin behielt sich diese für private Vorführungen vor. Der sensationelle Erfolg von John Sturges' THE MAGNIFICENT SEVEN, der sogar in Sportarenen vorgeführt wurde, (bevor er vorzeitig aus dem Verleih genommen wurde) führte zur vermehrten Produktion einheimischer Western. Vgl. Lavrentiev (2012: 110).

als Thematisierung des ideologischen Konflikts zwischen Bolschewiken und ihren Gegnern, wobei im Kampf gegen den Imperialismus die Indianer in der Regel die Guten sind. Bislang eher als Autorenfilme wurden die beiden Filmarbeiten von Lew Kuleshow betrachtet: Seine Stummfilmgroteske NEOBYTSCHAINYJE PRIKLJUTSCHENIJA MISTERA WESTA W STRANJE BOLSCHEWIKOW (dt.: Die seltsamen Abenteuer des Mr. West im Lande der Bolschewiki) nimmt satirisch westliche Vorurteile über die Sowjetunion aufs Korn, während das eindringliche, expressiv gespielte Kammerspiel PO ZAKONU (dt.: Sühne/Nach dem Gesetz) existenzielle Fragen von Schuld und Sühne verhandelt. Der sowjetische Film BELOE SOLNTSE PUSTYNI (dt.: Weiße Sonne der Wüste) thematisiert die Rolle Russlands in der Sowjetunion und die Notwendigkeit von Allianzen und einer Blockbildung, während TRINADTSAT' (dt.: Die Dreizehn), die auf Stalins Wunsch produzierte sowjetische Version von John Fords LOST PATROL, zur Zeit des Russischen Bürgerkriegs angesiedelt ist.

Allegorische Deutungsmöglichkeiten als Aushandlung zeitgenössischer Debatten bietet auch der Italowestern, der sowohl im Hinblick auf die mexikanische Revolution als auch im Kontext von Marxismus und Neuer Linke in Italien interpretiert werden kann (vgl. Fisher 2011; Bock et al. 2012; Frayling 2006). Die Ende der 1960er entstandenen Italowestern von Sergio Leone, in höherem Maße die von Sergio Corbucci, Sergio Sollima oder Damiano Damiani, sind weit mehr als nur Allegorien auf die Rolle der USA im Vietnamkrieg: Indem sie den Topos der Gewalt aus dem Western aufgreifen, entwerfen sie eine radikale Gesellschaftskritik im Kontext von Frantz Fanon und Che Guevara. Somit haben sie sowohl eine transnationale als auch eine nationale Komponente im Kontext der italienischen Studentenbewegung und ihrer teilweisen Militarisierung, bis hin zur Gründung der Roten Brigaden. Diese oben genannten Beispiele zeigen, dass Genrekino jenseits von Hollywood nicht authentischer Ausdruck einer essentialistisch verstandenen nationalen Identität ist, sondern, dass es von kultureller Hybridität gekennzeichnet ist (vgl. Eleftheriotis 2001, der dies am Beispiel des Spaghetti-Western diskutiert). Daher sehe ich in einer transnationalen Perspektive eine Möglichkeit, den wechselseitigen Prozessen von Übersetzung und Relokalisierung gerecht zu werden (vgl. Bergfelder 1995).

Aus einer transnationalen Perspektive lassen sich japanische Samuraifilme nicht nur als Folgen des US-Genrekinos verstehen, sondern können als Bestandteil eines globalen Bezugssystems betrachtet werden.[28] Akira Kurosawas Film-

---

28 Vgl. Ritzer (2012), der die transnationalen Bezüge zwischen dem Italowestern, der in der Regel ohnehin ein internationales Unternehmen war, und asiatischem Kino untersucht. Laut Ritzer nimmt die Wahrnehmung des *western all'italiana* als progressiv (durch die positive

schaffen ist nicht nur, vor allem in seiner Frühphase, vom Hollywood-Genresystem beeinflusst, sondern inspirierte seinerseits den Spaghetti-Western oder bot den Stoff für Hollywood-Remakes: So lieferte YOJIMBÔ (dt.: Yojimbo – Der Leibwächter, 1961) die Grundlage für den Film PER UN PUGNO DI DOLLARI (dt.: Für eine Handvoll Dollar, 1964), während THE OUTRAGE (1964) auf Kurosawas RASHOMON (1950) basiert. SHICHININ NO SAMURAI (dt.: Die sieben Samurai, 1954) bot die Vorlage für THE MAGNIFICENT SEVEN (1960), der nicht nur für zahlreiche direkte Fortsetzungen sorgte, sondern auch für Remakes Pate stand wie für Roger Cormans B-Movie-Science-Fiction-Produktion BATTLE BEYOND THE STARS (1980), die Westernkomödie ¡THREE AMIGOS! (1986), den Animationsfilm A BUG'S LIFE (1998) oder die gleichnamige Fernsehserie *The Magnificent Seven*. Eine transnationale Adaption des Stoffes wiederum stellt die sowjetische Produktion SEDMAYA PULYA (dt.: Die siebte Kugel, 1972) dar, die im Usbekistan der 1920er-Jahre angesiedelt ist. Ebenso finden wir bei den *Space Travel*-Serien wie STAR TREK oder auch STAR WARS nicht nur Aktualisierungen des Frontier-Mythos, sondern auch Einflüsse des Samuraifilms, zum Beispiel in der Figur der Jedi. Aus einer solchen transnationalen Perspektive wäre der Italowestern dann nicht mehr nur als Verjüngungsspritze für den ‚Niedergang' des Genres Anfang der 1960er zu werten, sondern auch als wichtiger Einfluss auf das populäre Hindi-Kino und die sogenannten Curry-Western wie SHOLAY zu nennen. Und anstatt Jim Jarmuschs DEAD MAN als „Totenklage und Travestie" zu werten (Kiefer 2002: 668), ließe sich Neil Youngs Soundtrack als intermediale Referenz auf die *slide guitar* von Ry Cooder in Wim Wenders' PARIS, TEXAS untersuchen – und damit als mögliche Referenz auf die Demythisierung klassischer Westernlandschaften.

Ein ergiebiges Untersuchungsobjekt aus einer transnationalen Perspektive dürfte WILD WEST über einen britischen Pakistani, der vom Durchbruch seiner Band in Nashville träumt, ebenso darstellen wie der britische Punk-Western STRAIGHT TO HELL oder das satirische tschechische Western-Musical LIMONÁDOVÝ JOE ANEB KONSKÁ OPERA (dt.: Limonaden-Joe). BONDI TSUNAMI, ein Roadmovie über die japanische Surfkultur in Australien, bedient sich einer Ikonographie aus dem Italowestern und mixt Einflüsse aus Musikvideos, Mangas und Genrekino. Der südkoreanische Western THE GOOD, THE BAD, THE WEIRD wiederum verlegt seine Handlung in die Mandschurei der 1930er-Jahre. Ein Film wie der thailändische FAH TALAI JONE (engl.: Tears of the Black Tiger) adaptiert nicht nur den US-Western zu einer bunten Technicolor-Saga, sondern remixt diesen mit Einflüssen aus Bollywood-Produktionen und populärem Thai-Kino, insbesondere

---

Darstellung der mexikanischen Revolutionäre) einen Orientalismus bewusst in Kauf, wenn in diesem die Repräsentation von Asiaten als das exotische Andere fetischisiert wird.

dem Melodrama der 1950er- und 1960er-Jahre. SUKIYAKI WESTERN DJANGO des japanischen Regisseurs Takashi Miike, in dem ein japanisch sprechender Quentin Tarantino in einer Nebenrolle als Cowboy zu sehen ist, bedient sich gleichermaßen am Samuraifilm wie an den klassischen Western à la John Ford. Analog dazu kann Tarantinos KILL BILL (Vol. 1 und Vol. 2) als Aktualisierung des Western aus einer transnationalen Perspektive gelten, verwertet dieser doch Einflüsse aus dem klassischen Western (THE SEARCHERS, SHANE) und dem Spaghetti-Western, dem Samurai- und Kung-Fu-Film, dem japanischen Yakuza (Gangster-)Film sowie des Anime (McGee 2007).

Fazit

Das Beispiel von THE SEARCHERS hat – ebenso wie die Berücksichtigung neuer Perspektiven aus den Gender und Queer Theorien sowie aus der transnationalen Filmforschung – gezeigt, dass der Western, trotz seiner genretypischen Merkmale, ein äußerst flexibles Genre ist, das sich immer wieder aktualisiert. Nicht zuletzt kann der Einsatz neuerer theoretischer Perspektiven in diesem Zusammenhang zusätzliche Forschungsergebnisse liefern. Damit ließe sich auch eine Sicht vermeiden, nach der Filme wie HEAVEN'S GATE als „Endspiele des Genres" (Kiefer 2002: 668) bezeichnet werden.[29] Eine solche genealogische Perspektive birgt die Gefahr, Aktualisierungen des Western in der Konvergenzkultur (vgl. Jenkins 2008) zu übersehen. Dazu zählen die überaus populären Fernsehserien wie *Bonanza, The Virginian* ebenso wie die HBO-Serie *Deadwood*, Animationsfilme wie RANGO, Comics und Graphic Novels, Computerspiele wie *Red Dead Redemption*, Webserien wie der Dim Sum Western *squattertown* oder (Pen-& Paper-)Rollenspiele wie *Deadlands*. Auch Remakes unterliegen nicht selten einem Medienwechsel, wie im Falle der Verfilmungen von Comic-Serien (z.B. LUCKY LUKE). Hybride Mischformen wie Space-Western, Science-Fiction-Western oder Weird West, der Genreelemente des Western mit Horror bzw. Science-Fiction mixt, finden wiederum ihre Ausprägungen in Literatur, Film, Fernsehserien, Comics, in den Game Cultures und in Musikvideos. Hier, wie auch im Fall von Steampunk mit seinen Westernreferenzen, bieten sich Anknüpfungspunkte für die Cultural Studies sowie für Intermedialitäts-, Remake- und Adap-

---

[29] Bereits 1911 war der Western in der Fachpresse zum ersten Mal totgesagt worden (Buscombe/Pearson 1988: 1).

tionsstudien.[30] So handelt es sich bei 3:10 TO YUMA (2007) um ein Remake des gleichnamigen Films von 1957, der wiederum auf einer Kurzgeschichte basiert, während der Action-Thriller COWBOYS & ALIENS, eine Verfilmung des gleichnamigen Comics, Genreelemente von Western und Science Fiction mixt. Insofern kann auch ein Film wie BROKEBACK MOUNTAIN keineswegs als ein Abgesang auf das Genre gelten, sondern als ein Beispiel dafür, wie der Western stets – nicht zuletzt durch Medienwechsel und neue Forschungsperspektiven – immer wieder aktualisiert wird. Auch in der Festivalprogrammierung zeigt sich ein verstärktes Interesse am Western. Die vom Filmfestival Rotterdam 2011 kuratierte Reihe „Red Westerns" tourte durch Europa und war ebenso auf dem Filmfestival in Göteborg wie bei „Crossing Europe" in Linz zu sehen. Das niederländische Impakt Festival programmierte 2012 gleich zwei Reihen mit Western-Bezügen: „Wests from the East" sowie die Kurzfilmreihe „Meta-Cowboyism". Damit sind die beiden derzeitigen Trends benannt: das Interesse an transnationalen Produktionen sowie, darin immer auch mit enthalten, die Dekonstruktion klassischer Western-Repräsentationen. So gab das Singapore Arts Festival 2012 den queeren Kurzfilm MR. COWBOY in Auftrag. Mithin belegen nicht nur Kinoerfolge wie OPEN RANGE (2003) von Kevin Costner, THE ASSASSINATION OF JESSE JAMES BY THE COWARD ROBERT FORD (2007), das Remake TRUE GRIT (2010) der Coen-Brüder oder Tarantinos Spaghetti-Western-Adaption DJANGO UNCHAINED (2012), dass dieses Genre keineswegs kurz vor dem endgültigen Shootdown steht, sondern einen höchst lebendigen Anteil an der zeitgenössischen Populärkultur hat.

Film- und Medienverzeichnis

3:10 TO YUMA (USA 1957, Zähl bis drei und bete, Regie: Delmer Daves)
3:10 TO YUMA (USA 2007, Todeszug nach Yuma, Regie: James Mangold)
ANNIE OAKLEY (USA 1894, Produktion: Edison)
THE ASSASSINATION OF JESSE JAMES BY THE COWARD ROBERT FORD (USA/CAN/GB 2007, Die Ermordung des Jesse James durch den Feigling Robert Ford, Regie: Andrew Dominik)
THE BALLAD OF LITTLE JO (USA 1993, Little Jo – Eine Frau unter Wölfen, Regie: Maggie Greenwald)
BATTLE BEYOND THE STARS (USA 1980, Regie: Jimmy T. Murakami)
BELOE SOLNTSE PUSTYNI (UdSSR 1970, Weiße Sonne der Wüste, Regie: Vladimir Motyl)
BLAZING SADDLES (USA 1974, Der wilde, wilde Westen, Regie: Mel Brooks)

---

30 Steampunk, mit seinem eklektischen Mix aus Viktorianismus, DIY (Do-It-Yourself), Science Fiction und Retrofuturismus, ist insofern ein spannendes Phänomen, als es sich mittlerweile von einer literarischen Strömung zu einer Subkultur entwickelt hat und sich in unterschiedlichsten Formen manifestiert: in Literatur, Film, Comic, Design und Mode, im virtuellen Raum ebenso wie auf Conventions.

Bonanza (USA 1959-1973, TV-Serie, NBC)
BONDI TSUNAMI (AUS 2004, Regie: Rachael Lucas)
BROKEBACK MOUNTAIN (USA 2005, Regie: Ang Lee)
BROKEN ARROW (USA 1950, Der gebrochene Pfeil, Regie: Delmer Daves)
A BUG'S LIFE (USA 1998, Das große Krabbeln, Regie: John Lasseter/Andrew Stanton)
CALAMITY JANE (USA 1953, Schwere Colts in zarter Hand, Regie: David Butler)
CHINGACHGOOK, DIE GROßE SCHLANGE (DDR 1967, Regie: Richard Groschopp),
COWBOYS & ALIENS (USA 2011, Regie: Jon Favreau)
DANCES WITH WOLVES (USA 1990, Der mit dem Wolf tanzt, Regie: Kevin Costner)
DEAD MAN (USA 1995, Regie: Jim Jarmusch)
Deadwood (USA 2004-2006, TV-Serie, HBO)
DJANGO UNCHAINED (USA 2012, Regie: Quentin Tarantino)
FAH TALAI JONE (TH 2000, Tears of the Black Tiger, Regie: Wisit Sasanatieng)
GOLD IN NEW FRISCO (D 1939, Regie: Paul Verhoeven)
THE GOOD, THE BAD, THE WEIRD (KR 2008, Regie: Kim Ji-woon)
THE GREAT TRAIN ROBBERY (USA 1903, Der große Eisenbahnraub, Regie: Edwin S. Porter)
HEAVEN'S GATE (USA 1980, Das Tor zum Himmel, Regie: Michael Cimino)
INVASION OF THE BODY SNATCHERS (USA 1956, Die Dämonischen, Regie: Don Siegel)
JOHNNY GUITAR (USA 1954, Wenn Frauen hassen, Regie: Nicholas Ray)
DER KAISER VON KALIFORNIEN (D 1936, Regie: Luis Trenker)
KILL BILL, Vol. 1 und Vol. 2 (USA 2003/2004, Regie: Quentin Tarantino)
DIE KLEINE VOM VARIETÉ (D 1926, Regie: Hanns Schwarz)
LIMONÁDOVÝ JOE ANEB KONSKÁ OPERA (CS 1964, Limonaden-Joe, Regie: Oldrich Lipský)
LITTLE BIG MAN (USA 1970, Regie: Arthur Penn)
LONESOME COWBOYS (USA 1968, Regie: Andy Warhol)
THE LOST PATROL (USA 1934, Regie: John Ford)
LUCKY LUKE (IT/USA 1991, Regie: Terence Hill)
THE MAGNIFICENT SEVEN (USA 1960, Die glorreichen Sieben, Regie: John Sturges)
The Magnificent Seven (USA 1998-2000, TV-Serie, CBS)
MEEK'S CUTOFF (USA 2010, Regie: Kelly Reichardt)
MISSOURI BREAKS (USA 1976, Duell am Missouri, Regie: Arthur Penn)
MR. COWBOY (SGP 2012, Regie: Ric Aw/Pok Yue Weng)
NEOBYTSCHAINYJE PRIKLJUTSCHENIJA MISTERA WESTA W STRANJE BOLSCHEWIKOW (UdSSR 1924, Die seltsamen Abenteuer des Mr. West im Lande der Bolschewiki, Regie: Lew Kuleshow)
NIEKAS NENOREJO MIRTI (UdSSR/LT 1966, Niemand wollte sterben, Regie: Vitautas Zalakiavichus)
OPEN RANGE (USA 2003, Open Range – Weites Land, Regie: Kevin Costner)
OSMIYAT (BGR 1969, Regie: Sako Cheskija)
THE OUTRAGE (USA 1964, Carrasco, der Schänder, Regie: Martin Ritt)
PARIS, TEXAS (BRD/FR/GB/USA 1984, Regie: Wim Wenders)
PAT GARRETT AND BILLY THE KID (USA 1973, Pat Garrett jagt Billy the Kid, Regie: Sam Peckinpah)
PO ZAKONU (UdSSR 1926, Sühne/Nach dem Gesetz, Regie: Lew Kuleshow)
PER UN PUGNO DI DOLLARI (IT/ESP/BRD 1964, Für eine Handvoll Dollar, Regie: Sergio Leone)
POSSE (USA 1993, Posse – Die Rache des Jessie Lee, Regie: Mario Van Peebles)
QUIGLEY DOWN UNDER (AUS 1990, Quigley der Australier, Regie: Simon Wincer)
RANGO (USA 2011, Regie: Gore Verbinski)
RASHOMON (JP 1950, Regie: Akira Kurosawa)
RED RIVER (USA 1948, Panik am roten Fluss, Regie: Howard Hawks)

DER SCHATZ IM SILBERSEE (BRD/JUG/FR 1962, Regie: Harald Reinl)
SEDMAYA PULYA (UdSSR 1972, Die siebte Kugel, Regie: Ali Chamrajew)
SHICHININ NO SAMURAI (JP 1954, Die sieben Samurai, Regie: Akira Kurosawa)
THE SHOOTING (USA 1968, Das Schießen, Regie: Monte Hellman)
THE SEARCHERS (USA 1956, Der schwarze Falke, Regie: John Ford)
SHOLAY (IND 1975, Regie: Ramesh Sippy)
DIE SÖHNE DER GROSSEN BÄRIN (DDR 1966, Regie: Josef Mach)
SOUL SOLDIERS/RED WHITE AND BLACK (USA 1970, Regie: John Cardos)
STAGECOACH (USA 1939, Ringo/Höllenfahrt nach Santa Fé, Regie: John Ford)
STAR TREK (USA 1979-2011, 11 Filme, diverse Regisseure)
STAR WARS (USA 1977-2005, 6 Filme, diverse Regisseure)
STRAIGHT TO HELL (GB 1987, Straight to Hell - Fahr zur Hölle, Regie: Alex Cox)
SUKIYAKI WESTERN DJANGO (JP 2007, Regie: Takashi Miike)
¡THREE AMIGOS! (USA 1986, ¡Drei Amigos!, Regie: John Landis)
TRINADTSAT' (UdSSR 1936, Die Dreizehn, Regie: Michail Romm)
TRUE GRIT (USA 2010, True Grit – Vergeltung, Regie: Ethan und Joel Coen)
UTU (NZL 1984, Regie: Geoff Murphy)
The Virginian (USA 1962-1971, Die Leute von der Shiloh Ranch, TV-Serie, NBC)
WASSER FÜR CANITOGA (D 1938/1939, Regie: Herbert Selpin)
THE WILD BUNCH (USA 1969, The Wild Bunch – Sie kannten kein Gesetz, Regie: Sam Peckinpah)
WILD WEST (GB 1992, Regie: David Attwood)
YOJIMBÔ (JP 1961, Yojimbo – Der Leibwächter, Regie: Akira Kurosawa)

Literaturverzeichnis

Anderson, Benedict (1988): *Die Erfindung der Nation: zur Karriere eines erfolgreichen Konzepts*. Frankfurt a.M.: Campus.
Bazin, André (1975): *Was ist Kino. Bausteine zur Theorie des Films*. Köln: DuMont.
Bergfelder, Tim (2004): *International adventures: German popular cinema and European co-productions in the 1960s*. New York: Berghahn.
Bergfelder, Tim (2005): „National, transnational or supranational cinema? Rethinking European film studies". In: *Media Culture Society* 27, S. 315-331.
Bergfelder, Tim (2012): „Winnetou lebt! Die Karl May-Western der Rialto und ihr Nachwirken". In: Bock, Hans-Michael/Distelmeyer, Jan/Schöning, Jörg (Hgg.): *Europa im Sattel. Western zwischen Sibirien und Atlantik*. München: edition text + kritik, S. 58-70.
Bock, Hans-Michael/Distelmeyer, Jan/Schöning, Jörg (Hgg.) (2012): *Europa im Sattel. Western zwischen Sibirien und Atlantik*. München: edition text + kritik.
Bronfen, Elisabeth (1999): *Heimweh: Illusionsspiele in Hollywood*. Berlin: Volk und Welt.
Buscombe, Ed (Hg.) (1988): *The BFI Companion to the Western*. London: BFI.
Buscombe, Edward (1998): „Der Western". In: Nowell-Smith, Geoffrey (Hg.): *Geschichte des internationalen Films*. Stuttgart/Weimar: Metzler, S. 260-268.
Buscombe, Edward/Pearson, Roberta E. (Hgg.) (1998): *Back in the Saddle Again: new essays on the Western*. London: BFI.

Buscombe, Edward (2012): „Is the Western about American History". In: Klein, Thomas/Ritzer, Ivo/Schulze, Peter W. (Hgg.): *Crossing Frontiers. Intercultural Perspectives on the Western*. Marburg: Schüren, S. 13-24.

Cawelti, John G. (1971): *The Six-Gun Mystique*. Bowling Green: Bowling Green State University Popular Press.

Chion, Michel (1985): *Le Son au Cinéma*. Paris: Cahiers.

CineGraph e.V. (2011): *Europas Prärien und Cañons. Western zwischen Sibirien und Atlantik. Katalogbuch cinefest, VIII*. Internationales Festival des deutschen Film-Erbes 2011. München: edition text + kritik.

Cook, Pam (1998): „Women and the Western". In: Kitses, Jim/Rickman, Gregg (Hgg.): *The Western Reader*. New York: Limelight Editions, S. 293-300.

Doty, Alexander (2000): *Flaming Classics: queering the film canon*. New York: Routledge.

Dyer, Richard (1997): *White: essays on race and culture*. London/New York: Routledge.

Eckstein, Arthur M. (2004): „Introduction: Main Critical Issues in The Searchers". In: Eckstein, Arthur M./Lehman, Peter (Hgg.): *The Searchers: essays and reflections on John Ford's classic western*. Detroit: Wayne State University Press, S. 1-46.

Eleftheriotis, Dimitris (2001): *Popular Cinemas of Europe*. New York/London: Continuum.

Fiedler, Leslie ([1960] 1997): *Love and Death in the American Novel*. Champaign: Dalkey Archive Press.

Fisher, Austin (2011): *Radical Frontiers in the Spaghetti Western: Politics, Violence and Popular Italian Cinema*. London: I.B. Tauris.

Frayling, Christopher (2006): *Spaghetti westerns: cowboys and Europeans from Karl May to Sergio Leone*. New updated ed. London: I.B. Tauris.

Gaines, Jane Marie/Herzog, Charlotte Cornelia (1998): „The Fantasy of Authenticity in Western Costume". In: Buscombe, Edward/Pearson, Roberta E. (Hgg.): *Back in the Saddle Again: new essays on the Western*. London: BFI, S. 172-181.

Gallagher, Tag (2003): „Shoot-Out at the Genre Corral: Problems in the ‚Evolution' of the Western". In: Grant, Barry Keith (Hg.): *Film Genre Reader III*. Austin: University of Texas Press, S. 262-276.

Gotto, Lisa (2006): *Traum und Trauma in Schwarz-Weiß. Ethnische Grenzgänge im amerikanischen Film*. Konstanz: UVK.

Henderson, Brian (2004): „The Searchers: An American Dilemma". In: Eckstein, Arthur M./Lehman, Peter (Hgg.): *The Searchers: essays and reflections on John Ford's classic western*. Detroit: Wayne State University Press, S. 47-74.

Holmlund, Chris (2002): *Impossible Bodies: feminity and masculinity at the movies*. London: Routledge.

Jenkins, Henry (2008): *Convergence Culture: where old and new media collide*. New edition. New York: New York University Press.

Kiefer, Bernd (2002): „Western". In: Koebner, Thomas (Hg.): *Sachlexikon des Films*. Stuttgart: Reclam, S. 664-669.

Kitses, Jim (1969): *Horizons West. Anthony Mann, Budd Boetticher, Sam Peckinpah*. London: Thames & Hudson.

Klein, Thomas/Ritzer, Ivo/Schulze, Peter W. (Hgg.) (2012): *Crossing Frontiers. Intercultural Perspectives on the Western*. Marburg: Schüren.

Klein, Thomas (2012): „Gibt es einen ‚Euro-Western'? Der europäische Western im Kontext der globalen Zirkulation von Western-Stereotypen". In: Bock, Hans-Michael/Distelmeyer, Jan/Schöning, Jörg (Hgg.): *Europa im Sattel. Western zwischen Sibirien und Atlantik*. München: edition text + kritik, S. 9-20.

Lavrentiev, Sergey (2012): „Red Westerns". In: Klein, Thomas/Ritzer, Ivo/Schulze, Peter W. (Hgg.): *Crossing Frontiers. Intercultural Perspectives on the Western*. Marburg: Schüren, S. 110-120.

Lusted, David (2003): *The Western*. Harlow: Longman.

McGee, Patrick (2007): *From Shane to Kill Bill. Rethinking the Western*. Malden: Blackwell.

Morrison, Toni (1994): *Im Dunkeln spielen. Weiße Kultur und literarische Imagination*. Essays. Reinbek: Rowohlt.

Musser, Charles (1984): „The Travel Genre: Moving towards Narrative". In: *Iris* (2) 1, S. 47-60.

Neale, Steve (2000): *Genre and Hollywood*. London: Routledge.

Needham, Gary (2010): *Brokeback Mountain*. Edinburgh: Edinburgh University Press.

Rebhandl, Bert (2007): *Western. Genre und Geschichte*. Wien: Zsolnay.

Reynolds, Simon/Press, Joy (1995): *The Sex Revolts: Gender, Rebellion, and Rock 'n' Roll*. Cambridge: Harvard University Press.

Ritzer, Ivo (2012): „When the West(ern) Meets the East(ern). The Western all'italiana and its Asian Connections". In: Klein, Thomas/Ritzer, Ivo/Schulze, Peter W. (Hgg.): *Crossing Frontiers. Intercultural Perspectives on the Western*. Marburg: Schüren, S. 25-57.

Schatz, Thomas (1981): *Hollywood Genres*. Philadelphia: Temple University Press.

Schneider, Tassilo (1998): „Finding a New Heimat in the Wild West: Karl May and the German Western of the 1960s". In: Buscombe, Edward/Pearson, Roberta E. (Hgg.): *Back in the Saddle Again: new essays on the Western*. London: BFI, S. 141-159.

Seeßlen, Georg (2010): *Filmwissen: Western. Grundlagen des populären Films*. Marburg: Schüren.

Shohat, Ella/Stam, Robert (1994): *Unthinking Eurocentrism: Multiculturalism and the Media*. London/New York: Routledge.

Slotkin, Richard (1998): *Gunfighter Nation: the myth of the frontier in twentieth-century America*. Oklahoma: University of Oklahoma Press.

Warshow, Robert (2001): *The Immediate Experience: Movies, Comics, Theatre and other aspects of popular culture*. Cambridge/London: Harvard University Press, S. 105-124.

Weidinger, Martin (2006): *Nationale Mythen – männliche Helden. Politik und Geschlecht im amerikanischen Western*. Frankfurt a.M.: Campus Verlag.

White, Patricia (1999): *Uninvited. Classical Hollywood Cinema and Lesbian Respresentability*. Bloomington: Indiana University Press.

Wright, Will (1975): *Sixguns and Society: a structural study of the Western*. Berkeley: University of California Press.

Filmanalyse

THE ASSASSINATION OF JESSE JAMES BY THE COWARD ROBERT FORD
(Die Ermordung des Jesse James durch den Feigling Robert Ford)
USA/CAN/GB 2007, Regie: Andrew Dominik

Der Western war nie wirklich tot und seit der Jahrtausendwende lässt sich sogar wieder eine verstärkte Produktion von Western sowohl im Mutterland des Genres, in den USA, als auch international feststellen. Einige Western stellen Kombinationen mit anderen Genres dar, etwa die amerikanischen Filme COWBOYS & ALIENS (2011) mit dem Science-Fiction-Film und THE BURROWERS (2008) mit dem Horrorfilm sowie die südkoreanisch-neuseeländische Produktion THE WARRIOR'S WAY (2010) mit dem Samuraifilm. Andere orientieren sich stärker an Genretraditionen wie die Rachegeschichte SERAPHIM FALLS (2006) oder APPALOOSA (2008), in dem eine Kleinstadt von einem tyrannischen Großgrundbesitzer durch bezahlte Revolverhelden befreit wird. Zur letzteren Kategorie gehört vordergründig der auf Ron Hansens Roman basierende Film THE ASSASSINATION OF JESSE JAMES BY THE COWARD ROBERT FORD des Neuseeländers Andrew Dominik, der an die Tradition des klassischen Western anknüpft, indem er eine seiner Legenden in den Mittelpunkt der Handlung rückt. Jesse James ist dabei einer der meistdargestellten Westernlegenden der Genregeschichte. Dominiks Film verweigert sich aber nahezu allen Genrekonventionen auf der Ebene der Narration, der Figurenkonstruktion und der Bildgestaltung.

Seine diegetische Welt eröffnet der Film mit Bildern vorüberziehender Wolken in zwei Einstellungen im Zeitraffer. In der ersten sind die Wolken weiß und in der zweiten grau. Das Symbol der schnell verstreichenden Zeit und dem drohenden Unheil wird in seiner Schwermut von einem Glockenspiel mit Klavierbegleitung unterstützt, das auch weitergeführt wird, als die Stimme eines Erzählers einsetzt und den Protagonisten des Films vorstellt: Jesse James (Brad Pitt), dessen richtiger Name den ganzen Prolog über nicht erwähnt wird, erscheint als Versehrter, der eine bürgerliche Existenz mit seiner Frau und seinen zwei Kindern führt. Dann steht Jesse James allein auf einem Feld und blickt in die Weiten des Landes. Die Dämmerung bricht herein und der letzte Blick des Kriminellen, der – wie der Erzähler verrät – keinen seiner Raubzüge und Morde je bereute, liegt auf einer Feuersbrunst. Das Land brennt. Es entsteht das Bild eines einsamen, charismatischen Mannes mit körperlichen Gebrechen, dessen wahre Identität nicht einmal seine Kinder kennen und der, so suggeriert das Mienenspiel, der Realität entrückt scheint. Auf der visuellen Ebene wird der melancholische Duktus des Rückblicks auf eine Legende durch die blassen Farben und eine Unschärfe zum Rand der Kadrierung hin unterstützt, ein Stilmittel, das sich geradezu leitmotivisch durch den gesamten Film zieht. Einerseits bedeutet die Eingrenzung des Schärfenbereichs eine Fokussierung auf die Mitte, andererseits, dass manche Bereiche des Blicks undeutlich bleiben. Weitere visuelle Strategien der Einschränkung des Blicks bilden Rahmungen durch Fenster, Türen und dunkle Bereiche im Bild sowie Aufnahmen durch Fensterscheiben, deren Glas entweder unregelmäßig oder durch Regen getrübt ist. Die Figuren erscheinen in diesen Einstellungen verschwommen, manchmal verzerrt wie ein Eingeständnis, dass der Film ihnen nicht wirklich nahekommt, sondern immer nur Annäherungen versucht.

Nach einer Abblende geht der Film in den Bildton über. Es ist Tageslicht und die Kamera folgt einem jungen Mann, der später als Robert Ford vorgestellt wird, durch einen Wald, in dem kleine Grüppchen von verwegen wirkenden Männern sitzen, bis er an einem Baum stehenbleibt und Jesse James, der mit einigen Männern zusammensitzt, aus der Distanz betrachtet. Der durch seine Inszenierung mystisch anmutende Prolog über die Legende ist beendet. Der Bewunderer und Mörder Robert Ford, der sich seinem Idol zunächst zurückhaltend nähert, tritt auf den Plan und mit ihm setzt auch die Ernüchterung ein.

Die Legenden und ihre Entmystifizierung als zwei Seiten einer Medaille gehören konstitutiv zum Western. Mit dem Prolog beschwört der Film zunächst die Aura der Legende. Diese Aura wird sowohl durch die Bilder als auch den Erzähler vermittelt: „Rooms seemed hotter when he was in them. Rains fell straighter. Clocks slowed. Sounds were amplified." Auch der polyvalente Blick Jesse James' auf das brennende Land stilisiert ihn zu einer Art Seher: Die Szene kann als unheilvolle Vorausdeutung auf sein Schicksal und die Entwicklung der USA gedeutet werden. Zuvor wird gesagt, dass Jesse James sich als Guerilla-Kämpfer im fortdauernden Bürgerkrieg gegen die Yankees sieht, und der Figur damit eine politische Dimension verliehen. In der folgenden Sequenz erscheint, während Robert Ford durch das Waldstück geht, die Einblendung „Blue Cut, Missouri. September 7, 1881". Die Erzählung der Geschichte setzt also zwei Tage später ein und die Inszenierung suggeriert ein Präsens, während der Erzähler zuvor im Präteritum von Jesse James sprach. Die verklärende Betrachtung der Legende als Rückblick in metaphorischen Bildern und die Vergegenwärtigung der Geschichte durch den Realitätseindruck des Bewegungsbildes sind miteinander verschränkt und stehen mit jeweils unterschiedlicher Akzentuierung nebeneinander.

Wie im Prolog schwelgt der Film insgesamt in Metaphern und artifiziellen Bildgestaltungen, fühlt sich aber auch einem gewissen Realismus verpflichtet. Die wenigen Schießereien, die vorkommen, sind quälende Prozeduren, bei denen die Duellanten aus nächster Nähe daneben schießen. Ein Teil des Films spielt zur Winterzeit und die Bilder von der Witterung stark mitgenommener Reiter auf zugefrorenen Feldern lassen den Zuschauer an der Härte des Lebens im Wilden Westens partizipieren. Von einer Romantisierung des jungen Landes der unbegrenzten Möglichkeiten kann hier keine Rede sein. Alles wirkt trostlos, einsam und wie erstarrt. Dazu trägt der eigentümlich langsame Erzählrhythmus bei, der nicht nur an der Dauer des Films von 160 Minuten festzumachen ist, sondern daher rührt, dass Momente wie die Ankunft von Reitern an einem Haus ungewöhnlich lange gezeigt werden, Dialoge häufig lange Pausen haben und die Beteiligten oft nicht genau das sagen, was sie meinen, weil sie sich misstrauen. Genretypische Actionszenen wie Verfolgungsjagden bleiben aus. Nur am Anfang wird der Überfall auf eine Eisenbahn gezeigt. Die Geschichte konzentriert sich auf die Figurenkonstellationen, vor allem auf die Beziehung des Anhängers Robert Ford zu seinem Idol Jesse James.

Der Film stellt die These auf, dass ein Zusammenhang von Ruhmsucht und Gewalt als Symptome einer tiefgreifenden Identitätskrise eines noch im Entstehen begriffenen Landes besteht, der vielleicht sogar als konstitutive Kraft für die Entwicklung der US-amerikanischen Kultur wirkt. Robert Ford will sich seinem Idol, das er sich anhand von Groschenheften konstruiert hat, auch persönlich nähern, um so zu werden wie er. Die Bewunderung ist von Unterwürfigkeit geprägt und Roberts Verlangen nach Identifikation begleitet ein homoerotischer Unterton. Besonders deutlich wird dies etwa in der Szene, als Robert an Jesse James' Bett riecht und sich vorstellt die gleiche Verstümmelung an der Hand zu haben wie sein Idol oder wenn er ihn beim Baden beobachtet. Casey Afflecks Spiel als scheuer, devoter Jüngling Robert Ford unterliegt die ganze Zeit über dieser homoerotische Subtext. Die Figur charakterisiert nichts weiter als die Bewunderung für sein Idol: Er hortet eine Sammlung von Groschenheften und Zeitungsartikeln über dessen Taten unter seinem Bett und studiert Jesses Gesten und seine Art zu Reden. Jesse weiß wiederum um die Konstruiertheit seiner Abenteuer, an der er selbst mitgewirkt hat. Der Film zeigt Jesse James als zunehmend labilen, paranoiden Charakter, der aus Misstrauen Mitglieder seiner Bande erschießt. Er arbeitet an seinem Ruhm, kann aber das von ihm geschaffene Bild nicht mehr ertragen, wie die Szene verdeutlicht, in der er auf sein Spiegelbild in einem gefrorenen See schießt und den Bruder von Robert Ford fragt, ob er schon einmal daran gedacht habe, sich umzubringen. Er wird dieses Bild aber auch nicht mehr los. So holt er Robert für den nächsten Coup wieder dazu, obwohl er ihm misstraut und Robert längst die Abmachung mit der Regierung getroffen hat, Jesse James zu verraten. Dass es einer seiner Bewunderer ist, von dem er sich töten lässt, ist nur konsequent, da dieser als ‚Fan' von konstitutiver Bedeutung für seine Berühmtheit ist. Der ruhmsüchtige Verehrer Robert

Ford begründet durch den Mord seinen eigenen Ruhm, indem er die Tat wieder und wieder auf der Theaterbühne inszeniert, bis ihn der Mythos Jesse James überholt und er als Feigling dasteht, der den Helden in den Rücken schoss, und ein anderer Anhänger von Jesse James wiederum ihn erschießt. Der Mythos ist stärker als die Realität, weil man ihn verändern kann. Von der Ermordung einer Legende bleibt durch die ständige Wiederholung irgendwann nur noch die Hinterhältigkeit der Tat. Aber beide bauen ihre Berühmtheit auf Gewaltakten auf. Für beide endet sie im Tod.

Das junge Amerika, das sich rasant entwickelte, hatte keine gewachsene Kultur. Es brauchte Mythen und erschuf sie sich durch erdichtete Abenteuer von Kriminellen, von denen Jesse James einen der berühmtesten darstellt. Das Bild des Outlaws suggeriert Autonomie und Durchsetzungskraft, während sich rechtschaffende Bürger den alltäglichen Mühen von Arbeit und Familie ausgesetzt sahen. Gleichzeitig verkörpert die Figur Jesse James im Film auch den amerikanischen Traum von der heilen Welt einer Kleinfamilie. Das verheißene Land versprach, dass jeder etwas werden könne, die Realität sah für viele Einwanderer anders aus. Der pathologische Narzissmus der Ruhmsucht und selbstloses Dasein für die Familie stehen sich hier in der Figur des Jesse James als selbstzerstörerischer Widerspruch gegenüber. Jesse James erschuf seinen eigenen Mythos und ging daran zugrunde, so wie sein Verehrer daran zugrunde ging, einem Mythos nachzueifern, und die Ernüchterung nicht ertrug.

THE ASSASSINATION OF JESSE JAMES BY THE COWARD ROBERT FORD bereichert den Western, indem er über die Entmystifizierung des Wilden Westens und seiner Helden durch einen Abgleich von Legende und Realität hinausgeht und die Legendenbildung selbst als Symptom und als Ursache für die Destruktivität der amerikanischen Gesellschaft untersucht. Er bildet eine Art negatives Gegenstück zu John Fords Klassiker THE MAN WHO SHOT LIBERTY VALANCE (1962), in dem fälschlicherweise ein linkischer Rechtsanwalt dafür gefeiert wird, eine Kleinstadt von einem tyrannischen Banditen befreit zu haben. Er wird zum Symbol des mutigen, rechtschaffenen Bürgers, der daraufhin Karriere in der Politik macht, während der Outlaw, der ihn tatsächlich erschoss, gar nicht mehr wahrgenommen wird. Hier befördert die Legendenbildung die Entwicklung eines Identitätsgefühls einer Nation. Von dieser Aufbruchsstimmung der Pioniere ist in Dominiks Film fast fünfzig Jahre später nichts mehr zu spüren.

Rayd Khouloki

Komödie
Lisa Gotto

Einleitung

Als Gegenbegriff zur Tragödie gilt die Komödie seit der Antike als eigene Kategorie.[1] Dennoch wissen wir weit weniger über das Komische als über das Tragische.[2] Die Komödie scheint sich gegen Schematisierung und Systematisierung zu sperren, sie scheint der Modellbildung zu entgehen. Was seit dem Beginn der Theorie-Debatte[3] als Schwierigkeit besteht, das gilt auch für die Diskussion der Komödie als filmisches Genre: „So scheinbar problemlos die meisten Filme ins Genre der Komödie sich einordnen lassen, so schwierig bzw. unmöglich ist es, eine formelhafte, zeitlos gültige Definition dafür vorzulegen. Ist doch bereits das genrekonstitutive Versprechen von ‚Komik' ein zeit- und kontextabhängiges Wahrnehmungsphänomen" (Heller/Steinle 2005: 20). Auch wenn die Kategorie Komödie abstrakt und umfassend wirkt und ihre Weitläufigkeit kaum eingrenzbar scheint, sind einige Grundmerkmale bestimmbar. Was in der und durch die Komödie zum Ausdruck kommt, das ist zunächst die Entfaltung von Widersprüchen. Das Komische hat etwas mit Verkehrung und Verwechslung zu tun, mit dem, was nicht mehr in Übereinstimmung gebracht werden kann: „Von seinen schlichtesten bis zu seinen komplexesten Verkörperungen wird das Komische als Inkongruenz wahrgenommen" (Berger 1997: xi). Auf das Unpassende als Konstituens der Komik ist vielfach hingewiesen worden. Michail Bachtin beispielsweise diskutiert es im Kontext der verkehrten Welt des Karnevals samt seiner Inversion von Hierarchien und konventionellen Strukturen (1995); Henri Bergson entwirft seine Theorie des Lachens entlang des Konflikts von Lebendigem und Mechanischem (2011). Das Widersinnige als Kernelement der Komik spielt auch für ihre filmische Traditionslinie eine wichtige Rolle. Im Kontext des Kinos gilt die Komödie als wichtiges und wirkungsmächtiges Genre, als eine

---

1 Der Begriff „Komödie" leitet sich von griech. *komos* (festlicher Umzug) und *ode* (Gesang) her; er meint in seiner wörtlichen Übersetzung also zunächst „Festzug mit Gesang".
2 Der Poetik des Aristoteles verdanken wir elementare Erkenntnisse über die Tragödie, nicht aber über die Komödie. Aristoteles erwähnt zwar den Begriff und kündigt seine Behandlung an, eine weiterreichende Theorie ist jedoch nicht überliefert.
3 Einen guten Überblick bietet die von Helmut Bachmaier herausgegebene Sammlung *Texte zur Theorie der Komik* (2005).

Großkategorie, die in zahlreiche Untergruppen spezifiziert werden kann.[4] Dabei lassen sich unterschiedliche historische Entwicklungsstadien ausmachen, die wiederum zur Ausbildung von verschiedenen Subgenres führen. Die wichtigsten sollen hier behandelt werden. In der Frühphase der Kinematographie entsteht der *Slapstick* mit seiner Vorliebe für Missgeschicke und widerständige Dinge als eigene komische Kunst. Mit der Einführung des Tons entdeckt der Film in der *Screwball-Komödie* die Möglichkeit der dialogzentrierten und geräuschbasierten Komik. Im Folgenden entwickeln sich strukturell-narrative Verfestigungen wie etwa die in der *Romantischen Komödie* erkennbare Konzentration auf die Konstellation des ungleichen Paars. Schließlich findet die Filmkomödie in der *Parodie* als spiegelnder Verkehrung ein eigenes Terrain der komischen Verzerrung. Was das Genre in seiner historischen Wandelbarkeit über die Vielfalt seiner Formen ausbildet, das führt in seinem Reichtum an Variation immer auch wieder zurück auf die große Leistung der Kino-Komik: Uns etwas anders sehen zu lassen und darüber lachen zu können.

Menschen und Dinge: der Slapstick

Am Anfang war ein Gartenschlauch: Schon in einem der ersten Werke der Filmgeschichte, in L'ARROSEUR ARROSÉ der Gebrüder Lumière aus dem Jahr 1895, entsteht Komik durch Überraschungseffekte. Ein Gärtner wässert Blumen, ein vorwitziger Junge klemmt den Gartenschlauch für einen Augenblick ab – und der Gärtner hat beim Überprüfen des Schlauchs das Nachsehen. Der Wasserstrahl spritzt ihm unvermutet ins Gesicht und der solchermaßen Getroffene eilt dem Jungen nach, um ihn zu verprügeln (Abb. 1).

Siegfried Kracauer bezeichnet dieses Werk als „Keimzelle und Urbild aller späteren Filmlustspiele" (1985: 57), als eine Unterhaltungsform, die bereits zahlreiche Elemente der Filmkomödie zusammenführt: unerwartete Wendungen, widerständige Dinge, ausfallende Bewegungen. Es sind jedoch nicht die Lumières, die die Ausbildung des komischen Fachs in der Frühphase der Kinematographie vorantreiben. Während sich ihr Interesse am neuen Medium auf die Beobachtung von Alltagsbewegungen und Wirklichkeitseindrücken konzentriert, beginnen andere, ihren Blick auf die Illusions- und Überwältigungs-

---

4 Zu den Subtypen der Komödie gehören beispielsweise die Musikkomödie, die Tragikomödie, die Kriminalkomödie oder die Actionkomödie. Bereits die Bezeichnungen dieser Unterkategorien deuten darauf hin, dass sie aus dem Einfluss des Komödien-Genres auf andere Genres entstanden sind – was wiederum auf „die Porosität des Genrebegriffs und dessen heuristische Grenzen verweist" (Heller/Steinle 2005: 21).

möglichkeiten des Kinos zu richten. Zu ihnen gehört etwa der Zauberkünstler und Theaterbesitzer Georges Méliès, der mit dem spezifisch filmischen Potential der Grenzüberschreitung experimentiert: Er entdeckt Stopptrick und Mehrfachbelichtung, er nutzt rückwärts abgespielte Einstellungen als Mittel der humoristischen Einlage. Exemplarisch wird bei ihm deutlich, dass der frühe komische Film seine Inspiration aus der Tradition der populären Bühnenkünste gewinnt, in die er zunächst auch aufführungstechnisch eingebunden ist. Tatsächlich bezieht sich die frühe Kinematographie nicht nur auf die Bühne, sie reanimiert sogar einige ihrer länger vernachlässigten, wenn nicht vergessenen Formen. André Bazin erläutert diese Bewegung am Beispiel der Farce und erklärt:

> Betrachtet man schließlich die Geschichte der Figuren, Situationen und Abläufe in der klassischen Farce, ist unübersehbar, dass sie in der Filmburleske eine unvermittelte, glanzvolle Auferstehung fand. Diese seit dem 17. Jahrhundert fast erloschene Gattung hatte nur im Zirkus und in manchen Formen des Varietés überlebt [...]. Doch die Logik des Genres und der filmischen Mittel erweiterte das Repertoire ihrer Techniken rasch und machte Max Lindner, Buster Keaton, Laurel und Hardy, Chaplin möglich. (2004: 167)

Zu den Techniken, die das Theater ausbildet und die der frühe komische Film aufnimmt und erweitert, gehört zunächst die Typisierung. Gleichbleibende Kostüme und Erscheinungen, feststehende Charakterisierung und Bewegungsformen tragen zur Identifikation einer wiedererkennbaren Figur bei. Diese von den Bühnenkünsten bekannten Elemente der Stilisierung werden im Kontext des Kinos wiederbelebt, mehr noch: Sie werden durch die filmspezifische Möglichkeit der wiederholten Aufführung sogar besonders betont und immens gesteigert. Entscheidend ist dabei, dass die Apparatur des Kinos die der Filmkomödie inhärenten Prinzipien von kalkuliertem Tempo und rhythmischem Ablauf medienspezifisch produziert und verarbeitet, wodurch ein eigenes Reflexionsvermögen entsteht.

Nirgends zeigt sich das deutlicher als beim Slapstick. Was den Effekt des Komischen schon immer ausmacht, das Ausbrechen von Widersprüchen, findet in dieser Kinoform eine neue Wendung.[5] Der Slapstick zeichnet sich aus durch eine besondere Häufung von Missgeschicken komischer Art, er ist charakterisiert durch eine ausgeprägte Vorliebe für das Stolpern und Fallen. Immer gerät dabei etwas oder jemand aus dem Tritt, immer werden Abläufe unterbrochen oder gestört, immer wird das reibungslose Funktionieren in Frage gestellt. Da-

---

5 Vgl. dazu Gerald Masts grundlegende Darstellung *The Comic Mind. Comedy and the Movies* (1979), Lisa Trahairs umfassende Abhandlung *The Comedy of Philosophy. Sense and Nonsense in Early Cinematic Slapstick* (2007) sowie den von Tom Paulus und Rob King herausgebenen Sammelband *Slapstick Comedy* (2010).

bei geht es nicht um einen Unfall und seine Folgen, sondern um das Herausstellen eines physischen Ausdrucks der Umkehrung:

> Nur weil das Fallen diese Qualität besitzt, konnte es zur Keimzelle zahlloser Slapstick-Nummern werden. Sie schöpfen das Ausdruckspotential des Fallens nach allen Regeln der Kunst und Artistik aus. Was darin alles am Boden landet, ins Rutschen kommt und hinfällig wird, ist nicht weniger als der Stand der Dinge und die Normalität und Würde des aufrechten menschlichen Gangs. (Visarius 1997: 9f.)

Im Fallen geraten Ordnungen durcheinander. Bewegungen erscheinen unangepasst und unangemessen. Dass wir darüber lachen, hat nach Henri Bergson etwas mit einem besonderen Konflikt zu tun, nämlich dem Gegensatz zwischen dem Lebendigen und dem Mechanischen. Die Unvorhersehbarkeit des Lebens erfordert, so Bergson, die stete Bereitschaft zur Anpassung an neue Gegebenheiten. Was der Alltag jedoch an Wiederholung und ständiger Wiederkehr von gleichen Handlungen bereithält, das tendiert zu mechanischer Starrheit. Treffen nun beide aufeinander, entstehen komische Effekte: „Was das Lachen hervorheben und korrigieren möchte, das ist dieses Starre, Fixfertige, Mechanische im Gegensatz zum Beweglichen, immerfort Wechselnden und Lebendigen" (Bergson 2011: 93). Der Kern der Komik liegt nach Bergson im Durchbrechen der mechanischen Routine, im Freilegen der festgelegten Handlungen und Haltungen. Bergsons Beispiel ist das eines stolpernden Passanten: Dann, wenn eine Situation eigentlich geschmeidiges Anpassungsverhalten verlangt (etwa das elegante Ausweichen vor einem Hindernis) und dieses dann ausbleibt, eben dann entsteht Lachen (vgl. 2011: 17f.).

Der Slapstick vermeidet solche Situationen nicht, sondern er fordert sie heraus; er räumt die Hindernisse nicht aus dem Weg, sondern er platziert sie eigens. Die berühmte Bananenschale ist ein Beispiel dafür,[6] weiterhin Ölpfützchen, Ziegelsteine oder Teppichfalten. Der Slapstick spezialisiert sich auf die Stolperfalle. Dabei spielt das ausgeprägte Interesse für diese unbelebten Objekte und Dinge eine herausgehobene Rolle. Der Stummfilm entwickelt eine neue Aufmerksamkeit dafür, weil Menschen und unbelebte Objekte in ihrer geteilten Stummheit gleichberechtigt erscheinen (vgl. Balázs 2001: 59f.). Für den Film sind die Objekte keine bloße Staffage, ihre Funktion erschöpft sich nicht in der Requisite. Vielmehr können sie selbst tätig werden, etwa als ‚tückische Objekte'. Darauf gründet eine ganze Filmtradition der ‚handelnden Dinge': Fliegende

---

6 Zu sehen beispielsweise in THE FLIRT (1917) mit Harold Lloyd. Eine Steigerung des Gags präsentiert MANY A SLIP (1927): Hier spielt Charles Bowers einen Erfinder, dessen Forschungen sich mit der Entwicklung einer rutschfesten Bananenschale beschäftigen.

Torten gehören dazu,[7] weiterhin die ganze Riege der emporschnellenden Gegenstände wie Besen, Harken oder Leitern. Auch hier kann ein Bezug auf theatrale Traditionen festgestellt werden:

> Diese Neubelebung von Gegenständen [...] kennen wir aus der Commedia dell'arte, der Farce, der Pantomime und aus verschiedenen Arten der volkstümlichen Komik. Das Ding oder die Person werden auf eine ihnen fremde, oft der eigentlichen Bestimmung genau entgegengesetzten Art genutzt [...] und dies ruft Lachen hervor und lässt den Gegenstand in seiner neuen Umgebung neu erscheinen. (Bachtin 1995: 419)

Dass sich nun das neue Medium der Kinematographie ganz besonders für die Neubelebung der Objekte interessiert, hängt wesentlich mit den sich im Zuge der Industrialisierung verändernden Lebensbedingungen und Wahrnehmungsweisen zusammen. Im 19. Jahrhundert entstehen mit neuen Arbeitsrhythmen und Reisemöglichkeiten auch neue Verständnisse von Abläufen und Bewegungen. Eben hier, im Bereich der Taktung und zeitlichen Regulierung, findet die Filmkomik neue Ansatzmöglichkeiten, eben hier kann sie als Störung besonders auffällig werden. Im Slapstick ist das deutlich zu sehen: Immer wieder werden hier Fabriken, Bahnhöfe und Kaufhäuser aufgesucht, um die Abweichung vom Regelsystem hervorzuheben. Die Objekte haben hier eigentlich eine vollkommen zweckgerichtete Bedeutung, das gilt für Maschinenteile und Rolltreppen ebenso wie für Koffer oder Konservenbüchsen. Wenn aber nun alles, was eigentlich klar funktionalisiert, formatiert und portioniert ist, aus der Starre ins Lebendige überführt wird – dann ist das komisch. Was die Industrialisierung an Ordnung aufbaut, das reißt eines seiner Kinder, die Kinematographie, über seine unangemessene Form der Komik wieder ein.

Die Eigendynamik der Objekte als Beseeltheit der Dinge bleibt als Kernelement filmischer Komik auch über die Frühphase des Kinos hinweg bestehen. Die Beispiele erstrecken sich von den biegenden Mikrofonen in Charlie Chaplins THE GREAT DICTATOR (1940) über die schwingenden Türen in Jacques Tatis PLAYTIME (1967) bis zum tanzenden Garderobenständer in Michel Hazanavicius' THE ARTIST (2011) – wobei jedes dieser Beispiele den Verweis auf das frühe Kinos als Fortführung des Stummfilms mit anderen Mitteln transportiert. Was dabei erhalten bleibt, ist die Betonung des Ungleichgewichts und der fehlenden Balance. Immer geht es darum, gängige Betrachtungsweisen aufzubrechen und zu durchqueren, immer geht es um die Verkehrung der Verhältnisse: Menschen

---

7 Frühe Beispiele sind A NOISE FROM THE DEEP (1913) und MABEL AND FATTY'S MARRIED LIFE (1915). Einen bemerkenswerten Höhepunkt erreicht das genreprägende Stilmittel der fliegenden Torte in THE BATTLE OF THE CENTURY (1927) mit Stan Laurel und Oliver Hardy: Hier wird die Tortenschlacht als komplex choreographiertes Großspektakel inszeniert.

werden zu Objekten und Objekte werden zu Menschen. Der komische Film kehrt nicht zurück zur Ordnung, er geht in der Unordnung auf.

Dialog und Geräusch: die Screwball-Komödie

Mit der Einführung der Tontechnologie wandelt sich das Kino in einer Weise, die sämtliche Bereiche der Produktion, Distribution und Rezeption umfasst. Für das Genre der Komödie hängt damit eine ausgedehnte Erweiterung ihrer Formen zusammen. Dazu gehört ab den frühen 1930er-Jahren die Entwicklung eines rhetorischen Stils, der sich auf virtuose Sprachspiele und rasante Dialoge konzentriert:

> Thirties sound comedy, where the wisecracking of the popular tradition crosses with reminiscences of the wit battles of Elizabethan, Restoration, and classical European comedy, could be defined as the kind of film where dialogue is most indulged, the most talking kind of talking picture. (Babington/Evans 1989: 51)

Der Tonfilm entwirft eine neue Art des audiovisuellen Humors, der sich zunächst in der Lust der Äußerung mitteilt. In Filmen wie IT HAPPENED ONE NIGHT oder TWENTIETH CENTURY reden die Akteure in atemberaubendem Tempo aufeinander ein: Sie ergehen sich in rasanten Wortwechseln, sie geben sich der gesprochenen Geschwindigkeit hin. Dabei geht es weniger um ein zielgerichtetes Argumentieren im Sinne der ausgewogenen Rede und Gegenrede; im Vordergrund steht vielmehr das Sprechen um des Sprechens willen. Auch hier wird das Unerwartete und Verblüffende als zentrales Element filmischer Komik ins Spiel gebracht, auch hier geht es um raschen Wechsel und überraschende Verwechslung. Als besonders erfolgreiches Subgenre kann sich in diesem Kontext die *Screwball Comedy* behaupten. Ihre Nähe zum Slapstick ist unverkennbar. Tatsächlich beziehen sich bereits die Bezeichnungen beider komischer Filmgruppen auf ähnliche Zusammenhänge, nämlich auf Objekte, die in Bewegung geraten (ein Slapstick ist ein Schlagstock, ein Screwball ein aus der Bahn geratener Ball). Im Slapstick-Film tritt das Komische als Ungelenkes hervor, in der Screwball-Komödie zeigt es sich als Ungereimtheit. Dabei erscheinen verdrehte Worte als akustisches Pendant zu visuellen Verkehrungen: In beiden Fällen geht es darum, dass etwas den Zweck verfehlt und über das Ziel hinausschießt. Dass es bei der Screwball-Komödie jedoch nicht nur um Dialogwitz, sondern im Weiteren auch um das Austesten des akustischen Potentials der Filmkomik geht, zeigt eines der frühen Beispiele, THE AWFUL TRUTH aus dem Jahr 1937, besonders deutlich.

Im Zentrum des Films stehen Jerry und Lucy Warriner, ein wohlhabendes Ehepaar, das sich nach dem wechselseitigen Vorwurf von Affären vor dem Scheidungsrichter wiederfindet. Vor der Gerichtsverhandlung ereignet sich ein Telefonat, das in einem komplexen Spiel von Bild und Ton eine eigene Dimension des Komischen entfaltet. Wir sehen den Anwalt der Eheleute in seinem privaten Zuhause, während er Lucy telefonisch von voreiligen Entscheidungen abzubringen versucht. „Lucy, marriage is a beautiful thing", erklärt er – wobei alles, was er im Folgenden vorzubringen versucht, durch die Einlassungen seiner Ehefrau unterbrochen wird. Was zunächst als Dialog zwischen dem Anwalt und seiner Klientin angelegt ist, erfährt eine Verschiebung durch die Bildebene: Der Filmzuschauer hört nämlich nicht Lucy (ihre Telefonstimme bleibt stumm), sondern ausschließlich und wiederholt die klagenden Kommentare der Ehefrau des Anwalts, die sich aus dem angrenzenden Raum darüber beschwert, dass ihr Mann nicht zum Essen kommt. Hier geht es nicht um gelungene Verständigung, sondern um eine Form der Verwirrung, die durch die Schieflage der kommunikativen Situation entsteht.

Im Rückbezug auf das Auseinanderfallen von akustischen und visuellen Informationen findet die frühe Tonfilmkomödie ein neues Feld des Unausgeglichenen. Dabei entwirft sie die Möglichkeiten des komischen Konflikts nicht nur über neue Übertragungsmedien wie das Telefon (neben dem genannten Beispiel etwa auch in MIDNIGHT oder HIS GIRL FRIDAY), sondern auch und vor allem in ihren und über ihre eigenen filmspezifischen Formen. Die Trennung von Körper und Stimme beispielsweise wird immer wieder durch die Differenzierung von On und Off hervorgehoben: Wir hören jemanden, der vom Außerhalb des Bildes zu uns spricht, oder wir sehen jemanden, dessen Stimme über die Grenze des Einzelbildes hinweg in die nächste Einstellung verlängert wird. In THE AWFUL TRUTH wird dieses Prinzip durch die Kontrastierung von übersprudelndem Redefluss und zurückhaltender Einsilbigkeit ins Komische verzerrt. Das zeigt sich beispielsweise bei der genussvoll ausgespielten Opposition von eloquentem Ehemann und tumbem Verehrer, weiterhin aber auch in Bezug auf den Rollentausch von übergeordneten und untergeordneten Diskursinstanzen. Deutlich wird das etwa im Verhandlungsraum des Gerichtssaals, in dem sich die Ehepartner ausgedehnte Wortgefechte liefern. Während Lucy und Jerry einander einen Dialogball nach dem anderen zuspielen, kommt der Richter kaum zu Wort. Sein wiederholter Appell „Silence!" verhallt, ohne befolgt zu werden. Immer wieder wird seine Autorität auf der akustischen Ebene untergraben, stets sind die Sprechpassagen der Eheleute ausgedehnter und aussagekräftiger – selbst dann, wenn sie nicht im Bild zu sehen sind.

Eine weitere Form der tonbasierten Komik betrifft die unangemessenen Äußerungsformen des Körpers. In THE AWFUL TRUTH versucht der aussichtslose

Nebenbuhler Armand, Lucy seine Liebe mittels eines selbstverfassten Gedichts zu gestehen. Bereits die Leidenschaftslosigkeit des Vortragsstils, das bemüht auswendig gelernte Vorsprechen, bietet reichlich Anlass zum Gelächter. Wirklich komisch wird die Szene jedoch erst dadurch, dass Lucy die Liebeserklärung mit einem unstimmigen Ausbruch beantwortet, der zu einem signifikanten Bruch gängiger Erwartungshaltungen führt: Sie kiekst und kichert. Die Ursache dieser Entgleisung bleibt Armands Blick verborgen, ist für den Filmzuschauer jedoch ersichtlich: Lucys Ehemann Jerry, versteckt hinter einer Tür, traktiert seine Frau mit einem angespitzten Bleistift (Abb. 2). Das Pieken ruft Quieken hervor, der Körper gerät außer sich und büßt jede Form der geregelten Artikulation ein.

Abb. 1: L'ARROSEUR ARROSÉ (1895)   **Abb. 2:** THE AWFUL TRUTH (1937)

Mit den medialen Möglichkeiten des Tonfilms werden nicht nur Wortwitz und komische Dialoge in Gang gesetzt; vielmehr nutzt das Kino die neue Technologie, um das gesamte Ausdrucksspektrum der menschlichen Stimme zu Gehör zu bringen. Hatte der Slapstick die Situation des Stolperns und Fallens betont, um den aufrechten Gang zu durchqueren, konzentriert sich die Screwball-Komödie auf Momente des Stotterns und des Schluckaufs, um die geregelte Rede zu unterbrechen. In beiden Fällen geht es darum, dass der Körper sich nicht so verhält, wie wir es von ihm erwarten: Er wird exzentrisch. Michail Bachtin zählt exzentrische Figuren und Verhaltensweisen zu den großen, wiederkehrenden Formen der Lachkultur. Ihr destabilisierendes Potential beziehen sie aus der Loslösung von den Beschränkungen des Gewöhnlichen sowie aus der Befreiung von normativen Regularien. Bachtin betont:

> Benehmen, Geste und Wort lösen sich aus der Gewalt einer jeden hierarchischen Stellung. [...] Sie werden exzentrisch und deplatziert vom Standpunkt der Logik des gewöhnlichen Lebens. Exzentrizität [...] gestattet es den unterschwelligen Seiten der menschlichen Natur, sich in konkret-sinnlicher Weise aufzuschließen und auszudrücken. (Bachtin 1990: 49)

Die Screwball-Komödie ist voll von exzentrischen Figuren. Immer wieder überschreiten die Charaktere die Anforderungen, die im Rahmen des Regelhaften an sie herangetragen werden. Auf akustischer Ebene kommt es daher häufig zu Situationen, in denen die Sprache plötzlich erlischt, in denen die Rede fließend vom Sinn zum Unsinn gleitet. Das Lallen der Angetrunkenen gehört dazu (etwa in THE PHILADELPHIA STORY oder BRINGING UP BABY), weiterhin das Glucksen, das Hicksen, und jede Form von Aufstoßen. Eine besondere Vorliebe entwickelt die Screwball Comedy in diesem Zusammenhang für den Lachkrampf. Die Körper der Charaktere zucken in einer Weise, die nicht mehr kontrolliert werden kann, und dies vornehmlich in Situationen, in denen ein solcher Ausbruch unpassend und unangemessen erscheint. In THE AWFUL TRUTH wird der dabei entstehende komische Effekt durch die starke Kontrastierung zwischen übergeregelter Rede (die schematisierte Versform des Gedichts) und unartikuliertem Ausbruch (das die Sprache zurücklassende Kieksen) noch einmal besonders betont. Hier fällt jemand und etwas aus dem Rahmen, hier verlässt der Film selbst die Struktur der sinnfälligen Geschlossenheit. Das Lachen gehört in seiner Unwillkürlichkeit zu den heftigsten Reaktionen, die dem Körper widerfahren können. Eben hier setzt die Screwball-Komödie an: Es ist gerade der Wechsel zwischen wohlgesetzter Rede und ausladendem Affekt, aus der sie ihre neue Dynamisierungsfunktion gewinnt. Normative Vorgaben werden nicht als unumstößliche Regeln betrachtet, sondern als leicht zu unterlaufende Kategorien. Insofern kann auch das Lachen, das die abnorme Exzentrizität begleitet, als befreiendes Moment gedeutet werden:

> Neben der gesellschaftlich definierten Normalität – scheint das Lachen zu signalisieren – existiert stets auch die Ausnahme. [...] Die befreiende Wirkung, die emotional und physiologisch das Lachen begleitet, schließt das Moment der Selbstrelativierung mit ein, das von der Zurüstung gesellschaftlich erforderter Seriosität entlastet. (Lederle 1997: 21)

In ihrem Bemühen, den audiovisuellen Eigensinn von Verständigungsformen ins Komische zu verzerren, entwickelt die Screwball-Komödie eine neue Variante filmischen Humors. Die heitere Ausrichtung verweist dabei auf die Zielrichtung eines derartigen Verlaufs: Er kennzeichnet die Entbindung aus der Zweckrationalität und damit einen Zugewinn an Freiheit jenseits von rigiden Bestimmungen und Beschränkungen.

Paare und Paarungen: die Romantische Komödie

Als besonders langlebiges und populäres Subgenre feiert die *Romantische Komödie* (*Romantic Comedy*) wiederkehrende Erfolge. Sie stellt einen Kernbereich der Hollywood-Genre-Produktion dar, ist aber längst nicht nur dort angesiedelt. Als transnationales, kulturübergreifendes Phänomen erstreckt sie sich über so unterschiedliche Bereiche wie die deutschen Beziehungskomödie (z.B. MÄNNER), das britische Unterhaltungskino (z.B. FOUR WEDDINGS AND A FUNERAL), den dänischen Dogma-Kontext (z.B. ITALIENSK FOR BEGYNDERE) oder das französische Kunstkino (z.B. LE FABULEUX DESTIN D'AMÉLIE POULAIN). Ihre weite Verbreitung hängt mit der Konzentration auf eine Kernstruktur zusammen, deren wichtigste Elemente folgendermaßen zusammengefasst werden können: „A romantic comedy is a film which has as its central narrative motor a quest for love, which portrays this quest in a light-hearted way and almost always to a successful conclusion" (McDonald 2007: 9). Die Zielrichtung des glücklichen Ausgangs, die strukturelle Konzentration auf das Happy End gehört zu den wichtigsten Merkmalen der Romantischen Komödie. Eben darin unterscheidet sie sich von anderen Genres, die sich mit Liebe und Liebesverwicklungen befassen, etwa dem Melodrama. Es ist die Zusammenführung dessen, was zunächst nicht passend erscheint, die für diese Filmgruppe entscheidend ist.

Die Romantische Komödie entwickelt einen scharfen Blick für die komischen Aspekte des Verliebtseins und für die Arten und Weisen, wie Verliebte aus dem Rahmen der Normalität fallen. In diesem Punkt ähnelt sie anderen Formen des Komischen: Es geht ihr um die Normabweichung, um ein Abrücken von Stabilität und Ordnung, um den Ausnahmezustand des Vernarrtseins. Dabei sagen die Hindernisse, die sich den Liebenden in den Weg stellen, in die sie sich verstricken und verwickeln, immer auch etwas über den Einzelnen aus: Sie streichen die Schwächen des Menschen heraus, sie betonen die Schwierigkeiten, die er mit seiner eigenen Identität und seinem Verhältnis zu anderen hat. Dass diese nicht ernsthaft, sondern komisch behandelt werden können, hängt mit Verschiebungen zusammen, für die die Romantische Komödie ein eigenes Repertoire ausgebildet hat. Das zentrale Element ist dabei das der Verwechslung und Verstellung: „A typical romantic comedy will feature mistaken identity, disguise and masquerade" (Mortimer 2010: 5).

Die Liebesverwechslung orientiert sich im Kontext des Komischen am An- und Ablegen von Maske und Kostüm: Jemand gibt sich als jemand anderes aus, wird als dieser erkannt und damit als jemand anderer verkannt. In der Welt des Films, immer schon eine des Scheins und der Täuschung, erhält dieses Element eine eigene reflexive Qualität. Sie hängt zusammen mit der Komplexität, die dem filmischen Kostüm zwischen Kleidung und Verkleidung, zwischen Materialität und Metaphorik, zwischen Stoff und Staffage zu eigen ist. Mit dieser Vielschichtigkeit spielt die Romantische Komödie, wenn sie das Kostüm als Medium des Mehrdeutigen einsetzt. Die äußere Hülle täuscht über das Dahinterliegende hinweg und kann so zum eigenen Bereich der Verfehlung werden. Ganz besonders deutlich wird das dort, wo das Kostüm nicht nur Status und Stellung anzeigt, sondern auch der Distinktion der Geschlechter dient.[8] Für die Romantische Komödie tut sich hier ein Spielfeld auf, das mannigfaltige Möglichkeiten für die Inszenierung der fehlgeleiteten und umgeleiteten Paarbildung bietet. Gerne und häufig – von VIKTOR UND VIKTORIA über SOME LIKE IT HOT bis TOOTSIE – wird das Motiv des Kleidertauschs zwischen den Geschlechtern eingesetzt, um komische Komplikationen hervorzurufen. Dabei ist die Grundvoraussetzung für das zum Lachen motivierende Geschlechterspiel, dass das Publikum über die sich unter der Kleidung befindende Identität Bescheid weiß. In der Komödie wird der Kleidertausch als pures Amüsement einer Verwechslungssituation instrumentalisiert, ohne den Zuschauer im Unklaren über die geschlechtliche Identität der Figuren zu lassen. Eben darum können sich die durch die Maskerade initiierten Irritationen in befreiendes Gelächter auflösen: Die Komödie zeigt nicht nur das Ergebnis, sondern auch und vor allem den Vorgang des Verkleidens; sie interessiert sich ganz besonders für die Prozessualität der Umgestaltung und Umwandlung. In TOOTSIE beispielsweise zeigt eine Sequenz ausgiebig die Transformation von Michael Dorsey zu Dorothy Michaels. Auffallend lange verweilt die Kamera dabei auf einem Spiegel, der die Reflexion des männlichen Gesichts mit Illustrierten-Ausschnitten von weiblichen Gesichtern kombiniert (Abb. 3).

Der Konstrukt-Charakter dessen, was hier verfertigt wird, wird über den Schminkspiegel offengelegt und kenntlich gemacht. Deutlich betont der Film dabei die Funktion des Make-ups als Make-over. Er zeigt, dass das An- und Ablegen der Maske nah beieinander liegen, er macht deutlich, dass die Verkleidung nicht die Regel ist, sondern die Ausnahme. Damit schließt die Romantische Komödie an die Tradition des Karnevalesken an. Sie geht auf in der Verdrehung, sie feiert „eine eigene Logik der ‚Umkehrung', des ‚Gegenteils', des ‚Auf-den-Kopf-Stellens', eine Logik der ständigen Vertauschung" (Bachtin 1995: 59f.).

---

[8] Vgl. dazu das Kapitel „The Comedy of Crossdressing" in Stella Bruzzis Abhandlung *Undressing Cinema. Clothing and Identity in the Movies* (1997: 147-172) sowie das Kapitel „Performing Gender in Comedian Comedy" in Nicole Matthews' Studie *Comic Politics. Gender in Hollywood Comedy after the New Right* (2000: 51-98).

Ungeklärte Identitäten als Motor der Liebesverwirrung finden sich in der Romantischen Komödie nicht nur im Bereich der Kostümierung und Verkleidung. Sie kommen auch in anderen Täuschungsmomenten zum Tragen, etwa in Situationen, in denen jemand gar nicht als Person in Erscheinung tritt. Auffällig ist in diesem Zusammenhang das neue Interesse der Romantischen Komödie für die Frage der medial vermittelten Identität. In SLEEPLESS IN SEATTLE verliebt sich Annie in eine Radiostimme, in YOU'VE GOT MAIL kommen sich die Protagonisten Kathleen und Joe unter den E-Mail-Pseudonymen *Shopgirl* und *NY152* näher. Blind ist die Liebe hier nicht, weil sie über das täuschende Kostüm hinwegsieht, sondern weil sie sich auf Begegnungen einlässt, die immer schon über Umwege, über medial induzierte Umleitungen laufen. Dabei vollzieht sich das Wechselspiel der Identitäten zunächst jenseits des visuell organisierten Prinzips von Sehen und Gesehen werden, um eben dort seine Auflösung zu finden. Es ist der unverstellte Blick, der als letzte Authentizitätsgarantie das glückliche Ende ermöglicht und damit nicht nur die Liebenden, sondern ironischerweise auch das Kino wieder zu sich selbst kommen lässt. Frank Krutnik bezeichnet diese Bewegung als eine der wichtigsten Entwicklungen der zeitgenössischen Romantischen Komödie und erklärt: „Romantic comedy has always exploited the tension between false and true identities in the game of love [...], but the fact that authenticity rests upon a foundation of simulation suggests a more complexly mediated grounding for the construction of romance" (2006: 140). Im Bereich der Komödie wird die Möglichkeit des Täuschungsszenarios nicht angstvoll besetzt, sondern lustvoll ausgespielt. Insofern kann die Konzentration auf medial simulierte Alias-Identitäten als Steigerung von genrespezifischen Verwechslungsmomenten betrachtet werden, die in der Vervielfältigung des Figuralen die Bedingung für die Lösung als Paarstruktur findet.

Referenz und Reflexion: die Parodie

Filme können nicht nur komisch sein, wenn sie komische Figuren, komische Verhaltensweisen oder komische Situationen entwerfen. Filme können auch und ganz besonders komisch sein, wenn sie sich über sich selbst lustig machen. Die Filmkomödie bringt dafür unterschiedliche Bereiche in Anschlag. Einer, der seit Beginn der Filmgeschichte nachweisbar ist, befasst sich mit dem Bewusstsein der eigenen medialen Situiertheit. Edwin S. Porters Film UNCLE JOSH AT THE MOVING PICTURE SHOW (1902) zeigt eine besondere Kino-Situation: Wir beobachten einen Zuschauer beim Filmsehen. Vorgeführt wird nicht irgendein Film, sondern die Szene eines einfahrenden Zuges als erkennbare Referenz auf die Urszene der Kinematographie, auf L'ARRIVÉE D'UN TRAIN EN GARE DE LA CIOTAT

(1895). Auch die Reaktion des Zuschauers ist zu sehen: Onkel Josh schreit und springt davon. Der komische Effekt entsteht hier nicht allein durch den Gag der verdoppelten Leinwand, sondern vielmehr durch die Bezugnahme auf kinospezifische Rezeptionsmythen. Porter spielt mit dem Wissen seines Publikums um die Berichterstattung der ersten Filmvorführungen, in deren Zentrum die Überwältigung der Zuschauer stand. Die Übertreibung ist hier ein bewährtes Mittel der Komik, allerdings eines, das sich überdeutlich im Rahmen desjenigen Mediums abspielt, das es überhaupt erst konstituiert. Die Filmkomiker der Frühphase beziehen sich häufig und gerne auf den Betrieb, in dem sie sich bewegen. In HIS NEW JOB (1915) etwa spielt Charlie Chaplin auf seinen Wechsel von den *Keystone Studios* zu den *Essanay Studios* an: Der Film zeigt Chaplin als Filmschauspieler, der unvermutet die Rolle eines anderen übernimmt und dabei ein ganzes Filmset durcheinander bringt. In SHERLOCK, JR. (1924) erscheint Buster Keaton als Filmvorführer, der sich in die Welt des Kinos hineinträumt und in die Leinwand eintritt. In ANIMAL CRACKERS (1930) bricht Groucho Marx wiederholt die Illusion der diegetischen Konstanz der Narrative; immer wieder tritt er aus der scheinbar geschlossenen Welt des Films heraus, um sein Publikum mittels eines direkten Blicks in die Kamera zu adressieren und seine eigenen Witze zu kommentieren: „Pardon me while I have a strange interlude." Auch W. C. Fields spielt mit der Komik der Selbstartikulation: In NEVER GIVE A SUCKER AN EVEN BREAK (1941) präsentiert er sich beim Pitch eines von ihm verfassten Drehbuchs vor den Studiobossen der *Esoteric Pictures*.

Alle diese Beispiele zeigen das Spiel mit der Bezugnahme auf das eigene Medium als Möglichkeit der komischen Überschreitung. Leo Charney stellt dieses Element als zentralen Funktionsmechanismus der filmischen Parodie heraus und erklärt: „The ability to make references outside the inner workings of the film [...] comes most overtly to the fore in parody films" (2005: 85). Eine wichtige Rolle spielt dabei der Bruch mit Erwartungshaltungen, „the comic conflict between disruption and convention" (ebd.). Während der narrative Ablauf des Films konventionellerweise über seine Gemachtheit hinwegzutäuschen versucht, wird eben diese Konstruktion im Falle der parodistischen Überformung offen gelegt und ausgestellt:

> The comedian disrupts not just the world we see in the movie [...] but the expectations of a conventional movie itself; above all, the unspoken presumption that a movie's story will flow forward seamlessly as a self-contained fiction that we seem to watch unacknowledged, as if it were real action spied through a peephole. (ebd.)

In umfassender, besonders ausgefeilter Weise trifft das auf die Filme Woody Allens zu.[9] Ihre Regelverstöße sind vielschichtig und weitläufig angelegt. Sie entfalten sich über ein breites Spektrum medialer Kulturen und verwischen dabei immer wieder die Grenzen zwischen Fiktion und Realität, zwischen Artifizialität und Authentizität. Mit der Vorführung seiner selbst als Filmkomiker, der sein Publikum nicht ignoriert, sondern direkt adressiert, schließt Allen an die Tradition seiner Vorgänger an. Was aber nun hinzukommt, ist eine hochgradig komplexe Reflexion der medialen Bedingungen des Films über und durch seine eigenen Mittel. ANNIE HALL beispielsweise beginnt damit, dass Woody Allen als Alvy Singer die Zuschauer des Films eigens anspricht: Die fiktive Figur tritt aus dem Geschehen heraus und kommentiert es für uns (Abb. 4).

Abb. 3: TOOTSIE (1982)　　　　**Abb. 4**: ANNIE HALL (1977)

Diese erste Geste steigert sich im Folgenden durch immer neue Momente der Distanzierung und Relativierung. Das Split-Screen-Verfahren etwa gehört dazu: Hier wird die komische Kontrastierung der gegenseitigen Erwartungen, die unterschiedliche Personen von derselben Situation haben, nicht über das klassische Verfahren der Montage aufgelöst, sondern in das Bild selbst hineingenommen. Ein weiteres Beispiel ist das Erscheinen von Untertiteln auf der Leinwand, die die Gedanken der Personen als ausformuliertes Schriftbild visualisieren, während sie sprechen. Virtuos wechselt Allen die Raum- und Zeitebenen und bindet diese Mischung stets ein in ein Herausstellen der medialen Bedingungen des eigenen Mediums. Und selbst dieses Verfahren wird noch einmal eigens herausgestellt und mittels komischer Kommentare ironisiert. Als sich Alvy und Annie zum ersten Mal treffen, sprechen sie über die Medialität der Fotografie. „The medium enters in as a condition of the art form itself", erklärt

---

9 Vgl. dazu Vittorio Hösles Studie *Woody Allen: Versuch über das Komische* (2005) sowie Jürgen Felix' Darstellung *Woody Allen: Komik und Krise* (1992).

Alvy – während der Untertitel auf der Leinwand diese Aussage sogleich wieder relativiert: „I don't know what I'm saying – she senses I'm shallow." Es ist der Verweis auf das Vermittelnde des Mediums, das hier trotz oder gerade wegen der komischen Verzerrung eine eigene Qualität bekommt: „In ein und derselben Bewegung kommentiert die Narration das, was sie erschafft, und erschafft sie es zugleich" (Metz 1997: 144).

Eine andere Form der filmischen Parodie betrifft den Blick auf den Horizont des strukturell Erwartbaren. Eine besondere Rolle spielt dabei der Bezug auf filmische Formeln und Regeln: „Film parody has long been associated with the recitation and violation of rules: rules of character, rules of setting and rules of narrative – in essence, the rules of genre" (Harries 2006: 281). In der Regelhaftigkeit des Genres, in dem mehr oder weniger festen Gefüge aus Figur, Dekor und Handlung findet die Parodie die Regel, von der sie abweichen kann. Dafür ist es aber erst einmal notwendig, das Gefüge selbst zu sehen und zu bestimmen: Erst wenn eine Regel bekannt ist, kann sie gebrochen werden. Eben dort setzt die filmische Parodie an. Sie nimmt Bezug auf bereits Bestehendes, um dieses Bestehende zu überschreiten und zu überformen: „In contrast to generic hybrids which combine generic conventions, parodies work by drawing upon such conventions in order to make us laugh" (Neale/Krutnik 1990: 18). Das Offenlegen von Mustern und Schemata charakterisiert etwa die Genreparodien von Mel Brooks (z.B. BLAZING SADDLES, YOUNG FRANKENSTEIN; im Folgenden auch die des Zucker-Abrahams-Zucker-Gespanns, z.B. AIRPLANE! oder THE NAKED GUN). Sie werden möglich zu einem Zeitpunkt, in dem die narrativen und ästhetischen Konventionen erfolgreicher Filmgenres dermaßen bekannt und verbreitet sind, dass sie als Referenz nicht nur aufgerufen, sondern auch sofort erkannt und verlacht werden können. Entscheidend ist dabei, dass die Parodie sich des festen Gefüges nicht einfach bedient, sondern dass sie es deformiert und transformiert – und damit auch reanimiert: „As a nearly standard by-product of its play with conventions, parody [...] frequently refreshes what was in the verge of being worn out" (Chambers 2010: 24). Die parodistische Überstilisierung genrekonstituierender Konventionen stimuliert immer auch eine Revitalisierung jener Formen, die der Überformung zugrunde liegen. Darauf deuten auch aktuelle filmische Parodien wie SCARY MOVIE (2000) hin, deren Genrebewusstsein überdeutlich ausgestellt wird:

> Film parody in contemporary Hollywood cinema embodies a particularly charged actualisation of historical genre development (often signaling the latter phases of self-reflexive, generic development) by simultaneously critiquing established generic codes while also serving to sustain and reconstitute these codes and, therefore, genre itself. (Harris 2006: 281)

Das parodistische Offenlegen von filmischen Strukturelementen ist der Traditionsgeschichte des eigenen Mediums verpflichtet. Hier setzt die Parodie an, hier reflektiert sie das, was sie überhaupt erst möglich macht. Und hier feiert das Kino nicht nur eine durch Wiederholung und Übertreibung gekennzeichnete Lachkultur, hier feiert das Kino vor allem sich selbst.

Fazit

Die Komödie ist eines der großen Filmgenres, das seit den Anfängen der Kinematographie nachweisbar ist. Als übergreifende Kategorie umfasst die Komödie verbindende Merkmale wie Verwechslung und Verfehlung, die in einem variablen Gefüge aus Setting, Handlungselementen und Figuren ästhetisch produktiv werden. Komische Effekte entstehen dabei dadurch, dass Erwartungshaltungen durchbrochen werden: Die Komödie befasst sich mit Missverhältnissen und Missverständnissen, deren Verwirrungen jedoch nicht in der Bedrohung enden, sondern im Lachen aufgehen. Im Verlauf ihrer historischen Entwicklung hat die Filmkomödie verschiedene Unterkategorien ausgebildet. Zu den wichtigsten gehören der *Slapstick*, die *Screwball Comedy*, die *Romantic Comedy* sowie die *Parodie*. Während in der Frühphase der Kinematographie der Slapstick die heitere Verwechslung von Menschen und Dingen als Kernstück der filmischen Komik entfaltet, entwickelt in der darauf folgenden Phase des Tonfilms die Screwball-Komödie den Dialog als audiovisuelles Mittel der komischen Verwechslung. Deutlich wird dabei, dass das filmische Genre der Komödie nicht als Fixum besteht, sondern sich historisch ausdifferenziert: Es bildet Subgenres aus, die sich den sich verändernden Möglichkeiten und Anforderungen des Mediums anverwandeln. Das gilt im Folgenden auch für die Untergruppen Romantische Komödie und Parodie. Erstere konzentriert sich auf Liebesverwirrungen, die das Vertauschen von Identitäten als Ausgangslage für komische Verwicklungen instrumentalisiert. Dabei spielen nicht nur Kostüm und Maskerade als stabile Konstanten des Verwechslungsszenarios eine wichtige Rolle. Weiterhin zeigt sich in den jüngeren Beispielen des Subgenres auch ein Interesse für die durch digitale Kommunikationsformen entstehenden neuen Möglichkeiten von virtuellen Alias-Identitäten, etwa durch selbstgewählte Pseudonyme in der E-Mail-Adresse. Während die Romantische Komödie in der Ausrichtung auf das glückliche Ende der Geschlossenheit der Narrative zuarbeitet, hat es die Parodie mit dem Aufbrechen von Einheit und Ganzheit zu tun. Entscheidend ist dabei das Bewusstsein der eigenen medialen Verfasstheit. Die Parodie setzt eine Reflexion der Grundlagen des Genres in Gang. Ihre Komik bezieht sie aus dem Spiel mit Stabilitäten, ihren Zielpunkt findet sie in der Aufhebung des Selbstverständlichen. Ein wichtiges Stilmittel ist dabei das Hinterfragen der Illusionskonstanz. Die Parodie beschäftigt sich mit dem Ausloten des Spektrums von genrekonstituierenden Merkmalen, um ihre Gemachtheit offenzulegen. Dadurch nimmt sie zugleich eine Interpretation des filmischen Materials vor: Sie zeigt das Genre als Gebilde, das Veränderungen unterliegt und selbst Veränderungen hervorbringt.

Weit davon entfernt, sich selbst zu erschöpfen, erfreut sich das Genre der Kinokomödie auch gegenwärtig bester Gesundheit und größter Vitalität. Nach wie vor zählen Komödien „zu den präsentesten Genres auf den internationalen Leinwänden" (Glasenapp/Lillge 2008: 7), nach wie vor „genießen sie beim Publikum, was für die meisten anderen Genres in nicht vergleichbarem Maße gilt, geschlechter- und generationenübergreifend enorme Beliebtheit" (ebd.). Die Komödie zeigt sich damit als extrem anschlussfähiges Genre. Ihr genuines Vermögen, das Herausstellen des Unpassenden, findet in der intermedialen Formenvielfalt gegenwärtiger Medienkulturen einen reichhaltigen Nährboden. Die aktuelle Filmkomödie zieht daraus ästhetischen Gewinn: Sie setzt sich nicht nur mit ihrer eigenen Vergangenheit auseinander, sie wirbelt auch andere Mediengeschichten durcheinander: etwa die des Fernsehens (AMERICAN DREAMZ), die des Videos (BE KIND REWIND) oder die des Internets (DOT.COM). Die gegenwärtige Kinokomik verweist nicht nur auf sich selbst, sie weist über sich selbst hinaus. Eben hier beweist sich die Komödie als flexibles Genre: in der Variationsbreite der Verdrehung, in der Variabilität der Verkehrung.

Film- und Medienverzeichnis

AIRPLANE! (USA 1980, Die unglaubliche Reise in einem verrückten Flugzeug, Regie: Jim Abrahams/David Zucker/Jerry Zucker)
AMERICAN DREAMZ (USA 2006, Regie: Paul Weitz)
ANIMAL CRACKERS (USA 1930, Regie: Victor Heerman)
ANNIE HALL (USA 1977, Der Stadtneurotiker, Regie: Woody Allen)
L'ARRIVÉE D'UN TRAIN EN GARE DE LA CIOTAT (FR 1895, Die Ankunft eines Zuges auf dem Bahnhof in La Ciotat, Regie: Auguste & Louis Lumière).
L'ARROSEUR ARROSÉ (FR 1895, Der begossene Begießer, Regie: Auguste & Louis Lumière)
THE ARTIST (FR 2011, Regie: Michel Hazanavicius)
THE AWFUL TRUTH (USA 1937, Die schreckliche Wahrheit, Regie: Leo McCarey)
THE BATTLE OF THE CENTURY (USA 1927, Regie: Clyde Bruckman)
BE KIND REWIND (USA 2008, Abgedreht, Regie: Michel Gondry)
BLAZING SADDLES (USA 1972, Der wilde wilde Westen, Regie: Mel Brooks)
BRINGING UP BABY (USA 1938, Leoparden küsst man nicht, Regie: Howard Hawks)
DOT.COM (PT 2007, Regie: Luís Galvão Teles)
LE FABULEUX DESTIN D'AMÉLIE POULAIN (FR 2001, Die fabelhafte Welt der Amélie, Regie: Jean-Pierre Jeunet)

THE FLIRT (USA 1917, Regie: Billy Gilbert)
FOUR WEDDINGS AND A FUNERAL (GB 1994, Vier Hochzeiten und ein Todesfall, Regie: Mike Newell)
THE GREAT DICTATOR (USA 1940, Der große Diktator, Regie: Charles Chaplin)
HIS GIRL FRIDAY (USA 1940, Sein Mädchen für besondere Fälle, Regie: Howard Hawks)
HIS NEW JOB (USA 1915, Charlie gegen alle, Regie: Charles Chaplin)
ITALIENSK FOR BEGYNDERE (DK 2000, Italienisch für Anfänger, Regie: Lone Scherfing)
IT HAPPENED ONE NIGHT (USA 1934, Es geschah in einer Nacht, Regie: Frank Capra)
MABEL AND FATTY'S MARRIED LIFE (USA 1915, Regie: Roscoe Arbuckle)
MANY A SLIP (USA 1927, Ausgerechnet Bananen, Regie: Charles Bowers/Harold L. Muller)
MÄNNER (BRD 1985, Regie: Doris Dörrie)
MIDNIGHT (USA 1939, Enthüllung um Mitternacht, Regie: Mitchell Leisen)
THE NAKED GUN (USA 1988, Die nackte Kanone, Regie: David Zucker)
NEVER GIVE A SUCKER AN EVEN BREAK (USA 1941, Gib einem Trottel keine Chance, Regie: Edward F. Cline)
A NOISE FROM THE DEEP (USA 1913, Regie: Mack Sennett)
THE PHILADELPHIA STORY (USA 1937, Die Nacht vor der Hochzeit, Regie: George Cukor)
PLAYTIME (FR 1967, Tatis herrliche Zeiten, Regie: Jacques Tati)
SCARY MOVIE (USA 2000, Regie: Keenen Ivory Wayans)
SHERLOCK, JR. (USA 1924, Regie: Buster Keaton)
SLEEPLESS IN SEATTLE (USA 1993, Schlaflos in Seattle, Regie: Nora Ephron)
SOME LIKE IT HOT (USA 1959, Manche mögen's heiß, Regie: Billy Wilder)
TOOTSIE (USA 1982, Regie: Sydney Pollack)
TWENTIETH CENTURY (USA 1934, Napoleon vom Broadway, Regie: Howard Hawks)
UNCLE JOSH AT THE MOVING PICTURE SHOW (USA 1902, Regie: Edwin S. Porter)
VIKTOR UND VIKTORIA (D 1933, Regie: Reinhold Schünzel)
YOUNG FRANKENSTEIN (USA 1974, Frankenstein Junior, Regie: Mel Brooks)
YOU'VE GOT MAIL (USA 1998, e-m@il für dich, Regie: Nora Ephron)

Literaturverzeichnis

Babington, Bruce/Evans, Peter William (1989): *Affairs to Remember: The Hollywood Comedy of the Sexes*. Manchester: Manchester University Press.
Bachmaier, Helmut (Hg.) (2007): *Texte zur Theorie der Komik*. Stuttgart: Reclam.
Bachtin, Michail (1995): *Rabelais und seine Welt. Volkskultur als Gegenkultur*. Frankfurt a.M.: Suhrkamp.
Bachtin, Michail (1990): *Literatur und Karneval: Zur Romantheorie und Lachkultur*. Frankfurt a.M.: Fischer.
Balázs, Bela (2001): *Der sichtbare Mensch oder die Kultur des Films*. Frankfurt a.M.: Suhrkamp.
Bazin, André (2004): „Theater und Film". In: Bazin, André: *Was ist Film?* Berlin: Alexander Verlag.
Berger, Peter L. (1997): *Erlösendes Lachen. Das Komische in der menschlichen Erfahrung*. Berlin: de Gruyter.
Bergson, Henri (2011): *Das Lachen. Ein Essay über die Bedeutung des Komischen*. Hamburg: Meiner.
Bruzzi, Stella (1997): *Undressing Cinema. Clothing and Identity in the Movies*. London: Routledge.

Chambers, Robert (2010): *Parody. The Art that Plays with Art.* New York: Peter Lang.
Charney, Leo (2005): „American Film". In: Charney, Maurice (Hg.). *Comedy. A Geographic and Historical Guide.* Westport: Praeger, S. 78-92.
Felix, Jürgen (1992): *Woody Allen: Komik und Krise.* Marburg: Hitzeroth.
Glasenapp, Jörn/Lillge, Claudia (2008): „Einleitung". In: Dies. (Hgg.): *Die Filmkomödie der Gegenwart.* Paderborn: Fink, S. 7-12.
Harries, Dan (2006): „Film Parody and the Resuscitation of Genre". In: Neale, Steve (Hg.): *Genre and Contemporary Hollywood.* London: BFI, S. 281-293.
Heller, Heinz-B./Steinle, Matthias (2005): „Einleitung". In: Dies. (Hgg.): *Filmgenres: Komödie.* Stuttgart: Reclam, S. 11-23.
Hösle, Vittorio (2005): *Woody Allen: Versuch über das Komische.* München: dtv.
Kracauer, Siegfried (1985): *Theorie des Films. Die Errettung der äußeren Wirklichkeit.* Frankfurt a.M.: Suhrkamp.
Krutnik, Frank (2006): „Conforming Passions? Contemporary Romantic Comedy". In: Neale, Steve (Hg.): *Genre and Contemporary Hollywood.* London: BFI, S. 130-147.
Lederle, Josef (1997): „Befreiendes Lachen, lächerliche Befreiung: Gedanken über das Komische und seinen medialen Widerschein". In: Karpf, Ernst/Kiesel, Doron/Visarius, Karsten (Hgg.): *Ins Kino gegangen, gelacht: Filmische Konditionen eines populären Effekts.* Marburg: Schüren, S. 17-25.
Mast, Gerald (1979): *The Comic Mind. Comedy and the Movies.* Chicago: University of Chicago Press.
Matthews, Nicole (2000): *Comic Politics. Gender in Hollywood Comedy after the New Right.* Manchester: Manchester University Press.
McDonald, Tamar Jefferson (2007): *Romantic Comedy: Boy Meets Girl Meets Genre.* London: Wallflower.
Metz, Christian (1997): *Die unpersönliche Enunziation oder der Ort des Films.* Münster: Nodus.
Mortimer, Claire (2010): *Romantic Comedy.* New York: Routledge.
Neale, Steve/Krutnik, Frank: (1990): *Popular Film and Television Comedy.* London: Routledge.
Paulus, Tom/King, Rob (Hgg.) (2010): *Slapstick Comedy.* New York: Routledge.
Trahair, Lisa (2007): *The Comedy of Philosophy. Sense and Nonsense in Early Cinematic Slapstick.* Albany: State University of New York Press.
Visarius, Karsten (1997): „Ohne Sinn und Verstand? Annäherung an die Lachkultur". In: Karpf, Ernst/Kiesel, Doron/Visarius, Karsten (Hgg.): *Ins Kino gegangen, gelacht: Filmische Konditionen eines populären Effekts.* Marburg: Schüren, S. 9-15.

Filmanalyse

ANNIE HALL
(Der Stadtneurotiker)

USA 1977, Regie: Woody Allen

ANNIE HALL ist nicht nur *der* prototypische Woody-Allen-Film, sondern darüber hinaus eine der innovativsten und meistgerühmten Komödien des neueren US-amerikanischen Kinos. 1977 als sechste Regiearbeit des renommierten New Yorker Komikers und Autorenfilmers gedreht, wurde er mit vier Oscars ausgezeichnet – bester Film, beste Regie, bestes Drehbuch (Allen und Marshall Brickman) sowie beste Hauptdarstellerin (Diane Keaton) – und avancierte schnell zum Klassiker. In Allens Werkgenese markiert er den Wendepunkt von den frühen, durch Genreparodistik und Slapstickkomik geprägten Filmen zu den dramaturgisch wie psychologisch komplexen späteren Arbeiten. Für das Genre der urbanen (post-)modernen Liebeskomödie war er von stilbildender Bedeutung: Diverse spätere Kinofilme wie etwa Blake Edwards' TEN (1979) oder Rob Reiners WHEN HARRY MET SALLY (1989) bzw. auch Fernsehserien wie *Seinfeld* (1989-1998) oder *Sex and the City* (1998-2004) zeigen deutlich seinen Einfluss.

ANNIE HALL wird durch einen ungewöhnlichen Monolog des Protagonisten Alvy Singer (gespielt von Allen selbst) eröffnet. Alvy steht – in einer Nahen aufgenommen – vor einem hellbraunen Prospekt und beginnt, direkt in die Kamera zu sprechen. Witze erzählend und Sigmund Freud bzw. Groucho Marx zitierend, berichtet er von einer aktuellen Lebenskrise: Er sei gerade 40 geworden, seine Freundin Annie und er hätten sich getrennt. Diese unmittelbare, mit der filmischen Erzählkonvention brechende Adressierung des Publikums greift auf zwei Allens Gesamtwerk prägende heterogene Traditionslinien zurück: Zum einen spiegelt sie das Privileg klassischer Clown- und Narrenfiguren, komplizenhaft mit dem Zuschauer zu kommunizieren, das sich etwa vom Harlekin der Commedia dell'arte bis zum modernen Stand-up-Comedian vererbt hat. Zum anderen evoziert sie die Reflexivität und Bekenntnishaftigkeit des europäischen Autorenkinos; besonders Allens persönlicher Favorit Ingmar Bergman, der den demonstrativen Blick einer Figur in die Kamera schon 1953 mit SOMMAREN MED MONIKA (dt.: Die Zeit mit Monika) einführte, ist hier als Inspirator zu nennen.

Alvys Monolog etabliert den Protagonisten als Erzähler, der im Verlauf des Films seine vergangene Liebesgeschichte mit Annie Hall (Diane Keaton) rekapituliert und dabei ergänzend verschiedene Stationen seiner Biographie einbezieht. Kurze Sequenzen zeigen Alvy als Kind: Schon als Zehnjähriger weigert er sich mit der Begründung, das Universum expandiere, seine Schularbeiten zu machen. In der Grundschule fällt er durch frühe sexuelle Neugier auf, indem er unaufgefordert eine Mitschülerin küsst. Ein grüblerischer Pessimismus und die Suche nach Liebe bestimmen auch Alvys Leben als Erwachsener. Nach zwei gescheiterten Ehen begegnet er der Titelfigur Annie Hall. Damit setzt die eigentliche Haupthandlung ein, die sich in einem Satz zusammenfassen lässt: Die beiden verlieben sich, leben eine Zeitlang zusammen und trennen sich schließlich wieder.

Die Verbindung zwischen Alvy und Annie ist von Anfang an durch persönliche und kulturelle Gegensätze gekennzeichnet: Der schmächtige, rothaarige Brillenträger Alvy ist ein 40-jähriger New Yorker Komiker – jüdisch, selbstreflektiert, neurotisch, pessimistisch. Die etwa zehn Jahre jüngere Annie ist dagegen eine langgliedrige, lebensmuntere und leicht unsichere Protestantin aus Chippewa Falls in Wisconsin, die von einer Gesangskarriere träumt. Schon die erste Begegnung der beiden bedeutet für Alvy fast einen Kulturschock: Annie berichtet von ihrer Jugend in der Provinz und bemerkt etwa unbefangen, ihre Großmutter zitierend: „Sie sind, was Grammy Hall einen richtigen Juden nennt. Naja, sie hasst eben Juden." Alvy fragt seinerseits, ob Annie „in einem Norman Rockwell-Bild aufgewachsen" sei (in der deutschen Synchronfassung: „Sind Sie in einem Heimatfilm aufgewachsen?").

Trotz ihrer unterschiedlichen Temperamente finden Alvy und Annie zusammen und bilden phasenweise ein durchaus glückliches und inniges Paar. Allmählich aber treten ihre Divergenzen verstärkt hervor – nicht zuletzt hinsichtlich ihrer sexuellen Bedürfnisse. Alvy drängt Annie, ihre Bildung durch den Besuch von Collegekursen zu erweitern und reagiert höchst eifersüchtig, als sich eine Affäre zwischen ihr und einem ihrer Dozenten anzubahnen scheint. Alvys Vorbild folgend, beginnt Annie eine Psychotherapie, die sie zu mehr Eigenständigkeit ermutigt. Nach einer ersten, vorübergehenden Trennung zieht Annie schließlich nach Los Angeles – eine Stadt, die der passionierte New Yorker Alvy hasst –, wo sie künftig mit dem Popmusik-Produzenten Tony Lacey (Paul Simon) leben will. Alvy verarbeitet seine Erfahrungen mit Annie in einem Theaterstück, das aber, im Gegensatz zur filmischen Realität, mit einem Happy End schließt, denn, so erklärt Alvy den Zuschauern, „in der Kunst ist man ja immer drauf aus, die Dinge zu einem perfekten Finale zu lotsen, weil äh, weil's im Leben so furchtbar schwer ist". Dies lässt sich auch als parodistischer Verweis auf das typische Happy End der Romantischen Liebeskomödie verstehen.

Die Erzählstruktur von ANNIE HALL ähnelt einer Psychoanalyse: Sie setzt sich aus einer Vielzahl betont subjektiver Erinnerungssplitter des Protagonisten Alvy zusammen, die nicht chronologisch, sondern assoziativ verknüpft werden. So zeigen zunächst mehrere Sequenzen den Liebesalltag Annies und Alvys, bevor später die erste Begegnung der beiden nachgeliefert wird. Kindheitsepisoden und andere Rückblenden, z.B. Szenen aus Alvys beiden Ehen, werden an verschiedenen Stellen einmontiert. Oft wechselt bzw. kombiniert Allen überraschend die Zeit- und Realitätsebenen. In der bereits erwähnten Schulsequenz etwa sitzt plötzlich der erwachsene Alvy im Klassenzimmer und disputiert mit seiner sechsjährigen Mitschülerin und der Lehrerin über sexuelle Latenzphasen. Immer wieder unterbricht Allen die Narration durch reflexive Einschübe, so durch Kommentare des Protagonisten, die direkt in die Kamera gesprochen werden, oder durch surreale Dialoge, etwa wenn Alvy seine intimen Probleme mit zufällig vorbeikommenden Straßenpassanten erörtert. Woody Allen nutzt noch weitere exzeptionelle Erzähltechniken. Während des ersten Gesprächs von Alvy und Annie enthüllen Untertitel ihre Gedanken, die mit dem Gesagten erheblich kontrastieren („Ich möchte wissen, wie sie nackt aussieht"). Mittels des Split-Screen-Verfahrens werden mehrfach analoge Situationen, etwa Therapiesitzungen der beiden Protagonisten, auch optisch parallelisiert. An anderer Stelle erscheinen Alvy und Annie als Cartoonfiguren in einer Paraphrase auf Walt Disneys SNOW WHITE AND THE SEVEN DWARFS (1937, dt.: Schneewittchen und die sieben Zwerge) – eine Imagination des Erzählers, in der er Kindheitseindrücke und aktuelle Erfahrung vermischt.

Woody Allen verknüpft in ANNIE HALL traditionelle Züge des Komödiengenres mit Elementen des Autorenfilms. An klassische Liebeskomödien erinnern einige Grundstrukturen der Handlung: die hindernisreiche wechselseitige Annäherung eines heterogenen Paares, auch das komische Scheitern überkommener Beziehungsstrategien: hier etwa Alvys Versuche, Annie pygmalionhaft zu erziehen. Die Woody-Allen-Persona zeigt zwar einerseits sehr individuelle Züge, einige ihrer Eigenschaften verweisen aber auf prominente komische Vorbilder; so lässt etwa Alvys Eloquenz und Schlagfertigkeit an Groucho Marx denken, seine hanebüchene Ungeschicklichkeit an Bob Hope. Die pointierten, komischen Dialoge evozieren gelegentlich die Screwball-Tradition, sind aber stark von Woody Allens Personalstil imprägniert, etwa in typischen Aussprüchen Alvys wie: „Sag nichts gegen Masturbation! Das ist nämlich Sex mit jemand, den ich mag."

Genreuntypisch – und eher an experimentellen Formen des Autoren- bzw. Arthouse-Kinos orientiert – sind die offene, episodische Dramaturgie des Films, insbesondere auch die metaleptische, d.h. zwischen verschiedenen diegetischen Ebenen wechselnde Narration mit ihren Illusionsbrechungen und der ausgeprägten (Selbst-)Reflexivität. Im Unterschied zu den meisten Genrefilmen zeigt ANNIE HALL zudem eine deutlich stärker figuren- als plotzentrierte Struktur. Viele Sequenzen und Dialoge dienen kaum dazu, die Handlung voranzutreiben; ihre Funktion besteht vielmehr vorwiegend darin, Temperament und Weltbild des exzentrischen Helden zu charakterisieren, etwa, wenn Alvy in vielzitierten

Sentenzen seine persönliche Philosophie erläutert: „Für mich zerfällt das Leben in zwei Teile: ins Entsetzliche und ins Elende" oder über Los Angeles wettert: „Ich will nicht in einer Stadt leben, deren einzige kulturelle Errungenschaft darin besteht, dass man bei Rotlicht rechts abbiegen kann."

Die Komik in ANNIE HALL wird überwiegend durch die Woody-Allen-Persona erzeugt. Sie wirkt vielfach schon physisch komisch. Foster Hirsch hat Allens Gesicht mit seinen vogelähnlichen Proportionen einmal als „gottgegebene Clownsmaske" bezeichnet (2001: 1). Mit seinem schmächtigen Äußeren sowie seinem nervösen und hyperreflexiven Gestus konterkariert Alvy Singer konventionelle Erwartungen an einen romantischen Liebhaber. Gelegentlich spitzt Allen solche Rollenkollisionen noch wie in seinen früheren Filmen slapstickhaft zu, etwa wenn Alvy von Annie gebeten wird, eine Spinne in ihrem Badezimmer zu töten, und sich dieser ritterlichen Aufgabe in so linkischer Weise entledigt, dass Teile des Interieurs zu Bruch gehen. Bei aller komischen Übertreibung zeigen Allens Gags und Oneliner aber meist einen ernsten, existentiellen Hintergrund. So deutet Alvy etwa den Hinweis eines blonden Schallplattenverkäufers auf ein Richard-Wagner-Sonderangebot als demonstrativen antisemitischen Akt und offenbart so ein jüdisches Verfolgungstrauma.

Die filmästhetisch originelle Form von ANNIE HALL, die subjektiv-analytische Rekonstruktion einer *scheiternden* Liebe, indiziert nicht zuletzt einen bezeichnenden Mentalitätswechsel gegenüber traditionellen Liebeskomödien. Während diese fast immer einem romantischen Liebesideal verpflichtet bleiben und in strikter Finalität auf das Happy End, die dauerhafte Vereinigung der Liebenden, ausgerichtet sind, zeigt Allen zeitgenössisch-instabile, kontingente Liebesverhältnisse: Alvy Singer ist bereits zweimal geschieden. Rückblenden demonstrieren, dass in seinen Ehen partiell ähnliche Probleme – etwa ein Nachlassen des sexuellen Begehrens – auftraten, wie sie nach und nach auch im Umgang mit Annie sichtbar werden. Die dekonstruktive Struktur von ANNIE HALL entspricht somit seiner skeptisch-kritischen Weltsicht. Immerhin gönnt der Film seinen Protagonisten eine bescheidene, zeitgemäße Variante des gemeinsamen Glücks: Alvy und Annie bleiben nach ihrer Trennung freundschaftlich verbunden.

Hirsch, Foster (2001): *Love, Sex, Death and the Meaning of Life. The Films of Woody Allen.* Cambridge: Da Capo Press.

Christian Maintz

Melodrama

Nicola Valeska Weber

Einleitung

Das Melodrama gilt gemeinhin als das Genre der großen Gefühle und des sentimentalen Genusses. Historisch und auch international lassen sich mannigfache Variationen des Melodramas ausmachen. Ebenso wie andere Filmgenres lag auch das Melodrama nie in einer genuinen unverwechselbaren Form vor. In den zahlreichen Abhandlungen über die Genese und das Wesen des Genres finden sich unterschiedliche Definitionen, Ausdeutungen und Wertungen. In seiner kinematographischen Ausprägung wird das Melodrama als Genre, aber auch als fiktionaler Modus des Erzählens, als Form oder als Stil bezeichnet (vgl. Mercer/Shingler 2004: 38-112). Das Melodrama kann damit, in Bezug auf die unterschiedlichen theoretischen Ausdeutungen und seine heterogenen Erscheinungsformen, als eines der komplexesten Kinogenres gelten.

Angesichts der Vielfalt der (film)theoretischen Herangehensweisen an dieses Genre liegt den folgenden Ausführungen ein enges Begriffsverständnis zugrunde. Das Melodrama wird hier als Filmgenre verstanden, das eine spezifische Ikonographie für bestimmte historische Phasen oder auch für das Œuvre bestimmter Regisseure aufweist (vgl. Seeßlen 1980: 9). Diese Fokussierung soll vor allem der drohenden Beliebigkeit, die ein allzu weitgefasstes Verständnis des Melodramatischen unweigerlich mit sich bringt, entgegenwirken, ohne jedoch Konzepte, die das Melodrama z.B. als Stil oder Empfindungsvermögen fassen, vollständig auszuschließen oder zu verwerfen. Eng bedeutet nicht die ontologische Definition und Festschreibung von Gesetzen eines Genres, sondern die Beschreibung inhaltlich-thematischer und formal-ästhetischer Konstanten in ihrer historischen Entwicklung und Ausprägung.

Grundsätzlich gilt es, die besondere Rolle des Melodramas in der und für die Filmwissenschaft herauszustellen. Diese kann nur dann vollständig verstanden werden, wenn sie in das diskursive Zusammenspiel mit jenen Vorstellungen des Genres gestellt wird, die innerhalb der Produktion, Distribution und der populären Filmkritik kursieren. Zunächst wird daher, die Theorie- bzw. Entwicklungsgeschichte des Melodramas rekapitulierend, ein Überblick über die Vorgängerschaft des Genres im Theater, seine kanonisierten Themen, Motive, Ikonographie und Struktur gegeben, um so letztlich auch die historische und theoretische Sichtweise auf das Genre zusammenzuführen. Der Fokus liegt dabei primär auf der US-amerikanischen Filmgeschichte, wobei die intermediale und internationale Dimension des Genres immer mitgedacht werden soll. Auf diese Weise lässt sich eine Entwicklungsgeschichte skizzieren, bei der die einzelnen Merkmale nicht statisch und überzeitlich existieren, sondern fluide variieren, sich überschneiden und parallel entwickeln.

Genretheorien des Melodramas

Ebenso wie der Western oder die Komödie bereits seit Beginn der Filmgeschichte zu dem (Formen-)Repertoire des Kinos gehören, kann auch das Melodrama bis zu dem Zeitpunkt, an dem *die Bilder laufen lernten,* (also 1895), zurückverfolgt werden.

Doch bis zum Ende der 1960er-Jahre zeigte die Filmwissenschaft wenig Interesse für das Genre bzw. nahm es nicht ernst, sondern bezeichnete es abschätzig als ‚Weepie' oder ‚Hausfrauengenre' (Cargnelli 1994: 11).[1] Erst mit der Übertragung des in Europa geprägten Konzepts der *politiques des auteurs* auf die Hollywood-Genrefilmproduktion rückten einzelne Regisseure wie Vincente Minnelli, Nicholas Ray und vor allem Douglas Sirk und deren melodramatische Filme in den Fokus der Forschung. Das als trivial und affektheischend gebrandmarkte Melodrama wurde einer akademischen Relektüre unterzogen. Diese stand unter dem Einfluss der von den französischen Filmkritikern der *Cahiers du Cinéma* etablierten und ab den 1960er-Jahren von Andrew Sarris in den USA als *auteur theory* bearbeiteten Annahme, dass auch in den Hollywood-Genrefilmen die individuelle künstlerische Handschrift ihres jeweiligen Regisseurs nachgewiesen werden könne, obwohl diese unter extrem standardisierten, das Serielle bevorzugenden Bedingungen produziert wurden (vgl. Nirmalarajah 2012: 14).

Wurde das Melodrama also zunächst von der Kritik und Wissenschaft als ungeliebtes Stiefkind behandelt, ist die Rolle, die das Genre in der filmwissenschaftlichen Auseinandersetzung seit den 1970er-Jahren spielt, umso größer. Es gibt kaum ein (Hollywood-)Genre, das derart beständig und intensiv unter ganz unterschiedlichen Gesichtspunkten besprochen wurde und wird (vgl. Cargnelli 1994: 11). Angesichts dieser Tatsache geht Hermann Kappelhoff sogar so weit, dem Melodrama für die letzten drei bis vier Jahrzehnte eine prinzipiell paradig-

---

[1] Diese Zuordnung resultiert aus der landläufigen Konnotation der Sphäre des Gefühls, des Sentimentalen und der Emotionen mit Weiblichkeit, während Männlichkeit nicht selten mit Rationalität und der Beherrschung des Gefühls in Verbindung gebracht wird.

matische Funktion in der filmwissenschaftlichen Theoriebildung zuzuschreiben (Kappelhoff 2004: 18).

Der erste, bis heute grundlegende Artikel zum Genre, Thomas Elsaessers „Tales of Sound and Fury. Observations on the Family Melodrama",[2] erscheint 1972 in der britischen Filmzeitschrift *Monogram*, in einer Ausgabe, die ausschließlich dem Kinomelodrama gewidmet ist. Elsaesser legt hier zum einen eine Genealogie der melodramatischen Imagination in verschiedenen Epochen und Formen vor. Zum anderen sucht er nach strukturellen und stilistischen Konstanten in den etwa zwischen 1940 und 1963 gedrehten Filmen von u.a. Sirk und Minnelli. Hinzu kommen Überlegungen zu dem kulturellen und psychologischen Entstehungskontext der Filme, den Elsaesser in diesen unterschwellig reflektiert sieht ([1972] 1994: 93).

Unter dem Begriff ‚Hollywood Family Melodrama' wurde eine Gruppe von populären Hollywood Mainstreamfilmen (IMITATION OF LIFE, REBEL WITHOUT A CAUSE, BIGGER THAN LIFE, SOME CAME RUNNING, HOME FROM THE HILL, EAST OF EDEN), die vor allem in den 1950er-Jahren in den USA entstanden waren, in den Mittelpunkt der nun folgenden theoretischen Auseinandersetzung mit dem Genre gerückt. Anfang der 1970er-Jahre wurden diese Filme im Zuge der ideologiekritischen Wendung der filmtheoretischen Diskussion zum Gegenstand einer Filmforschung, die sich zudem verstärkt psychoanalytischen und feministischen Ansätzen zuwandte. Im Anschluss an Elsaesser sah man in den US-Familienmelodramen ein kritisches Potenzial an Zeichen, visuellen Strukturen und Figurenkonstellationen verborgen, das die Zuschauer überwältigte, neue Erlebnisräume erschloss und das es zu dechiffrieren galt.

Der Fokus lag auf der Frage nach der Poetik des Filmgenres, dessen Darstellungsmodus und der damit einhergehenden spezifisch generischen Form der Bedeutungsvermittlung. Mit den, neben Elsaesser auch von Geoffrey Nowell-Smith (1977), auf das Filmmelodrama übertragenen Begriffen der ‚Verfremdung', ‚Entfremdung', des ‚hysterischen Textes' und der ‚hyperbolischen Ausdrucksformen'[3] wurden in dieser Diskussion filmanalytische Perspektiven entwickelt, die noch bis heute Gültigkeit beanspruchen (Kappelhoff 2004: 19). Die Grundzüge dieser theoretischen Ausrichtung können unter dem Topos des

---

[2] Der Artikel ist teilweise gekürzt und überarbeitet wieder in Gledhill (1987) abgedruckt worden. Eine Übersetzung dieser Fassung ist in Cargnelli/Palm (1994) unter dem Titel „Tales of Sound and Fury. Anmerkungen zum Familienmelodram" erschienen. Der Artikel war nicht nur wegweisend für die Debatte um das Filmgenre Melodrama, sondern auch für die gesamte filmwissenschaftliche Genredebatte.

[3] In Anlehnung an die jeweilige Begriffsverwendung und -prägung bei Bertolt Brecht, Karl Marx und Sigmund Freud.

„Mode of Excess", so wie ihn Peter Brooks in Bezug auf die literaturwissenschaftliche, vornehmlich das Bühnenmelodrama betreffende Debatte entwickelt hat, gefasst werden (1976a). Der Begriff ‚Exzess' bezeichnet demnach einen Raum des Nicht-Sagbaren bzw. Nicht-Zeigbaren innerhalb der Handlung; die aufgestauten dramatischen Konflikte werden in Dekor, Farbgebung und Musik bzw. der Mise-en-Scène sublimiert.

Die Festschreibung der Familienmelodramen als bevorzugtes Analyseobjekt der Filmwissenschaft kulminierte in der Etablierung von Douglas Sirk[4] als archetypischem Melodramatiker. Die von Sirk für die Produktionsfirma *Universal* gedrehten Melodramen MAGNIFICENT OBSESSION (1954), ALL THAT HEAVEN ALLOWS (1955), WRITTEN ON THE WIND (1956), THERE'S ALWAYS TOMORROW (1956), THE TARNISHED ANGELS (1957) und IMITATION OF LIFE (1959) prägen das Genrebild bis heute und wurden retrospektiv zu den Prototypen des Genres erklärt.[5] Nowell-Smith, Chuck Kleinhans ([1978] 1991), David N. Rodowick ([1982] 1991) und andere setzten die ideologiekritisch geprägte Debatte um das Melodrama mit ihren Arbeiten fort und bezogen sich weiterhin auf den etablierten Genrekorpus.

In den 1980er-Jahren rückte das Melodrama schließlich in den Fokus der feministischen Filmwissenschaft. Neben Laura Mulvey beschäftigten sich zahlreiche Autoren mit dem sogenannten US-amerikanischen *Woman's Film* der 1940er-Jahre (z.B. STELLA DALLAS, 1937), aber auch mit den Familienmelodramen, in denen Frauenfiguren im Mittelpunkt der Erzählung stehen, und fragten u.a. nach der geschlechtsspezifischen Vorbestimmung des kinematographischen Blicks.[6] Der Woman's Film, der häufig auch als Subgenre des Melodramas gehandelt wird, wurde zunächst einmal nur durch die angestrebte weibliche

---

4 Der Regisseur wird 1897 als Hans Detlef Sierck in Hamburg geboren. Seine Karriere beginnt er am Theater. 1934 wird er von der *Ufa* – der größten Filmproduktionsfirma in Deutschland – engagiert. Die Melodramen LA HABANERA und ZU NEUEN UFERN (beide 1937), mit der Schwedin Zarah Leander in der Hauptrolle, stellen den Höhepunkt seines Schaffens im nationalsozialistischen Deutschland dar. 1937 reist er zusammen mit seiner zweiten Frau, der Jüdin Hilde Jary, aus Deutschland aus und gelangt schließlich in die USA. Er nennt sich von nun an Douglas Sirk und dreht in Hollywood (siehe auch Petley o. J.: B1-B5). Die bereits vor seiner Emigration in Deutschland für die *Ufa* gedrehten Filme werden heute auch als prägend für das Genre verstanden, so wie es sich während der Herrschaft der Nationalsozialisten in Deutschland darstellte und später in Sirks Karriere weiterentwickelte. Die Rolle des Melodramas innerhalb der nationalsozialistischen Propaganda und Unterhaltungsindustrie habe ich am Beispiel des ‚Erfolgsregisseurs' Veit Harlan an andere Stelle bereits ausführlich diskutiert (Weber 2011).
5 Es liegt eine Reihe umfassender Literatur zu dem Thema Sirk und das Melodrama vor. Beispielhaft seien hier Halliday (1971); Mulvey ([1977/78] 1987); Läufer (1987); Klinger (1994) genannt.
6 U.a. Mulvey ([1977/78] 1987).

Zielgruppe der Filme kategorisiert. Jeanine Basinger hat folgende Arbeitsdefinition für den Woman's Film vorgelegt: „A woman's film is a movie that places at the center of its universe a female who is trying to deal with emotional, social, and psychological problems that are specifically connected to the fact that she is a woman" (1993: 20).

Die demnach durchaus disparate Kategorie wurde zum Gegenstand einer neuen Forschergeneration, zu der u.a. Mary Ann Doane (1987) und Christine Gledhill zählen.[7] Basinger hat jedoch auch darauf hingewiesen, dass eine voreilige Gleichsetzung von Woman's Film und Melodrama dazu führt, dass ein Großteil der Woman's Filme wie die Komödien mit Rosalind Russel in der Hauptrolle (z.B. ROUGHLY SPEAKING) aus der Untersuchung ausgeschlossen würden, da sie nicht mit der Genredefinition des Melodramas zu vereinbaren wären (1993: 7).[8] Hinzu kommt, dass auf diese Weise auch jene Filme aus der Diskussion um das Melodrama ausgeklammert werden, die einen männlichen Protagonisten in das Zentrum der Handlung stellen und die sich mit Fragen der männlichen Identität und Inszenierung von Männlichkeit auseinandersetzen und in der Forschung unter dem Label des *Male Melodrama* geführt werden.[9]

So fassen John Mercer und Martin Shingler die Forschungslage zum Melodrama wie folgt zusammen: „However, what became ‚melodrama' within Film Studies was never a *single cinematic form* but rather a hybrid of various subgenres and film cycles" (2004: 4; Herv. i.O.). Die beiden sehen den filmwissenschaftlichen Nutzen des Begriffs in seiner Eigenschaft als ein *umbrella term*. Als Oberbegriff könnten so unter dem Dach ‚Melodrama' nicht nur verschiedene Subgenres und Filmzyklen (z.B. der Woman's Film, das Male Melodrama oder das Familienmelodrama) subsumiert werden, sondern zudem auch die Betrachtungsweise des Melodramas als ein Stil, bis hin zu der besonders weiten, von Linda Williams vorgeschlagenen Lesart des Melodramas als der im populären

---

[7] Gledhill hat in dem von ihr herausgegebenen Sammelband *Home is where the Heart is. Studies in Melodrama and Woman's Film* (1987) die Basistexte zu diesem Thema versammelt.
[8] Zur Problematik der Gleichsetzung von Woman's Film und Melodrama siehe u.a. auch Joyce (1991) und Neale (2001). Zur Verbindung von Male Melodrama und den Genrekonventionen des Woman's Film im ‚Vietnamkriegsfilm' siehe beispielhaft Blaseio (2004). Zum Male Melodrama des 21. Jahrhunderts siehe Mädler (2008).
[9] REBEL WITHOUT A CAUSE von Nicholas Ray, der James Dean endgültig zum Weltruhm verhalf, kann beispielsweise je nach Erkenntnisinteresse sowohl als Familienmelodrama, als auch als Male Melodrama gelesen werden.

US-amerikanischen Kino generell vorherrschende Modus der filmischen Erzählung.[10]

In ihrer Konstruktion erscheinen Genrekategorien oft als essentialistisch. Diese Zuschreibungen gilt es jedoch mit genrehistorisch und -theoretisch differenzierten Maßstäben zu überprüfen. So wie es heute verstanden und diskutiert wird, ist das Filmgenre Melodrama ein nachträgliches theoretisches Konstrukt der oben skizzierten akademischen Debatte der 1970er- bis 1980er-Jahre. Steve Neale hat, eine These von Ben Singer (1990) aufgreifend, mit seiner Analyse der US-amerikanischen Filmfachpresse aus den 1930er- bis 1950er-Jahren eindrucksvoll darstellen können, dass unser heutiges bzw. das seit den 1970er-Jahren etablierte Verständnis des Genres keineswegs dem allgemeinen Sprachgebrauch der 1930er- bis 1950er-Jahre entspricht. Mit dem Begriff ‚Melodrama' oder ‚melodramatisch' wurde in den 1930er- bis in die 1950er-Jahre hinein Action, Sensationalismus, physische Gewalt, Spannungsorientiertheit und eine besonders zugespitzte dramatische Handlung verbunden (Neale 1993: 66-89).

Die Bezeichnung ‚Melodrama' wurde damals von der Produktion und der Filmkritik auf Filme angewandt, die wir heute eher unter dem Terminus ‚Thriller' zusammenfassen würden. Die Filme, die von den zeitgenössischen Publizisten und Produzenten unter dem Signum ‚Melodrama' besprochen und lanciert wurden, sind später bzw. werden bis heute unter der generischen Bezeichnung ‚Film Noir' gehandelt.[11]

THE MALTESE FALCON (1941) mit Humphrey Bogart in der Hauptrolle wurde in der *Variety* als „Suspenseful and intruiging mystery melodrama ... a strongly melodramatic tale" (*Variety* zitiert nach Neale 2001: 202, FN 1) bezeichnet. Und DOUBLE INDEMNITY (1944) – der heute als Prototyp des Film Noir gelten kann –

---

10 Linda Williams hat herausgestellt, dass das Melodrama nicht als ein generischer kinematographischer Modus unter vielen verstanden werden sollte: Melodrama „has been the norm, rather than the exception, of American cinema. [...] Film critics have often not seen the forest of melodrama – the sense in which all these genres, and many more, partake of a basic melodramatic mode – for the trees of these individual genres. They have not seen the way in which melodrama constitutes the larger cultural mode driving the articulation of specific genres" (2001: 16f.). Seit den 1990er-Jahren wird in den USA das Melodramatische unter dem Eindruck der ‚Cultural Studies' als „diskursives Aggregat" verstanden, das sich in verschiedenen Medien und Künsten ausdrückt und als „ein grundlegendes Dispositiv westlicher Populärkultur zu begreifen ist" (Kappelhoff 2004: 18). Aus dieser Sicht wäre das Melodrama nicht durch bestimmte Themen, Figurenkonstellationen oder über eine Ikonographie zu fassen, sondern als ein spezifisches, nicht auf eine Form oder ein Medium beschränktes Empfindungsvermögen. Wie bereits einführend erwähnt, liegt diesem Kapitel ein engeres Verständnis des Melodramas im Sinne eines Filmgenres zugrunde.

11 So wird der Film MILDRED PIERCE häufig als Melodrama und/oder als Film Noir diskutiert.

wurde als „murder meller"[12] besprochen. *MGM* produzierte in den 1940er- und 1950er-Jahren zwei Filme, die die Zuschreibung Melodrama bereits im Titel tragen: MANHATTAN MELODRAMA und WASHINGTON MELODRAMA. Die als ungewöhnlich und actionreich angekündigte Story von WASHINGTON MELODRAMA handelt von dem Mord an der Wasserballetttänzerin Mary Morgan, der Erpressung des Millionärs Calvin Claymore und dem Versuch seiner Tochter und des Journalisten Hal Thorne, den wahren Schuldigen zu überführen.

Die Genrebezeichnung Melodrama erfuhr damit in den 1970er-Jahren eine nachträgliche Neustrukturierung und Neusemantisierung, die heute weit über die Grenzen der Filmtheorie hinaus zum diskursiven Faktum geworden ist (Schweinitz 2006: 87). Die Verschiebung vom damaligen zum heutigen Begriffsverständnis lässt sich dadurch erklären, dass ein bestimmtes theoretisches Interesse andere Filme als prototypische Exemplare in den Fokus des filmkulturellen Genrebewusstseins rückte. Verfolgt man demnach, ausgehend von dem in den 1970er-Jahren gesetzten Verständnis des Genres, dessen Entwicklungsgeschichte zurück bis zu den Anfängen, konstruiert man die Genrehistorie gleichzeitig auf der Grundlage der retrospektiven Genredefinition.

Neales Artikel leitete eine weitere Neuorientierung in der Debatte und Konzeption des Filmmelodramas ein und hatte zudem Auswirkung auf die filmwissenschaftliche Genretheorie. Neale betont die Notwendigkeit der Historisierung der Filmgenreforschung. Seine 1993 in dem Essay „Melo Talk: On the Meaning and Use of the Term ‚Melodrama' in the American Trade Press" formulierten Thesen greift er in dem umfangreichen Kapitel zum Melodrama in seiner Monographie *Genre and Hollywood* (zuerst 2000) wieder auf. Das Melodrama diskutiert er hier, ebenso wie den Film Noir, als einen sogenannten „special case" (Neale 2001: 51ff.). Folglich verhandelt er das Genre nicht in einer Reihe mit denen von ihm als „major genre" bezeichneten Filmgenres (u.a. der Western, das Biopic oder die Komödie), sondern in einem gesonderten Kapitel (2001: 179-204).

Im Fall des Melodramas differieren demnach die Verwendungen des Begriffs innerhalb der Geschichte des Genres ebenso wie zwischen den Ebenen der Produktion und kritischen Rezeption. Das in der Filmwissenschaft etablierte Begriffsverständnis stimmt nicht mit dem in der Produktion und Filmfachpresse vor 1950 verwendeten überein. Daraus ergeben sich nicht nur Herausforderungen für die Frage der Definition des Genres, sondern weitreichende Implikationen für die Genredebatte generell. Die historische Veränderbarkeit von Genredefinitionen wird hier ebenso deutlich wie das diskursive Wechselspiel von

---

12 ‚Meller' ist eine kürzere und umgangssprachliche Version für Melodrama (siehe auch Neale 2001: 180).

Genrebegriffen zwischen den Ebenen der Produktion, Rezeption und Distribution. In diesem Sinne ist das Genre als historisch und kulturell veränderbare Konstruktion, als komplexe Struktur aus Stereotypen, Konstanten, und Varianten zu konzipieren. Gerade im Bezug auf das Genre Melodrama ist die konstitutive Nachträglichkeit sowie die Relation von Wiederholung und Variation, die dem Genrekonzept zu eigen ist, immer mitzudenken. Anders formuliert: Das Genre ist ein Effekt jener Filme, in denen es sich ausdrückt, konkretisiert und die es damit dokumentiert. Claudia Liebrand formuliert dieses Paradox folgendermaßen: „Das Genre ist nicht Film, begegnet uns aber im Film, es geht dem Film (logisch) voraus und ist doch (faktisch) sein Effekt" (2004: 174).

Begriffsgeschichte und charakteristische Genremerkmale

Die Wurzeln des Filmmelodramas reichen bis in das 18. Jahrhundert hinein und gehen zurück auf Formen der Bühne sowie des sentimentalen Romans. Etymologisch ist der Begriff abzuleiten von dem griechischen ‚melos' für Lied und ‚drama' für Handlung. Damit wurde historisch, zunächst rein formal, eine populäre Bühnenform des Dramas bezeichnet, die sich in Dramaturgie und Figurenzeichnung einer musikalischen Akzentuierung und Vermittlung bedient. Der Begriff stammt ursprünglich aus der Literatur- und Musikwissenschaft, wo er die Verbindung von gesprochenem Wort mit begleitender Instrumentalmusik meint (Vossen 2007: 434; Nowell-Smith 1977: 114). Die Bühnenrepräsentationsform entsteht in der zweiten Hälfte des 18. Jahrhunderts zunächst in Deutschland und Frankreich (Neale 2001: 196) und wird u.a. auf Jean-Jacques Rousseau zurückgeführt, der die Bezeichnung erstmals gebrauchte, um die formale Innovation seines Theaterstücks *Pygmalion* (1770) hervorzuheben (Brooks [1976b] 1994: 51). Im Laufe des 19. Jahrhunderts wurde die Definition, die sich auf die formalen Besonderheiten des Genres bezog, von einem zweiten inhaltlich ausgerichteten Verständnis abgelöst, das auf die affektive Wirkung der Geschichten verwies und letztlich zu einer Gleichsetzung des Melodramas und einem sentimentalen Schauer- oder Rührstück (vgl. Vossen 2007: 435) und damit indirekt auch zu einer pejorativen Konnotation des Begriffs führte.

Wegweisend für die literaturwissenschaftliche Forschung zum Melodrama war Peter Brooks' Monographie *The Melodramatic Imagination* (1976a). Brooks verweist darauf, dass der Stummfilm in der Verbindung zwischen Schauspiel und Musik die Erbschaft des Bühnenmelodramas des 19. Jahrhunderts angetreten hat ([1976b] 1994: 51; vgl. auch Elsaesser [1972] 1994: 103f.). Ebenso wie Brooks den Stummfilm im Allgemeinen als Fortführung der theatralen melodramatischen Bühnentradition versteht, begreift Sergej Eisenstein speziell die

Filme des Regisseurs David Wark Griffith[13] als Fortsetzung des sentimentalen Romans des 19. Jahrhunderts (Eisenstein 1961: 60-136).[14]

D.W. Griffith' Film BROKEN BLOSSOMS (1919) ist ein frühes Beispiel für die Umsetzung des Bühnenmelodramas im Stummfilm. Die erste Schrifttafel: „it is a tale of love and lovers; it is a tale of tears" benennt programmatisch das zentrale Thema des Filmmelodramas: die Liebe, die typische Figurenkonstellation: die Liebenden, und verweist auf die tragischen Implikationen des Genres sowie den charakteristischen wirkungsästhetischen Mechanismus: den Zuschauer zu Tränen zu rühren (vgl. Seeßlen 1980: 61). Erzählt wird die Geschichte der 15-Jährigen Lucy, die in einem Londoner Armenviertel lebt und von ihrem Vater, einem alkoholkranken Boxer, drangsaliert wird. Ihr einziger Freund ist der Chinese Cheng Huan, bei dem sie Zuflucht finden kann. Als der Vater von ihrem Verhältnis erfährt, erschlägt er außer sich vor Zorn seine Tochter. Der Film endet tragisch: Cheng Huan tötet erst den gewalttätigen Vater und danach sich selbst. Bereits in diesem frühen Beispiel ist die Familie der Hort von Konflikten und Repressionen, denen sich die Helden oft schutzlos ausgesetzt fühlen.

Ein weiteres markantes Beispiel für die Melodramen der Stummfilmzeit ist Friedrich Wilhelm Murnaus SUNRISE – A SONG OF TWO HUMANS (1927).[15] Der Film erzählt das Drama einer noch jungen bäuerlichen Ehe, in die eine mondäne Frau aus der Stadt einbricht. Gleichsam magisch von ihr angezogen, kann sich der Mann dem Zauber der weltgewandten Schönheit nicht entziehen und lässt sich beinahe dazu hinreißen, seine Ehefrau für die Geliebte umzubringen. Der häufig im Melodrama anzutreffende topographische Gegensatz von Metropole bzw. Vorstadt und ländlicher Idylle wird hier ebenso thematisiert wie die typische Dreieckskonstellation, in die sich die Figuren verstricken. Der Untertitel zu Murnaus Film sowie die Namenlosigkeit der Protagonisten (die Hauptfiguren tragen keine individuellen Namen, sondern treten als „the man", „the woman" und „the woman from the city" auf), verweisen zudem auf den oft gleichnishaften Ansatz des Melodramas, dessen Geschichten nur scheinbar ein individuelles Schicksal präsentieren, welches darüber hinaus universelle Gültigkeit beansprucht. Der Untertitel von Murnaus Film verweist zudem auf die ursprüngliche Wortbedeutung des Genrenamens: Die Verbindung von Spiel/Drama und Mu-

---

13 Zu den melodramatischen Filmen Griffith' gehören u.a. BIRTH OF A NATION, WAY DOWN EAST, ORPHANS OF THE STORM und INTOLERANCE.
14 Kappelhoff hat darauf hingewiesen, dass Eisenstein diese Verbindung letztlich nur knüpft, um so die melodramatische Konzeption der Filme Griffith' zu kritisieren (2004: 17).
15 Der Film geht auf die Erzählung *Die Reise nach Tilsit* (1917) von Hermann Sudermann zurück. Veit Harlan verfilmte die Geschichte 1939 im nationalsozialistisch regierten Deutschland unter dem Namen der Novelle.

sik, das Spezifikum, das auch den Stummfilm innerhalb der Technikgeschichte des Films auszeichnet. Der Film wurde vor allem für seine visuelle Qualität, die expressive Lichtdramaturgie, die bewegliche Kamera, die Überblendungen und Doppelbelichtungseffekte gerühmt. Die Zeitschrift *Cahiers du Cinéma* wählte die erste US-amerikanische Produktion Murnaus im Jahr 1958 zum besten Film aller Zeiten (Liptay 2007: 25).

Die bereits erwähnte Vorgängerschaft des Filmmelodramas in der Literatur bzw. am Theater können die unterschiedlichen Adaptionen des Romans *La dame aux camélias* von Alexandre Dumas (1848) illustrieren. Der Roman wurde für die Bühne dramatisiert und kann, seit seiner Uraufführung 1852, eine beispiellose Verbreitung vorweisen. Die prominente melodramatische Figur der Kurtisane Marguerite findet sich nicht nur im Theater, sondern auch in der Oper. Giuseppe Verdis (Musik) und Francesco Maria Piaves (Libretto) Variation des Stoffes *La Traviata* (1853) ist eine der erfolgreichsten Opern der Musikgeschichte (Bergemann 2007: 54). Bis zu der vielleicht populärsten Verfilmung mit Greta Garbo[16] in der Hauptrolle (CAMILLE, 1936) hat es vierzehn Verfilmungen des Dramas gegeben (Kappelhoff 2004: 186). Noch heute wird der Stoff immer wieder neu aufgelegt bzw. verfilmt (*Violetta*, 2011).

Der Film CAMILLE spielt im Paris des 19. Jahrhunderts und erzählt die Geschichte der Mätresse Marguerite, die sich stets mit Kamelien – den Lieblingsblumen der französischen Aristokratie – schmückt. Marguerite bewegt sich selbstbewusst in einer patriarchalen Männerwelt, doch für die Hoffnung auf die Erfüllung ihrer leidenschaftlichen Liebe zu Armand Duval gibt sie ihren früheren selbstbestimmten Lebensstil auf und zieht aufs Land. Aus Rücksicht auf das gesellschaftliche Ansehen ihres Geliebten und unter dem Druck von dessen Vater löst sie die Verbindung und wendet sich einem anderen Mann zu. Zu spät erkennt Armand, dass Marguerites Handeln nur aus Liebe zu ihm motiviert war. Am Ende ist das Paar wieder vereint, doch Marguerite stirbt in den Armen ihres Geliebten, geschwächt von einem langen Lungenleiden. Der Film steht paradigmatisch für eine Reihe von Melodramen, in denen das Bild der melodramatischen Heroine nicht in einem der Produktionszeit entsprechenden oder überzeitlichen Dekor und Kostüm entworfen wird, sondern angelehnt an das historische Gewand seiner literarischen Blütezeit.

Das Zentrum der melodramatischen Handlung bildet allgemein eine unglückliche Liebes- oder Entwicklungs- respektive Identitätsgeschichte. Der/die

---

[16] Die Rolle gilt als Höhepunkt von Greta Garbos Karriere und wurde mit einer Oscarnominierung belohnt (Bergemann 2007: 56).

melodramatische Held/Heldin befindet sich auf der Suche nach der eigenen Identität, dem Platz innerhalb einer repressiven konservativen Gesellschaft bzw. der eigenen Familie. Gesellschaftliche Rituale und Fetische (der Männerwelt) wie Geld, Erfolg, Karriere, Klassenschranken, Rassismus, Krieg, Politik, Gesetze, aber auch Krankheiten und plötzliche unerwartete Einbrüche des Schicksals, machen die retardierenden Momente der Handlung aus und sind verantwortlich für das Scheitern der melodramatischen Helden und Heldinnen (vgl. Seeßlen 1980: 43). Vor allem das Familienmelodrama spielt in der Regel in Mittelklassehaushalten, die häufig mit prunkvollen Gegenständen – z.B. edlen Spiegeln, kristallenen Vasen und Lüstern – eingerichtet sind und die die Helden in eine hierarchische Ordnung zwängen, an der sie zu ersticken drohen (Elsaesser [1972] 1994: 118). Das eigene Begehren, die individuellen Wünsche und Hoffnungen müssen zu Gunsten einer oft konventionellen Ordnung sublimiert werden. Der Plot wird bis zu der katastrophalen Kollision kontroverser Empfindungen aufgebaut, deren Wirkung durch eine Reihe von Verzögerungen maximiert wird (Elsaesser [1972] 1994: 116). Nicht selten enden Melodramen unglücklich – mit der Resignation des Helden oder gar dem Tod. Selbst den *Happy Endings* des Melodramas ist zumeist ein düsterer Unterton zu eigen. Das Happy End kann nur durch die Aufgabe der eigenen Identität und Wünsche erkauft werden. Oft als repressiv verurteilt, zeichnet das Melodrama ebenso eine besondere Offenheit für sozialkritische und gesellschaftlich tabuisierte Themen aus. Doch durch die inhärente Übertretungsfigur restituiert das Melodrama gleichzeitig die Ordnung, die es zu kritisieren vorgibt, sodass ihm durchaus eine Doppelmoral vorgeworfen werden kann (vgl. Liebrand 2004: 185).

Neben den hier bereits angedeuteten thematischen Aspekten und den typischen Figurenkonstellationen konstituieren das Genre außerdem auch stilistische Eigenheiten. Zur Ästhetik des Melodramas gehören der gesteigerte Einsatz des *Film Scores* und jener der Mise-en-Scène. Die gesprochene Sprache verliert an semantischem Gewicht; Ausleuchtung, Bildkomposition und Dekor gewinnen an syntaktischer und semantischer Bedeutung für die ästhetische Wirkung und werden zu funktionalen und integralen Bestandteilen der Bedeutungskonstruktion (Elsaesser [1972] 1994: 105). Räume, die Natur und einzelne Gegenstände werden symbolisch aufgeladen. In diesem Sinne haben Elsaesser und Nowell-Smith das Melodrama als Genre des Exzesses konzipiert, dessen Protagonisten an den gesetzten Rahmenbedingungen verzweifeln. Es produziert einen Überschuss an Emotionen und sprengt somit die Narration mit dem Zuviel an Liebe und hysterischer Energie. Formal-ästhetische und inhaltlich-thematische Aspekte bedingen sich im Melodrama in besonderem Maße und gehen immer wieder ineinander über; das Thema generiert die Form und umgekehrt (vgl. Mädler 2008: 47).

Als charakteristisch für die Konstruktion des Genres kann neben einer spezifischen Ästhetik bzw. Ikonographie und bestimmten thematischen Aspekten außerdem der wirkungsästhetische Mechanismus angesehen werden. Die melodramatischen Geschichten rühren vielfach zu Tränen. Das Pathos der Darstellung und der Gefühle gipfelt in einer spezifischen emotionalen Bewegtheit der Zuschauer.[17] Für das US-amerikanische Melodrama hat Steve Neale festgestellt, dass „die *narrative* Struktur vieler Melodramen" darauf insistiert, „daß wechselseitige Anerkennung, Vereinigung durch Liebe und Erlangen des begehrten Objekts unmöglich sind – weil es nämlich immer zu spät ist" ([1986] 1994: 165; Herv. i.O.). Neale sieht die Tränen der Zuschauer teilweise durch diese Struktur hervorgerufen. Denn hier liegt die besondere Tragik des Melodramas begründet, die Figuren bringen die Erfüllung ihres Begehrens nicht in zeitlichen Einklang zueinander; die wahre Liebe wird wie z.B. in CAMILLE erst erkannt, als die Geliebte bereits im Sterben liegt. Gerade aus dem Wissen dieser Unmöglichkeit speist sich, so Neale, der für den Zuschauer spezifische Mehrwert des Kinoerlebnisses. Dabei besteht in der Regel auf der Grundlage unterschiedlicher *Point of Views* von Zuschauer und Figur eine Diskrepanz zwischen dem Zuschauer- und dem Figurenwissen. Der Zuschauer weiß mehr als die Figuren, weiß um die prinzipielle Möglichkeit der Wunscherfüllung. Er verlässt das Kino mit der unbeantworteten Frage, ‚was wäre wenn?': „Die Worte ‚If only' bezeichnen dabei sowohl die Tatsache des Verlusts, daß es zu spät ist, als auch im selben Moment die Möglichkeit, daß alles anders hätte kommen können, daß die Phantasie erfüllt und das begehrte Objekt erlangt hätte werden können" (Neale [1986] 1994: 165). Dieses Paradoxon ist nach Neale für das inhärente melodramatische Wirkungspotential, das Publikum zu bewegen, es zu Tränen zu rühren, verantwortlich ([1986] 1994: 147; 165).

Intertextuelle Rückkopplungen: Sirk – Fassbinder – Haynes

Wie bereits dargelegt, ist Douglas Sirk eine Schlüsselfigur im akademischen Diskurs um das Filmmelodrama. Doch nicht nur die Filmtheorie rezipiert den Regisseur und sein Œuvre als melodramatischen Prototyp, sondern auch eine Reihe von Filmemachern. Die durch die Filmwissenschaft ab den 1970er-Jahren geprägte Lesart des Genres wird in ihre Interpretationen des Genres übersetzt. Für das Melodrama lässt sich demnach eine Rückkopplung, ein zirkulärer Aus-

---

17 Vgl. Weber (2011: 64-70); die Beiträge in Fröhlich/Groneborn/Visarius (2008), Kappelhoff (2004) und Neale ([1986] 1994).

tauschprozess zwischen der theoretischen Konstruktion des Genres und der praktischen Umsetzung/Aneignung im Film feststellen.[18] Exemplarisch kann dieser Feedback-Effekt für das Melodrama am Beispiel der Filme ALL THAT HEAVEN ALLOWS (1955), ANGST ESSEN SEELE AUF (1974) und FAR FROM HEAVEN (2002) belegt werden.[19]

ALL THAT HEAVEN ALLOWS gehört zu jenen Melodramen, die Sirk für die *Universal* drehte und steht exemplarisch für die Familienmelodramen der 1950er-Jahre, wie sie Elsaesser und andere diskutiert haben. Der Film erzählt die Geschichte der Witwe Cary, die sich in ihren viel jüngeren Gärtner Ron verliebt. Die Liebe der beiden wird in dem gediegenen Mittelklassevorort zum Skandal. Nicht nur Carys erwachsene Kinder sprechen sich gegen die neue Beziehung der Mutter aus, auch ihre Freunde und Nachbarn verstehen diese Beziehung, über Klassen- und Altersschranken hinweg, als ein Tabu.

Neben dem immer wiederkehrenden charakteristischen ‚Fenstermotiv'[20] (den Rahmungen im Filmbild) prägen Spiegel oder sich spiegelnde Oberflächen – die nur scheinbar ein Abbild der repräsentierten Figuren und Gegenstände produzieren – die Mise-en-Scène (Abb. 1). Farbe,[21] Lichtführung und Schattenwürfe werden symbolisch und expressiv verwendet, sie unterstützen die Stimmung und verdeutlichen Gegensätze bzw. die Charaktereigenschaften der Figuren. Als Cary zum ersten mal nach dem Tod ihres Mannes wieder ausgeht, tauscht sie ihr graues hochgeschlossenes Kostüm gegen ein schulterfreies rotes Kleid. Und während die Atmosphäre der ausgelassenen Party, die Cary mit dem naturverbundenen Ron und seinen Freunden auf dem Land feiert, in warmen Brauntönen gehalten wird, dominieren in den Aufnahmen der Cocktailparty ihrer Freunde in der Stadt blaugraue Farbtöne und harte Kontraste. Die formale Gestaltung macht deutlich, was auf der Ebene der Handlung nur unterschwellig thematisiert wird: Cary ist gefangen in den Konventionen der US-amerika-

---

18 Den für das Genrekonzept fruchtbaren Gedanken der *Rückkopplung* bzw. des *Feedback-Effekts* verdanke ich dem Vortrag „Horrorfilm: Manchmal kommen sie wieder – Entwicklungen im Genre ab 1968" von Benjamin Moldenhauer, der dieses Phänomen am Beispiel des modernen Horrorfilms beschrieben hat. Der Vortrag wurde am 30.11.2010 im Rahmen der Ringvorlesung *Genre Reloaded* in Hamburg gehalten.
19 Die drei Filme sind vielfach in ihrem Genrezusammenhang diskutiert worden siehe u.a. Skvirsky (2008), Willis (2003), Joyrich (2004).
20 Die stereotype Bildkomposition der Frau am Fenster, die durch das Glas hindurch ins Ungewisse schaut, gilt als konventionelles Schlüsselbild melodramatischer Imagination (vgl. Schweinitz 2006: 77).
21 Charakteristisch für die Farbgebung des Films ist das neue Technicolor-Farbsystem, das hier Anwendung findet.

nischen Vorstadt, die vermeintlich heile Idylle hindert sie daran, glücklich zu sein und ihre Wünsche auszuleben.

ANGST ESSEN SEELE AUF des deutschen Filmemachers Rainer Werner Fassbinder gilt als ein inoffizielles Remake bzw. als Adaption des Sirk-Films.[22] Fassbinder übernimmt das Thema: die Liebe zwischen einem jüngeren Mann und einer älteren Frau und erweitert die Geschichte um den in Sirks IMITATION OF LIFE noch unterschwellig verhandelten Rassismus-Diskurs. Die Handlung wird in das München der 1970er-Jahre versetzt und so eine aktuelle kritische Sichtweise auf die deutsche zeitgenössische Gesellschaft formuliert.

Schon das dem Film vorangestellte Motto – „Das Glück ist nicht immer lustig" –, stimmt auf den tragischen Grundton ein. Emmi, die als Putzfrau arbeitet, verliebt sich in den wesentlich jüngeren aus Marokko stammenden Gastarbeiter Ali. Die beiden heiraten, doch das Paar findet keinen Platz in der Gesellschaft: weder innerhalb der Familie von Emmi, in der Hausgemeinschaft noch unter den Freunden Alis. Als Emmi ihren Kolleginnen von der ersten Begegnung mit Ali berichtet, sieht sie sich nicht nur mit den Vorbehalten bezüglich ihres Altersunterschieds konfrontiert, sondern auch mit rassistischen Ressentiments und den eigenen inneren Zwängen. Am Ende der Szene sehen wir Emmi, wie sie allein an ein Fenster im Treppenhaus tritt (Abb. 2). Das Bild ruft die auf Sirk zurückzuführende Genrekonvention des ‚Fensterbildes' wieder auf, der anschließende relativ schnelle Zoom hin zu einer Großaufnahme von der Protagonistin verweist dabei nicht nur auf das Artifizielle des Filmbildes generell, sondern markiert deutlich dessen symbolische Bedeutung. Die Rahmungen innerhalb des Filmbildes, die Verwendung von Spiegeln und anderen reflektierenden Gegenständen zur Kommentierung des Geschehens sowie unkonventionelle Kameraperspektiven können ebenfalls als der melodramatischen Ästhetik entsprechend gelesen werden. Fassbinder übernimmt damit narrative und ästhetische Strukturen des Familienmelodramas und präsentiert sie – entsprechend der aktuellen gesellschaftlichen und ästhetisch-kulturell herrschenden Tendenzen im Deutschland der 1970er- und 1980er-Jahre – in einer neu aufgeladenen, aktualisierten Form.[23]

---

22 Rainer Werner Fassbinder schreibt in der Zeitschrift *Fernsehen und Film*: „Ich habe 6 Filme von Douglas Sirk gesehen. Es waren die schönsten der Welt dabei" (1971: 13).
23 Fassbinders Melodramen wie z.B. HÄNDLER DER VIER JAHRESZEITEN, DIE BITTEREN TRÄNEN DER PETRA VON KANT, ANGST ESSEN SEELE AUF oder DIE EHE DER MARIA BRAUN und LILI MARLEEN nehmen in der Forschung zum Genre noch immer eine Sonderstellung ein. Fassbinder gilt als deutscher Autorenfilmer und Exempel für den *Neuen deutschen Film*. Und auch seine Filme werden trotz ihrer vielfältigen Bezüge zum US-amerikanischen und deutschen Genrefilm immer noch in erster Linie als Autorenfilme besprochen. Fassbinders Filme sind jedoch nicht nur in der US-

Abb. 1: Cary in ALL THAT HEAVEN ALLOWS (1955)   **Abb. 2:** Emmi in ANGST ESSEN SEELE AUF (1974)

Während ALL THAT HEAVEN ALLOWS als Titel noch die Möglichkeit der Wunscherfüllung enthält, negiert FAR FROM HEAVEN von Todd Haynes bereits hier die Hoffnung auf ein glückliches Ende. Die Geschichte spielt in Hartford, Connecticut im Jahr 1957. Das Ehepaar Whitaker – er erfolgreicher Geschäftsmann, sie leidenschaftliche Hausfrau und Mutter – gilt als das Vorzeigepaar der Kleinstadt. Doch schon bald fängt die perfekte Fassade an zu bröckeln. Frank Whitaker liebt Männer und als Cathy das Geheimnis ihres Ehemannes entdeckt, wendet sie sich Halt suchend ihrem verwitweten und alleinerziehenden, afroamerikanischen Gärtner zu; ein Skandal in der prüden US-amerikanischen Gesellschaft der 1960er-Jahre. Am Ende entscheidet sich Frank dazu, seine Familie zu verlassen und mit einem Mann zusammenzuleben, während sich Cathy und Raymond den rassistischen Ressentiments beugen und der Gärtner zusammen mit seiner Tochter die Stadt verlässt.

Haynes' Film ist ebenfalls als eine Auseinandersetzung mit der Ästhetik und den Themen des Familienmelodramas zu verstehen. Er übernimmt die spezifische Filmsprache Sirks, übersetzt diese aber – anders als Fassbinder – nicht in eine eigene zeitspezifische Ästhetik, sondern imitiert sie, ohne sie dabei ironisch zu brechen, und verleiht ihr damit ebenfalls aktuelle Relevanz. So ist der Farbstil des Films der 1955er-Technicolor-Farbpalette entlehnt und die Ausstattung nostalgisch minutiös darauf bedacht, den Zeitgeist der 1950er- und 1960er-Jahre einzufangen.

In FAR FROM HEAVEN wird, dem Vorbild von ALL THAT HEAVEN ALLOWS folgend, der 1950er-Jahre-Mythos der US-amerikanischen Familie dekonstruiert. Doch was bei Sirk noch als Subtext angelegt war und vor allem durch die retrospektiven Filminterpretationen zum Ausdruck gebracht wurde, tritt in FAR FROM

---

amerikanischen Genretradition der Familienmelodramen zu verorten. Mit LILI MARLEEN kommentiert er u.a. das Star-Image der melodramatischen Heldin des nationalsozialistischen Kinos par excellence: Zarah Leander.

HEAVEN an die Oberfläche. Die Frage „What lies under the surface?", die im Trailer zu dem Film gestellt wird, verweist nicht nur auf den Fassaden-Charakter der heilen Familie, sondern spricht explizit das Prinzip der Offenlegung durch die ideologiekritische bzw. psychoanalytische Filmwissenschaft in den 1970er-Jahren an. Rassismus und Homosexualität – Themen die in den Familienmelodramen der 1950er-Jahre allenfalls indirekt thematisiert werden konnten – sind hier explizit Gegenstand. Haynes übernimmt damit nicht nur eine spezifische melodramatische Rhetorik, er übernimmt auch den wissenschaftlichen und kulturellen Diskurs um das Genre und legt diesen gleichzeitig reflexiv als Verfahren offen.

Als Kommentar bzw. Wiederholung und Differenz unterläuft der einzelne Film damit den Status quo des Genres und schreibt diesen gleichzeitig fort. Bedingt durch den zeitlich sowie kulturell veränderten Produktions- und Rezeptionskontext können Genrefilme ähnlich wie Remakes neue Perspektiven auf ihre Vorgängerfilme ermöglichen. Der in der Nachfolge stehende Film fungiert dabei als Kontrastfolie, auf der sich präzise die kulturellen und historischen Spezifika der vorangegangenen Produktionen herausstellen lassen (vgl. Oltmann 2008: 13).[24] Hier liegt auch die Produktivität des Genrekonzepts bzw. der Genreanalyse begründet. Betrachtet man eine Gruppe von Filmen vor der Folie eines Einzelgenres, so können ganz unterschiedliche Grade der Ähnlichkeit stilistischer, formaler und thematischer Provenienz herausgearbeitet und historisiert werden.

Aktuelle intermediale und internationale Entwicklungen

Noch stärker als dies ohnehin in der Genreforschung der Fall ist, fällt im Bezug auf das Melodrama die Ausrichtung auf US-amerikanische Produktionen ins Auge. Doch gerade in jüngster Zeit dehnt sich die Beschäftigung mit dem Melodramatischen im Film auch auf andere nationale Filmographien aus. So liegen Arbeiten zum Bollywood-Melodrama sowie zur sozialen und politischen Bedeutung des Melodramas für das chinesische und japanische Kino vor.[25] Auch die Filme des skandinavischen Dogma-Regisseurs Lars von Trier wurden in Bezug

---

24 Den spezifischen Zusammenhang von Premake und Remake, der dem hier beschriebenen Verhältnis von Filmen, die zu einem Genre gezählt werden, sehr ähnlich ist, hat Katrin Oltmann (2008) ausführlich und treffend beschrieben (vgl. hierzu auch das Kapitel „Roadmovie" in diesem Band).
25 Zum Melodramatischen im kommerziellen Hindikino siehe Vasudevan (1989). Zum chinesischen Melodrama Fore (1993) und zum japanischen Visarius (2008).

auf das Genre diskutiert. Intermedial ausgerichtete Untersuchungen beschäftigen sich mit melodramatischen Formen im Fernsehen, z.B. mit den Soap Operas wie *Dallas* und *Dynasty*, den (lateinamerikanischen) Telenovelas,[26] sowie mit den zahlreichen TV-Melodramen in Spielfilmlänge (z.B. die Rosamunde Pilcher- oder Inga Lindström-Bearbeitungen des ZDF).[27]

Der lange Zeit selektive, zeitlich und national eingegrenzte Blick der Filmforschung auf das US-amerikanische Melodrama hat dazu geführt, dass erst relativ spät Arbeiten zum deutschen Melodrama entstanden sind.[28]

Nicht nur das Potenzial, seine Zuschauer zum Weinen zu bringen, auch die Tatsache, dass das Melodrama das Genre ist, in dem Männlichkeit häufig in Frage gestellt oder gar kastriert wird (vgl. Neale 2001: 186), hat dem Melodrama den Ruf eingebracht, ein rein weibliches Genre zu sein. Solche Zuschreibungen sind nicht nur anlässlich heutiger Entwicklungen fragwürdig, sondern waren es auch schon mit Blick auf die Genregeschichte. Das Melodrama war nie ein reines ‚Frauengenre'. Die sogenannten Male Melodramas, in deren Fokus eine männliche Hauptfigur steht, aber auch die Familienmelodramen wie REBEL WITHOUT A CAUSE sind historische Beispiele. Claudia Liebrand hat PHILADELPHIA (1993) als ein Male Melodrama interpretiert, das sich auf die Konventionen des klassischen Melodramas bezieht, diese aber gleichzeitig weiter- und umschreibt. Das Konzept des ‚weiblichen' Melodramas wird so in ein ‚männliches', genauer ‚schwules' Melodrama transponiert (Liebrand 2004: 174).[29] Kathrin Mädler sieht eine männliche Gender-Krise des 20. Jahrhunderts abgebildet in den von ihr so genannten „sentimentalen Melodramen der Männlichkeit" des

---

26 Die Forschung zu den populären lateinamerikanischen Telenovelas ist relativ umfangreich, beispielhaft siehe hierzu Michael (2010). Zum Melodrama in Lateinamerika siehe beispielhaft Lopez (1991). In Bezug auf die noch junge deutsche Telenovela, 2004 startete mit *Bianca – Wege zum Glück* die erste in Deutschland produzierte Telenovela im ZDF, liegt noch kaum Forschungsliteratur vor (Spaniol 2007). In Deutschland ist interessanterweise aktuell der Trend zu beobachten, dass das hierzulande relativ junge Format sich immer mehr dem der Daily Soap annähert. Ein Beispiel hierfür sind die mittlerweile seit 2005 und 2006 laufenden, zunächst als abgeschlossene Telenovela konzipierten Serien *Sturm der Liebe* und *Rote Rosen*.
27 Antje Flemming analysiert in ihrer Monographie *Lars von Trier. Goldene Herzen, geschundene Körper* (2010) die Frauenfiguren in von Triers Filmen bzw. die visuellen Vorbilder u.a. auch am Beispiel des Melodramas. Zum Melodramatischen und der Soap Opera siehe u.a. Ang (1991); Kuhn (1984); Feuer (1984) und Gledhill (1992).
28 Hier ist vor allem die Monographie von Astrid Pohl (2010) zum deutschen Filmmelodrama der Jahre 1933 bis 1945 zu nennen.
29 Zum Zusammenspiel bzw. zur Überblendung der für den Vietnamfilm typischen Muster des Male Melodrama mit den melodramatischen Genrekonventionen des Women's Film in Oliver Stones HEAVEN & EARTH siehe Blaseio (2004: 194).

zeitgenössischen Hollywoodkinos (z.B. AMERICAN BEAUTY, MAGNOLIA oder MYSTIC RIVER; Mädler 2008). In letzter Zeit gelangen außerdem auch verstärkt sogenannte hybride Formen in den Blick der Forschung wie z.B. das *Gangster Melodrama* (Nirmalarajah 2012).

Das Genre erfährt damit nicht nur theoretisch eine ständige Aktualisierung, sondern auch praktisch. Filme wie THE ENGLISH PATIENT (1996), FAR FROM HEAVEN (2002), IO SONO L'AMORE (2009), A SINGLE MAN (2009), aber auch die Filme des spanischen Arthouse-Regisseurs Pedro Almodóvar zeigen (vgl. Kühn 2008), dass das Melodrama, so wie es in den 1970er-Jahren konstruiert wurde, immer noch aktuell ist (z.B. TODO SOBRE MI MADRE, LA MALA EDUCACIÓN oder VOLVER). Die theoretische Auseinandersetzung sowie die Definition des Genres und seine historische Tradition wirken in diesen Filmen ebenso nach und werden weiterentwickelt wie ein signifikanter melodramatischer Stil á la Sirk. Auffällig ist dabei, dass die genuin für das Kino geschaffenen Genrefilme auf aktuelle kulturelle Entwicklungen wie z.B. die veränderte Lebenssituation von Frauen und Männern seit den 1950er-Jahren reagieren, während im Fernsehen, in den Soap Operas, Telenovelas und TV-Movies heute immer noch die klassischen Motive und Themen vorherrschen.

Fazit

Das Filmgenre Melodrama ist insofern als ein *special case* bzw. ein Sonderfall unter den Filmgenres einzuordnen, da die Filmwissenschaft das theoretische Verständnis des Genres entgegen der Begriffsverwendung innerhalb der Filmfachpresse retrospektiv konstruiert hat. Diese Tatsache darf jedoch keineswegs falsch verstanden werden als ein Argument, das dagegen spräche, das Filmmelodrama als ein Genre zu analysieren und zu interpretieren. Das Melodrama kann als ein Genre großer Emotionen konzipiert werden; Melodramen handeln von Liebe und Leid, von schicksalhaften Begegnungen, der Suche nach sich selbst, der Selbstaufgabe und dem Tod seiner Helden und von zerbrechlichen Idyllen. Präsentiert wird das alles in einer von Pathos aufgeladenen Atmosphäre und Form.

Das Einzelgenre Melodrama stellt sich damit als ein historisch und kulturell veränderbares Konstrukt, als eine Struktur aus Stereotypen, inhaltlich-thematischen, ikonographischen und formal-ästhetischen sowie wirkungsästhetischen Konstanten und Varianten dar. So können die exemplarisch an den Filmbeispielen der Regisseure Sirk, Fassbinder und Haynes vorgestellten Rückkopplungen z.B. auch auf die französischen Melodramen von François Ozon oder die spanischen von Pedro Almodóvar übertragen werden. Eine solche Genreanalyse kann sowohl die Nachwirkungen der früheren Filme auf spätere Bearbeitungen herausarbeiten, als auch in der Relektüre z.B. der Prototypen des Genres deren wissenschaftliche Aneignung offenlegen.

Kategorien sind ebenso wie die Geschichte nie essentialistisch, sondern immer diskursiv konstruiert. Für unser Denken sind sie als Kategorien der Ordnung unerlässlich und in der Filmproduktion immer präsent. Auch wenn wir uns dem konstruktiven Charakter der Genrekategorie bewusst sind, müssen wir uns ihrer Wirkung keinesfalls entziehen. Sie perspektivieren unsere Wahrnehmung und oft auch die Wertung von kulturellen Artefakten bzw. Filmen.

Sowohl Fassbinder als auch Haynes haben das Melodrama als Genre, das drücken ihre Filme aus, explizit als essenzielles und konstitutives Bezugssystem des Kinos anerkannt. Frei nach André Bazin kann die Tradition des Genrekinos so auch als Basis für Kreativität und Innovation verstanden werden. Jeder neue Film, der sich auf das etablierte Genre Melodrama bezieht, schreibt es fort und entfaltet es zugleich weiter. Genrekonzepte entwickeln sich demnach produktiv mit jeder Verwendung, sei es nun in der Produktion, in der Werbung oder in der Rezeption.

Film- und Medienverzeichnis

ALL THAT HEAVEN ALLOWS (USA 1955, Was der Himmel erlaubt, Regie: Douglas Sirk)
AMERICAN BEAUTY (USA 1999, Regie: Sam Mendes)
ANGST ESSEN SEELE AUF (BRD 1974, Regie: Rainer Werner Fassbinder)
Bianca – Wege zum Glück (D 2004-2005, Telenovela)
BIGGER THAN LIFE (USA 1956, Eine Handvoll Hoffnung, Regie: Nicholas Ray)
BIRTH OF A NATION (USA 1915, Die Geburt einer Nation, Regie: David W. Griffith)
DIE BITTEREN TRÄNEN DER PETRA VON KANT (BRD 1972, Regie: Rainer Werner Fassbinder)
BROKEN BLOSSOMS (USA 1919, Gebrochene Blüten, Regie: David W. Griffith)
CAMILLE (USA 1936, Die Kameliendame, Regie: George Cukor)
Dallas (USA 1978-1991 bzw. 2012, Soap Opera)
DOUBLE INDEMNITY (USA 1944, Frau ohne Gewissen, Regie: Billy Wilder)
Dynasty (USA 1981-1989, Der Denver-Clan, Soap Opera)
EAST OF EDEN (USA 1955, Jenseits von Eden, Regie: Elia Kazan)
DIE EHE DER MARIA BRAUN (BRD 1978, Regie: Rainer Werner Fassbinder)
THE ENGLISH PATIENT (USA 1996, Der englische Patient, Regie: Anthony Minghella)
FAR FROM HEAVEN (USA 2002, Dem Himmel so fern, Regie: Todd Haynes)
HÄNDLER DER VIER JAHRESZEITEN (BRD 1971, Regie: Rainer Werner Fassbinder)
HEAVEN & EARTH (USA 1993, Zwischen Himmel und Hölle, Regie: Oliver Stone)
HOME FROM THE HILL (USA 1960, Das Erbe des Blutes, Regie: Vincente Minnelli)
IO SONO L'AMORE (IT 2009, Ich bin die Liebe, Regie: Luca Guadagnino)
IMITATION OF LIFE (USA 1959, Solange es Menschen gibt, Regie: Douglas Sirk)
INTOLERANCE (USA 1916, Regie: David W. Griffith)

La Habanera (D 1937, Regie: Detlef Sierck)
Lili Marleen (BRD 1980, Regie: Rainer Werner Fassbinder)
Magnificent Obsession (USA 1954, Die wunderbare Macht, Regie: Douglas Sirk)
Magnolia (USA 1999, Regie: Paul Thomas Anderson)
La mala educación (ESP 2004, Schlechte Erziehung, Regie: Pedro Almodóvar)
The Maltese Falcon (USA 1941, Die Spur des Falken, Regie: John Huston)
Manhattan Melodrama (USA 1934, Regie: W.S. van Dyke)
Mildred Pierce (USA 1945, Solange ein Herz schlägt, Regie: Michael Curtiz)
Mystic River (USA 2003, Regie: Clint Eastwood)
Orphans of the Storm (USA 1921, Zwei Waisen im Sturm, Regie: David W. Griffith)
Rebel Without a Cause (USA 1955, ...denn sie wissen nicht, was sie tun, Regie: Nicholas Ray)
Die Reise nach Tilsit (D 1939, Regie: Veit Harlan)
Rote Rosen (D 2006-, TV-Serie)
Roughly Speaking (USA 1945, Eine Frau mit Unternehmungsgeist, Regie: Michael Curtiz)
A Single Man (USA 2009, Regie: Tom Ford)
Some Came Running (USA 1958, Verdammt sind sie alle, Regie: Vincente Minnelli)
Stella Dallas (USA 1937, Regie: King Vidor)
Sturm der Liebe (D 2005-, TV-Serie)
Sunrise – A Song of Two Humans (USA 1927, Sonnenaufgang, Regie: Friedrich Wilhelm Murnau)
The Tarnished Angels (USA 1957, Duell in den Wolken, Regie: Douglas Sirk)
There's Always Tomorrow (USA 1956, Es gibt immer ein Morgen, Regie: Douglas Sirk)
Todo sobre mi madre (ESP/FR 1999, Alles über meine Mutter, Regie: Pedro Almodóvar)
Violetta (IT 2011, Regie: Antonio Frazzi, TV-Movie)
Volver (ESP 2006, Regie: Pedro Almodóvar)
Way Down East (USA 1920, Mädchenlos, Regie: David W. Griffith)
Washington Melodrama (USA 1941, Regie: S. Sylvan Simon)
Written on the Wind (USA 1956, In den Wind geschrieben, Regie: Douglas Sirk)
Zu neuen Ufern (D 1937, Regie: Detlef Sierck)

Literaturverzeichnis

Ang, Ian (1991): „*Dallas* and the Melodramatic Imagination". In: Landy, Marcia (Hg.): *Imitations of Life. A Reader on Film and Television Melodrama*. Detroit: Wayne State University Press, S. 473-496.

Basinger, Jeanine (1995): *A Woman's View. How Hollywood spoke to Women. 1930-1960*. Hanover/London: Wesleyan University Press.

Bergemann, Christian (2007): „Camille". In: Koebner, Thomas/Felix, Jürgen (Hgg.): *Filmgenres. Melodram und Liebeskomödie*. Stuttgart: Reclam, S. 52-57.

Blaseio, Gereon (2004): „Heaven and Earth. Vietnamfilm zwischen Male Melodrama und Woman's Film". In: Liebrand, Claudia/Steiner, Ines (Hgg.): *Hollywood Hybrid. Genre und Gender im zeitgenössischen Mainstream-Film*. Marburg: Schüren, S. 192-204.

Brooks, Peter (1976a): *The Melodramatic Imagination. Balzac, Henry James, Melodrama, and the Mode of Excess*. New Haven u.a.: Yale University Press.

Brooks, Peter ([1976b] 1994): „Die Melodramatische Imagination". In: Cargnelli, Christian/Palm, Michael (Hgg.): *Und immer wieder geht die Sonne auf. Texte zum Melodramatischen im Film*. Wien: PVS Verleger, S. 35-63.
Cargnelli, Christian/Palm, Michael (1994) (Hgg.): *Und immer wieder geht die Sonne auf. Texte zum Melodramatischen im Film*. Wien: PVS Verleger.
Cargnelli, Christian (1994): „Sirk, Freud, Marx und die Frauen. Überlegungen zum Melodram. Ein Überblick". In: Ders./ Palm, Michael (Hgg.): *Und immer wieder geht die Sonne auf. Texte zum Melodramatischen im Film*. Wien: PVS Verleger, S. 11-33.
Doane, Mary Ann (1987): *The Desire to Desire. The Woman's Film oft the 1940's*. Bloomington: Indiana University Press.
Elsaesser, Thomas ([1972] 1994): „Tales of Sound and Fury. Anmerkungen zum Familienmelodram". In: Cargnelli, Christian/Palm, Michael (Hgg.): *Und immer wieder geht die Sonne auf. Texte zum Melodramatischen im Film*. Wien: PVS Verleger, S. 93-128.
Eisenstein, Sergej (1961): „Dickens, Griffith und wir". In: Ders: *Gesammelte Aufsätze*. Zürich: Verlag der Arche, S. 60-136.
Fassbinder, Rainer Werner (1971): „Imitation of Life. Rainer Werner Fassbinder über die Filme von Douglas Sirk". In: *Fernsehen und Film*. 02.02.1971, S. 8-15.
Feuer, Jane (1984): „Melodrama, Serial Forms and Television Today". In: *Screen*, 25/1, S. 4-16.
Flemming, Antje (2010): *Lars von Trier. Goldene Herzen, geschundene Körper*. Berlin: Bertz + Fischer.
Fore, Steve (1993): „Tales of Recombinant Femininity. The Reincarnation of Golden Lotus, The Chin P'ing Mei, and the Politics of Melodrama in Hong Kong". In: *Journal of Film and Video*. 45/4, S. 57-70.
Fröhlich, Margit/Groneborn, Klaus/Visarius, Karsten (2008) (Hgg.): *Das Gefühl der Gefühle. Zum Kinomelodram*. Marburg: Schüren.
Gledhill, Christine (1987): *Home is where the Heart Is. Studies in Melodrama and the Woman's Film*. London: BFI Publishing.
Gledhill, Christine (1992): „Speculations on the Relationship between Soap Opera and Melodrama". In: *Quaterly Review of Film and Video*. 14/1-2, S. 103-124.
Halliday, Jon (1971) (Hg.): *Sirk on Sirk. Interview with John Halliday*. London: Secker & Warburg.
Joyce, Jacqueline (1991) „Born on the Fourth of July and the Rebirth of the Male Melodrama". In: [http://pages.emerson.edu/organizations/fas/latent_image/issues/1991-09/print_version/july.htm]. Zugriff: 21.02.2013.
Joyrich, Lynne (2004): „Written on The Screen: Mediation and Immersion in *Far from Heaven*". In: *Camera Obscura*. 19/3, S 187-219.
Kappelhoff, Hermann (2004): *Matrix der Gefühle. Das Kino, das Melodrama und das Theater der Empfindsamkeit*. Berlin: Vorwerk 8.
Kleinhans, Chuck ([1978] 1991): „Notes on Melodrama and the Familiy under Capitalism". In: Landy, Marcia (Hg.): *Imitations of Life. A Reader on Film and Television Melodrama*. Detroit: Wayne State University Press, S. 197-205.
Klinger, Barbara (1994): *Melodrama and meaning: History, culture, and the films of Douglas Sirk*. Bloomington: Indiana University Press.
Kuhn, Anette (1984): „Women's Genres: Anette Kuhn considers Melodrama, Soap Oper and Theory". In: *Screen*. 25/1, S. 18-28.
Kühn, Heike (2008): „‚Nichts ist einfach'. Zu HABLE CON ELLA". In: Fröhlich, Margit/Groneborn, Klaus/Visarius, Karsten (Hgg.): *Das Gefühl der Gefühle. Zum Kinomelodram*. Marburg: Schüren.

Landy, Marcia (1991) (Hg.): *Imitations of Life. A Reader on Film & Television Melodrama*. Detroit: Wayne State University Press.
Läufer, Elisabeth (1987): *Skeptiker des Lichts. Douglas Sirk und seine Filme*. Frankfurt a.M.: Fischer.
Liebrand, Claudia/Steiner, Ines (2004) (Hgg.): *Hollywood Hybrid. Genre und Gender im zeitgenössischen Mainstream-Film*. Marburg: Schüren.
Liebrand, Claudia (2004): „Melodrama goes gay. Jonathan Demmes PHILADELPHIA". In: Dies./Steiner, Ines (Hgg.): *Hollywood Hybrid. Genre und Gender im zeitgenössischen Mainstream-Film*. Marburg: Schüren, S. 171-191.
Liptay, Fabienne (2007): „Sunrise". In: Koebner, Thomas/Felix, Jürgen (Hgg.): *Filmgenres. Melodram und Liebeskomödie*. Stuttgart: Reclam, S. 25-33.
Lopez, Ana (1991): „The Melodrama in Latin America". In: Landy, Marcia (Hg.): *Imitations of Life. A Reader on Film and Television Melodrama*. Detroit: Wayne State University Press, S. 596-607.
Mädler, Kathrin (2008): *Broken Men. Sentimentale Melodramen der Männlichkeit im zeitgenössischen Hollywood-Film*. Marburg: Schüren.
Mercer, John/Shingler, Martin (2004): *Melodrama. Genre, Style, Sensibility*. London: Wallflower.
Michael, Joachim (2010): *Telenovelas und kulturelle Zäsur. Intermediale Gattungspassagen in Lateinamerika*. Bielefeld: transcript.
Mulvey, Laura ([1977/78] 1987): „Notes on Sirk and Melodrama". In: Gledhill, Christine (Hg.): *Home is Where the Heart Is. Studies in Melodrama and the Woman's Film*. London: BFI Publishing, S. 75-79.
Neale, Steve (1993): „Melo Talks: On the Meaning and Use of the Term ‚Melodrama' in the American Film Press". In: *Velvet Light Trap*. Herbst, S. 66-89.
Neale, Steve ([1986] 1994): „Melodram und Tränen". In: Cargnelli, Christian/Palm, Michael (Hgg.): *Und immer wieder geht die Sonne auf. Texte zum Melodramatischen im Film*. Wien: PVS Verleger, S. 147-166.
Neale, Steve (2001): *Genre and Hollywood*. London: Routledge.
Nirmalarajah, Asokan (2012): *Gangster Melodrama. ‚The Sopranos' und die Tradition des amerikanischen Gangsterfilms*. Bielefeld: transcript.
Nowell-Smith, Geoffrey (1977): „Minnelli and Melodrama". In: *Screen*. 18/2, S. 113-118.
Oltmann, Katrin (2008): *Remake – Premake. Hollywoods romantische Komödie und ihre Gender-Diskurse, 1930-1960*. Bielefeld: transcript.
Petley, Juliane (o. J.): „Detlef Sierck". In: Bock, Hans-Michael (1984-f.) (Hg.): *CineGraph. Lexikon zum deutschsprachigen Film*. Band 7, Lg. 8, S. B1-B5.
Pohl, Astrid (2010): *TränenReiche BürgerTräume. Wunsch und Wirklichkeit in deutschsprachigen Filmmelodramen 1933-1945*. München: edition text + kritik.
Rodowick, David N. ([1982] 1991): „Madness, Authority and Ideology in the Domestic Melodrama of the 1950's". In: Landy, Marcia (Hg.): *Imitations of Life. A Reader on Film & Television Melodrama*. Detroit: Wayne State University Press, S. 237-248.
Schweinitz, Jörg (1994): „‚Genre' und lebendiges Genrebewusstsein". In: *montage/av*, 3/2, S. 99-118.
Schweinitz, Jörg (2006): *Film und Stereotyp. Eine Herausforderung für das Kino und die Filmtheorie. Zur Geschichte eines Mediendiskurses*. Berlin: Akademie.
Seeßlen, Georg (1980): *Kino der Gefühle. Geschichte und Mythologie des Film-Melodrams*. Reinbek bei Hamburg: Rowohlt.

Skvirsky, Salomé Aguilera (2008): „The Price of Heaven: Remaking Politics in *All that Heaven Allows*, *Ali: Fear Eats the Soul*, and *Far from Heaven*". In: *Cinema Journal*, 47/3, S. 90-121.
Singer, Ben (1990): „Female Power in the Serial-Queen Melodrama". In: *Camera Obscura*, 22, S. 91-129.
Spaniol, Sabine (2007): *Boom der deutschen Telenovela. Merkmale, Ursachen und Vergleiche*. Saarbrücken: VDM Verlag Dr. Müller.
Vasudevan, Ravi (1989): „The Melodramatic Mode and the commercial Hindi Cinema". In: *Screen*, 30/3, S. 29-50.
Visarius, Karsten (2008): „Die Welt in einer japanischen Familie. Zu Yasujiro Ozus DIE REISE NACH TOKYO". In: Fröhlich, Margit/Groneborn, Klaus/Ders. (Hgg.): *Das Gefühl der Gefühle. Zum Kinomelodram*. Marburg: Schüren.
Vossen, Ursula (2007): „Melodrama". In: Koebner, Thomas (Hg.): *Reclams Sachlexikon des Films*, 2., akt. u. erw. Aufl., Stuttgart: Reclam, S. 434-438.
Weber, Nicola Valeska (2011): *Im Netz der Gefühle. Veit Harlans Melodramen*. Berlin: LIT.
Williams, Linda (2001): *Playing the Race Card. Melodramas of Black and White from Uncle Tom to O.J. Simpson*. Princeton: Princeton University Press.
Willis, Sharon (2003): „The Politics of Disappointment: Todd Haynes Rewrites Douglas Sirk". In: *Camera Obscura*, 18/3, S. 131-175.

Filmanalyse

Io sono l'amore
(Ich bin die Liebe)

IT 2009, Regie: Luca Guadagnino

> „Is everything around you just blood and mud. I am divine. I am oblivion. I am the god that comes down from heavens earth to take the earth a heaven. *I am love. I am love.*"

So lautet die Titel gebende Passage der berühmten Arie „La Mamma Morte" aus der Oper *Andrea Chénier* (1896) von Umberto Giordano (Libretto: Luigi Illica). Die Hauptdarstellerin Tilda Swinton und der Regisseur Luca Guadagnino wählen die auf das Leben und die Liebe beharrende Passage, die im Angesicht des Todes von der melodramatischen Heldin der Oper, Maddalena, gesungen wird, als Titel für ihren Film Io sono l'amore. Sieben Jahre haben die beiden an dem Projekt gearbeitet. Premiere feierte der Film 2009 auf dem Filmfestival in Venedig und lief in der Folge erfolgreich auf verschiedenen internationalen Festivals.

Der Film erzählt zum einen die Chronik der italienischen Textilindustriellen-Familie Recchi, zum anderen vom Entdecken der eigenen lang verlorenen Identität der Heldin Emma (Tilda Swinton) und deren Bedürfnis nach einem von Leidenschaft erfüllten Leben.

Emma lebt als Frau des wohlhabenden Industriellen, Tancredi Recchi (Pippo Delbono), in einer luxuriös eingerichteten Villa in Mailand. Die drei gemeinsamen Kinder, Edoardo (Flavio Parenti), Gianluca (Mattia Zaccaro) und Elisabetta (Alba Rohrwacher) sind bereits erwachsen. Als Tancredis betagter Vater (Gabriele Ferzetti) anlässlich seines Geburtstages die Leitung des Familienunternehmens überraschend zu gleichen Teilen sowohl seinem Sohn, Emmas Ehemann, als auch seinem Enkel Edoardo überträgt – es bedarf zweier Männer, um ihn zu ersetzen, so die Begründung des Patriarchen –, beginnt die perfekte Oberfläche des Familienidylls zu bröckeln. Emma lernt Antonio (Edoardo Gabbriellini), einen Freund ihres Sohnes, kennen, ist zunächst von dessen Kochkünsten bezaubert und verliebt sich dann heftig in den wesentlich jüngeren Mann. Die beiden beginnen eine Affäre, die in letzter Konsequenz das Leben der gesamten Familie verändert.

Ästhetik und Form, Thema und Inhalt gleichen in ihrer Umsetzung dem von Thomas Elsaesser u.a. am Beispiel von Douglas Sirk beschriebenen Familienmelodrama.[1] Die Ausstattung ist opulent: glänzend polierte Oberflächen, Marmor, edle Hölzer, Silber und Kristall, barocke Einrichtungsgegenstände, einzigartige Kunstwerke, wertvoller Schmuck und edle Kleider gehalten in monochromen Farben. Die Mise-en-Scène – vor deren Hintergrund die Konflikte innerhalb der Familie und in jeder einzelnen Figur ausgebreitet werden – ist minutiös gestaltet.

Die Protagonistin hat sich ihr Leben in diesem Umfeld komfortabel eingerichtet. Sie besitzt alles, was man sich wünschen kann, und erfüllt die ihr zugedachte Rolle der liebenden Mutter, Ehefrau und des Hausvorstandes scheinbar mühelos. Mit geradezu schlafwandlerischer Sicherheit führt sie die letzten Handgriffe für die Partyvorbereitungen aus und macht wenig später, als die Gäste eintreffen, in eleganter Robe, mit teurem Geschmeide und klassischer Frisur eine perfekte Figur. Doch ihre tatsächliche Herkunft und Identität musste sie für dieses Leben aufgeben. Ihren Mann lernt sie in Russland kennen als dieser dort auf der Suche nach Kunstschätzen ist, und nachdem Emma nach Italien emigriert, gibt Tancredi ihr einen neuen Vornamen: Emma. An ihren richtigen Namen, antwortet sie ihrem Geliebten Antonio auf dessen Nachfrage, kann sie sich nicht mehr erinnern. Es wird deutlich, dass die Sehnsucht nach ihrer Kindheit und ihrem Heimatland in Emma fortbesteht. Blitzartig werden Erinnerungsfetzen, in Form von kurzen Flashbacks, an ihre Vergangenheit in die Montage integriert. Ihr Sohn Edoardo teilt diese Sehnsucht, gleichwohl er nie in Russland lebte.

Im Zentrum der Handlung steht die melodramatische Heldin. Flankiert wird dieser Handlungsstrang von den Geschichten der Kinder Edoardo und Elisabetta. Edo leidet unter dem unterschwelligen Konflikt mit seinem Vater. Er fühlt sich von ihm in die Enge gedrängt. Ein Motiv, das auch in den Familienmelodramen der 1950er-Jahre zu finden ist. Tancredi will das Familienunternehmen verkaufen, um es so zu globalisieren und erkennt seinen Sohn nicht als gleichberechtigten Partner an. Edo träumt davon, zusammen mit seinem Freund Antonio ein Restaurant in den Bergen zu eröffnen. Elisabetta trennt sich von ihrem Freund und verliebt sich auf der Kunstschule in London in eine Frau. Nur ihrem Bruder Edo und ihrer Mutter vertraut sie sich an. Die Entscheidung der Tochter inspiriert auch Emma. Die Analogie zwischen den beiden Frauen wird unterstützt durch die große physiognomische Ähnlichkeit der Darstellerinnen.

Das Titel gebende Thema, die Liebe, ist hier nicht nur ein sentimentales Konzept. Liebe und Leidenschaft werden in vielfältigen Facetten inszeniert: als die bedingungslose Liebe einer Mutter zu ihren Kindern, als reine Leidenschaft, wahre Liebe und sexuelle Befreiung zwischen Antonio und Emma, als gleichge-

---

1 Vgl. das Kapitel „Melodrama" in diesem Band.

schlechtliche Liebe mit dem Coming-out der Tochter, als verdrängte Liebe zu einem lang vergessenen Heimatland und als große Leidenschaft für kulinarische Genüsse.

Dem Genre Melodrama entsprechend stehen der Selbstverwirklichung der Frau neben den gesellschaftlichen Zwängen auch die Familie entgegen. Nachdem sie ihre Bedürfnisse und das eigene Begehren Jahre lang verleugnet hat und in einem goldenen Käfig eingeschlossen war, stellt sich Emma mit ihrer Liebe zu dem jungen Koch gegen die Konventionen und bricht aus der Enge des gesellschaftlichen Lebens aus. Und begeht damit einen Tabubruch, der genretypisch nicht ohne Folgen bleibt. Ihre Beziehung beginnt auf dem Land in der Nähe von San Remo, fern ab von der prunkvollen Familienvilla in Mailand, in der freien Natur. Die Topographien von Stadt und Land werden durchaus typisch für das Melodrama gegenübergestellt.

Doch das Schicksal lässt den Grenzübertritt auch hier nicht ungesühnt, er beschwört eine unaufhaltbare Katastrophe als Bestrafung für die Liebe Emmas zu Antonio herauf. Die Handlung steigert sich immer weiter und mündet schließlich in einem tragischen Happy End. Der geliebte Sohn Edoardo entdeckt die Affäre seiner Mutter mit dem besten Freund. Als Emma sich ihm erklären will, reist er sich von ihr los, fällt und schlägt so heftig mit dem Kopf auf, dass er den Folgen der Verletzung erliegt. Der Tod Edoardos stürzt die gesamte Familie in tiefe Trauer. Noch auf der Beerdigung des Sohnes gesteht Emma ihrem Mann die Liebe zu Antonio, der sich mit den Worten „Du existierst nicht" von ihr abwendet. Begleitet von der zum Crescendo ansteigenden Filmmusik legt Emma daraufhin gehetzt ihr Trauerkleid und ihren Schmuck ab und flieht unter den ungläubigen Blicken der Familie aus dem Haus. Auch wenn das Filmfinale in seiner impliziten Tragik und der Ungewissheit um das weitere Schicksal der Figuren durchaus vergleichbar ist mit z.B. dem Ende von Sirks ALL THAT HEAVEN ALLOWS (1955), setzt sich die Dramatik, mit der die Befreiung Emmas schließlich inszeniert wird, von den frühen Genrevorbildern ab. Das erst auf die Credits folgende Schlussbild – Emma und Antonio liegen eng umschlungen in einer durch flackerndes Sonnenlicht beschienenen Steinhöhle – erinnert an das platonische Höhlengleichnis, nur führt der Weg der Erkenntnis hier nicht aus der Höhle hinaus, sondern in diese hinein. Der Tod des Sohnes ist gleichsam Katalysator für die Liebe der Mutter, die wie der Phönix aus der Asche erst mit der Katastrophe zu ihrer Erfüllung gelangt.

Für den Film lässt sich eine ähnliche Rückkopplung nachweisen, wie sie im vorangegangenen Kapitel am Beispiel der Melodramen von Sirk, Fassbinder und Haynes beschrieben wurde. IO SONO L'AMORE lässt sich eindeutig auch in dieser Genretradition verorten. Nicht nur das Thema, die Figurenzeichnung, auch die Ausstattung, Kameraarbeit, Farbgestaltung und der Einsatz der Musik sind als stilistische Anleihen u.a. an Douglas Sirk zu verstehen. Darüber hinaus kann auch hier ein selbstreflexiver Umgang mit dem Genre bzw. der theoretischen Auseinandersetzung mit ihm konstatiert werden. Auf der Ebene des Subtextes wird in dem Film die im 20. und 21. Jahrhundert geführte Debatte um das Genre thematisiert. In diesem Zusammenhang steht auch das direkte Filmzitat aus PHILADELPHIA (1993), das in die Handlung montiert wird. Unvermittelt erscheint eine verkantete Einstellung auf den Schauspieler Denzel Washington, gefolgt von einer Großaufnahme von Tom Hanks, der hier einen Anwalt spielt, der seinen Arbeitgeber, eine angesehene Kanzlei in Philadelphia verklagt, weil diese ihn entlassen hatte, nachdem sie von seiner Homosexualität und seiner HIV-Infektion erfuhr. Die nächste Einstellung zeigt wiederum Emma, die im Bett liegt und einer Motte dabei zu sieht, wie sie die Nachttischlampe umkreist, der Film PHILADELPHIA läuft nebenbei im Fernsehen. Nach einer kurzen Unterhaltung mit ihrem Ehemann dreht sie sich zur Seite, um zu schlafen. Wieder wird hinter diese Szene aus IO SONO L'AMORE eine Großaufnahme von Hanks, gefolgt von einer Einstellung auf Washington montiert. Diese zeigt den bereits schwer von seiner Krankheit gezeichneten Andrew Beckett (Tom Hanks), der seinem afroamerikanischen Anwalt Joe Miller (Denzel Washington) die von Maria Callas gesungene Interpretation der Arie „La Mamma Morte" vorspielt. Der Opernliebhaber Beckett übersetzt für seinen Anwalt den italienischen Originaltext. Es handelt sich um jene Passage aus der Arie die, wie eingangs erwähnt, auch titelgebend für den Film von Guadagnino ist. Nach Claudia Liebrand kann die Szene als Schlüsselszene von PHILADELPHIA, die den Film als ein Melodrama auszeichnet, verstanden werden (2004: 173). Die ohne Rahmung direkt in die Montage integrierten Filmbilder stellen IO SONO L'AMORE sowohl in eine intermediale Linie mit der melodramatischen Oper als auch in die intertextuelle Tradition mit den, die klassischen Genrekonventionen transformierenden *male* Melodramen wie AMERICAN BEAUTY (1999) bzw. *queeren, homosexuellen* Melodramen wie z.B. FAR FROM HEAVEN (2002), BROKEBACK MOUNTAIN (2005) oder A SINGLE MAN (2009). In diesem Sinne kann der Film als an das klassische Melodrama angelehnt und diese Genretradition selbstreflexiv transformierend und fortschreibend interpretiert werden.

Liebrand, Claudia (2004): „Melodrama goes gay. Jonathan Demmes PHILADELPHIA". In: Dies./Steiner, Ines (Hgg.): *Hollywood Hybrid. Genre und Gender im zeitgenössischen Mainstream-Film*. Marburg: Schüren, S. 171-191.

Nicola Valeska Weber

Gangsterfilm
Arno Meteling

Einleitung

In diesem Kapitel wird der Gangsterfilm als Subgenre des Kriminalfilms vorgestellt. Bevor die typischen Merkmale und die Entwicklung des Gangsterfilms betrachtet werden, sollen einige Bemerkungen zur Problematik der Genreklassifizierung aus Teil I aufgegriffen und der Gangsterfilm unter den verschiedenen Subgenres des Kriminalfilms verortet werden. Bei der anschließenden Betrachtung des Gangsterfilms wird ein besonderes Augenmerk auf den Mafia- und den Profikillerfilm gerichtet.

Die Funktion und zugleich die Schwierigkeit eines Denkens in Genres ist die Klassifizierung und damit der Akt der Grenzziehung (vgl. Derrida 1994). In seiner Darstellung filmischer „Genretheorie und Genreanalyse" bezeichnet Knut Hickethier beispielsweise den Western- und den Kriminalfilm als die „ganz unangefochtenen Prototypen von Filmgenres, weil sie am deutlichsten regelhafte Systeme ausgebildet haben" (Hickethier 2002: 85; vgl. Teil I). Es zeigt sich allerdings schon zu Beginn der Filmgeschichte, so lässt sich Hickethiers sonst eher kritische Einschätzung des Genrediskurses ergänzen, dass diese Definierbarkeit selbst bei den Genres Western und Krimi immer nur ein heuristisches Postulat darstellt. So zeigt Edwin S. Porters Spielfilm THE GREAT TRAIN ROBBERY aus dem Jahr 1903 noch vor der Ausdifferenzierung des filmischen Genresystems, wie ausgerechnet diese beiden prototypischen Genres nicht klar abgegrenzt werden können. Denn ob THE GREAT TRAIN ROBBERY, der in zwölf Minuten einen Zugüberfall im Wilden Westen zeigt, ein Kriminalfilm im Wilden Westen oder ein Western mit einer Kriminalhandlung ist, lässt sich nicht entscheiden.

Offensichtlich können sich die Kriterien der Genrezugehörigkeit auf völlig unterschiedliche Aspekte eines Films beziehen und sich dabei in der Definition konfliktfrei überschneiden (vgl. Teil I). So besitzt der Western zwar durchaus bestimmte Figuren, Motive, Standardsituationen oder Narrative als *cues*,[1] ist

---

[1] Der Begriff „cue" (engl. „Hinweis") wird v.a. in der neoformalistischen Filmanalyse David Bordwells und Kristin Thompsons („Wisconsin School") verwendet und beschreibt formale Aspekte des Films, die den Zuschauer dazu ‚anstoßen', eine bestimmte Lesart vorzunehmen, die er aktiv und auf Basis seines Vorwissens sowie seiner Wahrnehmungsfähigkeiten („viewing skills") sucht und einordnet (Thompson 2001: 412).

aber vor allem durch sein Setting definiert – Nordamerika in den 1860er- und 1870er-Jahren.[2] Zu den Hauptsujets des Western zählen das Verbrechen sowie die Verfolgung und Bestrafung der Verbrecher. Genau diese Themen und eben nicht das Setting – obgleich vor allem der frühe Gangsterfilm auch auf ein bestimmtes Setting rekurriert und zeitgenössisch von den 1930er- und 1940er-Jahren in den USA erzählt – bestimmen den Kriminalfilm (vgl. Seeßlen 1980). Inhaltliche und strukturelle Überschneidungen, so lässt sich festhalten, gehören seit Beginn des Erzählfilms zum Genresystem (vgl. Teil I).

Das Regelsystem des Kriminalfilms orientiert sich an den verschiedenen Aspekten des Verbrechens. Es handelt sich um einen Akt, der das Gesetz der im Film inszenierten Gesellschaft übertritt, ihre Ordnung stört und somit eine Reaktion provoziert, die diese Überschreitung zu sanktionieren und damit die Ordnung wiederherzustellen sucht. Konkret geht es um eine Gesetzesübertretung sowie um „die Verfolgung des Täters, die Aufklärung der Tat und die Fixierung des Täters" (Hickethier 2002: 86). Als entscheidendes Kriterium des Kriminalfilms lässt sich also die „Grenzüberschreitung" (ebd.) benennen.

Der Kriminalfilm und seine Subgenres

Das Genresystem ist durch ein Modell der Ausdifferenzierung gekennzeichnet. So lässt sich der Kriminalfilm in die Subgenres Detektivfilm, Polizeifilm, Gangsterfilm, Thriller, Gerichtsfilm, Gefängnisfilm, Spionagefilm und Film Noir unterteilen (vgl. Hickethier 2005: 11-41). Diese Subgenres eint zwar das Grundthema des Verbrechens und seiner Sanktion, sie sind jedoch unterschiedlich akzentuiert und bilden eigene Narrative und Ikonographien aus (vgl. McArthur 1977; Gabree 1981; Hartmann 1999; Rother/Pattis 2011). Die Quellen des ältesten Subgenres, des Detektivfilms oder *whodunit* („Wer hat es getan?"), führen dabei an die literarischen Ursprünge des Kriminalgenres selbst zurück (vgl. Berthel 1981; Holzmann 2001; Nusser 2009). Die ersten Detektivgeschichten stammen von Edgar Allan Poe. Es sind drei Erzählungen über den privaten Ermittler Auguste Dupin (*The Murders in the Rue Morgue*, 1841; *The Mystery of Marie Rogêt*, 1842; *The Purloined Letter*, 1845), die Poe auch als „tales of ratiocination" bezeichnet. Das bedeutet, sie handeln programmatisch von der Macht des Verstandes und ihre Erzählstruktur ist von einer Aufklärungspoetik der Detektion bestimmt.[3] In

---

2 Vgl. das Kapitel zum „Western" in diesem Band.
3 Die literarische Figur, die diesem Konzept am nächsten kommt, ist wahrscheinlich Arthur Conan Doyles Serienheld Sherlock Holmes. In den vier Romanen *A Study in Scarlet* (1887), *The*

der Detektivgeschichte ist das Verbrechen als Geheimnis oder Rätsel (*mystery*) konzipiert, und der Ermittler als Reflektorfigur verfügt idealiter über denselben Wissensstand wie der Leser, so dass die Narration des Kriminalfalls die Analysearbeit des Detektivs (*analysis*) genauso wie die Lektüre spiegelt. Eine exklusive Geschichte über die reine Detektivarbeit scheint allerdings weder in der Literatur noch im Film realisierbar zu sein. Angereichert werden die Geschichten immer mit Details, die nicht ausschließlich den Handlungsverlauf betreffen, sondern auffällige Settings und vor allem interessante Figuren präsentieren, die häufig exzentrisch geraten. Auch über die Texte Arthur Conan Doyles und Agatha Christies, die paradigmatisch für eine Fortsetzung der analytischen Tradition der *ratiocination* einstehen, lässt sich sagen, dass es eher die Serienfiguren wie das Detektivpaar Sherlock Holmes und Dr. John Watson, die Hobbydetektivin Jane Marple und der belgische Detektiv Hercule Poirot sind, die im Gedächtnis verbleiben, als die meist komplizierten Verbrechen und Aufklärungsmethoden. So sind es auch genau diese erfolgreichen serialisierten Detektivgeschichten, die als Vorlage für zahlreiche Film- und Fernsehreihen dienen.[4]

Das Subgenre des *Polizeifilms* als Variante der Detektivgeschichte erweitert diese um eine soziale Komponente. Dies betrifft die Einbindung der ermittelnden Figur in eine staatliche Institution und die Bindung an eine andere Figur, mithin ein ganzes Team. So steht häufig nicht ein einzelner polizeilicher Ermittler im Zentrum, sondern dieser hat einen Partner oder Streifenwagenkollegen, und auch einen Vorgesetzten und muss sich mit den Gepflogenheiten seiner Wache oder seines Reviers auseinandersetzen. Der Polizeifilm funktioniert oft

---

Sign of Four (1890), *The Hound of the Baskervilles* (1902) und *The Valley of Fear* (1915) sowie in 56 Erzählungen, die im *Strand Magazine* erscheinen, verfestigt Doyle das Serienkonzept der Detektivgeschichte, nämlich die neuen Fälle durch immer denselben Helden lösen zu lassen. In der Fernsehforschung spricht man dabei von einer Struktur der *series* oder genauer des *procedural*, also einer Serie, in der die beruflichen Abläufe bei unverändertem Rahmen den Inhalt der Episoden bilden (vgl. Oltean 1993: 5-31). Film- und Fernsehadaptionen der Sherlock Holmes-Texte, die ebenfalls auf die Exzentrizität der Figur setzen, reichen von den zahlreichen Filmumsetzungen, beginnend mit dem Halbminüter SHERLOCK HOLMES BAFFLED (1900) und mehr als einem Dutzend Verfilmungen des Romans *The Hound of the Baskervilles*, über die *film serials* der 1920er-, 1930er- und 1940er-Jahre bis zu den jüngsten Verfilmungen von Guy Ritchie, SHERLOCK HOLMES und SHERLOCK HOLMES: A GAME OF SHADOWS, die mehrere Geschichten verbinden und neu interpretieren, bis zu den aktuellen und in der Gegenwart spielenden Fernsehserien *Sherlock* und *Elementary*.
4 Bekannte filmische Umsetzungen der Texte Agatha Christies sind die Miss Marple-Filme mit Margaret Rutherford in der Hauptrolle (z.B. MURDER, SHE SAID; MURDER AT THE GALLOP), die Hercule Poirot-Reihe mit Peter Ustinov (z.B. DEATH ON THE NILE) oder auch die seit 1989 laufende Fernsehserie *Agatha Christie's Poirot*.

als *buddy cop movie*, in dem sich zwei sehr verschiedene Figuren zusammenraufen müssen, um den Fall aufzuklären (vgl. Seeßlen 1999: 296-323). Der Unterschied der beiden Polizisten kann dabei im Alter liegen, wenn etwa ein älterer Ermittler einen jüngeren, den *rookie*, einweist, er kann aber auch in der Hautfarbe und auf jeden Fall im Weltbild und in der Anwendung polizeilicher Methoden liegen. Die Mittel und Hierarchien des Polizeiapparates können der Ermittlung sowohl förderlich als auch hinderlich sein. Nicht selten werden Teile der Polizei selbst als korrupt oder verbrecherisch dargestellt, z.B. in den James Ellroy-Verfilmungen wie COP, L.A. CONFIDENTIAL oder THE BLACK DAHLIA.

Neben den Grundelementen des Geheimnisses (*mystery*) und der Aufklärungsarbeit (*analysis*), die sowohl den Detektiv- als auch den Polizeifilm auszeichnen, lässt sich zuletzt als drittes Merkmal noch die *action* benennen, die physische und mitunter gewaltförmige Wiederherstellung der Ordnung, die in den meisten Fällen das Subgenre des *Thrillers* anzeigt (vgl. Holzmann 2001: 17; Nusser 2009). Dieser stellt nicht die Detektion in den Vordergrund, sondern die Jagd und Verfolgung des Verbrechers bis zu seiner Bestrafung. Man könnte den Thriller als die Abenteuervariante der Detektivgeschichte bezeichnen, ein Konzept, das sich v.a. im Film als erfolgreiches Modell erwiesen hat.[5]

Der Gangsterfilm als Subgenre des Kriminalfilms: Merkmale und historische Entwicklung

Den Gangsterfilm als Subgenre des Kriminalfilms zeichnet 1.) das Herausstellen einzelner Figuren aus, die häufig in einer *rise-and-fall*-Parabel eine Karriere außerhalb des Gesetzes unternehmen, 2.) die Beleuchtung der sozialen Verhältnisse und Milieus, in denen der Verbrecher agiert oder wodurch er erst zum Verbrecher wird, 3.) die Handlungen, die sich bei der Planung, Durchführung, Verhinderung und Bestrafung des Verbrechens ergeben sowie 4.) der Blickwinkel des Gangsters. Das bedeutet, es geht um eine Perspektive, die jenseits des Gesetzes liegt und eine eigene Gegengesellschaft anerkennt. Der Gangsterfilm zeigt die Gesellschaft nicht nur aus der Perspektive des Verbrechers, sondern entwirft damit zugleich ein alternatives Gesellschaftsmodell. Exakt dieses referenzielle Moment wird schon früh virulent, da der Gangsterfilm von Anfang an einer realistischen Darstellung historischer Ereignisse und Figuren verpflichtet

---

5 Eine andere Perspektive auf den Thriller findet sich bei Hickethier, der nicht die *action*, sondern die Spannung, den *suspense* und die damit lustvoll verbundene Angst, den *thrill*, als zentrales Element betont (2005: 22f.).

ist. Im Gegensatz zum Detektiv- und Polizeifilm, die von den Verfahren der Verbrechensaufklärung durch eine Detektivfigur bestimmt sind, handelt der Gangsterfilm zwar auch von spezifischen Verfahren (von den prozessualen und technischen Aspekten des Verbrechens). Er erhellt aber vor allem seine sozialen und politischen Dimensionen und nimmt dabei das soziale Teilsystem der Verbrecher selbst in den Fokus. Wie der Name bereits verrät, handeln Gangsterfilme von Gruppen, von ‚Gangs' – und zwar vom kleinen Spezialisten- oder Expertenteam bis zur national und global vernetzten verbrecherischen Organisation (vgl. Baxter 1970; Mitchell 1995; Silver/Ursini 2007).

Der amerikanische Gangsterfilm hat bereits sehr früh ein breites Spektrum an Figuren, Themen und Motiven ausformuliert. Nach dem Zugüberfall in THE GREAT TRAIN ROBBERY sind dies Kurzfilme wie THE MOONSHINER (1904) über den titelgebenden Schwarzbrenner von Whisky, DESPERATE ENCOUNTER BETWEEN BURGLAR AND POLICE (1905), ein Räuber-und-Gendarm-Film, der von einer Verfolgungsjagd handelt, THE BLACK HAND (1906) über eine Entführung und THE MUSKETEERS OF PIG ALLEY (1912), D. W. Griffiths Film über organisiertes Verbrechen in New York. THE REGENERATION (1915) von Raoul Walsh zeigt schon, wie das soziale Milieu aus einem Jungen einen Gangster macht, und Josef von Sternbergs UNDERWORLD (1927) mischt eine Gangstergeschichte mit der Beziehungsgeschichte eines Melodramas.[6]

Mit der Einführung des Filmtons erreicht der Gangsterfilm in den 1930er- und 1940er-Jahren seine erste Hochphase, befördert durch die Darstellung der zeitgenössischen Verhältnisse, die vom Aufstieg des organisierten Verbrechens geprägt sind. Glücksspiel, Prostitution und vor allem der Alkoholschmuggel zur Zeit der Prohibition lassen Verbrecherbanden berühmt und Gangster wie Al Capone oder den Bankräuber John Dillinger zu öffentlichen Personen werden. Die Klassiker des Gangsterfilms sind zeitnahe Gesellschaftskommentare. Ihre Hauptfiguren sind meist nur wenig fiktionalisierte Versionen historischer Gangster wie eben Capone, Dillinger, Dutch Schultz, Charles „Lucky" Luciano oder Benjamin „Bugsy" Siegel.[7] Beinahe zeitgleich kommen die drei Schlüsselfilme des klassischen Gangsterfilms, Mervyn LeRoys LITTLE CAESAR (1930), William Wellmans THE PUBLIC ENEMY (1931) und Howard Hawks' SCARFACE, THE SHAME OF A NATION (1932), in die amerikanischen Kinos. Sie etablieren mit Edward G.

---

6 In Deutschland wird zeitgleich in den 1920er-Jahren Norbert Jacques' Pulp-Bösewicht Dr. Mabuse durch die Filme von Fritz Lang berühmt: DR. MABUSE, DER SPIELER erscheint in zwei Teilen 1922. Die Aufführung der Fortsetzung DAS TESTAMENT DES DR. MABUSE wird 1933 in Deutschland verboten.

7 Beispielhaft im jüngeren Kino sind dafür Martin Scorseses Nicholas Pileggi-Adaptionen GOODFELLAS und CASINO, die auf realen Personen und historischen Ereignissen basieren.

Robinson, James Cagney und Paul Muni drei ikonische Gangsterdarsteller und führen ein zentrales narratives Schema des Gangsterfilms vor: nämlich die Parabel vom sozialen Aufstieg und Fall eines Gangsters. Während der Kriminalfilm zwar allein durch sein Sujet nie kommentarlos funktioniert, sondern immer schon Stellung bezieht, indem er beispielsweise den Verbrecher entweder entkommen lässt oder bestraft, gerät dies im Subgenre des Gangsterfilms als moralischer Anspruch auffällig in den Vordergrund. Unterstrichen wird dies durch die Zurschaustellung des skrupellosen Machtstrebens und der Brutalität des Verbrecherhelden. Die drei Gangster in LITTLE CAESAR, THE PUBLIC ENEMY und SCARFACE zeichnet überdies ein außergewöhnliches Moment der Getriebenheit aus, das psychopathologisch, sozialpsychologisch oder tragisch gedeutet werden kann (vgl. Warshow 1969).

Die frühen Gangsterfilme spiegeln auch – ganz im Sinne des antiken *lex talionis* („Auge um Auge") – die Gewalt des Verbrechers direkt mit seinem gewalttätigen Niedergang und unternehmen eine brutale Abstrafung des Gangsters zum Schluss. Der Gangsterfilm bedient sich in seiner moralischen Kommentierung des Geschehens dabei auffällig parafilmischer Kanäle, die durch den Medienwechsel eine distanzierte Position des Films zum Geschehen behaupten. So schaltet SCARFACE – der ja den bedeutsamen Untertitel SHAME OF THE NATION und damit die moralisch diskursivierte Kritik am Verbrechen schon im Namen trägt – dem Film gleich drei Schrifttafeln vor, die einen universalen Appell gegen das Verbrechen formulieren. Diese Tafeln, die den Rahmen der filmischen Diegese überschreiten, präsentieren eine wertende Position zu den Verbrechertaten, die danach gezeigt werden, und benutzen dafür das ältere, an Autorität mahnende Medium der Schrift. Dass die Tafeln an den Beginn gestellt werden, zeigt die intendierte Steuerung einer bestimmten Erwartungshaltung auf, nämlich den Hinweis darauf, dass der folgende Film als abschreckendes Beispiel zu verstehen sei.

William Wellmanns THE PUBLIC ENEMY hingegen setzt die Schrifttafel an den Schluss des Films und formuliert damit sein Fazit als Moral der Geschichte. Der Text der Tafel kommentiert das Ende des Protagonisten: „The End of Tom Powers is the end of *every* hoodlum. ‚The Public Enemy' is not a man, nor is it a character – it is a problem that sooner or later *WE* the public, must solve." Der Verbrecher ist in dieser nachgeschobenen Interpretation der zuvor gezeigten Geschichte also keine Einzelperson, sondern soll allegorisch für das Verbrechen als allgemeines Problem der Gesellschaft einstehen. Der rhetorische Charakter der schriftlichen Aussagen des Gangsterfilms über sich selbst ist leicht zu durchschauen: Der Film empört sich im kommentierenden Rahmen über das Verbrechen, um es in der Diegese umso expliziter zur Schau stellen zu können. Denn Gangsterfilme funktionieren auch deshalb, weil sie einen Zug zur mythopoetischen Glorifizierung ihrer verbrecherischen Figuren haben und damit unweigerlich auch ihrer Gewalttaten. Es geht aber nicht nur um die Faszination an sichtbarer Gewalt im Film, sondern ebenso um ein rücksichtsloses und sozialdarwinistisches Freund-Feind-Denken, das sich von keinen gesellschaftlichen Normen eingrenzen lässt.

Abgesehen von der Milieuzeichnung und von der Moralgeschichte der Abstrafung des Gangsters zum Schluss ist es vermutlich die Attraktivität des Phantasmas, dass der Held sich zumindest für begrenzte Zeit über alle Gesetze und Rivalen hinwegsetzen kann, die den Reiz des Gangsterfilms ausmacht. Das erfolgreichste Modell des heroischen Verbrechers ist dabei sicher die von Al Pacino dargestellte Figur des Tony Montana in Brian De Palmas Remake von SCARFACE aus dem Jahr 1983 über einen kubanischen Flüchtling, der in Miami zum Drogenbaron aufsteigt. Denn Montana ist nicht als abgestrafter Verbrecher in das popkulturelle Gedächtnis eingegangen, sondern er steht als Kultfigur für einen Gangster-Glamour-*Lifestyle*, der äußerste Rücksichtslosigkeit und Gewalt impliziert. So wird der Film nicht nur zahlreich in der Hip-Hop-Kultur und in der erfolgreichen Videospielreihe *Grand Theft Auto* zitiert, sondern 2006, also 23 Jahre nach der Uraufführung des Films, erscheint mit *Scarface: The World is Yours* verspätet auch das Videospiel zum Film.[8]

Zwei Ereignisse beenden die klassische Phase in der Geschichte des Gangsterfilms. Eine Zäsur findet durch die Einführung des sogenannten *Hays Code* statt. Benannt nach Will H. Hays, dem Präsidenten der *Motion Pictures Producers and Distributors Association* (MPPDA), erstellt das Code Office 1927 eine Liste von Vorschlägen und 1930 dann einen formalen Codex über das, was im Kino gezeigt werden soll und was nicht. Im Juni 1934 wird dann mit der Etablierung der *Production Code Administration* ein Zertifikat notwendig, um einen Film in den USA zu veröffentlichen, so dass seitdem der Hays oder Production Code die Darstellungsmöglichkeiten von Gewalt, Sexualität, Drogenkonsum und Kriminalität erheblich einschränkt (vgl. Maltby 1993; Jowett 1991). Diese Maßnahme verändert den Gangsterfilm und lässt die Filmgeschichte in „Pre-Code Crime Films" und spätere Filme unterscheiden.[9]

Eine weitere Transformation des Gangsterfilms findet während des Zweiten Weltkriegs und in der Nachkriegszeit durch die Herausbildung des *Film Noir* statt. Kennzeichnend ist nicht allein ein spezifischer visueller Stil wie beispiels-

---

8 Ebenfalls 2006 erscheint mit *The Godfather* auch das Video- und Computerspiel zum gleichnamigen Film von Francis Ford Coppola.
9 Der Hays Code gilt bis 1968, als die Nachfolgeorganisation *Motion Picture Association of America* (MPAA) stattdessen ein Film-Rating-System einführt.

weise die *low-key*-Beleuchtung und der Hell-Dunkel-Kontrast (Chiaroscuro), sondern auch die Geschichten werden düsterer, brutaler und zynischer.

Einen erfolgreichen Einstieg verzeichnet das New Hollywood der 1960er- und 1970er-Jahre mit Arthur Penns Gangster-Roadmovie BONNIE AND CLYDE (1967), das vor allem wegen seiner Schlusssequenz in Erinnerung geblieben ist. Diese zeigt in Zeitlupe, wie das Gangsterpaar blutig in einem Kugelhagel der Polizei stirbt. In demselben Jahr kommt auch John Boormans POINT BLANK in die Kinos, eine Literaturverfilmung über einen Verbrecher, der von seinem Partner und seiner Frau betrogen wird und dann eine Schneise der Gewalt durch ein Gangstersyndikat schlägt, um an sein geraubtes Geld zu kommen.

Die Bedeutung des Gangsterfilms im New Hollywood zeigt sich in den 1970er-Jahren am deutlichsten in den ersten beiden GODFATHER-Filmen (1972, 1974) von Francis Ford Coppola. Auch Brian De Palmas SCARFACE (1983) und CARLITO'S WAY (1993) sind einflussreiche Filme. Ein Generalthema ist der Gangsterfilm auch in Martin Scorseses Filmographie. Der semidokumentarischen Little-Italy-Studie MEAN STREETS (1973) folgen GOODFELLAS (1990), CASINO (1995), das Remake CAPE FEAR (1991), GANGS OF NEW YORK (2002) über den Ursprung amerikanischer Gangs im 19. Jahrhundert und THE DEPARTED (2006), der die irische Mafia von Boston ins Zentrum stellt.

Wie das New Hollywood ohne die französische *Nouvelle Vague* nicht zu denken ist, sind auch Gangsterfilme aus Frankreich von Bedeutung für den amerikanischen Film. Jean-Luc Godards Film À BOUT DE SOUFFLE (1960) ist mit der Figur Michel (Jean-Paul Belmondo), der sich die Gangsterrollen von Humphrey Bogart zum Vorbild nimmt, allerdings schon eine Reflexion des amerikanischen Gangsterfilms. Wichtig für den Gangsterfilm sind vor allem die Filme Jean-Pierre Melvilles (z.B. LE SAMOURAÏ, LE CERCLE ROUGE) mit neuen ikonischen Darstellern wie Belmondo, Alain Delon und Lino Ventura.[10]

Nach eigener Aussage von den Filmen Melvilles, Sam Peckinpahs und Scorseses beeinflusst, erschafft der Hongkong-Regisseur John Woo zusammen mit dem Produzenten und Regisseur Tsui Hark in den späten 1980er-Jahren einen neuen Typus des Gangster-Actionfilms: den *Heroic Bloodshed*-Film. Dieser erzählt von ehrenhaften Gangstern, die sich häufig füreinander im Kampf opfern. Entscheidend für diesen Typus ist aber die in ihrer Choreographie auffällige stilisierte Gewalt. Besonders Schießsequenzen werden länger, blutiger und mit

---

10 Eine Parallelentwicklung dazu ist der *Yakuzafilm* der 1960er- und 1970er-Jahre, der vom organisierten Verbrechen in Japan erzählt. Während er zunächst eine romantisierende Version des Yakuza als ehrenhaften Gangster in der Nachfolge der Samurai etabliert, arbeiten die jüngeren Yakuzafilme an dem Abbau dieses Phantasmas.

viel Pathos inszeniert. Häufig werden Zeitlupen eingesetzt, und seit den Filmen John Woos beginnen die Gangster weltweit, mit zwei Handfeuerwaffen gleichzeitig zu schießen.[11] Die globale Zirkulation der Hongkong-Gangsterfilme hinterlässt deutliche Spuren im gesamten Hollywood-Actionkino, vor allem aber bei jüngeren Filmemachern wie Antoine Fuqua, Robert Rodriguez und Quentin Tarantino. Der Einfluss Tarantinos auf das jüngere Gangsterkino lässt sich nicht unterschätzen. Neben Tony Scotts TRUE ROMANCE und Oliver Stones NATURAL BORN KILLERS, für die Tarantino die Drehbücher geschrieben hat, haben RESERVOIR DOGS, PULP FICTION und JACKIE BROWN die Erzählweise und den Tenor von Gangsterfilmen verändert.[12] Es ist dabei weniger Tarantinos nostalgische und häufig als postmodern qualifizierte Zitatfreudigkeit, die übernommen wird, sondern vor allem die Transformation des Gangsterkinos in einen Dialogfilm. Es geht in erster Linie um die häufig belanglosen, aber charakterisierenden Geschichten, popkulturellen Anspielungen und skurrilen Anekdoten der Gangsterfiguren, was einen Tenor von Leichtigkeit und Lässigkeit herstellt, der dann von blutigen Gewaltspitzen konterkariert wird.[13]

Der Mafiafilm

Als Typen des Gangsterfilms, die ein eigenes Bildarchiv und eigene Narrative ausgebildet haben, lassen sich Filme über das organisierte Verbrechen wie der Mafia- oder der Yakuzafilm sowie der Drogendealerfilm und der Gang-, Kiez-

---

11 Beispiele für den den *Heroic Bloodshed*-Film sind DIP HUET SEUNG HUNG (THE KILLER) oder CHEUNG FO (The Mission).
12 Beispiele für die Rezeption Tarantinos sind die britischen Gangsterkomödien LOCK, STOCK & TWO SMOKING BARRELS, SNATCH sowie der deutsche Film BANG BOOM BANG.
13 Zwei weitere Typen des Gangsterfilms sollen hier noch erwähnt werden: So lässt sich der *Gefängnisfilm* mit Hickethier zwar problemlos als Subgenre des Kriminalfilms bestimmen (vgl. Hickethier 2005: 11-41). Präziser allerdings gehört er zum Gangsterfilm, da in keinem Genre sonst Verbrecher und Vertreter der Staatsgewalt einander so nahe kommen. Wesentlich geht es im Gefängnisfilm aber um die Insassen selbst und um die Parallelgesellschaft an Verbrechern, die sich in dem hermetischen Raum des Gefängnisses entwickelt. Die Regeln einer Gangstergesellschaft werden deshalb nirgendwo so deutlich wie im Gefängnisfilm (z.B. BIRDMAN OF ALCATRAZ, PAPILLON). Auch der Typus des *Heist*- oder *Caper*-Films zeigt nicht nur neutral die Vorbereitung, den Akt, den Effekt oder mitunter auch die Legitimation des Verbrechens. Grundlegend beschäftigt er sich zwar v.a. mit den technischen Vorbereitungen und der Durchführung eines Einbruchdiebstahls oder Raubüberfalls, charakterisiert aber immer auch die Gruppendynamik der Gangster und zeigt, wie die Spezialisten zusammenkommen, zusammenarbeiten und mitunter einander hintergehen. Bekannte Heist-Filme sind z.B. HEAT, THE ITALIAN JOB, HEIST, OCEAN'S ELEVEN und die Fortsetzungen.

oder Hood-Film benennen.[14] Differenziert werden diese Subgruppen gewöhnlich nach den Handlungen ihrer Akteure, dem Setting oder dem Milieu. Auch im Mafiafilm als einem besonderen Subtypus des Gangsterfilms wird der Gesellschaft keine gleichwertige Parallelgesellschaft und schon gar kein utopisches Alternativmodell zur Seite gestellt, sondern die kriminellen Geschäfte des organisierten Verbrechens sind immer von den legitimen Geschäftskanälen, Produzenten und Konsumenten abhängig. Wichtig ist deshalb für die Mafia der Aspekt der geheimen Einflussnahme beispielsweise auf die Vertreter der Legislative, der Justiz und der Gewerkschaften (vgl. Vorauer 1996).[15]

Aber der Mafiafilm, dessen Inszenierung einer verbrecherischen Lebenswelt durchaus die Ausdifferenzierung von Gesellschaft simuliert, bietet sich gut an, um einige soziale und politische Eigenheiten des Gangsterfilms hervorzuheben. Wichtig ist für den Mafiafilm dabei der Realitätsgehalt. Aus diesem Grund thematisiert auch Georg Seeßlen im Zusammenhang der Geschichte des Gangsterfilms zunächst die historische Entstehung der Mafia auf Sizilien im 18. Jahrhundert (1980: 41-65) und beschreibt dabei ihre Entwicklung in einem gesellschaftlichen Kontext, der von der Entwicklung von absolutistischen zu bürgerlichen Strukturen gekennzeichnet ist. Die Mafia bezeichnet Seeßlen dabei als eine „bürgerliche Organisation von Banditen" (1980: 41).

Diese Aussage muss allerdings um ein wichtiges Detail ergänzt werden. Denn genau wie die politisch ausgerichteten Geheimgesellschaften des 18. Jahrhunderts (wie z.B. die Freimaurer) herrschen auch in der geheimen Gesellschaft des organisierten Verbrechens in Sizilien weiter absolutistische Strukturen vor. Die geheimen Gesellschaften, ob politisch oder kriminell ausgerichtet, mögen zwar nach einer Durchsetzung aufgeklärter und bürgerlicher Formen im Staat streben, aber um dieses Ziel zu erreichen, setzen sie für die eigene Organisation auf strikte Hierarchien und die Fortführung eines absolutistischen Mo-

---

14 Zu den Drogendealerfilmen als Reihe im Gangsterfilm lassen sich z.B. SCARFACE (1983), TRAFFIC und BLOW zählen. Die Funktion des Gangsterfilms als sozialbewusste Milieustudie ist bereits in der klassischen Frühphase mit Filmen wie CRIME SCHOOL (1938) präsent. Zu den Hood-Filmen über kriminalisierte Stadtviertel zählen z.B. A BRONX TALE.
15 Wichtige Mafiafilme sind z.B. GOODFELLAS, CASINO, LE CLAN DES SICILIENS und GOMORRHA. Parodistisch setzen sich z.B. ANALYZE THIS, ANALYZE THAT, PRIZZI'S HONOR oder MICKEY BLUE EYES mit der Mafia auseinander. Eine weitere Differenzierung des Mafiafilms lässt sich nach Nationalitäten oder für das amerikanische organisierte Verbrechen nach ethnischer Herkunft vornehmen. Die irische Mafia wird in Filmen wie MILLER'S CROSSING und ROAD TO PERDITION thematisiert. Jüdische Mafiastrukturen finden sich in ONCE UPON A TIME IN AMERICA, die osteuropäische Mafia wird z.B. in dem Film LITTLE ODESSA gezeigt. Das deutsche Fernsehen hat die russische Mafia in der Serie *Im Angesicht des Verbrechens* (2010) aufgegriffen.

dells von Herrschaft, also mitunter auch auf einen nicht zu hinterfragenden Souverän (vgl. Meteling 2009).

Mafiafilme, die diesen Widerspruch von Bürgerlichkeit und absolutistischer Herrschaftsstruktur in der Gesellschaft des organisierten Verbrechens aufzeigen, sind vor allem die drei Teile von Francis Ford Coppolas THE GODFATHER nach dem gleichnamigen Roman von Mario Puzo (1969). Drei Generationen der amerikanischen, aus Sizilien stammenden Mafiafamilie Andolini/Corleone werden in den Filmen begleitet, indem ihre illegalen Geschäfte, die Familienzusammenkünfte, die Akte der Loyalität und des Verrats sowie die Position der Corleones innerhalb einer verschworenen italoamerikanischen Mafiagesellschaft gezeigt werden (vgl. Grob/Kiefer/Ritzer 2011).

Gleich die Anfänge von THE GODFATHER und THE GODFATHER: PART II illustrieren die Herrschaftsverhältnisse innerhalb der italienischstämmigen Bevölkerung der USA. So beginnen beide mit höfischen Szenen zwischen dem jeweiligen Souverän, Don Vito Corleone und Michael Corleone, und einem Bittsteller. Während in THE GODFATHER der Bestattungsunternehmer Amerigo Bonasera lange um Vergeltung für die Misshandlung an seiner Tochter bitten muss, zeigt die wesentlich kürzere Anfangssequenz von THE GODFATHER: PART II allein noch die feudal markierten Gesten patriarchalischer Macht. Dies sind der Handkuss und der väterliche Arm auf der Schulter der Untergebenen. Es geht erstens um die Etablierung einer familiär-patriarchalischen und nicht durch den Staat legitimierten Verbindung sowie zweitens um das Eingeständnis, eine Gabe empfangen zu haben und in der Schuld des Gebenden zu stehen.

Wie absolutistische Souveräns herrschen die Corleones nicht nur über die eigene Familie, sondern über die Gemeinschaft der Italoamerikaner. Der Filmbeginn von THE GODFATHER zeigt kein bürgerlich kaufmännisches Verhältnis zwischen zwei Vertragspartnern, den gleichberechtigten Austausch von Gefälligkeiten, sondern es geht um die Bestätigung der souveränen Herrschaft Corleones und um die notwendige höfische Etikette als Verhaltenscodex dafür (vgl. Elias 1983), die auf den Kontext des mittelalterlichen Lehnswesens verweisen. Diese Art der Verbindung spiegelt sich auch in dem paradigmatischen Verbrechen der organisierten Mafiakriminalität, nämlich der Schutzgelderpressung. Bezahlt der Besitzer beispielsweise eines Restaurants nicht, gibt er einen Teilertrag seines ‚Lehens' nicht an seinen Herren ab, entzieht die Mafia ihm ‚Schutz und Schirm' und zerstört das Restaurant.

Ein weiterer entscheidender Aspekt des Gangster- und vor allem des Mafiafilms ist die Rhetorik von Familie und Gemeinschaft für Beziehungen, die aller Feudalstruktur zum Trotz sichtlich ökonomisch und kontraktualistisch organisiert sind.¹⁶ Die GODFATHER-Filme legen die Widersprüche zwischen feudaler und bürgerlicher Gesellschaft genauso wie zwischen Gemeinschaft und Gesellschaft offen. Denn während die Familie kontinuierlich zu den dominanten Diskursen im Film zählt und als Grund für die Loyalität herhalten muss, lässt Michael Corleone erst seinen Schwager Carlo Rizzi und dann auch seinen großen Bruder Fredo Corleone umbringen. Ob man den Gangster- und vor allem den Mafiafilm als Gesellschaftskommentar versteht oder nicht: Das organisierte Verbrechen im Film legt die Mechanismen einer Rhetorik bloß, die eine Gesellschaft privatökonomischer Interessen als familiär organisierte Gemeinschaft auslegt und damit ein anachronistisches Fortdauern absolutistischer Willkürherrschaft in bürgerlichen Kontexten zu legitimieren sucht.

Der Profikillerfilm

In den meisten Gangsterfilmen ist die Figur des Auftrags- oder Profikillers (auch „Hitman", „Mechanic" oder „Cleaner" genannt) eine weitgehend gesichtslose Nebenfigur, ein ausführendes Organ verbrecherischer Handlungsmacht. Luca Brasi, den Killer der Corleones in THE GODFATHER, zeichnen eigentlich nur zwei Dinge aus: zum einen, dass er begrenzte soziale Kompetenzen hat, und zum anderen, dass er äußerst skrupellos vorgeht. Der Profikiller, wenn er nicht gänzlich in der Rolle des unsichtbaren Handlangers verbrecherischer Organisationen aufgeht, dient im Wesentlichen der Demonstration der Gewalt- und Tötungsbereitschaft dieser Organisationen. Weniger einen Typus im Subgenre des Gangsterfilms als eine kleine filmische ‚Reihe' stellen die Filme dar,¹⁷ die den Profikiller von der anonymen Tötungsmaschine zur mitunter heroischen Hauptfigur erheben. Häufig wird der singulär agierende Killer dabei nicht nur als gesellschaftlicher Außenseiter gezeigt, sondern auch ostentativ gegen die verschworene Gemeinschaft des organisierten Verbrechens positioniert. Populäre

---

16 Der Soziologe Ferdinand Tönnies hat auf diese Differenz von *Gemeinschaft und Gesellschaft* (1887) aufmerksam gemacht. So zeichnet „Gemeinschaften" der Wille aus, sich als Teil eines Kollektivs zu sehen, während eine „Gesellschaft" sich darüber konstituiert, dass die Mitglieder sich das Kollektiv zunutze machen. In der Gemeinschaft, z.B. in einer Familie, fühlt der Einzelne sich als Teil von etwas Größerem und ordnet deshalb sein Handeln der Gruppe unter. Im Gegensatz dazu funktioniert die Gesellschaft, in der andere instrumentalisiert werden und der Einzelne zur Individualisierung tendiert (vgl. 2005). Helmuth Plessner weist in diesem Zusammenhang auch auf die Bedeutung des Zeremoniells zur Bildung einer Gemeinschaft hin (2002: 42-57).
17 Der Begriff der „Reihe" wird hier im Sinne des Russischen Formalismus' benutzt (vgl. Striedter 1971: IX-LXXXIII; Tynjanov 1971: 434-461).

Profikillerfilme sind z.B. Jean-Pierre Melvilles LE SAMOURAÏ, Don Siegels THE KILLERS, Michael Winners THE MECHANIC, John Woos DIP HUET SEUNG HUNG (THE KILLER), Luc Bessons LÉON, Jim Jarmuschs GHOST DOG: THE WAY OF THE SAMURAI, Richard Donners ASSASSINS, Michael Manns COLLATERAL und Anton Corbijns THE AMERICAN.

Handlung und Ikonographie dieser Filme sind dabei als Variationen eines Schemas erkennbar. Es geht um die Einsamkeit der Hauptfiguren, ihr in leeren Gesten und pragmatischen Ritualen erstarrtes Leben, um fehlende Kommunikation sowie um das Ringen nach Individualität und Identität hinter einer selbstständig gewordenen kalten *persona* (vgl. Lethen 1994), einer Maske, die um der Gesichtswahrung willen keine Gefühle nach außen dringen lässt. Visualisiert werden diese Themen von der Lebenswelt der Killer. Sie bewohnen spärlich eingerichtete Appartements und wenn sie Lebensgefährten haben, sind diese selten menschliche Dialogpartner: So gibt es Tauben in GHOST DOG, einen Fink in LE SAMOURAÏ, und Léon im gleichnamigen Film begnügt sich mit einer Topfpflanze. Im Vergleich zum hypersozialen Gangsterfilm über das organisierte Verbrechen hat sich das Thema der sozialen Inklusion für den Profikiller somit meistens schon von Beginn des Films an erledigt.

Ein in vielen Aspekten einflussreicher Film und vielleicht Begründer der Reihe der heroisierten Killer ist Melvilles LE SAMOURAÏ aus dem Jahr 1967. Der Film erhebt mit dem Auftragskiller nicht nur eine Nebenfigur des Gangsterfilms zur Hauptfigur, sondern er lädt diese auch mit dem Thema der Einsamkeit auf und verknüpft es notwendig mit der Profession. Weiterhin nimmt der Film Konzepte wie Ehre und das Leben nach strengen Verhaltensregeln auf und verweist dabei konkret auf das Vorbild des Bushido, des japanischen Kriegercodexes (übersetzt: „Weg des Kriegers"). So beginnt LE SAMOURAÏ mit folgendem Motto, das schriftlich zu Beginn des Films eingeblendet wird: „Il n'y a pas de plus profonde solitude que celle du Samouraï si ce n'est celle d'un tigre dans la jungle... peut-être..."[18] Vom Weg des Kriegers und damit des Profikillers, der auf diese Weise im Titel als Samurai aufgewertet wird, scheint ein Leben in Einsamkeit untrennbar zu sein. Dieser Satz stammt wahrscheinlich vom Regisseur Melville selbst, zugeschrieben wird er im Film allerdings dem Buch *Le Bushido. Le Livre des Samouraï*.

LE SAMOURAÏ zeigt zunächst die Professionalität des Helden Jef Costello. Für einen Auftrag stiehlt er ein Auto, lässt die Nummernschilder austauschen, erhält eine Pistole, geht für ein Alibi zu seiner Geliebten Jane und erschießt ab-

---

18 „Es gibt keine größere Einsamkeit als die eines Samurai, außer vielleicht die eines Tigers im Dschungel."

schließend den Betreiber eines Nachtclubs. Dieser mechanische Ablauf wird allerdings dadurch gestört, dass Valérie, die Pianistin der Bar, ihn bei dem Mord überrascht. Bei einer Gegenüberstellung auf einer Polizeiwache sind sich die Zeugen aber nicht einig und auch Valérie leugnet, Costello gesehen zu haben. Costellos Auftraggeber versucht danach trotzdem, ihn ermorden zu lassen. Der Anschlag misslingt, und Costello bekommt als zweite Chance den Auftrag, die Pianistin umzubringen. Er tötet allerdings stattdessen seinen Auftraggeber und geht zum Schluss noch einmal – diesmal mit einer nicht geladenen Pistole – in die Bar, richtet die Waffe auf Valérie und wird von der Polizei erschossen.

Bereits die erste Einstellung von LE SAMOURAÏ illustriert ein zentrales Thema des Films, nämlich das Verschwinden von Individualität und Identität. Der auf dem Bett liegende Costello ist beinahe nicht zu erkennen. Sichtbar ist zunächst nur der Rauch seiner Zigarette, die vom Kopfende des Bettes aufsteigt. Die Mise-en-Scène verweist auf Symmetrie und Ordnung, unterstrichen durch die spärliche Einrichtung der Wohnung, die von der Farbe Grau beherrscht wird. Auch der exakt zwischen zwei Fenstern auf einem Tisch stehende Vogelkäfig kann als Metapher für das in jeder Hinsicht eingeschränkte Leben Costellos gedeutet werden. In der folgenden Einstellung sieht man dann, wie Costello in einen Spiegel blickt und der Film damit das Thema der Identität direkt anschneidet (Abb. 1).

Die Art, wie Costello nach der Anfangsszene ein Auto für den nächsten Auftrag stiehlt, zeigt zunächst die mechanische und serielle Ritualität seines Tuns. Die Passepartouts, eine Reihe gleich aussehender Skelettschlüssel, mit denen er fremde Autos startet und von denen er ruhig einen nach dem anderen ausprobiert, bis schließlich einer passt, visualisieren das Thema der Auswechselbarkeit. In der Sequenz, die auf der Polizeiwache spielt, werden Austauschbarkeit und damit die fehlende Individualität zentral. Denn nach dem Mord lässt der Polizeikommissar hunderte der üblichen Verdächtigen einschließlich Costello zusammentreiben und zur Gegenüberstellung mit Zeugen aus dem Nachtclub antreten. Die zahlreichen Variationen der Gegenüberstellung mit vielen Szenen, in denen die immer gleichen Hüte und Mäntel herumgereicht werden, unterstreichen dabei das Fehlen von individueller Identität.

Tradition und Überlieferung im Profikillerfilm

Jim Jarmuschs Film GHOST DOG: THE WAY OF THE SAMURAI aus dem Jahr 1999, der in seiner Zeichnung des Profikillers viele Elemente von LE SAMOURAÏ aufgreift, zeigt nicht nur, dass er in einer bestimmten Tradition steht, sondern er macht die Tradition selbst zum Thema. Wie in LE SAMOURAÏ wird der Profikiller dabei als gesellschaftlicher Außenseiter inszeniert, als solitäre Figur gegen die Gemeinschaft des organisierten Verbrechens. Der Film zeigt, wie der afroamerikanische Auftragskiller Ghost Dog zunächst von Louie, einem Mafioso, dem er sein Leben verdankt, den Auftrag erteilt bekommt, den Mitmafioso Handsome Frank zu töten. Dieser hat ein Verhältnis mit Louise, der Tochter des Mafiabosses Ray Vargo. Ghost Dog tötet Frank zwar, allerdings ist Louise unerwartet anwesend und somit Zeugin des Mordes. Er lässt sie zwar leben, aber Vargo ordnet dennoch an, ihn zu töten. Die Gangster finden nach einigen Mühen auch die Wohnung des auf einem Dach mit Brieftauben lebenden Killers und bringen seine Vögel um. Ghost Dog rächt sich daraufhin an allen beteiligten Mitgliedern der Organisation und erschießt auch Vargo in seiner Villa. Zum Schluss duelliert er sich mit dem Überlebenden Louie – allerdings mit nicht geladener Waffe, sodass er wie Jef Costello in LE SAMOURAÏ freiwillig in den Tod geht.

Die direkten Bezüge von GHOST DOG zu LE SAMOURAÏ – neben den offensichtlichen Japanreferenzen in beiden Filmen – sind vielfältig: vom Autodiebstahl und der Handlung des missglückten Auftrags, der Inszenierung des Kampfes eines einzelnen gegen eine kriminelle Organisation bis zu einzelnen Requisiten wie den weißen Handschuhen der Killer und ihren heroischen Selbstopfern mit einer leeren Waffe gibt LE SAMOURAÏ den Bezugsrahmen vor. Eine Variation findet sich in dem entscheidenden Punkt der Identität oder der Ästhetik der Existenz beider Killer. Während Costello den Weg des kalten Pragmatismus geht und dabei identitätslos in seinem Tun aufgeht, ist Ghost Dog sichtlich romantisch von der Faszination an einer fremden vergangenen Kriegerkultur geprägt, der er sich vollständig widmet. So benutzt er nicht nur Schusswaffen, sondern trainiert ganz anachronistisch auch japanischen Schwertkampf (vgl. Burns 1988) (Abb. 2).

Ghost Dog wird neben seiner Tätigkeit als Auftragsmörder als Leser vorgestellt und ist in jeder Hinsicht ein *nerd*, der sich seine Identität aus Büchern aneignet. Von Beginn an liest er das „Book of the Samurai – Hagakure", und auch die Beziehung zu anderen Figuren – vor allem zu den beiden jungen Mädchen Louise Vargo und Pearline – stellt er über Gespräche zu Büchern her. Lesen und das Verstehen bzw. das Missverstehen von Kulturen und Zeichensystemen können als das Hauptthema von GHOST DOG gelten.[19] So erscheint aus der

---

19 Zentral ist dafür Ryunosuke Akutagawas Kurzgeschichte *Yabu no naka* („Im Wald" oder „Im Lustwäldchen"), die in der Anthologie *Rashomon* (1950) enthalten ist und der paradigmatische Text über unterschiedliche Sichtweisen auf dieselben Ereignisse ist. In ihr geht es, genau wie in Akira Kurosawas berühmter Verfilmung RASHÔMON (1950), um die Vergewaltigung einer Frau und die Ermordung ihres Mannes, eines Samurai, die aus verschiedenen einander widersprechenden Perspektiven erzählt werden. Die Multiperspektivität dieser Geschichte findet ihre Entsprechung in den beiden Analepsen (Rückblenden) des Films, die Ghost Dogs Ursprungsgeschichte zeigen: So wird die Szene, in der der Mafioso Louie den jugendlichen Ghost Dog vor

Perspektive Ghost Dogs, des einsamen und ehrenwerten Killers mit strengem Verhaltenscodex und einem Hang zu Büchern und fremden Kulturen, das kriminelle Gemeinschafts- und Familienmodell der Mafia als ein zynisches und anachronistisches System sinnentleerter Rituale. Den gesellschaftlichen Widersprüchen, wie sie im Mafiafilm ausgestellt werden, stellt GHOST DOG eine Sichtweise gegenüber, die sich eher auf die persönliche Interpretation und kulturelle Adaption von Traditionen und Ritualen bezieht.

Abb. 1: Der Entzug von Identität: Jef Costello in LE SAMOURAÏ

Abb. 2: Japanische Schwertkampfübungen in GHOST DOG

Auffällig ist an GHOST DOG auch, dass das Bild der Mafia sich seit dem aristokratischen Glamour der GODFATHER-Filme deutlich gewandelt hat. Denn die Mafiosi sind müde, unbeweglich und dümmlich. Es sind fette und mitunter debile Männer in peinlich gemusterten Hemden und Trainingsanzügen. Gezeigt wird ein entzaubertes Bild der Mafia, dem aller Glanz, der ihr in Coppolas GODFATHER-Filmen und noch in Scorseses Mafiafilmen wie GOODFELLAS und CASINO zugedacht ist, abhanden gekommen ist. Sedimentiert hat sich dieses profanierte Bild von der Mafia dann endgültig in der Fernsehserie *The Sopranos* (1999-2007), die sichtlich den Dresscode von GHOST DOG fortführt (vgl. Nirmalarajah 2012).[20]

---

einem bewaffneten Angreifer rettet, auf unterschiedliche Weise gezeigt, die jeweils ein anderes Bild von Louies Zivilcourage eröffnet: Denn einmal zielt ein Angreifer mit der Pistole auf Ghost Dog und einmal auf Louie.

20 Weitere Fernsehserien, die das Gangstermilieu thematisieren, sind z.B. *The Untouchables* (1959-63), *La Piovra* (1984-2001), *Wiseguy* (1987-90) oder *The Wire* (2002-2008).

Der Gangster zwischen Kälte und ‚Coolness'

Diese Entzauberung des Gangsterlebens zeigt, dass es Gangsterfilmen immer auch um die Inszenierung von *Coolness* als entscheidender Aspekt eines bestimmten *Lifestyles* und einer bestimmten Sicht auf die Welt geht und dass mit GHOST DOG und den *Sopranos* eine neue Phase der ‚Postcoolness' begonnen hat. Am Gangster- und vor allem am Profikillerfilm lässt sich, so könnte man formulieren, eine Kulturgeschichte von Kälte und Coolness ablesen (vgl. Poschardt 2000: 213-230). Dass Kälte im Sinne von Nervenstärke und Skrupellosigkeit notwendig ist, um andere umzubringen und sich in der Gesellschaft von Gangstern zu behaupten, ist die Prämisse jedes Gangsterfilms. Michael Corleone, der sein Privatleben den Geschäften unterordnet, der seiner Frau Kay keine Liebe zeigen kann und in THE GODFATHER: PART II sogar seinen eigenen Bruder Fredo töten lässt, ist paradigmatisch für diese Form des eiskalten Gangsters. Dass aber auch spielerische Coolness ein wichtiger Faktor im Gangsterfilm ist, zeigt sich an der zur Schau getragenen selbstbewussten Lässigkeit der Gangster sowie an ihrer Kleidung und ihren Accessoires. Vor allem Hut und Sonnenbrille verbergen nicht nur das eigene Gesicht und damit die eigenen Gefühlsregungen, sondern sie demonstrieren auch das zur Schau getragene Desinteresse an der Welt.[21]

Die Kultivierung von Indifferenz und Affektkontrolle, die die Profikiller zeigen, lässt sich letztlich als Schutzmechanismus verstehen, der zum einen auf großstädtische „Blasiertheit" zurückzuführen ist, die eine Panzerung gegen die Beschleunigungstendenzen der urbanen Modernen darstellt (Simmel 1998), und der zum anderen auf das antike Ideal der *ataraxia* rekurriert,[22] das Ghost Dog allerdings der fernöstlichen Variante, dem *Hagakure*, entnimmt. Auch der Film GHOST DOG ist nicht trotz, sondern wegen der uncoolen Mafiosi ein Film über Coolness, indem er die alten Gangster der Lächerlichkeit preisgibt. Verschoben werden Sympathien und die Markierung zeitgemäßer Coolness auf die Hauptfigur, die ihre weitgehend unkritisierte romantische Aneignung des japanischen Samurailebens mit ihren überragenden Fähigkeiten als kalter Killer mischt.

---

21 Bestimmte Anzüge, Hemden, Krawatten, Hüte und Sonnenbrillen sind für den Gangster- und speziell den Mafiafilm unverzichtbar, etwas, dass in Mafiakomödien wie ANALYZE THIS, ANALYZE THAT oder MICKEY BLUE EYES parodistisch vorgeführt wird.
22 Das Lebenskonzept der *ataraxia* wird im Wesentlichen von den antiken philosophischen Schulen der Stoiker und der Epikureer vertreten und meint Unerschütterlichkeit, Affektlosigkeit und absolute Gelassenheit auch im Angesicht von Gefahr und Unglück (vgl. Hossenfelder 1995; Geier 1997; Weinkauf 2001).

Fazit

Der Gangsterfilm als Subgenre des Kriminalfilms leuchtet komplementär zum Detektiv-, Polizei- oder Gerichtsfilm, in dem die Aspekte der *mystery* und der *analysis* dominieren, die Dimensionen des Sozialen aus. Er kann als gesellschaftliches „Experimentalsystem" (Rheinberger 2006) verstanden werden, als Labor, das vorführt, wie und warum Menschen außerhalb des Rechtssystems geraten und in eigenen nichtlegitimen Gesellschaften agieren. Das Verbrechen als Zentrum des Kriminalfilms lässt sich zwar universell für jedes Genre geltend machen. Allein der Gangsterfilm liefert aber eine Vielzahl von Typen, Reihen, Ikonographien, Figuren und Narrativen, die nicht nur in besonderer Weise gesellschaftliche Widersprüche aufdecken. Mit der Figur des Gangsters als gesetzlosem Außenseiter werden darüber hinaus grundlegende Widersprüche zwischen Recht und Gerechtigkeit, Gemeinschaft und Gesellschaft sowie vor allem zwischen Individuum und Gruppe ausgeleuchtet. Der Gangsterfilm, der die Perspektive des Verbrechers einnimmt, kann einen Blick von außen auf die Stabilität sozialer Systeme werfen.

Eine Zuspitzung dieses Extremfalls einer individuellen Position findet sich häufig im Imaginären einer alles dominierenden Gangsterpersona, bei der alle Fäden zusammenlaufen. Dieser findet sich vor allem im Format des Mafiafilms mit einem aristokratisch markierten Patriarchen an der Spitze, aber auch schon in den Figuren der Meisterverbrecher in der Pulp-Literatur vom Beginn des 20. Jahrhunderts, wie beispielsweise Dr. Mabuse. Die Anführer der verbrecherischen Organisationen, denen der Filmspion James Bond begegnet (Figuren wie Dr. Julius No, Auric Goldfinger und Ernst Stavro Blofeld), sind Fortführungen dieses Modells. Ein anderes Modell ist der Schurke, häufig der Anführer einer Gang, der durch sein Charisma, seine besondere Gewalttätigkeit oder seine Psychopathologie ein eigenes – meist sozialdarwinistisch geprägtes – Recht zu etablieren sucht. Der mutterfixierte Gangster Cody Jarrett in WHITE HEAT, der zum Schluss spektakulär Selbstmord begeht, ist ein Paradebeispiel dafür.

Siegfried Kracauer schreibt 1925 in seinem Traktat über den *Detektiv-Roman* von der „dämonische[n] Verbrechergestalt" und dem „glorifizierten Bösewicht", der, so lange er sich der entzaubernden Rationalisierung seiner Taten und Motive entziehen kann, eine „unzerstörbare[...] magische[...] Kraft" zeigt und die Register des Unheimlichen aufruft: „Je näher man ihm tritt, desto dunkler und grauenvoller wird sein Wesen, das die ratio übergreift; [...] Doch hat der große Detektiv das widerstrebende X seiner Verborgenheit entrissen, dann sinkt der Attentäter, ein Strohwisch, in sich zusammen [...]" (Kracauer 1979: 80-81).

Viel deutet darauf hin, dass die Ambivalenz der Gangsterfigur einen Großteil der Faszination des Gangsterfilms bis heute ausmacht. Nicht nur ist der

Gangster ein sozialer Außenseiter bzw. entscheidet er sich dafür, einer Parallelgesellschaft anzugehören, sondern er setzt sich mit gewalttätigen Mitteln über Recht und Ordnung sowie über seine Mitmenschen hinweg. Die vom Staat geforderte Solidarität ersetzt er durch eine *dog-eat-dog*-Philosophie. Dass der Gangster anscheinend nur seine eigenen Gesetze gelten lässt, vermittelt die Idee von Selbstbestimmung und Souveränität. So ist ein wichtiger Aspekt des Gangsterfilms auch das Oszillieren zwischen Realismus und Mythopoetik. Denn der Inszenierung des fiktionalen mittelalterlichen Gangsters Robin Hood gleich, sind auch die Verbrecher im Gangsterfilm trotz aller oberflächlichen Warnrhetorik die Helden der Geschichte. Der Film nimmt ihre Perspektive ein, und die Gangster – besonders in der Gestalt des Profikillers – werden mitunter in einem erheblichen Maße glorifiziert. Der Einsatz einer affirmativen Coolness der Gangsterfiguren in jüngeren Hood-Filmen, im Mafiafilm und in Profikillerfilmen lädt dabei zu einer identifikatorischen Sichtung ein. So stellt der Gangsterfilm keineswegs eindeutig beantwortbare aktuelle Fragen nach der Bewertung von Verbrechen und nach dem Einsatz von Gewalt. Begleitet wird der Gangsterfilm überdies von einem Mediengewaltdiskurs, dem sich Regisseure wie Scorsese oder Tarantino immer wieder stellen müssen. Die Einschätzung filmischer Gewalt spiegelt dabei das Dilemma der Bewertung der Gangsterfiguren und ihrer Taten und oszilliert kontinuierlich zwischen Faszination und Abstoßung.

In diesem Zusammenhang ist zuletzt ein Merkmal des Gangsterfilms von Bedeutung, das ihn vor den meisten anderen Filmen auszeichnet. Das ist der mit der Verarbeitung zeitgenössischer Ereignisse und Figuren verbundene hohe Grad an Realismus. Trotz aller allegorischen und zuweilen legendenbildenden Tendenzen und auch trotz jüngerer Entwicklungen, die seit den Filmen Tarantinos die Geschichte des Gangsterfilms uneigentlich und mitunter auf komische Weise zitieren, schmiegt der Gangsterfilm sich immer wieder nah an reale Stoffe an und nimmt eine pseudo-dokumentarische Erzählweise ein. An jüngeren Fernsehserien mit Gangsterthema wie *The Sopranos*, *The Shield*, *Weeds* oder *Breaking Bad* und sogar weitgehend nostalgischen Projekten wie *Boardwalk Empire* wird z.B. exakt der Grat zwischen gesetzestreuer Bürgerlichkeit und Rechtlosigkeit ausgelotet. Denn das bürgerliche Leben im Rechtssystem ist für viele Figuren nicht einfach Maskerade, sondern genau wie in Coppolas GODFATHER-Filmen oder Scorseses Mafiafilmen immer ein utopisches Ziel der Normalität, etwas, das, wie die meisten Gangsterfilme und -serien zeigen, nicht erreicht wird und das überdies in ständiger Konkurrenz zu der Position steht, eben nicht normal sein zu wollen, sondern außerhalb des Rechts und damit souverän über anderen zu stehen. Diese Spannung um den genredefinierenden Akt der Transgression, die Entscheidung, Verbrechen zu begehen oder nicht, ermöglicht die kontinuierliche Aktualität und Relevanz des Gangsterthemas.

Film- und Medienverzeichnis

Agatha Christie's Poirot (GB 1989-, TV-Serie)
THE AMERICAN (USA 2010, Regie: Anton Corbijn)
ANALYZE THAT (USA 1999, Reine Nervensache, Regie: Harold Ramis)
ANALYZE THIS (USA 2002, Reine Nervensache 2, Regie: Harold Ramis)
ASSASSINS (USA/FR 1995, Assassins – Die Killer, Regie: Richard Donner)
BANG BOOM BANG (D 1999, Regie: Peter Thorwarth)
BIRDMAN OF ALCATRAZ (USA 1962, Der Gefangene von Alcatraz, Regie: John Frankenheimer)
THE BLACK DAHLIA (USA/D/FR 2006, Regie: Brian De Palma)
THE BLACK HAND (USA 1906, Regie: Wallace McCutcheon)
BLOW (USA 2001, Regie: Ted Demme)
Boardwalk Empire (USA 2010-, TV-Serie)
BONNIE AND CLYDE (USA 1967, Regie: Arthur Penn)
À BOUT DE SOUFFLE (FR 1960, Außer Atem, Regie: Jean-Luc Godard)
Breaking Bad (USA 2008-, TV-Serie)
A BRONX TALE (USA 1993, In den Straßen der Bronx, Regie: Robert De Niro)
CAPE FEAR (USA 1991, Kap der Angst, Regie: Martin Scorsese)
CARLITO'S WAY (USA 1993, Regie: Brian De Palma)
CASINO (USA/FR 1995, Regie: Martin Scorsese)
LE CERCLE ROUGE (FR/IT 1970, Vier im roten Kreis, Regie: Jean-Pierre Melville)
CHEUNG FO (THE MISSION) (HK 1999, Regie: Johnnie To)
LE CLAN DES SICILIENS (FR 1969, Der Clan der Sizilianer, Regie: Henri Giovanni)
COLLATERAL (USA 2004, Regie: Michael Mann)
COP (USA 1988, Der Cop, Regie: James B. Harris)
CRIME SCHOOL (USA 1938, Schule des Verbrechens, Regie: Lewis Seiler)
DEATH ON THE NILE (GB 1978, Tod auf dem Nil, Regie: John Guillermin)
THE DEPARTED (USA 2006, Departed – Unter Feinden, Regie: Martin Scorsese)
DESPERATE ENCOUNTER BETWEEN BURGLAR AND POLICE (USA 1905, Regie: o. A.)
DIP HUET SEUNG HUNG (THE KILLER) (HK 1989, Blast Killer, Regie: John Woo)
DR. MABUSE, DER SPIELER (D 1922, Regie: Fritz Lang)
Elementary (USA 2012-, TV-Serie)
GANGS OF NEW YORK (USA/IT 2002, Regie: Martin Scorsese)
GHOST DOG: THE WAY OF THE SAMURAI (FR/D/USA/JP 1999, Ghost Dog – Der Weg des Samurai,
    Regie: Jim Jarmusch)
THE GODFATHER (USA 1972, Der Pate, Regie: Francis Ford Coppola)
THE GODFATHER: PART II (USA 1974, Der Pate 2, Regie: Francis Ford Coppola)
THE GODFATHER: PART III (USA 1990, Der Pate – Teil III, Regie: Francis Ford Coppola)
GOMORRHA (IT 2008, Gomorrha – Reise in das Reich der Camorra, Regie: Matteo Garrone)
GOODFELLAS (USA 1990, Good Fellas – Drei Jahrzehnte in der Mafia, Regie: Martin Scorsese)
THE GREAT TRAIN ROBBERY (USA 1903, Der große Eisenbahnraub, Regie: Edwin S. Porter)
HEAT (USA 1995, Regie: Michael Mann)
HEIST (CAN/USA 2001, Heist – Der letzte Coup, Regie: David Mamet)
Im Angesicht des Verbrechens (D 2010, Regie: Dominik Graf, TV-Serie)
THE ITALIAN JOB (USA 2003, The Italian Job – Jagd auf Millionen, Regie: F. Gary Gray)
JACKIE BROWN (USA 1997, Regie: Quentin Tarantino)

THE KILLERS (USA 1964, Der Tod eines Killers, Regie: Don Siegel)
L.A. CONFIDENTIAL (USA 1997, Regie: Curtis Hanson)
LÉON (FR 1994, Leon – Der Profi, Regie: Luc Besson)
LITTLE CAESAR (USA 1931, Der kleine Cäsar, Regie: Mervyn LeRoy)
LITTLE ODESSA (USA 1994, Odessa – Eiskalt wie der Tod, Regie: James Gray)
LOCK, STOCK & TWO SMOKING BARRELS (GB 1998, Bube, Dame, König, grAs, Regie: Guy Ritchie)
LUNG FU FONG WAN (HK 1987, City on Fire, Regie: Ringo Lam)
MEAN STREETS (USA 1973, Hexenkessel, Regie: Martin Scorsese)
THE MECHANIC (USA 1972, Kalter Hauch, Regie: Michael Winner)
MICKEY BLUE EYES (GB/USA 1999, Regie: Kelly Makin)
MILLER'S CROSSING (USA 1990, Regie: Joel Coen)
THE MOONSHINER (USA 1904, Regie: Wallace McCutcheon)
MURDER AT THE GALLOP (GB 1963, Der Wachsblumenstrauß, Regie: George Pollock)
MURDER SHE SAID (GB 1961, 16 Uhr 50 ab Paddington, Regie: George Pollock)
THE MUSKETEERS OF PIG ALLEY (USA 1912, Regie: D.W. Griffith)
NATURAL BORN KILLERS (USA 1994, Regie: Oliver Stone)
OCEAN'S ELEVEN (USA 2001, Regie: Steven Soderbergh)
OCEAN'S TWELVE (USA 2004, Regie: Steven Soderbergh)
OCEAN'S THIRTEEN (USA 2007, Regie: Steven Soderbergh)
ONCE UPON A TIME IN AMERICA (USA/IT 1984, Es war einmal in Amerika, Regie: Sergio Leone)
PAPILLON (USA/FR 1973, Regie: Franklin J. Schaffner)
La Piovra (IT/FR/GB/BRD/D 1984-2001, Allein gegen die Mafia, TV-Serie)
POINT BLANK (USA 1967, Point Blank – Keiner darf überleben, Regie: John Boorman)
PRIZZI'S HONOR (USA 1985, Die Ehre der Prizzis, Regie: John Huston)
THE PUBLIC ENEMY (USA 1931, Der öffentliche Feind, Regie: William Wellmann)
PULP FICTION (USA 1994, Regie: Quentin Tarantino)
RASHÔMON (JP 1950, Rashomon – Das Lustwäldchen, Regie: Akira Kurosawa)
THE REGENERATION (USA 1915, Regie: Raoul Walsh)
RESERVOIR DOGS (USA 1992, Reservoir Dogs – Wilde Hunde, Regie: Quentin Tarantino)
ROAD TO PERDITION (USA 2002, Regie: Sam Mendes)
LE SAMOURAÏ (FR 1967, Der eiskalte Engel, Regie: Jean-Pierre Melville)
SCARFACE, THE SHAME OF A NATION (USA 1932, Narbengesicht, Regie: Howard Hawks)
SCARFACE (USA 1983, Scarface – Toni, das Narbengesicht, Regie: Brian De Palma)
Sherlock (GB 2010-, TV-Serie)
SHERLOCK HOLMES BAFFLED (USA 1900, Regie: Arthur Marvin)
SHERLOCK HOLMES (USA/D 2009, Regie: Guy Ritchie)
SHERLOCK HOLMES: A GAME OF SHADOWS (USA 2011, Sherlock Holmes – Spiel im Schatten, Regie: Guy Ritchie)
The Shield (USA 2002-2008, The Shield – Gesetz der Gewalt, TV-Serie)
SNATCH (GB/USA 2000, Snatch – Schweine und Diamanten, Regie: Guy Ritchie)
The Sopranos (USA 1999-2007, Die Sopranos)
DAS TESTAMENT DES DR. MABUSE (D 1933, Regie: Fritz Lang)
TRAFFIC (USA/D 2000, Traffic – Die Macht des Kartells, Regie: Steven Soderbergh)
TRUE ROMANCE (USA/FR 1993, Regie: Tony Scott)
UNDERWORLD (USA 1927, Regie: Josef v. Sternberg)
The Untouchables (USA 1959-1963, Chicago 1930, TV-Serie)
Weeds (USA 2005-2012, Weeds – Kleine Deals unter Nachbarn, TV-Serie)

WHITE HEAT (USA 1949, Sprung in den Tod, Regie: Raoul Walsh)
The Wire (USA 2002-2008, TV-Serie)
Wiseguy (USA 1987-1990, Kampf gegen die Mafia, TV-Serie)

Literaturverzeichnis

Baxter, John (1970): *The Gangster Film*. New York: A.S. Barnes 1970.
Berthel, Werner (1981): „Mit Lupe und Verstand. Zur Figur des Detektivs". In: Ders. (Hg.): *Die großen Detektive. Detektivgeschichten mit Auguste Dupin, Sherlock Holmes und Pater Brown*. Frankfurt a.M.: Insel, S. 303-317.
Burns, Glen (1988): „Die Imagination von Gewalt. Die verlorene Sprache des Körpers". In: Gumbrecht, Hans Ulrich/Pfeiffer, K. Ludwig (Hgg.): *Materialität der Kommunikation*. Frankfurt a.M.: Suhrkamp, S. 547-567.
Derrida, Jacques (1994): „Das Gesetz der Gattung". In: Ders.: *Gestade*. Wien: Passagen, S. 245-283.
Elias, Norbert (1983): *Die höfische Gesellschaft. Untersuchungen zur Soziologie des Königtums und der höfischen Aristokratie*. Frankfurt a.M.: Suhrkamp.
Gabree, John (1981): *Der klassische Gangsterfilm*. München: Heyne.
Geier, Manfred (1997): *Das Glück der Gleichgültigen. Von der stoischen Seelenruhe zur postmodernen Indifferenz*. Reinbek bei Hamburg: Rowohlt.
Grob, Norbert/Kiefer, Bernd/Ritzer, Ivo (Hgg.) (2011): *Mythos DER PATE. Francis Ford Coppolas GODFATHER-Trilogie und der Gangsterfilm*. Berlin: Bertz & Fischer.
Hartmann, Britta (1999): „Topographische Ordnung und narrative Struktur im klassischen Gangsterfilm". In: *montage/AV. Zeitschrift für Theorie und Geschichte audiovisueller Kommunikation*. Jg. 8., Nr. 1, S. 110-133.
Hickethier, Knut (2002): „Genretheorie und Genreanalyse". In: Felix, Jürgen (Hg.): *Moderne Film Theorie*. Mainz: Bender, S. 62-96.
Hickethier, Knut (2005): „Einleitung". In: Ders. (Hg.): *Filmgenres. Kriminalfilm*. Stuttgart: Reclam, S. 11-41.
Hobbes, Thomas (1976): *Leviathan oder Stoff, Form und Gewalt eines bürgerlichen und kirchlichen Staates*. Frankfurt a.M. u.a.: Ullstein.
Holzmann, Gabriela (2001): *Schaulust und Verbrechen. Eine Geschichte des Krimis als Mediengeschichte*. Stuttgart/Weimar: Metzler.
Hossenfelder, Malte (1995): *Stoa, Epikureismus und Skepsis. Geschichte der Philosophie. Bd. 3: Die Philosophie der Antike*. München: Beck.
Jowett, Garth (1991): „Bullets, Beer and the Hays Office: Public Enemy (1931)". In: O'Connor, John E./Jackson, Martin A. (Hgg.): *American History/American Film. Interpreting the Hollywood Image*. New York: Continuum, S. 57-75.
Kellner, Hans-G./Thie, J. M./Zurhorst, Meinolf (Hgg.) (1977): *Der Gangster-Film. Regisseure, Stars, Autoren, Spezialisten, Themen und Filme von A-Z*. München: Bernhard Roloff.
Kracauer, Siegfried (1979): *Der Detektiv-Roman. Ein philosophischer Traktat*. Frankfurt a.M.: Suhrkamp.
Lethen, Helmut (1994): *Verhaltenslehren der Kälte. Lebensversuche zwischen den Kriegen*. Frankfurt a.M.: Suhrkamp.

Maltby, Richard (1993): „The Production Code and the Hays Office". In: Balio, Tino (Hg.): *Grand Design. Hollywood as a Modern Business Enterprise, 1930-1939*. Berkeley u.a.: University of California Press, S. 37-72. (= History of the American Cinema. Volume 5. 1930-1939)

McArthur, Colin (1977): „The Iconography of the Gangster Film". In: Grant, Barry Keith (Hg.): *Film Genre. Theory and Criticism*. Metuchen, NJ/London: Scarecrow Press, S. 118-123.

Meteling, Arno (2009): „Verschwörungstheorien. Zum Imaginären des Verdachts". In: Ellrich, Lutz/Maye, Harun/Ders. (Hgg.): *Die Unsichtbarkeit des Politischen. Theorie und Geschichte medialer Latenz*. Bielefeld: transcript, S. 179-212.

Mitchell, Edward (1995): „Apes and Essences. Some Sources of Significance in the American Gangster Film". In: Grant, Barry Keith (Hgg.): *Film Genre Reader II*. Austin: Texas University Press, S. 203-212.

Nirmalarajah, Asokan (2012): *Gangster Melodrama. „The Sopranos" und die Tradition des amerikanischen Gangsterfilms*. Bielefeld: transcript.

Nusser, Peter (2009): *Der Kriminalroman*. 4. Aufl. Stuttgart/Weimar: Metzler.

Oltean, Tudor (1993): „Series and Seriality in Media Culture". In: *European Journal of Communication* 8, S. 5-31.

Plessner, Helmuth (2002): *Grenzen der Gemeinschaft. Eine Kritik des sozialen Radikalismus*. Frankfurt a.M.: Suhrkamp.

Poschardt, Ulf (2000): *Cool*. Hamburg: Rogner & Bernhard.

Rheinberger, Hans-Jörg (2006): *Experimentalsysteme und epistemische Dinge. Eine Geschichte der Proteinsynthese im Reagenzglas*. Frankfurt a.M.: Suhrkamp.

Rother, Rainer/Pattis, Julia (Hgg.) (2011): *Die Lust am Genre. Verbrechergeschichten aus Deutschland*. Berlin: Bertz & Fischer.

Seeßlen, Georg (1980): *Der Asphalt-Dschungel. Geschichte und Mythologie des Gangster-Films*. Reinbek bei Hamburg: Rowohlt.

Seeßlen, Georg (1998): *Detektive. Mord im Kino*. Marburg: Schüren.

Seeßlen, Georg (1999): *Copland. Geschichte und Mythologie des Polizeifilms*. Marburg: Schüren.

Silver, Alain/Ursini, James (Hgg.) (2007): *The Gangster Film Reader*. Pompton Plains, NJ: Limelight Editions.

Simmel, Georg (1998): „Die Großstädte und das Geistesleben". In: Ders.: *Aufsätze und Abhandlungen 1901-1908. Bd. 1*. Frankfurt a.M.: Suhrkamp, S. 116-131.

Striedter, Jurij (1971): „Zur formalistischen Theorie der Prosa und der literarischen Evolution". In: Ders. (Hg.): *Russischer Formalismus. Texte zur allgemeinen Literaturtheorie und zur Theorie der Prosa*. München: Fink, S. IX-LXXXIII.

Thompson, Kristin ([1988] 2001): „Neoformalistische Filmanalyse. Ein Ansatz, viele Methoden". In: Albersmeier, Franz-Josef (Hg): *Texte zur Theorie des Films*. 4. Aufl. Stuttgart: Reclam, S. 409-446.

Tönnies, Ferdinand (2005): *Gemeinschaft und Gesellschaft. Grundbegriffe der reinen Soziologie*. Darmstadt: Wissenschaftliche Buchgesellschaft.

Tynjanov, Jurij: „Über die literarische Evolution". In: Striedter, Jurij (Hg.): *Russischer Formalismus. Texte zur allgemeinen Literaturtheorie und zur Theorie der Prosa*. München: Fink, S. 434-461.

Vorauer, Markus (1996): *Die Imaginationen der Mafia im italienischen und US-amerikanischen Spielfilm*. Münster: Nodus.

Warshow, Robert (1969): „Der Gangster als tragischer Held". In: *Filmkritik* 13, 4, S. 262-264.

Weinkauf, Wolfgang (2001): *Die Philosophie der Stoa. Ausgewählte Texte*. Stuttgart: Reclam.

Filmanalyse

ONCE UPON A TIME IN AMERICA
(Es war einmal in Amerika)
USA/IT 1984, Regie: Sergio Leone

Sergio Leones ONCE UPON A TIME IN AMERICA markiert zusammen mit SCARFACE (1983) den Beginn der Renaissance des Gangsterfilms der 1980er- und 1990er-Jahre. Dabei kann der Film als Gegenentwurf zu Brian De Palmas Remake verstanden werden. Während SCARFACE versucht, die klassischen Gangstermythen zu modernisieren und in ein zeitgenössisches Setting einzupassen, verfolgt Leone eine eher historisierend gefärbte Perspektive. Zwischen diesen beiden Polen oszillieren die Hauptströmungen der in diesen Jahren wieder erstarkten Genreproduktion. Die an der Gegenwart der 1980er- und 1990er-Jahre orientierten Filme wie Abel Ferraras KING OF NEW YORK (1990) oder die Hood-Filme stehen Werken wie MILLER'S CROSSING (1990) der Coen-Brüder und THE UNTOUCHABLES (1987) gegenüber, die zwischen spielerischen Genrezitaten und Historienfilm changieren und sich dabei vor allem auf die Blütezeit des Genres in den 1930er-Jahren beziehen.

Im Gegensatz zu den hauptsächlich irisch- und italienischstämmigen Protagonisten der klassischen Gangsterfilm-Phase stellt Leone eine Gruppe von jüdischen Kindern aus den ärmlichen Einwandererquartieren der *Lower East Side* Manhattans in den Mittelpunkt der Handlung. Angeführt von den beiden Protagonisten Max (James Woods) und Noodles (Robert De Niro) dringt die (Freundschafts-)Bande immer weiter in die Welt des organisierten Verbrechens zur Zeit der Prohibition ein und betreibt schließlich selbst äußerst lukrative illegale Geschäfte. Erzählt wird dies in drei sich einander durchdringenden Zeitabschnitten: die Jugend in den 1920er-Jahren, die Etablierung im Gangstermilieu zu Beginn der 1930er-Jahre und schließlich die Rückkehr des gealterten Noodles in die Stadt seiner Jugend. Nachdem er seine Freunde an die Polizei verraten hat, um zu verhindern, dass Max einen selbstmörderischen Überfall auf die *Federal Reserve Bank* begeht, kehrt Noodles erst 1968 zurück, um dessen Verbindung zu dem korrupten Senator Bailey in Erfahrung zu bringen. Dabei stellt sich nicht nur heraus, dass die Grenze zwischen Verbrechen und Politik fließend ist, sondern auch dass der tot geglaubte Max als Bailey unter den Lebenden weilt.

Entgegen Coppolas THE GODFATHER (1972), dessen Regie Leone bereits 1968 abgelehnt hatte, stehen in ONCE UPON A TIME IN AMERICA keine (pseudo-)familiären Mafiastrukturen im Zentrum, sondern vielmehr die Beziehung der beiden

Hauptfiguren Max und Noodles. Damit spannt der Film einen Bogen zu vielen der klassischen Genrefilme, in denen der notorischen Gangsterfigur eine kontrastive Helferfigur an die Seite gestellt wird. Max ist dabei ein prototypischer Verbrecherboss wie Scarface und Little Caesar in den gleichnamigen Filmen. Er ist ein eiskalter Geschäftsmann, der zum rücksichtslosen Killer wird, wenn es seinem Vorteil dient. Er wird getrieben von nahezu krankhaften Ambitionen des sozialen Aufstiegs. Nicht ohne Grund verliert Max die Fassung, wenn er als verrückt bezeichnet wird. Darin gleicht er dem von James Cagney gespielten Cody Jarrett aus WHITE HEAT (1949) und genau wie dieser ist er der strategische Kopf der Gang, der die entscheidenden Ideen hat. So macht er etwa, während Noodles wegen Mordes im Jugendvollzug sitzt, aus der Bande von Straßenjungs eine Organisation aus Anzugträgern, die einen illegalen Nachtklub (ein Speakeasy) und mehrere Scheinfirmen betreibt. Max ist das kriminelle Mastermind, das sowohl Verbindungen zu hochrangigen Mafiosi, als auch zu Gewerkschaftsführern und korrupten Politikern unterhält.

Noodles verkörpert dagegen eine bodenständige Haltung. Er ist höchstens ein *mid-level* Gangster, der sich mehr als Ganove denn als Großverbrecher versteht. Er ist ein Handlanger, der – wie ihm Max vorhält – am liebsten immer noch Betrunkene ausrauben würde. Damit erfüllt Noodles teilweise eine ähnliche Funktion wie viele der Nebenfiguren der klassischen Gangsterfilm-Ära: Er dient als Kontrastfolie für die Hybris und Gewissenlosigkeit von Max, vergleichbar mit dem Bruder von Tom Powers in THE PUBLIC ENEMY (1931) oder Pfarrer Connolly in ANGELS WITH DIRTY FACES (1938). Diese Charaktere fungieren als bürgerliches Gewissen, das den Regelbruch der Kriminalität kritisch benennt und eine Alternative dazu bieten möchte. In Leones Film scheint es phasenweise so, als wären dies auch Noodles' Interessen. Tatsächlich hat er in den 35 Jahren seiner Abwesenheit wohl ein bürgerliches Leben geführt. Auf die Frage des Barkeepers Fat Moe: „What have you been doing all these years?", antwortet er nur: „Been going to bed early." Doch wirklich glücklich scheint er damit nicht geworden zu sein. Er steht nicht mit der gleichen selbstbestimmten Inbrunst hinter seinen Taten wie die filmhistorischen Referenzfiguren. Vielmehr stülpt er sich dieses Leben, das filmisch komplett ausgespart wird, nur über und wirkt dabei seltsam unbeteiligt. Diese Teilnahmslosigkeit wird im Laufe des Films zunehmend charakteristischer für Noodles, der somit zu einer Art leerem Zentrum in einem handlungsorientierten Genre wird.

Dies markiert einen der größten Unterschiede zum klassischen Gangsterfilm. Während dort energetische Antihelden die Hauptrolle spielen und letztlich an ihrer Selbstüberschätzung zerbrechen, konzentriert sich Leone auf den klassischen Nebencharakter Noodles, der nicht nur seine kriminelle Karriere, sondern auch seinen besten Freund verliert. Er wird zum Opfer von Max' Intrige, weil er mehr reagiert denn agiert und gerade nicht die erforderliche Skrupellosigkeit und Risikobereitschaft besitzt. Dies zeigt sich mehrfach in Schlüsselszenen, in denen Meinungsverschiedenheiten der beiden zu Tage treten. Als die Gang nach dem Diamantenraub den Gangster Detroit Joe ermordet, echauffiert sich der darüber nicht informierte Noodles gegenüber Max. Die Differenzen der beiden werden an dieser Stelle erstmals deutlich. Max hat den Auftrag angenommen, um neue Kontakte zu knüpfen und somit geschäftlich zu expandieren. Noodles sieht dagegen in der Zusammenarbeit mit dem Mafioso Frankie Manoldi eine Bedrohung des freundschaftlichen Sozialgefüges der Gang: „Today they ask us to get rid of Joe. Tomorrow they ask me to get rid of you." Er ist nicht bereit, den nächsten Schritt im Milieu des organisierten Verbrechens zu unternehmen, sondern hält an der Gossengemeinschaft der Kindheit fest, während Max in seiner Geschäftstüchtigkeit nach höheren Zielen, d.h. in erster Linie nach mehr Geld und Macht, strebt. Für Noodles steht die Freundschaft über dem Gewinnstreben, dabei vergisst er jedoch eine zentrale Regel des Genres: Geschäftliches kommt stets vor persönlichen Belangen – oder, um mit den Worten von Michael Corleone aus THE GODFATHER zu sprechen: „It's not personal. It's strictly business."

Ähnlich kontrastiv gestaltet sich das Verhältnis der beiden Freunde hinsichtlich der Verbindungen zu halbseidenen Gewerkschaftern und Politikern. Max sieht darin eine Chance, neue Einkommensfelder zu erschließen und in scheinbar legale Sphären aufzusteigen. Noodles lehnt dies ab, worauf sich ein Disput entwickelt, in dessen Folge Max ihm fehlendes Entwicklungsvermögen vorwirft: „You carry the stink of the streets for the rest of your life." Geradezu exemplarisch wird dieser Umstand an den unterschiedlichen Vorstellungen von *real money* verdeutlicht. Max meint damit das große Geld in der Grauzone zwischen Politik und Verbrechen, während Noodles ganz pragmatisch auf das Bargeld in seinen Taschen verweist. Er kann seine Herkunft nicht transzendieren und erfüllt deshalb nicht die Voraussetzungen einer sich radikal wandelnden Kriminalität am Ende der Prohibition. Versteht man das Gangstergenre als Kommentar auf kapitalistische Verhältnisse, so ist diese Szene besonders aussagekräftig. Noodles ist demnach eine Verliererfigur, weil er sich nicht dem herrschenden Modernitätsdiktat anpassen will. Er verkörpert somit die Antithese des klassischen Gangsters und hängt nostalgisch verklärten Vorstellungen nach, die bereits Anfang der 1930er-Jahre überholt erscheinen.

Was bedeutet diese Umkehrung schließlich für die Genrezugehörigkeit eines Werkes, das schon im Titel vorgibt, ein Märchen über eines der amerikanischsten aller Filmgenres zu sein? Einerseits bietet der Film eine nahezu epische Ansammlung etablierter Genreversatzstücke: angefangen bei der ärmlichen Kindheit, geprägt vom Zugehörigkeitsgefühl zur Gang, über die Hochphase zur Zeit der Prohibition und den caperfilmartigen Diamantenraub bis hin zum moralischen Konflikt um Freundschaft und Loyalität. Sogar die Streitigkeiten mit anderen Gangstern werden genrekonform mit *Tommy Guns* gelöst, während die Ausstattung in ihrer Opulenz den Referenzfilmen in nichts nachsteht. Auf diese Weise eröffnet der Film einen Bezugsrahmen, den er andererseits umso entschiedener sprengt. Die Umkehrung der genretypischen Vorzeichen wurde beispielhaft anhand der Figuration dargelegt und lässt sich vor allem bezüglich der narrativen Konstruktion sowie der 1968 spielenden Passage weiterverfolgen. Letztere endet mit dem finalen Aufeinandertreffen von Noodles und Max/Bailey. Während in der klassischen Phase der Gangster am Ende stets sterben musste, um die bürgerliche Ordnung wiederherzustellen, bittet in ONCE UPON A TIME IN AMERICA der seit Jahrzehnten unter dem bürgerlichen Deckmantel agierende Gangster Max seinen alten Freund Noodles darum, ihn zu erschießen. Er tut dies mit dem ausdrücklichen Hinweis auf die Genrekonvention: „When you've been betrayed by a friend, you hit back." Doch der betrogene Noodles verwehrt ihm diesen Gefallen und verlässt das Anwesen durch die Hintertür. Anschließend bricht die Phantastik zu den Klängen von *God bless America* in das Werk ein und eröffnet so ein interpretationsoffenes Ende.

Die moralischen Sicherheiten der Blütezeit sind einem postmodernen Spiel gewichen, das sich in der Erzählweise fortsetzt. Aus der diskontinuierlichen Integration unterschiedlicher Zeitebenen ergibt sich ein fragmentarischer Charakter der Narration, welcher zusätzlich durch die letzte Szene des Films unterstrichen wird, die die Vermutung nahelegt, beim Gezeigten könnte es sich lediglich um eine Opiumphantasie des gescheiterten Noodles handeln. Der klassische Gangstermythos wird somit dekonstruiert und entpuppt sich als Kommentar auf das eigene Genre. Bereits die erste Szene des Films zeigt in der mittels Einschusslöchern gestalteten menschlichen Silhouette den ironischen Umgang mit den Genreerwartungen. Dies wird am Ende des Films erneut unterstützt, indem der Eindruck entsteht, dass alles nichts weiter war als die Schattenspiele, die in der Opiumhöhle aufgeführt werden: Reflexionen über ein Genre, dessen Mythen längst Geschichte sind, wahrgenommen durch die Augen eines unzuverlässigen Nostalgikers.

Simon Klingler

Musical
Susie Trenka

Einleitung

> There may be trouble ahead / But while there's moonlight and music / And love and romance / Let's face the music and dance / Before the fiddlers have fled / Before they ask us to pay the bill / And while we still / Have the chance / Let's face the music and dance.

Diese Worte singt Fred Astaire in FOLLOW THE FLEET zu Ginger Rogers, bevor das Paar eines seiner berühmten Duette tanzt. Während „face the music" üblicherweise bedeutet, sich der unangenehmen Wahrheit zu stellen, wird in der Formulierung von Songwriter Irving Berlin daraus die Aufforderung, unangenehme Tatsachen wenigstens für einen Moment zu ignorieren und sich stattdessen dem Tanz hinzugeben. Doch reale Probleme sind in dieser stark stilisierten Musiknummer im Hochglanzdekor sowieso weit entfernt, denn die Showeinlage übertrifft sogar die bereits offensichtliche Künstlichkeit der restlichen Diegese. Die im Lied besungene Flucht vor der Realität steht somit auch für die Flucht ins Kino, und das Musical mehr als jedes andere Genre für den Eskapismus des klassischen Hollywoodkinos. Seien es nun die bunten Traumlandschaften von THE WIZARD OF OZ, die schicken Art-Déco-Kulissen der Astaire-Rogers-Komödien oder die problemfreien Provinzstädtchen, in denen Mickey Rooney und Judy Garland mit jugendlichem Eifer ihre Showbiz-Träume verwirklichen – das klassische Hollywoodmusical hat stets realitätsferne Phantasiewelten entworfen, in denen das ‚spontane' Singen und Tanzen den Gipfel der Unwahrscheinlichkeit markiert. Dass das Musical jemals als realistisch oder natürlich empfunden wurde, ist nicht anzunehmen. Seine breite Akzeptanz während der Studioära Hollywoods in den 1930er- bis 1950er-Jahren lässt sich zum einen mit der generellen Funktion des amerikanischen Mainstreamfilms als eskapistische Unterhaltung begründen. Hinzu kommt die in den Filmen selbst angelegte inhaltliche Legitimierung dieser Unterhaltung.[1] So überrascht es nicht, dass das Genre, das wie kein anderes den Inbegriff und Wesenskern der Traumfabrik verkörpert, nach dem Zerfall des Studiosystems in den späten 1950er-Jahren und im Zuge der filmischen Erneuerungsbewegungen zunehmend seine Existenzberechtigung zu verlieren schien. Doch obwohl die goldenen Zeiten des Filmmusicals

---

[1] Besonders ausgeprägt ist diese Tendenz im Backstage Musical, siehe u.a. Feuer (2002).

bereits mehr als ein halbes Jahrhundert zurückliegen, hat das Genre bis heute überlebt und gerade in den letzten Jahren erfreut es sich im US-amerikanischen wie auch im internationalen Kino wieder zunehmender Beliebtheit.

Im Folgenden wird zunächst das klassische Hollywoodmusical und seine Theoretisierung in der Filmwissenschaft vorgestellt, um anschließend jüngere Entwicklungen zu betrachten und schließlich die Frage nach der zeitgenössischen Relevanz des Genres zu stellen. Der Fokus ist dabei auf das US-amerikanische Kino gerichtet, das auch beim Musical stets eine dominante Rolle gespielt hat und als stilbildend für dieses Genre gelten darf.[2]

Das klassische Hollywoodmusical: Definitionen und Theorien

Die Anfänge des Filmmusicals fallen – wenig überraschend – mit der Einführung des Tonfilms zusammen: Als Al Jolson 1927 in den synchron vertonten Szenen von THE JAZZ SINGER seine (ganz und gar nicht jazzigen) Lieder singt, markiert der Durchbruch der neuen Technologie zugleich die Geburtsstunde des Filmmusicals, das bis in die späten 1940er-Jahre zu den populärsten Hollywoodgenres gehört. Auch nach dem Zweiten Weltkrieg bleibt es bis etwa Mitte der 1950er-Jahre – zwar in geringerem Maße – aber doch relativ konstant präsent. Abgesehen von der teilweise auch melodramatisch geprägten Frühphase handelt es sich beim klassischen Hollywoodmusical fast durchweg um leichte Kost, mehrheitlich Komödien oder Familienfilme mit Happy-End-Garantie.

In der Einleitung zu seiner Anthologie von Texten über das klassische Hollywoodmusical charakterisiert Steven Cohan dieses als „a genre which typically and inevitably sets its impossible numbers in some kind of dialectic relation with narrative, heightening, disrupting, revising, or multiplying the codes of cinematic realism ordinarily determining a film's diegesis" (2002: 2).

Diese Beziehung zwischen Narration einerseits und Musiknummer andererseits steht oft im Zentrum der Musicaltheorien und gilt als das zentrale Definitionsmerkmal des Genres. Dabei lassen sich von Beginn an zwei Grundtendenzen feststellen, nämlich die *„integrated* form" und die *„aggregate* form" (Cohan 2002: 9). Während erstere danach strebt, fließende, scheinbar natürliche Über-

---

[2] Das Musical war nie ein ausschließlich US-amerikanisches Genre. Seit Beginn der Tonfilmära Ende der 1920er-Jahre wurden auch in Europa Musicals produziert. Im stalinistischen Russland war das Genre ebenfalls beliebt (vgl. Taylor 2007), und im indischen Mainstreamkino, das unter der Bezeichnung Bollywood etwa seit den 1990er-Jahren auch international an Einfluss gewinnt, gehört es seit Jahrzehnten zu den populärsten Formen der Unterhaltung (vgl. Schneider 2008).

gänge zwischen Narration und Nummern zu schaffen, funktionieren die Nummern im zweiten Fall als eine Serie eigenständiger Highlights, die die Dominanz der homogenen narrativen Kontinuität schwächen (vgl. Rubin in Cohan 2002: 9). Das so genannte integrierte Musical hat in der Praxis wie auch in der Theorie nicht selten als erstrebenswerter Standard gegolten und wurde zuweilen – fälschlicherweise – teleologisch als „historical end" der Genregeschichte des Filmmusicals dargestellt (Delamater 1981: 9). Tatsächlich aber ziehen sich beide Tendenzen parallel durch die Geschichte des Filmmusicals und treten häufig auch innerhalb desselben Films auf (vgl. Cohan 2002: 9f.; Knight 2002: 13-17).

Die *integrated* und die *aggregate form* entsprechen zwei verschiedenen Ausprägungen von Selbstreflexivität. Nicht umsonst gilt das Musical als das selbstreflexivste unter den klassischen Genres (vgl. Altman 1989; Feuer 2002). Backstage Musicals sind sozusagen innerhalb der Diegese selbstreflexiv, insofern sie die Produktion einer Show thematisieren, wie etwa die unzähligen klassischen Musicals, deren Handlung im New Yorker Broadwaymilieu angesiedelt ist. Als Beispiel wäre 42ND STREET zu nennen, in dem es um die Karriere einer Revuetänzerin, die Finanznöte des Produzenten, und allerlei Intrigen hinter den Theaterkulissen geht. Wo diese Legitimation durch den Showbusiness-Schauplatz fehlt und die Nummern anderweitig motiviert und integriert werden müssen, ist es der Bruch mit den Konventionen des klassischen Realismus, der das Musical selbstreflexiv macht. Die als ungeprobte, spontane Improvisationen präsentierten Nummern machen unweigerlich auf die von Cohan (2002: 2) erwähnte Unmöglichkeit aufmerksam – etwa wenn Fred Astaire in TOP HAT plötzlich mittels Gesang mit Ginger Rogers flirtet, woraufhin die beiden eine perfekte Choreographie aufs Parkett legen, obwohl sich die von ihnen gespielten Figuren eben erst begegnet sind und somit unmöglich schon ein eingespieltes Tanzpaar sein können. Aus Schauspiel wird Performance, das Publikum blickt nicht mehr voyeuristisch auf eine in sich geschlossene Welt, sondern wird direkt adressiert, und die fiktiven Figuren treten hinter die Persönlichkeiten der Stars zurück. Anstatt die dargestellte Welt implizit als Realität zu verkaufen, legt das Hollywoodprodukt in diesen Augenblicken seine eigene Konstruiertheit explizit offen und widerspricht damit ein Stück weit den Grundlagen des klassischen Hollywoodkinos.

Die bis heute umfassendste filmwissenschaftliche Auseinandersetzung mit dem Genre ist Rick Altmans *The American Film Musical*, das als Standardwerk gilt und aus diesem Grund an dieser Stelle eingehender behandelt wird. Altman verbindet allgemeine genretheoretische Überlegungen mit der Strukturanalyse sowie der Geschichte des Musicals und entwirft damit gleichzeitig ein Modell zur Genreanalyse mit dem Anspruch auf Allgemeingültigkeit für Hollywoodgenres generell. Definition wie auch Geschichte des Musicals ergeben sich dabei aus der kombinierten Betrachtung von semantischen und syntaktischen Merkmalen, also von Bedeutungseinheiten und deren strukturierter Anordnung in spezifischen filmischen Texten. Ein Genre entsteht gemäß Altman dann, wenn eine Reihe von Werken mit ähnlichen Bausteinen zu einer relativ stabilen Kombination aus semantischen und syntaktischen Merkmalen führt, wobei im Laufe der Geschichte eines Genres immer wieder Verschiebungen im Verhältnis zwischen Semantik und Syntax stattfinden (vgl. 1989: 115ff.).

Der Merkmalskatalog, anhand dessen Altman seinen Genrekorpus definiert, lässt sich folgendermaßen zusammenfassen: Das Filmmusical ist ein narratives Genre von abendfüllender Länge. Die Protagonisten sind ein (heterosexuelles) romantisches Paar, deren Darbietung realistisches Schauspiel und rhythmische Ausdrucksformen (Musik und Tanz) beinhaltet. Auch die Tonebene enthält musikalische und nicht-musikalische Elemente. Ein dualer Fokus auf die beiden Protagonisten bestimmt die narrative Struktur, sodass der filmische Text aus einer Reihung von parallelen Segmenten besteht, die jeweils die männliche und weibliche Hauptfigur einander gegenüberstellen. Die Bildung des Paares ist dabei mit der Auflösung der übrigen Handlungskonflikte verknüpft. Die Musik hat eine bedeutungsstiftende Funktion und das Musical schafft eine Kontinuität zwischen Narration und Musiknummer, wobei die traditionelle Bild-Ton-Hierarchie in entscheidenden Momenten umgedreht wird, sodass die Tonebene dominiert (Altman 1989: 102-110).

Insgesamt dreht sich auch Altmans Analyse um das Verhältnis zwischen den nicht-musikalischen und musikalischen Segmenten der Filme, also zwischen Narration und Nummer. Zu diesem Dualismus kommt jener von Mann und Frau hinzu, und die Vereinigung des Paares am Ende des Films symbolisiert gleichzeitig die Verbindung von gegensätzlichen Haltungen, Werten und Eigenschaften, die anfangs als unvereinbar wahrgenommen werden.

Altman zeichnet in der Folge die Genese des Genres anhand von drei Subgenres nach: *fairy tale musical, show musical*[3] und *folk musical*, deren Funktionsweisen bis heute eine gewisse Relevanz behalten haben (vgl. 1989: 124-128): Das Märchen-Musical (*fairy tale musical*) spielt in phantastischen Welten und häufig in der Oberschicht. Hier entspricht die Vereinigung des Paares der Wiederherstellung der Ordnung in einem imaginären Königreich („to marry is to govern"), wie beispielsweise in BRIGADOON, wo ein verwunschenes schottisches

---

[3] Altman bevorzugt die umfassende Bezeichnung *show*, da nicht alle Musicals, die von der Produktion einer Show handeln im Theatermilieu angesiedelt sind. Hier wird die gebräuchlichere Bezeichnung Backstage-Musical verwendet, die u.a. auch bei Dunne (2004), Dyer (2002) und Feuer (1982; 2002) vorkommt.

Dorf durch die Liebe der Protagonisten gerettet wird. Im Backstage Musical (*show musical*) bildet Erfolg in der Liebe eine Parallele zum Erfolg im Showbusiness („to marry is to create"), so etwa in EASTER PARADE, wo Fred Astaire und Judy Garland als neues Tanzpaar schließlich auch zum Liebespaar werden. Und die in der mythischen Vergangenheit angesiedelten nostalgischen Folk-Musicals verbinden die Paarbildung mit der Integration in eine idealisierte Gemeinschaft („marriage is community"). Hier wäre etwa OKLAHOMA! zu nennen, dessen Handlung um die Jahrhundertwende in dem titelgebenden Bundesstaat spielt. Indem sie komplexe gesellschaftliche Sachverhalte vereinfachen und scheinbare Widersprüche vereinen, funktionieren Musicals als Mittel zur kulturellen Problemlösung und erfüllen somit eine Funktion, die dem Mythos zugeschrieben wird (Altman 1989: 27).

Diesen Aspekt der Problemlösung und der Überwindung von Gegensätzen teilt Altman mit Richard Dyer (2002) und Jane Feuer (2002), deren Analysen ebenfalls zu den Klassikern unter den Musicaltheorien zählen. In seinem erstmals 1977 erschienenen, einflussreichen Artikel „Entertainment and utopia" spricht Dyer von „entertainment's utopian sensibility" (2002: 24), die den Reiz der scheinbar belanglosen Musicalunterhaltung ausmacht. Als emotional überhöhte, symbolische Handlungen artikulieren die Shownummern utopische Lösungen für die realistisch-alltäglichen Probleme der Narration und bieten somit vorläufige Antworten auf die Unzulänglichkeiten der Gesellschaft und die Möglichkeit der Flucht durch Unterhaltung (Dyer 2002: 25). Dyer unterscheidet

> the three broad tendencies of musicals – those that keep narrative and number clearly separated (most typically, the backstage musical); those that retain the division between narrative as problems and numbers as escape, but try to 'integrate' the numbers by a whole set of papering-over-the-cracks devices (e.g. the well-known 'cue for a song'); and those which try to dissolve the distinction between narrative and numbers, thus implying that the world of the narrative is also (already) utopian. (2002: 28)

Im letzten Fall ist die gesamte filmische Welt ein utopischer Ort, wo Gesang und Tanz sozusagen ‚in der Luft liegen' (Dyer 2002: 30), was die Unwahrscheinlichkeit der spontanen Musiknummern relativiert bzw. naturalisiert. Diese Variante überschneidet sich stark mit Altmans Folk-Musical.

Ähnliche eskapistisch utopische Strategien stellt auch Feuer für eine Reihe von MGM Backstage Musicals fest. In einem ebenfalls zuerst 1977 veröffentlichten Aufsatz beschreibt sie, wie diese Filme einen Mythos über die Durchdringung des Alltags mit musikalischer Unterhaltung schaffen. Dieser Mythos setzt sich aus drei Komponenten zusammen: „the myth of spontaneity, the myth of integration, and the myth of the audience" (2002: 32). Feuer konzentriert sich hier auf drei Filme, die mittlerweile zum Kanon des klassischen Musicals gehören – THE BARKLEYS OF BROADWAY, SINGIN' IN THE RAIN und THE BAND WAGON –, verweist jedoch darauf, dass das Genre als Ganzes den Mythos konstituiert (vgl. Feuer 2002: 38).[4] Musikalische und tänzerische Unterhaltung in diesen Filmen ist dann erfolgreich, wenn sie aus dem Geist der Improvisation entstanden ist, wenn sie als Kollektivproduktion das Individuum in die Gemeinschaft integriert und wenn sie dem Publikum das Gefühl vermittelt, an der Entstehung des Erfolgs beteiligt zu sein. Mit anderen Worten kombinieren die von Feuer analysierten Beispiele Elemente von Backstage und Folk-Musical und suggerieren mittels der dynamischen Verbindung von Integration und Aggregation (vgl. Cohan 2002: 10), dass selbst die geprobten Auftritte auf natürlich spontane Weise entstanden sind. Die Produktionsprozesse der Unterhaltungsmaschinerie werden also nicht zum Zweck der Entzauberung offengelegt, sondern ganz im Gegenteil um den Wert industriell erzeugter Massenunterhaltung zu steigern, indem ihre Künstlichkeit als natürlich dargestellt wird. Das Genre feiert sich selbst und setzt die Selbstreflexion gemäß Feuer zu restaurativ konservativen Zwecken ein: Ziel ist nicht die kritische Dekonstruktion des Genres, sondern seine Aufrechterhaltung. Somit wird das Hollywoodmusical, besonders in der Backstage Variante, zum Inbegriff der Selbstrechtfertigung der gesamten Filmindustrie (vgl. Feuer 2002: 38f.). Bezeichnenderweise stammen Feuers Beispiele aus den 1950er-Jahren, also aus der Spätphase des klassischen Hollywoodkinos. Denn wie auch Altman aufzeigt, spiegelt die nachdrückliche narrative Selbstlegitimierung der reflexiven Backstage Musicals den zunehmenden Druck auf die krisengeplagte und vom Fernsehen bedrohte Filmindustrie wider (vgl. 1989: 250-271).

Die hier beschriebenen noch stark strukturalistisch geprägten Analysen der 1970er- und 1980er-Jahre widmen sich dem Genre aus einer ganzheitlichen Perspektive als System von Codes und Konventionen. Zudem betonen sie die ideologisch konservative Tendenz des klassischen Hollywoodkinos, sowohl auf inhaltlicher Ebene (etwa bezüglich konventioneller Geschlechterrollen), als auch in Bezug auf konventionelle Erzählformen, die Widersprüche und Spannungen innerhalb der filmisch-textuellen Ebene aufzulösen versuchen und mit der utopischen Problemlösung gleichzeitig Publikumsbedürfnisse befriedigen.

---

4 Der Aufsatz enthält in kompakter Form einen großen Teil der Argumente, die Feuer in ihrem späteren Buch *The Hollywood Musical* (1982) ausführlicher behandelt.

Neuere filmwissenschaftliche Ansätze

In jüngerer Zeit lässt sich im Zuge von Poststrukturalismus respektive Dekonstruktion eine zunehmende Beschäftigung mit Brüchen und Diskontinuitäten, mit Ambivalenzen und Widersprüchen im Filmmusical feststellen. Zudem macht sich der Einfluss von Strömungen wie dem Multikulturalismus, den Gender Studies oder dem Postkolonialismus bemerkbar,[5] sodass die Thematik sozialer Identitäten vermehrt ins Zentrum von Musicalanalysen rückt.

Dyer (2002: 36-45) sowie Ella Shohat und Robert Stam (1994: 220-241) beleuchten beispielsweise den zentralen Einfluss afroamerikanischer und lateinamerikanischer Musik- und Tanzstile auf das klassische Musical und die gleichzeitige Marginalisierung und Stereotypisierung der entsprechenden Bevölkerungsgruppen. Arthur Knight widmet sich ausführlich der komplexen Geschichte afroamerikanischer Musik- und Tanzdarbietungen der Hollywood-Studioära (2002). Andere Monographien führen mit unterschiedlichem thematischen Fokus bis in die Gegenwart: Susan Smith untersucht die *Blackface*-Tradition[6] und den Einsatz der weiblichen Stimme (2005), Michael Dunne macht historische Entwicklung und Subgenres an einer Reihe thematischer und formaler Gesichtspunkte fest (2004), Raymond Knapp widmet sich eingehend dem Zusammenhang zwischen Musicalperformance und persönlicher Identität (2006).

---

5 All diese interdisziplinären Strömungen haben sich seit den 1970er-Jahren zunehmend sowohl in den Sozial- als auch in den Geisteswissenschaften etabliert. Die verschiedenen Ansätze des Poststrukturalismus und der ihm verwandten Dekonstruktion lassen sich nur schwer auf eine gemeinsame These reduzieren. Sie hinterfragen häufig Kategorien, die scheinbar von Natur gegeben sind (wie z.B. Identität) sowie als kulturübergreifend und ahistorisch betrachtete Strukturen (wie z.B. das Patriarchat): Indem sie den Fokus auf die kulturelle Konstruiertheit solcher als selbstverständlich betrachteter Kategorien legen, verweisen sie auch auf die realitätskonstituierende Macht sprachlicher/diskursiver Praktiken. Der Multikulturalismus umfasst jene theoretischen Ansätze, die von der Anerkennung kultureller Unterschiede zwischen verschiedenen ethnischen und kulturellen Gruppen ausgehen (anstatt von der Angleichung verschiedener Kulturen). Die Gender Studies erforschen Geschlechterdifferenzen und -rollen aus einer Reihe von Perspektiven. Der Postkolonialismus untersucht Machtgefüge und Kulturkonflikte zwischen Kolonialmacht und kolonisierten Kulturen während der Kolonialzeit sowie der Zeit nach der Dekolonisierung. Eine fundierte Einführung in diese (und andere) theoretische Strömungen im Kontext der Filmwissenschaft bietet Stam (2000).
6 Die *Blackface*-Tradition stammt aus den US-amerikanischen *Minstrel Shows* des 19. Jahrhunderts, musikalische Varieté-Shows, in denen sich weiße Darsteller das Gesicht schwarz schminkten um (oft rassistisch geprägte) afroamerikanische Stereotype darzustellen. Bald eigneten sich Afroamerikaner selbst die Praxis an und setzten sie zu subversiv gesellschaftskritischen Zwecken ein. Im 20. Jahrhundert hat das Hollywoodkino die Tradition aufgenommen und bis in die 1950er-Jahre weitergeführt, insbesondere im Musical (vgl. z.B. Rogin 1998).

Neuere Anthologien versammeln methodisch und thematisch unterschiedlichste Texte: Neuinterpretationen von Klassikern, historische Fallstudien über wenig beachtete Werke, Untersuchungen zu einzelnen Stars oder Regisseuren, detaillierte Musikanalysen, und richten immer häufiger auch den Blick auf nicht-US-amerikanische Traditionen.[7] Die neuere filmwissenschaftliche Auseinandersetzung mit dem Musical zeichnet sich insgesamt also durch eine revisionistische Geschichtsschreibung, eine Diversifizierung der Methoden und die Erweiterung des Korpus aus. Das Spektrum der Texte und Herangehensweisen ist dabei ebenso vielfältig wie die Filme selbst.

Was hingegen ausbleibt, ist die Neuauflage eines übergreifenden genretheoretischen Gesamtentwurfs, wie Altman ihn einst vorgelegt hat. So muss in Bezug auf die jüngere Literatur eher von einzelnen Musicalanalysen als von einer ganzheitlichen Musicaltheorie gesprochen werden. Tatsächlich bleibt Altmans Werk in der Verbindung theoretischer und historischer Aspekte sowie der ausführlichen Analyse von Struktur und Stil einzigartig. Aus heutiger Sicht ist seine historische Darstellung zwar insofern problematisch als sie praktisch mit dem Untergang des Genres endet und sich ein Stück weit auch wie ein Abgesang auf eine aussterbende Kunst liest. Dass Altman dennoch maßgebend bleibt, liegt wohl an seinen klaren aber dennoch flexiblen Definitionen des Genres bzw. der Subgenres, die sich in vielerlei Hinsicht auch für neuere Musicals produktiv nutzen lassen, wenn auch mit gewissen Anpassungen, wie der folgende Blick auf die jüngere Geschichte des Filmmusicals zeigen soll.

Postklassische Tendenzen des Musicals

Einen inhaltlichen Wendepunkt für die Musicalhistorie stellt WEST SIDE STORY (1961) dar. Die ins zeitgenössische New York übertragene Romeo-und-Julia-Geschichte um Tony und Maria, die zwei rivalisierenden Jugendbanden angehören, erlaubt keine glückliche Vereinigung des Liebespaars. Die erhoffte bessere Welt, das utopische „someday, somewhere, somehow", im Moment von Tonys Tod ein letztes Mal besungen, erweist sich hier, in einer von Gewalt dominierten Gesellschaft, als unerfüllbarer Wunsch. Zwar ist der Film noch weitgehend konventionell inszeniert, doch der Ghettoschauplatz, die Thematisierung ethnischer Konflikte und das tragische Ende (das aber immerhin zur Aussöhnung der verfeindeten Gruppen führt) geben dem Genre neue Impulse, die in den kommenden Jahrzehnten vielfältig variiert und radikalisiert werden.

---

7 Vgl. z.B. Marshall/Stilwell (2000); Cohan (2002); Conrich/Tincknell (2006).

Die Rock Musicals der 1970er- und 1980er-Jahre erweitern nicht nur das musikalische Spektrum des Genres, sondern lassen auch thematisch bisher ungewöhnliche Stoffe einfließen. HAIR (1979) befasst sich mit dem Vietnamkrieg und dem Protest der Hippies. Die groteske Komödie THE ROCKY HORROR PICTURE SHOW (1975) parodiert Gruselfilme aus dem Feld der B-Movies und feiert die Hingabe an sexuelle Gelüste jenseits der normativen heterosexuellen Monogamie, wie sie das klassische Hollywoodkino stets propagiert hat. PINK FLOYD THE WALL (1982) illustriert anhand seines sozial isolierten Rockstar-Protagonisten exemplarisch die mittlerweile sprichwörtlichen Schattenseiten des Showbiz-Ruhmes, und zeichnet zugleich ein trostloses Bild einer orientierungslosen Nachkriegsgeneration. So unterschiedlich diese Filme im Einzelnen auch sind, so vertreten sie doch alle ein neues antibürgerliches Kino, das konventionelle Rollenbilder und konservative Weltanschauungen hinterfragt, parodiert oder kritisiert.

Aber auch thematisch und musikalisch konventionellere Filme entwerfen immer häufiger negative Utopien, insbesondere im Backstage Subgenre. Altman spricht diesbezüglich von der neuen Ehrlichkeit des Musicals gegenüber dem Showbusiness ebenso wie bezüglich der Liebe (1989: 269). Entsprechende Werke wie CABARET und NEW YORK, NEW YORK prägen den Begriff des Antimusicals, das die Selbstreflexion zu kritischen Zwecken einsetzt und der musikalischen Unterhaltung keine problemlösende Kraft zugesteht. Die der Bezeichnung inhärente Negation findet ihren bis heute vielleicht radikalsten Ausdruck in Lars von Triers DANCER IN THE DARK, der die Sing- und Tanzträume der alten Musicals gnadenlos als mit der Realität unvereinbare Phantasien entlarvt und mit der Hinrichtung der Protagonistin, gespielt von der isländischen Sängerin Björk, endet.

Einst Inbegriff der vermeintlich harmlosen Massenunterhaltung aus der Traumfabrik, fungieren neuere Musicals dieser gegenüber eher als distanzierender Kommentar. Insgesamt kennzeichnet die Entwicklung des (US-amerikanischen) Filmmusicals zwischen 1960 und dem Ende des 20. Jahrhunderts ein starker zahlenmäßiger Rückgang verbunden mit einer Tendenz weg vom Fließbandprodukt des Studiosystems hin zu dem, was gemeinhin als Autorenkino bezeichnet wird. An die Stelle der Zyklen ähnlicher Filme ist eine scheinbar zusammenhangslose Reihe eigenwilliger Einzelwerke getreten, die sich die Genrekonventionen auf höchst individuelle Weise angeeignet haben.

Doch bei aller Unterschiedlichkeit ziehen sich einige formale Neuerungen quer durch die Geschichte des postklassischen Musicals. Diese betreffen vor allem die Inszenierung der musikalischen Segmente und folglich auch das Verhältnis zwischen Narration und Nummer. So liegt die Quelle von Musik und Gesang immer öfter außerhalb der Filmbilder oder sogar der Diegese überhaupt. Diese Entwicklung steht freilich im breiteren Kontext der Musik- und Filmgeschichte. So wird erstens die typische, rein instrumentale Hintergrundmusik des klassischen Hollywoodfilms seit den 1960er-Jahren in allen Genres zunehmend vom so genannten *pop scoring* ergänzt und ein Stück weit verdrängt, d.h. von aus extradiegetisch eingespielten Rock- und Popsongs kompilierten Soundtracks (vgl. Gorbman 1987: 162f.; 1998; Kassabian 2001). Zweitens wird mit dem Aufkommen des Musikfernsehens der Einfluss der Videoclipästhetik auch im Kinospielfilm spürbar. Immer häufiger werden die Einheit von Raum und Zeit in den Musikszenen aufgebrochen und die Musik von den Darstellern und Bildern losgelöst, während letztere durch (oft schnell geschnittene) Parallelmontagen eher assoziativ als erzähllogisch miteinander verbunden werden. So etabliert sich die „popclipartige Sequenz" (Ott 2008: 69) im Musical der 1970er-Jahre in Filmen wie HAIR und TOMMY zunächst als neuer Standard, bevor die Konventionalisierung der extradiegetischen Popmusik im Mainstreamkino – die mit der Vermarktung der Soundtracks durch die Musikindustrie einhergeht – das Genre scheinbar hinfällig werden lässt. Denn mit den Pop-Soundtracks, die zwar teilweise inhaltliche Bezüge zur Handlung herstellen, aber nicht mehr direkt der Handlungswelt entstammen, erübrigt sich der erzählende Gesang als Ausdrucksmittel der Musical-Protagonisten. So droht das Genre gegen Ende des Jahrtausends allmählich von den Leinwänden zu verschwinden, zumindest im Spielfilm.[8]

Die an ein jugendliches Publikum gerichteten Tanzfilme von SATURDAY NIGHT FEVER und DIRTY DANCING bis zu den jüngsten Hip-Hop-Streifen im Stile der STEP-UP-Trilogie verzichten auf den Gesang der Protagonisten zugunsten des Tanzes.[9] Allerdings bleiben diese Filme in Bezug auf die Erzählstrukturen stark der Tradition der klassischen Musicals verhaftet. So weisen beispielsweise die Hip-Hop-Filme von WILD STYLE bis HONEY erstaunliche Ähnlichkeiten sowohl mit dem Folk-Musical als auch mit dem Backstage-Musical auf, insbesondere was die Verbindung gemeinschaftlicher Werte mit dem Erfolg im Showbusiness anbelangt (vgl. Bercov Monteyne 2007). In den meisten dieser Tanzfilme ist auch der von Altman beschriebene duale Fokus auf das Protagonistenpaar präsent und die Überwindung kultureller Differenzen wird durch den Austausch

---

8 Das klassische Musical lebt allerdings in den Animationsfilmen aus dem Hause *Disney* weiter, denn Filme wie THE LION KING funktionieren im Großen und Ganzen immer noch nach denselben Prinzipien wie seit *Disneys* erstem abendfüllendem Werk SNOW WHITE AND THE SEVEN DWARFS von 1937.

9 Dorothee Ott grenzt den Tanzfilm anhand des fehlenden erzählenden Gesangs vom Musical ab (vgl. 2008: 24-28). Otts Genredefinitionen sind zwar allzu starr und stark vereinfachend, stimmen in der Tendenz aber mit der Verwendung des Begriffs Tanzfilm bei anderen Autoren überein (vgl. Dodds 2001: 37-43).

zwischen verschiedenen Tanzstilen symbolisiert, wie im Falle der in den letzten Jahren populären Ballett-Hip-Hop-Opposition (SAVE THE LAST DANCE, STEP UP).

Die jüngeren Tanzfilme müssten somit eigentlich als Musicals gelten, insofern als sie die Syntax des Genres mehrheitlich übernehmen und teilweise mit neuen semantischen Elementen besetzen. Eine Gleichsetzung des zeitgenössischen Tanzfilms, dem der Gesang durch die Figuren fehlt, mit dem Musical erweist sich allerdings dann als problematisch, wenn man das Konzept des lebendigen Genrebewusstseins mitberücksichtigt. Jörg Schweinitz argumentiert diesbezüglich,

> dass ein Komplex von Filmen tatsächlich durch ein [...] *filmkulturell verankertes Genrebewusstsein* zusammengehalten wird. [...] Erst das praktisch wirksame Genrebewusstsein sorgt dafür, dass das Konzept ‚Genre' sowohl bei der Filmproduktion als auch bei der Rezeption als Orientierungsgröße funktioniert. [...] Ein rein formal-klassifizierendes Vorgehen hat hingegen wenig Sinn. (1994: 113)

Mit anderen Worten ist ein Musical nach Schweinitz nur dann wirklich ein Musical, wenn es auch von der Industrie und vom Publikum als solches aufgefasst wird.

Dass dies auf die Tanzfilme der letzten Jahrzehnte kaum zutrifft, mag einerseits daran liegen, dass der Tanz zunehmend ‚realistischer' in die Diegese integriert wird als alltägliche Aktivität und zuweilen harte Arbeit. So fungieren die Tanzszenen weniger als utopischer Ausnahmezustand und damit als Kontrast zur Narration, sondern als deren natürlicher Bestandteil (vgl. Ott 2008: 69-82). Andererseits dürfte das überwiegend jugendliche Tanzfilm-Publikum dem Musical als solches wenig abgewinnen. Dies suggerieren zumindest all jene um die Jahrtausendwende publizierten Texte, die davon ausgehen, dass das Musical dem zeitgenössischen Publikum lächerlich und überholt erscheinen muss. Michael Dunne beispielsweise sieht die größte Herausforderung für heutige Musical-Regisseure darin, das Publikum zur Überwindung seiner Skepsis gegenüber dem Genre zu bringen (vgl. 2004: 174), was Baz Luhrmann mit seiner postmodernen Zitatencollage MOULIN ROUGE! gelingt.

Reflexion und Emotion im Musical des 21. Jahrhunderts

Die reflexiv-negativen Utopien der 1970er- und 1980er-Jahre schienen den Untergang des Musicals zu besiegeln und damit den oft als typisch beschriebenen Lebenszyklus eines jeden Genres zu bestätigen, wonach die Entwicklung über die Selbstreflexion und Selbstkritik schließlich zur Selbstzerstörung führt (vgl. z.B. Altman 1989: 117ff.). In den 1990ern dient das Genre nur noch gelegentlich den Vertretern postmoderner Zitierfreudigkeit und reflexiver Ironisierung als Spielwiese, wie etwa in Woody Allens Everyone Says I Love You. Diese eher spielerische als kritische Form der Selbstreflexion ist es dann allerdings auch, die in ihrer extremen Form schließlich zur Wiederauferstehung des Musicals führt.

Anstelle von Naturalisierungsversuchen macht Moulin Rouge! von Beginn an auf seine Medialität und maßlos übertriebene Künstlichkeit aufmerksam: Ein roter Vorhang am Anfang und am Ende rahmt und markiert die Erzählung als theatralische Performance, und in der Folge wird die Selbstreflexion mittels verschiedener Erzählebenen, reflexiver Songtexte und Dialoge, einer visuell überladenen Inszenierung und mit dem anachronistischen Mix von Songs, Kostümen und Filmzitaten auf die Spitze getrieben. Weniger plakativ, aber letztlich ebenso reflexiv verfährt Rob Marshall in Chicago, wo sowohl Handlung als auch Musiknummern explizit den Showbiz-Charakter der ganzen Geschichte sowie die Macht der Medien betonen. Die meisten Nummern sind auf einer Erzählebene angesiedelt, die sich der Phantasie einer Figur zuordnen lässt, oft derjenigen der Hauptfigur Roxie. Allerdings werden viele der Showeinlagen von einem *Master of Ceremonies* (MC) angesagt, was den Präsentationscharakter betont, und geschickte Parallelmontagen heben ironisch die Doppeldeutigkeiten der Liedtexte und den Kontrast zwischen Narration und Nummer hervor. Die Inszenierung macht explizit auf sich selbst aufmerksam, und legt es dadurch nahe, eine entpersonalisierte Aussageinstanz, quasi den Film selbst, als Quelle der Töne und Bilder zu verstehen.[10]

Im Zuge des großen Erfolgs von Moulin Rouge! und Chicago kann neuerdings auch im Mainstreamkino von einem Comeback des Musicals gesprochen werden, auch wenn sich dieses inhaltlich nicht gerade durch Originalität und Innovation auszeichnet. Zum einen setzt Hollywood auf durchnummerierte Reihen ähnlicher Filme ohne künstlerischen Anspruch, wie im Falle des High School Musical und seiner beiden Fortsetzungen. Zum anderen basieren auch Einzelwerke selten auf eigens für den Film geschriebenen Originalstoffen. Stattdessen dominieren Verfilmungen von Bühnenmusicals wie Dreamgirls und Mamma Mia! oder Remakes wie z.B. Hairspray oder Fame. Zudem stehen viele der zeitgenössischen Großproduktionen dem Konservatismus der klassischen Hollywoodmusicals in nichts nach.

Innovativere Werke finden sich eher am Rande des Mainstreams, wie ein abschließender Blick auf Romance and Cigarettes zeigen soll, die dritte Regiearbeit des vor allem als Schauspieler bekannten John Turturro. Der in der *New*

---

10 Siehe Dunne (2004: 181-186); Knapp (2006: 102-115); Ott (2008: 225-309) für ausführliche Analysen der beiden Filme.

York Times treffend als „kitchen-sink musical" bezeichnete Film (Holden 2007) ist im New Yorker Arbeitermilieu angesiedelt. Der Bauarbeiter und dreifache Familienvater Nick hat eine leidenschaftliche Affäre mit der vulgären und wesentlich jüngeren Britin Tula. Als seine Ehefrau Kitty davon erfährt, beschließt sie nach ersten Wutausbrüchen ihren Mann fortan zu ignorieren, und dabei bleibt sie auch, nachdem Nick Tula sitzen lässt und Reue zeigt. Erst als bei dem starken Raucher Lungenkrebs diagnostiziert wird, kommt es zum Waffenstillstand und schließlich zur vorsichtigen Versöhnung mit Kitty, die ihren Mann bis zu seinem Tod pflegt.

Die banale Geschichte, getragen von starken Darstellern, ist weitgehend unspektakulär inszeniert und wirft einen tragikomischen Blick auf die Sorgen einer ebenso exzentrischen wie gewöhnlichen Familie. Die Musicalnummern bilden einen gezielten Kontrast zur relativen Nüchternheit der restlichen Diegese. Popsongs, mehrheitlich aus den 1960ern, werden extradiegetisch eingespielt, wobei die Darsteller mal laut mitsingen, mal nur die Lippen bewegen. Die Übergänge sind dabei meist fließend nach dem Prinzip der Integration gestaltet, so z.B. in der ersten Musicalnummer: Nick setzt zunächst ohne Begleitung zu „A Man Without Love" an, bevor der Song auch im Off erklingt und die folgende Montagesequenz, die das ganze Quartier beim Mittanzen und Singen zeigt, die Szene als Phantasieprodukt entlarvt, das nicht als Teil der primären Diegese zu verstehen ist. Wie in CHICAGO lassen sich die Nummern mit ihren ungeprobt synchronen Choreographien und den Parallelmontagen, die räumlich und teilweise auch zeitlich auseinander liegende Schauplätze verbinden, gleichzeitig der Phantasie der Figuren und dem filmischen Text selbst zuordnen.

Ironischerweise ist der einzige Song, den die Schauspieler ohne Begleitung singen, auch das einzige Lied, das dem klassischen Musicalkanon entstammt, nämlich Irving Berlins „The Girl That I Marry" aus ANNIE GET YOUR GUN. Der Songtext ist offensichtlich für einen Mann geschrieben und beschreibt seine Idealvorstellung von der künftigen Ehefrau. In ROMANCE AND CIGARETTES bringt das Lied für Nick und Kitty hingegen alte Erinnerungen zurück und führt schließlich zu ihrer bittersüßen Versöhnung kurz vor Nicks Tod. Angesichts von Nick und Kittys gar nicht idealer Ehe und dem traurigen Ende betont es als einziges rein diegetisch präsentiertes Lied die Kluft zwischen Realität und Musicalutopie umso stärker.

Doch gleichzeitig liefert der Film sozusagen die Erklärung und den Beweis für die Macht populärer Musik, die – gerade in ihrer häufigen Banalität – scheinbar jedermanns Emotionen auszudrücken und jede noch so alltägliche Geschichte zu erzählen vermag, wodurch sie universell anwendbar wird. Mit anderen Worten bilden Emotionalisierung und reflexive Distanzierung in ROMANCE AND CIGARETTES keinen Widerspruch.

Fazit

Die Popclip-Ästhetik, die nach der vorübergehenden Erneuerung des Musicals auch dessen Niedergang zu besiegeln schien, ist nun also mitverantwortlich für dessen Neudefinition und Wiederbelebung in den letzten Jahren. Denn die hier für ROMANCE AND CIGARETTES beschriebenen Inszenierungsstrategien finden über weite Strecken auch in zeitgenössischen Mainstreammusicals Anwendung – im penetrant pädagogischen HIGH SCHOOL MUSICAL ebenso wie in der um eine Reihe von *ABBA*-Songs herum konstruierten Sommerkomödie MAMMA MIA! Das klassische Hollywoodmusical hat sich stets bemüht, die Unwahrscheinlichkeit des spontanen Singens und Tanzens zu legitimieren, indem es seine Nummern auf unterschiedlichste Weise in die Narration zu integrieren suchte: Mittels Showbusiness-Setting, inhaltlichem Bezug der Lieder zur Handlung, mittels realitätsferner Schauplätze in Märchenwelten oder einer mythisch verklärten Vergangenheit. Die neuen Musicals bemühen sich hingegen weder um die fließende, quasi-natürliche narrative Integration der Musiknummern, noch werden letztere zwingend durch ein diegetisches Showbiz-Setting legitimiert (auch wenn vereinzelt solche Shownummern weiterhin vorkommen). Stattdessen sind die musikalischen Einschübe oft auf einer narrativen Metaebene angesiedelt, die eine dezidiert filmische Interpretation und Inszenierung von Gefühlen und Phantasien repräsentiert. So offenbart sich das Musical explizit als mediales Produkt, belegt damit aber paradoxerweise gleichzeitig die emotionale Effektivität seiner Ausdrucksmittel. Das Bewusstsein um die utopisch-unrealistische Dimension des spontanen Gefühlsausbruchs in Form von Gesang und Tanz, aber auch um dessen Aussagekraft als Ausdruck des Wunsches „[t]o be somewhere else, someone else, at some other time" (Altman 1989: 127) kennzeichnen die heutigen Musicals, und gerade in ihrer offensichtlichen Unvereinbarkeit mit der Realität scheinen die Filme dem Publikum dasselbe zu sagen, wie einst Fred Astaire mit den doppeldeutigen Worten von Irving Berlin: „Let's Face the Music and Dance."

Film- und Medienverzeichnis

42ND STREET (USA 1933, Die 42. Straße, Regie: Lloyd Bacon)
ANNIE GET YOUR GUN (USA 1950, Duell in der Manege, Regie: George Sidney)
THE BAND WAGON (USA 1953, Vorhang auf!, Regie: Vincente Minnelli)
THE BARKLEYS OF BROADWAY (USA 1949, Tänzer vom Broadway, Regie: Charles Walters)
BRIGADOON (USA 1954, Regie: Vincente Minnelli)
CABARET (USA 1972, Regie: Bob Fosse)

CHICAGO (USA/D 2002, Regie: Rob Marshall)
DANCER IN THE DARK (DK u.a. 2000, Regie: Lars von Trier)
DIRTY DANCING (USA 1987, Regie: Emile Ardolino)
DREAMGIRLS (USA 2006, Regie: Bill Condon)
EASTER PARADE (USA 1948, Osterspaziergang, Regie: Charles Walters)
EVERYONE SAYS I LOVE YOU (USA 1996, Alle sagen: I Love You, Regie: Woody Allen)
FAME (USA 2009, Regie: Kevin Tancharoen)
FOLLOW THE FLEET (USA 1936, Marine gegen Liebeskummer, Regie: Mark Sandrich)
HAIR (USA/BRD 1979, Regie: Milos Forman)
HAIRSPRAY (USA 2007, Regie: Adam Shankman)
HIGH SCHOOL MUSICAL (USA 2006, Regie: Kenny Ortega)
HONEY (USA 2003, Regie: Bille Woodruff)
THE JAZZ SINGER (USA 1927, Der Jazzsänger, Regie: Alan Crosland)
THE LION KING (USA 1994, Der König der Löwen, Regie: Roger Allers, Rob Minkoff)
MAMMA MIA! (USA/GB/D 2008, Regie: Phyllida Lloyd)
MOULIN ROUGE! (USA/AUS 2001, Regie: Baz Luhrmann)
NEW YORK, NEW YORK (USA 1977, Regie: Martin Scorsese)
OKLAHOMA! (USA 1955, Regie: Fred Zinnemann)
PINK FLOYD THE WALL (GB 1982, Regie: Alan Parker)
THE ROCKY HORROR PICTURE SHOW (USA/GB 1975, Die Rocky Horror Picture Show, Regie: Jim Sharman)
ROMANCE AND CIGARETTES (USA 2005, Regie: John Turturro)
SATURDAY NIGHT FEVER (USA 1977, Nur Samstag Nacht, Regie: John Badham)
SAVE THE LAST DANCE (USA 2001, Regie: Thomas Carter)
SINGIN' IN THE RAIN (USA 1952, Du sollst mein Glücksstern sein, Regie: Stanley Donen, Gene Kelly)
SNOW WHITE AND THE SEVEN DWARFS (USA 1937, Schneewittchen und die sieben Zwerge, Regie: David Hand u.a.)
STEP UP (USA 2006, Regie: Anne Fletcher)
TOMMY (GB 1975, Regie: Ken Russell)
TOP HAT (USA 1935, Ich tanz mich in dein Herz hinein, Regie: Mark Sandrich)
WEST SIDE STORY (USA 1961, Regie: Jerome Robbins, Robert Wise)
WILD STYLE (USA 1983, Graffiti, Regie: Charlie Ahearn)
THE WIZARD OF OZ (USA 1939, Das zauberhafte Land, Regie: Victor Fleming u.a.)

Literaturverzeichnis

Altman, Rick (1989): *The American Film Musical*. Bloomington/London: Indiana University Press.
Bercov Monteyne, Kimberley (2007): „The Sound of the South Bronx: Youth Culture, Genre, and Performance in Charlie Ahearn's *Wild Style*". In: Shary, Timothy/Seibel, Alexandra (Hgg.): *Youth Culture in Global Cinema*. Austin: University of Texas Press, S. 87-105.
Cohan, Steve (Hg.) (2002): *Hollywood Musicals: The Film Reader*. London/New York: Routledge.
Conrich, Ian/Tincknell, Estella (Hgg.) (2006): *Film's Musical Moments*. Edinburgh: Edinburgh University Press.
Delamater, Jerome (1981): *Dance in the Hollywood Musical*. Ann Arbor/London: UMI Research Press.

Dodds, Sherril (2001): *Dance on Screen. Genres and Media from Hollywood to Experimental Art*. Basingstoke: Palgrave Macmillan.

Dunne, Michael (2004): *American Film Musical Themes and Forms*. Jefferson/London: McFarland & Company Inc.

Dyer, Richard (2002): *Only Entertainment*. Second Edition. London/New York: Routledge.

Feuer, Jane (1982): *The Hollywood Musical*. London: BFI.

Feuer, Jane (2002): „The Self-Reflective Musical and the Myth of Entertainment". In: Cohan, Steve (Hg.): *Hollywood Musicals: The Film Reader*. London/New York: Routledge, S. 31-40. (Zuerst erschienen 1977 in: *Quarterly Review of Film Studies*, Band 2. Heft 2, S. 313-326)

Gorbman, Claudia (1987): *Unheard Melodies: Narrative Film Music*. Bloomington u.a.: Indiana University Press/BFI Publishing.

Gorbman, Claudia (1998): „Film Music". In: Hill, John/Church Gibson, Pamela (Hgg.): *The Oxford Guide to Film Studies*. Oxford: Oxford University Press, S. 43-50.

Holden, Stephen (2007): „Blue Collar Guy Loses His Heart and Ruins His Lungs". In: *New York Times*, 07.09.2007. [http://movies.nytimes.com/2007/09/07/movies/07roma.html]. Zugriff: 12.02.2013.

Kassabian, Anahid (2001): *Hearing Film: Tracking Identifications in Contemporary Hollywood Film Music*. New York/London: Routledge.

Knapp, Raymond (2006): *The American Musical and the Performance of Personal Identity*. Princeton/Oxford: Princeton University Press.

Knight, Arthur (2002): *Disintegrating the Musical: Black Performance and American Musical Film*. Durham/London: Duke University Press.

Marshall, Bill/Stilwell, Robynn (Hgg.) (2000): *Musicals: Hollywood and Beyond*. Exeter/Portland: Intellect.

Ott, Dorothee (2008): *Shall we Dance and Sing? Zeitgenössische Musical- und Tanzfilme*. Konstanz: UVK.

Rogin, Michael (1998): *Blackface, White Noise: Jewish Immigrants in the Hollywood Melting Pot*. Berkeley u.a.: University of California Press.

Schneider, Alexandra (2008): „Bollywood: das kommerzielle Hindi-Kino in Indien". In: Christen, Thomas/Blanchet, Robert (Hgg.): *Einführung in die Filmgeschichte: New Hollywood bis Dogma 95*. Marburg: Schüren, S. 433-445.

Schweinitz, Jörg (1994): „,Genre' und lebendiges Genrebewusstsein: Geschichte eines Begriffs und Probleme seiner Konzeptualisierung in der Filmwissenschaft". In: *Montage/av*, Band 3. Heft 2, S. 99-118.

Shohat, Ella/Stam, Robert (1994): *Unthinking Eurocentrism: Multiculturalism and the Media*. London/New York: Routledge.

Smith, Susan (2005): *The Musical: Race, Gender and Performance*. London/New York: Wallflower Press.

Stam, Robert (2000): *Film Theory: An Introduction*. Malden/Oxford: Blackwell Publishing.

Taylor, Richard (2007): „The Stalinist Musical". In: Chapman, James/Glancy, Mark/Harper, Sue (Hgg.): *The New Film History: Sources, Methods, Approaches*. New York: Palgrave, S. 137-151.

Filmanalyse

Mamma Mia!

USA/GB/D 2008, Regie: Phyllida Lloyd

Mamma Mia! gehört zu den kommerziell erfolgreichsten Filmmusicals aller Zeiten. Die Verfilmung des gleichnamigen Bühnenmusicals, das 1999 in London Premiere feierte, basiert auf den Songs der schwedischen Popgruppe *ABBA* aus den 1970er-Jahren. Die Handlung der Sommerkomödie ist auf einer griechischen Insel angesiedelt und spielt sich (abgesehen von einem kurzen Prolog) innerhalb von zwei Tagen ab: Die alleinerziehende Mutter Donna (Meryl Streep), die mit wenig Erfolg ein heruntergekommenes Hotel auf der Insel führt, steckt in den letzten Vorbereitungen für die Hochzeit ihrer 20-jährigen Tochter Sophie (Amanda Seyfried). Um endlich herauszufinden, wer ihr Vater ist, hat Sophie in Mamas alten Tagebüchern spioniert und lädt alle drei infrage kommenden Männer zur Hochzeit ein – hinter Donnas Rücken. Das Eintreffen der Überraschungsgäste führt zu diversen Missverständnissen, bis sich schließlich alles auflöst und Hochzeit gefeiert wird – allerdings ist es nicht die Tochter, die heiratet, sondern die Mutter, die ihrer endlich wiedergefundenen großen Liebe Sam (Pierce Brosnan) das Ja-Wort gibt.

Mamma Mia! folgt den klassischen Erzählstrukturen des Mainstreamkinos, mit mehreren parallel angelegten Erzählsträngen und Figurenkonstellationen. Dem Männertrio Sam, Bill (Stellan Skarsgård) und Harry (Colin Firth) stehen die drei Frauen Donna, Rosie (Julie Walters) und Tanya (Christine Baranski) gegenüber. Während Bill und Harry, die ‚Jugendsünden' der von Sam enttäuschten Donna, den zentralen Handlungskonflikt auslösen, sorgen Donnas Freundinnen Rosie und Tanya vor allem für Komik. Donna und Sam sind das zentrale Liebespaar des Films, den dualen Fokus bilden aber Mutter Donna und Tochter Sophie mit ihren unterschiedlichen Vorstellungen vom Glück: Während Donna stolz auf ihre Unabhängigkeit ist und sich für ihre Tochter Abenteuer und Selbstverwirklichung wünscht, träumt Sophie von einer Hochzeit in Weiß und der traditionellen Familie. Die späte Wiedervereinigung von Donna und Sam vor dem Traualtar einerseits und Sophies Aufschub ihrer eigenen Hochzeit andererseits dienen der Aussöhnung dieser gegensätzlichen Positionen.

Rick Altmans Genredefinition, die sich auf das US-amerikanische Musical der 1920er- bis 1980er-Jahre bezieht, trifft größtenteils auch auf Mamma Mia! zu (1989: 102-110). In einzelnen Aspekten gibt sich der Film zeitgenössisch aufgeschlossen, so etwa mit der Figur des Harry, der sich als homosexuell outet. Das

Ideal der heterosexuellen Romanze wird damit aber nicht infrage gestellt, ebenso wenig wie traditionelle Erzählmuster. Was die Zuordnung des Films zu den von Altman postulierten Subgenres betrifft, so dominieren eindeutig die Elemente des *fairy tale musical*. Die malerische Kulisse der Insel erinnert zwar an die idyllisch-utopischen Schauplätze klassischer Folk-Musicals, doch steht hier nicht die idealisierte Gemeinschaft im Mittelpunkt. Das von Donna geführte Hotel auf dem Hügel ist analog zum metaphorischen Königreich des Märchen-Musicals zu denken, wobei die griechischen Inselbewohner als ‚Untertanen' fungieren. Die Wiedervereinigung von Donna und Sam sichert die Zukunft des maroden Hotelbetriebs und somit die Herrschaft des ‚Königspaars' über das Reich.

In Bezug auf das Verhältnis von Narration und Musiknummern lässt sich insgesamt eine Tendenz zur Integration feststellen. Die meisten Songs sind inhaltlich motiviert und dienen den Protagonisten dazu, ihre Gefühle auszudrücken. Aus produktionsästhetischer Sicht ist allerdings davon auszugehen, dass die Handlung eher durch das vorgegebene *ABBA*-Repertoire motiviert ist als umgekehrt. Der Film setzt zweifelsohne auf den Wiedererkennungseffekt, den die *ABBA*-Hits beim Publikum hervorrufen. Dieser intermediale Aspekt erklärt – und entschuldigt – die nicht immer überzeugende narrative Einbettung der Musiknummern mit den zuweilen gesucht wirkenden Auslösern für die Songs. Das entspricht der allgemeinen Entwicklung des Genres, denn die Integration und Inszenierung der musikalischen Segmente im Musical hat sich seit der Studioära stark verändert. So kann hier nicht mehr im selben Ausmaß von „papering-over-the-cracks devices" (Dyer 2002: 28) die Rede sein wie in klassischen Musicals. Vielmehr wird die offensichtliche Künstlichkeit genüsslich ausgestellt statt verborgen. Wenn auch nicht im selben Ausmaß wie MOULIN ROUGE!, so macht MAMMA MIA! vor allem in den Musiknummern mittels Inszenierung und Schnitt explizit auf seine eigene Medialität aufmerksam. „Money, Money, Money" beispielsweise enthält einerseits Segmente, die auf der Hotelanlage stattfinden, andererseits Einstellungen, die Donna und ihre Freundinnen auf einem Luxusschiff zeigen. Letztere sind leicht als Donnas Wunschbilder interpretierbar, doch auch erstere lassen sich nicht eindeutig der primären Diegese zuordnen. Denn wenn plötzlich alle anwesenden Griechen – dargestellt von Statisten ohne Sprechrollen – mit einstimmen und zu den englischen Songtexten die Lippen bewegen, lässt sich die Quelle des Gesangs nicht mehr eindeutig in der Diegese verorten. Dass es sich um Playbackgesang handelt, wird dabei genauso wenig vertuscht wie der Bruch mit der raum-zeitlichen Kontinuität, wenn die gesamte Belegschaft mittels Montagesequenz an verschiedenen Orten gezeigt wird. Diese Videoclipästhetik findet sich bei zahlreichen weiteren Musiknummern: Bei „Mamma Mia" klettern einige Statisten plötzlich mühelos über eine senkrechte Wand aufs Dach und lassen Donna – durch bloßes Pusten – durch eine Falltür ins Versteck der drei ungebetenen Hochzeitsgäste stürzen. „Dancing Queen" beginnt als spontan improvisierte Musiknummer der drei Frauen, führt dann zum Tanz der gesamten Inselbevölkerung durch eine weitere mit der Raum- und Zeitlogik brechende Montagesequenz rund um die Insel bis zum großen Finale am Bootssteg, wo ein zufällig anwesender Pianist quasi-diegetische Begleitung liefert. Abgesehen von einer Showeinlage während der Hochzeit lässt sich keine weitere Musiknummer als gänzlich der Diegese zugehörig interpretieren. Der Grad an Unwahrscheinlichkeit variiert dabei von einer Musikeinlage zur nächsten. Obwohl die Musiknummern mehrheitlich durch die Narration angeregt sind, haben sie kaum eine die Handlung vorantreibende Funktion. Einige Songs geben aber zusätzliche Informationen über das Gefühlsleben der Protagonisten preis. Hierzu gehören „Slipping Through My Fingers", in dem Donna wehmütig vom schnellen Erwachsenwerden der Tochter singt, oder auch „SOS", in dem Donna und Sam offenbaren, wie viel sie immer noch füreinander empfinden.

Die Abgrenzung klar identifizierbarer Erzählebenen ist über weite Strecken nicht möglich. Die meisten Musiknummern sind nicht (wie z.B. in CHICAGO) eindeutig der Phantasie der Figuren zuzuordnen. Ebenso wenig sind sie als ‚realistischer Eskapismus' angelegt, der suggeriert, dass sich die ganze Umgebung wirklich spontan musikalischen Gefühlsausbrüchen hingibt. Stattdessen weisen viele Musiknummern eine Unentscheidbarkeit bezüglich der Erzählebene auf, und lassen sich abwechselnd (manchmal auch gleichzeitig) der primären Diegese, der Phantasie der Figuren sowie dem filmischen Text selbst zuordnen. Die Musikeinlagen geben sich somit als dezidiert filmische Interpretation der Songs bzw. der durch sie ausgedrückten Emotionen zu erkennen. In Bezug auf das Verhältnis zwischen Narration und Musiknummer gleicht MAMMA MIA! damit eher anderen zeitgenössischen Musicals wie CHICAGO, MOULIN ROUGE! oder ROMANCE AND CIGARETTES, als den Klassikern des Genres. Dasselbe gilt hinsichtlich des Tanzes, denn hier ist eher die Kunst des gekonnten Schnitts als körperliche Virtuosität zu bewundern. Die relativ seltenen Totalen, in denen Tanz zu sehen ist, zeigen nur wenige einfache Bewegungen, die einen Verzicht auf professionelle Tänzer vermuten lassen. Mehrheitlich entstehen die Choreographien aus kurzen Aufnahmen von Einzelbewegungen und dem Bildfluss der Montage. In Noël Carrolls Terminologie fallen die kurzen Tanzeinlagen während der Songs somit in die Kategorie der „moving-picture dance constructions" (2003: 245), d.h. Verbindungen von Film und Tanz, bei denen die Filmtechnologie wesentlich an der Entstehung des tänzerischen Werks beteiligt ist. Dies trifft auf viele jüngere Filmmusicals zu. Die Demonstration herausragender Gesangskünste scheint sekundär: Anstelle der Sing- und Tanztalente seiner Stars feiert MAMMA MIA! das Prinzip Musical.

Dabei mag ein gewisser Grad an Ironie intendiert sein, doch im Gegensatz zu den Antimusicals des späten 20. Jahrhunderts (wie z.B. Dancer in the Dark) dienen die selbstreflexiven Mittel hier nicht der kritischen Distanzierung, sondern einem (vielleicht augenzwinkernden) Zelebrieren der Popmusik sowie des Musicalgenres mitsamt seiner Musikvideoästhetik. Die schnell geschnittene, diskontinuierliche Montagesequenz hat sich mittlerweile als Standard für Musiknummern in zeitgenössischen Musicalfilmen durchgesetzt. Dabei ist anzunehmen, dass diese Ästhetik dem heutigen Kinopublikum ebenso vertraut ist, wie demjenigen der Studioära z.B. die Konvention der spontan perfekten Choreographie mit Orchesterbegleitung aus dem Off. Mit der Konventionalisierung neuer Stilmittel geht auch deren Akzeptanz beim Publikum einher. Bemerkenswert ist, dass die Musiknummern über die Hälfte der gesamten Filmlänge ausmachen, so dass das Werk eher wie ein überlanger Videoclip wirkt, für den die Handlung lediglich als Vorwand dient.

Dies wird am Ende nochmals bestätigt. Nach ausgelassener Feier entschwinden Sophie und Sky auf einem Boot in die blaue Nacht. Daraufhin sehen wir Donna, Rosie und Tanya mit einer Wiederaufnahme von „Dancing Queen", gefolgt von „Waterloo", einem der größten *ABBA*-Hits, der sich wohl sonst nirgendwo integrieren ließ, dem sich nun aber auch die drei Herren und das junge Liebespaar anschließen. Dieses Finale, aus verschiedenen Perspektiven in Split Screen parallel zum Abspann eingespielt, ist gänzlich von der Handlung losgelöst und zeigt die Darsteller mit ihren Disco-Glitterkostümen in einer rein filmisch musikalischen Welt: Mamma Mia! feiert seine eigene mediale Märchenwelt jenseits jeder außermedialen Realität.

Altman, Rick (1989): *The American Film Musical*. Bloomington/London: Indiana University Press.
Carroll, Noël (2003): „Toward a Definition of Moving-Picture Dance". In: Ders. (Hg.): *Engaging the Moving Image*. New Haven/London: Yale University Press, S. 234-254.
Dyer, Richard (2002): *Only Entertainment*. Second Edition. London/New York: Routledge.

Susie Trenka

Kriegsfilm
Christian Hißnauer

Einleitung

Viele Filme erzählen vom Krieg. Mal wird er in schonungsloser Direktheit gezeigt, sodass sich der Zuschauer fast als Teil der Schlacht wähnt – wie beispielsweise in der Landungssequenz im Film SAVING PRIVATE RYAN. Mal ist Krieg lediglich eine Art unsichtbare Hintergrundfolie für den Film, wie der Vietnamkrieg in HAIR: ein abwesendes Ereignis, das aber sichtbare Auswirkungen auf die Figuren hat und ihr Handeln motivieren kann. Dennoch sprechen wir im Fall von SAVING PRIVATE RYAN von einem Kriegsfilm, HAIR hingegen bezeichnen wir als Musical. Nicht jeder Film, in dem Krieg eine zentrale Rolle spielt, ist demnach dem Genre Kriegsfilm zuzurechnen. Wann ist Krieg also genrekonstituierend?

Bereits 1918 drehte Charlie Chaplin die Kriegsparodie SHOULDER ARMS. Parodien sind ein Zeichen dafür, dass sich die Darstellungskonventionen eines Genres etabliert haben, denn nur wenn sich Genrekonventionen als sozial geteiltes Wissen bzw. als ‚Wahrnehmungsvertrag' konsolidiert haben, können sie parodiert und die Parodie als solche verstanden werden.[1] Gleichzeitig verfestigt die Parodie die Vorstellung vom Genre, da die Überzeichnung der Genreregeln (und somit auch ihre Ausstellung als Klischees) deren genreprägende Kraft offenlegt bzw. diese Konventionen als genrekonstituierend konstruiert. So betonen Thomas Klein, Marcus Stiglegger und Bodo Traber: „Chaplins Film enthält dramaturgische Elemente, die konstitutiv für den Kriegsfilm werden sollten: die Ausbildung zum Soldaten, der Stellungs- und Grabenkrieg" (2007: 15f.). Dabei zeigt bereits SHOULDER ARMS, „dass es sowohl übergreifende Standards und Motive gibt (Ausbildung), als auch speziell für einen bestimmten Krieg geltende (Schützengraben)" (Klein et al.: 16). In diesem Sinne formt jeder Krieg *seinen* Kriegsfilm.

---

[1] Zur Konstitution des amerikanischen Kriegsfilms siehe vor allem Kidd (2009), zu frühen Kriegsfilmparodien siehe auch Steinle (2007).

Charakteristika des Kriegsfilms

Kriegsfilme – Filme, die unter diesem Genrelabel produziert, programmiert und/oder rezipiert werden – beziehen sich nur auf reale Kriege des 20. und 21. Jahrhunderts (vgl. Wiedemann 2003: 4; Baier 1984: 36). Der mittlerweile sechs Teile umfassende KRIEG DER STERNE (STAR WARS) wird z.B. dem Genre Science Fiction zugerechnet. Filme wie BRAVEHEART werden in der Regel als Historienfilm begriffen, auch wenn sie in vielfältiger Weise Schlachten und/oder Kriegsszenarien darstellen. Daher betonen Klein et al.:

> Der Zugang zum Genre führt uns über die Geschichte des Krieges. Der Kriegsfilm ist zu verstehen als filmische Reflexion technisierter moderner Kriege seit dem Ersten Weltkrieg. Der Krieg im Kriegsfilm handelt immer auch von der Moderne und der spezifischen Entwicklung von Nationalstaaten. [...] Der Kriegsfilm bewegt sich im Rahmen von historisch verbürgten Kriegen, deren filmische Reproduktion zum Zeitpunkt ihres Stattfindens bereits möglich war und praktiziert wurde. (2007: 14f.; vgl. Wiedemann 2003: 43)

Neben der zeithistorischen Einschränkung und der Fokussierung auf die realen Hintergründe der dargestellten Kriege nennen die Autoren als drittes wesentliches Merkmal den Kampf. Der Kampf bzw. die Schlacht sei „die Essenz des Kriegsfilms im engeren Sinne" (Klein et al. 2007: 15; vgl. Neale 2006: 23), dem sogenannten *combat film* (vgl. Basinger 2006). *Lagerfilme* (die *prisoners of war*- oder *POW-Filme*: THE BRIDGE ON THE RIVER KWAI, THE GREAT ESCAPE), *Kriegskomödien/Kriegs(film)parodien* (WHICH WAY TO THE FRONT?, TROPIC THUNDER), *Militär-* oder *Etappenfilme* (FROM HERE TO ETERNITY) oder *Kriegsdramen* (COMING HOME, THE DEER HUNTER) stellen dem gegenüber eher die Genreausläufer, spezifische Subgenres bzw. Genrehybride dar.[2]

Eberhard Baier zählt Filme dann zum Genre Kriegsfilm, wenn „klar ist, daß ein Kriegszustand herrscht und daß der Krieg einen direkten Einfluß auf das Geschehen hat" (1984: 37). Für Steve Neale exkludiert der Begriff Kriegsfilm hingegen Kriegs- und Heimatfrontdramen, Komödien und Filme ohne Kampfszenen (vgl. 2006: 23). Zusammenfassend lässt sich sagen: *Kriegsfilme thematisieren den Kampf zwischen Soldaten im Rahmen historisch verbürgter Kriege des 20. und 21. Jahrhunderts.* Im engen Sinne bezieht sich der Begriff nur auf den *combat film*. In einem weiteren Sinne umfasst er auch die oben genannten Subgenres bzw. Genrehybride. Neben diesen Charakteristika ist der Kriegsfilm zu-

---

2 Zu Lagerfilmen siehe z.B. Young (2006); zu Kriegskomödien Heller (2007) und Steinle (2007); zum Militärfilm das entsprechende Kapitel in Westermann (1990). Zu Kriegsdramen liegen v.a. Einzeldarstellungen vor (z.B. Heinecke 2002; Grob 2006).

dem von spezifischen Figuren bzw. Figurenkonstellationen, Motiven und Standardsituationen[3] geprägt, die im Folgenden vorgestellt werden sollen.

Figuren und Figurenkonstellationen im Kriegsfilm

Im Kriegsfilm findet sich in der Regel nicht die Figur des einsamen bzw. einzelgängerischen Helden, wie man sie z.b. aus dem Western kennt. Zwar gibt es immer wieder zentrale, manchmal auch heldenhafte Figuren,[4] doch im Mittelpunkt steht zumeist (wie z.b. in WESTFRONT 1918 – DIE VIER VON DER INFANTERIE) eine Gruppe, ein Kommando oder ein Platoon. Die zentrale Figur (Karl in WESTFRONT 1918, Paul Bäumer in ALL QUIET ON THE WESTERN FRONT oder Chris Taylor in PLATOON) dient als Identifikationsfigur für den Zuschauer bzw. dramaturgisch als Führer durch das ‚Unbekannte', die Welt der Soldaten und des Krieges. Oftmals ist diese Hauptfigur daher ein ‚Neuling', der stellvertretend für den Zuschauer Eintritt erlangt und ‚dieses Unbekannte' erkundet. Er hat – anders als das Publikum – die Möglichkeit, immer wieder auch von anderen Figuren Erklärungen für das Geschehen einzufordern. Kriegsfilme inszenieren Krieg in der Regel als Gruppenerlebnis, hinter dem die einzelnen Schicksale zurücktreten oder zumindest relativiert werden.

Anders ist die Figurenkonstellation in Kriegsdramen wie JOHNNY GOT HIS GUN, COMING HOME oder BORN ON THE FOURTH OF JULY, in denen individuelle Kriegsschicksale – insbesondere die Kriegs*folgen* – betrachtet werden. Der soldatische Kampf spielt in ihnen keine bzw. nur eine untergeordnete Rolle. Handlungsort ist zumeist die Heimat und die Filme konzentrieren sich v.a. auf einzelne Protagonisten. Filme wie THE DEER HUNTER sind dagegen eine Ausnahme, da er anhand dreier Schicksale unterschiedliche Facetten des Themas zeigt.[5]

Auffällig ist auch die Inszenierung des Feindes. Mit Ausnahme multiperspektivischer Kriegsepen wie THE LONGEST DAY, A BRIDGE TOO FAR oder BATTLE FOR

---

[3] Thomas Koebner definiert Standardsituationen (*master plots*) als „Situationen, die immer wiederkehren, unabhängig vom jeweiligen Film, und ein bestimmtes Ablaufschema zur Kanalisierung des erzählerischen Flusses vorgeben" (2002: 130f.). Koebner fasst den Begriff sehr weit. So definiert er z. B. ‚Fest', ‚Liebesszene' etc. als Standardsituationen, die in verschiedenen Genres vorkommen können. Hier interessieren jedoch genretypische Standardsituationen bzw. genrespezifische Ausprägungen (zur Schlacht als Standardsituation siehe Koebner 2007).
[4] Heldenhafte Figuren finden sich insbesondere in Filmen wie THE GREEN BERETS oder PORK CHOP HILL, die ganz auf das Image ihrer männlichen Stars abgestimmt sind.
[5] Im letzten Drittel erzählt THE DEER HUNTER von den Auswirkungen des Vietnamkrieges und der Folterungen im Kriegsgefangenenlager auf die Soldaten Steven, Michael und Nick.

HADITHA wird der Feind in der Regel entindividualisiert und/oder mythisiert (z.B. PLATOON, WE WERE SOLDIERS). Er erscheint als Masse oder bleibt unsichtbar. Der eigentliche Feind des Soldaten ist das Unbekannte, das Unergründbare, das Unsichtbare – das Ausgegrenzte. Erkennbar ist auch ein Trend zur Normierung bestimmter Männlichkeitsvorstellungen, wenn ‚der Schwächling' oder ‚der Feigling' als ‚innerer Feind' und ausgegrenzte Männlichkeit dargestellt werden. Sein Handeln oder Nicht-Handeln führt oftmals dazu, dass die Gruppe in Gefahr gerät und ‚wertvollere' Männer verliert (z.B. PORK CHOP HILL). Überhaupt handelt es sich bei Kriegsfilmen auf der Figurenebene um ‚Männerfilme'.[6]

Ein gängiger Topos des Kriegsfilms ist, dass der ‚Neue' sich erst als Soldat und damit als Mann beweisen muss. Das Töten wird dabei zu einem Initiationsritus. Dies gilt insbesondere, wenn der ‚Neue' ein Zivilist ist, wie z.B. der kritische Journalist in THE GREEN BERETS, der am Ende selbst die Waffe in die Hand nimmt und Soldat wird. In der filmischen Rhetorik wird er von der Notwendigkeit des Kampfes in Vietnam überzeugt. In ähnlicher Weise wird die Kriegsberichterstattung in WE WERE SOLDIERS legitimiert, indem der Reporter notgedrungen an der Schlacht teilnehmen muss, um über diese zu berichten. Damit wird suggeriert, dass nur diejenigen sich ein Urteil über den Krieg erlauben können, die ihn selbst erlebt haben. Mit umgekehrten Vorzeichen wird dies bereits in ALL QUIET ON THE WESTERN FRONT angedeutet, nur dass hier der Kriegsbegeisterung der Jugend und der Untauglichen die ernüchternde Erfahrung der Kriegsteilnehmer entgegengestellt wird. Das Selbstopfer für die Gruppe wird allgemein als moralisch höchste soldatische Tugend dargestellt.

Kameradschaft und Männlichkeit sind genrekonstitutive Motive des Kriegsfilms. Damit einher geht auch, dass die ‚einfachen' Frontsoldaten oftmals der unfähigen oder zynischen Heeresführung gegenübergestellt werden. Untere Offiziersgrade finden sich dabei zwischen der Realität der Front und den politischen Interessen sowie zwischen weltfremden Idealisierungen des Krieges und karrieristischen Intrigen der Führung wieder. Die militärische Führung wird auch räumlich von den Soldaten getrennt: Während letztere in PATHS OF GLORY in den verschmutzten Schützengräben im wahrsten Sinne des Wortes ‚verrecken' und als Kanonenfutter verheizt werden, residieren die Generäle in präch-

---

6 Die Kriegerin hat zwar z.B. in russischen Filmen eine ebenbürtige oder gar überlegene Rolle, in westlichen Kriegsfilmen ist die Frau in der Regel aber das ‚Abwesende'. Sie taucht lediglich in Heimatsequenzen (WESTFRONT 1918), als ‚Love-Interest' (APOCALYPSE NOW) oder als Opfer (CASUALTIES OF WAR oder REDACTED) auf. Zum Teil wird sie auch – vor allem in Vietnamfilmen – als Gefahr inszeniert (FULL METAL JACKET), vgl. Hißnauer (2002). Grundsätzlich stehen weibliche Soldaten selten im Fokus von Kriegsfilmen (z.B. G.I. JANE, in dem Demi Moore nicht nur äußerlich alles Weibliche ablegen muss).

tigen Schlössern. Für sie ist Krieg vergleichbar mit einem Schachspiel. Es zählt nur ihre Karriere und nicht das Leben ihrer Soldaten.

Eine Leerstelle vieler Kriegsfilme sind die Angehörigen, die Zurückgelassenen in der ‚Heimat'. Ein Film wie A BRIDGE TOO FAR zeigt nur die direkt von der Schlacht um Arnheim betroffenen Zivilisten. In WESTFRONT 1918[7] nutzt Georg Wilhelm Pabst hingegen den Urlaub des Soldaten Karl, um ganz konkret von den Auswirkungen des Krieges auf die Zivilbevölkerung zu erzählen:[8] Seine Mutter steht in einer Schlange, um Lebensmittel zu beschaffen. Sie sieht ihren Sohn ankommen, kann ihn jedoch nicht begrüßen, da sie sonst ihren Platz verlieren würde und wahrscheinlich hungern müsste. Karl freut sich schließlich auf das Wiedersehen mit seiner Frau, doch er erwischt sie mit einem anderen Mann, dem Fleischergesellen, der ihr ab und zu etwas zu Essen mitbringt. Seine Frau macht deutlich, dass sie anders nicht überleben könnte.

WESTFRONT 1918 wird nicht selten mit ALL QUIET ON THE WESTERN FRONT verglichen (siehe z.B. Chambers 2006: 200ff.; Röwekamp 2011: 79ff.). Auch in ALL QUIET ON THE WESTERN FRONT findet sich eine Sequenz, in der der junge Soldat Paul Bäumer in die Heimat kommt. Doch in dem Film wird lediglich die blinde Kriegsbegeisterung der alten, kriegsuntauglichen Deutschen behandelt. Der Regisseur Pabst hingegen beschreibt in WESTFRONT 1918 mit der Thematisierung von Rationierung und Nahrungsmittelknappheit auch die Auswirkungen des Krieges auf die Zivilbevölkerung und zeigt, wie der Krieg dazu führt, dass sich Menschen entzweien. In solcher Intensität wird im Kriegsfilm selten auf die Situation der Daheimgebliebenen eingegangen.

Dies war zuletzt bei WE WERE SOLDIERS der Fall, der von der ersten Schlacht des Vietnamkriegs 1965 handelt. Während die ersten amerikanischen Soldaten in der Schlacht sterben, sieht man zunächst, wie Soldaten auf dem heimischen Stützpunkt den Ehefrauen der Gefallenen die Todesnachricht überbringen. Später werden die telegrafischen Todesnachrichten nur noch von einem Taxifahrer überbracht. Das Taxi wird in WE WERE SOLDIERS zur Chiffre für den Tod. So thematisiert WE WERE SOLDIERS die Situation der zuhause Zurückgelassenen. Doch auch hier geht es lediglich darum, dass der Krieg die Männer, Väter und Söhne tötet. Idealisierend geht der Film über dieses Thema hinweg, indem er zwar kurze Momente persönlicher Trauer zeigt, aber grundsätzlich nicht in Frage stellt, dass die Familien bedingungslos hinter den Soldaten, dem Krieg

---

[7] Die folgenden Ausführungen gehen zurück auf Hißnauer (2006).

[8] Philipp Stiasny legt in seiner Studie zu den frühen deutschen Kriegsfilmen nahe, dass Filme aus den Jahren 1914 bis 1918 bereits „von der gegenseitigen Abhängigkeit von Front und Heimat" erzählen (2009: 389). Bernadette Kester betont aber: „No film conveys the gap between the home front and the battle front in such a harrowing way as WESTFRONT 1918" (2003: 222).

und damit auch der den Krieg legitimierenden Politik stehen. Der Film suggeriert, dass die Soldaten *für* eine Sache – die amerikanische – sterben und nicht sinnlos ‚verheizt' werden, wie dies z.B. WESTFRONT 1918, ALL QUIET ON THE WESTERN FRONT oder PATHS OF GLORY nahelegen.

Handlung und Handlungsstruktur

Viele Kriegsfilme weisen einen bestimmten Handlungsverlauf auf, der sich an der sprachlichen Form „in den Krieg ziehen" orientiert. In diesem Sinne wird vom Aufbruch in den Krieg – oft verbunden mit dem Abschied als Standardsituation –, dem Krieg und der Rückkehr aus dem Krieg erzählt. In Filmen, die einen kürzeren Handlungsbogen aufspannen, wird dieser Verlauf häufig verkürzt als Aufbruch in eine Mission, als Erledigung der Mission, als Rückkehr aus dem Einsatz gezeigt. Insbesondere in solchen Filmen (z.B. PATHS OF GLORY) ist die Rückkehr in der Regel keine dauerhafte, sondern nur eine temporäre. Schon am nächsten Tag oder in der nächsten Woche wartet ein neuer Einsatz. Es wird die Wiederkehr des Immergleichen suggeriert, indem der erneute Aufbruch als zirkuläres Strukturelement am Ende der Filme steht.

Am deutlichsten ist die Struktur von Aufbruch, Krieg und Rückkehr in THE DEER HUNTER ausgeprägt, denn im Unterschied zu den meisten Kriegsfilmen ist der Film dreigeteilt, wobei die einzelnen Teile, die jeweils für die dramaturgischen Stationen Aufbruch, Krieg und Rückkehr stehen, fast die gleiche Länge aufweisen. Die dreiteilige Dramaturgie wird genutzt, um die Unmöglichkeit der Rückkehr in ein altes, vom Krieg unbeeinflusstes Leben zu thematisieren:

> *The Deer Hunter* ist gerade deshalb einer der wichtigsten Kriegsfilme aller Zeiten, weil er nicht den Krieg mit den Mitteln des Krieges glorifiziert oder kritisiert, mit Explosionen und Granatfeuer und Kugelblitzen, sondern eine bitterböse Klage wagt über die physischen und psychischen Folgen des Krieges (und über die Ideologie, die dem Vorschub leistet) [...]. (Grob 2006: 254)

Klein et al. betonen, dass „Filme mit diesem Ablauf von Heimat, Abschied, Ausbildung [...] die Protagonisten in eine Reise in eine fremde Welt ein[binden]; die jungen Männer erleben den Eintritt in die Welt des Krieges als eine Initiation" (2007: 19). Sie vergleichen diese mit dem durch Christopher Vogler bekannten, zwölfstufigen dramaturgischen Grundmodell der ‚Reise des Helden', in dem sich vergleichbare Elemente finden (vgl. Vogler 2010: 56ff.). Allerdings fehlt im Kriegsfilm – anders als bei der ‚klassischen' Heldenreise – „die konkrete Aufgabe eines Helden, die er nur über die Auseinandersetzung mit einem Antagonisten lösen kann" (Klein et al. 2007: 19). Diesen Gegenspieler, einen greifbaren

Feind, gibt es im Kriegsfilm normalerweise nicht. Daher drängt sich die Frage auf, ob der Protagonist nicht auch zugleich sein eigener Antagonist ist. Der Held muss sich quasi selbst besiegen und zu etwas anderem, dem Soldaten werden, um im Krieg bestehen zu können (wie in FULL METAL JACKET oder G.I. JANE). Im Extremfall muss er/sie sich sogar selbst opfern, um die Mission zu erfüllen. So verweist die von Tom Hanks dargestellte Figur Captain John H. Miller in SAVING PRIVATE RYAN auf den durch viele Western bekannten ‚Alamo-Mythos' (Glasenapp 2007),[9] der auch bei THE GREEN BERETS eine Rolle spielt: In einem ausweglosen Kampf wird das eigene Leben geopfert, um einen strategischen Vorteil für die Armee zu erlangen, auch wenn dieser Vorteil nur in einem Zeitgewinn bzw. der Verzögerung des gegnerischen Angriffs liegt. Daher überrascht es nicht, dass immer wieder auch zum Scheitern verurteilte ‚Himmelfahrtskommandos' behandelt werden (z.B. in THE DIRTY DOZEN, WHERE EAGLES DARE).

Das Motiv des Todes

Es liegt in der Natur des Kriegsfilms, dass der Tod in ihm eine große Rolle spielt. In jedem Kriegsfilm wird gestorben. Dennoch unterscheiden sich die Filme in der Inszenierung des Sterbens. Hier spielt nicht nur die Explizitheit der Darstellung eine Rolle, die sicherlich am stärksten zeithistorisch bedingt ist[10] (aufgrund von wandelbaren Zensur- und Kontrollvorschriften wie etwa den Bestimmungen und Vorstellungen zum Jugendschutz, Konventionen der Gewaltdarstellung etc.). Der Film SAVING PRIVATE RYAN, der die Invasion der Alliierten in der Normandie im Juni 1944 und die anschließenden brutalen Kämpfe zwischen US-amerikanischen und deutschen Soldaten in einer langen Eingangssequenz zeigt, setzte Maßstäbe in der Inszenierung von Schlachten und prägte damit nachfolgende Kriegsfilme.

Nach Klein et al. gibt es „den exponierten Heldentod, es gibt aber auch den banalen Tod, um nur die beiden Extreme zu nennen" (2007: 20). Wichtig ist vor

---

[9] Ausführlich zum Alamo-Mythos vgl. Glasenapp (2007: 75).
[10] Zwar werden auch schon in früheren Filmen wie ALL QUIET ON THE WESTERN FRONT, WESTFRONT 1918, PATHS OF GLORY oder PORK CHOP HILL schwerste Verwundungen, Schmerzen und zum Teil auch Amputationen thematisiert; sie sind im Vergleich zu aktuelleren Inszenierungsweisen jedoch weniger explizit, was allerdings nichts über die jeweils zeitgenössische Wahrnehmung als wirklichkeitsnahe/authentische Darstellung sagt. Zur zeitgenössischen Rezeption von WESTFRONT 1918 und ALL QUIET ON THE WESTERN FRONT siehe z.B. Röwekamp (2011: 84ff.), der herausstellt, dass insbesondere die damals noch neue Tonfilmtechnik mit dazu beigetragen hat, Authentizitätseffekte beim Zuschauer zu evozieren.

allem, wie das Sterben zentraler Figuren inszeniert wird. Wird es als sinnhaft (oder zumindest ehrenhaft) oder als bedeutungslos dargestellt? In PORK CHOP HILL gipfelt dies in der Legitimation des sinnlosen individuellen Todes unzähliger Soldaten als strategisch folgerichtig. Der Kampf um eine militärisch taktisch unwichtige Höhe wird am Ende des Films gerechtfertigt und Amerika zum symbolischen Sieger des Koreakrieges erklärt. Der Wert des Hügels liegt in dessen Wertlosigkeit. Es gehe darum, so die militärische Führung in PORK CHOP HILL, den Chinesen, die auf der Seite Koreas kämpfen, zu zeigen, dass Amerika stark genug sei, die eigenen Söhne zu opfern. Nur so ließe sich der Krieg beenden. Dies wird besonders im Schlusskommentar deutlich: „Die, die dort gekämpft haben, wissen um den Sinn dieses Kampfes. Millionen leben heute in Freiheit, dank ihres Opfers." So ist der Waffenstillstand, um den deutschen Verleihtitel zu zitieren, „Mit Blut geschrieben".

In WE WERE SOLDIERS wird immer wieder, wenn die Todesnachricht überbracht wird, die amerikanische Flagge gezeigt. Auch das sind Elemente, mit denen suggeriert werden soll, dass der Tod nicht bedeutungslos war. Filme, die wie WESTFRONT 1918, ALL QUIET ON THE WESTERN FRONT oder PATHS OF GLORY eher als Anti-Kriegsfilme rezipiert werden, verwehren sich hingegen solcher Inszenierungsweisen. Das Pathos des Heldentodes oder auch nur des heldenhaften Soldaten hat in ihnen keinen Platz. Im Gegenteil: In einer der bekanntesten Szenen von WESTFRONT 1918 wird der Leutnant inmitten seiner toten Soldaten irre und salutiert dem imaginierten überlebensgroßen Kaiser (Abb. 1). Während er von Sanitätern vom Schlachtfeld gezerrt wird, kreischt er ununterbrochen seine Kriegsbegeisterung heraus.

Die hier für das Genre Kriegsfilm dargestellten Elemente, Figuren(-konstellationen), Handlungsstrukturen und das zentrale Motiv des Todes sind historisch relativ stabil und bereits in frühen Kriegsfilmen wie WESTFRONT 1918 zu finden.[11] Die Ästhetik des Kriegsfilms zeigt sich dagegen historisch sehr wandelbar.

---

11 Die bereits erwähnten multiperspektivischen Kriegsepen der 1960er- und 1970er-Jahre (z.B. THE LONGEST DAY und A BRIDGE TOO FAR) stellen hier ebenso Ausnahmen dar wie Clint Eastwoods Komplementärproduktionen FLAGS OF OUR FATHERS und LETTERS FROM IWO JIMA. Eastwood erzählt darin u.a. die Schlacht um Iwo Jima einmal aus der Sicht der Amerikaner (FLAGS OF OUR FATHERS) und einmal aus japanischem Blickwinkel (LETTERS FROM IWO JIMA). Dass der ehemalige Feind dergestalt individualisiert und gleichsam als Opfer des Krieges gezeigt wird, ist im Kriegsfilm sehr ungewöhnlich.

Die Ästhetik des Kriegsfilms

Der jeweils dargestellte Krieg hat einen entscheidenden Einfluss auf die Ästhetik der Filme. In WESTFRONT 1918 sehen wir den Stellungskrieg des Ersten Weltkrieges, der sich vornehmlich in der *Enge* der Schützengräben und in der zerbombten *Weite* des Niemandslandes zwischen den Gräben abspielt. Als Standardsituationen haben sich die sogenannten *Over-the-Top*-Sequenzen (der Sturmangriff aus dem eigenen Schützengraben heraus, das Anrennen gegen das feindliche Maschinengewehrfeuer und das ‚Niedergemähtwerden' durch das Sperrfeuer, das Ausharren in den Unterständen während des Trommelfeuers und die Erstürmung der Schützengräben) etabliert (Abb. 2). Vergleichsweise selten sieht man – wie in WESTFRONT 1918 – auch Panzerangriffe.

Abb. 1 und 2: Der Leutnant (links) und Sturmangriff (rechts) in WESTFRONT 1918

Vietnamfilme zeigen v.a. den Dschungelkrieg. Der Häuserkampf, wie wir ihn in FULL METAL JACKET zu sehen bekommen, stellt hier eine Ausnahme dar. Während im Weltkriegsfilm besonders das Grau der Uniformen und der Schützengräben dominiert, sind diese Filme eher grünlich-blau gehalten, ein feuchter Nebel liegt oftmals in der Luft. Der Dschungel wird auf der Suche nach dem Feind, den man selten zu Gesicht bekommt, durchdrungen. Frontlinien existieren nicht mehr, der gut getarnte Gegner kann hinter jedem Busch versteckt sein. Wird die Wüste zum Schlachtfeld bzw. zum Schauplatz wie in JARHEAD, so wird aus der Undurchdringbarkeit des Dschungels der weite Blick über das Sandmeer. Hitze, sirrende Luft und Durst sind hier bestimmende Elemente. U-Boot-Filme wie DAS BOOT inszenieren die Enge der Stahlröhre, das Eingeschlossen-Sein, die sich ausbreitende Klaustrophobie, das Wechselspiel zwischen der Suche nach dem

Feindkontakt aus dem Verborgenen heraus und dem Bestreben, unerkannt zu bleiben, um nicht selbst zum Ziel zu werden.

Während in Filmen zum Ersten und Zweiten Weltkrieg die Unterscheidung von Freund und Feind noch als relativ eindeutig und klar erkennbar dargestellt wird, löst sich dies in Vietnam- und Irakkriegsfilmen zunehmend auf. Bereits in Vietnamkriegsfilmen entpuppen sich Zivilisten oftmals als bewaffnete Kämpfer, bedrohen Sprengfallen die Soldaten. Dies ist auch ein Topos der Irakfilme. Der Krieg wird unübersichtlich, wenn die Soldaten nicht mal mehr wissen, gegen wen sie überhaupt kämpfen. Von daher überrascht es nicht, dass Kathryn Bigelow in ihrem oscarprämierten Film THE HURT LOCKER ein Bombenkommando in den Mittelpunkt stellt und die Gegner nicht mehr reguläre Armeen, sondern ‚Terroristen' oder ‚Aufständige' sind, die allerdings nicht von einfachen Zivilisten zu unterscheiden sind. Die Bedrohung ist gleichsam allgegenwärtig und unsichtbar, da es sich um einen asymmetrischen Krieg handelt, in dem längst keine Armeen mehr gegeneinander kämpfen. Die Bevölkerung, die man schützen will, repräsentiert zugleich die Bedrohung. Vor diesen Hintergrund verschwindet auch die Grenze zwischen Gut und Böse, denn die Unübersichtlichkeit asymmetrischer Kriege kann dazu führen, dass unbeteiligte Zivilisten aus Angst, aus Reflex oder aufgrund der nervlichen Anspannung der Soldaten getötet werden. Insbesondere in den Irakfilmen gibt es kaum noch Schlachten bzw. den Kampf zwischen Soldaten. Der Kriegsfilm ist hier nicht mehr *combat film*. Das Handy wird zu einer tödlichen Waffe, die Sprengfalle zur eigentlichen Gefahr. Gerade THE HURT LOCKER oder auch BATTLE FOR HADITHA thematisieren das Gefühl des permanenten Beobachtet-Werdens, der Latenz der Bedrohung, denn seit den 1980er-Jahren wird im Kriegsfilm ‚Gesehen-Werden' oftmals mit ‚Getötet-Werden' gleichgesetzt (vgl. FULL METAL JACKET). Die Filme THE HURT LOCKER und BATTLE FOR HADITHA arbeiten diesen Aspekt auf mehrfacher Weise heraus: ‚Gesehen-Werden' kann hier auch ‚Gefilmt-Werden' bedeuten. Insbesondere BATTLE FOR HADITHA zeigt in seiner filmischen Narration, dass (und wie) Videobilder von Anschlägen, soldatischen Aktionen und Übergriffen als Propagandamittel genutzt werden. Indirekt verweisen solche Szenen selbstreflexiv darauf, dass Kriegsfilme immer auch Bausteine (nachträglicher) geschichtspolitischer Aneignung und Deutung von Kriegen sind.

Die Entwicklung des Genres

Der Kriegsfilm ist zunächst wesentlich durch die als neu empfundenen Erfahrungen mit der *Materialschlacht* des Ersten Weltkrieges geprägt.[12] Charakteristisch für die visuelle Ebene ist die Repräsentation der Schützengräben, beim Tonfilm kommt auf der auditiven Ebene das Trommelfeuer hinzu. Die genrespezifischen Themen und Grundmuster bilden sich heraus und verfestigen sich, „wobei die Entwicklung des Genres vom Propagandamittel zur pazifistischen Aussage auffällig ist" (Klein et al. 2007: 20). Insbesondere der deutsche Film der Weimarer Republik sei, so Bernadette Kester, dabei durch drei propagandistische Mythen geprägt: „Germany is not responsible for the outbreak of the war; Germany has not fought against a recognizable national enemy (after all, there was no clear representation of any one enemy); the German army has, as a matter of fact, not suffered any defeat" (Kester 2003: 223). Daneben entstanden aber (nicht nur in Deutschland) Filme, die sich kritisch mit dem Krieg auseinandersetzten wie z.B. NAMENLOSE HELDEN, WESTFRONT 1918 oder ALL QUIET ON THE WESTERN FRONT.

Sowohl in Deutschland als auch auf alliierter Seite wurde der Kriegsfilm im Zweiten Weltkrieg zu einem (mehr oder weniger stark) staatlich gesteuerten Propagandainstrument[13] (vgl. Schatz 2006; McCreedy 2009).[14] Feindbilder waren klar gezeichnet und patriotische Helden kämpften eine ‚sinnvolle' Schlacht. Der Krieg wurde insbesondere in den deutschen Produktionen jener Zeit als sinn-

---

12 Am umfassendsten wurde in der Forschung der US-amerikanische Kriegsfilm untersucht. Vergleichsweise gut ist auch der Kriegsfilm in der Weimarer Republik aufgearbeitet (vgl. Kester 2003; Stiasny 2009). Zum osteuropäischen und sowjetischen Film siehe Kannapin (2002; 2007).
13 Propaganda verstehe ich hier in Anlehnung an Garth S. Jowett und Victoria O'Donnell (nach Nohrstedt et al. 2000: 384) als den bewussten und systematischen Versuch, Sichtweisen, Wahrnehmungen, Einstellungen und direktes Verhalten/Handeln im Sinne eines vom Propagandisten intendierten und gewünschten Ziels zu beeinflussen.
14 Auch dem sowjetischen Film ging es in den Jahren 1942-1944 „vor allem um den propagandistischen Einsatz für den Sieg" (Kannapin 2007: 66). Es ist offensichtlich, dass die staatliche Kontrolle im Deutschen Reich oder der Sowjetunion nicht mit der in den USA oder Großbritannien zu vergleichen ist. Aber auch hier nutzte man Unterhaltungsfilme systematisch: „,entertainment as propaganda' gradually became an essential part of the war effort" (McCreedy 2009: 56). In Amerika übte man dabei durch das Bureau of Motion Pictures (BMP) eine eher indirekte staatliche Kontrolle aus und setzte auf die Selbstzensur der Studios (vgl. Schatz 2006: 152), während das britische Ministry of Information auch selbst Filme in Auftrag gab (vgl. McCreedy 2009: 56). Allerdings finden sich im ‚dokumentarischen' Bereich auch amerikanische, vom US War Department finanzierte Auftragsproduktionen, wie z.B. die bekannte Reihe WHY WE FIGHT.

und identitätsstiftende Erfahrung verherrlicht und die deutschen Soldaten als tapfere Helden gezeigt (z.B. STUKAS, KAMPFGESCHWADER LÜTZOW, U-BOOTE WESTWÄRTS).[15] Auch der Film DIE GROßE LIEBE, der in die Reihe der sogenannten Heimatfrontfilme (WUNSCHKONZERT, SECHS TAGE HEIMATURLAUB, AUF WIEDERSEHEN, FRANZISKA!) einzuordnen ist, thematisiert zwar den Krieg, zeigt jedoch nie konkrete Kampfhandlungen.[16] Der Film konzentriert sich auf die Darstellung der Heimatfront und auf den privaten Bereich. Statt der kämpfenden Soldaten sah der Zuschauer v.a. die daheimgebliebene Freundin oder Ehefrau, die treu, ausdauernd und opferbereit auf die Rückkehr ihres Mannes wartete.[17] Die Heimatfrontfilme bilden zusammen mit einigen wenigen expliziten Kriegsfilmen wie z.B. STUKAS insofern eine Ausnahme vom normalen Muster des fiktionalen NS-Films, als sie sich eindeutig auf die aktuelle Kriegssituation in Deutschland bezogen (Lowry 1991: 117).

Seine Hochphase erlebte das Genre nach Ende des Zweiten Weltkrieges bis Anfang der 1960er-Jahre, insbesondere im Hollywood-Kino (vgl. Klein et al. 2007: 20), aber ebenso in Großbritannien oder in der Bundesrepublik (vgl. Dawson 2009: 94; Hickethier 2007: 46ff.). Filme wie THE BRIDGE ON THE RIVER KWAI, THE LONGEST DAY, DIE BRÜCKE und HUNDE, WOLLT IHR EWIG LEBEN sind herausragende Beispiele dafür.

In den 1960er-Jahren folgte eine Erschöpfungsphase: „Der Vietnamkrieg war noch zu aktuell, um filmisch reflektiert zu werden [...]. Erst die Auswirkungen des New Hollywood und die Entstehung des neuen ‚Blockbuster'-Kinos belebten den Kriegsfilm [in den 1970er-Jahren] neu [...]" (Klein et al. 2007: 21). Die kritische Aufarbeitung des Vietnamkrieges bzw. des Vietnamtraumas rückte nun v.a. in US-amerikanischen Produktionen, die das Genre wesentlich prägten, in den Mittelpunkt. Zum einen entstanden wichtige Genrefilme wie APOCALYPSE NOW, PLATOON oder FULL METAL JACKET. Zum anderen wurde der Vietnamkrieg auch zum Thema von Kriegsdramen wie COMING HOME oder THE DEER HUNTER. Mit O.K. legte Michael Verhoeven bereits 1970 einen bundesdeutschen

---

15 Im Zweiten Weltkrieg wurden im nationalsozialistischen Deutschland allerdings relativ wenige fiktionale Kriegsfilme gedreht, da die Deutschen stattdessen vom Kriegsalltag durch zahlreiche Unterhaltungsfilme (z.B. Komödien, Revuefilme, Melodramen) abgelenkt werden sollten, die allerdings auch ideologische Botschaften z.B. in Form von propagierten Geschlechterrollen, Verhaltensweisen und Werten enthielten.

16 Im sowjetischen Film gab es zu der Zeit vereinzelt Produktionen, die die Lage in den besetzen Gebieten thematisierten (vgl. Kannapin 2007: 66).

17 Die Heimatfrontfilme wurden in der Zeit von 1940-44 produziert (vgl. Papen 1995: 12-16).

Film vor, der sich mit amerikanischen Kriegsverbrechen befasst.[18] Doch insgesamt betrachtet realisiert das bundesdeutsche Kino „seit den 1970er Jahren Einzelfilme [...], die letztlich keine eigene deutsche Genretradition" mehr begründen (Hickethier 2007: 48).

In den 1980er-Jahren, insbesondere zur Präsidentschaftszeit Ronald Reagans, wird der Kriegsfilm schließlich mit dem hypermaskulinen Actionkino in Verbindung gebracht (vgl. dazu z.B. Morsch 2002). Unwirkliche ‚Testosteron-Helden' wie Sylvester Stallone in RAMBO: FIRST BLOOD PART II oder Chuck Norris in MISSING IN ACTION sind in dieser „Phase unreflektierter, hemmungsloser Gewaltverherrlichung [...] mit für den schlechten Ruf des Genres verantwortlich" (Klein et al. 2007: 23). Gleichzeitig unterschieden sich diese Filme durch die Figur des (mehr oder weniger) einzelgängerischen Helden deutlich von den Genrevorbildern der 1970er-Jahre. Im Unterschied zu dieser Entwicklung im westlichen Kino konzentrierten sich die „Kriegsdarstellungen im osteuropäischen Kino von 1945 bis 1989 [...] nahezu ausschließlich auf den Zweiten Weltkrieg [...]" (Kannapin 2007: 65).

Um die Jahrtausendwende erfuhr das Genre eine neue ‚Blütephase'. Hierfür waren v.a. erfolgreiche Produktionen wie Steven Spielbergs SAVING PRIVATE RYAN oder Michael Bays PEARL HARBOR verantwortlich. Letzterer setzt auf eine Vermischung von Kriegsfilm und Melodrama. Weitere Filme reihen sich in die Renaissance zur Jahrtausendwende ein: WINDTALKERS, BLACK HAWK DOWN, JARHEAD, TIGERLAND, THE HURT LOCKER, aber auch Fernsehserien wie *Band of Brothers, The Pacific* und *Over There*. Auffällig ist, dass in diesen Filmen nahezu jeder Krieg bzw. militärischer Einsatz (z.B. Somalia) der vergangenen 50 Jahre zumeist aus US-amerikanischer Perspektive thematisiert wird (Ausnahmen sind z.B. der französische Film INDIGÈNES[19] oder die russische Produktion 9 POTA[20]). Für Angela Krewani drücken viele dieser Filme „eine Form des neuen Patriotismus" (2007: 106) aus, indem sie Loyalität und Kameradschaft, die Möglichkeit des Überlebens im Anblick modernster und tödlichster Waffen und das gemeinsame Erleben der Schlacht als geteilte, sinnstiftende Erfahrung idealisieren. Dabei seien diese Filme in der Regel mehrfachcodiert. So soll der Film SAVING PRIVATE RYAN

---

18 Auf einem realen Fall basierend erzählt Verhoeven von der Entführung, Vergewaltigung und Ermordung einer jungen Vietnamesin durch eine Gruppe GIs. 1989 verfilmte Brian De Palma den gleichen Stoff unter dem Titel CASUALTIES OF WAR.
19 TAGE DES RUHMS – DIE VERGESSENEN HELDEN DES ZWEITEN WELTKRIEGES, so der deutsche Verleihtitel, befasst sich mit der Situation afrikanischer Berber, die auf der Seite der französischen Kolonialmacht im Zweiten Weltkrieg gekämpft haben.
20 Der Film thematisiert den sowjetischen Afghanistankrieg Ende der 1980er-Jahre.

„den Krieg wieder rechtfertigen, von der zeitgenössischen politischen Situation ablenken und zudem als Antikriegsfilm funktionieren" (Krewani 2007: 107).

Der deutsche Film verhält sich – als Kriegsfilm – gegenüber dem Thema Auslandseinsätze der Bundeswehr bisher relativ zurückhaltend (Ausnahmen sind hier der Film MÖRDERISCHER FRIEDEN, die Fernsehfilme *Kongo* und *Auslandseinsatz*).[21] Zumindest in einigen deutschen Fernseh- und Kinofilmen wird das Thema „posttraumatische Belastungsstörung" als Heimkehrer-Drama aufgegriffen (z.B. NACHT VOR AUGEN, *Willkommen zu Hause*) bzw. als Hintergrund von Krimiplots in Fernsehreihen und -serien funktionalisiert (z.B. *Tatort: Heimatfront, Tatort: Fette Hunde, Unter anderen Umständen: Auf Liebe und Tod*). Stattdessen gibt es mit DER ROTE BARON und der internationalen Co-Produktion MERRY CHRISTMAS Rückgriffe auf den Ersten Weltkrieg. Der Zweite Weltkrieg, der in Filmen wie DIE BRÜCKE, DAS BOOT oder STALINGRAD dargestellt wurde, bleibt ebenfalls im aktuellen deutschen Kino- und Fernsehfilm als Kriegsfilm im engeren Sinne ausgespart oder wird in *event movies* wie *Die Flucht, Dresden* oder *Die Gustloff* als explizites Opfernarrativ aufgegriffen. Soldatische Heldenbilder, insbesondere solche von deutschen Soldaten, die für eine gerechte deutsche Sache in den Krieg ziehen (wie es im US-amerikanischen Kriegsfilm typisch ist), produziert der deutsche Film (vom ROTEN BARON einmal abgesehen) nicht, weder für vergangene, noch für aktuelle Kriege.[22]

Interessant an dieser aktuellen Phase ist (v.a. bezüglich der US-amerikanischen Produktionen), dass die Darstellung des Krieges so schonungslos und brutal wie nie zuvor ist, viele dieser Filme aber nicht als Anti-Kriegsfilme aufgefasst werden können, da sie das Pathos des Heldentums durchzieht (vgl. Krewani 2007).

Der Anti-Kriegsfilm

Das führt zu der Frage, was ein Anti-Kriegsfilm ist. Insbesondere in Deutschland ist auffällig, dass Kriegsfilme oft als *Anti*-Kriegsfilme vermarktet werden. Für Burkhard Röwekamp ist „Kritik am Krieg mit aufklärerischem oder erzieherischem Impetus [...] der kleinste gemeinsame Nenner des Antikriegsfilm-Verständnisses bzw. Genreversprechens" (2007: 142). In ähnlicher Weise betont

---

[21] Der Fernsehsender ProSieben produzierte 2012 sogar eine Anti-Kriegskomödie (*Willkommen im Krieg*), die allerdings weder vom Publikum noch von der Kritik positiv aufgenommen wurde.
[22] Eine Ausnahme ist z.B. der TV-Film *Laconia*, der von Menschlichkeit in einem unmenschlichen Krieg erzählt. In Filmen wie JOHN RABE oder *Am Ende die Hoffnung* werden Zivilisten, die sich im Krieg für andere einsetzen oder im Untergrund agieren, zu Heldenfiguren.

Eberhard Baier: „*Anti-Kriegsfilme* wären dann alle Filme, in denen das Leiden der Menschen durch den Krieg, die Forderung nach Abschaffung des Krieges als Mittel der Politik und die Darstellung der wahren Ursachen des Krieges sowie der Sinnlosigkeit kriegerischer Auseinandersetzungen gezeigt wird" (1984: 38; Herv. i.O.). Das Paradoxon des sogenannten Anti-Kriegsfilms ist die Tatsache, dass diese den Krieg zeigen müssen, um gegen ihn argumentieren bzw. diesen verurteilen zu können. Auf „den ersten Blick", so Röwekamp, unterscheiden sie sich strukturell „gar nicht so sehr von ihrer Verwandtschaft" (2007: 142). Oft überzeichnet der Anti-Kriegsfilm dabei die gewohnten Darstellungspraxen körperlicher Zerstörung. Röwekamp spricht daher auch von einer „zynische[n] Über-Affirmation von Kriegsfilm-Strategien" (ebd.: 149). Dabei weist er auf eine wichtige pragmatische Dimension solcher Inszenierungspraxen hin: „Ob dies als ‚unzulässiger' ästhetischer Genuss oder als erzählerisches Mittel eines ‚Anti' wahrgenommen wird, entscheidet freilich nicht der Film. Filme sind schließlich nur in der Lage, Bedeutung zu kanalisieren und [zu] limitieren, Bedeutungsproduktion anzuregen, nicht festzulegen" (ebd.).[23]

Gerade Kriegsfilme wie WE WERE SOLDIERS oder SAVING PRIVATE RYAN zeigen, dass der „überbordende [...] Abbildrealismus" (Röwekamp 2007: 150) – d.h. die möglichst wirklichkeitsnahe detaillierte Darstellung der Kriegsgewalt und ihrer Auswirkungen – kein hinreichendes Merkmal des Anti-Kriegsfilms ist. Hier steht er, ebenfalls auf eine sehr paradoxe Weise, im Dienste klassischer Heldenepen. Röwekamp hebt neben dem expliziten audiovisuellen Stil noch weitere Aspekte hervor, die sich im Formenkanon des Anti-Kriegsfilms verdichtet hätten: Zum einen werden gebrochene Helden oder Anti-Helden und auch die psychischen Folgen des Krieges thematisiert. Zum anderen herrscht v.a. ein fragmentarisches, episodenhaftes Erzählen vor, so dass es kaum sinnstiftende Narrationen gibt. So sind die Plots in der Regel nicht „auf ein zu erreichendes Ziel" (ebd.) ausgerichtet, die Konflikte werden nicht gelöst und vom Krieg in der Regel nur in einem Ausschnitt erzählt. So steht am Schluss von WESTFRONT 1918 das Insert „Ende?!", doch das Geschützfeuer ist weiterhin zu hören. Röwekamp

---

[23] Röwekamp geht von einem semio-pragmatischen Wahrnehmungsmodell im Anschluss an Roger Odin aus (vgl. 2007; 2011). Demnach liegt die ‚Bedeutung' eines Films nicht in diesem selbst, sondern wird vom Zuschauer im Austausch mit dem Film in der Rezeption erst hergestellt. Film lässt sich dabei als soziale Praxis begreifen, bei der intra- und extratextuelle Lektüreanweisungen mittels kommunikativer, sozial geteilter Wahrnehmungsverträge dafür sorgen sollen, dass in Realisation und Rezeption (als getrennte Sphären der Bedeutungsproduktion) die gleichen Modi der Sinnkonstruktion aktiviert werden (vgl. Odin 1995a/b; Röwekamp 2011: 44ff.; Hißnauer 2011: 61ff.).

weist allerdings darauf hin, dass sich Anti-Kriegsfilme in der Regel *thematisch* von Kriegsfilmen nicht unterscheiden:

> Bewaffnet mit diesem Instrumentarium filmischer Verfahren behandeln Antikriegsfilme die gleichen Thematiken und Inhalte wie herkömmliche Genreerzählungen, nur eben in einem anderen Modus: Gewaltsamer Tod, Grausamkeit, Kameradschaft, existenzielle Angst oder Männlichkeit – kaum aber: historisch-politische Zusammenhänge. Im Unterschied zu anderen Bearbeitungsmodi des Themas Krieg betonen Antikriegsfilme die destruktive Wirkung des Krieges vor allem auf Individuen. Hier gibt es tendenziell weder Siege moralischer, psychologischer oder physischer Natur noch das Versprechen einer Wiederherstellung der alten Ordnung. Antikriegsfilme betonen tendenziell das Scheitern von Wertvorstellungen und Ordnungssystemen und befragen deren Sinngehalt. (Röwekamp 2007: 152)

Es wurde bereits angedeutet, dass Filme oft auch als Anti-Kriegsfilme vermarktet werden, obwohl man sie als herkömmliche Kriegsfilme begreifen könnte bzw. müsste (z.B. WE WERE SOLDIERS). Vor allem die als besonders realistisch bzw. ‚authentisch' wahrgenommenen Filme werden in der Regel als solche bezeichnet. Francis Ford Coppola vertritt sogar die These: „All war movies are antiwar movies in that they describe horrible incidents and the most profound thing of all, to lose a young person" (Coppola/Winters Keegan 2006). Von daher stellt sich die Frage, ob der Anti-Kriegsfilm, wie auch Röwekamp nahelegt, weniger textuell zu bestimmen ist, als vielmehr anhand seiner Funktion im gesellschaftlichen Diskurs (vgl. auch Strübel 2002: 43): „Insofern kann mit dem Begriff ‚Antikriegsfilm' zwar eine vermutete Rezeptions- bzw. Wirkungstendenz beschrieben, aber kein filmisches Ordnungs- bzw. Strukturprinzip definiert werden" (Weidemann 2003: 43).

Dafür spricht auch, dass der ‚klassische' Kriegsfilm der letzten Jahre in einer bewusst gesuchten Ambivalenz Stilistiken und Erzählweisen des Anti-Kriegsfilms adaptiert und zu eigenen Zwecken umcodiert, um wieder an Glaubwürdigkeit zu gewinnen.[24] So kann man SAVING PRIVATE RYAN durchaus zu Beginn als Anti-Kriegsfilm lesen (extreme Darstellung, Absurdität der Mission etc.), doch am Ende werden der heldenhafte Kampf gegen einen anonymen Feind, Werte wie Mut, Kameradschaft und Opferbereitschaft für die Sache besonders hervorgehoben. Hier lässt sich, wie bereits betont, auch von einer Mehrfachcodierung sprechen (Krewani 2007: 107), um möglichst breite Zuschauerschichten anzusprechen. So entsteht eine neue Hybridform, die zugleich Kriegs- *und* Anti-Kriegsfilm ist (bzw. so gelesen werden kann).

---

[24] Ein Film wie THE GREEN BERETS würde heutzutage nicht mehr als ‚realistische' Darstellung des Vietnamkrieges durchgehen, WE WERE SOLDIERS schon.

Fazit

Kriegsfilme sind im Rahmen von Erinnerungskultur ein wichtiger Untersuchungsgegenstand, gerade weil sie sich auf tatsächliche Kriege und oftmals auch auf ‚wahre' Begebenheiten berufen. Sie erzählen aber weniger von aktuellen und vergangenen Kriegen als von unserem aktuellen Blick auf sie. Sie erzeugen, indem sie den Krieg erzählbar machen, (nationale) Mythen oder dekonstruieren sie (und erzeugen damit wiederum neue Mythen). „Kriegsfilme machen Politik", wie Stefan Hugs Buch zum Hollywood-Kriegsfilm im Untertitel behauptet (2010). Daher überrascht es nicht, dass es immer wieder Wellen neuer Kriegsfilme gibt: Jede Generation erzeugt sich so ihr eigenes Bild der Vergangenheit – nach Maßgaben aktueller Anforderungen. Ebenso werden jüngere Kriege durch ihre Verfilmung medial gedeutet. Es entstehen Narrative, mit denen sie gesellschaftlich verhandelbar werden. Dies lässt sich z.B. auch für Filme zeigen, die sich mit Terrorismus als einer Form des asymmetrischen Krieges auseinandersetzen (vgl. Hißnauer 2010a/b).

Wie kein anderes Genre betreibt der Kriegsfilm explizit Geschichtspolitik. Es wäre aber zu einfach, wenn man beispielsweise Hollywood-Kriegsfilmen eine „gewollte[...] Geschichtsverfälschung und ideologische Beeinflussung" unterstellt, wie es Hug jüngst getan hat (2010: 9), der solche Filme als Produkt des amerikanischen Kulturimperialismus liest. Dennoch gilt gerade für den Kriegsfilm: „Wie bei kaum einem anderen Genre gibt es nationale Determinanten" (Hickethier 2007: 43). Allerdings ist bislang v.a. die US-amerikanische Produktion aufgearbeitet worden. Zum bundesdeutschen Kriegsfilm fehlt es an aussagekräftigen Studien.[25] Dies gilt ebenso für andere nationale Kinematographien.

Eben weil der Kriegsfilm (nationale) Geschichtspolitik betreibt, werden auch in Zukunft in mehr oder weniger regelmäßigen Abständen neue Kriegsfilme für das Kino und Fernsehen produziert werden. Das Genre erweist sich als anpassungs- und wandlungsfähig. So gelingt es RAMBO II oder WE WERE SOLDIERS, sich von den Vorbildern der kritischen Vietnamfilme – u.a. auch vom

---

[25] Erste Ansätze liefert Hickethier, der auch Fernsehfilme berücksichtigt: „der Fernsehfilm [hat] die Grenzen des Kriegsgenres in der Anfangszeit am stärksten zur Thematisierung des NS-Regimes und der Massenvernichtung der Juden verschoben und sich am deutlichsten gegen die narrativen, oft den Krieg glorifizierenden Konstruktionen einerseits des deutschen und andererseits des amerikanischen Kinokriegsfilms verwehrt" (2007: 45). Bereits der Fernsehfünfteiler *Am grünen Strand der Spree* (1960; Fritz Umgelter) zeigt die Massenerschießung polnischer Juden. Dies zeigt einmal mehr, dass es insbesondere in der Auseinandersetzung mit dem bundesdeutschen Kriegsfilm wenig zielführend ist, Fernseh- und Kinofilm isoliert voneinander zu betrachten. Zum Kriegsfilm vor 1933: Kester (2003) und Stiasny (2009).

ersten RAMBO-Film FIRST BLOOD – völlig zu lösen und zumindest von kleinen Siegen in einem verlorenen Krieg zu erzählen.

Dem Kriegsfilm gelingt es immer wieder, stilistisch und dramaturgisch, auf neue Kriege und Kriegsformen zu reagieren und sein Formenrepertoire dadurch zu erneuern (siehe dazu jüngst Greiner 2012).[26] Während in den USA eine filmische Auseinandersetzung mit den historischen und aktuellen Kriegen stattfindet und der Kriegsfilm als Genre im Kino und Fernsehen fest etabliert ist, steckt die Beschäftigung mit den aktuellen Auslandseinsätzen der Bundeswehr im deutschen Film noch in den Anfängen. Die bisherigen Heimkehrer-Dramen, die posttraumatische Belastungsstörungen zum Gegenstand haben, scheinen eher dazu zu dienen, ein Verständnis für die Situation der Soldaten als Kriegs*opfer* zu erzeugen. Es gibt mittlerweile jedoch auch im deutschen Kino Tendenzen, eine Vorstellung von deutschen Kriege(r)n zu vermitteln.

Film- und Medienverzeichnis

9 POTA (RUS/FIN/UKR 2005, Die neunte Kompanie, Regie: Fjodor Bondartschuk)
ALL QUIET ON THE WESTERN FRONT (USA 1930, Im Westen nichts Neues, Regie: Lewis Milestone)
Am Ende die Hoffnung (D 2011, Regie: Thorsten Näter, TV-Film)
Am grünen Strand der Spree (BRD 1960, Regie: Fritz Umgelter, TV-Mehrteiler)
APOCALYPSE NOW (USA 1979, Regie: Francis Ford Coppola)
AUF WIEDERSEHEN, FRANZISKA! (D 1940/41, Regie: Helmut Käutner)
Auslandseinsatz (D 2012, Regie: Till Endemann, TV-Film)
Band of Brothers (USA 2001, Band of Brothers – Wir waren wie Brüder, TV-Serie)
BATTLE FOR HADITHA (GB 2007, Regie: Nick Broomfield)
BLACK HAWK DOWN (USA 2001, Regie: Ridley Scott)
DAS BOOT (BRD 1981, Regie: Wolfgang Petersen)
BORN ON THE FOURTH OF JULY (USA 1989, Geboren am 4. Juli, Regie: Oliver Stone)
BRAVEHEART (USA 1995, Regie: Mel Gibson)
A BRIDGE TOO FAR (USA/GB 1977, Die Brücke von Arnheim, Regie: Richard Attenborough)
THE BRIDGE ON THE RIVER KWAI (GB/USA 1957, Die Brücke am Kwai, Regie: David Lean)
DIE BRÜCKE (BRD 1959, Regie: Bernhard Wicki)
CASUALTIES OF WAR (USA 1989, Die Verdammten des Krieges, Regie: Brian De Palma)
COMING HOME (USA 1978, Sie kehren heim, Regie: Hal Ashby)
THE DEER HUNTER (USA 1978, Die durch die Hölle gehen, Regie: Michael Cimino)
THE DIRTY DOZEN (GB/USA 1967, Das dreckige Dutzend, Regie: Robert Aldrich)
Dresden (D 2006, Regie: Roland Suso Richter, TV-Film)
FIRST BLOOD (USA 1982, Rambo, Regie: Ted Kotcheff)

---

26 Das gilt trotz der relativ stabilen Grundstrukturen der Filme. Neue Kriegsschauplätze und veränderte Strategien der Kriegsführung lassen immer wieder neue Standardsituationen entstehen.

Flags of Our Fathers (USA 2006, Regie: Clint Eastwood)
Die Flucht (D 2007, Regie: Kai Wessel, TV-Film)
From Here to Eternity (USA 1953, Verdammt in alle Ewigkeit, Regie: Fred Zinnemann)
Full Metal Jacket (GB/USA 1987, Regie: Stanley Kubrick)
G.I. Jane (USA 1997, Die Akte Jane, Regie: Ridley Scott)
The Great Escape (USA 1963, Gesprengte Ketten, Regie: John Sturges)
The Green Berets (USA 1968, Die grünen Teufel, Regie: Ray Kellogg/John Wayne)
Die große Liebe (D 1942, Regie: Rolf Hansen)
Die Gustloff (D 2008, Regie: Joseph Vilsmaier, TV-Film)
Hair (USA 1979, Regie: Milos Forman)
Hunde, wollt ihr ewig leben (BRD 1959, Regie: Frank Wysbar)
The Hurt Locker (USA 2008, Tödliches Kommando, Regie: Kathryn Bigelow)
Indigènes (DZA/FR/MAR/BE 2006, Tage des Ruhms – Die vergessenen Helden des Zweiten Weltkrieges, Regie: Rachid Bouchareb)
Jarhead (D/USA 2005, Jarhead – Willkommen im Dreck, Regie: Sam Mendes)
John Rabe (D/FR/CHN 2009, Regie: Florian Gallenberger)
Johnny Got His Gun (USA 1971, Johnny zieht in den Krieg, Regie: Dalton Trumbo)
Kampfgeschwader Lützow (D 1940/41, Hans Bertram)
Kongo (D 2010, Regie: Peter Keglevic, TV-Film)
Laconia (D/GB 2011, Regie: Uwe Janson, TV-Film)
Letters from Iwo Jima (USA 2006, Regie: Clint Eastwood)
The Longest Day (USA 1962, Der längste Tag, Regie: Ken Annakin/Andrew Marton/Bernhard Wicki)
Merry Christmas (FR/D/GB/BE/RO/NO 2005, Regie: Christian Carion)
Missing in Action (USA 1984, Regie: Joseph Zito)
Mörderischer Frieden (D 2007, Regie: Rudolf Schweiger)
Nacht vor Augen (D 2008, Regie: Brigitte Maria Bertele)
Namenlose Helden (D 1925, Regie: Kurt Bernhardt)
Niemandsland (D 1931, Regie: Victor Trivas)
O.K. (BRD 1970, Regie: Michael Verhoeven)
Over There (USA 2005, Over There – Kommando Irak, TV-Serie)
The Pacific (USA 2010, TV-Serie)
Paths of Glory (USA 1957, Wege zum Ruhm, Regie: Stanley Kubrick)
Pearl Harbor (USA 2001, Regie: Michael Bay)
Platoon (GB/USA 1986, Regie: Oliver Stone)
Pork Chop Hill (USA 1959, Mit Blut geschrieben, Regie: Lewis Milestone)
Rambo: First Blood Part II (USA 1985, Rambo – Der Auftrag, Regie: George P. Cosmatos)
Redacted (USA/CAN 2007, Regie: Brain de Palma)
Der Rote Baron (D/GB 2008, Regie: Nikolai Müllerschön)
Saving Private Ryan (USA 1998, Der Soldat James Ryan, Regie: Steven Spielberg)
Sechs Tage Heimaturlaub (D 1941, Regie: Jürgen von Alten)
Shoulder Arms (USA 1918, Gewehr über, Regie: Charles Chaplin)
Stalingrad (D 1993, Regie: Joseph Vilsmaier)
Star Wars (USA 1977, Krieg der Sterne, Regie: George Lucas)
Stukas (D 1941, Regie: Karl Ritter)
Tatort: Fette Hunde (D 2012, Regie: Andreas Kleinert, TV-Serie)
Tatort: Heimatfront (D 2011, Regie: Jochen Alexander Freydank, TV-Serie)

TIGERLAND (USA 2000, Regie: Joel Schumacher)
TROPIC THUNDER (USA/GB/D 2008, Regie: Ben Stiller)
U-BOOTE WESTWÄRTS (D 1941, Regie: Günther Rittau)
Unter anderen Umständen: Auf Liebe und Tod (D 2009, Regie: Judith Kennel, TV-Serie)
WE WERE SOLDIERS (USA 2003, Wir waren Helden, Regie: Randall Wallace)
WESTFRONT 1918 – DIE VIER VON DER INFANTERIE (D 1930, Regie: Georg Wilhelm Papst)
WHERE EAGLES DARE (GB/USA 1968, Agenten sterben Einsam, Regie: Brian G. Hutton)
WHICH WAY TO THE FRONT? (USA 1970, Wo bitte geht's zur Front, Regie: Jerry Lewis)
WHY WE FIGHT (USA 1942-1945, Regie: Frank Capra, Film-Reihe)
Willkommen im Krieg (D 2012, Regie Oliver Schmitz, TV-Film)
Willkommen zuhause (D 2008, Regie: Andreas Senn, TV-Film)
WINDTALKERS (USA 2002, Regie: John Woo)
WUNSCHKONZERT (D 1940, Regie: Eduard von Borsody)

Literaturverzeichnis

Baier, Eberhard (1984): *Der Kriegsfilm. Eine Dokumentation.* 2. Aufl. Aachen: Bundesarbeitsgemeinschaft für Jugendfilmarbeit und Medienerziehung e.V.
Basinger, Jeanine (2006): „The World War II Combat Film: Definition". In: Slocum, J. David (Hg.): *Hollywood and War. The Film Reader.* New York/London: Routledge, S. 175-182.
Chambers, John Whiteclay (2006): „*All Quiet on the Western Front* (U.S., 1930): The Antiwar Film and the Modern Image of War". In: Slocum, J. David (Hg.): *Hollywood and War. The Film Reader.* New York/London: Routledge, S. 197-206.
Coppola, Francis Ford/Winters Keegan, Rebecca (2006): „10 Questions for Francis Ford Coppola". *Time Online* vom 14. August 2006 [http://www.time.com/time/magazine/article/0,9171,1226147,00.html]. Zugriff: 24.02.2013.
Dawson, Tom (2009): „1950s British War Movies and the Myth of World War 2". In: Slater, Jay (Hg.): *Under Fire. A Century of War Movies.* Hersham: Ian Allan Publishing, S. 93-106.
Glasenapp, Jörn (2007): „Vom Kalten Krieg im Western zum Vietnamkrieg. John Wayne und der Alamo-Mythos". In: Heller, Heinz-B./Röwekamp, Burkhard/Steinle, Matthias (Hgg.): *All Quiet on the Genre Front? Zur Praxis und Theorie des Kriegsfilms.* Marburg: Schüren, S. 75-92.
Greiner, Rasmus (2012): *Die neuen Kriege im Film. Jugoslawien – Zentralafrika – Irak – Afghanistan.* Marburg: Schüren.
Grob, Norbert (2006): „Die durch die Hölle gehen". In: Klein, Thomas/ Stiglegger, Marcus/Traber, Bodo (Hgg.): *Filmgenres: Kriegsfilm.* Stuttgart: Reclam, S. 249-256.
Heinecke, Herbert (2002): „Die Debatte um *The Deer Hunter* – politische und künstlerische Dimensionen". In: Strübel, Michael (Hg.): *Film und Krieg. Die Inszenierung von Politik zwischen Apologetik und Apokalypse.* Opladen: Leske und Budrich, S. 109-126.
Heller, Heinz.-B. (2007): „Groteske Konstruktionen des Wider-Sinns. Anmerkungen zu Krieg und Komik seit den 1960er Jahren". In: Ders./Röwekamp, Burkhard/Steinle, Matthias (Hgg.): *All Quiet on the Genre Front? Zur Praxis und Theorie des Kriegsfilms.* Marburg: Schüren, S. 184-193.

Hickethier, Knut (2007): „Der Krieg als Initiation einer neuen Zeit – Zum deutschen Kriegsfilmgenre". In: Heller, Heinz-B./Röwekamp, Burkhard/Steinle, Matthias (Hgg.): *All Quiet on the Genre Front? Zur Praxis und Theorie des Kriegsfilms*. Marburg: Schüren, S. 41-63.

Hißnauer, Christian (2002): „Nach der Orgie: Männerbilder bei Stanley Kubrick". In: Ders./Klein, Thomas (Hgg.): *Männer – Machos – Memmen. Männlichkeit im Film*. Mainz: Bender, S. 227-249.

Hißnauer, Christian (2006): „Westfront 1918 - Vier von der Infanterie". In: Klein, Thomas/Stiglegger, Marcus/Traber, Bodo (Hgg.): *Filmgenres: Kriegsfilm*. Stuttgart: Reclam, S. 57-60.

Hißnauer, Christian (2010a): „Die politische Ästhetik der RAF: Helden-Rhetorik und Endkampf-Mythos in der film- und fernsehspezifischen Erinnerung an den ‚Deutschen Herbst'". In: Klimczak, Peter/Großmann, Stephanie (Hgg.): *Medien – Texte – Kontexte. Beiträge des 22. Film- und Fernsehwissenschaftlichen Kolloquiums*. Marburg: Schüren, S. 173-192.

Hißnauer, Christian (2010b): „Mogadischu. Opferdiskurs doku/dramatisch. Narrative des Erinnerns an die RAF im bundesdeutschen Fernsehen 1978-2008". In: Gansel, Carsten/Ächtler, Norman (Hgg.): *Ikonographie des Terrors? Formen ästhetischer Erinnerung an den Terrorismus in der Bundesrepublik 1978-2008*. Heidelberg: Winter, S. 99-125.

Hißnauer, Christian (2011): *Fernsehdokumentarismus. Theoretische Näherungen, pragmatische Abgrenzungen, begriffliche Klärungen*. Konstanz: UVK.

Hug, Stefan (2010): *Hollywood greift an! Kriegsfilme machen Politik ...* Graz: Ares.

Kannapin, Detlef (2002): „‚Geh hin und sieh dir das an'. Sowjetische Spielfilme im Kontext von Revolution und Krieg – Drei Beispiele". In: Strübel, Michael (Hg.): *Film und Krieg. Die Inszenierung von Politik zwischen Apologetik und Apokalypse*. Opladen: Leske und Budrich, S. 75-92.

Kannapin, Detlef (2007): „Das filmische Gedächtnis ist unbestechlich. Zu den Wandlungen der Kriegsdarstellung im osteuropäischen Kino 1945-1989 – Ein Überblick". In: Heller, Heinz-B./Röwekamp, Burkhard/Steinle, Matthias (Hgg.): *All Quiet on the Genre Front? Zur Praxis und Theorie des Kriegsfilms*. Marburg: Schüren, S. 64-74.

Kester, Bernadette (2003): *Film Front Weimar. Representations of the First World War in German films of the Weimar period (1919-1933)*. Amsterdam: University Press.

Kidd, James (2009): „‚C'est la guerre'. ‚War is war'. ‚Dienst ist Dienst'. How Hollywood Learned to Love the War Film". In: Slater, Jay (Hg.): *Under Fire. A Century of War Movies*. Hersham: Ian Allan Publishing, S. 13-32.

Klein, Thomas/Stiglegger, Marcus/Traber, Bodo (2007): „Motive und Genese des Kriegsfilms. Ein Versuch". In: Heller, Heinz-B./Röwekamp, Burkhard/Steinle, Matthias (Hgg.): *All Quiet on the Genre Front? Zur Praxis und Theorie des Kriegsfilms*. Marburg: Schüren, S. 14-26.

Koebner, Thomas (2002): „Dramaturgie". In: Ders. (Hg.): *Sachlexikon des Films*. Stuttgart: Reclam, S. 130-133.

Koebner, Thomas (2007): „Schlachtinszenierung". In: Heller, Heinz-B./Röwekamp, Burkhard/Steinle, Matthias (Hgg.): *All Quiet on the Genre Front? Zur Praxis und Theorie des Kriegsfilms*. Marburg: Schüren, S. 113-131.

Krewani, Angela (2007): „Der männliche Körper und sein Anderes". In: Heller, Heinz-B./Röwekamp, Burkhard/Steinle, Matthias (Hgg.): *All Quiet on the Genre Front? Zur Praxis und Theorie des Kriegsfilms*. Marburg: Schüren, S. 101-112.

Lowry, Stephen (1991): *Pathos und Politik. Ideologie in Spielfilmen des Nationalsozialismus*. Tübingen: Niemeyer.

McCreedy, Karen (2009): „British Propaganda Films of World War II". In: Slater, Jay (Hg.): *Under Fire: A Century of War Movies*. Hersham: Ian Allen, S. 55-64.
Morsch, Thomas (2002): „Muskelspiele. Männlichkeitsbilder im Actionkino". In: Hißnauer, Christian/Klein, Thomas (Hgg.): *Männer – Machos – Memmen. Männlichkeit im Film*. Mainz: Bender, S. 49-74.
Neale, Steve (2006): „War Films". In: Slocum, J. David (Hg.): *Hollywood and War. The Film Reader*. New York/London: Routledge, S. 23-30.
Nohrstedt, Stig A./Kaitatzi-Whitlock, Sophia/Ottosen, Rune/Riegert, Kristina (2000): „From the Persian Gulf to Kosovo – War Journalism and Propaganda". In: *European Journal of Communication*, Jg. 15, Heft 3, S. 383-404.
Odin, Roger (1995a): „A Semio-Pragmatic Approach to the Documentary Film". In: Buckland, Warren (Hg.): *The Film Spectator. From sign to mind*. Amsterdam: University Press, S. 227-235.
Odin, Roger (1995b): „For a Semio-Pragmatics of Film". In: Buckland, Warren (Hg.): *The Film Spectator. From sign to mind*. Amsterdam: University Press, S. 213-226.
Papen, Manuela von (1995): „Franziska, Agnes, Gisela und ihre Schwestern. Beobachtungen zum nationalsozialistischen Heimatfrontfilm". In: *Film-Dienst*, Nr. 10, S. 12-16.
Röwekamp, Burkhard (2007): „‚Peace Is Our Profession' – Zur Paradoxie von Antikriegsfilmen". In: Heller, Heinz-B./Ders./Steinle, Matthias (Hgg.): *All Quiet on the Genre Front? Zur Praxis und Theorie des Kriegsfilms*. Marburg: Schüren, S. 141-154.
Röwekamp, Burkhard (2011): *Antikriegsfilm. Zur Ästhetik, Geschichte und Theorie einer filmhistorischen Praxis*. München: edition text + kritik.
Schatz, Thomas (2006): „World War II and the Hollywood ‚War Film'". In: Slocum, J. David (Hg.): *Hollywood and War. The Film Reader*. New York/London: Routledge, S. 147-155.
Steinle, Matthias (2007): „‚Lachbomben' – Ungleichzeitigkeit von Krieg und Burleske. Chaplin, Sennett, Langdon, Laurel & Hardy und die Marx-Brothers im Krieg". In: Heller, Heinz-B./Röwekamp, Burkhard/Ders. (Hgg.): *All Quiet on the Genre Front? Zur Praxis und Theorie des Kriegsfilms*. Marburg: Schüren, S. 155-183.
Stiasny, Philipp (2009): *Das Kino und der Krieg. Deutschland 1914-1929*. München: edition text + kritik.
Strübel. Michael (2002): „Kriegsfilm und Antikriegsfilm. Ein filmgeschichtlicher Abriss aus Sicht der internationalen Politik". In: Ders. (Hg.): *Film und Krieg. Die Inszenierung von Politik zwischen Apologetik und Apokalypse*. Opladen: Leske und Budrich, S. 39-74.
Vogler, Christopher (2010): *Die Odyssee des Drehbuchschreibers*. 6. Aufl., Leipzig: Zweitausendeins.
Westermann, Bärbel (1990*): Nationale Identität im Spielfilm der fünfziger Jahre*. Frankfurt a.M.: Peter Lang.
Wiedemann, Dieter (2003): „Kriegs- und Antikriegsbilder. Bestimmt die Absicht die Rezeption?" In: *tv diskurs*, Nr. 26, S. 36-43.
Young, Charles (2006): „Missing Action: POW Films, Brainwashing and the Korean War, 1954-1968". In: Slocum, J. David (Hg.): *Hollywood and War. The Film Reader*. New York/London: Routledge, S. 207-223.

Filmanalyse

JARHEAD
(Jarhead – Willkommen im Dreck)

USA 2005, Regie: Sam Mendes

Mit JARHEAD betrat Regisseur Sam Mendes nach AMERICAN BEAUTY (1999) und ROAD TO PERDITION (2002) ein für ihn neues Terrain, nämlich das des Kriegsfilms. Als Vorlage für das von William Broyles Jr. geschriebene Drehbuch diente der gleichnamige autobiographische Kriegsbericht von Anthony Swofford, der als Soldat des *United States Marine Corps* am ersten Irakkrieg beteiligt war. Im Vergleich zu der historisch gewachsenen Menge an Filmen, die einen der Weltkriege oder den Vietnamkrieg zum Gegenstand haben, ist die Gruppe der Filme, die sich mit den Irakkriegen auseinandersetzen, noch verhältnismäßig klein. Zu den Irakkriegsfilmen (oder kurz: Irak-Filmen) zählen neben JARHEAD beispielsweise THREE KINGS (1999), REDACTED (2007) oder THE HURT LOCKER (2008). Einerseits stehen diese Filme in der Tradition des Kriegsfilm-Genres im Allgemeinen, andererseits thematisieren sie spezifische Kriege der jüngeren Vergangenheit. Der Genre-Bezug ist bei JARHEAD von entscheidender Bedeutung, weil er geradezu demonstrativ ausgestellt und reflektiert wird.

„Jarhead: noun. Slang for ‚Marine'. Origin: from the resemblance to a jar of the regulation high-and-tight haircut. The Marine's head, by implication, therefore, also a jar. An empty vessel." Mit diesen Worten liefert die Voice-Over-Stimme des Protagonisten Anthony Swofford (Jake Gyllenhaal), welche den gesamten Film begleitet und somit eine identifikatorische Nähe zu dieser Figur schafft, eine Erklärung für den Titel des Films. Die Gleichsetzung des Soldatenkopfes mit einem leeren Gefäß beschreibt den Zustand, der im Rahmen der Ausbildung erreicht wird, welche als prototypisches Strukturelement des Kriegsfilms auch in JARHEAD am Anfang der Handlung steht. Wenn Swofford von einem Drill Instructor (Scott MacDonald) erniedrigt wird und ihm das selbständige Denken zugunsten des bedingungslosen Ausführens von Befehlen ‚abtrainiert' werden soll, so erinnert dies unweigerlich an den Beginn von Stanley Kubricks Vietnamkriegsfilm FULL METAL JACKET (1987; vgl. Röwekamp 2011: 202). Nachdem Swofford der *Golf Company* zugeteilt worden ist, wird die Ausbildung – und mit ihr die Entindividualisierung – fortgesetzt, nunmehr im *Camp Pendleton* an der US-amerikanischen Westküste unter Staff Sgt. Sykes (Jamie Foxx). Letzterer erkennt zwar in Swofford das Potenzial, Scharfschütze zu werden (laut

Sykes „the best fucking job in the Marine Corps"), was ihn jedoch nicht davon abhält, Swofford im nächsten Moment vor dessen Kameraden bloßzustellen.

Im Rahmen der Ausbildung kommt es zu einem tödlichen Unfall: Bei einer Übung mit scharfer Munition wird ein Rekrut versehentlich erschossen. Hierdurch werden den Soldaten wie auch dem Zuschauer die Gefahren des Krieges unmittelbar ins Bewusstsein gerufen und der ironische ‚Unterton' des Films wird an dieser Stelle deutlich gebrochen. Dass Swofford an seiner Entscheidung, im Marine Corps zu dienen, mit der er von Beginn an hadert, dennoch festhält, lässt sich im Film auf zwei Beweggründe zurückführen: Erstens erscheint das Militär vor dem Hintergrund seiner trostlosen Kindheit und Jugend – vorgeführt in Form einer Rückblende, die wie ein Super-8-Homevideo montiert ist – als Swoffords einzige berufliche Perspektive; zweitens ist es seine Faszination für das Schießen. Der Umgang mit dem Scharfschützengewehr zieht ihn regelrecht in seinen Bann: „I was hooked", konstatiert Swoffords Voice-Over-Stimme, während man (z.T. in subjektiven Kameraeinstellungen durch das Zielfernrohr) sieht, wie er mehrere perfekt platzierte Schüsse auf einen Pappkameraden abgibt. Dadurch wird nicht nur eine der Hauptmotivationen des Protagonisten zum Ausdruck gebracht, sondern auch beim Zuschauer eine genrebezogene Erwartungshaltung generiert, welche der Film nicht einlösen wird: Zu keinem Zeitpunkt ist Swofford unmittelbar an Kampfhandlungen beteiligt, er kommt buchstäblich „nicht zum Schuss" (Conrad/Röwekamp 2007: 206). Die Zweideutigkeit dieser Aussage verweist darauf, dass sich sexuelle Anspielungen (v.a. auf sprachlicher Ebene) durch den gesamten Film ziehen und gerade der Akt des Schießens sexuell konnotiert wird.

Der Kampf, eine wesentliche Erscheinungsform des Krieges und zugleich *das* genrekonstituierende Element des Kriegsfilms schlechthin, ist in JARHEAD geradezu abwesend, genauer gesagt: Er ist den Figuren immer einen Schritt voraus. Das Warten, die Ereignislosigkeit, der eintönige Alltag der Soldaten, die sich die Zeit in Saudi-Arabien mit belanglosen Aktivitäten und vor allem mit ständiger Masturbation vertreiben – all das steht im Zentrum des Films, nicht etwa ein sinnstiftender militärischer Akt (vgl. Conrad/Röwekamp 2007). So kommt denn auch das Kriegsende für Swofford völlig überraschend. Der Feind bleibt bis zum Schluss unsichtbar, und zwar nicht im Sinne einer gesichtslosen Masse oder einer versteckten Gefahr, wie es im Genre durchaus üblich ist, sondern im Sinne eines nahezu gänzlich ausbleibenden Feindkontaktes. Mehr noch: Die Grenzen zwischen Freund und Feind verschwimmen, wenn die Marines sich gegenseitig bedrohen oder versehentlich von den eigenen Kampfflugzeugen angegriffen werden. Durch die Nicht-Existenz einer klaren Kriegsfront zwischen sich gegenüberstehenden Truppen verweist JARHEAD auf eine Realität des ‚modernen' Krieges: „eine asymmetrische Struktur, in der eine technologisch hochgerüstete Seite einem militärisch hoffnungslos unterlegenen Gegner gegenübersteht" (Conrad/Röwekamp 2007: 196).

Die Schrecken des Krieges werden in JARHEAD keineswegs verharmlost, sie zeigen sich immer wieder indirekt, in Form von ‚Spuren', insbesondere wenn die Soldaten auf verkohlte Leichen – z.T. von Zivilisten – treffen, deren qualvolles Sterben man sich nicht vorstellen mag. In dieser Hinsicht lässt sich JARHEAD zwar durchaus als Anti-Kriegsfilm einordnen, allerdings formiert sich das ‚Anti' mehr noch in einem ‚Angriff' auf das eigene Genre als in einer direkten Anklage gegen das Grauen des Krieges: Durch das Nicht-Zeigen von Kampfhandlungen werden zentrale Genre-Elemente negiert und dem Zuschauer vorenthalten; außerdem wird in JARHEAD immer wieder in kritischer Weise auf Klassiker des Kriegs- bzw. Antikriegsfilms angespielt. Am auffälligsten ist eine solche kritische Bezugnahme in einer Szene, welche dem Einzug der Truppen aus den USA in das Kriegsgebiet unmittelbar vorausgeht: Zur *positiven* Einstimmung auf den baldigen Kampfeinsatz sichten die Soldaten den Film APOCALYPSE NOW (1979), welcher gemeinhin als *Anti*-Kriegsfilm gilt. Bei der berühmten Sequenz, die einen amerikanischen Helikopterangriff auf ein vietnamesisches Dorf zeigt, welcher von Wagners *Walkürenritt* musikalisch begleitet wird, geraten die Rekruten regelrecht in Ekstase (vgl. Conrad/Röwekamp 2007: 201). Auf ähnliche Weise würde im weiteren Verlauf der Handlung auch THE DEER HUNTER (1978) ‚zweckentfremdet' werden, wenn die Videokassette nicht von der Ehefrau eines Soldaten mit Aufnahmen überspielt worden wäre, die sie beim Geschlechtsverkehr mit ihrem Nachbarn zeigen – offensichtlich ein Racheakt gegenüber ihrem Ehemann, der die Videokassette nichts ahnend zum Vergnügen seiner Kameraden einlegt und entsprechend schockiert ist.

Nicht nur auf andere (Anti-)Kriegsfilme wird in JARHEAD referiert, sondern auch auf die mediale Dimension des Krieges im Allgemeinen. Vor einem Interview mit amerikanischen Fernsehreportern werden die Soldaten durch Staff Sgt. Sykes instruiert, nichts Falsches zu sagen und insbesondere den Kriegseinsatz und das Militär in einem guten Licht erscheinen zu lassen. Die im Anschluss gezeigten Interviews sind so inszeniert wie echte TV-Aufnahmen; zu sehen ist das Bild einer diegetischen Fernsehkamera, welche auf die z.T. verunsicherten Soldaten gerichtet ist. Auch im weiteren Verlauf werden Bilder für die Medien ‚konstruiert', wenn Sykes die Marines dazu auffordert, in voller ABC-Schutzbekleidung Football zu spielen, um den Reportern zu beweisen, wie fit seine Männer sind und mit welch (vermeintlicher) Leichtigkeit sie der Wüstenhitze trotzen. Zwar wird die mediale Kriegsberichterstattung auch schon in früheren Filmen des Genres thematisiert (z.B. in FULL METAL JACKET), allerdings gewinnt das Ausstellen der Produktion und Manipulation von Kriegsbildern durch Militär und Medien in JARHEAD (wie auch in anderen Filmen über die Kriege der jüngeren Vergangenheit) eine neue Relevanz: Durch die asymmetrische Struktur des ‚modernen' Krieges und eine zunehmende Kontrolle der medialen Berichterstattung durch das Militär stehen der öffentlichen Wahrnehmung keine ‚klassischen' Kriegsbilder mehr zur Verfügung.

Selbstverständlich wird in JARHEAD nicht nur die Produktion von Kriegsbildern reflektiert, sondern es müssen auch eigenständige Kriegsbilder gefunden und entworfen werden. Die Ästhetik des Kriegsfilm-Genres ist wandelbar und in hohem Maße von dem jeweils repräsentierten historischen Krieg abhängig. Man könnte in diesem Zusammenhang behaupten: Das grüne Dickicht des vietnamesischen Dschungels wird im Irak-Film von der Weite der Wüste abgelöst. Tatsächlich ist JARHEAD visuell durch das Gelb bzw. Hellbraun des Wüstensandes geprägt. Gleißendes Licht und Hitzeflimmern am Horizont geben einen geradezu physischen Eindruck von den hohen Temperaturen, denen die Soldaten ausgesetzt sind. Eine eher surreale Lichtstimmung herrscht in den Szenen, die sich inmitten brennender Ölfelder abspielen. Die ästhetische Erhabenheit solcher Bilder wird auf Ebene des Dialogs aufgegriffen und in gewisser Weise unterlaufen, wenn Staff Sgt. Sykes die Liebe zu seinem Job als Berufssoldat mit den profanen Worten zum Ausdruck bringt: „Who else gets a chance to see shit like this?" Vollkommen untypisch für einen Kriegsfilm ist das Bild von Soldaten, die wie Touristen in einem Passagierflugzeug in das Kriegsgebiet eingeflogen werden (vgl. Conrad/Röwekamp 2007: 197f.). Genau solche Momente sind es, in denen JARHEAD dem Krieg dessen abenteuerliche Faszination nimmt, welche in vielen Filmen des Genres – seien sie auch noch so kritisch – eine große Rolle spielt.

Conrad, Dennis/Röwekamp, Burkhard (2007): „Krieg ohne Krieg – zur Dramatik der Ereignislosigkeit in *Jarhead*". In: Heller, Heinz-B./Röwekamp, Burkhard/Steinle, Matthias (Hgg.): *All Quiet on the Genre Front? Zur Praxis und Theorie des Kriegsfilms*. Marburg: Schüren, S. 194–207.

Röwekamp, Burkhard (2011): *Antikriegsfilm. Zur Ästhetik, Geschichte und Theorie einer filmhistorischen Praxis*. München: edition text + kritik.

Johannes Noldt

Horrorfilm

Benjamin Moldenhauer

Einleitung

Genres sind dynamische Phänomene. Sie unterliegen Konjunkturen, verschwinden in der Versenkung und kehren an die Bildfläche zurück. Die Geschichte eines Genres lässt sich in aufeinanderfolgenden und einander überlappenden Phasen rekonstruieren. Die Konventionen, die ein Genre ausmachen, sind das Resultat eines hochkomplexen und im Einzelnen nie vollständig rekonstruierbaren Prozesses, der sich zusammensetzt aus Produzenteninteressen, den von Produzentenseite antizipierten Zuschauerinteressen, künstlerischen Vorstellungen, Zufällen und nicht zuletzt den im jeweiligen Produktionszeitraum und -ort gegebenen technischen Möglichkeiten. An der Geschichte des US-amerikanischen Horrorfilms, der im Fokus dieses Kapitels steht, zeigt sich der konjunkturelle Charakter von Genres besonders deutlich. Die jüngste Revitalisierungsphase wurde Anfang des neuen Jahrtausends von einer Welle äußerst drastischer Filme wie HOSTEL, SAW, THE DEVIL'S REJECTS sowie diversen Remakes von Horrorfilmen der 1970er-Jahre wie THE HILLS HAVE EYES (2006), THE TEXAS CHAINSAW MASSACRE (2003) oder DAWN OF THE DEAD (2004) markiert – Filme, die sich von den Topoi und Figuren des klassischen Horrorfilms weitgehend verabschiedet haben. Die genannten Filme knüpfen an eine Phase an, die Ende der 1960er-, Anfang der 1970er-Jahre einen Bruch mit der bis dahin etablierten Ästhetik des Horrors markierte. Spätestens in den 1970er-Jahren wurde die drastische Inszenierung von Gewalt zum markanten Merkmal des Horrorgenres. Anhand von einigen prototypischen Filmen soll die Frage beantwortet werden, was einen Horrorfilm zu einem bestimmten historischen Zeitpunkt ausgemacht hat, um so eine klassische Phase des Horrorfilms von den einschlägigen Filmen der 1960er- und 1970er-Jahre abzugrenzen.[1]

---

[1] Unter prototypischen Filmen verstehe ich in Anlehnung an Jörg Schweinitz' Überlegungen (2006: 90) zentrale Fälle, denen retrospektiv eine stilbildende Rolle in der weiteren Entwicklung des Genres zugesprochen werden kann. Prototypizität wird hier rein funktional verstanden und impliziert kein Qualitätsurteil. Im Horrorgenre finden sich zahlreiche Filme, die unter dem Aspekt der Stereotypenbildung einflusslos geblieben sind, inzwischen aber als Klassiker gelten. Ein Beispiel hierfür wäre Herk Harveys CARNIVAL OF SOULS (vgl. Seeßlen/Jung 2006: 203f.).

1931: Der Beginn der klassischen Phase des Genres

Die Bestimmung der Filme, die als protoypisch für ein Genre gelten, ist immer ein nachträglicher Akt. Welche Ingredienzien sich in der von Jörg Schweinitz beschriebenen intertextuellen Phase der Stereotypenbildung (2006: 47) als tragfähig (d.h. im Zusammenhang mit dem Genrekino primär: als über längere Strecken kommerziell erfolgreich) herausgestellt haben, zeigt sich erst retrospektiv. Die Bestimmung von Prototypen ist eng verbunden mit der Konstruktion eines Genrekanons, die darauf hinauslaufen kann, andere Filme aus dem filmhistorischen Bewusstsein zu verdrängen. Zumindest in Bezug auf den Beginn des Horrorgenres ist es relativ einfach, die Initialzündung zu bestimmen. Im Jahr 1931 erschienen drei Horrorfilme, denen es gelang, das Bild des Genres für knapp zwei Dekaden zu bestimmen: die Universal-Produktionen DRACULA und FRANKENSTEIN und der von Paramount produzierte DR. JEKYLL AND MR. HYDE. Alle drei waren kommerziell ungemein erfolgreich, zumindest DRACULA und FRANKENSTEIN zogen eine ganze Reihe von Sequels nach sich. Die Filme konnten drei Monsterstereotypen etablieren, die eine das Genre in den folgenden Jahren dominierende Trias bildeten: den Vampir, Frankensteins Monster und den in eine gute und eine böse Hälfte gespaltenen Mann, entweder in Gestalt von Dr. Jekyll/Mr. Hyde oder in der des Werwolfs.[2]

Es spricht wenig dagegen, 1931 als das Geburtsjahr des Horrorfilms zu bestimmen. Eine derartige Setzung muss die vor 1931 entstandenen Filme, die retrospektiv in den Horrorfilmkanon aufgenommen wurden, keineswegs ausschließen. Bereits während der Stummfilmzeit entstanden in den USA und in Europa Filme, die auf den amerikanischen Horrorfilm der 1930er- und 1940er-Jahre inspirierend wirkten. Dazu gehören das Kino der Weimarer Republik – vor allem natürlich Friedrich Wilhelm Murnaus NOSFERATU – und viele der US-amerikanischen Filme, in denen Lon Chaney die Hauptrolle spielte. Sowohl das Weimarer Kino als auch die in den 1920er-Jahren entstandenen Chaney-Filme konnten noch nicht auf einen etablierten Bestand von Stereotypen zurückgreifen:

> Das Zeichenrepertoire des Phantastischen war längst noch nicht so exakt definiert wie in den späteren Jahren, wo sich die Erwartungshaltung des Publikums auf einige wenige, immer wiederkehrende Bilder beschränkte. (Seeßlen/Jung 2005: 125)

Robert Wienes auch in den USA erfolgreicher Film DAS KABINETT DES DR. CALIGARI oder auch die Chaney-Features LONDON AFTER MIDNIGHT und THE PHANTOM OF THE

---

2 Dr. Jekyll/Mr. Hyde ist eine Variante des Werwolf-Motivs bzw. umgekehrt: Die in den 1940er-Jahren erfolgreichen WOLFMAN-Filme sind eine Variation des Dr. Jekyll/Mr. Hyde-Motivs.

OPERA wurden vom Publikum nicht als Horrorfilme rezipiert, schlicht und einfach deshalb, weil sich der Begriff noch nicht etabliert hatte. FRANKENSTEIN war der erste Film, der mit dem Wort ‚Horror' beworben wurde.[3] Das Jahr 1931 markiert somit nicht nur die Etablierung der drei zentralen Figurenstereotype des klassischen Horrorfilms, es ist auch der Zeitpunkt, in dem der Horrorfilm überhaupt erst beginnt, sich als ein wiedererkennbares und benennbares Genre zu konstituieren.

Was verbindet diese drei Figuren miteinander? Allen gemeinsam ist, dass sie die uns bekannten Naturgesetze verletzen (der Vampir ist unsterblich, Frankensteins Monster ist ein künstlich geschaffener Mensch, Dr. Jekyll mutiert zum Tiermenschen). Alle drei gehören dem Bereich des Phantastischen an und sollen den Zuschauer in Angst und Schrecken versetzen.[4] Damit werden sie der von Noël Carroll vorgeschlagenen Definition des Horrorfilms gerecht. Nach Carroll können wir nur dann von Horror sprechen, wenn die Protagonisten auf der Leinwand es mit Monsterfiguren zu tun bekommen, die übernatürlichen Charakters sind und sowohl als bedrohlich wie auch als potenziell ekelerregend empfunden werden (1990: 12-42). Wenngleich sich bereits in den 1930er-Jahren Beispiele für Filme finden, die aus dem von Carroll skizzierten Raster ausscheren – beispielsweise Tod Brownings ebenfalls 1931 gedrehter Skandalfilm FREAKS oder der ein Jahr später entstandene THE MOST DANGEROUS GAME –, lässt sich der Horrorfilm in dieser Phase ohne Weiteres als ein Teilbereich der Phantastik fassen.[5]

Auch auf der Ebene der Settings kristallisierte sich bald ein stereotypes Muster heraus. Die intermedialen Wurzeln der prototypischen Filme der 1930er-Jahre liegen in der Tradition der *gothic literature*:

> Universal's films were not set in period (they occasionally show cars and planes) but in an indeterminate Europe, a foggy parallel universe of horse-drawn buggies, gypsy caravans, candle-lit castles and thatched cottages, where scared villagers brandish flaming torches and aristocrats retain obscure feudal powers. (Hervey 2007: 233)

---

[3] Vgl. Tybjerg (2004: 1). Die Premiere von DRACULA hingegen wurde bewusst auf den Valentinstag gelegt; das Werbeplakat versprach nicht weniger als „The Strangest Love Story of All" (vgl. Clarens 2004: 58).
[4] Wie das Phantastische genau zu definieren ist, ist eine noch immer ausgiebig diskutierte Frage. Der maßgebliche Bezugspunkt ist Tzvetan Todorovs *Einführung in die fantastische Literatur* (1972). Zur Diskussion von Todorovs Thesen vgl. Durst (2001) und die Beiträge in Ruthner (2006).
[5] Es ist wohl kein Zufall, dass sowohl FREAKS als auch THE MOST DANGEROUS GAME oftmals als Vorläufer des als ‚realistisch' beschriebenen Horrorfilms der 1970er-Jahre gelten (vgl. Seeßlen/Jung 2006: 124 und 150f.).

Es waren vor allem vier Autoren des 19. Jahrhunderts, deren Bücher einen unmittelbaren Einfluss auf die Entwicklung des Horrorfilms haben sollten (vgl. Maddrey 2004: 3). Die drei wirkmächtigsten Figuren der ersten Hochphase des Horrorgenres gehen direkt auf drei Klassiker der britischen *gothic literature* zurück: Mary Shelleys *Frankenstein or A Modern Prometheus* (1818), Robert Louis Stevensons *Strange Case of Dr. Jekyll and Mr. Hyde* (1886) und Bram Stokers *Dracula* (1897).[6]

Der Term „Gothic" beschreibt in diesem Kontext ein bestimmtes Setting und eine Reihe von stereotypen Figuren, die sich spätestens in Folge von Ann Radcliffes Romanen *A Sicilian Romance* (1790) und *The Mysteries of Udolpho* (1794) etablieren konnten. Das typische Setting der *gothic literature* erlangt bald einen hohen Wiedererkennungswert: „As gothic is a synonym for medieval, novels of this type became so identified because they were set in decaying castles, manors, towers, or other medieval structures" (Worland 2006: 27). Auch die hier intendierte Wirkung war ohne Weiteres antizipierbar: „A gothic tale is foremost a story that intends to frighten or unnerve the reader and does so through the evocation of ominous atmosphere and supernatural threats" (ebd.).

Die genretypische Inszenierung von Gewalt ist, in Relation zu den expliziten Gewaltdarstellungen in den Filmen der 1960er- und 1970er-Jahre, vergleichsweise verhalten. Gewalt findet typischerweise im Off statt. Dracula wird in Brownings Film außerhalb des Bildes gepfählt, wir hören nur, wie Frankensteins Monster den Diener Igor umbringt, bekommen den Mord aber nicht zu sehen, Dr. Jekyll and Mr. Hyde zeigt uns zwar, wozu das böse *alter ego* des Doktors imstande ist, spart aber das Blut aus. Das vielleicht grauenerregendste Bild in Freaks findet sich in der vorletzten Szene des Films: Die Freaks kriechen durch den Schlamm auf ihr Opfer zu, aber bevor sie es erreichen, wird abgeblendet. Und in Cat People bekommen wir die zum Panther verwandelte Irena vor allem als Schatten an der Wand zu Gesicht. Die Gründe für diese heute gerne als filmische Subtilität goutierte Zurückhaltung bezüglich der Schockeffekte sind nicht zuletzt in den unzureichenden technischen Möglichkeiten und den Zensurbestimmungen, die eine direktere Darstellung nicht erlaubt hätten, zu suchen.[7]

---

6 Weniger mit einem bestimmten Figurenstereotyp, sondern mit einem Arsenal von disparaten Versatzstücken aus dem Gesamtwerk waren die ebenfalls in den dreißiger Jahren beliebten Edgar Allan Poe-Verfilmungen verbunden, wenngleich Filme wie Murders in the Rue Morgue oder The Black Cat noch freier mit der literarischen Vorlage verfuhren, als Dracula oder Frankenstein.

7 Vgl. Newman (1999: 42ff.). Der direkte Vergleich von Tourneurs Cat People mit dem 1982 erschienenen Remake von Paul Schrader zeigt exemplarisch, wie weit sich die Standards be-

Wenn man die Frage, was einen Horrorfilm ausmacht, für die 1930er- und 1940er-Jahre beantwortet, kommt man zu folgender Antwort: Horrorfilme sind Filme, in denen phantastische Wesen die Protagonisten bedrohen und sie (und damit im besten Fall auch die Zuschauer) in Angst und Schrecken versetzen. Die diegetische Welt und die Herkunft des Monsters werden typischerweise mit einem als exotisch konnotierten Ort verbunden, oftmals im Rückgriff auf die Bilderwelten der *gothic literature*. Die Bedrohung ist eine physische; Gewaltinszenierungen fungieren durchaus als Wirkungspotential; die Gewalt wird aber eher behauptet oder angedeutet als gezeigt.

Die Abnutzung der klassischen Genrestereotype

Es liegt in der Natur von Genrestereotypen, dass sie sich abnutzen. Jörg Schweinitz spricht von Stereotypen als „Wirkungskonserven" (2006: 43), auf die, sind sie erst einmal etabliert, für eine längere Periode der Genreentwicklung zurückgegriffen werden kann. Ein Hinweis auf den Verbrauch dieser Wirkungskonserven ist ihre Ironisierung: „Jede Generation vernetzter Stereotype erlebt für eine Zeit ihre geradezu lustvolle Performanz, bevor sie einer durchgreifenden Wandlung unterliegt" (Schweinitz 2006: 84). Die Stereotype, deren Kenntnis vorausgesetzt werden kann und die ohne Weiteres parodiert werden können, erstarren in Erschöpfungsphasen zu Klischees (vgl. Hickethier 2002: 72f.).

Der Horrorfilm der 1930er- und 1940er-Jahre lebte vor allem vom hohen Wiedererkennungswert seiner Figuren. Die endlose Repetition der immer glei-

---

züglich der Inszenierung von Gewalt und Nacktheit in den vierzig Jahren verschoben haben. Vorstellbar waren mit späteren filmischen ‚Splatter-Exzessen' vergleichbare Bilder allerdings auch schon in der Frühzeit des Horrorgenres, wenn sie auch auf einer französischen Theaterbühne und nicht für die amerikanischen Leinwände realisiert wurden. Im Pariser Grand Guignol Theater wurden seit 1897 Stücke aufgeführt, in deren Attraktionszentrum eine möglichst explizite Gewaltdarstellung stand (vgl. Stiglegger 2011). In David J. Skals *The Monster Show* (1993) findet sich eine Zusammenfassung des Plots eines der erfolgreichsten Grand Guignol Stücke: „One of their most infamous plays, regularly revived throughout the Grand Guignol's history, was *A Crime in the Madhouse* (1925), in which a young woman, on the eve of her release from the mental hospital, is set upon by three gargoylish crones. The trio decide there is a bird hiding behind her eyes that must be released, and so they use a knitting needle to help it escape. Following the *Lear*-like atrocity, the most violent of the patients is mutilated herself – her face is pressed against a glowing hot plate and reduced to a bubbling ooze" (Skal 1993: 58). 1923 schlug das Grand Guignol seine Zelte für eine Spielzeit in New York auf (vgl. Skal 1993: 60). Aus einer intermedialen Perspektive betrachtet war das, was man später Splatterästhetik nennen sollte, also keineswegs ein neues Phänomen.

chen Motive in Sequels und Ensemblefilmen wie DRACULA'S DAUGHTER oder HOUSE OF FRANKENSTEIN lieferte die Steilvorlage für mehr oder weniger liebevolle Verballhornungen. In der nicht eben subtilen Komödie ABBOTT AND COSTELLO MEET FRANKENSTEIN ahmt die Costello-Figur den grobmotorisch-schleppenden Gang von Frankensteins Monster sowie markante vampiristische Gesten nach und markiert 1948 unwiderruflich den Umschlag vom Furchterregenden ins (freiwillig oder unfreiwillig) Komische. Der erste ABBOTT AND COSTELLO-Film lässt sich als symptomatisch für den Verbrauch der bis dahin effektiven Wirkungspotentiale verstehen. Die Parodisierung etablierter Stereotype lässt sich gemeinhin als Indikator für das Ende einer genreimmanenten Entwicklung verstehen (vgl. Schweinitz 2006: 122).

Das Genre versuchte mittels ‚technischer Spielereien' neue Attraktionswerte zu erschließen:

> CinemaScope, 3-D, Cinemarama, stereophonic sound, and [...] Smell-O-Vision [...]. Flying skeletons, buzzing seats, and hokey insurance policies had the additional effect of turning impersonal moviegoing into a ritual of participatory live theatre [...]. Horror gimmicks provided audiences with a needed sense of contact, engagement, and recognition. Even if the dominant sensation was gooseflesh, at least it was a feeling. (Skal 1994: 259)

Der Horrorfilm entdeckte den Teenager als primäre Zielgruppe. Klassische Monsterfiguren kehrten in Filmen wie I WAS A TEENAGE WEREWOLF und I WAS A TEENAGE FRANKENSTEIN auf die Leinwände zurück. In den 1960er-Jahren schließlich fungierten die klassischen Monster als Witzfiguren in den Sitcoms *The Munsters* (1964-1966) und *The Addams Family* (1964-1966). Ende der 1950er-, Anfang der 1960er-Jahre konnte die Antwort auf die Frage, was einen Horrorfilm ausmacht, kurz und knapp – und sicherlich auch verkürzt – lauten: Filme mit mehr oder weniger (tendenziell eher weniger) furchteinflößenden Monstern, die für ein Teenagerpublikum gemacht sind.

Zugleich bereitete sich jedoch bereits die Modernisierung des Genres vor. Parallel zum Verschleiß der klassischen Monsterfiguren in freiwillig oder unfreiwillig komischen Filmen, TV-Serien und auf den Packungen von Frühstückscerealien,[8] verbündete sich das amerikanische Horrorgenre in den 1950er-Jahren mit der Science Fiction und brachte durch wissenschaftliche Experimente oder Atomtests mutierte Tiere auf die Leinwand. Auffällig ist, dass jetzt bereits vermehrt Filme wie INVASION OF THE BODY SNATCHERS auftauchten, die nicht mehr an den Schauplätzen des klassischen Horrors spielten, sondern in US-

---

[8] Graf Dracula und Frankensteins Monster waren z.B. Anfang der 1970er-Jahre als „Count Chocula" und „Franken Berry" auf Frühstücksflocken-Packungen zu finden.

amerikanischen Kleinstadtwelten – in einem Setting also, das auch für nichtamerikanische Zuschauer mit Normalität und Alltäglichkeit assoziiert ist. Wenngleich auch die Protagonisten in einer diegetischen Welt situiert waren, die der des Publikums prinzipiell ähnelte, war die Geographie des Genres doch die gleiche geblieben. Die Monster kamen nach wie vor von möglichst weit her oder mussten in exotischen Gegenden aufgestöbert werden. „Mit wenigen Abstrichen lässt sich die epische Struktur des Genres in die Formel vom Kampf des ‚Eigenen' gegen das ‚Fremde' bringen" (Seeßlen/Jung 2006: 128).

1960: Der Schrecken rückt in nächste Nähe

Diese Veralltäglichung des Horrors verstärkte sich im Laufe der 1960er-Jahre. Der Horror hielt in die Alltagswelten des Publikums Einzug. Die der *gothic literature* entnommenen Schauplätze wurden mehr und mehr von diegetischen Welten abgelöst, die ohne Zweifel in der Jetztzeit situiert waren. David Cronenberg, seit den 1970er-Jahren einer der wichtigsten Regisseure des Genres, beschreibt rückblickend seine Unzufriedenheit mit der Ästhetik des nach wie vor synonym für das Genre stehenden *gothic horror*: „for the most part horror was gothic, distant, not here" (Cronenberg zit. nach Hervey 2007: 233). Diese Distanz sollte 1960 durch PSYCHO verringert werden. Alfred Hitchcocks Film macht gleich zu Beginn klar, dass er im Hier und Jetzt spielt. Ein zentrales Motiv ist bereits ausgearbeitet: Der Schrecken kommt nicht aus exotischer Ferne angereist, sondern ist buchstäblich hausgemacht. PSYCHO situierte das Böse in größtmöglicher Nähe. Der Motelbesitzer Norman Bates ist nicht mehr das an seinen Entstellungen augenblicklich erkennbare Monstrum, sondern ein höflicher junger Mann, der die Normalität – Norman/normal – bereits im Namen trägt. Der Horror in PSYCHO speist sich nicht mehr aus dem grauenhaften Anblick eines übernatürlichen Monsters, sondern die Gewalt selbst wird zum Zentrum des Schreckens.[9]

Neu war neben der veränderten Geographie eine dem Publikum bis dahin ungekannte Drastik. Die zentrale und auch berühmteste Szene des Films – der Mord an Marion Crane – findet in der Dusche, einem sowohl alltäglichen als auch intimen und ungeschützten Ort statt. PSYCHO bewies, dass der abrupte, schockhafte Einbruch der Gewalt in einen geschützten Raum eine wesentlich drastischere Wirkung hatte als die müde gewordenen Figuren des klassischen Horrorfilms. Hitchcock gelang es ganz offensichtlich, das Publikum wieder in

---

9 Noël Carroll sieht PSYCHO dementsprechend auch nicht als Teil des Genres und vermutet einen Kategorienfehler von Seiten des Horrorpublikums (1990: 38-39).

Angst und Schrecken zu versetzen. Zeitgenössische Kritiken berichten von Schreien und Wimmern während der Vorstellungen (vgl. Williams 2002). Die Duschszene kam in ihrer schockierenden Drastik für das damalige Publikum offensichtlich völlig überraschend und wird von denen, die den Film zur Zeit seiner Erstaufführung gesehen haben, als eine nachhaltig verstörende Erfahrung beschrieben (vgl. Skerry 2009: 270-301). Zumindest hinsichtlich der Gewaltinszenierung aber sollte PSYCHO schon bald überholt werden. Die Verletzungen des Körpers, die Hitchcock nur andeutet, rückten ins extreme Close-up. PSYCHO kommt in diesem Zusammenhang vor allem eine Vorreiterrolle zu.

1967: Kinder, die ihre Eltern töten

Als Beginn der Phase des Genres, die heute in Abgrenzung von einer klassischen Ära des Genres gemeinhin die Phase des *modernen Horrorfilms* genannt wird, gilt der 1967 entstandene Film NIGHT OF THE LIVING DEAD.[10] George A. Romeros Debüt war ein für damalige Verhältnisse nachhaltig schockierender Film. Der Plot ist schnell erzählt: Eine Gruppe Menschen verbarrikadiert sich in einer abgelegenen Hütte vor immer zahlreicher auftretenden lebenden Leichen, die darauf aus sind, die Lebenden zu fressen. Das Happy End bleibt – ein weiteres Merkmal des neuen, oftmals ausgesprochen fatalistisch gestimmten Horrors – aus, der Held wird, mehr oder minder versehentlich, erschossen. Romero führte den modernen Zombie in die Mythologie des Genres ein. Die Untoten in NIGHT OF THE LIVING DEAD sind nicht mehr wie noch in den Zombiefilmen der 1930er- und 1940er-Jahre an den exotisch aufgeladenen Motivkomplex Hypnose/Voodoo gebunden, wir erfahren nichts Verlässliches über die Ursache der Wiedererweckung der Toten. Natürlich gehört NIGHT OF THE LIVING DEAD zur Phantastik – Zombies sind übernatürliche Wesen –, bloß ist ihr phantastischer Charakter für den Fortgang der Erzählung nicht weiter von Bedeutung. Wichtig sowohl für die Protagonisten als auch für den Zuschauer ist nicht, von wo aus die Untoten in unsere Welt kommen, relevant ist allein, was sie tun. Auch NIGHT OF THE LIVING DEAD wirkt – ähnlich wie PSYCHO – in einer kruden Weise realistisch. Neben der Drastik ist

---

10 Der vermutlich erste Splatterfilm der US-amerikanischen Filmgeschichte ist Herschell Gordon Lewis' 1963 entstandener Film BLOOD FEAST, der später als ein Urtext des filmischen Splatters entdeckt wurde, zu seiner Zeit also keinen großen Einfluss auf die Genreentwicklung nehmen konnte.

diese damals als dokumentarisch rezipierte Ästhetik ein weiteres Merkmal des neuen Horrors der späten 1960er-Jahre.[11]

Mit NIGHT OF THE LIVING DEAD entfernte sich der Horrorfilm weiter von den vergleichsweise subtil angelegten Schrecken des klassischen Horrors. In einer Szene des Films ist zu sehen, wie ein untotes Mädchen seinen Vater verspeist, kurz bevor es seine eigene Mutter ersticht. Das war 1968 zweifellos neu. Auf der Ebene der Gewaltinszenierung kündigte sich eine grundlegende Verschiebung an:

> Zu Mitte der siebziger Jahre entwickelte sich ein neues Horrorkino, das auf die Vorgaben des „gothischen" Horrors beinahe vollständig verzichtete. Zu den Eigenheiten dieses neuen, wilden Horrorfilms, der auf den direktesten Schock, die genaueste Schilderung des körperlichen Schmerzes, der Zerstückelung, des Blutes und des Fleisches hinauszielt [sic!], gehört eine extreme Reduzierung der handelnden Personen. Die Situation ist fundamental: ein Mensch oder eine Gruppe von Menschen geraten in eine Situation äußersten Terrors [...]. (Seeßlen/Jung 2005: 347)

Romeros Film zog fünf von ihm selbst verfertigte Sequels und zahllose Imitationen nach sich, der Zombie ist bis heute eine der am häufigsten anzutreffenden Genrefiguren.[12] Die drastisch gestimmte Splatterästhetik allerdings beschränkte sich nicht auf das Subgenre des Zombiefilms, sondern veränderte das gesamte Gesicht des Genres nachhaltig.

1974: Die Radikalisierung der Bedrohungsszenarien

Auch der dritte prototypische Film des revitalisierten Horrors ist wie NIGHT OF THE LIVING DEAD ein unabhängig produziertes Debüt eines jungen Filmemachers und kann stellvertretend für ein Anfang der 1970er-Jahre entstandenes Subgenre ins Feld geführt werden, das wiederum großen Einfluss auf die Genreentwicklung im Gesamten nahm. Tobe Hoopers Film besticht durch einen der vielversprechendsten Titel der Genregeschichte: THE TEXAS CHAINSAW MASSACRE. Dem Film gelang es, neue Motive und Figuren (und Utensilien wie die Kettensäge) zu etablieren. Auch hier ist der Plot äußerst simpel gehalten: Einer Gruppe Jugendlicher geht im texanischen Hinterland das Benzin aus, sie geraten in die

---

11 Vgl. Hervey (2008: 20): „This wasn't Hollywood gloss: it felt *real*. Many used words like ‚documentary' and ‚newsreel' to describe *Night's* style".
12 Romero ließ auf NIGHT OF THE LIVING DEAD noch zwei Sequels (DAWN OF THE DEAD und DAY OF THE DEAD) folgen. Nach einer zwanzigjährigen Pause folgten im Zuge des in den 2000er-Jahren einsetzenden Horror-Revivals LAND OF THE DEAD (2005), DIARY OF THE DEAD (2007) und SURVIVAL OF THE DEAD (2009).

Fänge einer Kannibalenfamilie, deren jüngster Sohn, Leatherface, den Hippies mit Schlachthammer und Kettensäge zu Leibe rückt. Schon der Titel des Films deutete bis dahin ungekannte Schrecknisse an; ein Versprechen, das der Film insofern nicht einlöst, als sehr sparsam mit Effekten gearbeitet wird. Neben der durch diverse Sequels, Remakes und Prequels zur Genreikone gewordenen Leatherface-Figur war es hier vor allem die Geographie, die nachhaltigen Einfluss entwickelte. Das amerikanische Hinterland wurde zum Ort des Schreckens erklärt, an dem naive Städter Wilden, Mutanten und Kannibalen zum Opfer fielen. Ein weiteres frühes Beispiel für das junge Subgenre des *Backwoods-Horror* ist Wes Cravens LAST HOUSE ON THE LEFT, das die im klassischen Horror noch relativ strikt gezogenen Grenzen zwischen Gut und Böse graduell zum Verschwimmen bringen sollte. Die gutbürgerlichen und äußerst rachsüchtigen Eltern des Opfers stehen den Mördern ihrer Tochter in Sachen Gewaltexzess in nichts nach.

Mit LAST HOUSE ON THE LEFT und THE TEXAS CHAINSAW MASSACRE liegen zwei weitere prototypische Filme vor, die nicht mehr der Phantastik zuzuordnen sind. Die Möglichkeiten des Genres hatten sich erweitert: Die einflussreichsten amerikanischen Horrorfilme zeichneten sich in den 1970er-Jahren durch drastische Gewaltdarstellungen und kruden Realismus aus. Die zwei Filme sind wie NIGHT OF THE LIVING DEAD Underground-Produktionen, Debüts von bis dahin unbekannten Filmemachern, produziert mit wenig Geld und besetzt mit Freunden und Amateurschauspielern. Aber auch üppiger budgetierte Filme machten sich die Möglichkeiten der mittels Drastik erzeugten filmischen Intensität zunutze. William Friedkins THE EXORCIST brachte bereits 1973 die Topoi der Phantastik mit der neuen Ästhetik des Horrors in Verbindung. Ein vom Teufel besessenes Mädchen masturbiert mit einem Kruzifix, dreht den Kopf um 360 Grad und erbricht sich über zwei Priestern. Der Teufel wurde in THE EXORCIST nicht mehr als außerweltliche Bedrohung, sondern als überhöhte Metapher für ein ganz alltägliches Grauen verstanden – die Unkontrollierbarkeit des eigenen Nachwuchses, die Angst vor dem Auseinanderbrechen der Familie.[13] Damit ändert sich auch die genretypische Mythologie des Bösen. Die Kettensägen schwingenden Hinterwäldler, die mordende Gang in LAST HOUSE ON THE LEFT, ja selbst noch die Untoten in NIGHT OF THE LIVING DEAD funktionieren anders als die faszinierenden Monster des klassischen Horrors. Die neuen ‚Monster' erlauben

---

13 Vgl. Kappelhoff (1998: 197): „Mit THE EXORCIST wird der Horror zum Medium einer Erfahrung, die das klassische Genre ins Off einer verbotenen Imagination verbannte. Der Film bringt darin eine Dimension sozialer Realität zur Anschauung, die tatsächlich im hohen Maße erschreckend und verängstigend ist."

es nicht mehr, die Gewalt als etwas, das uns wesenhaft fremd wäre, zu verstehen. In diesem Sinne wird im US-amerikanischen Horrorfilm der 1970er-Jahre selbst noch die Phantastik Teil einer dem Anspruch nach durch und durch gegenwärtigen Inszenierung des Schreckens. Die Grundkonstellation dieses neuen Horrors lässt sich durchaus als eine Radikalisierung der Bedrohungsszenarien des klassischen Horrorfilms verstehen.

Fazit

Die hier beschriebene Verschiebung in den Genrekonventionen mutet auf dem Papier vielleicht nicht spektakulär an, schließlich bleibt die dem Genre von Noël Carroll unterstellte Absicht doch die gleiche: Monster auf die Leinwand zu bringen, die Angst und Schrecken verbreiten. Nun bedingen die Entwicklungen im Genre nicht nur eine Neuausrichtung der geographischen Koordinaten, der Ontologie der Monsterfiguren und der Art und Weise, in der Gewalt inszeniert wird. Die Modernisierung des Horrors bedingt in Bezug auf die Filmerfahrung des Zuschauers einen maßgeblichen Unterschied. Boris Karloff, der Schauspieler unter der Maske von Frankensteins Monster, erinnert an die Selbstbegrenzung des klassischen Horrors:

> Ich wäre wie am Boden zerstört, wenn irgendeiner von uns jemals mit dem Vorsatz auf der Leinwand erschienen wäre, die Leute zu entsetzen. [...] Die ganze Gewalttätigkeit und Brutalität der heutigen Zeit, vor einem realistischen Hintergrund gezeigt – das ist es, was einen durchaus entsetzen kann. (zit. nach Seeßlen/Jung 2006: 153)[14]

Tatsächlich ermöglichen die verschobenen Genrekonventionen eine andere, möglicherweise intensivere Filmerfahrung. Die Monster, die nicht mehr aus der Ferne, sondern aus der direkten Nachbarschaft kommen, die Verweigerung des Happy Ends und vor allem die exzessiven Bilder der Gewalt evozieren ganz andere Emotionen beim Zuschauer als die vergleichsweise wohltemperierten Gruselkabinette des klassischen Horrors – und das nicht nur, weil sich die Seh-

---

14 Karloff wurde zu Beginn der Ära des modernen Horrorfilms gleich zwei Mal symbolisch verabschiedet, einmal 1968 in Peter Bogdanovichs TARGETS, in dem er den alternden Horror-Schauspieler spielt, der lernen muss, dass der Schrecken seiner Filme von einer wesentlich grausameren Realität – hier in Gestalt des netten jungen Mannes von Nebenan, der eines Tages ohne ersichtlichen Grund beschließt, Amok zu laufen – bis zur Harmlosigkeit relativiert worden ist. Das zweite Mal in der Eröffnungssequenz von NIGHT OF THE LIVING DEAD, in der einer der Protagonisten den schleppenden Gang von Frankensteins Monster persifliert, kurz bevor er den Untoten zum Opfer fällt.

gewohnheiten des Publikums ändern; die Differenz liegt in den Filmen selbst. In diesem Sinne hat die kategorische Unterscheidung zwischen einer klassischen und einer modernen Phase, wie sie sich in der Literatur zum Genre inzwischen durchgesetzt hat, allemal ihre Berechtigung.[15]

Die Beschreibung einer gleichsam evolutionär verlaufenden Genregeschichte birgt allerdings auch Probleme, da sie dazu neigt, filmhistorische Diskontinuitäten zugunsten der eigenen Konstruktion zu unterschlagen.[16] Eine Einschränkung ist sinnvoll: „Clearly both ‚classic' and ‚modern' function as abstractions that do not give full justice to the variety of horror production given at any apparent moment in the horror genre" (Hutchings 2004: 177). Um die Rekonstruktion der Genreentwicklung abzusichern, bräuchte es eine breit angelegte Studie.[17] Schließlich werden bis heute Filme produziert, die moderne Settings und zeitgenössische Schocktaktiken mit Motiven des klassischen Horrors kombinieren.[18] NIGHT OF THE LIVING DEAD, THE TEXAS CHAINSAW MASSACRE und THE EXORCIST sollten nicht als Filme verstanden werden, die die bis dahin vorliegende Genregeschichte radikal umwerfen, sondern als Filme, die eine Phase der Erschöpfung beenden, indem sie neue Konventionen und Stereotypen erschließen und etablieren. Die in der Geschichtsschreibung des Genres inzwischen kanonische Unterscheidung zwischen einer klassischen und einer modernen Phase (s.o.) wäre somit präziser als eine Unterscheidung zweier differenter, aber einander in verschiedenen Aspekten überlappender Horrorästhetiken zu beschreiben, die zu unterschiedlichen Zeiten entstehen, sich aber gegenseitig keinesfalls ausschließen, sondern miteinander kombinierbar sind. Dann wäre es allerdings auch sinnvoll, Begriffe zu suchen, die nicht mit einer zeitlichen Abfolge assoziiert sind. Hilfreich könnte die Unterscheidung zwischen einem

---

15 Die Unterscheidung zwischen einer klassischen und einer modernen Phase des Genres findet sich – mit unterschiedlichen Begriffen versehen – in einem Großteil der filmhistorischen Texte zum Horrorgenre (vgl. etwa Waller 1987; Wells 2000; Humphries 2005; Worland 2006).
16 Durch die hier (vor allem aus Platzgründen) vorgenommene Beschränkung auf den US-Horrorfilm können auch die für die Genreentwicklung wegweisenden europäischen Filme nicht die Beachtung finden, die sie verdient hätten – etwa Michael Powells PEEPING TOM und Georges Franjus LES YEUX SANS VISAGE (zum europäischen Horrorfilm vgl. Allmer et al. 2012 und Schneider 2007).
17 Andrew Tudor hat Ende der 1980er-Jahre einen Korpus von knapp tausend in England vertriebenen Horrorfilmen ausgewertet und rekonstruiert eine ähnliche Entwicklungslinie wie die hier skizzierte: Die Erzählungen des Genres verorten das Böse nicht mehr in einem exotischen und/oder übernatürlichen Außen, sondern verlagern den Schrecken gleichsam in ein (wie auch immer im Einzelnen gestaltetes) Innen (vgl. Tudor 1989: 27-78).
18 Etwa die drastischeren Spielarten des Vampirgenres wie JOHN CARPENTER'S VAMPIRES, DAYBREAKERS oder zuletzt STAKE LAND.

unheimlichen und einem *drastischen* Horrorfilm sein, die darauf hindeutet, dass der vergleichsweise subtil gestimmte Horror der 1930er- und 1940er-Jahre eng verknüpft ist mit dem Motivkomplex der verdrängten Sexualität, während die in den 1970er-Jahren entstandene Schockästhetik ihre stärksten Effekte mittels der direkten Inszenierung von Gewalt erreicht.[19]

Der fatalistisch gestimmte drastische Horrorfilm US-amerikanischer Prägung, der in den 1970er-Jahren noch für einen veritablen Revitalisierungsschub des Genres sorgen konnte, fristete in den 1980er- und 1990er-Jahren ein Nischendasein und verschwand bis auf wenige Ausnahmen hinter den im Fahrwasser von HALLOWEEN und FRIDAY THE 13TH massenhaft produzierten Slasherfilmen, in denen ein (meist männlicher) Killer seinen (überwiegend weiblichen) Opfern zu Leibe rückte, und den grotesk-komischen Splatter-Exzessen wie RE-ANIMATOR oder BRAINDEAD. Auch in diesem Fall folgte der Etablierung und Sedimentierung die Ironisierung der Stereotype und damit der manifest werdende Verschleiß. Erst Anfang des neuen Jahrtausends kehrte der drastische Horror in signifikantem Ausmaß zurück. In den USA wurde die jüngste Horrorfilmwelle unter dem pejorativen und zugleich äußerst werbewirksamen Begriff „Torture Porn" verhandelt.[20] Ein Label, das dem interessierten Publikum maximale Reizdichte verspricht und ‚besorgtere Geister' zumindest kurzfristig in Aufruhr versetzte. Tatsächlich ist die Inszenierung verletzter Körper – wie schon in den 1970er-Jahren – das offensichtlichste und hervorstechendste verbindende Merkmal von Filmen wie HOSTEL, SAW oder THE DEVIL'S REJECTS.

Die Filme, die ich hier unter dem Begriff des drastischen Horrorfilms zusammenfasse, sind allerdings vielschichtiger, als ein aufgeregter Blick (gleich, ob er von Fans des Genres oder von Bedenkenträgern ausgeht) sie sehen möchte.[21] Es gibt einen fundamentalen Unterschied zwischen den modernen und den klassischen Monsterfiguren. Das Grauen im klassischen Horror fällt aus einem mehr oder weniger unbestimmten Außen in die Welt der Protagonisten ein. Der Schluss liegt nahe: „it is tempting to interpret the geography of horror as a fig-

---

19 Vgl. hierzu auch Moldenhauer (2014/in Vorbereitung).
20 Zuerst verwendet von David Edelstein, in einem am 28.01.2006 im *New York Magazine* erschienenen Artikel mit dem Titel „Now Playing at Your Local Multiplex: Torture Porn. Why has America gone nuts for blood, guts, and sadism?" (zit. nach Stiglegger 2010: 16f.).
21 Der britische Filmkritiker Kim Newman hat seinen Unmut über eine simplifizierende Perspektive auf das Genre mit Nachdruck formuliert: „I think the assumption that people watch horror films or read horror simply to be scared is insultingly simplistic and reductionist. It strikes me that a great deal of horror is concerned with a lot more than being scary" (zit. nach Hills 2005: vi). Erste Ansätze, die sich den sogenannten Torture-Porn-Filmen mit kulturtheoretischen Begriffen annähern, finden sich bei Moldenhauer (2008) und Stiglegger (2010).

urative spatialization or literarization of the notion that what horrifies is that which lies *outside* cultural categories and is, perforce, unknown" (Carroll 1990: 35). Das Schreckliche an Norman Bates in Psycho, den hungrigen Untoten, den Triebtätern, die zur Kettensäge greifen, und dem zwölfjährigen Mädchen, das lustvoll Obszönitäten in die Welt spuckt, ist dagegen nicht, dass sie sich wesenhaft von uns unterscheiden würden. Wenn man nun davon ausgeht, dass es das wirkungsästhetische Ziel des Genres – sowohl in der klassischen als auch der modernen Phase – ist, Angst und ein paradox lustvolles Unbehagen beim Zuschauer zu erzeugen, hat die Verschiebung vom unheimlichen zum drastischen Horrorfilm durchaus aufklärerischen Charakter. Nimmt man die vom drastischen Horrorfilm suggerierte Haltung zur Welt ernst, ist das Problem, das wir mit den Monstern haben sollten, nicht die Differenz zwischen ihnen und uns, sondern die Ähnlichkeit.

Film- und Medienverzeichnis

ABBOTT AND COSTELLO MEET FRANKENSTEIN (USA 1948, Abbott und Costello treffen Frankenstein, Regie: Charles Barton)
The Addams Family (USA 1964-1966, Die Addams Family, TV-Serie)
THE AMERICAN NIGHTMARE (USA 2000, Regie: Adam Simon)
THE BLACK CAT (USA 1934, Die schwarze Katze, Regie: Edgar G. Ulmer)
BLOOD FEAST (USA 1963, Regie: Herschell Gordon Lewis)
BRAINDEAD (USA 1992, Regie: Peter Jackson)
CARNIVAL OF SOULS (USA 1962, Tanz der toten Seelen, Regie: Herk Harvey)
CAT PEOPLE (USA 1942, Katzenmenschen, Regie: Jacques Tourneur)
DAS KABINETT DES DR. CALIGARI (D 1920, Regie: Robert Wiene)
DAWN OF THE DEAD (USA 1978, Zombie – Dawn of the Dead, Regie: George A. Romero)
DAWN OF THE DEAD (USA 2004, Regie: Zack Snyder)
DAY OF THE DEAD (USA 1985, Regie: George A. Romero)
DAYBREAKERS (USA 2009, Regie: Michael Spierig/Peter Spierig)
THE DEVIL'S REJECTS (USA 2005, TDR – The Devil's Rejects, Regie: Rob Zombie)
DIARY OF THE DEAD (USA 2007, Regie: George A. Romero)
DR. JEKYLL AND MR. HYDE (USA 1931, Dr. Jekyll und Mr. Hyde, Regie: Rouben Mamoulian)
DRACULA (USA 1931, Regie: Tod Browning)
DRACULA'S DAUGHTER (USA 1936, Draculas Tochter, Regie: Lambert Hillyer)
THE EXORCIST (USA 1973, Der Exorzist, Regie: William Friedkin)
FRANKENSTEIN (USA 1931, Regie: James Whale)
FREAKS (USA 1932, Regie: Tod Browning)
FRIDAY THE 13TH (USA 1980, Freitag der 13., Regie: Sean S. Cunningham)
HALLOWEEN (USA 1978, Halloween – Die Nacht des Grauens, Regie: John Carpenter)
THE HILLS HAVE EYES (USA 1977, Hügel der blutigen Augen, Regie: Wes Craven)
THE HILLS HAVE EYES (USA 2006, Regie: Alexandre Aja)
HOSTEL (USA 2005, Regie: Eli Roth)

HOUSE OF FRANKENSTEIN (USA 1944, Frankensteins Haus, Regie: Erle C. Kenton)
I WAS A TEENAGE FRANKENSTEIN (USA 1957, Regie: Herbert L. Strock)
I WAS A TEENAGE WEREWOLF (USA 1957, Der Tod hat schwarze Krallen, Regie: Gene Fowler Jr.)
INVASION OF THE BODY SNATCHERS (USA 1956, Die Körperfresser kommen, Regie: Don Siegel)
JOHN CARPENTER'S VAMPIRES (USA 1998, Regie: John Carpenter)
LAND OF THE DEAD (USA 2005, Regie: George A. Romero)
LAST HOUSE ON THE LEFT (USA 1972, Das letzte Haus links, Regie: Wes Craven)
LES YEUX SANS VISAGE (FR 1960, Augen ohne Gesicht, Regie: Georges Franju)
LONDON AFTER MIDNIGHT (USA 1927, Um Mitternacht, Regie: Tod Browning)
THE MOST DANGEROUS GAME (USA 1932, Graf Zaroff – Genie des Bösen, Regie: Irving Pichel, Ernest B. Schoedshack)
The Munsters (USA 1964-1966, TV-Serie)
MURDERS IN THE RUE MORGUE (USA 1931, Mord in der Rue Morgue, Regie: Robert Florey)
NIGHT OF THE LIVING DEAD (USA 1968, Die Nacht der lebenden Toten, Regie: George A. Romero)
NOSFERATU – EINE SYMPHONIE DES GRAUENS (D 1922, Regie: F. W. Murnau)
THE PHANTOM OF THE OPERA (USA 1925, Das Phantom der Oper, Regie: Rupert Julian)
PEEPING TOM (GB 1960, Augen der Angst, Regie: Michael Powell)
PSYCHO (USA 1960, Regie: Alfred Hitchcock)
RE-ANIMATOR (USA 1985, Der Re-Animator, Regie: Stuart Gordon)
STAKE LAND (USA 2010, Vampire Nation, Regie: Jim Mickle)
SAW (USA 2004, Regie: James Wan)
SURVIVAL OF THE DEAD (USA 2009, Regie: George A. Romero)
TARGETS (USA 1968, Bewegliche Ziele, Regie: Peter Bogdanovich)
THE TEXAS CHAINSAW MASSACRE (USA 1974, Blutgericht in Texas, Regie: Tobe Hooper)
THE TEXAS CHAINSAW MASSACRE (USA 2003, Michael Bay's Texas Chainsaw Massacre, Regie: Marcus Nispel)
THE WOLF MAN (USA 1941, Der Wolfsmensch, Regie: George Waggner)

Literaturverzeichnis

Allmer, Patricia/Huxley, David/Brick, Emily (Hgg.) (2012): *European Nightmares. Horror Cinema in Europe since 1945*. New York: Columbia University Press.
Carroll, Noël (1990): *The Philosophy of Horror or Paradoxes of the Heart*. New York/London: Taylor & Francis.
Clarens, Carol (2004): „Children of the Night". In: Prince, Stephen (Hgg.): *The Horror Film*. Brunswick: Rutgers University Press, S. 58-69.
Durst, Uwe (2001): *Theorie der phantastischen Literatur*. Tübingen: Francke.
Hervey, Benjamin (2007): „Contemporary Horror Cinema". In: Spooner, Catherine/McCoy, Emma (Hgg.): *The Routledge Companion to Gothic*. New York: Routledge, S. 233-241.
Hervey, Benjamin (2008): *Night of the Living Dead*. New York: Palgrave/Macmillan.
Hickethier, Knut (2002): „Genretheorie und Genreanalyse". In: Felix, Jürgen (Hg.): *Moderne Film Theorie*. Mainz: Bender, S. 62-97.
Hills, Matt (2005): *The Pleasures of Horror*. New York/London: continuum.
Humphries, Reynold (2005): *The American Horror Film. An Introduction*. Edinburgh: Edinburgh University Press.

Hutchings, Peter (2004): *The Horror Film*. London: Pearson Longman.
Kappelhoff, Hermann (2008): *Realismus: das Kino und die Politik des Ästhetischen*. Berlin: Vorwerk 8.
Maddrey, Joseph (2004): *Nightmares in Red, White and Blue*. Jefferson: McFarland.
Moldenhauer, Benjamin (2008): „Teenage Nightmares. Jugend und Gewalt im modernen Horrorfilm". In: Ders./Spehr, Christoph/Windszus, Jörg (Hgg.): *On Rules and Monsters. Essays zu Horror, Film und Gesellschaft*. Hamburg: Argument-Verlag.
Moldenhauer, Benjamin (2014/in Vorbereitung): *Ästhetik des Drastischen. Der Horrorfilm als Erfahrungsaggregat*. Dissertationsschrift.
Newman, Kim (1988): *Nightmare Movies. A Critical Guide to Contemporary Horror Films*. New York: Harmony Books.
Newman, Kim (1999): *Cat People*. London: British Film Institute.
Ruthner, Clemens (2006): *Nach Todorov. Beiträge zu einer Theorie der Phantastischen in der Literatur*. Tübingen: Francke.
Schneider, Steven Jay (Hg.) (2007): *100 European Horror Movies*. London: British Film Institute.
Schweinitz, Jörg (2006): *Film und Stereotyp. Eine Herausforderung für das Kino und die Filmtheorie. Zur Geschichte eines Mediendiskurses*. Berlin: Akademie Verlag.
Seeßlen, Georg/Jung, Fernand (2006): *Horror. Grundlagen des populären Films*. Marburg: Schüren.
Skal, David J. (1994): *The Monster Show. A Cultural History of Horror*. London: Plexus.
Skerry, Philip J. (2009): *Psycho in the Shower. The History of Cinema's Most Famous Scene*. New York/London: continuum.
Stiglegger, Marcus (2010): *Terrorkino. Angst/Lust und Körperhorror*. Berlin: Bertz+Fischer.
Stiglegger, Marcus (2011): „Grand Guignol: Die theatralen Wurzeln des Splatterfilms". In: *Zeitschrift für Fantastikforschung* 02/2011, S. 55-62.
Todorov, Tzvetan (1972): *Einführung in die fantastische Literatur*. München: Hanser.
Tudor, Andrew (1989): *Monsters and Mad Scientists. A Cultural History of the Horror Movie*. Oxford: Basil Blackwell.
Tybjerg, Casper (2004): „Shadow-Souls and Strange Adventures: Horror and the Supernatural in European Silent Film". In: Prince, Stephen (Hg.): *The Horror Film*. Brunswick: Rutgers University Press, S. 15-39.
Waller, Gregory A. (1987): *American Horrors. Essays on the modern american horror film*. Urbana: University of Illinois Press.
Wells, Paul (2000): *The Horror Genre. From Beelzebub to Blair Witch*. London: Wallflower Press.
Williams, Linda (2002): „Learning to Scream". In: Kim Newman (Hgg.): *Science Fiction/Horror. A Sight and Sound Reader*. London: British Film Institute, S. 72-78.
Worland, Rick (2006): *The Horror Film. An Introduction*. Malden: Blackwell.

Filmanalyse

LÅT DEN RÄTTE KOMMA IN
(So finster die Nacht)

SWE 2008, Regie: Tomas Alfredson

Der Vampir hat sich als die langlebigste der klassischen Horrorfilmfiguren erwiesen. Während der Werwolf, Frankensteins Monster und Dr. Jekyll nur noch selten auf den Leinwänden zu finden sind, ist es den verführerischen Untoten immer wieder gelungen, sich zu wandeln und den genreimmanenten wie außerfilmischen Gegebenheiten anzupassen.

LÅT DEN RÄTTE KOMMA IN wirkte 2008 wie ein depressiver Gegenentwurf sowohl zu den romantischen Blutsaugern des ersten Teils der TWILIGHT-Saga (2008), als auch zu actionlastigen Vampirfilmen wie denen der BLADE-Reihe (1998-2004) oder 30 DAYS OF NIGHT (2007). Neu war nicht, dass hier der Vampir in ein zeitgenössisches Setting versetzt wurde; das hatten Filme wie MARTIN (1976), NEAR DARK (1987) oder THE LOST BOYS (1987) bereits vorgemacht. Neu war, dass die Verfilmung des gleichnamigen Romans von John Ajvide Lindqvist das Monster zum Freund des Protagonisten werden ließ, ohne ihm dafür – wie in den TWILIGHT-Filmen – ‚die Zähne ziehen' zu müssen. Für das Horrorfilm-Genre ungewöhnlich ist zudem die Atmosphäre des Films, die weniger auf Suspense und Schock setzt, sondern darauf zielt, eine düster-melancholische Stimmung beim Zuschauer zu evozieren. Der Horror wird in LÅT DEN RÄTTE KOMMA IN mit einem bedrückenden Sozialrealismus amalgamiert. Tomas Alfredsons Vampirfilm bedient sich sowohl der Phantastik wie auch des filmischen Realismus. Er lässt sich als eine innovative Variation über eine klassische Genrefigur und als wirklichkeitsnahes Porträt eines misslingenden Lebens in den sozialen Randgebieten verstehen.

Eine Vorortsiedlung Stockholms in den frühen 1980er-Jahren. Im Mittelpunkt der Erzählung stehen der zwölfjährige Oscar (Kåre Hedebrant) und die neu in den Wohnblock eingezogene Eli (Lina Leandersson), ein Mädchen, das, wie sie Oscar später erzählen wird, schon seit „sehr langer Zeit" zwölf Jahre alt ist. Der linkische Junge mit der unvorteilhaften Frisur und der ständig laufenden Nase wird in der Schule immer wieder von drei Mitschülern geschlagen und gedemütigt. Eli ernährt sich von Blut, das ihr ein älterer Mann (Per Ragnar) besorgt; bald wird der erste Tote nahe der Siedlung gefunden, kopfüber aufgehängt und ausgeblutet. Oscar und Eli nähern sich einander an, es entsteht eine Verbindung, die auch an Oscars Entdeckung, dass seine neue Nachbarin ein Vampir ist, nicht zerbricht.

Beide, Oscar und Eli, sind Außenseiter in einer Welt, die als eine durch und durch erkaltete inszeniert wird. Es schneit nahezu ununterbrochen, die Häuserblocks wirken abweisend, die Räume, in denen die Menschen hier leben müssen, zu eng. Die Kinder agieren bösartig oder schwach, die Erwachsenen trinken zu viel und scheinen entweder empathielos oder überfordert. Mit der Tristesse der Bilder, die Momente anrührender Schönheit keineswegs ausschließt, sondern nur noch klarer hervortreten lässt, korrespondieren ein genreuntypisch langsamer Schnittrhythmus und lakonisch-distanzierte Kameraperspektiven. Die Kameraführung vermeidet die für die Gewaltszenen des modernen Horrors üblichen spektakulären Close-ups; der erste Mord etwa ist aus mittlerer Entfernung durch eine Baumreihe hindurch gefilmt. Lakonie beherrscht auch die extradiegetische Musik. Weite Strecken des Films sind mit Verhängnis suggerierenden Streicherklängen oder einer melancholisch-minimalistischen Klaviermelodie unterlegt.

In diesem durchaus realistischen Setting lässt LÅT DEN RÄTTE KOMMA IN sein Monster wildern. Einige klassische Topoi des Vampirmythos werden abgerufen: Eli verträgt kein Sonnenlicht, verfügt über übernatürliche Kräfte, muss eingeladen werden, bevor sie ein Zimmer betreten kann, und wird von einem emotional abhängigen Mann begleitet, eine Aktualisierung der Renfield-Figur, dem Diener Draculas in Bram Stokers Roman. Die Re-Interpretation des (Vampir-)Mythos ist nichtsdestotrotz weitreichend. In LÅT DEN RÄTTE KOMMA IN wird die der Vampirfigur typischerweise inhärente erotische Konnotation ausgeschlossen und – statt um Verführung und romantisierte Ewigkeitsversprechen zu kreisen – eine denkbar unerotische Gewalt ins Bild gerückt. Der Kontakt mit dem Vampirismus ist nicht mehr mit einem verbotenen Begehren verknüpft; anders als die Romanvorlage, die den Versorger Elis als altgewordenen Pädophilen zeichnet, sexualisiert der Film seine Figur nicht. Selbst die Geschlechtsidentität Elis bleibt ungewiss – ob er sie (oder ihn?) auch mögen würde, wenn sie kein Mädchen wäre, fragt Eli Oscar, und der bejaht. Ein kurzer Kamerablick auf Elis nackten Unterleib zeigt eine Leerstelle. Wo Penis oder Vagina sein sollte, ist nur eine vernähte Narbe.

LÅT DEN RÄTTE KOMMA IN verabschiedet sich vom freudianischen Unterton des Genres, der es im Anschluss an Bram Stokers *Dracula* klassischerweise nahelegte, den Vampir als symptomatische Manifestation eines verdrängten Begehrens zu verstehen. Stattdessen bringt der Vampirismus die Menschen hier in Kontakt mit der Gewalt, die es offenbar braucht, um in der offensiv herzlosen Welt zurechtzukommen. „Du musst zurückschlagen", erklärt Eli und beschwört ihren schwächlichen Freund: „Werd ein bisschen so wie ich." Oscar tut wie ihm geheißen und zertrümmert dem Anführer seiner Peiniger (Patrik Rydmark) mit einem Stock das Ohr. Die aus der Untersicht gefilmte Einstellung auf sein Gesicht zeigt die Erleichterung – ein befreites Ausatmen und ein leises Lächeln – angesichts des schreienden Jungen, der blutend vor ihm liegt.

Oscar ist von Anfang an kein edles Opfer. In einer der ersten Einstellungen des Films sehen wir, wie er die erlittenen Demütigungen kompensiert, indem er mit einem Messer auf einen Baum im Hof seines Wohnblocks einsticht. Später bekommen wir seine Sammlung von Zeitungsartikeln, die über Gewaltverbrechen berichten, gezeigt; wäre er zwei Jahre älter, man könnte ihn sich als begeisterten Horrorfilmkonsumenten vorstellen.

Dass die Monster den Menschen dabei helfen, mit der Welt zurechtzukommen, ist im Horror – anders als in der Fantasy – relativ selten. Die Verschiebung des Verhältnisses von Normalität und Monstrosität lässt sich in diesem Fall auch als Radikalisierung verstehen. Robin Wood hat die klassische Ausgangssituation des Genres auf den Punkt gebracht: „Normality is threatened by the monster" (Wood [1986] 2003: 71). Wenngleich die in den klassischen Filmen der 1930er- und 1940er-Jahre oftmals als viktorianisch gekennzeichnete soziale Welt im schlimmsten Fall langweilig anmutete, sollte sie doch als bewahrenswert erscheinen. Die Zerstörung des Monsters war obligatorisch, und dort wo es – wie in den grimmigeren Genreproduktionen ab den 1970er-Jahren – überleben oder gar triumphieren durfte, galt der Ausgang des Films als fatalistisch. In LÅT DEN RÄTTE KOMMA IN hingegen erscheint die Normalität selbst als monströs, das Monster wird zu der Instanz, die einen wenngleich auch ambivalenten Ausweg aus dem Elend ermöglicht.

Damit steht der Film im Verbund mit einer kleinen Zahl jüngerer Genreproduktionen, in denen das Leben für die Protagonisten nicht aushaltbar ist und die Monster (die immer – auch wenn sie in der diegetischen Welt des Films außerhalb der Vorstellung der Figuren existieren – etwas von imaginären Freunden haben), Linderung versprechen. DONNIE DARKO (2001), PAN'S LABYRINTH (2006) und HEARTLESS (2009) erzählen auf unterschiedliche Weise davon, wie ihre unglücklichen Figuren sich in phantastisch-schreckliche Parallelwelten flüchten. LÅT DEN RÄTTE KOMMA IN allerdings treibt die Ambivalenz seiner Figuren am Weitesten.

Der Film hinterlässt gemischte Gefühle, der Sieg über den Schrecken ist selbst ein schrecklicher. Man muss in der Schulzeit nicht übermäßig gequält worden sein, um das Finale, in dem Eli die Peiniger Oscars buchstäblich zerreißt, als filmische Rachephantasie genießen zu können. Die Gliedmaßen der Jungen, die eben noch den Kopf ihres Opfers unter Wasser gehalten haben, gleiten sachte im Becken des Schulschwimmbads hinab. LÅT DEN RÄTTE KOMMA IN gelingt es spätestens mit dieser Szene, die Drastik, tiefschwarze Komik und Anmut miteinander verbindet, eine Solidarisierung des Zuschauers mit dem Monster herzustellen – selbst dann noch, wenn es Kinder schlachtet.

Auch der Epilog des Films bietet keinen eindeutigen Ausgang an. Elis Versorger ist tot, Oscar verlässt mit ihr die Stadt, eine Rückkehr wird nicht möglich sein, und man ahnt, dass nun Oscar seine Stelle einnehmen wird. Ob der Vampir auch hier ein seiner Natur nach manipulatives Wesen ist oder tatsächlich ein Freund sein kann, wird offengelassen. Das US-amerikanische Remake LET ME IN (2010) löste den Verdacht dann zwei Jahre später in Eindeutigkeit auf, das Original lässt es nur vermuten: Oscar wird so enden wie sein Vorgänger, als Renfield-Figur, die Eli Blut beschaffen muss. Trotzdem gelingt es dem Film, das Ende als ein glückliches erscheinen zu lassen. Vielleicht weil, verglichen mit der filmisch erweckten Realität, die Aussicht auf ein Leben mit einem Vampir noch als eine relativ glückliche Perspektive erscheint. Die im Horror oft implizierte Verbundenheit zwischen dem, der unter der Welt leidet, und dem Monster wird explizit. „Wer bist Du?", fragt Oskar, und Eli antwortet: „Ich bin wie Du." Näher als in LÅT DEN RÄTTE KOMMA IN werden einem die menschlichen und phantastischen Monster des Genres im Kino nur selten kommen.

Wood, Robin ([1986] 2003): „The American Nightmare: Horror in the 70s". In: Ders.: *Hollywood from Vietnam to Reagan... and beyond*. New York: Columbia University Press.

Benjamin Moldenhauer

Biopic

Markus Kuhn

Einleitung

Was haben Michelangelo Buonarroti, Ludwig van Beethoven, Frida Kahlo, Coco Chanel, Johnny Cash und Édith Piaf gemeinsam? Oder aber Thomas Alva Edison, Margaret Thatcher, die Queen, Che Guevara und Marie Antoinette? Sie alle waren als ‚historische Persönlichkeiten' schon einmal Gegenstand eines *Biopic*. Eine Aufzählung der Protagonisten biographischer Spielfilme gerät schnell zu einem ‚Who-is-Who' der Kulturgeschichte – quer durch Länder und Epochen, jenseits aller Grenzziehungen zwischen Hoch- und Populärkultur.

Der Begriff Biopic, der mutmaßlich erstmals von der Zeitschrift *Variety* im Jahr 1951 verwendet wurde (vgl. Taylor 2002: 20), ist abgeleitet von der Bezeichnung ‚*bio*graphical *pic*ture'. Die etymologische Wortbedeutung des aus dem Griechischen stammenden Begriffs *Biographie* geht zurück auf das griechische *bios* – übersetzt mit ‚Leben' – und *-graphie*, was sich vom Verb *graphein* herleitet, das mit ‚zeichnen' oder ‚schreiben' übersetzt werden kann. Biographie bedeutet demnach so viel wie ‚Lebens(be)schreibung'. *Picture* leitet sich ab von der US-amerikanischen Bezeichnung des Films als ‚picture' bzw. ‚motion picture'. Der Begriff Biopic steht also für ‚filmische Lebensbeschreibungen', Filme, in denen ein Leben beschrieben wird. Er bezeichnet in der Regel aber ausschließlich *fiktionale* Spielfilme, also keine dokumentarischen Filme. In nahezu allen Kino- und Fernseh-Biopics geht es nicht um das Leben ‚irgendeines' Menschen, sondern um das Leben einer bekannten Persönlichkeit, die eine exponierte Rolle in der Gesellschaft, Politik oder Kunst gespielt und/oder zu Lebzeiten oder posthum einen gewissen Grad an Popularität erlangt hat.

Biopics[1] sind Spielfilme über bedeutende Menschen, die tatsächlich gelebt haben oder noch leben, die also eine außerfilmische Existenz aufweisen. Es ist evident, dass Biopics ihren Reiz zumindest teilweise aus der Größe, Popularität oder Verehrung der Künstler, Politiker und anderer Berühmtheiten beziehen, deren Leben sie erzählen. Biopics müssen das Menschenleben, um es auf die Länge eines Spielfilms (von in der Regel 90 bis 150 Minuten) zu verdichten, in

---

1 Biopics werden im Deutschen u.a. auch als ‚biographische Filme' oder ‚Filmbiographien' bezeichnet (vgl. Klein/Werner 2009: 154); im Englischen auch als ‚Biographical Film', ‚Film Biography', ‚Screen Biography', ‚Bio' oder ‚Biog' (vgl.: Lopez 1993: 25).

ein narratives Muster einpassen. Dieses Muster verleiht dem repräsentierten Leben eine sinnhafte, häufig teleologische Struktur; es wird bewertet, interpretiert und mit Bedeutung aufgeladen, was bis zur Idealisierung oder ideologischen Verklärung des repräsentierten Menschenlebens führen kann.

Grundlage der folgenden Betrachtung ist eine Definition des Biopic, gefolgt von einer Darstellung der historischen Entwicklung. Eine (Sub-)Klassifizierung des Genres wird anhand seiner Hauptfiguren vorgenommen; die wichtigsten dramaturgischen und narrativen Muster werden skizziert. Aus der Tatsache, dass Biopics fiktionale Filme über außerfilmisch existente Personen sind, resultiert ein Spannungsfeld, in dem sich verschiedene Authentifizierungsstrategien herausgebildet haben, die abschließend aufgeschlüsselt werden.[2]

Zur Definition des Biopic

Auf der Suche nach einer Definition des Biopic lässt sich bereits in der ersten international bekannten Monographie ein geeigneter Ausgangspunkt finden: George F. Custen stellt in *Bio/Pics: How Hollywood Constructed Public History* die filmische Darstellung des Lebens einer historischen Persönlichkeit der Vergangenheit oder Gegenwart (1992: 5)[3] bei Verwendung belegbarer Namen (ebd.: 6, 8) in den Mittelpunkt seiner Definition. Nach Custen muss ein Biopic nicht das ganze Leben behandeln (ebd.: 6).[4] Außerdem setzt er voraus, dass sich das dargestellte Leben durch Berühmtheit auszeichnet, sofort eingestehend, dass sich die Faktoren dafür historisch verändern (ebd.: 6f.).[5] Da sich die meisten

---

[2] Zu Biopics im Allgemeinen sind seit 1990 drei umfassende Monographien verfasst worden: von George F. Custen (1992), Henry M. Taylor (2002) und Dennis Bingham (2010); zu spezifischen Biopic-Typen wurden zwei Studien vorgelegt: von John C. Tibbetts (2005) zu Komponistenfilmen und Sigrid Nieberle (2008) zur Darstellung von Autoren und Autorschaft im Film. Im Jahr 2009 erschienen drei deutschsprachige Überblicksartikel zum Biopic (Mittermayer 2009a; 2009b; Klein/Werner 2009); neuere Sammelbände haben Jürgen Felix (2000) und Manfred Mittermayer et al. (2009) vorgelegt. Außerdem gab es verschiedene Kapitel und Artikel zum Biopic in Bänden zu Filmgenres im Allgemeinen (z.B. Anderson 1988; Altman 1999, 38ff.; Neale 2000: 60ff.; Anderson/Lupo 2002) sowie verstreute Artikel in Zeitschriften und Sammelbänden mit weiter gefasstem Fokus (z.B. Fischer 1994; Custen 2000; Christie 2002).

[3] Custen (1992: 5): „[...] a biographical film is one that depicts the life of a historical person, past or present."

[4] Custen (1992: 6): „A biopic, then, from its earliest days is minimally composed of the life, or of the portion of a life, of a real person whose real name is used."

[5] Custen (1992: 6f.) erörtert dazu: „[...] the definition of what constitutes a biopic – and with it, what counts as fame – shifts with each generation. It is not that each generation creates or

Definitionen des Biopic – wie z.B. die von Henry M. Taylor (2002: 22) oder Christian Klein und Lukas Werner (2009: 154)[6] – mehr oder weniger eng an Custen orientieren (ohne dabei allerdings die Verwendung belegbarer Namen zu fordern), können diese Impulse hier zusammengeführt, modifiziert, hierarchisiert und auf die folgende gestaffelte definitorische Formel gebracht werden:[7]

Biopics sind fiktionale Spielfilme über das Leben einer außerfilmisch belegbaren Persönlichkeit (der Gegenwart oder Vergangenheit). Dabei muss mindestens ein Lebensabschnitt dieser historischen Person repräsentiert werden (in der Regel sind es mehrere Lebensabschnitte).

Die außerfilmisch belegbare Persönlichkeit, die im Biopic repräsentiert wird, zeichnet sich in der Regel durch die sogenannte ‚Biographiewürdigkeit'[8] aus, d.h., sie besitzt eine gewisse Bedeutung und Bekanntheit oder zumindest einen für eine gesellschaftliche Epoche, soziale Gruppe oder Generation stehenden exemplarischen Wert.

Häufig (aber nicht immer) wird die Figur im Film mit dem Namen der historischen Persönlichkeit belegt, die sie repräsentiert; nicht selten trägt der Film den Namen der repräsentierten Persönlichkeit auch im Titel.

Das Leben der Persönlichkeit erfährt durch das dramaturgische und narrative Muster, in das es im fiktionalen Biopic eingebettet wird, eine – eindeutige oder mehrdeutige, deutliche oder latente, geschlossene oder offene – Bedeutungszuweisung.

Im Sinne des dynamischen und offenen Genrekonzepts dieses Bandes (vgl. Teil I) wird hier keine geschlossene essentialistische Definition des Biopic geliefert. Es kann und soll keine statische Konstanz von Merkmalen behauptet und

---

discovers necessarily new forums for fame; rather, certain careers and types of people become the prime focus of public curiosity in each generation."

6 Taylor, dessen Definition sich an Custen (1992) orientiert, aber auf die Forderung nach dem Namen der Persönlichkeit in der Diegese verzichtet, schreibt: „Biopics behandeln in fiktionalisierter Form die historische Bedeutung und zumindest in Ansätzen das Leben einer geschichtlich belegbaren Figur. Zumeist wird deren realer Name in der Diegese verwendet. [...]" (Taylor 2002: 22); Klein/Werner definieren: „Biopics sind fiktionale Filme, die das Leben einer historischen Person (ganz oder in Ausschnitten) schildern [...]" (2009: 154).

7 Custen fordert ausdrücklich, dass Biopics den realen Namen benutzen: „In biopics, as I define them, the characters' real names are used. [...] The fact that real names are used in biographical films suggests an openness to historical scrutiny and an attempt to present the film as the official story of a life" (1992: 8). Dieser Forderung folgen die wenigsten Autoren (vgl. dazu u.a. Neale 2000: 61; Taylor 2002: 22f.).

8 Zum Begriff und Konzept der ‚Biographiewürdigkeit' vgl. exemplarisch Schweiger (2009).

keine eindeutige Zuordnung von Grenzfällen ‚erzwungen' werden. Abhängig von dem jeweiligen Erkenntnisinteresse kann es sogar sinnvoll sein, auch Filme als Biopics zu diskutieren, die in den Grenzbereich zum Historienfilm, zum Kostümfilm oder zum Dokudrama fallen. Bei den genannten Merkmalen handelt es sich z.T. um graduelle Phänomene. So sind die Faktoren, die man zur Bestimmung der Biographiewürdigkeit einer Persönlichkeit heranziehen kann, von Kanonisierungsprozessen, Funktionsweisen des kulturellen Gedächtnisses sowie von sozialen, politischen und wirtschaftlichen Diskursen und Machkonstellationen abhängig. Das Setzen einer absoluten Genregrenze wäre ein arbiträrer Akt, der zwar wissenschaftlich begründet werden kann, aber niemals eine uneingeschränkte ahistorische, kontext- und kulturübergreifende Gültigkeit haben kann.

Mit der definitorischen Zusammenführung der Formulierungen ‚*fiktionale* Spielfilme' und ‚über das Leben einer *außerfilmisch belegbaren* Persönlichkeit' wird das folgenreiche Spannungsfeld erfasst, in dem sich nahezu jedes Biopic bewegt: Einerseits ist das Biopic wie jeder andere fiktionale Spielfilm ein Film, der keine ‚referenzielle Verpflichtung' bezüglich einer außerfilmischen Wirklichkeit hat, andererseits referiert es auf eine historische Persönlichkeit (vgl. Taylor 2002: 15). Daraus resultiert bei vielen Zuschauern die Erwartungshaltung, dass zumindest einige der präsentierten Fakten stimmen sollten. Hierin, also in den spezifischen Verfahren zur Erzeugung von Authentizität, die auf textuellen, paratextuellen und/oder kontextuellen Merkmalen basieren, lässt sich ein weiteres zentrales Moment des Genres sehen (vgl. Weber 2013). Kaum ein anderes fiktionales Genre außer dem Biopic (von einigen Strömungen des Historienfilms einmal abgesehen) ruft diesen Wunsch nach einem Abgleich mit der vorfilmischen Wirklichkeit hervor und befriedigt zugleich das Bedürfnis nach Unterhaltung und Information.

Viele Biopics beginnen mit der Jugend des Helden und enden mit dem Tod oder dem anerkannten Erfolg des Helden vor oder auch nach dessen Ableben. Da es jedoch einige Biopics gibt, die nur einen kleineren Ausschnitt des Lebens repräsentieren, wurde auch diesbezüglich eine offene Formulierung gewählt: Es ist hinreichend, wenn ‚mindestens ein Lebensabschnitt' repräsentiert wird. In THE AGONY AND THE ECSTASY wird die Zeit von Michelangelos Arbeit am Deckenfresko der Sixtinischen Kappelle dargestellt, die sich über ca. vier Jahre seines knapp 90-jährigen Lebens erstreckt. In 8 MILE wird die entscheidende Woche des Durchbruchs als weißer Straßenrapper aus dem Leben der Hauptfigur gezeigt.⁹ Die Namensgebung ist ein weiteres ‚weiches' Kriterium. In vielen Biopics wird der Name der realen Person verwendet (s.o.). Da es aber einige Filme gibt, die wie ein Biopic aufgebaut sind und außerfiktional bestimmbare Lebensabschnitte einer historisch belegbaren Persönlichkeit repräsentieren, *ohne* auf den realen Namen zu referieren (berühmtes Beispiel: CITIZEN KANE), wird darin kein Ausschlusskriterium gesehen.¹⁰

Zur Geschichte und Internationalität des Biopic

Seit den Anfängen der Filmgeschichte um 1895 gab es ein Interesse an historischen Stoffen, das in vielen Fällen bereits personenzentriert war. Custen (1992: 5) nennt als erstes Beispiel den kurzen Film THE EXECUTION OF MARY, QUEEN OF SCOTS, der bereits 1895 gedreht wurde. 1899 produzierte Georges Méliès L'AFFAIRE DREYFUS über die historische Affäre um die Person Alfred Dreyfus. Als eine der ersten filmischen Biographien im engeren Sinne gilt MOLIÈRE mit Abel Gance aus dem Jahr 1909 (vgl. ebd.). In den Folgejahren wurde – u.a. in Deutschland, Frankreich, Großbritannien und in den USA – bereits eine ganze Reihe an filmischen Biographien produziert. Taylor (2002: 24ff.), der sich auf Custen (1992) bezieht, macht an den hier genannten sowie an weiteren Filmen eine erste Phase des Biopic fest, die er als *klassische* Phase von einer *modernen*

---

9 Die Hauptfigur Jimmy ‚B-Rabbit' Smith weist so viele Ähnlichkeiten zum außerfiktionalen Rapper Eminem auf, von dem die Hauptfigur auch gespielt wird, dass der Film als Biopic über Eminem gelten kann, auch wenn es sich hierbei sicherlich um einen Grenzfall handelt.
10 In der Forschung dominiert (nicht uneingeschränkt) die Tendenz, vom Biopic als einem Genre zu sprechen. Carolyn Anderson (1988), Rick Altman (1999: 38ff.), Steve Neale (2000: 60ff.), C. Anderson und Jonathan Lupo (2002) sowie Bingham (2010) ordnen das Biopic bzw. den ‚Biographical Film' als Genre bzw. ‚Major-Genre' ein; Taylor spricht von einem ‚Genre' bzw. von einer ‚Gattung', ohne beide Begriffe voneinander zu unterscheiden (vgl. u.a. 2002: 18), was aus der Perspektive der deutschen Filmwissenschaft zu Missverständnissen führen kann, die in der Regel mit Hickethier (z.B. 2002: 62f.) zwischen Genre und Gattung differenziert (vgl. Teil I, Kap. 2.1). François de la Bretèque (1986) verwendet den Begriff des ‚schwachen Genres' wegen einer von ihm unterstellten Abhängigkeit des Biopic von anderen Genres. Von einer Abhängigkeit zu sprechen, geht jedoch zu weit. Die Möglichkeit, ein Genre wie das Biopic mit anderen Genres zu kombinieren, ist – wie dieser Einführungsband deutlich macht – bei vielen anderen Genres ebenfalls gegeben, weil nicht jedes Genre auf der gleichen Abstraktionsebene definiert werden kann und/oder die gleichen strukturellen und historischen Dimensionen aufweist. Als Verständigungsbegriff in der Kommunikation über Filme ist der Begriff ‚Biopic' weniger gebräuchlich als Begriffe wie ‚Western' oder ‚Krimi'; vgl. Anderson/Lupo: „‚Biopic' is a term more often used by film critics and historians than in marketing campaigns, among moviegoers or as a shelving device at rental stores" (2002: 91).

unterscheidet (vgl. auch Taylor 2002: 14, 18, 27f., 32). Er setzt keine feststehende Zäsur zwischen der ersten und der zweiten Phase, sondern erklärt: „Die zweite [...] Phase [...] lässt sich in Ansätzen schon nach dem Zweiten Weltkrieg, vor allem aber seit den 60er Jahren bis hin zur Postmoderne beobachten" (ebd.: 32).[11]

Für die klassische Ära nach Taylor wären Filme zu nennen wie die deutschen Produktionen RICHARD WAGNER. EIN KINEMATOGRAHISCHER BEITRAG ZU SEINEM LEBENSBILD (1913), MADAME DUBARRY (1919) und FRIEDRICH SCHILLER – EINE DICHTERJUGEND (1923), die britischen Produktionen THE PRIVATE LIFE OF HENRY VIII. (1933) und REMBRANDT (1936), die französischen Produktionen LES AMOURS DE LA REINE ÉLISABETH (1912), NAPOLÉON (1927) und UN GRAND AMOUR DE BEETHOVEN (1936) sowie die nordamerikanischen Produktionen DISRAELI (1929), THE STORY OF LOUIS PASTEUR (1936) und THE LIFE OF EMILE ZOLA (1937). Für diese Filme lässt sich mit Taylor (2002: 28) vereinfachend festhalten, dass die heroischen Erzählungen von Fortschritt und Emanzipation dominieren. „Bis in die 40er Jahre entsprachen die allermeisten biographischen Filme diesem Typ, in dem es um Aufklärung und Inspiration qua individuellem Heroismus geht [...]" (ebd.); „Geschichten über Individuen, die große Widerstände überwinden und oftmals einen Beitrag zur Humanisierung der Welt leisten" (ebd.: 27f.). Im Mittelpunkt der Filme der klassischen Phase stehen Persönlichkeiten aus dem Umfeld politischer Macht oder der Hochkultur. Auch wenn in der angloamerikanischen Literatur vor allem auf US-amerikanische Beispiele referiert wird, ist das Biopic von Beginn an ein internationales Phänomen. Und gerade für die klassische Phase lassen sich auch europäische Einflüsse auf das US-amerikanische Kino nachzeichnen, die spätestens mit dem erfolgreichen Export des Films LES AMOURS DE LA REINE ÉLISABETH (1912) mit Sarah Bernhardt in der Titelrolle aus Frankreich in die USA ihren Anfang nahmen (vgl. Custen 1992: 5).

Zur Phase des Biopic in den 1930er- und frühen 1940er-Jahren sind auch die Biopics zu zählen, die im nationalsozialistischen Deutschland produziert worden sind wie etwa BISMARCK (1940), FRIEDRICH SCHILLER – TRIUMPH EINES GENIES (1940) und WEN DIE GÖTTER LIEBEN (1942; über Mozart). Ideologische Spuren sind in allen diesen Werken nachzuweisen. Nicht nur die sogenannten ‚großen deut-

---

11 Andere Autoren wählen andere Phaseneinteilungen und betonen andere Zäsuren (vgl. exemplarisch Klein/Werner 2009: 155). Die verschiedenen Entwicklungslinien und Zäsuren können hier nur angedeutet werden; Umbrüche lassen sich den meisten Autoren zufolge beim Übergang vom Stumm- zum Tonfilm Ende der 1920er-Jahre, vor/während/nach dem Zweiten Weltkrieg und in/nach den 1960er-Jahren verzeichnen. Deutliche Unterschiede bestehen zwischen unterschiedlichen nationalen Kinokulturen; so hatte in Deutschland die nationalsozialistische Diktatur von 1933 bis 1945 einen entscheidenden Einfluss auf die Kinokultur (s.u.).

schen Persönlichkeiten', sondern auch Künstler und Schriftsteller werden im Sinne des Faschismus verklärt (vgl. Segeberg 2004; Köppen 2007).

Biopics, die Persönlichkeiten thematisieren, welche in vergangenen Jahrhunderten gelebt haben, müssen immer auch vor dem soziohistorischen Hintergrund ihrer Produktionszeit betrachtet werden. US-amerikanische Biopics der 1930er- und frühen 1940er-Jahre bezogen sich in der Regel auf eine historische Gegenwart, in der die demokratischen Werte durch Faschismus und stalinistischen Totalitarismus bedroht schienen – selbst wenn die Handlung im 18. oder 19. Jahrhundert angesiedelt ist. Auch viele historische Persönlichkeiten, die im NS-Biopic thematisiert worden sind, wurden in die zeithistorische Ideologie und nationalsozialistisch geprägte Propagandamuster ‚eingepasst', wie man exemplarisch an EWIGER REMBRANDT (1942) festmachen kann (vgl. Schrödl 2000).

Zur zweiten Phase (vgl. Taylor 2002: 32ff.), die man auch als ‚moderne Phase des Biopic nach dem Zweiten Weltkrieg' bezeichnen kann, zählen nordamerikanische Produktionen wie THE GLENN MILLER STORY (1954), THE AGONY AND THE ECSTASY (1965), AMADEUS (1984) und BASQUIAT (1996), die britischen Produktionen THE MUSIC LOVERS (1970; über Pjotr Iljitsch Tschaikowski), GANDHI (1982) und SID AND NANCY (1986; über Sid Vicious), die französischen Produktionen STAVISKY (1974; über den Hochstapler Serge Alexandre Stavisky) und GAINSBOURG (VIE HÉROÏQUE) (2010; über Serge Gainsbourg) sowie die deutschen Produktionen JEDER FÜR SICH UND GOTT GEGEN ALLE (1974; über Kaspar Hauser), DIE WEIßE ROSE (1982; über die Geschwister Sophie und Hans Scholl), HÄLFTE DES LEBENS (DDR 1985; über Friedrich Hölderlin) und KASPAR HAUSER (1993). Custen verweist auf einen markanten Wechsel der Berufsgattungen im US-amerikanischen Biopic: Bis 1940 dominierten Adel, Monarchie und Wissenschaft, nach dem zweiten Weltkrieg zunehmend Kunst, Entertainment und Sport (vgl. die tabellarische Auswertung in Custen 1992: 247ff.). Taylor spricht von einem Übergang vom Elitären zum Populären (2002: 34). Seit den 1960er-Jahren sind vermehrt auch fragwürdige und pathologische Figuren als (Anti-)Helden im Biopic porträtiert worden (vgl. ebd.: 32).

Insgesamt betrachtet kommt es seit den 1960er-Jahren zu einer Parallelentwicklung: Zum einen werden immer wieder recht konventionelle, linear erzählende, oftmals verklärende Biopics produziert, zum anderen werden die Grenzen des Genres ausgetestet und erweitert (vgl. Taylor 2002: 32ff.; Klein/Werner 2009: 155, 157f.). Das betrifft experimentellere narrative Strukturen wie die sogenannten multiperspektivischen Mosaik-Biopics (s.u.) oder einen komplexen erzählerischen Rahmen wie in AMADEUS (s.u.); auch das Aufgreifen gesellschaftlicher Teilgruppen und ehemaliger Tabuthemen wie die Thematisierung homosexueller Biopic-Helden (z.B. LOVE IS THE DEVIL: STUDY FOR A PORTRAIT OF FRANCIS BACON; MILK) sowie das Porträtieren problematischer Persönlichkeiten (z.B. AUS

EINEM DEUTSCHEN LEBEN über Rudolf Höß, den Kommandanten des KZs Auschwitz von 1940 bis 1943, der im Film Franz Lang heißt) oder die Repräsentation psychisch erkrankter Personen (z.B. John Forbes Nash Jr. in A BEAUTIFUL MIND). Hinzu kommt das Erproben filmischer Stilmittel wie kreativer Montagesequenzen oder digitaler Effekte zur Visualisierung von Malprozessen in FRIDA. Besonders hervorzuheben ist die große formale, thematische und narrative Varianz des Biopic seit den 1960er-Jahren.

Einen Höhepunkt der Produktion von Biopics erlebte das US-amerikanische Kino in den 1950er- und 1960er-Jahren, einen leichten Rückgang in den 1970er- und eine Zunahme in den 1980er- und insbesondere seit den 1990er-Jahren (vgl. Neale 2000: 65, 144; Taylor 2002: 24f.; Anderson/Lupo 2002; Klein/Werner 2009: 155ff.). Steve Neale betont: „[...] the biopic has increased rather than diminished as a proportion of Hollywood's output since the 1950s" (2000: 65). Custen vertritt vom damaligen Standpunkt aus die Hypothese, dass das Biopic aus dem Kino ins Fernsehen abgewandert sei (u.a. 1992: 31, 214ff.). Dieser Behauptung kann mit Blick auf die 1990er-Jahre (vgl. Anderson/Lupo 2002) und die 2000er-Jahre widersprochen werden (vgl. u.a. Mittermayer 2009b: 493ff.).

Hingewiesen sei auf die *intermediale Dimension* des Genres. Biopics als fiktionale audiovisuelle Lebensrepräsentationen lassen sich – unter Berücksichtigung der medialen Differenzen – mit biographischen Romanen vergleichen, die das Leben des Porträtierten im Medium der Schriftsprache erzählen.[12] Eine spezifischere intermediale Dimension ergibt sich daraus, dass viele Biopics filmische Adaptionen von Romanvorlagen sind wie LUST FOR LIFE (über Vincent van Gogh) als Adaption des Romans *Lust for Life* (1934) von Irving Stone. Dass Biopics im Fernsehen eine große Rolle spielen, dafür stehen nicht nur deutsche *Dokumentarspiele* wie *Anastasia* (1967) oder *Der Fall Liebknecht-Luxemburg* (1969),[13] sondern auch eine Welle von TV-Biopics in den letzten zehn Jahren mit Filmen wie *Schiller* (2005), *Mein Leben – Marcel Reich-Ranicki* (2009), *Der Mann mit dem Fagott* (2011) sowie Grenzformen wie das ‚Dokudrama' *Dutschke* (2009). Viele biographische Comics und Graphic Novels wie *Che* (1968; Zeichnungen: Alberto und Enrique Breccia; Text: Héctor Oesterheld), *Eminem: In My Skin* (2004; Barnaby Legg) oder *Cash: I see a darkness* (2006; Reinhard Kleist; über Johnny Cash) lassen sich mit fiktionalen filmischen Biopics vergleichen, wenn man die zentralen Differenzen der Medialität zwischen audiovisuell-sprachlichem Film und visuell-sprachlichem Comic reflektiert.

---

12 Vgl. zum biographischen Roman u.a. Runge (2009).
13 Dokumentarspiele haben die Frühphase biographischer Formen im Fernsehen geprägt (vgl. zur Entwicklung der Darstellungen von Lebensgeschichten im Fernsehen Hickethier 2009).

Der ‚Held des Biopic' und die Figuration

Wenn hier von einem ‚Helden des Biopic' oder der Einfachheit halber nur vom ‚Helden' gesprochen wird, dann ist damit die innerfilmische Verkörperung der zentralen außerfilmischen Person gemeint, auf die der Film referiert, also Michelangelo Buonarroti in THE AGONY AND THE ECSTASY oder Frida Kahlo in FRIDA. In fast allen Biopics ist der Held des Biopic auch der Protagonist, d.h. die quantitativ und qualitativ bestimmbare Hauptfigur des Films. Ausnahmen bestätigen die Regel: In COPYING BEETHOVEN beispielsweise ist der Held des Biopic Beethoven; die Protagonistin hingegen ist die historisch nicht verbürgte Figur Anna Holz. In der Filmhandlung wird Anna Holz von Beethovens Agenten angestellt, um Beethoven beim Niederschreiben der Noten für die *9. Sinfonie* zu helfen; sie rettet darüber hinaus den tauben, misanthropischen Beethoven vor der Verzweiflung. Eine zweite Ausnahme bilden Biopics mit zwei oder mehreren historischen Persönlichkeiten als Hauptfiguren wie VINCENT & THEO von Robert Altman. Konzept des Films ist es, nicht nur den Maler Vincent van Gogh, sondern auch seinen Bruder, den Kunsthändler Theo van Gogh zu thematisieren. Letzterer hat das Leben sowie das künstlerische Schaffen Vincent van Goghs maßgeblich finanziert.[14] Auch Filme über Rockbands wie THE DOORS haben mehrere Hauptfiguren: sämtliche Musiker der Band. Oft steht dann aber wie in diesem Beispiel der Leadsänger im Mittelpunkt.

Um das Feld des Biopic weiter auszudifferenzieren, ist eine (Sub-)Klassifizierung der Filme nach der Profession des Helden sinnvoll. Auf einer ersten, abstrakten Differenzierungsebene lassen sich zwei Gruppen bilden: Gruppe A umfasst *Künstler und künstlerisch schaffende Persönlichkeiten*; also Menschen, die Kunstwerke oder Medienobjekte schaffen oder künstlerisch performen. Gruppe B bilden *Persönlichkeiten des politischen, öffentlich-gesellschaftlichen und wissenschaftlichen Lebens*.[15] Beide Gruppen können weiter untergliedert werden wie in Tab. 1 vorgeschlagen.[16]

---

14 Quantitativ gemessen sowie von der inhaltlichen (qualitativen) Gewichtung ist Vincent jedoch die wichtigere Hauptfigur. Die auffälligen Parallelmontagen, die zeigen, was zeitgleich in Vincents und Theos Leben geschieht, verweisen aber immer wieder auf das bereits im Titel des Films angezeigte Konzept, beide Lebensgeschichten zu repräsentieren. Ein Beispiel, in dem zwei Figuren gleichberechtigt im Mittelpunkt stehen, ist BONNIE AND CLYDE.
15 Selbstverständlich sind auch Künstler ‚Persönlichkeiten des öffentlich-gesellschaftlichen Lebens'. Diese erste Unterteilung in Gruppe A und B ist dennoch sinnvoll, weil die filmische Repräsentation von Künstlern und künstlerisch schaffenden Persönlichkeiten andere Standardsituationen, visuelle Stilmerkmale und teilweise auch thematische Muster hervorbringt als die Repräsentation von Persönlichkeiten der anderen Gruppe. Von einer vergleichbaren Unter-

Die meisten Biopics behandeln Persönlichkeiten des 19. und 20. Jahrhunderts. Die Gruppierungen ließen sich noch feiner unterdifferenzieren; ebenso ließen sich weitere Biopic-Helden finden, die in keine der genannten Gruppen passen.[17] Auch könnte man die Biopics nach dem Geschlecht der Helden (*gender*), ihrer ethnischen Zugehörigkeit (*race*) oder ihrer sozialen Klasse (*class*) ordnen und würde ein ausgeprägtes Ungleichgewicht feststellen: Von den 291 Biopics, die Custen (1992) in der Studioära Hollywoods von 1927 bis 1960 zählt, behandeln nur 75 (ca. 25 %) das Leben von Frauen (ebd.: 257)[18] und nur wenige Ausnahmen *nicht* das Leben weißer US-Amerikaner oder Europäer (ebd.: 77ff.).[19]

---

teilung in „zwei Lebensbereiche [...]: den Bereich der Politik und den Bereich der Kunst" geht auch Mittermayer (2009a: 502) aus. Auch die Monographien, die sich häufig nur auf einen Typus des Künstlers konzentrieren, z.B. Tibbetts (2005) auf den Komponistenfilm oder Nieberle (2008) auf den Schriftstellerfilm, unterstreichen diese generelle und auch einige der spezifischen Abgrenzungen in der Tabelle. Der Schwerpunkt des vorliegenden Kapitels zum Biopic liegt insgesamt auf Gruppe A; dementsprechend werden mehr Beispiele aus dem Feld der Biopics über Künstler angeführt. Auch Mittermayer legt einen Schwerpunkt auf „Biopics über schöpferische Menschen" (2009a: 503). Anderson und Lupo postulieren, dass im letzten Jahrzehnt des 20. Jahrhunderts ein Trend zu Künstler-Biopics zu verzeichnen gewesen sei: „Artist, defined broadly as including performing artists, constituted the most common profession depicted" (2002: 92).

16 Die Tabelle, die keinen Anspruch auf Vollständigkeit erhebt, basiert auf der Betrachtung ca. 120 biographischer Spielfilme der nord-amerikanischen und europäischen Filmgeschichte und berücksichtigt die einschlägige, in diesem Kapitel zitierte Literatur; genannt werden aber jeweils nur sehr wenige Beispiele; zu vielen der aufgeführten Persönlichkeiten gibt es mehr Biopics als die hier erwähnten. Nicht berücksichtigt sind hier, wie im gesamten Kapitel, asiatische, südamerikanische und afrikanische Filmtraditionen. Eine bis zu einem gewissen Grad vergleichbare Einteilung nach der Profession der Helden liegt Custens ausführlichem „Appendix D: Biopics by Profession" (1992: 247ff.) zugrunde. Bingham (2010) gliedert seine Abhandlung zum Biopic demgegenüber nach dem Geschlecht der Helden.

17 Ergänzen könnte man beispielsweise Berufsfelder wie das Militär (PATTON), Filmregisseure (ED WOOD) oder Journalisten (SHATTERED GLASS). Die vorgeschlagene Tabelle umfasst hauptsächlich Berufsgruppen, die bei einer Untersuchung des Genres unmittelbar ins Auge fallen, und kann bei Bedarf erweitert werden. Außerdem gibt es immer wieder Filme, deren Helden sich nicht eindeutig zuordnen lassen; zu fragen wäre z.B. bei THE PEOPLE VS. LARRY FLYNT, ob man den Helden eher als Unternehmer oder als politischen Aktivisten einordnen sollte.

18 Die Zahl 75 bezieht sich auf Filme, in denen die Frauenfigur die alleinige Heldin und Protagonistin des Films ist. Rechnet man weibliche Figuren mit ein, die zu einer Familie gehören oder Teil eines verheirateten Paares sind, kommt man auf 89 (vgl. Custen 1992: 257). Der Trend zur Dominanz männlicher Biopic-Helden setzt sich auch in den 1990er-Jahren fort (vgl. Anderson/Lupo 2002: 92).

19 Custen (1992: 78): „The degree to which white, North American, or European males of the twentieth century have dominated this canon is staggering [...]". Anderson/Lupo stellen für die 1990er-Jahre fest, dass die Zahl der Biopics über nicht-weiße Helden zugenommen habe: „A

Unabhängig von ihrer Profession hat die porträtierte Persönlichkeit eine bestimmte psychische Disposition und ihr Leben ist durch verschiedene Faktoren gekennzeichnet (Ereignisse; familiäre, freundschaftliche und berufliche Beziehungen; soziokulturelle Voraussetzungen; die öffentliche Wahrnehmung). Aus der von diesen Faktoren geprägten und beeinflussten Persönlichkeitsstruktur ergeben sich thematische Paradigmen, auf die der Film zurückgreifen kann. In Tab. 2 sind einige Faktoren, die letztlich auch den kommerziellen Erfolg der Filme begünstigen können, aufgelistet.

Das Biopic greift als kommerzielle Produktion primär auf populäre, extreme, bereits zum Mythos stilisierte, von Schicksalsschlägen geprägte Menschenleben zurück. Zugleich kann der erfolgreiche biographische Spielfilm zur Popularisierung oder Vermarktung eines Künstlers beitragen. Nicht zuletzt haben auch Schauspieler ein Interesse daran, ihre Karriere durch die Darstellung einer berühmten Persönlichkeit zu befördern. Nicht wenigen Schauspielerinnen und Schauspielern diente die Hauptrolle in einem Biopic als ‚Sprungbrett' zum Oscar (Jamie Foxx als Ray Charles in RAY; Colin Firth als König George VI in THE KING'S SPEECH; Helen Mirren als Königin Elizabeth II in THE QUEEN usw.). Andersherum betrachtet profitieren viele Biopics vom Starimage ihrer Hauptdarsteller. Aus dem Spannungsverhältnis zwischen Schauspielerpersönlichkeit und der außerfiktionalen Persönlichkeit, die im Biopic repräsentiert wird, ergibt sich ein großes Potenzial, auf das der Film bei der Charakterzeichnung zurückgreifen kann. Im Idealfall handelt es sich um ein reziprokes Wechselspiel, von dem im Resultat sowohl das Image des Schauspielers als auch das der Biopic-Persönlichkeit profitiert. Ein Sonderfall ergibt sich, wenn die porträtierte Persönlichkeit sich selbst spielt (wie der Rapper Bushido in ZEITEN ÄNDERN DICH).

In den meisten Biopics kommen neben dem Helden weitere Figuren vor, die historisch nachweisbar sind: Familienmitglieder, die Auftraggeber oder Mäzene von Künstlern, die Gegner von Politikern, die Lehrer von Wissenschaftlern etc. Viele der Nebenfiguren sind auf historische Vorbilder zurückzuführen, selten lassen sich jedoch sämtliche Neben- und Randfiguren eines Biopic belegen. Teilweise gibt es zwar historische Vorbilder, aber es wird eine Beziehung der Figur zum Helden hinzuerfunden.

---

striking change in Hollywood biopic production in the 1990s was the significant increase in biopics about people of colour. Custen found the corpus of famous people [...] overwhelmingly white (91 per cent post-studio versus 95 per cent studio era). [...] In contrast, our corpus was only 76 per cent white" (Anderson/Lupo 2002: 92f.).

A) Künstler und künstlerisch schaffende Persönlichkeiten

1. Maler und bildende Künstler
   Vincent van Gogh (LUST FOR LIFE; VINCENT & THEO)
   Rembrandt van Rijn (REMBRANDT (1936); EWIGER REMBRANDT; REMBRANDT (1999))
   Frida Kahlo (FRIDA)

2. Komponisten
   Ludwig van Beethoven (UN GRAND AMOUR DE BEETHOVEN; IMMORTAL BELOVED)
   Wolfgang Amadeus Mozart (WEN DIE GÖTTER LIEBEN; AMADEUS)
   Clara Schumann (TRÄUMEREI)

3. Schriftsteller
   Friedrich Schiller (FRIEDRICH SCHILLER – EINE DICHTERJUGEND; FRIEDRICH SCHILLER – TRIUMPH EINES GENIES)
   Friedrich Hölderlin (HÄLFTE DES LEBENS; FEUERREITER)
   Virginia Woolf (THE HOURS)
   Jane Austen (BECOMING JANE)

4. Musiker (Klassik, Jazz)
   Glenn Gould, Pianist (THIRTY TWO SHORT FILMS ABOUT GLENN GOULD)
   Frédéric Chopin, Pianist; auch: Komponist (A SONG TO REMEMBER; ABSCHIEDSWALZER)

5. Rock- und Popmusiker
   Johnny Cash (WALK THE LINE)
   Sid Vicious, Bassist der Band *Sex Pistols* (SID AND NANCY)
   Ray Charles (RAY)
   Serge Gainsbourg (GAINSBOURG (VIE HÉROÏQUE))
   Édith Piaf (LA MÔME)

6. Schauspieler/Entertainer
   Marilyn Monroe (MY WEEK WITH MARILYN)
   Dolly Sisters (DOLLY SISTERS)
   George M. Cohan (YANKEE DOODLE DANDY)
   Hildegard Knef (HILDE)
   Fanny Brice (FUNNY GIRL)

B) Persönlichkeiten des politischen, öffentlich-gesellschaftlichen und wissenschaftlichen Lebens

1. Politiker
   Abraham Lincoln (YOUNG MR. LINCOLN; LINCOLN)
   Richard Nixon (NIXON)
   Margaret Thatcher (THE IRON LADY)

2. Monarchen
   Heinrich VIII. (THE PRIVATE LIFE OF HENRY VIII.)
   Marie Antoinette (MARIE ANTOINETTE)
   Elisabeth I. (ELIZABETH)

3. Revolutionäre
   Che Guevara (CHE: PART ONE; CHE: PART TWO)

4. Bürgerrechtler, politische Aktivisten
   Malcolm Little, genannt **Malcolm X** (MALCOLM X)
   Harvey Milk (MILK)

5. Sportler
   Lou Gehring, Baseball (THE PRIDE OF THE YANKEES)
   Giacobe „Jake" LaMotta, Boxer (RAGING BULL)
   Max Schmeling, Boxer (MAX SCHMELING)

6. Wissenschaftler, Erfinder und Ärzte
   Thomas Alva Edison, Erfinder, Unternehmer (YOUNG TOM EDISON; EDISON THE MAN)
   John Forbes Nash Jr., Mathematiker (A BEAUTIFUL MIND)
   Marie Curie, Physikerin, Chemikerin (MADAME CURIE)
   Robert Koch, Mediziner, Mikrobiologe (ROBERT KOCH, DER BEKÄMPFER DES TODES)
   Ferdinand Sauerbruch, Arzt (SAUERBRUCH – DAS WAR MEIN LEBEN)

7. Terroristen
   Ilich Ramírez Sánchez, genannt **Carlos** (CARLOS)

8. Verbrecher
   Jacques René Mesrine (L'ENNEMI PUBLIC N° 1; L'INSTINCT DE MORT)
   Alphonse Gabriel Capone (AL CAPONE; CAPONE)

9. Unternehmer
   William Randolph Hearst (CITIZEN KANE)
   Mark Zuckerberg (THE SOCIAL NETWORK)

Tab. 1: (Sub-)Klassifizierung von Biopics nach der Profession der Helden (mit exemplarischen Filmen).

Extreme Charaktereigenschaften, z.B. bedingt durch psychische Krankheiten und/oder Wahnvorstellungen (wie im Fall von Vincent van Gogh oder John Forbes Nash Jr.).

Physische oder psychische Abhängigkeiten des Helden (wie die Drogensucht bei Jean-Michel Basquiat oder der Alkoholismus bei Jackson Pollock).

Komplexe oder extreme Liebesbeziehungen und sexuelle Affären (wie die wechselhafte Beziehung Frida Kahlos zu Diego Rivera oder das komplizierte Verhältnis Picassos zu verschiedenen Frauen).

Das progressive und rebellische Potenzial des Helden, der von der Gesellschaft abgelehnt wird und/oder sich gegen gesellschaftliche Verhältnisse auflehnt (wie der Bürgerrechtler Harvey Milk).

Erfindungen, Entdeckungen und politische Errungenschaften mit weitreichenden Folgen für die Menschheitsgeschichte (wie Bismarcks Sozialgesetzgebung). Bei Künstlern das Schaffen von bedeutenden Kunstwerken (wie das Deckenfresko der Sixtinischen Kapelle von Michelangelo Buonarroti).

Schicksalsschläge (wie der Unfall der jungen Frida Kahlo, der Tod der Ehefrauen in Rembrandts Leben oder die Taubheit Beethovens).

Die öffentliche Wahrnehmung des Helden *zu seiner Zeit* (und ggf. Diskrepanzen zwischen Eigen- und Fremdwahrnehmung bzw. zwischen verschiedenen Perspektiven auf die Person). Die zeithistorische öffentliche Wahrnehmung kann die Biographiewürdigkeit, also die allgemeine Bekanntheit und Popularität der Persönlichkeit *zur Zeit der Filmproduktion* zwar beeinflussen, es besteht aber kein notwendiger Zusammenhang (bei van Gogh gibt es z.B. eine große Diskrepanz zwischen zeitgenössischer und posthumer Wahrnehmung, bei Michelangelo Buonarroti fing die Verklärung seines Schaffens schon zu Lebzeiten an).

Skandale bzw. Ereignisse aus dem Leben des Helden und Handlungen des Helden, die als skandalös wahrgenommen worden sind und zumeist zum Medienereignis wurden (z.B. die vielen skandalösen Handlungen des Musikers Serge Gainsbourg, u.a. das Luststöhnen im Duett *Je t'aime ... moi non plus* mit Jane Birkin).

Tab. 2: Persönlichkeits- und biographiebezogene Faktoren, auf die sich die thematische Struktur eines Biopic stützen kann und die sich zugleich begünstigend auf die Produktion eines populären Biopic auswirken können.

Die Themen und die thematische Struktur

Mit der Klassifizierung von Biopics nach der Profession ihrer Helden geht bereits eine erste thematische Setzung einher. In Maler-Biopics geht es um das künstlerische Malen und Themen, die das Schaffen, Vermarkten und Bewerten von Kunstwerken umkreisen, in Wissenschaftler-Biopics primär um Forschungen und Entdeckungen sowie deren Anerkennung und Durchsetzung. Neben diesen auf die Profession der Helden zurückzuführenden Schwerpunkten, die häufig den Hauptplot prägen, gibt es weitere Themen, die typisch für viele Biopics sind. Aus einigen dieser Themen resultieren spezifische Handlungsmuster und dramaturgische Grundkonstellationen, die häufig einen Nebenplot, teilweise auch den Hauptplot bilden.[20] Im Folgenden werden typische Konstellationen vorgestellt, die in vielen, aber keinesfalls in allen Biopics auftreten.

A) *Der Held und die Gesellschaft*
Der Held des Biopic ist seiner Zeit oft voraus, wird als fortschrittlich und innovativ charakterisiert. Die ihn umgebende Gesellschaft ist rückständig, konservativ und für ‚das Neue' noch nicht bereit. Das zugehörige Handlungsmuster resultiert aus der Frage: Wie schafft es der Held, seine Ästhetik, seine politische Vision oder seine bahnbrechende Erfindung durchzusetzen und die notwendige Anerkennung zu erlangen?[21] Einige Biopics enden mit dem Erfolg des Helden bzw. seines Werks oder seiner Ideen,[22] andere mit dem Tod des Helden, bevor sich seine Vision durchsetzen kann (z.B. Biopics über van Gogh und Rembrandt). Eine implizite Wertung resultiert in dieser Konstellation aus dem historischen Wissen der Zuschauer: In den meisten Fällen ist vielen Zuschauern rückblickend bekannt, dass die Vision/Kunst/Erfindung des Helden fortschrittlich war und sich schließlich durchsetzen konnte, weshalb die widerständige Gesellschaft unweigerlich rückständig wirkt.

B) *Liebe und Sexualität*
Der öffentlichen Sphäre der Gesellschaft, innerhalb der sich der Held zu bewähren hat, steht in der Regel die private Sphäre der Familie und/oder einer Liebesbeziehung des Helden gegenüber. Dreieckskonstellationen im Privaten (Mann/Ehefrau/Geliebte; Frau/Ehemann/Geliebter) sind keine Seltenheit und

---

20 Es kann davon ausgegangen werden, dass ein Biopic, wie jeder Spielfilm, mehrere Handlungsstränge (‚Plots'/‚Plotlinien') haben kann. Viele klassische Biopics folgen dabei der sogenannten Doppelplot-Struktur, die David Bordwell für das klassische Hollywood-Kino nachgewiesen hat: „[...] a double causal structure, two plot lines: one involving heterosexual romance (boy/girl, husband/wife), the other line involving another sphere – work, war, a mission or quest, other personal relationssships" (1985: 157). Das, was Bordwell hier als „other line" bezeichnet, wäre der Handlungsstrang, der sich aus der Profession des Biopic-Helden ergibt. Wenn oben von einem Haupt- und einem Nebenplot gesprochen wird, ist eine qualitative Relation der Plots zueinander gemeint, die sich (wie beim Verhältnis von Haupt- und Nebenfiguren) meist auch in einer quantitativen Gewichtung niederschlägt. Es gibt viele Filme (auch und gerade Biopics) mit mehr als zwei Plotlinien.
21 Vgl. hierzu Neale (2000: 63); Mittermayer (2009a: 504f.); Klein/Werner (2009: 157).
22 Klein/Werner (2009: 156f.) stellen fest, dass das Durchsetzen der Idee des Einzelnen für die klassische Ära des Biopic, die sie von 1927 bis 1960 verorten, konstitutiv war. Dieselbe Position nimmt Mittermayer ein, der anhand des Films RAY aber auch darauf verweist, dass das „Ritual der abschließenden Anerkennung einer Lebensleistung keineswegs nur in den Biopics der 1930er- und 1940er-Jahre auftritt" (2009a: 505).

wirken teilweise wieder auf die öffentliche Sphäre zurück (z.B. wenn das Aufdecken einer Affäre zum Bruch in der Karriere führt). In den meisten Biopics werden die amourösen und sexuellen Beziehungen des Protagonisten als Nebenplot in die Handlung integriert, oder sie stehen sogar im Mittelpunkt wie in SURVIVING PICASSO oder GAINSBOURG (VIE HÉROÏQUE).

C) *Armut/Erfolglosigkeit als Preis für das fortschrittliche Ideal (im Kontrast zum posthumen Erfolg)*
Der Held setzt seine Vision, seine Neuerung, seine ästhetische Position allen Umständen zum Trotz durch und nimmt ein Leben in Armut und den Verzicht auf sofortigen öffentlichen Ruhm und Erfolg in Kauf. Typisch für diese Konstellation sind einige Biopics über den Maler Vincent van Gogh: Sowohl in LUST FOR LIFE als auch in VINCENT & THEO wird dargestellt, dass van Gogh trotz seiner heutigen Anerkennung und der Summen, die seine Bilder inzwischen auf Auktionen einbringen, zu Lebzeiten kein Gemälde verkaufen konnte. In VINCENT & THEO wird die Diskrepanz zwischen dem posthumen Erfolg und der Armut des Künstlers bereits in der Exposition als zentrales Thema etabliert.

D) *Aufstieg und Fall des Helden*
Das aus biographisch orientierten Gangsterfilmen bzw. Gangster-Biopics wie AL CAPONE bekannte thematische Paradigma von Aufstieg und Fall ist auch für bestimmte Künstler-Biopics charakteristisch. Das zeigt sich z.B. in BASQUIAT sowie in fast allen Rembrandt-Filmen.[23] In den Rembrandt-Filmen werden Aufstieg und Fall an materiellen Aspekten festgemacht. Zuerst kommt der gefragte und somit viel beschäftigte Maler zu großem finanziellen Erfolg, der ihm ein Leben in Luxus ermöglicht. Ein Wendepunkt zeichnet sich ab, als Rembrandts ästhetisch anspruchsvolle Gemälde keinen Anklang bei seinen Auftraggebern finden. Es folgt der kommerzielle Abstieg in Kriegszeiten bis zum Bankrott; hinzu kommen Krankheit und Tod seiner Angehörigen.

E) *Das klassische Muster von Held und Gegenspieler*
Dem Helden wird ein direkter Gegenspieler gegenübergestellt. Das Protagonisten/Antagonisten-Muster wird auf verschiedenen Ebenen durchgespielt, um die Fortschrittlichkeit und Genialität des Helden vor der Folie eines durchschnittlich talentierten und/oder hinterhältigen Antagonisten mit negativen Charaktereigenschaften besonders hervorzuheben; der Antagonist dient in diesem Sinne als Kontrastfigur. Häufig hat es derartige Rivalitäten, wie sie im Film gezeigt werden, historisch nicht oder zumindest nicht in der jeweiligen Zuspit-

---

23 Vgl. u.a. REMBRANDT (1936), EWIGER REMBRANDT und REMBRANDT (1999).

zung gegeben – Beispiele dafür wären die NS-Produktion ROBERT KOCH, DER BE-KÄMPFER DES TODES, in der dem Mediziner Robert Koch der Arzt und Politiker Rudolf Virchow als Konkurrent gegenübergestellt wird, sowie die berühmte Erzählkonstellation aus dem Film AMADEUS, in dem der Komponist Antonio Salieri als Antagonist die Lebensgeschichte seines Konkurrenten Wolfgang Amadeus Mozart erzählt (s.u.).

Die narrativen Grundmuster des Biopic

Mit narrativen Grundmustern sind hier – in einem engeren Sinne – die Strukturen der erzählerischen Vermittlung, also die Umsetzung und Strukturierung der Geschichte in Form einer audiovisuellen Erzählung gemeint, das ‚Wie' der Gestaltung im Verhältnis zum gestalteten ‚Was' (narratologisch formuliert: der *discours* im Verhältnis zur *histoire*; zu den Begriffen vgl. Kuhn 2011: 65f.).[24] Im Folgenden werden typische Strukturvarianten vorgestellt, die in vielen, aber keinesfalls in allen Biopics auftreten.

A) *Lineare Erzählung von der Jugend bis zum Tod (oder über den Tod hinaus)*
Ein häufiges Grundmuster des Biopic ist die lineare Erzählung von der Kindheit oder Jugend des Helden bis zu dessen Tod oder etwas über den Tod hinaus. Die typische erzählerische Umsetzung folgt dem Muster des Wechsels aus szenischer Episode und Ellipse: Eine Episode aus dem Leben wird ausführlich szenisch gestaltet, bevor eine größere Ellipse, also eine Auslassung, einige Monate oder Jahre überspringt und zur nächsten Episode führt, die szenisch gestaltet wird. Nur so lässt sich ein Menschenleben von vielen Jahren in einen Spielfilm von etwa 90 bis 150 Minuten transformieren, lassen sich die entscheidenden Ereignisse betonen und unwichtige aussparen.[25] Seltener, aber zumeist auffällig, werden die Zwischenphasen in Form von zeitraffenden Montagesequenzen überbrückt. So wird z.B. die Schaffensphase eines Malers durch eine Montagesequenz zusammengefasst, die in einer Kette von Überblendungen berühmte Motive, den Malprozess und die fertigen Gemälde zeigt, wie in LUST FOR LIFE über Vincent van Gogh. In BASQUIAT wird der Malprozess in Form einer Montagese-

---

24 Erzählen wird hier als medienübergreifendes Phänomen verstanden; es wird also davon ausgegangen, dass nicht nur sprachlich erzählt werden kann, sondern – mit jeweils anderen medialen Voraussetzungen und anderen Symbolsystemen – auch in Filmen, Comics, Fernsehsendungen, Hörspielen etc. (vgl. Kuhn 2011: 47ff.).
25 Vgl. dazu u.a. Mittermayer (2009a: 506).

quenz mit Jump-Cuts repräsentiert, vom leeren Atelier zu einer Reihe fast vollendeter Gemälde für die Ausstellung.

B) *Verdichtung des Lebens auf eine entscheidende Phase*
Recht häufig werden die dargestellten Menschenleben verdichtet, indem nur diejenigen Lebensjahre des Helden repräsentiert werden, die ihn entscheidend geprägt haben. Diesem Muster folgen verschiedene Schiller-Biopics[26] sowie YOUNG TOM EDISON und YOUNG MR. LINCOLN. Eine noch größere Verdichtung findet statt, wenn lediglich eine kurze, aber entscheidende Lebensphase des Biopic-Helden im Mittelpunkt steht. So wird in THE AGONY AND THE ECSTASY nur die Zeit repräsentiert, in der Michelangelo am Deckenfresko der Sixtinischen Kapelle gearbeitet hat.[27]

C) *Rückblickendes späteres Erzählen*
Ein weiteres typisches Muster des Biopic ist die Struktur des rückblickenden späteren Erzählens. Der Film beginnt *in medias res* mit einem markanten Ereignis aus dem Leben des Helden, meist aus der späteren Phase seines Lebens (*Rahmenhandlung*). Ausgelöst durch dieses Ereignis beginnt sich der Held zu erinnern: Es folgt die Lebensgeschichte als *Binnenhandlung*.[28] Gegen Ende des Films kommt die Erzählung wieder an dem Punkt an, von dem die Erinnerung ausgegangen ist, und führt noch einige Filmminuten über diesen Zeitpunkt hinaus, meist bis zum Tod des Helden (vgl. zu diesem Erzählmuster Kuhn 2011: 251f., 303ff.). FRIDA z.B. beginnt mit einer Szene, in der Frida Kahlo im Krankenbett zu ihrer ersten Ausstellung in Mexiko getragen wird (*Rahmenhandlung*), geht über in ihre Erinnerung (*Binnenhandlung*) ab dem Punkt, als sie als junge Studentin das erste Mal den Maler Diego Rivera trifft, erzählt in chronologischer Folge wichtige Ereignisse ihres Lebens und kehrt gegen Ende des Films zu dem Zeitpunkt der Ausstellung zurück, die kurz vor ihrem Tod stattfindet, der im Anschluss angedeutet wird.[29] In MILK spricht der homosexuelle Bürgerrechtler Harvey Milk seine Lebensgeschichte kurz vor seinem Tod auf ein Tonband. Ausgehend von dieser rahmenden Szene wird sein Leben in einer Serie von Rückblicken gezeigt. Eine komplexere Variante ergibt sich, wenn das Leben von einem Beobachter erzählt wird, wie etwa in dem berühmten Beispiel AMADEUS

---

26 FRIEDRICH SCHILLER – EINE DICHTERJUGEND; FRIEDRICH SCHILLER – TRIUMPH EINES GENIES; *Schiller*.
27 Vgl. die Filmanalyse zu THE AGONY AND THE ECSTASY in diesem Band.
28 Vgl. Custen, der die Bedeutung von Flashbacks für Biopics betont, die in ungefähr jedem fünften der von ihm untersuchten Hollywood-Biopics eingesetzt werden (1992: 182ff.).
29 Häufig, aber nicht bei FRIDA, wird dieser Typus des rückblickenden Erinnerns mit einem zusätzlichen Voice-Over umgesetzt, das die Gedanken der erinnernden Figur repräsentiert. In anderen Filmen wird suggeriert, dass der Biopic-Held sein Leben erzählt (z.B. EDISON THE MAN).

durch den neidischen Komponisten Antonio Salieri.[30] Innerhalb der Rückblicke wird meist chronologisch erzählt.

D) *Das ‚Citizen-Kane-Muster'*

Verschiedene Zeitzeugen erinnern sich an den Helden. Eine Figur (Freund, Angehöriger, Journalist) möchte kurz nach dem Tod des Helden etwas Wichtiges über dessen Leben erfahren und beginnt, Zeitzeugen zu befragen, wie beispielsweise Anton Felix Schindler in dem Beethoven-Biopic IMMORTAL BELOVED. Schindler befindet sich auf der Suche nach einer ‚unsterblichen Geliebten', der Beethoven sein Vermächtnis vererbt hat, und spricht mit allen wichtigen Frauen aus Beethovens Leben, die ihre Erinnerung an ihn jeweils ausführlich schildern (vgl. Kuhn 2011: 283). Dieses Muster kann nach dem berühmten Filmklassiker als *Citizen-Kane-Muster* bezeichnet werden (ebd.: 198, 305). In CITIZEN KANE ist es der Reporter Jerry Thompson, der versucht, mehr über den Medienmogul Charles Foster Kane herauszufinden und das Rätsel zu lösen, warum dessen letztes Wort „Rosebud" lautete.[31]

E) *Multiperspektivische Mosaik-Struktur*

Das Biopic THIRTY TWO SHORT FILMS ABOUT GLENN GOULD zeigt in kurzen Porträts Ausschnitte aus dem Leben des Pianisten Glenn Gould, die sich wie ‚biographische Splitter' zu einem Mosaik zusammensetzen (vgl. Mittermayer 2009a: 525f.). So entsteht kein einheitliches Lebensbild, vielmehr kommt dem Rezipienten die Aufgabe zu, im Verstehens- und Interpretationsprozess kohärente Zusammenhänge zu generieren. Ein weiteres Beispiel für dieses Erzählkonzept ist das Biopic I'M NOT THERE über Bob Dylan: Der episodenhafte Film präsentiert – obwohl er im Vorspann ankündigt, von der Biographie Bob Dylans inspiriert zu sein – keine Figur, die Bob Dylan heißt. Stattdessen werden in sechs Episoden sechs verschiedene Figuren dargestellt, die von sechs Schauspielern verkörpert werden, darunter ein Afroamerikaner und eine Frau. Auch wenn keine der Figuren

---

30 Die auf das Kurztheaterstück *Mozart und Salieri* (1830) von Alexander S. Puschkin und das Theaterstück *Amadeus* (1979) von Peter Shaffer zurückzuführende Idee, den neidischen Komponisten Antonio Salieri Teile der Geschichte von Wolfgang Amadeus Mozart erzählen zu lassen, ist höchsteffektiv. Mozarts Genialität wird im Kontrast zu Salieri umso deutlicher herausgestellt. Salieri kann in die Rahmenerzählung das notwendige musikalische Wissen einfließen lassen, um (musikalisch weniger gebildeten Zuschauern) das Innovative an Mozarts Kompositionen deutlich zu machen (vgl. u.a. Thompson 1999: 177ff.).

31 CITIZEN KANE kann nach der oben vorgelegten Definition als Biopic aufgefasst werden, weil der Film in weiten Teilen auf dem Leben des Pressemagnaten William Randolph Hearst basiert. Dessen Name konnte nicht verwendet werden, weil der Film zu Lebzeiten Hearsts erschienen ist und dessen Medienkonzern äußerst einflussreich war (vgl. Mulvey 1992: 29; Taylor 2002: 23).

den Namen Dylans trägt, haben alle mit Aspekten seiner Biographie zu tun. Aus ambivalenten biographischen Versatzstücken entsteht eine ‚Puzzlebiographie'. Die Einheit des Helden wird im Gegensatz zum klassischen Biopic aufgebrochen und dem Zuschauer ein mehrschichtiges, deutungsoffenes Bild des Künstlers vermittelt. Einerseits wird auf diese Weise reflektiert, dass Bob Dylan zu den Künstlern zählt, die sich durch den permanenten Bruch mit Erwartungen den Zuschreibungen der medialen Öffentlichkeit entziehen oder entzogen haben. Andererseits ist der Film hochgradig selbstreflexiv: Er befindet sich in einem Schwebezustand zwischen Dekonstruktion medialer Bedeutungszuweisung und Re-Konstruktion neuer biographischer Sinngebungsmuster (die ihrerseits wieder dekonstruiert werden).[32]

Authentifizierungsstrategien: Biopics zwischen Faktualität und Fiktionalität

Biopics lassen sich als fiktionale Erzählungen mit Inhalten auffassen, die auf außerfilmische Fakten referieren. Fast jedes Biopic enthält: 1.) Historische Fakten, die sich außerfiktional überprüfen lassen; dazu zählen u.a. Basisdaten des Lebens, belegbare öffentliche Auftritte, Erscheinungsdaten von Kunstwerken, historische Großereignisse, Kriege, Attentate, belegbare persönliche Beziehungen des Helden etc. 2.) Ereignisse, über die es keine unmittelbaren und eindeutigen Quellen gibt, die aber retrospektiv aufgrund der Quellen- und Forschungslage bis zu einem gewissen Grad als wahrscheinlich angenommen und rekonstruiert werden können; teilweise gibt es hier Bezüge zum Stand der fachspezifischen Forschung zu der entsprechenden Person und ihrem Schaffen (so reflektieren einige der Rembrandt- und Van-Gogh-Filme beispielsweise Forschungsergebnisse der Kunstgeschichte). 3.) Ereignisse und Figuren, die hinzuerfunden werden, um Zusammenhänge und Kausalitäten herzustellen, Lücken zu füllen, um den Alltag bzw. das Privatleben der Persönlichkeit auszumalen, um Subplots und Spannungsbögen zu konstruieren. Dazu gehört die typische Szene des Liebessubplots, in der der Held seine Frau oder Geliebte kennenlernt (wobei die Beziehung zwar zumeist außerfiktional nachweisbar ist, es zur Szene des Kennenlernens aber oft keine Quellen gibt). Seltener werden sogar 4.) einige Fakten zugunsten des thematisch-dramaturgischen und narrativen Musters modifiziert und angepasst, was bezüglich der historischen Daten eine Verfälschung bzw. Verzerrung darstellt.

---

32 Vgl. zu I'M NOT THERE auch Mittermayer (2009a: 528f.) und Bingham (2010: 377ff.).

Das Verhältnis zwischen 1.) nachprüfbaren Fakten, 2.) durch Quellen beglaubigten Rekonstruktionen, 3.) reinen Erfindungen und 4.) verzerrten Fakten fällt in jedem Biopic unterschiedlich aus, ist aber für die Analyse oftmals sekundär. Denn der Aspekt der *Authentizität* eines Biopic umfasst neben dieser *historisch-referenziellen* Dimension eine zweite Dimension, die bezüglich der Wirkung häufig ungleich wichtiger ist: die *ästhetische* Dimension (vgl. Klein/Werner 2009: 160f.). Es ist sinnvoll, Authentizität nicht mit Faktizität gleichzusetzen, sondern „als Ergebnis einer künstlerischen Inszenierung [zu verstehen], hinter der eine spezifische Wirkungs- und Vermarktungsabsicht steht" (ebd.: 161; vgl. Custen 1992: 60). Die Faktizität wäre in dieser Betrachtungsweise nur eines von mehreren Mitteln, um Authentizität herzustellen.

Zu Authentizitätssignalen – in einem derart weit gefassten Sinne – gehören sowohl *werkinterne* als auch das Werk begleitende *paratextuelle* Signale, die sich wiederum in *peritextuelle* und *epitextuelle* Signale untergliedern lassen.[33] *Epitexte* sind den Basistext – also in diesem Fall ein filmisches Biopic – begleitende Texte, die eine raum-zeitliche Distanz zum jeweiligen Film haben, z.B. Trailer, Plakate, Interviews mit Produzenten, Homepages und Rezensionen. In allen diesen Epitexten kann explizit oder implizit auf die Authentizität verwiesen werden, z.B. mit Formeln wie „Die wahre Geschichte von" oder, wenn ein Zeitzeuge (manchmal auch die porträtierte Persönlichkeit selbst) sich zur ‚Glaubwürdigkeit der Verfilmung' äußert. Auch Hinweise seitens der Produzenten über den betriebenen Rechercheaufwand, die früher in Broschüren (vgl. Custen 1992: 34f.) und heute auf Homepages veröffentlicht werden können, dienen der Authentifizierung. Alle derartigen Verweise lassen sich als epitextuelle Authentizitätssignale bezeichnen. Typische *peritextuelle* Signale, also paratextuelle Authentizitätssignale, die das Werk selbst rahmen, können sich im Vorspann, im Abspann sowie im Titel befinden mit Zusätzen wie „Based on a true story" oder „The Life of ..."; schon die Nennung des realen Namens im Titel darf als Authentizitätssignal gelten (vgl. Weber 2013).

---

33 Die Unterteilung von Paratexten in Epitexte und Peritexte stammt ursprünglich aus der Literaturwissenschaft von Gérard Genette (1989). Wie die Konzepte für den Film fruchtbar gemacht werden können, hat u.a. Alexander Böhnke (2007) vorgeführt. Peritexte lassen sich mit Genette als Begleittexte zu einem Basistext (hier einem Basisfilm) verstehen, die mit dem Basistext materiell verbunden sind, Epitexte als Begleittexte, die mit dem Basistext nicht verbunden sind. Der Übertragung des Konzepts von Basistext und Paratext auf den Film liegt ein intermedialer Textbegriff zugrunde, d.h. ein Textbegriff, der auch Filme, Comics, Fernsehsendungen, Videoclips, Plakate, Homepages etc. als Texte mit einschließt (vgl. Teil I, Kap. 1.1). Klein/Werner (2009: 159f.) verwenden eine etwas anders gelagerte Begrifflichkeit.

Als *werkinterne Authentizitätssignale* können Schrifttafeln, Voice-Over-Kommentare und Textinserts im Laufe des Filmes eingesetzt werden. Oft wird z.B. das restliche, nicht mehr gezeigte Leben einer Figur am Ende des Films schriftlich zusammengefasst (vgl. Kuhn 2011: 225f.). Konkrete Raum- und Ortsangaben, die als Textinserts über das Bild eingeblendet werden oder in der Diegese (z.B. auf Kalenderblättern) erkennbar sind, können Authentizität signalisieren. Auch ein aufwändiges Szenenbild, das die jeweilige historische Epoche minutiös rekonstruiert, kann den Authentizitätseffekt verstärken, besonders in Kombination mit konkreten raum-zeitlichen Verweisen. Eine weitere Möglichkeit ist die Integration historischer Tonaufnahmen (z.B. in Form von Radionachrichten), historischer Photographien oder Film- bzw. Fernsehaufnahmen – entweder in die Diegese eingebettet (z.B. in Form eines im Hintergrund laufenden Fernsehapparats) oder zwischengeschnitten. Auch die äußerliche Übereinstimmung des Schauspielers mit den überlieferten Bildern der repräsentierten Persönlichkeit kann Authentizitätseffekten dienen.

Fazit

Die eingangs eingeführte Definition, die das Feld des Biopic klar umreißt, kann als Argument dafür gelten, das Biopic als Genre zu bezeichnen, wenn man es – wie dieser Band insgesamt – nicht als essentialistisch auffasst und die Gradualität und Offenheit der Definition methodologisch reflektiert. Primär sind es die beiden hervorgehobenen Aspekte, die ein Biopic prägen: dass es sich *erstens* um einen Spielfilm, also ein fiktionales narratives audiovisuelles Werk (von ca. 90 bis 150 Minuten) handelt, in dem *zweitens* die Lebensgeschichte einer außerfiktionalen Persönlichkeit in verdichteter Form repräsentiert wird. Aus diesem Zusammenhang ergeben sich die verschiedenen Möglichkeiten der narrativen und dramaturgischen Realisierung, die bisher in der Geschichte des Biopic vorgekommen sind. Zwar hat das Biopic – etwa im Vergleich zum Western – keine derart eigenständige Ikonographie hervorgebracht und das Spektrum an thematisch-dramaturgischen und narrativen Mustern, auf das das Biopic zurückgreift, ist breiter, dennoch gibt es für bestimmte Ausprägungen des Biopic, für historische Phasen und verschiedene Unterkategorien eben doch Merkmale und Standardsituationen, die kennzeichnend sind.[34] Allen voran sind hier die Authentizi-

---

34 Für bestimmte Untergruppen des Biopic haben sich typische Standardsituationen herausgebildet: so die Szenen, die den Künstler eines Maler-Biopics mit seinem zu malenden ‚Objekt' im Studio oder in der Natur zeigen und die das Verhältnis von Urbild und Abbild reflektieren;

tätssignale zu nennen, die nahezu jedes Biopic auf werkinterner und/oder paratextueller Ebene aufweist. Authentizitätssignale dürfen dabei nicht auf eine mögliche Faktentreue reduziert werden; auch wenn beide nicht unabhängig voneinander zu denken sind, besteht keine Eins-zu-eins-Relation zwischen tatsächlicher Faktentreue und Authentizität. Eng verbunden mit den Authentifizierungsstrategien ist eine spezifische Rezeptionshaltung, die von vielen Zuschauern bei einem Biopic eingenommen wird: eine Haltung des Abgleichens des im Film Gesehenen mit der Realität, die häufig mit Reflexionen und Diskussionen über die Plausibilität der im Biopic rekonstruierten Elemente und Kausalitäten einhergeht.[35]

Was man mit Neale (2000: 60), der sich auf Anderson (1988) und Bergan (1983) bezieht, betonen sollte, ist die Tendenz des Biopic zu einer ausgeprägten Hybridisierung sowie die Anschlussfähigkeit des Biopic an andere Genres. Mit Hybridisierung ist dabei nicht die allgemeine Tendenz gemeint, dass Genrefilme im Laufe der Genregeschichte niemals ‚rein' gewesen sind – vielmehr immer bis zu einem gewissen Grad aus Versatzstücken bestanden haben, die man unterschiedlichen Genres zuordnen kann (vgl. Teil I, Kap. 4.3) –, sondern die intendierte ‚Mischung' von Genres, eine erkennbare Kombination unterschiedlicher Genremerkmale; so z.B. bei einem Musical-Biopic wie YANKEE DOODLE DANDY oder einem Gangster-Biopic wie AL CAPONE. Auf einer abstrakteren Ebene, die außerdem den Begriff der Filmgattung tangiert (vgl. Teil I, Kap. 2.2), kann bereits die Tatsache, dass das Biopic als fiktionales Werk auf außerfiktionale Fakten referiert, als hybrid bezeichnet werden.

Das Biopic-Genre hat eine lange und weitgehend produktive Entwicklung hinter sich. In jeder Phase der Filmgeschichte hat es biographische Formen im fiktionalen Film gegeben. Ein Blick auf das aktuelle Kino- und Fernsehprogramm – oder auch auf die Oscar-Verleihungen der letzten Jahre (2011 u.a. THE KING'S SPEECH, THE SOCIAL NETWORK; 2012 u.a. THE IRON LADY, MY WEEK WITH MARILYN) – zeigt, dass sich das Biopic sowohl im Kino als auch im Fernsehen an-

---

so die Gerichtsszenen (oder gerichtsähnlichen Szenen), die am Ende eines klassischen Biopic nach erfolgreichem Argumentieren im Prozess als Zeichen des Erfolgs des Helden und der Durchsetzung seiner Ideen gewertet werden können wie z.B. in YOUNG MR. LINCOLN (vgl. Custen 1992: 186ff.). Auch sind Maler- und andere Künstlerfilme häufig durch den sogenannten Overflow-Effekt (vgl. Taylor 2002: 320ff.; Mittermayer 2009a: 517f.) gekennzeichnet: Bestimmte Aspekte der Mise-en-Scène des Films (z.B. die Farben, die Räumlichkeit, die Komposition) sind vom Stil des Künstlers beeinflusst (es lassen sich z.B. Ähnlichkeiten zwischen Filmbildern und Gemälden nachweisen).

35 Custen (1992: 35ff.) weist derartige Diskussionen sowohl seitens der Vermarktung als auch seitens der Rezeption nach, die sich z.B. in ‚Zuschauerbriefen' niedergeschlagen haben.

haltender Popularität erfreut. Für beide Medien werden weiterhin relativ klassische Biopics produziert, die eine lineare Geschlossenheit aufweisen, heldenfigurenzentriert sind und eine eindeutige Interpretation des Helden und seines Werks liefern. Parallel zur Produktion relativ konventioneller Biopics konnte man zu Anfang des 21. Jahrhunderts auch einige Tendenzen beobachten, aus denen das Biopic Innovationsschübe beziehen kann – z.b. aus dem Grenzbereich zum Dokudrama, aus narrativ anspruchsvollen und kreativen Erzählformen oder aus der stilistischen und symbolischen Gestaltungsdimension, die mit digitalen Effekten verstärkt werden kann. Aber auch wenn das Biopic aus diesen Varianten neues gestalterisches Potenzial beziehen kann, wird es weiterhin konventionelle Biopics geben. Es klingt geradezu banal, ist aber doch ein entscheidender Faktor: Es wird immer wieder interessante, umstrittene, ambivalente, faszinierende oder problematische Persönlichkeiten sowie generationsgebundene Neubewertungen biographischer Mythen geben, die Anlass für die Produktion eines neuen Biopic sein werden.

Film- und Medienverzeichnis

8 MILE (USA 2002, Regie: Curtis Hanson)
ABSCHIEDSWALZER (D 1934, Regie: Géza von Bolváry)
L'AFFAIRE DREYFUS (FR 1899, Die Affäre Dreyfus, Regie: Georges Méliès)
THE AGONY AND THE ECSTASY (USA 1965, Inferno und Ekstase, Regie: Carol Reed)
AL CAPONE (USA 1959, Regie: Richard Wilson)
DER ALTE UND DER JUNGE KÖNIG (D 1935, Regie: Hans Steinhoff)
AMADEUS (USA 1984, Regie: Milos Forman)
LES AMOURS DE LA REINE ÉLISABETH (FR 1912, Regie: Henri Desfontaines/Louis Mercanton)
Anastasia (BRD 1967, Regie: Robert A. Stemmle, Fernsehfilm)
AUS EINEM DEUTSCHEN LEBEN (BRD 1977, Regie: Theodor Kotulla)
BASQUIAT (USA 1996, Regie: Julian Schnabel)
A BEAUTIFUL MIND (USA 2001, A beautiful Mind – Genie und Wahnsinn, Regie: Ron Howard)
BECOMING JANE (GB/IRL 2007, Geliebte Jane, Regie: Julian Jarrold)
BISMARCK (D 1940, Regie: Wolfgang Liebeneiner)
BONNIE AND CLYDE (USA 1967, Regie: Arthur Penn)
CAPONE (USA 1975, Regie: Steve Carver)
CARLOS (FR/D 2010, Carlos – Der Schakal, Regie: Olivier Assayas)
CHE: PART ONE (FR/ESP/USA 2008, Regie: Steven Soderbergh)
CHE: PART TWO (FR/ESP/USA 2008, Regie: Steven Soderbergh)
CITIZEN KANE (USA 1941, Regie: Orson Welles)
COPYING BEETHOVEN (USA/D/HUN 2006, Klang der Stille, Regie: Agnieszka Holland)
DISRAELI (USA 1929, Regie: Alfred E. Green)
DOLLY SISTERS (USA 1945, Regie: Irving Cummings)
THE DOORS (USA 1991, Regie: Oliver Stone)

Dutschke (D 2009, Regie: Stefan Krohmer, Fernsehfilm)
EDISON THE MAN (USA 1940, Der große Edison, Regie: Clarence Brown)
ED WOOD (USA 1994, Regie: Tim Burton)
ELIZABETH (GB 1998, Regie: Shekhar Kapur)
L'ENNEMI PUBLIC N°1 (FR/CAN 2008, Public Enemy No. 1 – Todestrieb, Regie: Jean-François Richet)
EWIGER REMBRANDT (D 1942, Regie: Hans Steinhoff)
THE EXECUTION OF MARY, QUEEN OF SCOTS (USA 1895, Regie: Alfred Clark)
Der Fall Liebknecht-Luxemburg (BRD 1969, Regie: Theo Mezger, Fernsehfilm)
FEUERREITER (FR/AUT/PL/D 1998, Regie: Nina Grosse)
DAS FLÖTENKONZERT VON SANSSOUCI (D 1930, Regie: Gustav Ucicky)
FRIDA (USA/CAN/MEX 2002, Regie: Julie Taymor)
FRIEDRICH SCHILLER – EINE DICHTERJUGEND (D 1923, Regie: Curt Goetz)
FRIEDRICH SCHILLER – TRIUMPH EINES GENIES (D 1940, Regie: Herbert Maisch)
FUNNY GIRL (USA 1968, Regie: William Wyler)
GAINSBOURG (VIE HÉROÏQUE) (FR 2010, Gainsbourg – Der Mann, der die Frauen liebte, Regie: Joann Sfar)
GANDHI (GB/USA/IND 1982, Regie: Richard Attenborough)
THE GLENN MILLER STORY (USA 1954, Regie: Anthony Mann)
UN GRAND AMOUR DE BEETHOVEN (FR 1936, Beethovens große Liebe, Regie: Abel Gance)
DER GROßE KÖNIG (D 1942, Regie: Veit Harlan)
HÄLFTE DES LEBENS (DDR 1985, Regie: Hermann Zschoche)
HILDE (D 2009, Regie: Kai Wessel)
THE HOURS (USA 2002, The Hours – Von Ewigkeit zu Ewigkeit, Regie: Stephen Daldry)
IMMORTAL BELOVED (GB/USA 1994, Ludwig van B. – Meine unsterbliche Geliebte, Regie: Bernard Rose)
I'M NOT THERE (USA 2007, Regie: Todd Haynes)
L'INSTINCT DE MORT (FR/CAN/IT 2008, Public Enemy No. 1 – Mordinstinkt, Regie: Jean-François Richet)
THE IRON LADY (GB/FR 2011, Die Eiserne Lady, Regie: Phyllida Lloyd)
JEDER FÜR SICH UND GOTT GEGEN ALLE (BRD 1974, Regie: Werner Herzog)
KASPAR HAUSER (D 1993, Regie: Peter Sehr)
THE KING'S SPEECH (GB/USA/AUS 2010, Regie: Tom Hooper)
THE LIFE OF EMILE ZOLA (USA 1937, Das Leben des Emile Zola, Regie: William Dieterle)
LINCOLN (USA 2012, Regie: Steven Spielberg)
LOVE IS THE DEVIL: STUDY FOR A PORTRAIT OF FRANCIS BACON (GB/FR/JP 1998, Regie: John Maybury)
LUST FOR LIFE (USA 1956, Vincent van Gogh – Ein Leben in Leidenschaft, Regie: Vincente Minnelli)
MADAME CURIE (USA 1943, Regie: Mervyn LeRoy)
MADAME DUBARRY (D 1919, Regie: Ernst Lubitsch)
MALCOLM X (USA/JP 1992, Regie: Spike Lee)
Der Mann mit dem Fagott (D 2011, Regie: Miguel Alexandre, Fernsehfilm, zwei Teile)
MARIE ANTOINETTE (USA 2006, Regie: Sofia Coppola)
MAX SCHMELING (D/HR 2010, Regie: Uwe Boll)
Mein Leben – Marcel Reich-Ranicki (D 2009, Regie: Dror Zahavi, Fernsehfilm)
MILK (USA 2008, Regie: Gus Van Sant)
MOLIÈRE (FR 1909, Regie: Léonce Perret)
LA MÔME (FR 2007, La vie en rose, Regie: Olivier Dahan)
THE MUSIC LOVERS (GB 1970, Tschaikowskij – Genie und Wahnsinn, Regie: Ken Russell)
MY WEEK WITH MARILYN (GB/USA 2011, Regie: Simon Curtis)
NAPOLÉON (FR 1927, Regie: Abel Gance)
NIXON (USA 1995, Regie: Oliver Stone)

PATTON (USA 1970, Patton – Rebell in Uniform, Regie: Franklin J. Schaffner)
THE PEOPLE VS. LARRY FLYNT (USA 1996, Larry Flynt – Die nackte Wahrheit, Regie: Milos Forman)
THE PRIDE OF THE YANKEES (USA 1942, Der große Wurf, Regie: Sam Wood)
THE PRIVATE LIFE OF HENRY VIII. (GB 1933, Sechs Frauen und ein König, Regie: Alexander Korda)
THE QUEEN (GB/FR/IT 2006, Die Queen, Regie: Stephen Frears)
RAGING BULL (USA 1980, Wie ein wilder Stier, Regie: Martin Scorsese)
RAY (USA 2004, Regie: Taylor Hackford)
REMBRANDT (GB 1936, Regie: Alexander Korda)
REMBRANDT (FR/D/NL 1999, Regie: Charles Matton)
RICHARD WAGNER. EIN KINEMATOGRAHISCHER BEITRAG ZU SEINEM LEBENSBILD (D 1913, Regie: Carl Froelich)
ROBERT KOCH, DER BEKÄMPFER DES TODES (D 1939, Regie: Hans Steinhoff)
SAUERBRUCH – DAS WAR MEIN LEBEN (D 1954, Regie: Rolf Hansen)
Schiller (D 2005, Regie: Martin Weinhart, Fernsehfilm)
SHATTERED GLASS (USA/CAN 2003, Lüge und Wahrheit – Shattered Glass, Regie: Billy Ray)
SID AND NANCY (GB 1986, Sid & Nancy, Regie: Alex Cox)
THE SOCIAL NETWORK (USA 2010, Regie: David Fincher)
A SONG TO REMEMBER (USA 1945, Polonaise, Regie: Charles Vidor)
STAVISKY (FR/IT 1974, Regie: Alain Resnais)
THE STORY OF ALEXANDER GRAHAM BELL (USA 1939, Liebe und Leben des Telefonbauers A. Bell, Regie: Irving Cummings)
THE STORY OF LOUIS PASTEUR (USA 1936, Regie: William Dieterle)
SURVIVING PICASSO (USA 1996, Mein Mann Picasso, Regie: James Ivory)
THIRTY TWO SHORT FILMS ABOUT GLENN GOULD (CAN 1993, 32 Variationen über Glenn Gould, Regie: François Girard)
TRÄUMEREI (D 1944, Regie: Harald Braun)
VINCENT & THEO (GB/IT/NL/FR 1990, Regie: Robert Altman)
WALK THE LINE (USA/D 2005, Regie: James Mangold)
DIE WEIßE ROSE (BRD 1982, Regie: Michael Verhoeven)
WEN DIE GÖTTER LIEBEN (D 1942, Regie: Karl Hartl)
YANKEE DOODLE DANDY (USA 1942, Regie: Michael Curtiz)
YOUNG MR. LINCOLN (USA 1939, Der junge Mr. Lincoln, Regie: John Ford)
YOUNG TOM EDISON (USA 1940, Der junge Tom Edison, Regie: Norman Taurog)
ZEITEN ÄNDERN DICH (D 2010, Regie: Uli Edel)

Literaturverzeichnis

Altman, Rick (1999): *Film/Genre*. London: British Film Institute.
Anderson, Carolyn (1988): „Biographical Film". In: Gehring, Wes D. (Hg.): *A Handbook of American Film Genres*. New York: Greenwood Press, S. 331-351.
Anderson, Carolyn/Lupo, Jonathan (2002): „Hollywood Lives: The State of the Biopic at the Turn of the Century". In: Neale, Steve (Hg.): *Genre and Contemporary Hollywood*. London: British Film Institute, S. 91-104.
Bergan, Ronald (1983): „Whatever Happened to the Biopic?" In: *Films and Filming* 346 (Juli 1983), S. 21-22.

Bingham, Dennis (2010): *Whose Lives Are They Anyway? The Biopic as Contemporary Film Genre*. New Brunswick u.a.: Rutgers University Press.
Bordwell, David (1985): *Narration in the Fiction Film*. Madison: University of Wisconsin Press.
Böhnke, Alexander (2007): *Paratexte des Films: Über die Grenzen des filmischen Universums*. Bielefeld: transcript.
Bretèque, François de la (1986): „Contours et figures d'un ‚genre'". In: *Les Cahiers de la Cinémathèque* 45, S. 93-97.
Christie, Ian (2002): „A Life on Film". In: France, Peter/St. Clair, William (Hgg.): *Mapping Lives. The Uses of Biography*. Oxford/New York: Oxford University Press, S. 283-301.
Custen, George F. (1992): *Bio/Pics: How Hollywood Constructed Public History*. New Brunswick: Rutgers University Press.
Custen, George F. (2000): „The Mechanical Life in the Age of Human Reproduction: American Biopics, 1961-1980". In: *Biography* 23.1, S. 127-159.
Felix, Jürgen (Hg.) (2000): *Genie und Leidenschaft. Künstlerleben im Film*. St. Augustin: Gardez!.
Fischer, Ellen (1994): „Das Künstlerbild im amerikanischen Spielfilm der 50er und 60er Jahre". In: Paech, Joachim (Hg.): *Film, Fernsehen, Video und die Künste. Strategien der Intermedialität*. Stuttgart/Weimar: Metzler, S. 103-113.
Genette, Gérard (1989): *Paratexte. Das Buch vom Beiwerk des Buches*. Frankfurt a.M./New York: Campus.
Hickethier, Knut (2002): „Genretheorie und Genreanalyse". In: Felix, Jürgen (Hg.): *Moderne Film Theorie*. Bender: Mainz, S. 62-96.
Hickethier, Knut (2009): „Biographische Erzählungen in audio-visuellen Medien: Fernsehen". In: Klein, Christian (Hg.): *Handbuch Biographie. Methoden, Traditionen, Theorien*. Stuttgart/Weimar: Metzler, S. 168-177.
Klein, Christian/Werner, Lukas (2009): „Biographische Erzählungen in audio-visuellen Medien: Spielfilm". In: Klein, Christian (Hg.): *Handbuch Biographie. Methoden, Traditionen, Theorien*. Stuttgart/Weimar: Metzler, S. 154-164.
Köppen, Manuel (2007): „Der Künstlerfilm in Zeiten des Krieges". In: Ders./Schütz, Erhard (Hgg.): *Die Kunst der Propaganda. Der Film im Dritten Reich*. Bern: Lang, S. 57-87.
Kuhn, Markus (2011): *Filmnarratologie. Ein erzähltheoretisches Analysemodell*. Berlin/New York: de Gruyter.
Lopez, Daniel (1993): *Films by Genre: 775 Categories, Styles, Trends and Movements Defined, with a Filmography for Each*. Jefferson u.a.: McFarland.
Mittermayer, Manfred (2009a): „Darstellungsformen des Schöpferischen in biographischen Filmen. Beobachtungen an einer Untergattung des Biopics". In: Fetz, Bernhard (Hg.): *Die Biographie: Zur Grundlegung ihrer Theorie*. Berlin/New York: de Gruyter, S. 501-533.
Mittermayer, Manfred (2009b): „Lebensgeschichten im Biopic. Skizzen zu einem historischen Überblick". In: Hemecker, Wilhelm (Hg.): *Die Biographie – Beiträge zu ihrer Geschichte*. Berlin/New York: de Gruyter, S. 451-500.
Mittermayer, Manfred/Blaser, Patric/Braidt, Andrea B./Holmes, Deborah (Hgg.) (2009): *Ikonen, Helden, Außenseiter. Film und Biographie*. Wien: Paul Zsolnay.
Mulvey, Laura (1992): *Citizen Kane*. London: BFI Publishing.
Neale, Steve (2000): *Genre and Hollywood*. London/New York: Routledge.
Nieberle, Sigrid (2008): *Literarhistorische Filmbiographien. Autorschaft und Literaturgeschichte im Kino*. Berlin/New York: de Gruyter.
Runge, Anita (2009): „Literarische Biographik". In: Klein, Christian (Hg.): *Handbuch Biographie. Methoden, Traditionen, Theorien*. Stuttgart/Weimar: Metzler, S. 103-112.

Schrödl, Barbara (2000): „Rembrandt im NS-Film. Das ‚leidende Genie' als Versprechen nationalen Überlebens". In: Felix, Jürgen (Hg.): *Genie und Leidenschaft. Künstlerleben im Film*. St. Augustin: Gardez!, S. 35-54.

Schweiger, Hannes (2009): „‚Biographiewürdigkeit'". In: Klein, Christian (Hg.): *Handbuch Biographie. Methoden, Traditionen, Theorien*. Stuttgart/Weimar: Metzler, S. 32-36.

Segeberg, Harro (2004): „Die großen Deutschen. Zur Renaissance des Propagandafilms um 1940". In: Ders. (Hg.): *Mediengeschichte des Films. Das Dritte Reich und der Film. Mediale Mobilmachung I*. München: Fink, S. 267-291.

Taylor, Henry M. (2002): *Rolle des Lebens. Die Filmbiographie als narratives System*. Marburg: Schüren.

Thompson, Kristin (1999): *Storytelling in the New Hollywood. Understanding Classical Narrative Technique*. Cambridge/London: Harvard University Press.

Tibbetts, John C. (2005): *Composers in the Movies: Studies in Musical Biography*. New Haven u.a.: Yale University Press.

Weber, Nicola Valeska (2013/im Druck): „This is the story of …: biographisches Erzählen im Spielfilm". In: Klung, Katharina/Trenka, Susie/Tuch, Geesa (Hgg.): *Sammelband zum 24. Film- und Fernsehwissenschaftlichen Kolloquium*. Marburg: Schüren.

Filmanalyse

THE AGONY AND THE ECSTASY
(Inferno und Ekstase)

USA 1965, Regie: Carol Reed

THE AGONY AND THE ECSTASY ist ein sowohl klassisches als auch auffällig inszeniertes Biopic über den Maler, Bildhauer und Architekten Michelangelo Buonarroti. Klassisch insofern, als der Renaissance-Künstler Michelangelo als typischer Held des Biopic der 1950er- und 1960er-Jahre dargestellt wird, der sich zum Wohle der Menschheit für eine wegweisende Vision aufopfert. Auffällig insofern, als Verdichtung und Verklärung monumental zugespitzt werden: Aus Michelangelos knapp 90 Jahre langem Leben (6. März 1475 bis 18. Februar 1564) werden nur die rund vier Jahre zwischen 1508 und 1512 gezeigt, in denen er am Deckengemälde der Sixtinischen Kapelle gearbeitet hat. Diese Phase wird als exemplarisch für sein Leben und Schaffen inszeniert: Seine Einzigartigkeit, das Revolutionäre seiner Kunst und sein wegweisender Einfluss auf andere Künstler werden herausgestellt. Er wird dabei nicht nur als glorreicher Held gezeigt, sondern zu einem gottgesandten Propheten stilisiert.

Als der kriegerische Papst Julius II. (Rex Harrison) von einem siegreichen Feldzug nach Rom zurückkehrt, sieht man den Bildhauer Michelangelo Buonarroti (Charlton Heston) trotz des vom Papst angeordneten Feiertags beim Bearbeiten einer Marmorskulptur. Sie ist für das Grabmal Julius II. gedacht, wie Michelangelo dem Architekten Bramante (Harry Andrews) berichtet. Michelangelo arbeitet mit tiefster Überzeugung an dem Projekt, für das insgesamt 40 Skulpturen vorgesehen sind. Umso erstaunter ist er, als der Papst – angestiftet von Bramante, der Michelangelo den Erfolg missgönnt – ihn von der Arbeit am Grabmal abrufen lässt, um ihm einen neuen Auftrag zu geben: die Decke der Sixtinischen Kapelle auszumalen. Erschüttert von der unfassbaren Dimension dieser Aufgabe und überzeugt davon, ein Bildhauer und kein Maler zu sein, beschließt Michelangelo zu flüchten, macht sich aber – auf Anraten der befreundeten Medici – schließlich doch daran, das vom Papst vorgesehene Deckengemälde anzufertigen, welches die zwölf Apostel darstellen soll. Zunehmend unzufrieden mit seinem eigenen Werk zerstört er eines Nachts die bisher gemalten Fresken und flieht. Voller Zorn lässt ihn der Papst bis in die Marmorbrüche von Carrara verfolgen. Als Michelangelo dort auf einem Bergrücken inmitten eines Wolkenmeers stehend in den Himmel blickt, hat er plötzlich eine Vision und sieht die Konturen der berühmten *Erschaffung Adams* in den Wolken.

Michelangelo kann den Papst davon überzeugen, ihm den Auftrag erneut zu übergeben, da dieser die Grandiosität der Vision des Künstlers sofort erkennt. Michelangelo macht sich abermals an die Arbeit und schindet seinen Körper monatelang, um das gigantische Projekt umzusetzen und das Figurenarsenal der *Genesis* auf der Kirchendecke zu verewigen. Vor lauter Erschöpfung stürzt er eines Tages vom Gerüst und scheint die Arbeit in Folge des Unfalls nicht wieder aufnehmen zu können. Bramantes Vorschlag, den Maler Raffael da Urbino (Tomas Milian) die Arbeit fortsetzen zu lassen, nutzt der Papst letztendlich nur, um – den wie er selbst von Ehrgeiz durchdrungenen – Michelangelo erneut an die Arbeit zu treiben, indem er vorgibt, Raffael beauftragen zu wollen. Durch massive Auseinandersetzungen zwischen Michelangelo und dem Papst kommt es zu weiteren Unterbrechungen. Als der im Krieg geschlagene Julius II. auf dem Sterbebett liegt, droht auch das Ende von Michelangelos Projekt, denn Julius' Tod würde den Untergang des Kirchenstaats bedeuten und seine Gegner würden alle religiösen Kunstwerke in Rom zerstören. Doch da der Papst überlebt und den Kirchenstaat verteidigt, kann Michelangelo sein Meisterwerk vollenden.

Der in THE AGONY AND THE ECSTASY dargestellte Michelangelo ist als leidenschaftlich für seine Vision kämpfender Held geradezu prototypisch für die biographischen Spielfilme seiner Zeit. Der schöpferische Akt des Malens, der in diesem Künstlerfilm im Mittelpunkt steht, wird dabei zugleich als körperlicher Kraftakt und göttlicher Auftrag inszeniert. Die für Künstlerfilme unübliche Betonung der Körperlichkeit ist auf den Hauptdarsteller Charlton Heston zurückzuführen, der in spannungsreichen Gesten immer wieder die Kraft seines muskulösen Körpers herausstellt (eine Statur, die der reale Michelangelo nicht besessen hat). Hestons durch den Monumentalfilm BEN HUR (1959) geprägte Rollenbiographie unterstreicht diesen Effekt. Zugleich wird Michelangelos Schaffen religiös aufgeladen, womit die Verklärung des Helden hier über viele klassische Biopics hinausgeht: Michelangelo ist nicht nur der von einer Idee überzeugte Künstler, sondern der Auserwählte Gottes. Wie Moses auf dem Berg Sinai steht Michelangelo auf einem Berg, als er den göttlichen Auftrag empfängt. Und das Sujet seines Deckengemäldes ist nicht eine beliebige biblische Geschichte, sondern das Buch Genesis. Wie Gott die Welt erschaffen hat, so erschafft Michelangelo sein monumentales Werk.

Anhand der Figuration können die zentralen thematischen Komplexe des Films aufgeschlüsselt werden: Mit Bramante liegt eine für viele Biopics typische Antagonisten- und Kontrastfigur vor. Bramante intrigiert gegen Michelangelo, damit letzterer gezwungen wird, ein Fresko von übermenschlichem Ausmaß zu schaffen. Er hofft, dass Michelangelo, der als Maler noch unerfahren ist, an dieser Aufgabe scheitert. Als er merkt, dass sein Plan nicht aufgeht, versucht er mehrfach erfolglos, Raffael für die Vollendung des Deckenfreskos zu empfehlen. Im Kontrast zu Bramante können Michelangelos Talente umso deutlicher herausgestellt werden: Als Bramante das Gerüst für die Arbeit am Deckengemälde errichten soll, ist er, der Baumeister des Papstes, nicht in der Lage, es ohne Verankerung der Stützen an der Kirchendecke zu konstruieren, was Lücken im fertigen Bild zur Folge hätte. Nach kurzer Auseinandersetzung bekommt Michelangelo die Erlaubnis vom Papst, ein besseres Gerüst zu errichten, und entwirft erfolgreich das mutmaßlich erste Gerüst der Menschheitsgeschichte, das nicht in der Decke verankert ist. Schließlich wird durch den von Bramante protegierten Raffael da Urbino die künstlerische Genialität Michelangelos betont, z.B. wenn Raffael angesichts des fast fertigen Deckengemäldes schwärmt: „Meister Buonarroti. Ihr behauptet, Ihr wäret kein Maler. Aber Ihr macht uns alle wieder zu Schülern [...]. Jetzt will ich Eure Decke nicht mehr vollenden und ich glaube auch nicht, dass ich es könnte."

Die wichtigste Hauptfigur neben Michelangelo ist jedoch nicht Bramante, sondern Papst Julius II. Während Michelangelo sich schindet, um das Deckengemälde zu vollenden, kämpft der Papst um das ‚Überleben' des Kirchenstaats. Die Sequenzen, die den Papst als Feldherrn im Krieg zeigen, verleihen dem im Breitwandformat auf 65-mm gedrehten Film Züge eines monumentalen Historienfilms. Durch die Figur des exzentrischen Papsts wird das mit Michelangelo bereits angelegte Motiv der Stärke auf die politische Ebene ausgedehnt: Nur in einem gefestigten Kirchenstaat sind kulturelle Errungenschaften wie Michelangelos Deckengemälde möglich. Hierin können durchaus ideologische Parallelen zur außenpolitischen Doktrin der USA gesehen werden, was anhand von Giovanni de' Medicis Äußerung deutlich wird: „Er griff zum Schwert, um eine unabhängige Kirche zu schaffen, mächtig genug, Frieden zu stiften unter den streitbaren Königen." Macht – auch militärisch gesicherte – ist hier die Kraft, die Frieden stiftet und Kultur erblühen lässt.

Auch wenn der Papst jähzornig ist und nicht einmal davor zurückschreckt, Michelangelo mit dem Stock zu schlagen, so ist er doch der einzige, der ihn und seine Kunst versteht (ganz im Gegensatz zu anderen Klerikern, die das Figural-Überbordende des Gemäldes und die Nacktheit der Figuren aufs Schärfste kritisieren). Der Papst ist es, der Michelangelo dazu treibt, das Gemälde zu schaffen: „Ich werde in die Geschichte eingehen", erklärt er Michelangelo, „[...] als einer, der einen Künstler gezwungen hat, ein Werk zu schaffen, das viel größer ist als wir beide." Am Ende kann durch den Papst die religiöse Funktion von Michelangelos Schaffen explizit herausgestellt werden: „Was Du da gemalt hast, mein Sohn, das ist kein Porträt Gottes, das ist der größte Beweis des Glaubens."

Die Figur der Contessina de' Medici (Diane Cilento) ist nur auf den ersten Blick eine Randfigur, denn durch sie wird das Liebesmotiv – genauer: das ‚Liebesvakuum' – in Michelangelos Leben thematisiert. Der Film ‚verzichtet' auf die zweite Plot-Linie einer heterosexuellen Liebesgeschichte, die nicht nur für klassische Biopics, sondern für viele Hollywoodfilme der Zeit typisch war. Stattdessen bleibt Contessinas Liebe zu Michelangelo unerwidert, wodurch Michelangelos ‚Übermenschlichkeit' eine weitere Dimension verliehen wird: Er kann nicht lieben, weil er Kunst schaffen muss. Die ‚Ekstase' der Liebe fließt bei ihm in die Kunst, oder, wie Contessina angesichts des vollendeten Deckengemäldes erkennt: „Michelangelo, ich glaube darin ist mehr Liebe als jemals sein kann zwischen Mann und Frau."

THE AGONY AND THE ECSTASY basiert auf dem gleichnamigen Roman von Irving Stone aus dem Jahr 1961. Viel weitreichender als dieser unmittelbare intermediale Zusammenhang ist aber, dass sich Spuren von Giorgio Vasaris zeithistorischer Lebensbeschreibung des Künstlers aus dem Jahr 1550 bis zu diesem Biopic nachverfolgen lassen. Die filmische Verklärung Michelangelos ist teilweise auf derartige zeithistorische Quellen zurückzuführen. Vasari hat in den sogenannten *Viten* das Leben von über 150 Künstlern der Renaissance beschrieben und die Vita Michelangelos als Ziel überhöht, auf das die Entwicklung der Renaissance-Kunst zuläuft. Wie sein Zeitgenosse Ascanio Condivi, der ebenfalls bereits zu Lebzeiten Michelangelos eine Lebensbeschreibung vorgelegt hat (1553), hat Vasari in den beiden Versionen der *Viten* (1550 und 1568) aber nicht nur Verklärung betrieben, sondern auch Anekdoten gesammelt. Viele Details des Films lassen sich auf diese Texte zurückbeziehen (auch wenn einige davon als nicht gesichert gelten).

Etliche Anekdoten, die sich bei Vasari und Condivi auf andere Lebensphasen Michelangelos beziehen, werden in THE AGONY AND THE ECSTASY auf die vier Jahre der Arbeit in der Sixtinischen Kapelle übertragen und so modifiziert, dass sie in diese Lebensphase passen. Darin zeigt sich erneut das zentrale Prinzip des Films: die Verdichtung des repräsentierten Lebens auf eine Phase, die als exemplarisch inszeniert wird. Zu diesem Zweck werden selbst einige der (kunst-)historisch belegten Details verzerrt und uminterpretiert. Michelangelo wird in THE AGONY AND THE ECSTASY als alles überragender Künstler der Renaissance gezeigt, in dessen Meisterwerk, dem Deckenfresko der Sixtina, sich die Quintessenz seines Schaffens, seine schöpferische Genialität manifestiert.

Condivi, Ascanio (1553): *Vita di Michelagnolo Buonarroti raccolta per Ascanio Condivi da la Ripa Transone*. Rom: Antonio Blado Stampatore.
Vasari, Giorgio (1550): *Le Vite de' più eccellenti architetti, pittori, et scultori italiani, da Cimabue insino a' tempi nostri*. Florenz: Torrentino.
Vasari, Giorgio (1568): *Le Vite de' più eccellenti pittori, scultori ed architettori*. Florenz: Giunti.

Markus Kuhn

Science Fiction
Simon Spiegel

Einleitung

Das Klischee, dass die Science Fiction – sowohl die filmische als auch die literarische – primär die Domäne kontaktscheuer männlicher Teenager sei, hält sich zwar hartnäckig, doch die Eintrittszahlen an der Kinokasse sprechen eine andere Sprache. Der große kommerzielle Erfolg von James Camerons AVATAR unterstreicht lediglich, was sich nicht nur im Kino, sondern auch in der Literatur, im Fernsehen und im Bereich der Games seit Jahren abzeichnet: Science Fiction ist längst keine Nischenerscheinung mehr, sondern Mainstream und bildet eine tragende Säule in der Geschäftsstrategie der US-amerikanischen Medienkonzerne (vgl. King/Krzywinska 2000: 1).

Angesichts dieser weiten Verbreitung mag es erstaunen, dass sich die Film- und generell die (deutschsprachigen) Geisteswissenschaften mit der Science Fiction nach wie vor schwertun. Dabei mangelt es keineswegs an Untersuchungen zu einzelnen Science-Fiction-Filmen – die Fülle an Publikationen zu 2001: A SPACE ODYSSEY, ALIEN, BLADE RUNNER und THE MATRIX ist längst nicht mehr überschaubar. Wenn es aber um das Filmgenre Science Fiction geht, zeigen sich große Lücken. Bereits 1990 hat Annette Kuhn in ihrer Einleitung zu dem von ihr herausgegebenen Sammelband *Alien Zone* festgestellt, dass die Forschung weniger am Science-Fiction-Film insgesamt als vielmehr an einigen wenigen Filmen interessiert sei (1990: 5); mittlerweile hat sich die Situation zwar gebessert,[1] noch immer dominieren aber Untersuchungen zu einzelnen Filmen. Zudem beschränken sich viele Untersuchungen auf symbolische oder symptomatische

---

[1] Neben meiner eigenen Monographie *Die Konstitution des Wunderbaren* (2007) sei hier vor allem Vivian Sobchacks *Screening Space* (1987) erwähnt, gewissermaßen der Klassiker der Forschung. Ebenfalls empfehlenswert ist *Science Fiction Cinema* von Geoff King und Tanya Krzywinska (2000), das auch Fragen der Vermarktung anschneidet und eine kompakte Einführung zum Thema darstellt. *Science Fiction Film* von Keith M. Johnston (2011) unterscheidet sich vom Gros der Forschung durch seine Betonung filmtextexterner Aspekte; im Vordergrund steht nicht die Interpretation des ‚Filmtextes', sondern die Frage, wie mit diesem umgegangen wird (vgl. auch Spiegel 2012b). Weniger empfehlenswert sind *Science Fiction Film* von J. P. Telotte (2001) und *Science Fiction* von Georg Seeßlen/Fernand Jung (2003); ersteres pflegt einen eher idiosynkratischen Umgang mit theoretischen Konzepten, letzteres ist primär eine – in ihrem Umfang beeindruckende – Auflistung von Filmen, die sich im Detail allerdings oft als ungenau erweist.

Lektüren[2] ausgewählter Filme – etwa ideologiekritische Interpretationen der sogenannten ‚Invasionsfilme' der 1950er-Jahre[3] oder poststrukturalistische[4] und feministische[5] Analysen von z.B. BLADE RUNNER oder der ALIEN-Reihe. Genuin filmische Aspekte, also die Frage, welche narrativen und ästhetischen Mittel der Science-Fiction-Film einsetzt, werden dagegen kaum behandelt. Viele Untersuchungen beschränken sich zudem auf den gleichen kleinen Kanon ausgewählter ‚Meisterwerke'. Auf die Gründe dieses Forschungsdefizits kann ich an dieser Stelle nicht eingehen; festzuhalten bleibt, dass eine gemeinsame theoretische Grundlage für die Science Fiction in der Filmwissenschaft bestenfalls in Ansätzen existiert.[6]

Definition und Charakteristika des Genres

Schon lange bevor sich die Filmwissenschaft des Themas annahm, war die Frage, wie Science Fiction definiert werden könnte, umstritten. Zwar hat jeder eine Vorstellung, was sich hinter dem Begriff ‚Science Fiction' verbirgt, wenn es aber um eine konkretere Bestimmung geht, herrscht wenig Einigkeit. Dabei hat es historisch keineswegs an Versuchen gemangelt, die Science Fiction zu definieren. Praktisch seit das Genre Ende der 1920er-Jahre erstmals unter dieser Bezeichnung als eigenständige Sparte auf dem US-amerikanischen Zeitschriftenmarkt in Erscheinung getreten ist, haben sich Leser, Autoren, Herausgeber und schließlich auch Wissenschaftler um eine ‚saubere' Definition bemüht. Wie bei anderen Genres hatte man allerdings auch hier mit dem Problem zu kämpfen, dass sich der Gegenstand der Untersuchung, der als Kategorie der Verständi-

---

2 Zur Unterscheidung zwischen „symbolischer" und „symptomatischer" Lektüre bzw. zwischen „comprehension" und „interpretation" siehe Bordwell (1989: 9).
3 Beispielsweise LeGacy (1978) und Hess Wright (1995). Auch Sobchack (1987) steht letztlich in der Tradition der Ideologiekritik.
4 So hat sich Fredric Jameson, der wohl wichtigste amerikanische Theoretiker des Postmodernismus, intensiv mit Science Fiction beschäftigt (u.a. 1980; 1982; 2007). Siehe auch Landon (1992) und Bukatman (1993).
5 Ein zentraler Text im feministischen Science-Fiction-Diskurs ist Donna Haraways *Cyborg Manifesto* (1991), der das Motiv des Cyborgs für die feministische Theorie fruchtbar macht. Als Beispiele für feministische Science-Fiction-Forschung vgl. Creed (1986) und Springer (1996).
6 Anders sieht die Situation in der englischsprachigen Literaturwissenschaft aus. Während die Germanistik die Science Fiction eher stiefmütterlich behandelt, sind Seminare zur Science-Fiction-Literatur ein fester Bestandteil der *English Departments*. Eine Publikation wie Sawyer/Wright (2011), die sich speziell der Frage widmet, wie Science Fiction unterrichtet werden kann, ist im deutschen Sprachraum kaum denkbar.

gung, Rezeption und der Vermarktung offensichtlich existiert, nicht als „formallogischen Kriterien genügende Kategorie [...], als *Textklasse*" (Schweinitz 1994: 106; Herv. i.O.) definieren lässt. Der Versuch einer einheitlichen Definition wird zusätzlich dadurch erschwert, dass vor allem im Bereich der Literatur zahlreiche Werke existieren, welche gemäß allgemeinem Konsens retrospektiv zur Science Fiction gerechnet werden sollten, die bei ihrem Erscheinen aber nicht so bezeichnet wurden (siehe dazu den Abschnitt *Zur Geschichte der Science Fiction*).

Als Bezeichnungen, die im konkreten Gebrauch entstehen und sich fortlaufend verändern, widersetzen sich Genres grundlegend einer Definition, die von abstrakten, a priori festgelegten Kriterien ausgeht. Rick Altman trägt diesem Umstand in seiner Untersuchung *Film/Genre* Rechnung, indem er einen Ansatz entwickelt, der Genres einerseits als Netze semantischer und syntaktischer Strukturen versteht, zugleich aber auch den pragmatischen Aspekt berücksichtigt, also die Frage, wer wann welche Filme mit welchem Label bezeichnet hat (Altman 2000). Versucht man nun aber, die Science Fiction mittels dieses triadischen Modells zu beschreiben, stößt man schnell an Grenzen. Die Science Fiction ist ein so weites Feld und umfasst so unterschiedliche Filme, dass Beschreibungen im Sinne Altmans kaum mehr sinnvoll erscheinen. Ein semantisch-syntaktisches Netz, das Filme wie VIDEODROME, INVASION OF THE BODY SNATCHERS, PLANET OF THE APES und STAR WARS einschließt, würde auch unzählige Filme abdecken, die normalerweise nicht zur Science Fiction gerechnet werden. Der Grund hierfür liegt nicht allein in der schieren Fülle von Science-Fiction-Filmen, sondern hängt eng mit ihrem spezifischen Wesen zusammen: Die Science Fiction ist letztlich kein Genre im Sinne Altmans, denn sie definiert sich nicht über ein Set von Plotstrukturen und inhaltlichen Merkmalen.

Was die Science Fiction auszeichnet und sie von der Fantasy unterscheidet, ist das *Novum*[7]. Damit ist die charakteristische Neuerung, das *unmögliche Ding* – es können natürlich auch mehrere *Nova* sein – gemeint, das in unserer empirischen Realität (noch) als unmöglich gilt, die Handlungswelt der jeweiligen Science-Fiction-Geschichte aber entscheidend prägt. Die Science Fiction entwirft stets ein Setting, in dem gewisse Dinge möglich sind, die in unserer Alltagswelt als unmöglich gelten; sie unterscheidet sich somit durch die Beschaffenheit ihrer Welten, durch deren Ontologie, von anderen Genres. In diesem Sinne ist die Science Fiction als ein „,world building' genre" (McHale 1992: 220) zu verstehen, das einen bestimmten Typus fiktionaler Welten beschreibt.

---

[7] Der von Darko Suvin ursprünglich für die Science-Fiction-Literatur eingeführte Begriff des ‚Novums' (1979: 93) ist in der Science-Fiction-Forschung allgemein akzeptiert.

In der Science Fiction sind unmögliche Dinge möglich, sie spielt in *wunderbaren*[8] Welten, die sich aber deutlich von denen anderer wunderbarer Formen wie dem Märchen und der Fantasy unterscheiden. Dabei liegt die Differenz nicht – wie das Wort ‚science' nahelegen könnte – in der Wissenschaftlichkeit des Novums. Viele gängige Science-Fiction-Nova sind gemäß heutigem Wissensstand genau so unmöglich wie typische Fantasy-Elemente. Vielmehr geht von der Science Fiction stets die Behauptung aus, dass ihre Nova grundsätzlich möglich sein *könnten*. Dies geschieht primär auf der Ebene der Darstellung: Während sich Fantasy und Märchen einer etablierten Märchenikonographie bedienen, weist die Science Fiction eine *technizistische Ästhetik* auf und stellt so zumindest implizit eine Kontinuität mit unserer realen Welt her. Eine Fee, ein Ork, ein Zwerg – all dies sind Wesen, die wir sofort als Fantasy-Kreaturen identifizieren, die einer eigenen, mit der unsrigen unvereinbaren Weltordnung angehören. Typische Science-Fiction-Nova wie ein Raumschiff, eine Zeitmaschine oder ein Roboter sind hingegen Maschinen, deren Aussehen an technische Geräte erinnern, wie wir sie täglich benutzen. Dabei ist die Frage, ob das jeweilige Novum technisch tatsächlich möglich wäre, zweitrangig.[9] Entscheidend ist vielmehr, dass die Science Fiction ästhetisch an unsere Vorstellungen von Technik und Wissenschaft anknüpft. Wie die Raumschiffe in 2001, STAR WARS oder AVATAR im Detail funktionieren, ist letztlich irrelevant; wichtig ist einzig, dass wir sie als Raumschiffe erkennen – weil sie wie Raumschiffe aussehen. Diesen für die Science Fiction zentralen Vorgang – den zumindest oberflächlichen Bezug auf ein wissenschaftlich-technisches Weltbild – bezeichne ich als *Naturalisierung*.[10]

In Science Fiction und Fantasy hängen Aufbau und Darstellungsweise der fiktionalen Welt eng zusammen. Ob es sich bei einem wunderbaren Element um ein – vermeintlich realistisches – technisches Novum oder um ein magisches Utensil handelt, ob wir die Handlungswelt als Weiterführung der empirischen

---

8 Um die heiklen Begriffe ‚realistisch' bzw. ‚nicht-realistisch' zu vermeiden, verwende ich den durch den Literaturwissenschaftler Tzvetan Todorov geprägten Begriff ‚wunderbar'. Todorov unterscheidet zwischen drei Gattungen, dem Unheimlichen, dem Phantastischen und dem Wunderbaren, wobei letztere fiktionale Welten beschreibt, die sich nicht mit unserer empirischen decken. Allerdings ist Todorov nicht eindeutig in der Frage, ob er formale oder fiktionale – respektive ontologische – Aspekte beschreibt (siehe auch Spiegel 2010). Hier soll ‚wunderbar' ausschließlich das Verhältnis der Handlungswelt zur empirischen Realität beschreiben.
9 Gerade von Fans wurde und wird die angebliche Wissenschaftlichkeit der Science Fiction gerne betont; zumindest im Film stellt die sogenannte *hard Science Fiction*, die sich strikt nach dem wissenschaftlich-technisch Möglichen richtet, aber zweifellos eine Randerscheinung dar.
10 Ich verstehe Naturalisierung hier als rein formale Operation und weder im ideologiekritischen Sinne von Barthes (1964) noch als narratologisches Konzept wie z.B. bei Culler (2002).

Welt oder als unmögliche Märchenwelt einstufen, hängt vor allem von der Darstellungsweise ab. Anders ausgedrückt: Die Funktionsweise einer Welt wird erst durch ihre konkrete Gestaltung, ihre Ästhetik, sichtbar. In meiner Studie *Die Konstitution des Wunderbaren* habe ich deshalb vorgeschlagen, die Science Fiction nicht als Genre im Sinne Altmans, sondern als *fiktional-ästhetischen Modus* zu bezeichnen, der den Aufbau und die Darstellungsweise der fiktionalen Welt beschreibt (Spiegel 2007: 40f.). Damit möchte ich zum Ausdruck bringen, dass die Science Fiction eine umfassendere Einheit darstellt als ein ‚klassisches' Genre. Der fiktional-ästhetische Modus beschreibt einen Typus fiktionaler Welten,[11] in dem typische Science-Fiction-Genres wie etwa der *Invasionsfilm*, die *Space Opera*, der *Superheldenfilm* oder die *Dystopie* angesiedelt sind, die sich ihrerseits gut mit Altmans Modell beschreiben lassen.

Naturalisierung ist in erster Linie ein ästhetischer Vorgang; wir erkennen ein Raumschiff als solches, weil es wie eine Maschine aussieht. Die Einordnung in die Science Fiction ist schon lange erfolgt, bevor wir uns Gedanken über seine genaue Funktionsweise machen können. Genau auf diesen Zusammenhang zwischen Aufbau der Handlungswelt und deren Darstellung zielt der Begriff des *fiktional-ästhetischen Modus* denn auch ab.[12]

Im Folgenden wird, begonnen bei seinen literarischen Vorläufern, kurz die Geschichte des Science-Fiction-Kinos skizziert, anschließend werden die beiden zentralen Mechanismen *Naturalisierung* und *Verfremdung* thematisiert. Abschließend folgt ein Ausblick auf die neusten Entwicklungen im Science-Fiction-Film.

Zur Geschichte der Science Fiction

Die Frage, wann die Science Fiction entstanden ist, hängt eng mit jener nach der Definition des Genres zusammen. Geht man von der hier angelegten Bestimmung aus und versteht Science Fiction als fiktional-ästhetischen Modus, der sich einer technizistischen Ästhetik bedient, ist ihr Aufkommen eng mit dem

---

[11] Friedrich spricht von einem „Totalgenre" (1995: 5) und drückt damit den gleichen Gedanken aus.
[12] Dabei sind auch Mischformen möglich, die sich unterschiedlicher Ästhetiken bedienen. Das bekannteste Beispiel hierfür ist zweifellos die STAR-WARS-Reihe, die sowohl typische Science-Fiction-Elemente wie Raumschiffe und Lasergefechte als auch Fantasy-Elemente wie eine mit Schwert kämpfende Ritterkaste oder die mystische Urkraft *Force* enthält. STAR WARS wird deshalb auch oft als *Science Fantasy* bezeichnet; siehe z.B. Worley (2005: 11) und die Einträge zu ‚Science Fantasy' in der deutsch- und der englischsprachigen Wikipedia.

Entstehen einer modernen Auffassung von Wissenschaft und Technik verknüpft.[13] Science Fiction wird damit zu einer dezidiert neuzeitlichen Erscheinung. Als erster moderner Science-Fiction-Roman gilt gemeinhin Mary Shelleys 1818 erstmals erschienener Roman *Frankenstein* (vgl. Aldiss/Wingrove 2001), denn im Gegensatz zu anderen *Gothic Novels* erzählt *Frankenstein* nicht von übernatürlichen Ereignissen. Der künstliche Mensch, den der Protagonist Victor Frankenstein erschafft, ist nicht das Produkt schwarzer Magie oder Alchemie, sondern das Ergebnis eines in präzise Schritte unterteilten und reproduzierbaren naturwissenschaftlichen Verfahrens.

Im Laufe des 19. Jahrhunderts entstehen immer mehr Romane und Erzählungen, in denen wunderbare Elemente (pseudo-)wissenschaftlich begründet werden. Prominente Autoren sind unter anderem Edgar Allan Poe, Jules Verne und zur Jahrhundertwende H. G. Wells. Diese Schriftsteller – und mit ihnen zahlreiche weitere – veröffentlichen zwar Texte mit Science-Fiction-Nova, sie taten dies aber vor dem Hintergrund eines anderen Genrebewusstseins als spätere Science-Fiction-Autoren. So wurden Vernes Romane beispielsweise als „Voyages Extraordinaires" beworben, standen also in der Tradition phantastischer Reiseberichte.

Als eigenständige Genrebezeichnung taucht ‚Science Fiction' erst Ende der 1920er-Jahre auf dem amerikanischen Zeitschriftenmarkt auf. Als „Vater der Science Fiction" gilt gemeinhin Hugo Gernsback, der als Verleger verschiedener Zeitschriften tätig war und zuerst den Neologismus „scientifiction" und später auch „science fiction" prägte (Spiegel 2007: 84-91).[14] Zu Beginn war der Begriff allerdings nicht allgemein gebräuchlich; fürs Kino wird er sogar erst ab Beginn der 1950er-Jahre verwendet. Filme wie METROPOLIS (1927) oder THINGS TO COME (1936) wurden bei Erscheinen nicht als Science Fiction bezeichnet. Generell wurden in der ersten Hälfte des 20. Jahrhunderts ohnehin nur wenige Filme produziert, die heute als Science Fiction gelten. Produktionen wie die oben genannten, aber auch LE VOYAGE DANS LA LUNE (1902) des Filmpioniers Georges Méliès, bilden die Ausnahme. Am verbreitetsten sind Science-Fiction-Motive zu dieser Zeit in den sogenannten Serials, billigen Fortsetzungsproduktionen ohne

---

13 Andere Autoren datieren den Ursprung der Science Fiction bereits in der Antike. Dieses Vorgehen hat oft zum Ziel, den Modus über ‚klassische' Vorfahren wie Lukian oder Homer zu nobilitieren (vgl. Suerbaum/Broich/Borgmeier 1981: 37). Auch Roberts (2006) beginnt seine *History of Science Fiction* in der Antike. Zur Geschichte der Science Fiction siehe auch Panshin/Panshin (1989).
14 Zur Geschichte der frühen Science-Fiction-Magazine siehe Ashley (2000).

großen künstlerischen Anspruch, was den damaligen Status der Science Fiction treffend illustriert.[15]

Der große Boom setzt ab 1950 ein. Von nun an produziert Hollywood praktisch ohne Unterbrechung Science-Fiction-Filme. Neben vereinzelten Prestigeproduktionen wie DESTINATION MOON (1950), THE WAR OF THE WORLDS (1953) und FORBIDDEN PLANET (1956) – alle drei in Farbe – handelt es sich dabei vor allem um B- und C-Produktionen. Zentrales Motiv dieser Dekade ist das All – einerseits als neues Grenzland, das es zu erobern gilt, andererseits als Herkunftsort meist feindlicher Außerirdischer.

Im Laufe der 1960er-Jahre beginnt sich das Science-Fiction-Kino allmählich zu wandeln: Die Filme werden immer aufwendiger und auch anspruchsvoller. Wichtigster Meilenstein dieses Jahrzehnts ist zweifellos Stanley Kubricks 2001: A SPACE ODYSSEY (1968). Das Produktionsbudget und die Spezialeffekte des Films setzten neue Maßstäbe, aber auch ästhetisch und inhaltlich gilt er bis heute als herausragender Vertreter der Science Fiction.[16] Mit Beginn der 1970er-Jahre ist eine thematische Verschiebung zu beobachten: Es entstehen zahlreiche pessimistische Zukunftsentwürfe, die aktuelle politische und soziokulturelle Themen wie die atomare Bedrohung (PLANET OF THE APES), Umweltverschmutzung (SILENT RUNNING), Überbevölkerung (SOYLENT GREEN) und generell die Auswüchse der Konsumgesellschaft (THX 1138) in zugespitzter Form thematisieren.

Mit dem Erfolg der *Space Opera* STAR WARS (ab 1977) hat sich die Science Fiction endgültig als Mainstream-Phänomen mit Blockbuster-Potenzial durchgesetzt. Generell sind die 1980er- und 1990er-Jahre von einer steten Steigerung der Blockbuster-Strategie gekennzeichnet, die von STAR WARS mitbegründet wurde: Filme werden immer mehr zu Events und die Verwertung über zusätzliche Kanäle neben dem Kino erhält ein immer größer werdendes Gewicht.[17] Filme wie TOTAL RECALL, TERMINATOR 2: JUDGMENT DAY oder JURASSIC PARK machen durch ihre hohen Budgets und ihre aufwendigen Spezialeffekte von sich reden. Dabei wird digitale Tricktechnik im Laufe der 1990er-Jahre zu einem zentralen Element der Filme. Zudem setzen die Studios immer mehr auf Fortsetzungen – und später auch auf Prequels – sowie auf Verfilmungen erfolgreicher Vorlagen;

---

15 Zu den Science-Fiction-Serials siehe Kinnard (1998), zur Geschichte des Science-Fiction-Films generell siehe Telotte (2001: 63-120) und Johnston (2011: 53-103); Johnston betont zwar, dass Science-Fiction-Motive bereits vor 1950 weit verbreitet waren, ist aber ebenfalls der Ansicht, dass der Science-Fiction-Film erst in den 1950er-Jahren als eigenständiges Genre auftritt.
16 Johnston argumentiert, dass der unmittelbare Einfluss von 2001: A SPACE ODYSSEY letztlich begrenzt blieb. Sowohl in seinem Anspruch als auch im Produktionsaufwand blieb Kubricks Film ohne unmittelbare Nachfolger (2011: 88f.).
17 Zum Blockbuster-Phänomen siehe u.a. King (2000) und Blanchet (2003).

in beiden Fällen will man so an bereits etablierte Titel anknüpfen.[18] Eine Tendenz, die mit der Entwicklung der Blockbuster-Science-Fiction, einhergeht, ist die Annäherung an andere Genres: Mit ALIEN werden die Grenzen zum Horror aufgeweicht und in Filmen wie PREDATOR, TOTAL RECALL oder der TERMINATOR-Reihe verschmilzt die Science Fiction teilweise mit dem Action-Genre.

Auch wenn der Fantasy-Film mit der THE-LORD-OF-THE-RINGS-Trilogie und der HARRY-POTTER-Reihe sein Blockbuster-Potenzial unter Beweis stellen konnte, spielt der Science-Fiction-Film im Bereich der ‚Megaproduktionen' nach wie vor eine – wenn nicht sogar *die* – zentrale Rolle.[19]

Naturalisierung und Verfremdung

Neben der Naturalisierung ist ein zweiter, auf den ersten Blick völlig gegensätzlicher Mechanismus zentral für die Science Fiction: die Verfremdung. Wie der Begriff des Novums geht auch jener der Verfremdung auf Darko Suvin zurück. Seit Suvin die Science-Fiction-Literatur in seiner *Poetik der Science Fiction* als „Literatur der kognitiven Verfremdung" definiert hat, gehört das Konzept zum Kernbestand der Science-Fiction-Theorie, wird allerdings keineswegs einheitlich gebraucht. Dies ist nicht weiter erstaunlich, denn bereits Suvin verwendet den Terminus auf sehr widersprüchliche Weise.

In seinen Ausführungen zitiert Suvin die beiden wichtigen Theorietraditionen zum Thema Verfremdung – Bertolt Brechts Theorie des V-Effekts (Brecht 1967) sowie den russischen Formalisten Viktor Šklovskij und dessen *ostranenie*-Konzept (Šklovskij 1969).[20] Sowohl Šklovskij als auch Brecht verstehen unter Verfremdung – respektive *ostranenie* – das Aufbrechen etablierter Sehgewohnheiten: Im Alltag nehmen wir die Dinge nur oberflächlich wahr, *sehen* sie aber

---

18 In besonders deutlicher – und kombinierter – Form sind diese Taktiken im Superheldenfilm zu beobachten. Die maskierten Kämpfer für Gerechtigkeit besitzen in der Regel eine besondere – sciencefictionale – Fähigkeit, sind also Teil des Science-Fiction-Modus. Beispiele wären X-MEN (2000), FANTASTIC FOUR (2005) und THE DARK KNIGHT RISES (2012).
19 Zur Illustration: Wikipedia führt mit SPIDER-MAN 3, JOHN CARTER, AVATAR, THE DARK KNIGHT RISES und THE AVENGERS fünf Science-Fiction-Filme unter den zehn teuersten Filmproduktionen aller Zeiten auf (ausgehend von nicht inflationsbereinigten Zahlen). In den Top Ten der kommerziell erfolgreichsten Produktionen aller Zeiten (ebenfalls nicht inflationsbereinigt) finden sich wiederum vier Science-Fiction-Filme. In beiden Fällen handelt es sich ausschließlich um Produktionen, die nach der Jahrtausendwende entstanden sind.
20 Obwohl Suvin Šklovskijs berühmten Aufsatz *Die Kunst als Verfahren* zitiert, spielt das formalistische *ostranenie*-Konzept für ihn insgesamt eine untergeordnete Rolle; Suvins wichtigste Referenzen sind Bertolt Brecht und Ernst Bloch (u.a. Bloch 1962).

nicht als das, was sie wirklich sind. Damit wir die Welt wieder richtig sehen können, müssen wir unsere automatisierte, ‚blinde' Wahrnehmung überwinden, und dies kann nur gelingen, wenn die Dinge zuerst wieder fremd gemacht werden.

Brechts und Šklovskijs Ansätze unterscheiden sich zwar in vielen Punkten,[21] bei beiden ist Verfremdung aber ein im weitesten Sinne stilistisch-rhetorisches Verfahren, das die Art und Weise beschreibt, *wie* bestimmte fiktionale Inhalte vermittelt werden. So spricht Šklovskij etwa von ungewohnten Sprachbildern und Erzählstrategien (1969: 17-23), während Brecht in Bezug auf die Bühne u.a. eine distanzierte Spielweise erwähnt (1967: 683-693) oder in der *Dreigroschenoper* Spruchbänder einsetzt – beides Mittel, die zum Ziel haben, die realistische Illusion zu unterlaufen. Suvin verwendet den Begriff der Verfremdung nun auf ganz neue Weise, nämlich als Definitionskriterium eines Genres: „In der SF ist die Haltung der Verfremdung [...] zum formalen Rahmen des Genres geworden" (1979: 26). Was bei Šklovskij und Brecht noch ein stilistisches Mittel ist, das an bestimmten Stellen eines an sich ‚realistischen' Textes auftreten kann, wird gemäß Suvin in den verfremdenden Genres – zu denen er neben der Science Fiction auch das Märchen und den Mythos zählt – somit zum formalen Rahmen.

Suvin führt in seinem Konzept ein ganzes Bündel von Aspekten zusammen, scheint sich dessen aber nicht recht bewusst zu sein. Zwar spricht er vom „formalen Rahmen", aus seinen Ausführungen geht aber deutlich hervor, dass Verfremdung bei ihm keineswegs nur formale Aspekte umfasst. Würde Verfremdung tatsächlich den formalen Rahmen bilden, würde das bedeuten, dass Science Fiction, Märchen und Fantasy ihre wunderbaren Elemente permanent verfremdeten. Dies trifft freilich nicht zu; im Märchen treten zwar wunderbare Figuren auf, diese sind aber nicht ‚fremd' in dem Sinne, dass sie die Rezipienten überraschen und das Gelesene oder Gesehene entautomatisieren würden. Verfremdung beruht sowohl bei Šklovskij als auch bei Brecht darauf, dass etwas Alltägliches durch eine ungewohnte Darstellungsweise seiner Gewöhnlichkeit enthoben wird. Eine Fee oder ein sprechender Frosch sind aber fiktionale, in der Realität nicht existierende Kreaturen und können deshalb schwerlich eine verfremdete Abbildung eines existierenden Gegenstandes sein.[22] Die Verfrem-

---

[21] Bereits Šklovskijs *ostranenie* ist ein vieldeutiger und widersprüchlicher Begriff (siehe Kessler 1996 sowie die Beiträge in van den Oever 2010); während *ostranenie* aber ein allgemeines Merkmal von Kunst darstellt, ist Verfremdung für Brecht mehr ein gezielter Effekt, der den kritischen Blick des Publikums schärfen soll. Zu den Unterschieden der beiden Konzepte siehe Spiegel (2007: 201-209; 2006; 2008).

[22] Diesbezüglich steht Suvin auch in direktem Widerspruch zu Šklovskij, der betont, dass sich gerade auch ‚realistische Texte' fortlaufend Verfremdungseffekten bedienen (vgl. auch Parrin-

dungswirkung ist hier nicht die Folge einer ungewöhnlichen Darstellungsweise, sondern folgt daraus, dass das Tier Fähigkeiten besitzt, die einem realen Frosch fehlen. Diese Fähigkeiten sind eine Folge der wunderbaren Beschaffenheit der jeweiligen fiktionalen Welt.

Während Märchen und Fantasy die wunderbaren Aspekte mit Magie begründen, werden sie in der Science Fiction als technisch plausibel dargestellt – sie werden naturalisiert. Denn es ist Naturalisierung und nicht Verfremdung, die den formalen Rahmen der Science Fiction bildet. Auf formaler Ebene *macht die Science Fiction nicht das Vertraute fremd, sondern das Fremde vertraut.*[23]

Diegetische Verfremdung

Die Feststellung, dass Science Fiction auf formaler Ebene nicht verfremdet, bedeutet aber keineswegs, dass der Mechanismus der Verfremdung dem Modus völlig unbekannt wäre. In der Tat geht von der Science Fiction eine der Verfremdung zumindest analoge Wirkung aus. Wenn in einer Science-Fiction-Erzählung Menschen zu unbekannten Planeten fliegen (wie z.B. in SOLJARIS oder MISSION TO MARS) oder durch die Zeit reisen (wie z.B. in THE TIME MACHINE oder BACK TO THE FUTURE), wenn neuartige Erfindungen die bekannte Welt umkrempeln (etwa in MINORITY REPORT oder LIMITLESS), Monster die Erde verwüsten (z.B. in THE BLOB, GOJIRA (GODZILLA)), kurz: Wenn in einer vordergründig realitätskompatiblen Welt wunderbare Elemente auftreten, dann führt der Zusammenprall der beiden Realitätssysteme zu einer verfremdenden Wirkung: Das Bekannte erscheint in einem neuen Umfeld, wird rekontextualisiert.

Als prägnantes Beispiel sei hier eine Szene aus SOYLENT GREEN von Richard Fleischer angeführt. Im New York des Jahres 2022 ist Überbevölkerung zum Hauptproblem geworden; die Stadt ‚platzt aus allen Nähten'. Die Menschen ernähren sich von synthetischen Energieriegeln, natürliche Nahrung ist ein Luxusgut geworden. Die Hauptfigur Thorn muss in einem Mordfall ermitteln und kommt bei dieser Gelegenheit in ein Luxusappartement. Mit fast schon an Ekstase grenzender Begeisterung dreht er den Wasserhahn auf, lässt sich das Wasser über die Hände fließen und riecht an der Seife. „[He] is so entranced with the taken-for-granted sensual pleasures of a middle class bathroom that it

---

der 2001: 37). Šklovskij entwickelt sein Konzept u.a. an Texten Leo Tolstois, der als einer der realistischen Autoren schlechthin gilt.
23 Suvin definiert die Science Fiction als kognitive respektive erkenntnisbezogene Verfremdung, versieht aber auch den Begriff der Kognition mit unterschiedlichen, teils widersprüchlichen Bedeutungen (vgl. Spiegel 2006; 2007: 52-55).

is impossible to look at the bathroom in the film as a familiar place" (Sobchack 1987: 132). Ein prosaischer und für den Zuschauer alles andere als ungewöhnlicher Ort wird in SOYLENT GREEN zur Quelle der Freude verfremdet. Dem Zuschauer wird auf diese Weise bewusst gemacht, dass auch sein ganz alltäglicher Luxus keineswegs selbstverständlich ist.

Dies ist wohl die Form von Verfremdung, die Suvin im Auge hat, allerdings beruht sie auf einem anderen Prinzip als Verfremdung im Sinne Brechts oder Šklovskijs, denn das Badezimmer in SOYLENT GREEN wird nicht formal verfremdet. Der Zuschauer wird in dieser Szene nicht mittels unerwarteter Schnitte oder außergewöhnlicher Kamerawinkel aus seiner automatisierten Wahrnehmung gerissen; vielmehr ist die Szene funktional und relativ unauffällig in einer Einstellung gedreht. Die Verfremdungswirkung wird alleine durch Thorns Verhalten erzeugt: Ohne seine überschwängliche Freude wäre diese Szene nicht ungewöhnlich. Die Verfremdung ist somit auf der Ebene der Diegese, der Fiktion, anzusiedeln; sie entsteht, weil sich Thorn in einem scheinbar realistischen Rahmen ungewöhnlich verhält.

Wenn Suvin im Zusammenhang mit Science Fiction von Verfremdung spricht, meint er in aller Regel nicht formale Verfremdung, sondern *diegetische Verfremdung*, das Zusammenprallen widersprüchlicher Elemente auf der Handlungsebene. Tatsächlich beschreibt er die science-fiction-typische Verfremdung an einer Stelle als „Konfrontation eines gegebenen normativen Systems [...] mit einem Standpunkt oder Blick, der ein neues System von Normen impliziert" (1979: 25). Wenn Suvin von einem „neuen Set von Normen" spricht, kann er damit offensichtlich nicht formale Aspekte meinen, also die Frage, wie die Geschichte erzählt wird. Vielmehr bezieht er sich hier – auch wenn ihm dies nicht bewusst zu sein scheint – auf fiktionale Aspekte, die Regeln der fiktionalen Welt.[24]

Verfremdung kann durch ungewöhnliches Verhalten der Figuren zustande kommen wie in SOYLENT GREEN, aber auch durch ungewohnte oder ‚unmögliche' Bilder wie in THE INCREDIBLE SHRINKING MAN. In dem Klassiker von Jack Arnold schrumpft der Körper des Protagonisten nach einer radioaktiven Kontamination unaufhörlich. Auf einer ersten Ebene zeigt der Film ebenso wie SOYLENT GREEN diegetische Verfremdung. Der geschrumpfte Protagonist ist kein auf ungewöhn-

---

24 Die Widersprüche in Suvins Konzept haben ihre Ursache in einer grundlegenden theoretischen Blindstelle: Die formalistischen und strukturalistischen Modelle, von denen Suvin ausgeht, kennen das Konzept der *fiktionalen Welt* im Grunde nicht. Sie können nur beschreiben, wie erzählt wird, stellen aber keine Terminologie bereit, um die Ontologie der Handlungswelt zu beschreiben – genau in dieser Hinsicht unterscheiden sich wunderbare Genres aber von nicht-wunderbaren.

liche Weise dargestellter ‚normaler Mann', sondern es handelt sich innerhalb der Diegese tatsächlich um einen Däumling. Daneben ist in THE INCREDIBLE SHRINKING MAN noch eine andere Form von Verfremdung zu beobachten, denn die dramatische Veränderung der Körpergröße führt dazu, dass vertraute Alltagsgegenstände in völlig neuem Licht erscheinen: Ein gewöhnliches Wohnhaus wird zur lebensgefährlichen Falle, eine Katze und später eine Spinne erweisen sich als tödliche Bedrohung. Lauter gewöhnliche, normalerweise nicht weiter spektakuläre Objekte erhalten auf einmal eine vollkommen neue Bedeutung. Aus der Perspektive des Protagonisten sehen sie nicht nur riesig aus, sie ändern ihren Charakter grundlegend, werden verfremdet.

Auf den ersten Blick handelt es sich hier um *ostranenie*, also um formale Verfremdung in Reinform, tatsächlich unterscheiden sich diese Beispiele aber von jenen Šklovskijs, denn die Verfremdungswirkung ist hier eine direkte Folge der Naturalisierung: Die ungewöhnliche Perspektive des Däumlings kann nur deshalb eingenommen werden, weil der Film zuvor eine Naturalisierung vorgenommen hat, weil wir als Zuschauer das Novum – den schrumpfenden Menschen – akzeptiert haben. Der Film nimmt die Perspektive des Däumlings ein. Dieser Vorgang kann als Teil der gesamten Strategie der Science Fiction verstanden werden: Der Film ‚tut so', als sei das dargestellte Novum normal und plausibel. Die Narration des Films akzeptiert das Novum somit ebenfalls, sie nimmt dessen Perspektive ein und vollzieht auf diese Weise eine narrative Naturalisierung. Die Folge ist eine ‚*ostranenie* zweiter Ordnung', die erst nach erfolgreicher Naturalisierung erfolgen kann.

Primäre *ostranenie*, die nicht auf einem naturalisierten Novum beruht, ist in der Science Fiction hingegen viel seltener anzutreffen, denn sie steht im Widerspruch zur Funktionsweise des Modus. So sind in der Titelsequenz von SECONDS stark verzerrte Aufnahmen des Gesichts des Hauptdarstellers zu sehen – ein typisches Beispiel für formale Verfremdung. Im eigentlichen Film dagegen, in dem sich die Hauptfigur einer Gesichtsoperation unterzieht und eine neue Identität annimmt, kommt dieses Gestaltungsmittel nicht mehr zum Einsatz. Der Fokus liegt hier vielmehr darauf, den Vorgang des Identitätswechsels möglichst sachlich und plausibel darzustellen.

In 2001: A SPACE ODYSSEY ist dagegen die Schlusspassage auf ungewohnte Weise in Szene gesetzt. Beispielsweise ist die gesamte letzte Sequenz, in welcher sich der Astronaut Bowman nach einer als psychedelischer Bilderrausch inszenierten Reise durch das All in einem mysteriösen weißen Raum wiederfindet, nicht auf Anschluss geschnitten. Dies wirkt in hohem Maße desorientierend und unterstreicht den rätselhaften Charakter der Szene. Denn es bleibt völlig offen, wo Bowman ist und wer oder was ihn hierher gebracht hat.

Es ist wohl kein Zufall, dass die beiden angeführten Beispiele am Anfang respektive am Ende des jeweiligen Films stehen. In beiden Fällen ist der größte Teil der Handlung klassisch – im Sinne Bordwells – erzählt.[25] Es bleibt genug Zeit, um das Novum und mit ihm die gesamte fiktionale Welt zu naturalisieren.

Eine Folge des naturalisierenden Grundmoments ist, dass die Science Fiction insgesamt als relativ konservativer Modus des Erzählens erscheint. Tricktechnisch sind die Filme zwar stets *State of the Art*, stilistisch-formal zeigt sich die Science Fiction aber – auch im Vergleich zum übrigen Hollywood-Kino – nur selten innovativ. Die Mehrheit der Science-Fiction-Filme ist äußerst klassisch erzählt, ungewöhnliche Beispiele sind meist das Werk von Außenseitern.[26] Gerade Filme, die einen komplexeren Weltenaufbau respektive multiple Realitätsebenen aufweisen wie etwa TOTAL RECALL, MATRIX, THE 13TH FLOOR oder INCEPTION, zeichnen sich im Allgemeinen durch eine klassische Narration aus.

Von THE MATRIX zu AVATAR

Historischen Periodisierungen haftet immer etwas Willkürliches an, doch dürfte es wohl unbestritten sein, dass THE MATRIX und AVATAR zu den beiden einflussreichsten Science-Fiction-Filmen der letzten Jahre gehören. Deshalb sollen die beiden Filme in diesem letzten Abschnitt, in dem Tendenzen des jüngeren Science-Fiction-Kinos skizziert und dabei noch einmal auf das zentrale Zusammenspiel von Naturalisierung und Verfremdung eingegangen wird, als Orientierungspunkte dienen.

Obwohl der erste Teil der MATRIX-Trilogie im Vergleich mit zeitgleich erschienen Filmen ein verhältnismäßig kleines Budget hatte, weisen MATRIX und AVATAR doch zahlreiche Gemeinsamkeiten auf. Es handelt sich in beiden Fällen um sehr erfolgreiche Filme, die die Action betonen, mit neuartigen Spezialeffekten verblüffen[27] und die sogleich zwei Fortsetzungen nach sich zogen.[28] Diesbe-

---

25 Zur „classical narration" siehe Bordwell (1997: 156-204).
26 Zum Beispiel 2001: A SPACE ODYSSEY, ALPHAVILLE oder THE MAN WHO FELL TO EARTH, siehe auch Spiegel (2007: 153-174).
27 Die Spezialeffekte haben dabei zwei Funktionen: Einerseits sollen die Zuschauer durch nie gesehene Bilder verblüfft werden, zugleich kann die finanziell und technisch weniger potente – ausländische – Konkurrenz auf Distanz gehalten werden. Die mit AVATAR propagierte stereoskopische Technik hat Ähnliches zum Ziel; zudem wertet sie den Kinobesuch gegenüber dem heimischen Beamer auf und bringt durch den Verkauf von 3D-Brillen zusätzliche Einnahmen; siehe dazu die verschiedenen Blog-Einträge von Kristin Thompson und David Bordwell, die dem 3D-Kino skeptisch gegenüberstehen (Thompson 2009; 2011a, 2011b; Bordwell 2012).

züglich, aber auch was die kommerzielle Ausschlachtung auf anderen Kanälen betrifft, sind die beiden Filme typisch für den dominanten Teil des aktuellen Science-Fiction-Kinos. Mit riesigem Aufwand produzierte Filme, die möglichst eine ganze Serie begründen sollen, letztlich aber nur ein Element einer groß angelegten crossmedialen Offensive bilden, sind fester Bestandteil der Studiostrategie geworden. Dass AVATAR stärker Richtung Fantasy tendiert als MATRIX, kann dabei als Teil des bereits erwähnten Fantasy-Trends verstanden werden.

Neben dieser inhaltlichen Verschiebung unterscheiden sich MATRIX und AVATAR aber auch ästhetisch. So zeigte MATRIX eine auffällige Neuerung im Umgang mit Verfremdung: Der berühmte *Bullet-Time*-Effekt, bei dem die Kamera um ein in der Bewegung extrem verlangsamtes oder zum Stillstand gekommenes Objekt fährt, wird in dem Film auf ganz unterschiedliche Art und Weise verwendet. Als klassisch kann der Einsatz des Effekts bezeichnet werden, wenn der Protagonist Neo, der gemeinsam mit einer Handvoll von Rebellen gegen ein übermächtiges Computersystem kämpft, feindlichen Kugeln ausweicht (Abb. 1). Hier wird der hochgradig verfremdende Effekt genutzt, um einen diegetischen Sachverhalt darzustellen: Nämlich, dass Neo zu diesem Zeitpunkt über übermenschliche Fähigkeiten verfügt. Eine andere Wirkung hat der Effekt dagegen zu Beginn des Films, als Neos Mitstreiterin Trinity während einer Kampfszene ‚einfriert' und die Kamera um sie herum fährt (Abb. 2). Trinity hat keine wunderbaren Fähigkeiten, der *Bullet-Time*-Effekt dient hier somit nicht dazu, ein Charakteristikum der fiktionalen Welt zu illustrieren, sondern ist reine formale Spielerei ohne Begründung in der Handlung. MATRIX setzt somit den gleichen Spezialeffekt für ganz unterschiedliche Effekte ein – diegetische Verfremdung und *ostranenie* beginnen sich zu vermischen. Dieses Phänomen ist auch in anderen neueren Science-Fiction-Filmen (z.B. EVENT HORIZON, SLIPSTREAM oder LIMITLESS) zu beobachten (vgl. Spiegel 2007: 218-224).

Das auffälligste – und auch am intensivsten beworbene – Novum in AVATAR sind zweifellos die digital erzeugten Na'vi. Die Einwohner des Planeten Pandora, auf dem der Film spielt, sind nicht nur wesentlich größer als Menschen, ihre Haut ist zudem blau, sie tragen einen langen Schwanz und verfügen über ‚Haartentakel', mit denen sie telepathisch mit anderen Wesen in Kontakt treten können. Sie unterscheiden sich sowohl in ihrem Aussehen als auch ihren Fähigkeiten deutlich von den menschlichen Figuren. Betrachtet man die Konstellation des Plots, so scheint der Film prädestiniert für zahlreiche starke Verfremdungs-

---

[28] Gemäß jüngsten Meldungen sollen AVATAR 2 und AVATAR 3 direkt hintereinander gedreht werden, wobei derzeit noch unklar ist, ob Teil 2 2014 oder 2015 erscheinen wird (vgl. Anderton 2012).

momente: Der menschliche Protagonist Jake gerät in eine unbekannte Welt, die von fremdartigen Wesen bewohnt wird – reichlich Gelegenheit für das Zusammenprallen zweier Realitätssysteme. Allerdings nutzt AVATAR dieses Potenzial kaum. Der Film zelebriert zwar die Exotik des Planeten Pandora, ist aber zugleich darauf bedacht, die Gemeinsamkeiten zwischen Menschen und Na'vi zu betonen und Unterschiede abzuschwächen. Die erste ‚Blauhaut', die der Zuschauer zu sehen bekommt, ist kein Eingeborener Pandoras, sondern Jakes Avatar, also ein künstlich erzeugter Na'vi, der von ihm ‚ferngesteuert' wird. Gemeinsam mit Jake entdeckt das Publikum den neuen Körper. Die Handlung baut auf diese Weise eine Brücke, die den Übergang in die Welt der Ureinwohner so reibungslos wie möglich macht. Mit anderen Worten: Die Na'vi werden nach allen Regeln der Kunst naturalisiert. Es dauert dann auch gut eine halbe Stunde, bis mit Neytiri die erste echte Na'vi auftritt. Zu diesem Zeitpunkt dürften sich die meisten Zuschauer längst an die ungewöhnlichen Figuren gewöhnt haben.

Abb. 1 und 2: *Bullet-Time*-Effekt in THE MATRIX bei Neo (links) und Trinity (rechts)

Die Tendenz, die Unterschiede zwischen Menschen und Na'vi zu nivellieren, ist offensichtlich: So verzichtet der Film im Gegensatz zu THE INCREDIBLE SHRINKING MAN weitgehend darauf, den Größenunterschied zwischen den menschlichen Figuren und den rund zweieinhalb Meter großen Na'vi effektvoll in Szene zu setzen. Wirklich zum Tragen kommt der Größenunterschied einzig in der Schlusssequenz, als die Menschen unter Aufsicht der Na'vi abziehen (Abb. 3). An dieser Stelle wird die unüberbrückbare Kluft zwischen den beiden Spezies denn auch ausdrücklich betont. Während der ausführlichen Kampfsequenz zuvor nimmt man den Größenunterschied dagegen nur an einigen wenigen Stellen wahr, denn die Na'vi sind meist reitend oder fliegend unterwegs, die Menschen wiederum in Helikoptern oder Kampfrobotern, was dem Zuschauer das Einschätzen der Größenverhältnisse erschwert.

Die Situation der Hauptfigur, die die Andersartigkeit der Na'vi am eigenen Leibe erfährt, wird ebenfalls kaum ausgenutzt. Der neue Körper passt von Anfang an ‚wie angegossen', echte Adaptionsschwierigkeiten hat Jake kaum. Auch die Wiedervereinigung der Liebenden nach dem großen Schlusskampf, als die Na'vi Neytiri den menschlichen Jake in ihren Armen hält (Abb. 4), verläuft reibungslos. Dass Neytiri in diesem Moment ihren Geliebten zum ersten Mal in Menschengestalt sieht, scheint sie nicht weiter zu irritieren. Durch die von ihr eingenommene kniende Pietà-Haltung wirkt der Größenunterschied zudem weniger stark als in der unmittelbar folgenden Szene, in der die Menschen nach verlorener Schlacht Pandora verlassen.

Abb. 3 und 4: Größenunterschiede in AVATAR: Die Menschen verlassen Pandora (links), Neytiri hält Jake im Arm (rechts)

Digitale Figuren gelten seit jeher als besonders heikel, da sie – gerade in der direkten Gegenüberstellung mit menschlichen Schauspielern – meist unecht, artifiziell, tot wirken. Dies dürfte auch der Grund sein, weshalb die Macher von AVATAR so viel Energie drauf verwenden, die Na'vi zu naturalisieren. Zu starke Verfremdungsmomente würden der Absicht zuwiderlaufen, diese als ‚normal' und lebendig erscheinen zu lassen. Die Gefahr wäre groß, dass die verfremdende Wirkung, die aus dem Zusammentreffen von Menschen und Na'vi entstünde, die digitalen Figuren weniger überzeugend erscheinen ließe.[29]

Inwieweit ein einzelner Film für ganze Trends stehen kann, ist freilich umstritten. Zumindest eines lässt sich aber festhalten: Wenn AVATAR für das kommende Science-Fiction-Kino repräsentativ sein sollte, hat sich meine Vermutung definitiv als falsch erwiesen, dass „der Erfolg von MATRIX [...] dazu beigetragen [hat], dass an dem unausgesprochenen ‚Verbot', formale und diegetische Verfremdung zu mischen, zusehends gerüttelt wird" (Spiegel 2007: 222). Denn in Camerons Film ist just die gegenteilige Tendenz zu beobachten: Anstatt

---

[29] Zu Naturalisierung und Verfremdung in AVATAR sowie generell zu den digitalen Figuren in Camerons Film siehe Spiegel (2012a) und Flückiger (2012).

verfremdende Konstellationen auszunutzen, verwendet der Film beträchtliche Energie darauf, potenziell verfremdende Szenen zu vermeiden.

Fazit

Im Gegensatz zu einem Genre wie dem Western lässt sich die Science Fiction nur ungenügend durch ein Ensemble von semantischen und syntaktischen Elementen beschreiben. Was die Science Fiction auszeichnet, sind nicht eine spezifische Ikonographie oder ein typischer Plot, sondern ein bestimmter Typus fiktionaler Welten: wunderbare Welten, deren Nova wie wissenschaftlich-technische Neuerungen aussehen, naturalisiert werden und so als Erweiterung der uns bekannten Welt erscheinen. Diese beiden Aspekte – die Science Fiction als ein Welten-Typus und das Zusammenspiel von fiktionaler Ontologie und Ästhetik – kommen im Konzept des *fiktional-ästhetischen Modus* zum Ausdruck.

Parallel zur Naturalisierung erzeugt die Science Fiction Verfremdung auf der Ebene der Handlung. In dieser Verfremdungsleistung, der Fähigkeit, Bekanntes in vollkommen neue Zusammenhänge zu setzen, steckt ein kritisches, sogar subversives Potenzial. Solange der Modus aber von aufwändigen Produktionen dominiert wird, die ein Mainstream-Publikum ansprechen sollen, wird dieses nur selten ausgeschöpft. Filme wie AVATAR beschränken sich weitgehend auf Naturalisierung, dem ‚Plausibel-erscheinen-Lassen' der technischen Nova und weisen weder inhaltlich noch ästhetisch über den Status quo hinaus.

Obwohl sich die Fantasy derzeit anschickt, der Science Fiction in Sachen Erfolg den Rang abzulaufen, dürfte uns der Modus auch in Zukunft erhalten bleiben. Denn durch die Naturalisierung, durch das Anbinden wunderbarer Maschinen und Wesen an unsere Gegenwart, kommt der Science Fiction eine besondere Funktion zu: Sie wirkt auf diese Weise als Spiegel, der die Hoffnungen und Ängste reflektiert, die sich mit dem wissenschaftlich-technischen Fortschritt verbinden.

Film- und Medienverzeichnis

THE 13TH FLOOR (D/USA 1999, The 13th Floor – Bist du was du denkst?, Regie: Josef Rusnak)
2001: A SPACE ODYSSEY (GB/USA 1968, 2001: Odyssee im Weltraum, Regie: Stanley Kubrick)
ALIEN (GB/USA 1979, Alien – Das unheimliche Wesen aus einer anderen Welt, Regie: Ridley Scott)
ALPHAVILLE – UNE ÉTRANGE AVENTURE DE LEMMY CAUTION (FR/IT 1965, Lemmy Caution gegen Alpha 60, Regie: Jean-Luc Godard)
AVATAR (USA/GB 2009, AVATAR – Aufbruch nach Pandora, Regie: James Cameron)
THE AVENGERS (USA 2012, Marvel's The Avengers, Regie: Joss Whedon)

BACK TO THE FUTURE (USA 1985, Zurück in die Zukunft: Regie: Robert Zemeckis)
BLADE RUNNER (USA 1982, Der Blade Runner, Regie: Ridley Scott)
THE BLOB (USA 1958, Blob – Schrecken ohne Namen, Regie: Irvin S. Yearworth)
THE DARK KNIGHT RISES (USA/GB 2012, Regie: Christopher Nolan)
DESTINATION MOON (USA 1950, Endstation Mond, Regie: Irving Pichel)
EVENT HORIZON (USA 1997, Regie: Paul W. S. Anderson)
FORBIDDEN PLANET (USA 1956, Regie: Fred M. Wilcox)
FANTASTIC FOUR (USA/D 2005, Regie: Tim Story)
GOJIRA (JP 1954, Godzilla, Regie: Ishirô Honda)
HARRY POTTER (USA/GB, 2001-2011, diverse Regisseure)
INCEPTION (USA/GB 2010, Regie: Christopher Nolan)
THE INCREDIBLE SHRINKING MAN (USA 1967, Die unglaubliche Geschichte des Mister C., Regie: Jack Arnold)
INVASION OF THE BODY SNATCHERS (USA 1956, Die Dämonischen, Regie: Don Siegel)
JOHN CARTER (USA 2012, John Carter – Zwischen zwei Welte, Regie: Andrew Stanton)
JURASSIC PARK (USA 1993, Regie: Steven Spielberg)
LIMITLESS (USA 2011, Ohne Limit, Regie: Neil Burger)
THE LORD OF THE RINGS (USA/NZL, 2001-2003, Regie: Peter Jackson)
THE MAN WHO FELL TO EARTH (GB 1976, Der Mann, der vom Himmel fiel, Regie: Nicolas Roeg)
THE MATRIX (USA 1999, Matrix, Regie: Andy und Larry Wachowski)
METROPOLIS (D 1927, Regie: Fritz Lang)
MINORITY REPORT (USA 2002, Regie: Steven Spielberg)
MISSION TO MARS (USA 2000, Regie: Brian De Palma)
THE PHANTOM EMPIRE (USA 1935, Phantomreiter, Regie: Otto Brower/B. Reeves Eason)
PLANET OF THE APES (USA 1968, Planet der Affen, Regie: Franklin J. Schaffner)
PREDATOR (USA 1987, Regie: John McTiernan)
SECONDS (USA 1966, Der Mann, der zweimal lebte, Regie: John Frankenheimer)
SILENT RUNNING (USA 1971, Lautlos im Weltraum, Regie: Douglas Trumbull)
SOLJARIS (SU 1972, Solaris, Regie: Andrej Tarkowskij)
SOYLENT GREEN (USA 1973, ... Jahr 2022 ... die überleben wollen, Regie: Richard Fleischer)
SPIDER-MAN 3 (USA 2007, Regie: Sam Raimi)
STAR WARS (USA 1977, Krieg der Sterne, Regie: George Lucas)
TERMINATOR 2: JUDGMENT DAY (USA 1991, Terminator 2 – Tag der Abrechnung, Regie: James Cameron)
THX 1138. (USA 1971, Regie: George Lucas)
THE TIME MACHINE (USA 1960, Die Zeitmaschine, Regie: George Pal)
THINGS TO COME (GB 1936, Was kommen wird, Regie: William Cameron Menzies)
THOR (USA 2011, Regie: Kenneth Branagh)
TOTAL RECALL (USA 1990, Total Recall – Die totale Erinnerung, Regie: Paul Verhoeven)
VIDEODROME (CAN 1983, Regie: David Cronenberg)
LE VOYAGE DANS LA LUNE (FR 1902, Die Reise zum Mond, Regie: Georges Méliès)
THE WAR OF THE WORLDS (USA 1953, Kampf der Welten, Regie: Byron Haskin)
X-MEN (USA 2000, X-Men – der Film, Regie: Bryan Singer)

Literaturverzeichnis

Aldiss, Brian Wilson/Wingrove, David (2001): *Trillion Year Spree. The History of Science Fiction*. London/New York: House of Stratus (stark überarbeitete Fassung von: *Billion Year Spree. The True History of Science Fiction*. New York 1974).

Altman, Rick (2000): *Film/Genre*. London: BFI Publishing.

Anderton, Ethan (2012): *Jon Landau Says Only Two AVATAR Sequels Shooting Back-to-Back*. Firstshowing.net. 03.07.2012. [http://www.firstshowing.net/2012/jon-landau-says-only-two-avatar-sequels-shooting-back-to-back/]. Zugriff: 25.02.2013.

Ashley, Mike (2000): *The History of the Science-Fiction Magazine*. Bd. 1: *The Time Machines: The Story of the Science-Fiction Pulp Magazines from the Beginning to 1950*. Liverpool: Liverpool University Press.

Barthes, Roland ([1957] 1964): *Mythen des Alltags*. Aus dem Französischen übers. von Helmut Scheffel. Frankfurt a.M.: Suhrkamp (Original: Mythologies. Paris 1957).

Blanchet, Robert (2003): *Blockbuster: Ästhetik, Ökonomie und Geschichte des postklassischen Hollywoodkinos*. Marburg: Schüren.

Bloch, Ernst (1962): „Entfremdung, Verfremdung". In: Ders.: *Verfremdungen I*. Frankfurt a.M.: Suhrkamp, S. 81-90.

Bordwell, David (1989): *Making Meaning. Inference and Rhetoric in the Interpretation of Cinema*. Cambridge: Harvard University Press.

Bordwell, David (1997): *Narration in the Fiction Film*. London: Routledge (^{1}1985).

Bordwell, David (2012): *It's good to be the King of the World. Observations on Film Art and Film Art*. 22.04.2012. [http://www.davidbordwell.net/blog/2012/04/22/its-good-to-be-the-king-of-the-world]. Zugriff: 25.02.2013.

Brecht, Bertolt ([1948] 1967): „Kleines Organon für das Theater". In: Ders.: *Gesammelte Werke*. Bd. 16. *Schriften zum Theater 2*. Frankfurt a.M.: Suhrkamp, S. 659-700.

Bukatman, Scott (1993): *Terminal Identity. The Virtual Subject in Postmodern Science Fiction*. Durham: Duke University Press.

Creed, Barbara: „Horror and the Monstrous-Feminine: An Imaginary Abjection". In: *Screen*. 27, 1, 1986, S. 44-71. DOI:10.1093/screen/27.1.44.

Culler, Jonathan ([1975] 2002): „Convention and Naturalization". In: Ders.: *Structuralist Poetics: Structuralism, Linguistics and the Study of Literature*. New York/London: Routledge, S. 153-187.

Flückiger, Barbara (2012): „Zur digitalen Konstruktion und Animation von Körpern in Benjamin Button und AVATAR". In: Segeberg, Harro (Hg.): *Film im Zeitalter Neuer Medien II: Digitalität und Kino*. München/Paderborn: Fink, S. 109-137.

Friedrich, Hans-Edwin (1995): *Science Fiction in der deutschsprachigen Literatur. Ein Referat zur Forschung bis 1993* (= Internationales Archiv für Sozialgeschichte der deutschen Literatur: 7. Sonderheft). Tübingen: Max Niemeyer.

Haraway, Donna J. (1991): „A Cyborg Manifesto: Science, Technology, and Socialist-Feminism in the Late Twentieth Century". In: Dies.: *Simians, Cyborgs, and Women: The Reinvention of Nature*. New York: Routledge, S. 149-181.

Hess Wright, Judith ([1974] 1995): „Genre Films and the Status Quo". In: Grant, Barry Keith (Hg.): *Film Genre Reader II*. Austin: University of Texas Press.

Jameson, Fredric (1980): „SF Novels, SF Film". In: *Science Fiction Studies* 7.3, 22, S. 319-322.

Jameson, Fredric (1982): „Progress Versus Utopia; Or, Can We Imagine the Future?" In: *Science Fiction Studies* 9.2, 27, S. 147-168.
Jameson, Fredric (2005): *Archaeologies of the Future. The Desire Called Utopia and other Science Fictions.* London/New York: Verso.
Johnston, Keith M. (2011): *Science Fiction Film. A Critical Introduction.* Oxford/New York: Berg.
Kessler, Frank (1996): „Ostranenie. Zum Verfremdungsbegriff von Formalismus und Neoformalismus". In: *montage/av* 5, 2, S. 51-65.
King, Geoff (2000): *Spectacular Narratives: Hollywood in the Age of the Blockbuster.* London: I. B. Tauris.
King, Geoff/Krzywinska, Tanya (2000): *Science Fiction Cinema: From Outerspace to Cyberspace.* London: Wallflower.
Kinnard, Roy (1998): *Science Fiction Serials: A Critical Filmography of the 31 Hard SF Cliffhangers.* Jefferson: McFarland.
Kuhn, Annette (1990): „Introduction. Cultural Theory and Science Fiction Cinema". In: Dies. (Hg.): *Alien Zone. Cultural Theory and Contemporary Science Fiction Cinema.* London/New York: Verso, S. 1-12.
Landon, Brooks (1992): *The Aesthetics of Ambivalence. Rethinking Science Fiction Film in the Age of (Re)Production* (=Contributions to the Study of Science Fiction and Fantasy: 52). Westport: Greenwood Press.
LeGacy, Arthur (1978): „The Invasion of the Body Snatchers: A Metaphor for the Fifties". In: *Literature/Film Quarterly.* 6, 3, 1978, S. 285-292.
McHale, Brian (1992): *Constructing Postmodernism.* London/New York: Routledge.
Panshin, Alexei/Panshin, Cory (1989): *The World Beyond the Hill: Science Fiction and the Quest for Transcendence.* Los Angeles: J.P. Tarcher.
Parrinder, Patrick (2001): „Revisiting Suvin's Poetics of Science Fiction". In: Ders. (Hg.): *Learning From Other Worlds: Estrangement, Cognition, and the Politics of Science Fiction.* Durham: Duke University Press, S. 36-50.
Roberts, Adam (2006): *The History of Science Fiction.* Basingstoke: Palgrave Macmillan.
Sawyer, Andy/Wright, Peter (Hgg.) (2011): *Teaching Science Fiction* (= Teaching the New English). London: Palgrave Macmillan.
Schweinitz, Jörg (1994): „‚Genre' und lebendiges Genrebewusstsein. Geschichte eines Begriffs und Probleme seiner Konzeptualisierung". In: *montage/av* 3. 2, S. 99-118.
Seeßlen, Georg/Jung, Fernand (2003): *Science Fiction: Geschichte und Mythologie des Science-Fiction-Films.* 2 Bde. (= Grundlagen des populären Films). Marburg: Schüren.
Shelley, Mary ([¹1831] 1994): *Frankenstein: Or, the Modern Prometheus.* London: Penguin Books.
Šklovskij, Viktor ([1929] 1969): „Die Kunst als Verfahren". Aus dem Russischen übers. von Rolf Fieguth. In: Striedter, Jurij (Hg.): *Texte der Russsischen Formalisten.* Bd. 1: *Texte zur allgemeinen Literaturtheorie und zur Theorie der Prosa.* (= Theorie und Geschichte der Literatur und der der schönen Künste. Texte und Abhandlungen: 6). München: Fink, S. 3-35 (Original: Iskusstvo kak priem. Moskau 1929).
Sobchack, Vivian Carol (1987): *Screening Space. The American Science Fiction Film.* 2. Aufl. New York: Ungar (stark überarbeitete Fassung von: *The Limits of Infinity: The American Science Fiction Film,* 1950-1975. New York 1980).
Spiegel, Simon (2006): „Der Begriff der Verfremdung in der Science-Fiction-Theorie. Ein Klärungsversuch". In: *Quarber Merkur. Franz Rottensteiners Literaturzeitschrift für Science Fiction und Phantastik.* 103/104, S. 13-40.

Spiegel, Simon (2007): *Die Konstitution des Wunderbaren. Zu einer Poetik des Science-Fiction-Films* (= Zürcher Filmstudien: 16). Marburg: Schüren.

Spiegel, Simon (2008): „Things Made Strange. On the Concept of ‚Estrangement' in Science Fiction Theory". In: *Science-Fiction Studies* 35.3, 106, S. 369-385.

Spiegel, Simon (2010): *Theoretisch phantastisch. Eine Einführung in Tzvetan Todorovs Theorie der phantastischen Literatur* (= AndroSF: 13). Murnau am Staffelsee: p.machinery.

Spiegel, Simon (2012a): „Das blaue Wunder. Naturalisierung, Verfremdung und digitale Figuren in James Camerons AVATAR". In: Schmeink, Lars/Müller, Hans-Harald (Hgg.): *Fremde Welten. Wege und Räume der Fantastik im 21. Jahrhundert.* Berlin/New York: De Gruyter, S. 203-222.

Spiegel, Simon (2012b): „Rezension von: Johnston, Keith M.: Science Fiction Film. A Critical Introduction". In: *Zeitschrift für Fantastikforschung*, 4, 2/2012, S. 127-130.

Springer, Claudia (1996): *Electronic Eros. Bodies and Desire in the Postindustrial Age.* London: Athlone.

Suerbaum, Ulrich/Broich, Ulrich/Borgmeier, Raimund (1981): *Science Fiction. Theorie und Geschichte, Themen und Typen, Form und Weltbild.* Stuttgart: Reclam.

Suvin, Darko (1979): *Poetik der Science Fiction. Zur Theorie einer literarischen Gattung.* Aus dem Englischen übers. von Franz Rottensteiner (= Phantastische Bibliothek: 31). Frankfurt a.M.: Suhrkamp (Original: Metamorphoses of Science Fiction. Yale 1979).

Telotte, J. P. (2001): *Science Fiction Film.* Cambridge/New York: Cambridge University Press.

Thompson, Kristin (2009): „Has 3-D Already Failed?" *Observations on Film Art and Film Art.* 28.08.2009. [http://www.davidbordwell.net/blog/2009/08/28/has-3-d-already-failed/]. Zugriff: 05.03.2013.

Thompson, Kristin (2011a): „Has 3D Already Failed? The Sequel, Part One: RealDlighted". *Observations on Film Art and Film Art.* 20.01.2011. [http://www.davidbordwell.net/blog/2011/01/20/has-3d-already-failed-the-sequel-part-one-realdlighted/]. Zugriff: 05.03.2013.

Thompson, Kristin (2011b): „Has 3D Already Failed? The Sequel, Part 2: RealDsgusted". *Observations on Film Art and Film Art.* 25.01.2011. [http://www.davidbordwell.net/blog/2011/01/25/ has-3d-already-failed-the-sequel-part-2-realdsgusted/]. Zugriff: 05.03.2011.

Van den Oever, Annie (Hg.) (2010): *Ostrannenie. On „Strangeness" and the Moving Image. The History, Reception, and Relevance of a Concept* (= The Key Debates: 1). Amsterdam: Amsterdam University Press.

Wikipedia.org: „List of most expensive films". [http://en.wikipedia.org/wiki/List_of_most_expensive_films]. Zugriff: 02.10.2012.

Wikipedia.de: „Liste erfolgreicher Filme". [http://de.wikipedia.org/wiki/Liste_erfolgreicher_Filme]. Zugriff: 02.10.2012.

Wikipedia.de: „Science Fantasy". [http://de.wikipedia.org/wiki/Science_Fantasy]. Zugriff: 13.10.2012.

Wikipedia.org: „Science Fantasy". [http://en.wikipedia.org/wiki/Science_fantasy]. Zugriff: 13.10.2012.

Worley, Alec (2005): *Empires of the Imagination. A Critical Survey of Fantasy Cinema from Georges Méliès to The Lord of the Rings.* Jefferson: McFarland.

Filmanalyse

BLADE RUNNER

USA 1982 [Director's Cut 1992; Final Cut 2007], Regie: Ridley Scott

BLADE RUNNER ist nicht nur ein stilbildender Vertreter des Science-Fiction-Kinos, sondern mittlerweile wohl auch einer der am häufigsten diskutierten Filme überhaupt – sei es unter gender- und queer-theoretischen Gesichtspunkten, innerhalb des Postmoderne-Diskurses in der Folge Fredric Jamesons, in Bezug auf das Phänomen des Cyberpunks oder bezüglich Fragen nach dem Wesen von Realität und Simulation. Innerhalb der Geistes- und Kulturwissenschaften hat der Film längst kanonischen Status erlangt. Daneben ist Ridley Scotts dritte Kinoproduktion auch ein Paradebeispiel für einen sogenannten ‚Kultfilm'. Bei Erscheinen war sein Erfolg sowohl an der Kinokasse als auch bei der Kritik mäßig; seinen ständig wachsenden Ruhm verdankt BLADE RUNNER vor allem begeisterten Fans. Über die Home-Video-Distribution auf VHS und Laserdisc avancierte BLADE RUNNER ‚unter der Hand' zum Klassiker. Schließlich dürfte der Film maßgeblich dazu beigetragen haben, den Begriff des ‚Director's Cut' zu etablieren (obwohl es sich bei dem sogenannten Director's Cut von 1992 genau genommen nicht um einen solchen handelt. Scott hatte, im Gegensatz zum Final Cut von 2007, keinen Einfluss auf diese Fassung).

Im Los Angeles des Jahres 2019 macht Rick Deckard (Harrison Ford) Jagd auf Replikanten, menschenähnliche Androiden, die in den extraterrestrischen Kolonien eingesetzt werden, denen der Aufenthalt auf der Erde aber verboten ist. Deckard, der den Polizeidienst quittiert hat, wird zu Beginn des Films wieder rekrutiert, da es sechs Replikanten gelungen ist, die Erde zu erreichen. Die künstlichen Menschen sind ihren Schöpfern in vielerlei Hinsicht überlegen, einzig ihre Lebenszeit ist auf vier Jahre begrenzt. Zudem unterscheiden sie sich in ihren emotionalen Reaktionen von echten Menschen, was aber nur mittels eines aufwendigen Tests nachgewiesen werden kann. Auf die Bitte von Eldon Tyrell (Joe Turkel), dem Chef der Replikanten-Hersteller-Firma, unterzieht Deckard dessen Assistentin Rachael (Sean Young) dem Verfahren. Das Ergebnis ist eindeutig: Rachael ist eine Replikantin. Sie selbst ist sich dessen nicht bewusst, da ihr künstliche Erinnerungen implantiert wurden. Während Deckard den flüchtigen Replikanten nachspürt, versuchen diese, Zugang zu Tyrell zu erhalten. Ihr Erbauer soll ihnen mehr Lebenszeit verschaffen. Nachdem Deckard die erste Replikantin zur Strecke gebracht hat, droht er im Kampf mit dem zweiten zu unterliegen, wird aber im letzten Moment von Rachael gerettet. Und obwohl er weiß, dass sie mittlerweile ebenfalls als flüchtig gilt, verbringt er die Nacht mit ihr. Inzwischen sind die beiden Replikanten Pris (Daryl Hannah) und Roy Batty (Rutger Hauer) zur *Tyrell Corporation* vorgedrungen. Als Batty, der Anführer der Gruppe, erkennt, dass Tyrell ihnen nicht helfen kann, bringt er ihn um. Es kommt zum großen Showdown; es gelingt Deckard, Pris zu töten, doch den übermenschlichen Fähigkeiten Battys kann er nichts entgegensetzen. Der Jäger wird zum Gejagten. Deckard flieht auf ein Hausdach, stürzt in die Tiefe und wird in letzter Sekunde von Batty vor dem sicheren Tod gerettet. Dessen Lebenszeit ist mittlerweile abgelaufen und er stirbt, nachdem er Deckard das Leben geschenkt hat. Zusammen mit Rachael verlässt Deckard die Stadt.

Das Motiv des künstlichen Menschen, das mit Mary Shelleys Roman *Frankenstein* (1818) am Beginn der Science-Fiction-Literatur steht, ist das zentrale Thema von BLADE RUNNER. Anders als in Philip K. Dicks literarischer Vorlage *Do Androids Dream of Electric Sheep?* (1968), von welcher der Film auch in anderen zentralen Punkten abweicht, stehen die Replikanten hier allerdings nicht für völlige Empathielosigkeit; vielmehr entwickeln sie sich im Laufe der Handlung immer mehr zu positiven Gegenbildern der abgestumpften Menschen. „More human than human" lautet das Motto der *Tyrell Corporation* – am Ende rettet Batty seinen Verfolger in einem selbstlosen Akt der Nächstenliebe. In der maroden Zukunft sind einzig Maschinen fähig, Menschlichkeit zu zeigen. Es bleibt aber nicht beim simplen Gegensatz Mensch/Maschine, sondern es wird ein kunstvolles Verwirrspiel betrieben, bei dem die Grenze zwischen den beiden Polen immer mehr verwischt. Deckard verliebt sich in die Replikantin Rachael, die zu Beginn noch der Überzeugung ist, ein Mensch zu sein; darüber hinaus legen verschiedene Details im Film – das gilt insbesondere für den Director's Cut und den Final Cut – den Schluss nahe, dass Deckard selbst ein Replikant ist.

Über die Frage, was den Menschen letztlich ausmacht, hinaus thematisiert BLADE RUNNER die Unzuverlässigkeit menschlicher Wahrnehmung und etabliert damit ein Thema, das nicht nur für Philipp K. Dicks Oeuvre zentral ist, sondern für den Science-Fiction-Film der kommenden Jahrzehnte prägend sein sollte (als Beispiele seien TOTAL RECALL (1990), STRANGE DAYS (1995), DARK CITY (1998) oder die MATRIX-Reihe genannt). Bereits der Name Deckard kann als anglisierte Version von René Descartes, dem ‚Philosophen des systematischen Zweifels', verstanden werden. Eines der wichtigsten Wahrnehmungsorgane des Menschen, das Auge, bildet zudem ein zentrales visuelles Motiv. Schon die dritte Einstellung des Films zeigt eine extreme Großaufnahme eines menschlichen Auges; auch Deckards Empathietest misst Veränderungen der Pupille und als Batty Tyrell umbringt, drückt er ihm die Augen aus.

Das Augenmotiv ist nur ein prominentes Beispiel für das Erzählprinzip des Films: BLADE RUNNER besteht aus zahlreichen sich überlagernden Bedeutungsschichten. So sind beispielsweise vermehrt biblische Motive in die Erzählung eingeflochten. Batty, der Tyrell als Schöpfer und Vater anspricht, wird zum Filmende mit einem Stigma – durchbohrten Handflächen – als Christus-Figur inszeniert. Dieses Prinzip sich überlagernder Ebenen bestimmt nicht nur die inhaltlich-strukturelle Gestaltung, sondern prägt auch die formale, visuelle und akustische Gestaltung des Films, die maßgeblich zu dessen Status als ‚Kultfilm' und ‚Prototyp' des Genres beigetragen hat. Vor allem die Stadtansichten sind als konstante sensorische Überwältigung konzipiert. Im Los Angeles der Zukunft scheint nie die Sonne und es gibt keine Pflanzen und Tiere mehr; stattdessen präsentiert sich die Stadt als undurchdringbares Gewimmel von riesigen Wolkenkratzern, fliegenden Autos, seltsam gekleideten Gestalten, Regen, Dampf, gigantischen Werbetafeln und Neonlichtern. Im multikulturellen Stadtlabyrinth sind Asiaten ebenso präsent wie Nordamerikaner; es herrscht ein babylonisches Sprachwirrwarr, an dem die Figuren nicht selten scheitern. Das komplexe Sound Design – Musik und Geräusche lassen sich oft nicht eindeutig voneinander unterscheiden –, verstärkt das Gefühl einer den Zuschauer regelrecht umhüllenden Stadt. Das Los Angeles von BLADE RUNNER wirkt nie wie eine Kulisse, sondern wie ein realer Ort.

Zugleich macht der Film deutliche Anleihen beim Film Noir: Der ‚toughe' Einzelgänger Deckard reiht sich mit seinem zerknitterten Trenchcoat unverkennbar in die Tradition des *hardboiled detective* ein, während Rachael als moderne *femme fatale* erscheint. Die Film-Noir-Elemente sowie die Anleihen beim Kriminalfilm illustrieren, dass die Science Fiction kein Genre im Sinne Altmans ist, das sich primär anhand von semantischen und syntaktischen Elementen bestimmen ließe. Letztlich ist es die Beschaffenheit der diegetischen Welt des Films, die ihn zu Science Fiction macht. Eine Welt, die durch Nova wie künstliche Menschen oder fliegende Autos geprägt ist. Das allgemeine audiovisuelle Konzept des Films trägt zusätzlich zu der naturalisierenden Wirkung bei: Anders als etwa in THINGS TO COME (1936) oder METROPOLIS (1927) wird für BLADE RUNNER keine komplett neue Stadt entworfen, die Zukunft baut hier vielmehr unverkennbar auf der Vergangenheit auf. Das *retrofitted Design*, wie es die Filmemacher nennen (vgl. Sammon [1996] 2007: 79), geht vom Grundgedanken aus, dass künftige Großstädte nicht vor dem Hintergrund einer Tabula rasa gebaut werden können, sondern aus den bestehenden Städten entstehen müssen. Statt makellos glänzenden futuristischen Bauten zeigt BLADE RUNNER Gebäude und Maschinen, die nach und nach erweitert und notdürftig umgebaut wurden, die deutliche Gebrauchsspuren aufweisen und oft schon zerfallen sind. So stehen Zukunft und Vergangenheit unübersehbar in Verbindung; mancherorts ist der allgemeine Verfall so weit fortgeschritten, dass man schon wieder von einem technischen Rückschritt sprechen kann. Trotz seiner ‚wunderbaren'

Elemente wirkt die Welt von BLADE RUNNER somit der unsrigen sehr nahe, fast gegenwärtig. Gerade wegen dieser scheinbaren Nähe entwickeln Nova wie die liebesfähige Replikantin Rachael eine umso stärkere Wirkung.

Wie in vielen anderen Science-Fiction-Filmen ist die Zukunft in BLADE RUNNER keineswegs schön und verheißungsvoll, sondern düster und pessimistisch. Ebenso typisch ist aber, dass der Film den kommenden Schrecken zelebriert. Selten war der zivilisatorische Kollaps so schön anzusehen wie in BLADE RUNNER. Der Widerspruch, der hier zum Ausdruck kommt, ist charakteristisch für den Science-Fiction-Film insgesamt: Gerade die katastrophalen Elemente sind mit besonders viel Mühe und Sorgfalt gestaltet – sie stellen die eigentlichen Attraktionen des Films dar. Was die Schaulust des Publikums befriedigt, unterläuft bis zu einem gewissen Grad aber immer auch einen allfälligen kritischen Impetus des Gezeigten.

Die aufwendigen Effekte, Bauten und Requisiten, für die mit dem Special-Effects-Spezialisten Douglas Trumbull und dem früheren Industrie-Designer Syd Mead zwei Science-Fiction-Veteranen zuständig waren, stellen auch einen letzten Höhepunkt analoger Tricktechnik dar. Obwohl BLADE RUNNER damit am Ende einer technischen Ära steht und ihn seine Lichtgestaltung ebenso wie Kleidung und Frisuren der Figuren als typische Produktion der 1980er-Jahre kenntlich machen, wirkt der Film bis heute nach. Im Grunde muss sich jede Großstadt-Dystopie nach wie vor an BLADE RUNNER messen.

Sammon, Paul Michael ([1996] 2007): *Future Noir: The Making of* Blade Runner. 2., erw. und rev. Aufl. London: Gollancz.

Simon Spiegel

Roadmovie

Skadi Loist

Einleitung

Das Genre der Mobilität, der individuellen Rebellion und des Ausbruchs aus der Gesellschaft ist das Roadmovie. Im Folgenden werden nach einem Überblick über die Geschichte und Entwicklung des Genres die Merkmale des Roadmovie historisch kontextualisiert. Im zweiten Teil des Beitrags sollen – ausgehend von den sogenannten Klassikern des Genres – Erweiterungen und Veränderungen in den 1990er-Jahren thematisiert werden, in denen vor allem neue Identitätskonzepte und die Kategorien Gender und Sexualität eine besondere Rolle spielen. Ausgangspunkt ist dabei der Aufsatz „Revitalizing the Road Genre" von Katie Mills (1997), die Gregg Arakis queerem Roadmovie THE LIVING END (1992) zuschreibt, das Genre revitalisiert zu haben. Mills' These führt zu der grundlegenden Frage, ob das queere Roadmovie eine ‚natürliche' Evolution des Genres Roadmovie darstellt oder dieses sogar revolutioniert hat.

Das Roadmovie als Genre: Geschichte und Entwicklungen

Das Roadmovie ist ein Genre, das sich – da sind sich die Forscher_innen[1] weitgehend einig – erst in den 1960er-Jahren als solches manifestiert und konsolidiert (vgl. Stiglegger 2007; Laderman 2002: 3). Setzt man Filme wie EASY RIDER, TWO-LANE BLACKTOP und BONNIE AND CLYDE als Prototypen, lassen sich Genreelemente bestimmen, die auch auf Filme rückprojiziert werden können, die ursprünglich nicht als Roadmovies produziert und rezipiert wurden (vgl. Sargeant/Watson 1999: 6). Diese retrospektiv als Vorläufer des Genres verstandenen Filme spielen auch in der wissenschaftlichen Auseinandersetzung um das Roadmovie eine große Rolle. So postulieren Steven Cohan und Ina Rae Hark, das Roadmovie sei eines der klassischen US-amerikanischen Genres, das

---

[1] Der queer-feministischen Kritik am Konzept der binären Zweigeschlechtlichkeit folgend, wird in diesem Kapitel die von Steffen Kitty Herrmann vorgeschlagene Schreibweise mit Unterstrich („_i") benutzt, um auch formsprachlich den Zwischenraum der Geschlechter zu markieren (vgl. Herrmann 2007).

schon seit der Hollywood-Studioära – also zwischen 1920er- und Mitte der 1950er-Jahre – existiert (Cohan/Hark 1997: 2).

Es lassen sich demnach verschiedene Vorläuferfilme und Genres ausmachen, in denen sich Elemente herausbildeten, die später zu konstitutiven Merkmalen des Roadmovie werden sollten. Die Reise, die Bewegung, die Weite der Landschaft, die Suche nach einer besseren Zukunft wurden im Western geprägt und sind besonders prägnant für diesen. Mit dem Ende des klassischen Western leben sie im Roadmovie weiter. Das ‚Frontier-Motiv' – die Grenze zwischen Zivilisation und Wildnis – des klassischen Western, so Marcus Stiglegger, findet im Roadmovie „eine moderne Entsprechung" (2007: 604).[2]

Neben den räumlichen Charakteristika des Western hatten vor allem sozialkritische Elemente aus den Hollywoodfilmen der 1930er- und 1940er-Jahre einen Einfluss auf das Roadmovie. Dazu zählt z.B. die Mobilität als Statement der Rebellion gegen soziale Krisen in der Depressions-Ära, wie sie in Screwball Comedies wie IT HAPPENED ONE NIGHT beschrieben wurde (vgl. Laderman 2002: 24). Auf der Figurenebene werden diese sozial-kritischen Elemente in den 1950er- und 1960er-Jahren fortgeführt und finden ihren Niederschlag in den Outlaws der klassischen Gangsterfilme und den jugendlichen Rebellen der *juvenile-delinquent*-Filme (z.B. James Dean in REBEL WITHOUT A CAUSE) (Laderman 2002: 19; vgl. hierzu auch das Kapitel „Jugendfilm" in diesem Band). Ein nichtfilmischer Vorläufer, der die Roadstory nachhaltig beeinflusst hat, ist Jack Kerouacs Roman *On the Road* (1957), der zur amerikanischen Hymne auf die Straße und die Beat-Generation stilisiert wurde.

Das Roadmovie ist ein dezidert US-amerikanisches Genre, das auffällige Zyklen aufweist und besonders in Krisenzeiten präsent war: in der Depression der 1930er-Jahre, während des Vietnamkrieges in den späten 1960er-Jahren sowie in der konservativ geprägten Zeit der Bush-Regierung und dem ersten Golfkrieg Anfang der 1990er-Jahre (vgl. Cohan/Hark 1997: 2; Grob/Klein 2006: 10). Im Roadmovie-Genre stand die Reise durch das Land in diesen Zeiten gesellschaftlicher Umbrüche nicht nur für eine persönliche Selbstsuche, sondern bot eine Möglichkeit zur Verortung der Nation und der Reflexion der US-amerikanischen Identität. Die gesellschaftlichen Krisen der jeweiligen Zeit hatten Einfluss auf das Selbstverständnis der Nation, das von dem Glauben an den Fortschritt, die individuelle Freiheit und den sozialen Aufstieg geprägt ist. Dieser Glaube wurde durch die massive Arbeitslosigkeit in der Wirtschaftskrise der

---

2 Westernklassiker wie z.B. John Fords THE SEARCHERS (1956) werden mitunter auch als Roadmovie thematisiert (vgl. Laderman 2002: 23; vgl. hierzu auch das Kapitel „Western" in diesem Band).

1930er-Jahre, die Gegenkultur und das Kriegstrauma der 1960er-Jahre sowie durch die ideologische Auseinandersetzung nach dem Ende des Kalten Krieges erschüttert. Nicht zufällig sind dies auch Zeiten der Öl- und Energiekrisen und damit Zeiten, in denen Benzin knapp und teuer wird (vgl. Corrigan 1991: 153). Dies drückt sich in der Unrast im Roadmovie aus. Auf der Reise durch das Land werden neue Ziele der Individuen, aber auch der nationalen Identität getestet.[3]

Die Ikonographie des Genres

Spätestens seit EASY RIDER ist die typische Handlungsformel des Roadmovie: zwei (oder mehr) Personen durchqueren motorisiert auf den endlosen Landstraßen und Highways z.B. Nordamerikas weite Landschaften und sind dabei auf der Suche nach Freiheit und/oder der eigenen Identität.

Die Unterscheidung der Fahrzeuge, die Gründe der Reise sowie narrative Elemente spezifizieren dabei das jeweilige Roadmovie und bilden eigene Untergruppen bzw. Subgenres. Zu den Subgenres des Roadmovie zählen z.B.: Motorradfilme/Bikerfilme (EASY RIDER), Rennsportfilme (TWO-LANE BLACKTOP), Truckerfilme (CONVOY), Gangster- (THE GETAWAY) oder Endzeit-Roadmovies (MAD MAX) (vgl. Pohl 1997: 254f.). Robert Lang (1997) geht sogar so weit, das *Queer Roadmovie* als eigenes Subgenre zu fassen.

Die konstituierenden Elemente des Roadmovie-Genre lassen sich detailliert anhand von Merkmalen wie Fahrzeug, Bewegung, Geographie, Personal, innere Reise, Ästhetik und Musik beschreiben.

Das Fahrzeug: In der Regel erfolgt die Fortbewegung im Roadmovie mit dem Auto oder Motorrad. Doch das Gefährt kann auch variieren. Neben dem Auto kann ein Bus, ein Zug, ein Traktor, ein Rasenmäher oder ein Boot als Fortbewegungsmittel dienen. Die Protagonist_innen können sich selbstverständlich auch zu Fuß bewegen. Historisch hat sich das Fahrzeug im Roadmovie analog mit dem soziokulturellen Produktionskontext verändert. Mit der voranschreitenden Individualisierung der Nachkriegsgesellschaft ändert sich auch die bis Mitte des 20. Jahrhunderts gängige Praxis, mit Massentransportmitteln wie Bus, Bahn und Schiffen zu reisen. Nicht mehr auf Fahrpläne und bestimmte Routen angewiesen, bedeutet das eigene Auto oder Motorrad noch mehr individuelle Mobilität und Autonomie (vgl. Laderman 2002: 13).

---

3 In diesem Sinne lässt sich das Roadmovie als ein Genre fassen, das – der These von Malte Hagener für das Konzept Genrefilm allgemein folgend – „virulente soziale Themen behandelt, ohne diese jedoch einem echten Lösungsvorschlag zuzuführen" (Hagener 2011: 18).

Die Bewegung: Die *Geschwindigkeit* der Bewegung kann von sehr schnell – so zum Beispiel bei Verfolgungsjagd und Flucht in Filmen wie JOY RIDE oder seinem Vorgänger, Steven Spielbergs DUEL – bis zu sehr langsam variieren – man denke hier an die Reise auf einem Rasenmäher in David Lynchs THE STRAIGHT STORY. Bisweilen wird die Reisegeschwindigkeit des Roadmovie so weit verlangsamt, dass der Hauptteil der Handlung, z.B. aufgrund einer Autopanne, fast ausschließlich an einem Ort stattfindet und somit primär zu einer inneren Reise der Protagonistin wird, u.a. in Kelly Reichardts Film WENDY AND LUCY.

Neben der Bewegung sind außerdem die Pausen von Bedeutung, seien es Verschnaufpausen, Haltepunkte, Pannen oder Tankstopps. Sie sind wichtige Elemente der Geschichte, um die narrative Entwicklung voranzutreiben. Hier treffen die Protagonist_innen auf weitere Personen und erhalten neue Impulse für ihre innere und äußere Reise (vgl. Laderman 2002: 15). Dabei geht es immer um Freiheit, Mobilität und Autonomie. Norbert Grob und Thomas Klein bezeichnen das Roadmovie auch als „Genre des Aufbruchs" (2006: 9).

Des Weiteren kann nach der *Richtung der Bewegung* differenziert werden. David Laderman unterscheidet zwischen dem „quest road movie" und dem „outlaw road movie" (2002: 20). Beim Quest-Roadmovie (in der Nachfolge von EASY RIDER) liegt die Betonung auf der wandernden Bewegung, der Bewegung *auf etwas zu* (sei es die Bedeutung des Lebens, das ‚wahre' Amerika, Mexiko, New Orleans usw.), während beim Outlaw-Roadmovie (in der Folge von BONNIE AND CLYDE) die Bewegung als fliehend *von etwas weg* zu beschreiben ist (z.B. die Flucht von einem Tatort oder vor dem Gesetz). Die meisten Roadmovies bewegen sich in eine dieser beiden narrativen Richtungen (ebd.).

Laderman nennt als weitere Spezifizierung der Bewegung das *Überschreiten von Grenzen*. Das Überschreiten von Landesgrenzen (im Falle der USA von Bundesstaaten) markiert dabei als zentrales Element der Mise-en-Scène das Zurücklassen des Bekannten und das Aufbrechen in Neues und Unbekanntes (vgl. 2002: 14). Das Durchqueren von Staaten bildet außerdem die Überwindung von Distanzen ab. Im US-amerikanischen Roadmovie, das in einem Land spielt, das einen Kontinent umspannt, hat dies eine andere Bedeutung als in Europa. Beim europäischen Roadmovie werden immer auch kulturelle, sprachliche und nationale Grenzen überschritten und so ein weiteres Element der Entfremdung und Entdeckung des Neuen eingeführt. Für einige Roadmovies hat das Überschreiten einer Nationsgrenze eine besondere Bedeutung: Beispielsweise wenn die lokalen Autoritäten damit ihren Zuständigkeitsbereich verlassen oder wenn Papiere nicht ohne weiteres zur gewünschten Identität passen. Zu denken ist hier besonders an Komplikationen für transgender[4] Charaktere, wenn das offiziell dokumentierte Geschlecht nicht mit der Wahrnehmung und Präsentation der Person übereinstimmt (z.B. im schweizerischen Indie-Roadmovie THELMA).

Das Moment der Grenzüberschreitung geht mit einem anderen Aspekt einher, auf den Grob und Klein verweisen: *dem Zwischenraum* (Grob/Klein 2006: 10). Die Straße bildet oft ein räumliches Dazwischen, einen Ort, an dem die festen Regeln und Gesetze des (sesshaften) Lebens (zumindest temporär) aufgehoben sind. Auf diese Weise wird die Straße im Roadmovie mit Victor Turner gesprochen zum „liminalen Raum" (1987), einem Schwellenzustand, zum Ort der Möglichkeiten und Selbstfindung.[5]

Geographie: Das Roadmovie gilt als dezidiert US-amerikanisches Genre. Hier spielen die Größe des Landes, die endlosen Straßen zwischen Stadt und Land, der Mythos der Bewegung, um so das gelobte Land und eine bessere Zukunft zu finden, eine Rolle. Zentral für die Bedeutung des Roadmovie sind außerdem die Expansionsbewegung und Einwanderergeschichte des Landes. Jack Sargeant und Stephanie Watson behaupten sogar, die meisten internationalen Roadmovies seien entweder eine Kritik an der US-amerikanischen Gesellschaft und ihrem kapitalistischen Ideal oder aber eine Hommage an diese (1999: 18). In diesem Zusammenhang wird häufig auf die verhältnismäßig geringe Zahl von europäischen Roadmovies hingewiesen (vgl. Pohl 1997: 255).[6]

Wim Wenders, der aus deutscher Perspektive eine ganze Reihe von Roadmovies vorgelegt hat, die in den USA und in (West-)Deutschland spielen, bildet eine entscheidende Ausnahme. Einige der sogenannten Nachwendefilme nutzen das Genre in einer Variante, die humorvoll mit dem Kreuzen der ehemaligen Landesgrenze von Ost nach West (GO TRABI GO) oder West nach Ost (WIR KÖNNEN AUCH ANDERS) eine gesamtdeutsche Identität ausloten (vgl. Mittman 2003; Coury/Pillip 2010). In einer Reihe neuerer deutscher Roadmovies (z.B. IM JULI, KNOCKIN' ON HEAVEN'S DOOR, SCHULTZE GETS THE BLUES und VIVERE) wird außerdem die Erweiterungsfähigkeit des Genres auf neue Protagonist_innen und Themen –

---

4 Der Begriff ‚transgender' umfasst verschiedene gender-variante Positionen. Zum einen dient er als Selbstbezeichnung für Personen, die sich keinem der beiden strikt binär gedachten Geschlechter (männlich/weiblich) zuordnen wollen. Zum anderen fasst er auch transsexuelle Personen, die mithilfe von Hormontherapien und/oder geschlechtsangleichenden Operationen ihr biologisches Geschlecht mit ihrem wahrgenommenen gesellschaftlichen Geschlecht (Gender) in Einklang bringen.
5 Nicht zuletzt wegen dieses Aspekts nehmen so viele Roadmovies des Queer Cinema das Element der Straße in besonderer Ausprägung auf.
6 Für eine Untersuchung europäischer Roadmovies siehe Mazierska/Rascaroli (2006) oder Kapitel 6 „Traveling Other Highways. The European Road Movie" in Laderman (2002: 247-280).

wie der Knastausbruch der Musikerinnen in BANDITS, Idealvorstellungen von Schauspielerinnen in SCHÖNE FRAUEN oder die Anerkennung von Personen mit Handicap in VINCENT WILL MEER – getestet.

Personal und Gender: In der Nachkriegsära, besonders nach Erscheinen des einflussreichen Buchs *On the Road* und des paradigmatischen Films EASY RIDER, gelten zwei Männer auf Reisen als ‚klassische' Protagonisten des Roadmovie (vgl. Grob/Klein 2006: 12). Steven Cohan und Ina Rae Hark heben jedoch hervor, dass in den früheren Roadmovies bzw. den Vorläuferfilmen vielmehr das heterosexuelle Paar, eine Gruppe oder eine kleine Gemeinschaft die Hauptakteure des Genres darstellten (1997: 7f.). Die beiden betonen, dass das Paar – wie im Hollywoodfilm generell – die dominante personelle Konfiguration im Roadmovie bildet. Laut Cohan und Hark geschieht dies aus dem einfachen Grund, dass ein Paar kinematisch sehr gut funktioniert: Zwei Personen auf der Vorderbank des Autos füllen das klassische *Framing* und halten den Dialog in Gang. Die Enge des Autos, die gemeinsame Unterkunft und die zusammen erlittenen Erlebnisse tragen zu einer Nähe und Intimität zwischen den Charakteren und zur Entwicklung von Handlungskonflikten bei (vgl. Cohan/Hark 1997: 8). Außerdem ist die Paarkonstellation ein probates Mittel, um die Charaktere vorstellen zu können. Personen, die sich nicht kennen oder mögen, lernen einander kennen und unter Umständen lieben (vgl. Mills 2006: 199). Während der Hollywood Production Code galt (1934-1966, auch Hays-Code genannt), durfte diese Intimität und Nähe nicht sexuell ausgelebt werden und wurde im Plot so umgesetzt, dass die heterosexuelle Annäherung (*courting*) erst bei Zielankunft in die gesellschaftlichen Normen eingegliedert wurde. Ein Beispiel ist Frank Capras Komödie IT HAPPENED ONE NIGHT (1934). Während ihrer Reise spannen Peter und Ellie – die sich als Ehepaar ausgeben und daher gemeinsam in einem Zimmer übernachten müssen – aus Decken eine Trennwand zwischen ihren Betten (die „Mauer von Jericho"), um so den geltenden moralischen Normen der 1930er-Jahre zu entsprechen (vgl. Mills 2006: 199).

Mit der Veränderung von gesellschaftlichen Normen in Bezug auf Anstand und Sexualität kam es auch zu einer modifizierten Darstellung dieser Themen. Dem Publikum der 1970er-Jahre wäre nicht glaubhaft zu vermitteln gewesen, dass das heterosexuelle Paar der sexuellen Anziehungskraft nicht nachgeben würde. Ohne den Aufschub der Begierden ginge jedoch viel vom Zauber der Roadmovie-Geschichte verloren. Anstatt durch Keuschheit musste dieser zentrale wirkungsästhetische Mechanismus nun durch andere Elemente hervorgerufen werden. Die sexuellen Spannungen wurden durch ausgelebte körperliche Gewalt ersetzt und das heterosexuelle Paar durch seine kriminelle Energie vereint: So ist es bereits 1967 in BONNIE AND CLYDE und setzt sich mit Mickey und Mallory in NATURAL BORN KILLERS (1994) fort (vgl. Cohan/Hark 1997: 8f.).

Alternativ wurde das Problem der heterosexuellen Spannung dadurch gelöst, dass der weibliche Part eliminiert bzw. zu einer kleinen Nebenhandlung reduziert wurde. Die Frau als Begleitung wird durch einen Mann ersetzt. So entsteht das klassische Buddy-Movie, in dem zwei befreundete heterosexuelle Männer (Buddys) die zentralen Protagonisten sind. Während das Buddy-Roadmovie in der Literatur häufig als Archetyp des Roadmovie verstanden wird (vgl. Corrigan 1991: 138), heben Cohan und Hark hervor, dass diese Ausprägung nur eine Dekade dominant war (1997: 9). Zwischen 1969 und 1979 setzte sich die Beziehung zwischen zwei Männern, die sich losgelöst von den Konventionen der Gesellschaft bewegen, als Figurenkonstellation des Roadmovie durch. Diese Männerfreundschaft transformierte die Formel der Intimität-ohne-sexuelle-Vereinigung, die bereits aus den Screwball Comedies bekannt war. Das Mainstreampublikum konnte (noch) davon ausgehen, dass Männer nicht miteinander Sex haben würden (Cohan/Hark 1997: 9). Zusätzlich wurden die beiden ‚Buddys' als heterosexuell markiert, indem sie über ihre Familien reden, Affären auf ihrer Reise eingehen oder wie in EASY RIDER ein Bordell besuchen (vgl. Sargeant/Watson 1999: 16). In dieser Konstellation schwingt unausgesprochen eine grundlegende Homophobie mit. In EASY RIDER wird diese explizit, wenn die ‚Rednecks' die drei langhaarigen Biker als „queer"[7] bezeichnen und damit gleichzeitig ihre Abneigung gegen Hippies verbinden.

In den 1980er-Jahren verschwand das Buddy-Roadmovie wieder von den Leinwänden, was sich unter anderem mit der immer sichtbarer werdenden Schwulen-Bewegung erklären lässt. Die intime Nähe der männlichen Protagonisten der Buddy-Movies der 1970er-Jahre ließ Platz für queere Subtexte, die auch dem Publikum und der Presse nicht entgingen. Die Zuschauer_innen konnten nicht mehr sicher sein, dass zwischen den beiden Buddys keine sexuelle Annäherung stattfinden würde (Cohan/Hark 1997: 9f.). In den 1980er-Jahren wandelt sich das Genre generell von existenziellen Geschichten um persönliche Rebellion hin zur Komödie und Farce. Die großen Studioproduktionen waren eher an Humor als an der für das klassische Roadmovie typischen Sozialkritik interessiert (Cohan/Hark 1997: 10). In Anlehnung an Knut Hickethiers Phasenmodell könnte man hier von einer Erschöpfung des Genres sprechen (2003: 72). Einen Wendepunkt markiert der Film THELMA & LOUISE (1991) als das erste Roadmovie mit zwei weiblichen Heldinnen am Steuer. Dieser und andere Filme

---

7 Hier folgt der Begriff ‚queer' der ursprünglichen, negativen Bedeutung als Schimpfwort für homosexuell veranlagte oder gender-deviante Personen, wie sie im englischsprachigen Raum bis zur Umdeutung des Begriffs im Zuge der schwul-lesbischen Bewegung in den 1980er-Jahren gängig war.

läuten Anfang der 1990er-Jahre das ein, was Mills die „Revitalisierung des Roadmovie" genannt hat (Mills 1997; dt. Übersetzung S.L.).

Die Innere Reise: Neben der äußeren Reise, die durch das Fahrzeug und die Bewegung gekennzeichnet ist, stellt die innere Reise der Protagonist_innen ein mindestens ebenso wichtiges, wenn nicht wichtigeres Merkmal des Roadmovie dar. So könnte man das Roadmovie auch als motorisierte Bildungs- und Entwicklungsgeschichte bezeichnen (vgl. Corrigan 1991: 144). Während der Handlungsverlauf verschiedener Roadmovies durch ökonomische oder soziale Auslöser motiviert ist,[8] steht das Roadmovie häufig für eine Entdeckungsreise durch das Land und eine Suche nach der eigenen Identität, nach Freiheit, nach neuen Potenzialen und Möglichkeiten für ein besseres Leben (vgl. Sargeant/Watson 1999: 16). Einige Protagonist_innen laufen vor ihren Problemen und ihrer Vergangenheit davon, andere suchen nach ihren Wurzeln. Obwohl die Figuren oft aus Unzufriedenheit mit dem Alltag und gesellschaftlichen Zwängen auf- und ausbrechen, suchen viele einen Platz in genau der Gesellschaft, die sie hinter sich lassen wollten. Hier liegt das konservative Moment des Genres: Auch wenn der Schwerpunkt der Handlung auf Freiheit, Widerstand und Autonomie liegt, werden die Protagonist_innen letztlich häufig in die Gesellschaft reintegriert. In dieser *Spannung* zwischen Rebellion und Konformität liegt für Laderman genau der konstitutive Kern des Genres (2002: 19f.).

Wie in vielen Hollywoodfilmen unterschiedlicher Genres bedeutet dies auch hier, dass ein Ausbruch aus der Norm (kurzfristig) erlaubt ist, die soziale Ordnung am Ende des Films jedoch wiederhergestellt werden muss. Figuren und Charaktere, die sich nicht eingliedern lassen, müssen am Ende sterben, damit die gesellschaftliche Ordnung nicht ins Wanken gerät. Bonnie und Clyde sterben im Kugelhagel der Polizisten, Wyatt und Billy (EASY RIDER) werden von den Rednecks erschossen. Die Interpretation der Filmenden ist schließlich in den 1990er-Jahren der Ausgangspunkt der Erneuerungsbewegung des Genres, die sich u.a. in der Diskussion um den feministischen Gehalt und die Genreveränderungen in THELMA & LOUISE ausdrückt (vgl. Arthurs 1995; Cook 2007).

Ästhetik des Roadmovie: Typisch für das Roadmovie ist eine spezielle Ästhetik, die sich in einer auf Bewegung ausgerichteten Kameraführung manifestiert. Eine Technik, die im Roadmovie häufig eingesetzt wird, ist der sogenannte *traveling shot*. Dabei handelt es sich um eine bewegte Kamera, die zu unterscheiden ist vom *tracking shot* – einer Kamerafahrt, die von einem fixen Ort ein sich bewegendes Objekt verfolgt. Beim *traveling shot* bewegt sich auch die Kamera

---

8 In THE ADVENTURES OF PRISCILLA, QUEEN OF THE DESERT wartet in Alice Springs ein neuer Job und in BONNIE AND CLYDE lockt die Protagonist_innen ein wildes unkonventionelles Leben.

mit. Der *Point of View* liegt in der Regel bei den Fahrer_innen bzw. Hauptheld_innen des Roadmovie. Aufnahmen werden als Ausdruck der multiplen und veränderlichen Perspektive häufig geschnitten und montiert. Neben den narrativen Sequenzen die nach dem Kontinuitätsprinzip montiert sind, werden auch Montagesequenzen eingebaut, die das Fahren nur um der Bewegung willen zeigen (vgl. Laderman 2002: 15f.). Spätestens seit EASY RIDER sind auch avantgardistische, innovative Bilderwelten Teil des Genres. Dabei sei nur an die psychedelischen Impressionen vom *Mardi Gras* in New Orleans oder die ungewöhnlich kurz aufblitzenden Zwischenschnitte, die das weitere Geschehen vorwegnehmen, erinnert. Ähnlich experimentelle Darstellungen finden sich auch im Roadmovie des New Queer Cinema.[9]

Musik: Neben den visuellen Merkmalen des Genres sind die auditiven Genremerkmale hervorzuheben. Verschiedene Filmwissenschaftler_innen haben die Bedeutung von Musik, besonders von Rockmusik, als Teil der Gegenkultur der Zeit für das Roadmovie betont (vgl. Grob/Klein 2006: 18). Bereits in Kenneth Angers SCORPIO RISING (1964) – einem avantgardistischen Vorläufer des ‚Bikerfilms' – spielt der Einsatz von zeitgenössischer Rockmusik und Popsongs eine bedeutende Rolle, um den Zeitgeist widerzuspiegeln und das Visuelle zu kommentieren. Auch EASY RIDER setzt gezielt auf den Einsatz von Rockmusik und hat spätere Roadmovies, u.a. THELMA & LOUISE[10], nachhaltig beeinflusst (vgl. Sargeant/Watson 1999: 18).

Die besondere Beziehung des Roadmovie zur Musik zeigt sich auch in der Entwicklung eines weiteren Subgenres: dem ‚Tourfilm', bei dem die Reise einer Band, im Unterschied zur Performance im Konzertfilm, in den Mittelpunkt der Handlung gerückt wird (vgl. Klein 2006). Beispiele für den Tourfilm sind u.a. LENINGRAD COWBOYS GO AMERICA und LENINGRAD COWBOYS MEET MOSES von Aki Kaurismäki. Aber auch der australische Drag-Queen-Roadklassiker PRISCILLA weist Ähnlichkeiten mit diesem Subgenre auf. Hier finden sich charakteristische Elemente wie Szenen, in denen Songs, Kostüme und Choreographien in spontanen Auftritten geprobt und entwickelt werden, die dann in der großen Show des Filmfinales kulminieren.

---

9 Das New Queer Cinema wird im letzten Drittel des Beitrags ausführlich behandelt.
10 Zur Bedeutung der Musik in THELMA & LOUISE siehe Healey (1995); Cook (2007).

R/Evolution des Roadmovie: Kritik und Veränderung

In das Roadmovie-Genre, in dem es vor allem um Rebellion, Mobilität, Autonomie und die Freiheit des Subjekts geht, sind paradoxerweise viele konservative Konventionen eingeschrieben. Bis in die 1990er-Jahre hielten vornehmlich weiße, heterosexuelle Männer das Lenkrad und damit die ‚narrative Macht' in den Händen. Während die Zugehörigkeit zu sozialen ‚Klassen' (class) teilweise thematisiert wird, bleiben Kategorien wie Gender, Sexualität und ‚Rasse' (race) im Roadmovie in der Regel unbeachtet. Werden diese Kategorien dennoch thematisiert, geschieht dies oft auf eine konservative, reaktionäre Art und Weise. So sind z.B. im genre-prägenden *On the Road* Frauen nur kurzfristige Abenteuer oder stehen für Stillstand und heimische Verantwortung, der der männliche Held mit technikaffinem Freiheitsdrang zu entfliehen sucht. Nebenfiguren wie schwarze Jazzmusiker oder Mexikaner sind ebenfalls keine Charaktere auf Augenhöhe, sondern werden von den weißen Hauptthelden als Repräsentanten vermeintlicher ‚Authentizität' fetischisiert (vgl. Laderman 1996: 43f.). Und obwohl die Freundschaft der ‚Buddys' durchaus homoerotisch konnotiert ist, sind die fahrenden Helden immer heterosexuell.

Genregeschichte ist immer eingebettet in die sozialen Kontexte und unterliegt gesellschaftlichen Veränderungen. Dies ist auch beim Roadmovie der Fall. In der Ära der Identitäts- und Minoritäten-Politik der 1980er-Jahre, in der es um Repräsentation und gesellschaftliche Teilhabe geht, muss es dementsprechend auch eine Revision des Genres geben. Diskurse um Gender, Sexualität und ‚Rasse' werden als Leerstellen oder blinde Flecken innerhalb des Roadmovie identifiziert, die den Ansatzpunkt des „unfinished business"[11] ausmachen und so eine Überarbeitung und Aktualisierung des Genres einfordern und in Gang setzen.

Die frühen 1990er-Jahre sind geprägt von Diskussionen um eine multikulturelle Gesellschaft und verschiedene Identitätsgruppen. Es ist auch die Zeit des Independentfilmbooms und der damit einhergehenden Ausdifferenzierung eines

---

11 Den Begriff des „unfinished business" hat Katrin Oltmann in ihrer Studie zum Remake geprägt (Oltmann 2008: 43). Einerseits beschreibt sie damit die identifizierten kulturellen Defizite des Vorgängerfilms (Premake), die im Remake aufgearbeitet werden. Andererseits fasst sie damit vor allem die gegenseitigen Einflussnahmen von Premake und Remake in Produktion und Rezeption. Dieser Ansatz lässt sich produktiv auf das Genrekonzept ausweiten, innerhalb dessen ein neuer Film den Vorgängerfilmen im Genrekanon verpflichtet ist und sich dem Kanon gegenüber verhält. Durch die Produktion eines neuen Genrefilms wird das Genre gleichzeitig zitiert und verändert und damit auch Einfluss auf die Rezeption der Vorgängerfilme und des Genrekanons genommen (vgl. hierzu auch das Kapitel „Melodrama" in diesem Band).

Nischenpublikums. Diese Entwicklungen führen zu einer Inanspruchnahme von narrativen Mustern. Die etablierte Form des Genres wird übernommen, um neue Inhalte zu übermitteln und bestimmte Ansichten und Sichtweisen einem größeren Publikum jenseits spezieller Nischengruppen zu vermitteln. Die klassischen Geschichten bieten somit eine Rezeptionsfolie, vor der neue Charaktere auf die Leinwand gebracht, dabei aber weiterhin Orientierung für die Zuschauer_innen ermöglicht und deren Erwartungshaltungen bedient werden. Auf diese Weise, so argumentiert Mills, wird es Künstler_innen jenseits der vorherrschenden männlich weißen, heterosexuellen Repräsentationshoheit möglich, Geschichten zu erzählen, die über die Ghettoisierung als ‚Minderheitengenres' hinausgehen. Zu nennen sind hier z.B. die Drehbuchautorin Callie Khouri (THELMA & LOUISE), Sherman Alexie, Drehbuchautor von SMOKE SIGNALS (dem ersten Roadmovie aus Sicht von Native Americans) oder der queer-Filmemacher Gregg Araki (THE LIVING END) (vgl. Mills 2006: 196f.). Gleichzeitig wird mit diesen Filmen, die neue Themen und Impulse in das klassische Roadmovie einbringen, das Genre revitalisiert und überarbeitet.

(New) Queer Cinema

Die Schwulen- und Lesbenbewegung ist heute eine konsolidierte Bewegung, deren Wurzeln zeitgleich mit dem Feminismus und der Schwarzen Bürgerrechtsbewegung in den 1960er-Jahren zu verorten sind. In den 1970er- und 1980er-Jahren etablierte sich die Schwulen- und Lesbenbewegung und kämpfte für gesellschaftliche Anerkennung, vor allem unter dem Vorzeichen der Gleichheit und Gleichberechtigung. Angetrieben durch die konservative Politik der Reagan-Administration Mitte der 1980er-Jahre, welche die AIDS-Krise als ‚gerechte Strafe für schwule Sünder' ansah, anstatt aktiv die Epidemie einzudämmen, entwickelte sich eine neue militante Bewegungspolitik unter dem Begriff ‚queer'. Ziel war es, die von außen beschworene Andersartigkeit aufzunehmen und die Differenz stolz zu zelebrieren. Das Schimpfwort ‚queer' wurde übernommen und von einer neuen Generation von Aktivist_innen mit veränderter Bedeutung aufgeladen. Der queere Aktivismus der späten 1980er- und frühen 1990er-Jahre setzte sich von der assimilatorischen Ausrichtung der Schwulen- und Lesbenbewegung der 1970er-Jahre ab und wandte sich gegen bigotte, heteronormative Gesellschaftsnormen. Als Ergebnis des auf Sichtbarkeit bedachten und medial versierten AIDS-Aktivismus durch Gruppen wie *ACT UP* wurden Schwule und Lesben Teil des medialen Mainstreams und in Folge der vermeintlichen Anerkennung zu einer Nischengruppe von Konsument_innen in den sogenannten *Gay 90s* in den USA.[12]

Einhergehend mit Entwicklungen von Video- und Independentfilm kam es zu einem Boom des queeren Films (vgl. Pidduck 2003: 266). Wie die queere Politik stellt sich auch das Queer Cinema gegen die traditionelle Repräsentationspolitik der etablierten Schwulenbewegung, die besonders auf positive Darstellung bedacht war. Eine Generation junger Filmemacher_innen, die durch die AIDS-Krise und die Queer-Bewegung der 1980er-Jahre politisiert wurde, begann, ästhetisch wie thematisch innovative Filme zu drehen. Mit Filmen wie LOOKING FOR LANGSTON, PARIS IS BURNING, MY OWN PRIVATE IDAHO, POISON, SWOON, THE LIVING END, YOUNG SOUL REBELS, EDWARD II und ZERO PATIENCE machte sie bei einer Vielzahl renommierter Filmfestivals (Toronto, Berlin, Amsterdam, Sundance) auf sich aufmerksam. In ihrem wegweisenden Aufsatz in der Filmzeitschrift *Sight and Sound* prägte die Kritikerin B. Ruby Rich 1992 den Begriff „New Queer Cinema". Sie beschreibt die Filme wie folgt:

> Of course, the new queer films and videos aren't all the same and don't share a single aesthetic vocabulary or strategy or concern. Yet they are nonetheless united by a common style. Call it 'Homo Pomo': there are traces in all of them of appropriation and pastiche, irony as well as a reworking of history with social constructionism very much in mind. Definitively breaking with older humanist approaches and the films and tapes that accompanied identity politics, these works are irreverent, energetic, alternately minimalist and excessive. Above all, they're full of pleasure. They're here, they're queer, get hip to them. (Rich 1992: 32)

Diese Filme überwinden das bis dahin herrschende heteronormative Tabu Hollywoods, indem sie unverfälscht homosexuelle Geschichten erzählen, und brechen außerdem mit dem schwul-lesbischen Tabu der positiven Darstellung, indem sie auch aufgebrachte, wütende, sogar mordende *Queers* auf die Leinwand bringen.

Queer Cinema und das Roadmovie

Verschiedene Filmemacher_innen und Filmtheoretiker_innen haben das Queer Cinema als eine Form definiert, die heteronormative Filmkonventionen konterkariert und angreift (vgl. Hammer [1993] 2009; Pramaggiore 1997). Barbara Hammer, Pionierin des Queer Cinema, argumentiert, dass eine neue Form des filmischen

---

12 Für detailliertere Ausführungen zur historischen Entwicklung schwul-lesbischer/queerer medialer Repräsentationen, mit Bezug auf schwul-lesbische Filmfestivals, siehe Loist (2008).

Erzählens gefunden werden sollte, da die Lebenserfahrung von Schwulen und Lesben eine gänzlich andere sei – jenseits von heteronormativen Gesellschafts- und Familienstrukturen –, die mit herkömmlichen konventionellen Narrationsmustern nicht erzählt werden könne (vgl. Hammer [1993] 2009: 69).

Die Filmemacher_innen des New Queer Cinema eigneten sich etablierte Genres an und versuchten diese zu transformieren und für ihre eigenen Ziele nutzbar zu machen, anstatt einen weiteren vermeintlich ‚typischen schwullesbischen' Film in Form einer Coming-Out-Geschichte zu drehen.

Die beiden Roadmovies in der Gruppe der neuen queeren Filme zu Beginn der 1990er-Jahre zeigen eines der Merkmale des Labels ‚New Queer Cinema' ganz deutlich: die Adaption oder (Wieder-)Vereinnahmung von heteronormativen Genres bzw. die Offenlegung der unterschwelligen Begierden des Buddy-Movie. Dabei gehen sie mit dem queeren Element sehr unterschiedlich um. MY OWN PRIVATE IDAHO stellt die (käufliche) männliche Sexualität neben die platonische Freundschaft zweier Stricher (der eine schwul, der andere heterosexuell), die auf den Straßen zwischen Oregon, Idaho und Italien auf der Suche nach Mikes Mutter und seinen Wurzeln unterwegs sind. Das *urban roadmovie*[13] THE LIVING END thematisiert mit Jons und Lukes abenteuerlicher Fahrt zwischen Los Angeles und San Francisco die (Un-)Möglichkeit von Sex, Liebe und Beziehung in den homophoben Zeiten der AIDS-Krise der 1980er-Jahre.

Nach MY OWN PRIVATE IDAHO und THE LIVING END entstanden Mitte der 1990er-Jahre eine Vielzahl weiterer queerer Roadmovies – queere Independent-Produktionen ebenso wie größere Mainstreamproduktionen.[14] Allein die Anzahl der seit den 1990er-Jahren gedrehten queeren Roadmovies rechtfertigt Robert Langs Einschätzung, dass dies ein eigenes Subgenre des Roadmovie-Genres sei (1997: 330f.).

So wie für das Roadmovie allgemein Rückgriffe auf ältere Filme bzw. Genres auszumachen sind, können auch die queeren Versionen auf Vorläufer zurückgeführt werden. Kenneth Angers früher Undergroundfilm SCORPIO RISING ist ebenso als Klassiker des Queer Cinema zu verstehen als auch als ein avantgardistisches queeres Roadmovie. Auch der Hollywood-Klassiker THE WIZARD OF OZ ist sowohl ein Roadmovie als auch ein Paradebeispiel für das *Queer Reading*.[15]

---

13 Ger Zielinski (2012) betont die Besonderheit des fremden, urbanen Raums in THE LIVING END.
14 So z.B. der australische Drag-Klassiker PRISCILLA, sein US-amerikanisches Remake TO WONG FOO, THANKS FOR EVERYTHING! JULIE NEWMAR, BOYS ON THE SIDE, BUTTERFLY KISS und TOTAL ECLIPSE.
15 ‚Queer Reading' bezeichnet eine Rezeptionspraxis, in der das queere Potenzial eines Texts meist in Form von homosexuellen Subtexten ausgelotet wird und mithilfe von Gerüchten und Vorlieben neue Lesarten generiert werden. Für die queere Lesart von THE WIZARD OF OZ werden z.B. die Außenseiter in klassischen queeren Stereotypen (die effeminierte schwule Sissie oder

Es stellt sich die Frage, warum gerade das Roadmovie im Queer Cinema eine so ausgeprägte Rezeption erfuhr. Die oben beschriebenen Merkmale des Roadmovie – die Figur des Outlaws bzw. des Außenseiters der Gesellschaft, die äußere und innere Reise, die Suche nach Identität, die Freiheit der Straße und der Raum, in dem gesellschaftliche Regeln außer Kraft gesetzt sind – lassen sich besonders für queere Narrationen nutzen. Die visuelle Metapher von Bewegung und Veränderung, ist oft auch im Queer Cinema anzutreffen (auch jenseits der Genregrenzen): Ein eindrückliches Beispiel ist der Film BOYS DON'T CRY mit seinen surreal anmutenden Zwischensequenzen, die eine vorbeifliegende Landschaft bei Mondschein zeigen und in denen sich die Protagonist_innen Brandon und Lana aus dem kleinen konservativen Falls City, Nebraska, wegträumen und in eine andere Welt wünschen, in ein neues Leben, voller Liebe und ohne Infragestellung der gelebten Genderidentität (vgl. Halberstam 2001).

Ein weiteres typisches visuelles Element, das in einer Vielzahl von queeren Filmen – auffällig häufig in Geschichten mit transgender Charakteren – auftaucht, sind Brücken, die die Bewegung der Grenzüberschreitung und Überbrückung in Bezug auf Raum und Geschlecht symbolisieren. Dies wird sowohl in Dokumentationen als auch Spielfilmen zum Thema sichtbar, so wie in THE BRANDON TEENA STORY (der dokumentarischen Studie zu dem realen Mordfall, auf dem auch BOYS DON'T CRY basiert) oder in Monika Treuts Transgender-Dokumentation GENDERNAUTS.

In der queeren (schwulen) Variante des Roadmovie liegt die Assoziation von Freiheit mit sexueller Freiheit nahe, die sich einerseits in der Ungebundenheit der Protagonisten_innen und der *Promiskuität* ausdrückt und die sich zum anderen immer wieder im Motiv des *hustlers*, des unsteten Strichers, findet. Sicher nicht zufällig betätigen sich beide Hauptfiguren in MY OWN PRIVATE IDAHO und THE LIVING END jeweils als Prostituierte. Dies geht auch auf eine schwule Ikonographie zurück, der schon in ANDY WARHOL'S FLESH mit Joe Dallesandro visuell ein Denkmal gesetzt wurde. Robert Lang hat aber auch darauf hingewiesen, dass das *hustling*, das ‚Anschaffen', – sei es metaphorisch oder explizit – immer eine zentrale Handlung der Roadmovie-Protagonist_innen ist, die auf der Suche nach Geld, Liebe, Sex oder einer Fahrgelegenheit sind (1997: 335).

Trotz des Aufbrechens konservativer Merkmale bleibt das Roadmovie auch in der queeren Version ein vorwiegend männlich, weiß kodiertes Genre. In den 1990er-Jahren entstanden nur wenige Roadmovies, die von lesbischen Frauen

---

die maskuline Butch) und auch die schwule Fangemeinde des Stars Judy Garland herangezogen (vgl. Doty 2000; Dyer 2004). Zur Diskussion des Films als Roadmovie siehe Robertson (1997).

handeln – dazu zählen Gus van Sants komödiantischer EVEN COWIRLS GET THE BLUES, Herbert Ross' BOYS ON THE SIDE, der ungewöhnlich wie ambitioniert sowohl eine AIDS-kranke Frau, eine schwarze Lesbe als auch eine männermordende Ehefrau zusammen auf die Reise schickt, und Michael Winterbottoms ‚Killerlesben'-Roadmovie BUTTERFLY KISS. Alle drei Filme sind von Männern geschrieben und gedreht worden. Die geringe Zahl von Roadmovies mit weiblichen (und lesbischen) Protagonistinnen mag an den imaginierten Grenzen der Genreauslegung liegen oder aber schlicht an den patriarchalen Strukturen der Filmindustrie. Erst gut zehn Jahre später kommen lesbische Roadmovies aus Frauenhand auf die Leinwand. Eine der wenigen Ausnahmen ist der deutsche Film VIVERE (2007), in dem sich gleich drei Frauen in verschiedenen Altersgruppen auf die Reise machen.

Was kommt danach? Was bleibt als *last frontier* des Roadmovie bzw. des queeren Roadmovie? Auch das transgender Roadmovie wird vom gefeierten Geheimtipp (BY HOOK OR BY CROOK) zum Mainstreamprodukt, als Duncan Tucker im Jahr 2007 mit TRANSAMERICA – zumindest im Titel – das ultimative US-amerikanische queere Roadmovie lieferte. An der neuesten ‚Wegkreuzung' der Genreentwicklung wurden auch für das queere Roadmovie die Senior_innen als Protagonist_innen (und Rezipient_innen) entdeckt. In Thom Fitzgeralds CLOUDBURST (2011) kämpfen zwei ältere US-amerikanische Damen um ihre Autonomie, indem sie der homophoben Familie und dem Altersheim entfliehen und Zuflucht in Kanada und der dort gewährten rechtlichen Absicherung durch gleichgeschlechtliche Eheschließung suchen.

Fazit

Wie die vorherigen Ausführungen gezeigt haben, verläuft die Entwicklung des Genres entlang der Veränderungen der gesellschaftlichen Kontexte. Erste Filme, deren Charaktere Amerika motorisiert durchqueren, gehen zurück bis in die 1930er-Jahre. In den 1960er-Jahren, der Zeit der Gegenkultur und des New Hollywood manifestiert sich das Roadmovie als feste Genrekategorie mit paradigmatischen Filmen wie EASY RIDER und BONNIE AND CLYDE. Einen starken Einfluss auf das Genre hatte auch Jack Kerouacs Roman *On The Road*.

In der klassischen Ausprägung des Genres durchqueren zwei (oder mehr) Personen auf endlosen Highways das Land auf der Suche nach einer Zukunft und der eigenen Identität. Laut Laderman sind dabei die Figuren des Genres von der Spannung zwischen Ausbruch und Integration in die Gesellschaft getrieben. Die größte Relevanz hatte das Genre daher auch in Zeiten gesellschaftlicher Umbrüche und Krisen: in der Depression der 1930er-Jahre, in der Gegenkultur der 1960er- oder in den 1990er-Jahren. Auf der Suche nach neuen Grenzen, Themen und Problemen hat sich auch das Roadmovie gewandelt.

Nach einer entpolitisierten Phase des Genres in den 1980er-Jahren wird das Genre Anfang der 1990er-Jahre im Kontext der gesellschaftlichen Verhandlungen von Multikulturalismus und Identitätspolitik mit Diskussionen um Geschlecht, Sexualität und ‚Rasse' einer Revision unterzogen. Das Roadmovie THELMA & LOUISE aus dem Jahr 1991 kann dabei als Meilenstein gesehen werden, da hier das erste Mal Frauen im Mittelpunkt der Handlung stehen und im wahrsten Sinne des Wortes hinter das Steuer des Genres gesetzt werden. Das New Queer Cinema setzt zeitgleich mit MY OWN PRIVATE IDAHO und THE LIVING END Akzente in Bezug auf Sexualität und bringt die homoerotischen Untertöne des Genres explizit in den Vordergrund. In der Folge dieser kleinen Revolutionen des Roadgenres werden in einer Vielzahl von Independent- und Mainstreamproduktionen verschiedene Konstellationen einer multikulturellen Gesellschaft ausgelotet und die Genregrenzen ausgetestet (TO WONG FOO, BOYS ON THE SIDE, SMOKE SIGNALS, TRANSAMERICA). Aber wie die aktuelle Verfilmung der einflussreichen Romanvorlage durch Walter Salles im Jahr 2012 zeigt: Auch heute haben die klassischen Buddys weiterhin ihren Platz ON THE ROAD.

Film- und Medienverzeichnis

THE ADVENTURES OF PRISCILLA, QUEEN OF THE DESERT (AUS 1994, Priscilla – Königin der Wüste, Regie: Stephan Elliot)
ANDY WARHOL'S FLESH (USA 1968, Regie: Paul Morrissey)
BANDITS (D 1997, Regie: Katja von Garnier)
BONNIE AND CLYDE (USA 1967, Regie: Arthur Penn)
BOYS DON'T CRY (USA 1999, Regie: Kimberly Peirce)
BOYS ON THE SIDE (USA 1995, Kaffee, Milch und Zucker, Regie: Herbert Ross)
THE BRANDON TEENA STORY (USA 1997, Regie: Susan Muska/Gréta Olafsdóttir)
BROKEBACK MOUNTAIN (USA 2005, Regie: Ang Lee)
BUTTERFLY KISS (GB 1995, Regie: Michael Winterbottom)
BY HOOK OR BY CROOK (USA 2001, Regie: Harry [Harriet] Dodge/Silas Howard)
CLOUDBURST (CAN/USA 2011, Regie: Thom Fitzgerald)
CONVOY (USA/GB 1978, Regie: Sam Peckinpah)
DUEL (USA 1971, Duell, Regie: Steven Spielberg)
EASY RIDER (USA 1969, Regie: Dennis Hopper)
EDWARD II (GB 1991, Regie: Derek Jarman)
EVEN COWGIRLS GET THE BLUES (USA 1993, Cowgirl Blues, Regie: Gus Van Sant)
GENDERNAUTS (D 1999, Regie: Monika Treut)
THE GETAWAY (USA 1972, Regie: Sam Peckinpah)
GO TRABI GO (D 1991, Regie: Peter Timm)
IM JULI (D 2000, Regie: Fatih Akin)

It Happened One Night (USA 1934, Es geschah in einer Nacht, Regie: Frank Capra)
Joy Ride (USA 2001, Joyride – Spritztour, Regie: John Dahl)
Knockin' on Heaven's Door (D 1997, Regie: Thomas Jahn)
Leningrad Cowboys Go America (FIN/SWE 1989, Regie: Aki Kaurismäki)
Leningrad Cowboys Meet Moses (FIN/D/FR 1994, Leningrad Cowboys treffen Moses, Regie: Aki Kaurismäki)
The Living End (USA 1992, Regie: Gregg Araki)
Looking for Langston (GB 1989, Regie: Isaac Julien)
Mad Max (AUS 1979, Regie: George Miller)
My Own Private Idaho (USA 1991, Das Ende der Unschuld, Regie: Gus van Sant)
Natural Born Killers (USA 1994, Regie: Oliver Stone)
On the Road (FRA/GB/USA/BRA 2012, Unterwegs, Regie: Walter Salles)
Paris is Burning (USA 1990, Paris brennt, Regie: Jennie Livingston)
Poison (USA 1991, Regie: Todd Haynes)
Rebel Without a Cause (USA 1995, …denn sie wissen nicht, was sie tun, Regie: Nicholas Ray)
Schultze Gets the Blues (D 2003, Regie: Michael Schorr)
Schöne Frauen (D 2004, Regie: Sathyan Ramesh)
Scorpio Rising (USA 1964, Regie: Kenneth Anger)
The Searchers (USA 1956, Der schwarze Falke, Regie: John Ford)
Smoke Signals (USA 1999, Regie: Chris Eyre)
The Straight Story (USA/GB/FR 1999, Eine wahre Geschichte – The Straight Story, Regie: David Lynch)
Swoon (USA 1992, Regie: Tom Kalin)
Thelma (FR/GR/CH 2001, Regie: Pierre-Alain Meier)
Thelma & Louise (USA 1991, Regie: Ridley Scott)
To Wong Foo, Thanks For Everything! Julie Newmar. (USA 1995, Regie: Beeban Kidron)
Total Eclipse (GB/FR/B 1995, Die Affäre von Rimbaud und Verlaine, Regie: Agnieszka Holland)
Transamerica (USA 2007, Regie: Duncan Tucker)
Two-Lane Blacktop (USA 1971, Asphaltrennen, Regie: Monte Hellman)
Vincent will meer (D 2010, Regie: Ralf Huettner)
Vivere (D 2007, Regie: Angelina Maccarone)
Wendy and Lucy (USA 2008, Regie: Kelly Reichardt)
Wir können auch anders (D 1993, Regie: Detlev Buck)
The Wizard of Oz (USA 1939, Der Zauberer von Oz, Regie: Victor Fleming)
Young Soul Rebels (GB/FR/D/ESP 1991, Regie: Isaac Julien)
Zero Patience (CAN/GB 1993, Zero Patience – Null Geduld, Regie: John Greyson)

Literaturverzeichnis

Arthurs, Jane (1995): „Thelma and Louise. On the Road to Feminism?" In: Florence, Penny/Reynolds, Dee (Hgg.): *Feminist Subjects, Multi-Media. Cultural Methodologies*. Manchester/New York: Manchester University Press/St. Martin's Press, S. 89-105.
Cohan, Steven/Hark, Ina Rae (1997): „Introduction". In: Cohan, Steven/Hark, Ina Rae (Hgg.): *The Road Movie Book*. London: Routledge, S. 1-14.
Cook, Bernie (2007): *Thelma & Louise live! The Cultural Afterlife of an American Film*. Austin: University of Texas Press.

Corrigan, Timothy (1991): *A Cinema Without Walls. Movies and Culture after Vietnam*. London: Routledge.
Coury, David N./Pilipp, Frank (2010): „Post-Wall German Road Movies: Renegotiations of National Identity?" In: *German Monitor* 72. 1, S. 235-265.
Doty, Alexander (2000): „Introduction". In: *Flaming Classics. Queering the Film Canon*. New York: Routledge, S. 1-21.
Dyer, Richard (2004): „Judy Garland and Gay Men". In: Benshoff, Harry M./Griffin, Sean (Hgg.): *Queer Cinema. The Film Reader*. New York: Routledge, S. 153-166.
Grob, Norbert/Klein, Thomas (2006). „Das wahre Leben ist anderswo…: Road Movies als Genre des Aufbruchs". In: Grob, Norbert/Klein, Thomas (Hgg.): *Road Movies*. Mainz: Bender, S. 8-20.
Hagener, Malte (2011): „Der Begriff Genre". In: Rother, Rainer/Pattis, Julia (Hgg.): *Die Lust am Genre. Verbrechergeschichten aus Deutschland*. Berlin: Bertz + Fischer, S. 11-24.
Halberstam, Judith (2001): „The Transgender Gaze in *Boys Don't Cry*". In: *Screen* 42. 3, S. 294-298.
Hammer, Barbara ([1993] 2009). „Politik der Abstraktion". In: Diepenbroick, Dorothée von/Loist, Skadi (Hgg.): *Bildschön: 20 Jahre Lesbisch Schwule Filmtage Hamburg*. Hamburg: Männerschwarm, S. 69-73.
Healey, Jim (1995): „‚All This For Us': The Songs in Thelma & Louise". In: *The Journal of Popular Culture* 29. 3, S. 103-119.
Herrmann, Steffen Kitty (2007). „Performing the Gap. Queere Gestalten und geschlechtliche Aneignung". In: AG Gender-Killer (Hg.): *Das gute Leben. Linke Perspektiven auf einen besseren Alltag*. Münster: Unrast, S. 195-201.
Hickethier, Knut (2003): „Genretheorie und Genreanalyse". In: Felix, Jürgen (Hg.): *Moderne Film-Theorie*. 2. Aufl. Mainz: Bender, S. 62-96.
Klein, Thomas (2006): „A Goddamn Impossible Way of Life. Musik(er) on the road". In: Grob, Norbert/Klein, Thomas (Hgg.): *Road Movies*. Mainz: Bender, S. 89-100.
Laderman, David (1996): „What a Trip. The Road Film and American Culture". In: *Journal of Film and Video* 48. 1/2, S. 41-57.
Laderman, David (2002): *Driving Visions: Exploring the Road Movie*. Austin: University of Texas Press.
Lang, Robert (1997): „My Own Private Idaho and the New Queer Road Movie". In: Cohan, Steven/Hark, Ina Rae (Hgg.): *The Road Movie Book*. London: Routledge, S. 330-348.
Loist, Skadi (2008): „Frameline XXX: Thirty Years of Revolutionary Film. Der Kampf um queere Repräsentationen in der Geschichte des San Francisco International LGBT Film Festival". In: Wischermann, Ulla/Thomas, Tanja (Hgg.): *Medien – Diversität – Ungleichheit. Zur medialen Konstruktion sozialer Differenz*. Wiesbaden: VS, S. 163-181.
Mazierska, Ewa/Rascaroli, Laura (Hgg.) (2006): *Crossing New Europe. Postmodern Travel and European Road Movie*. London: Wallflower.
Mills, Katie (1997): „Revitalizing the Road Genre: The Living End as an AIDS Road Film". In: Cohan, Steven/Hark, Ina Rae (Hgg.): *The Road Movie Book*. London: Routledge, S. 307-329.
Mills, Katie (2006): *The Road Story and the Rebel. Moving through Film, Fiction, and Television*. Carbondale: Southern Illinois University Press.
Mittman, Elizabeth (2003): „Fantasizing Integration and Escape in the Post-Unification Road Movie". In: Halle, Randall/McCarthy, Margaret (Hgg.): *Light Motives. German Popular Film in Perspective*. Detroit: Wayne State University Press, S. 326-348.

Oltmann, Katrin (2008): *Remake/Premake. Hollywoods romantische Komödien und ihre Gender-Diskurse, 1930-1960*. Bielefeld: transcript.
Pidduck, Julianne (2003): „After 1980: Margins and Mainstreams". In: Dyer, Richard (Hg.): *Now You See It. Studies on Lesbian and Gay Film*. 2., erw. Aufl. London: Routledge, S. 265-294.
Pohl, Anne (1997): „Road Movie". In: Rother, Rainer (Hg.): *Sachlexikon Film*. Reinbek bei Hamburg: Rowohlt, S. 254-255.
Pramaggiore, Maria (1997): „Fishing for Girls: Romancing Lesbians in New Queer Cinema". In: *College Literature* 24. 1, S. 59-75.
Rich, B. Ruby (1992): „New Queer Cinema". In: *Sight & Sound* 2. 5, S. 30-35.
Robertson, Pamela (1997): „Home and Away. Friends of Dorothy on the Road in Oz". In: Cohan, Steven/Hark, Ina Rae (Hgg.): *The Road Movie Book*. London: Routledge, S. 271-286.
Sargeant, Jack/Watson, Stephanie (1999): „Looking for Maps. Notes on the Road Movie as Genre". In: Dies. (Hgg.): *Lost Highways. An Illustrated History of Road Movies*. London: Creation, S. 6-20.
Stiglegger, Marcus (2007): „Roadmovie". In: Koebner, Thomas (Hg.): *Reclams Sachlexikon des Films*. 2., akt. und erw. Aufl. Stuttgart: Reclam, S. 604-607.
Turner, Victor W. ([1967] 1987): „Betwixt and Between. The Liminal Period in Rites de Passage". In: Mahdi, Louise Carus/Foster, Steven/Little, Meredith (Hgg.): *Betwixt & Between. Patterns of Masculine and Feminine Initiation*. La Salle: Open Court, S. 3-19.
Zielinski, Ger (2012): „Driving around Los Angeles. On Gregg Araki's ‚Irresponsible Movie' *The Living End* (1992) and the Urban Road Film". In: Raussert, Willy/Martínez-Zalce, Graciela (Hgg.): *(Re)Discovering ‚America.' Road Movies and Other Travel Narratives in North America./(Re)Descubriendo ‚America': Road-movie y otras narrativas de viaje en Norteamérica*. Trier: Wissenschaftlicher Verlag, S. 107-123.

Filmanalyse

VIVERE

D 2007, Regie: Angelina Maccarone

Mit dem 2007 entstandenen Film VIVERE bleibt Autor-Regisseurin Angelina Maccarone dem Thema ihrer frühen Kino- und Fernsehfilme – der Identitätssuche im Feld von Migration, Sexualität und Begehren – treu und macht sich dabei die Merkmale des Roadmovie-Genres zu nutze. VIVERE erzählt die Geschichte von drei Frauen und ihrer Reise vom Kölner Vorort Pulheim nach Rotterdam. Das Besondere an diesem Film ist seine Erzählstruktur: Drei Mal wird die gleiche Geschichte erzählt, aber mit jedem Neubeginn wird die Perspektive einer anderen Figur eingenommen. So werden in diesem queer-feministischen Roadmovie verschiedene Generationen, Weltanschauungen und Lebensentwürfe vorgestellt. Die Geschichten der drei Protagonistinnen sind dabei eng miteinander verwoben, gehen aber nicht einfach ineinander auf.

Francesca Conchiglia (Esther Zimmering) fährt Taxi und hält den Haushalt zusammen, seitdem ihre Mutter die Familie um den italienischstämmigen Vater Enrico (Aykut Kayacik) verlassen hat. Ihre jüngere Schwester Antonietta (Kim Schnitzer) ist eine schwerverliebte 17-Jährige, die dem spießigen Pulheim entfliehen will. Zusammen mit ihrem holländischen Freund Snickers (Egbert-Jan Weeber) und dessen Band bricht Antonietta an Heiligabend in Richtung Niederlande auf. Unterwegs kommt es zum Unfall mit einem anderen Auto: Hinter dessen Steuer liegt die bewusstlose Speditionskauffrau Gerlinde von Habermann (Hannelore Elsner). Während die unter dem Einfluss von Cannabis stehende Rockband das Weite sucht, bringt die wenig später eintreffende Francesca, die ihrer Schwester mit ihrem Taxi gefolgt ist, das Unfallopfer ins Krankenhaus. Gerlinde, die scheinbar unverletzt ist, schleicht sich aus der Klinik zurück in Francescas Taxi und fährt schweigend mit nach Rotterdam. Während Francesca ihre Schwester sucht, geht auch Gerlinde verloren, trifft jedoch später auf Antonietta. So kreuzen und verlieren sich die Wege der drei Frauen mehrfach in den ereignisreichen 48 Stunden, die jede von ihnen verändern und je auf ihre Art zu sich selbst finden lassen.

VIVERE ist ein strukturell und thematisch vergleichsweise ungewöhnliches Roadmovie, das dennoch alle tradierten Merkmale des Genres aufweist. Der Handlungsmotor des Films ist die äußere und innere Reise seiner Protagonistinnen. Die drei Frauen sind keine Outlaws im klassischen Sinne. Auch handelt es sich hier nicht um eine Flucht vor der Polizei oder eine ziellose Suche nach einem erfüllteren Leben, wie es bei Genreklassikern wie BONNIE AND CLYDE oder EASY RIDER der Fall ist. In der emotionsgeladenen Jahreszeit um die Weihnachtsfeiertage tritt die Einsamkeit und Verlorenheit der Figuren, die nicht im Kreise von Gesellschaft und Familie aufgehoben sind, deutlich hervor. VIVERE erzählt von der Flucht vor Gefühlen und der in der *tagline* des Filmplakats beschworenen Suche nach „Drei Gründe[n] zu leben".

Der spezifische Bewegungsdrang und das Bedürfnis anzukommen werden durch das Taxi, das Francesca fährt, symbolisiert. Visuell wird dieses deutsche Roadmovie von den dunklen Industriebauten des Ruhrgebiets dominiert; es werden keine weitausladenden Landschaften wie in den US-amerikanischen Klassikern des Genres gezeigt. Dennoch finden sich in VIVERE die für das Genre charakteristischen Bilder wieder: vorbeiziehende Autobahnlandschaften und nächtliche Reflexionen in den verregneten Fensterscheiben. Typische Durchgangs- und Übergangsmotive, die sowohl die Fortbewegung als auch die Zwischenstufen der inneren Reise der Protagonistinnen markieren, sind die mehrfach eingesetzten Tunneldurchfahrten und Brückenüberquerungen (besonders markant die immer wiederkehrende Brücke zur Stadteinfahrt nach Rotterdam).

Die Fahrt vom tristen Pulheim führt über die innereuropäische Grenze in die Niederlande bis in die moderne Hafen- und Kulturstadt Rotterdam. Die Grenzüberschreitung wird dabei generell mit Freiheit und Befreiung verknüpft. In Anbetracht der unsicheren jungen Antonietta, die gerade herausgefunden hat, dass sie schwanger ist, werden spezifische Assoziationen eines deutsch-niederländischen kulturellen Gedächtnisses angesprochen. Man mag sich hier an die Abtreibungsdebatten der 1970er-Jahre erinnern. Damals organisierten westdeutsche Feministinnen Busfahrten in die liberalen Niederlande, um dort Abtreibungen vornehmen zu lassen und so für das Selbstbestimmungsrecht der Frauen zu kämpfen. Der von den kiffenden Bandmitgliedern verursachte Autounfall ruft außerdem das Bild des in Holland straffreien Cannabiskonsums auf.

Typisch für das Genre des Roadmovie ist der prononcierte Einsatz von Musik, vor allem von Rock- und Pop-Musik. Angelina Maccarone, die ihre Karriere u.a. als Songschreiberin für Udo Lindenberg begann, schrieb auch für diesen Film eigene Songs. Die Musik wird nicht nur zur atmosphärischen Untermalung der Bewegung eingesetzt, über Snickers' Band ist das Motiv der rebellischen Rockmusiker auch in die Handlung integriert. Obwohl sich das Roadmovie durch Bewegung auszeichnet, zeigt sich im mehrfach wiederkehrenden Titelsong „Stay" der versteckte Wunsch der Protagonistinnen, anzukommen und jemanden zum Festhalten zu finden.

VIVERE steht mit seinen drei Protagonistinnen in einer historischen Linie der Genreentwicklung von den vorwiegend männlichen Protagonisten der 1960er- und 1970er-Jahre hin zu weiblichen und queeren Figuren im Roadmovie ab den frühen 1990er-Jahren. Auch die Erzählstruktur hat sich in diesem Genrefilm weiterentwickelt. Um die verschiedenen Charaktere hervorzuheben, stellt sich die Narration ganz auf ihre Erlebensperspektiven ein und lässt uns an ihren emotional gefärbten subjektiven Wahrnehmungen teilhaben, indem die Geschichte aus der Perspektive jeder Protagonistin neu erzählt wird. Zusammengehalten wird sie dabei durch eine Art kommentierende Metanarration, vergleichbar mit einem griechischen Chor: In wiederkehrenden, die Handlung unterbrechenden Szenen sieht man die drei Frauen, wie sie gemeinsam in die Sterne schauen und dabei utopische Welten ersinnen. Eine akustische Überblendung verbindet diese Ebene jeweils mit der eigentlichen Erzählhandlung. Hier laufen die drei Episoden zusammen und bilden eine gemeinsame Struktur, die sich in Gänze nur den Zuschauer_innen erschließt (nicht aber den Figuren selbst). Ein Element, das die unterschiedlichen Perspektiven verknüpft, ist die Frage, warum es sich zu leben lohnt. Darauf verweist bereits der Filmtitel: das italienische „vivere" für leben/das Leben. Die drei Antworten, die der Film auf diese Frage gibt – erstens *neue Erfahrungen zu machen*, zweitens *die Liebe* und drittens *das Leben* selbst – finden sich in jeder Episode wieder.

Die erste Episode ist aus der nüchternen Sicht Francescas erzählt. Sie wird von ihrem Vater losgeschickt, um die kleine Schwester zu suchen und stößt auf Gerlinde. Die sonst so verantwortungsvolle und zugeknöpfte Mittzwanzigerin entdeckt ihre eigenen Sehnsüchte und geht in Rotterdam vollkommen aus sich heraus. Fasziniert von Gerlinde versucht sie, sich ihr anzunähern; als das misslingt, flirtet sie mit dem Barkeeper. Im zweiten Teil folgen wir Gerlinde. Diese düstere Episode ist von Verlust und Tragik geprägt. Wir sehen, wie Gerlinde aus dem Job scheidet, ihre leere Wohnung zu Weihnachten, wie sie unglücklich in einer geheimen Beziehung mit einer verheirateten Frau lebt, die ihre Familie nicht verlassen will, und wie sie verzweifelt in Erinnerungen versinkt. Die erneute Abfuhr ihrer Geliebten am Telefon verkraftet sie nicht; sie nimmt verhängnisvoll viele Schmerztabletten zusammen mit dem gesamten Inhalt der Hotelminibar und wacht erneut im Krankenhaus auf. Trotz aller Rückschläge kämpft Gerlinde für die Liebe und das Leben. Die letzte Episode beschreibt Antoniettas jugendlich hoffnungsfrohen Ausblick. Die Geschichte des Teenagers dreht sich um Leben und Tod. Sie ist diejenige, die Gerlinde nach dem Autounfall nicht vergessen kann. Antonietta fragt sich, ob sie wirklich tot ist und ob sie von jemandem vermisst wird. Verwoben sind diese Gedanken mit ihren Überlegungen zu einer eigenen potenziellen Familiengründung.

Die Kameraästhetik von Judith Kaufmann ist auf jede Figur und Episode abgestimmt. Selbst Szenen, deren Handlung wir bereits zu kennen glauben, erschließen sich in der nächsten Episode aus einem anderen Blickwinkel neu. Bestimmte Dialogfetzen werden – um den Zusammenhalt zu stärken – in den drei Episoden wiederholt. Doch die Gesten und Dialoge bekommen in der anderen Perspektivierung einen neuen Bedeutungskontext. So scheinen manche Szenen in der Wahrnehmung der Protagonistinnen völlig auseinander zu driften. Als Francesca beispielsweise zufällig einen Gesprächsfetzen aus Gerlindes Telefonat aufschnappt, erahnt sie den Liebeskummer einer versteckten lesbischen Liebe. Francesca ist von dieser Entdeckung fasziniert und scheint zum einen von der leidenschaftlichen Liebe in fortgeschrittenem Alter beeindruckt; zum anderen eröffnet sich hier für sie selbst eine Alternative, Nähe jenseits der von ihr besuchten anonymen Online-Chats zu finden. Francesca wagt einen zarten Annäherungsversuch. Doch Gerlinde reagiert zurückhaltend. Die Szene im Hotel – dem Ort, der metaphorisch Anonymität mit Intimität vereint – wird zweimal aus verschiedenen Perspektiven erzählt. Aus Francescas Sicht stellt sie sich wie eine zarte Annäherung mit abrupter Zurückweisung dar, während sie für Gerlinde eher wie eine überrumpelnde Aufdringlichkeit wirkt.

Mit VIVERE hat Angelina Maccarone eine subtile Form des queeren Roadmovie entworfen. Ähnlich den Genreaneignungen des New Queer Cinema (THE LIVING END, MY OWN PRIVATE IDAHO, BOYS ON THE SIDE), die die tradierte Form mit neuen Inhalten füllen, arbeitet auch Maccarone mit den Genrekonventionen, um neue ungewöhnliche Perspektiven zu eröffnen (vgl. Hans 1999: 146). Dabei verhandelt sie keine radikale queere Politik (LIVING END) oder die fundamentale Infragestellung von Genderidentitäten (BOYS DON'T CRY). Dennoch ist die differenzierte Darstellung von fluiden Begehrenskonstellationen, die verschiedenen Formen von Nähe und Anziehung zwischen unterschiedlichen Generationen entspricht, ohne genaue identitäre Festschreibungen ein klares Zeichen für ein queer-feministisches Roadmovie.

Hans, Jan (1999): „Angelmac. Über die Regisseurin Angelina Maccarone". In: Töteberg, Michael (Hg.): *Szenenwechsel: Momentaufnahmen des jungen deutschen Films*. Reinbek bei Hamburg: Rowohlt, S. 145-151.

Skadi Loist

Jugendfilm

Julia Schumacher

Einleitung

„You can't stop on a bridge"[1]

Will man den Jugendfilm als Genre konzeptualisieren, stellt sich zunächst die Frage, welches spezifische Cluster an Merkmalen mit dem Präfix ‚Jugend' aufgestellt werden kann und, daran anknüpfend, ob das Konzept des Jugendfilms mit dem des Genres adäquat beschrieben ist. Denn die Bezeichnung ‚Jugendfilm' ist mehrdeutig zu verstehen. Sie kann – im deskriptiven Sinne angewandt – auf einen Korpus von Filmen verweisen, die Jugend oder jugendliche Lebenswelten über ein jugendliches Figurenensemble thematisieren und darstellen. Gleichzeitig kann sie auch in dem normativen Sinne aufgefasst werden, dass Jugendfilme solche sind, die primär *für* eine jugendliche oder heranwachsende Zielgruppe konzipiert und produziert werden bzw. für eine jugendliche Zielgruppe *geeignet* erscheinen. Als solche würden sie dann, ähnlich dem Kinderfilm, anderen Qualitätsbedingungen unterliegen als Filme für eine breitere, erwachsene Zielgruppe. In diesem Fall würden sich produktionsästhetische Anpassungen an gesellschaftspolitisch verankerte Vorstellungen über Kindheit/Jugend in die Form des Films einschreiben und andere Genres kind- bzw. jugendgerecht transformieren (vgl. Völcker 2005; Wiedemann 1995: 190), wie es sich z.B. anhand von Kriminalfilmen und -serien für Kinder (u.a. *Die Pfefferkörner*) nachvollziehen lässt. Im Sinne der Begriffsverwendung nach Knut Hickethier müsste der Jugendfilm dann qua seines besonderen „Verwendungsbereichs" (2007: 206) eher als Gattung denn als Genre beschrieben werden (vgl. 2002: 63; 2007: 206).

Doch müssen nicht beide Ebenen, die deskriptive und die normative, vielmehr als zusammengehörig begriffen werden? Als Jugendfilme können dann diejenigen Artefakte bezeichnet werden, die jugendliche Lebenswelten darstellen und thematisieren sowie Jugendliche in spezifischer Form ansprechen, aber auch ansprechen *dürfen*. So lassen sich mit Steve Neale US-amerikanische Jugendfilme, die er als ‚Teenpics' bezeichnet, einem Genre zugehörig definieren, das durch die Abwesenheit von erwachsenen Figuren bei gleichzeitiger Anwe-

---

[1] Die Protagonistin Barbara in SE MIN KJOLE (engl. Hush Little Baby), DK 2009.

senheit einer elterlichen Moral gekennzeichnet ist (vgl. 2001). Diese Teenpics stellen Jugend als Subkultur (wenn man so will als „spezifisches soziales Milieu") dar (vgl. Hickethier 2002: 62) und greifen in ihrer Erzählung und Darstellung auf eine eigenständige filmische Tradition zurück, die sich – eng verzahnt mit dem Konzept des Teenagers – bis in die 1950er-Jahre zurückverfolgen lässt (Neale 2001: 119). Fraglich ist allerdings, ob der Begriff Teenpic das gleiche Cluster an Merkmalen umfasst wie der Begriff Jugendfilm, dessen Konzept weniger spezifisch zu sein scheint. Im Folgenden wird die Bezeichnung Jugendfilm als Überbegriff für alle jugendorientierten Filme verstanden und der Frage nachgegangen, wie sich diese Filmgruppe weiter ausdifferenzieren lässt, schließlich existieren weitere anglophone Kennzeichnungen wie ‚Teen Movie' (vgl. Brecht 2004), ‚High School-Film' oder ‚Coming-of-Age-Drama', die Filme über und für Jugendliche benennen. Welche Gruppe von Filmen wird mit dem Terminus Jugendfilm bezeichnet? Wie verhält sich dieser zu verwandten Bezeichnungen? Und unter welchen Bedingungen lässt sich welche Filmgruppe produktiv als Genre auffassen?

Der Jugendfilm als Genre?

In der deutschsprachigen journalistischen und wissenschaftlichen Auseinandersetzung werden Filme für Kinder und Jugendliche häufig unter der Sammelbezeichnung ‚Kinder- und Jugendfilm' subsumiert. Beide werden als gesonderte Produktions- und Rezeptionszweige geführt, die sich vor allem über ihre Zielgruppe und *nicht* über formal-ästhetische Merkmale definieren. Filme dieser Kategorie genießen eine Sonderstellung im Programm von Filmfestivals[2] und der staatlichen Filmförderung[3] und werden in eigenen Fachpublikationen wie z.B. der „Kinder- und Jugendfilm-Korrespondenz"[4] besprochen oder dem „Kinder- und Jugendfilmlexikon" gelistet. Auch wenn der Kinder- und Jugendfilm einen Titel in der von Thomas Koebner herausgegebenen Genre-Reihe besetzt, begreifen die Autoren diesen hier *nicht* als Genre. So stellt Bettina Kümmerling-Meibauer in der

---

[2] So wird z.B. auf der Berlinale der Gläserne Bär für herausragende Kinder- und Jugendfilme ausgelobt. Im Rahmen des Filmfests Hamburg findet das *Michel Kinder und Jugend Filmfest* statt und das Festival GOLDENER SPATZ in Erfurt widmet sich ausschließlich dem Kinder- und Jugendfilm.
[3] Das *Kuratorium junger deutscher Film* hat sich auf die Förderung von Kinder- und Jugendfilm spezialisiert (vgl. Völcker 2005: 180ff.).
[4] Siehe [http://www.kjk-muenchen.de]. Zugriff: 21.02.2013. Vgl. auch [http://www.kjf.de/de/aktuell.html]. Zugriff: 21.02.2013.

Einleitung fest, dass „der Kinder- und Jugendfilm *kein eigenständiges Genre* dar[stellt]", weil es der „Vielfalt und Komplexität des internationalen Kinder- und Jugendfilms" widerspräche, von Erzählkonventionen und stilistischen Merkmalen auszugehen, die bei allen Kinder- und Jugendfilmen gleichermaßen anzutreffen wären. Sein Spektrum umfasse vielmehr alle Genres, die man auch bei Filmen für ein erwachsenes Publikum antreffen könne (2010: 9; Herv. J.S.). Einen vergleichbaren Ansatz verfolgt auch Dieter Wiedemann, wenn er den Jugendfilm zwar über eine Alterszäsur (12-18 Jahre) vom Film für Kinder abgegrenzt, aber dennoch als Sparte definiert (1995: 190). Er führt weiter aus, dass sich der Jugendfilm gemäß seiner Zielgruppenorientierung „verschiedener Genres bedient bzw. dort angesiedelt sein kann" (ebd.) und so charakteristische Merkmale in der Erzählung und Darstellung ausbildet (ebd.: 188ff.).

Die Auswahl, ob ein Film der Sparte Kinder- und/oder Jugendfilm zugeordnet werden kann, erfolgt also danach, ob der Film (1) heranwachsende Protagonisten und (2) deren Handlungen, Erlebnisse und Erfahrungen ins Zentrum seines Narrativs rückt, somit (3a) seiner primären Zielgruppe direkte Identifikationsmöglichkeiten bietet und (im Umkehrschluss) (3b) ein erwachsenes Publikum weniger anzusprechen vermag.

Die deutschsprachige wissenschaftliche Auseinandersetzung mit dem Jugendfilm erfolgt vorwiegend aus medienpädagogischer Perspektive. Hier werden weniger die formal-ästhetischen Merkmale der Untersuchungsgegenstände beschrieben, sondern die potenzielle Wirkung von bestimmten Inhalten (etwa die Gewaltdarstellung oder die Repräsentation von Minoritäten) problematisiert oder Modelle für den didaktischen Einsatz von Filmen entworfen (vgl. u.a. Luca/Decke-Cornhill 2007; 2010). Selbst in der US-amerikanischen Filmforschung ist der Jugendfilm unterrepräsentiert, sodass Timothy Shary konstatiert: „[o]ne could easily draw the conclusion that, despite the cultural concerns for how young people may *use* media, the image of youth on screen is of little interest to adults" (Shary 2007: 3; Herv. i.O.). Aus filmwissenschaftlicher Perspektive kann die Auseinandersetzung mit dem Jugendfilm somit als ein klares Forschungsdesiderat gelten und es stellt sich die Frage, nach welchen Kriterien klassische Genres für Heranwachsende transformiert werden können.

Der transformierende Jugendfilm

Wenn Kinder- und Jugendfilme fiktive Welten entwerfen, in denen fast ausschließlich kindliche bzw. jugendliche Figuren als primäre Handlungsträger fungieren, ergeben sich daraus bereits notwendige Anpassungen in der Dramaturgie (vgl. Völcker 2005: 49-77, 111ff.). So erzählt beispielsweise KLATRETØSEN (dt.: Kletterida) von drei Zwölfjährigen, die versuchen, die „sicherste Bank Dänemarks" auszurauben, um dem Vater der Protagonistin Ida eine lebensrettende Operation zu ermöglichen. Ästhetisch orientiert sich der Film in seiner dynamischen Montage sowie in der Licht- und Farbgebung deutlich an populären Actionfilmen wie MISSION: IMPOSSIBLE II[5] (Abb. 1 und 2) und weist in der Dramaturgie die charakteristischen Wendungen von Heistmovies wie z.B. OCEAN'S ELEVEN auf: Die Protagonistin Ida ist eine begabte und trainierte Kletterkünstlerin; sie soll den Tresorschacht erklimmen, an dessen Ende die Beute vermutet wird. Ihre gleichaltrigen Freunde Sebastian und Jonas, die zuvor das Gebäude ausspioniert haben, sabotieren die Sicherheitsanlage. Sie stehen unter enormem Zeitdruck, denn sie können ihren Coup nur in einer bestimmten Nacht durchführen, bevor das Sicherheitssystem verschärft wird. In der Umsetzung ihres Plans werden sie mit zahlreichen Schwierigkeiten konfrontiert. In letzter Minute können sie aus dem Gebäude fliehen und geraten in eine nächtliche Verfolgungsjagd mit den Polizeikräften, während sie etliche Explosionen und eine Massenkarambolage von Polizeifahrzeugen verursachen, die ihre Vorbilder in Filmen wie THE BLUES BROTHERS und THE ITALIAN JOB haben. In KLATRETØSEN fliehen die minderjährigen Protagonisten jedoch statt im Sportwagen in ihren Go-Carts durch das nächtliche Kopenhagen. Obwohl sie nicht nur die Bank erfolgreich ausgeraubt, sondern auch etliche Schäden verursacht haben, erfahren sie zum Ende Milde und Verständnis seitens der beteiligten Erwachsenen, statt inhaftiert zu werden oder untertauchen zu müssen. Der Chef der Bank gewährt sogar einen Kredit für die benötigte Behandlung von Idas Vater – die Geschichte wendet sich zum Guten.

KLATRETØSEN ist nach den Maßgaben einer populären Dramaturgie[6] (vgl. Eder 1999; 2008: 401ff.; Völcker 2005: 50ff.) strukturiert und reproduziert mit seinen jugendlichen Protagonisten ‚im Kleinen' die großen Genrevorbilder. Charakteristische Abweichungen von der Konvention lassen sich jedoch hinsichtlich der Qualität und Quantität von spannungssteigernden Mitteln und gewalttätigen Inhalten sowie in dem sozial-versöhnlichen Ende feststellen. So finden keine lebensgefährlichen Schusswechsel statt und niemand wird so ernsthaft verletzt, dass die Konsequenzen des jugendlichen Raubzugs nicht

---

5 Der deutsche Titel des US-amerikanischen Remakes von KLATRETØSEN, CATCH THAT KID, lautet so auch MISSION: POSSIBLE.

6 Unter einer „populären Dramaturgie" versteht Jens Eder ein Konzept, das die Narration eines Films figurenzentriert nach einem Drei- bzw. Fünfaktschema hinsichtlich Figuren- und Konfliktexposition, Konfliktdurchführung und -auflösung strukturiert. Die Abfolge der Ereignisse wird dabei als Folge der Ziele und Bedürfnisse der handelnden Figuren dargestellt (Eder 2008: 401ff.; ausführlich siehe Eder 1999: 131ff.).

mehr sozial tragbar wären. Die Handlungen der Hauptfiguren sind zudem (wie es sich jedoch genauso häufig in erwachsenen Vorbildern findet) nicht bzw. nur zweitrangig ökonomisch motiviert, sondern von edlen, selbstlosen Motiven angeleitet. Die gesellschaftliche Ordnung, deren Vertreter mit Verständnis und Nachsicht auf die Tat der Jugendlichen reagieren, erweist sich letztlich als gerecht und gut, wie auch die jugendlichen Protagonisten erkennen können.

Abb. 1: KLATRETØSEN   **Abb. 2:** MISSION: IMPOSSIBLE II

Weitere Beispiele für populäre Kinder- und Jugendfilme, die sich in vergleichbarer Art und Weise der Plotmuster und der ästhetischen Gestalt etablierter Genres bedienen, lassen sich vielfach für deutsche (z.B. die Serie *Die Pfefferkörner*) oder US-amerikanische (z.B. die HIGH SCHOOL MUSICAL-Reihe) Produktionen anführen. Zu diesen ‚transformierenden Jugendfilmen' gehören auch viele der Ende der 1990er-Jahre produzierten US-amerikanischen Jugendfilme, die Neale als Teenpic oder Christoph Brecht als Teen Movies bezeichnet, die Vorlagen der klassischen Literatur bzw. des Dramas oder filmischer Vorgänger für ein jugendliches Publikum adaptieren, indem sie die Figuren- und Handlungskonstellationen in das Setting der High School überführen. Zu nennen sind hier beispielsweise: CLUELESS als Adaption des Jane-Austen-Romans *Emma* (1815/16), TEN THINGS I HATE ABOUT YOU als Adaption von Shakespeares *The Taming of the Shrew* (1592-94) oder CRUEL INTENTIONS als Adaption der Verfilmung von DANGEROUS LIAISONS, nach dem Roman *Les Liaisons dangereuses* (1782) von Pierre-Ambroise-François Choderlos de Laclos. Gemeinsam ist diesen Beispielen, dass die erzählten und dargestellten Inhalte und die ästhetische Umsetzung derselben den Maßgaben des Jugendschutzes und den unterstellten Bedürfnissen der heranwachsenden Zielgruppe angepasst werden, d.h. danach ausgerichtet sind, dass sie ihre Zielgruppe nicht nur unterhalten, sondern auch *nicht* schädigen oder intellektuell überfordern. Letztlich werden so kulturell geprägte, moralische bzw. pädagogisch geformte Vorstellungen über das ‚Wesen von Kindheit und Jugend' in die Formen etablierter Genres eingeschrieben. Zur Orientierung können hier die

Einstufungskriterien der Freiwilligen Selbstkontrolle der Filmwirtschaft (FSK) in Deutschland herangezogen werden. Da diese Kriterien die Möglichkeiten am Markt für eine Filmproduktion maßgeblich bestimmen, kann davon ausgegangen werden, dass sich diese produktionsästhetisch auf die Konzeption des Films auswirken.[7] Zu derartigen Einschränkungen gehören nicht nur die Auslassung von expliziten Darstellungen gewalttätiger oder sexueller Handlungen, sondern beispielsweise auch die Vermeidung von Dunkelheit in der Mise-en-Scène von Filmen, die für Zuschauer ab sechs Jahren freizugegeben sind (vgl. www.fsk.de).[8] Obwohl sich, auch gemäß der FSK-Beurteilungen, bei Filmen für ältere Heranwachsende weniger Einschränkungen finden lassen, kann das „Spektrum" des Kinder- und Jugendfilms somit weder „alle Genres für ein erwachsenes Publikum" (Kümmerling-Meibauer 2010: 9) umfassen, noch alle ästhetischen Muster ihrer Vorbild-Genres übernehmen. Wie sich auch exemplarisch an der Filmauswahl in Koebner/Kümmerling-Meibauer (2010)[9] nachvollziehen lässt, werden Thriller, Horror- und Kriegsfilme auf Grund dieses nicht offen ausgelegten Kriteriums in der Regel gar nicht der Sparte des Kinder- und Jugendfilms zugeordnet, auch wenn sie wie etwa CARRIE nachweislich ein jugendliches Figurenensemble aufweisen, somit also ein direktes Identifikationspotenzial böten und paradoxerweise gerade von Jugendlichen rezipiert werden (vgl. Jerslav 2008: 191ff.).[10]

---

[7] Dadurch soll eine ungünstige Einstufung durch die FSK und damit verbundene finanzielle Einbußen bereits im Vorwege verhindert werden.

[8] In den Alterseinstufungen der Freigabe von Filmen lassen sich teilweise prägnante kulturelle Unterschiede feststellen. So wurde die US-Teenagerkomödie AMERICAN PIE in den USA für Minderjährige nicht freigegeben, während sie in Deutschland die Freigabe „ab 12 Jahren" erhielt: [http://www.filmratings.com/filmRatings_Cara/#/home]. Zugriff: 21.02.2013. Zu den Freigabekriterien der FSK in Deutschland siehe [http://www.fsk.de/index.asp?SeitID=508&TID=72]. Zugriff: 21.02.2013; zu den Kriterien der MPAA siehe [http://www.mpaa.org/ratings]. Zugriff: 21.02.2013.

[9] Die Filmauswahl in Koebner/Kümmerling-Meibauer (2010) weist eine ziemlich große Spannbreite auf, die von Verfilmungen der Kinderbücher von Astrid Lindgren (z.B. *Kalle Blomquist, Pippi Langstrumpf, Ronja Räubertochter*), über diverse populäre Zeichentrickfilme von Disney, den schwedischen Independent-Jugendfilm FUCKING ÅMÅL, US-amerikanischen Coming-of-Age-Dramen wie STAND BY ME und BACK TO THE FUTURE, bis zu dem Kriegsdrama DIE BRÜCKE reicht, der hier gewissermaßen eine Ausnahmen der o.a. ‚Regel' bildet. Jugendorientierte Horrorfilme wie CARRIE, SCREAM oder typische Beispiele des Teen Movie wie THE BREAKFAST CLUB werden offenbar ausgeklammert.

[10] Aus US-amerikanischer Forschungsperspektive sieht es etwas anders aus. Hier wird der sogenannte ‚Teen Slasher' dem US-amerikanischen Jugendfilm (Teen Movie) zugerechnet (vgl. Shary 2007). Hierin besteht ein weiterer Hinweis darauf, dass das Konzept des Teen Movie nicht deckungsgleich mit dem des deutschen (Kinder- und) Jugendfilms ist.

Der kulturelle Bedarf an einer gesonderten Sparte von jugendorientierten Medienprodukten liegt in der im westlichen Kulturkreis seit der bürgerlichen Aufklärung etablierten Trennung einer ‚Welt der Kinder' von der ‚Welt der Erwachsenen' begründet, durch die Heranwachsenden ein geschützter Raum des Lernens und Ausprobierens gewährt wird, der sie von den Pflichten und Verantwortungen des öffentlichen Lebens entbindet und nach Möglichkeit vor schädlichen Einflüssen abschirmt (vgl. Ariès [1978] 2007). Genretransformierende (Kinder- und) Jugendfilme bilden gewissermaßen eine mediale Brückenkonstruktion, die zwischen diesen getrennten Bereichen vermittelt. Sie führen auf entschärfte Weise nicht nur in die ästhetischen Konventionen verschiedener Genres ein, sie führen ihrem jungen Publikum auch ähnliche Problemkonstellationen des Alltags vor. Die Kinderdetektive in der deutschen Serie *Die Pfefferkörner* sind immer wieder mit der Aufgabe konfrontiert, die Balance zwischen ihrer Berufung – der Verbrecherjagd – und ihrem Privatleben zu finden. Denn genau wie ihre erwachsenen Vorbilder verpassen sie über ihren Ermittlungen Verabredungen und geraten deswegen in Konflikte mit der Familie oder ihren Freunden. Kinder- und Jugendfilme bieten also auch eine Einführung in die Unterhaltungs- und Entlastungsfunktionen, die kommerzielle Medienprodukte für ihre Rezipienten erfüllen können. Im Sinne der Ideologiekritik der Frankfurter Schule könnte transformierenden Jugendfilmen deswegen sogar die Funktion zugesprochen werden, Heranwachsende für die Akzeptanz der bestehenden gesellschaftspolitischen Verhältnisse zu konditionieren (vgl. Horkheimer/Adorno [1947] 1969: 147; 152ff.).

Demnach lässt sich der Jugendfilm zunächst als Sparte (Wiedemann 1995: 190) bzw. „Verwendungsbereich" (Hickethier 2007: 206) und somit als Filmgruppe definieren, die verschiedene Formen etablierter Genres umfasst, welche gemäß der kulturell geprägten Vorstellungen über Kindheit und Jugend für ein jugendliches Zielpublikum transformiert sind und so auf der Oberfläche als spezifische Formen erscheinen. Letztlich sind es aber z.B. Kriminalfilme oder Musicals *für* Jugendliche. Damit ist jedoch nicht ausgeschlossen, dass derartig verstandene Jugendfilme nicht eine ästhetische Eigenwelt entwerfen würden. Denn da sie ein jugendliches Zielpublikum ansprechen und ein jugendliches Figurenensemble aufweisen, müssen sie an jugendliche Lebenswelten anknüpfen können. Im Folgenden wird zunächst ein Überblick über die historische Entwicklung des Jugendfilms geliefert. Anschließend soll der Frage nachgegangen werden wie in Jugendfilmen eine ästhetische Eigenwelt entworfen wird und ob sich Formen isolieren lassen, die nicht nur etablierte Genres transformieren, sondern ein so spezifisches Differenzmerkmal aufweisen, dass sie als ‚genuine Jugendfilme' bezeichnet und somit als eigenständiges Genre konzeptualisiert werden können.

Die historische Entwicklung des Jugendfilms

Das Konzept des Jugendfilms ist nicht von einem Konzept der Jugend selbst zu trennen. Nach Steve Neale bildeten sich die US-amerikanischen Teenpics parallel zur Etablierung der modernen Teenagerkultur nach Beendigung des Zweiten Weltkriegs in den USA heraus (2001: 119). Eine sich vorwiegend aus der weißen Mittelschicht konstituierende Gruppe von jungen Menschen mit ausreichend Freizeit und finanziellen Mitteln sei zu diesem Zeitpunkt als relevante Zielgruppe erkannt worden, deren Interessen nun auch im Film in besonderem Maße bedient werden sollten. Die moderne Jugendkultur ist eine zutiefst mediatisierte Kultur, die ihr Selbstverständnis in Abgrenzung gegenüber dem Anderen – der Welt der in Berufstätigkeit und Konventionen eingebundenen Erwachsenen – über Marken und Moden in Musik und Kleidung definiert (vgl. Neale 2001: 122). Teenpics sind demnach solche Filme, die auf eine ästhetisch ausgerichtete Eigenwelt der Teenager rekurrieren und diese reproduzieren (vgl. Jerslav 2008: 185ff.). Folgerichtig beginnt die Geschichte des US-amerikanischen Jugendfilms erst in den 1950er-Jahren, obwohl Hollywood auch zuvor Jugendliche im Film zeigte oder mit Kinderstars wie Shirley Temple und jugendlichen Darstellerinnen wie Judy Garland oder Mickey Rooney ein junges Publikum ansprechen konnte (Neale 2001: 119; Shary 2007). Als Prototypen des Jugendfilms werden in der Literatur die US-amerikanischen Produktionen THE WILD ONE (1953) mit Marlon Brando und REBEL WITHOUT A CAUSE (1955) mit James Dean in den Hauptrollen angeführt (vgl. Jerslav 2008; Felix 1996; Brecht 2004). Brando und Dean wurden in den 1950er-Jahren zu Ikonen des jugendlichen Rebellentums stilisiert und bildeten in Personalunion die Vorlage für das erste deutsche Teenpic: DIE HALBSTARKEN (1956) (Felix 1996: 309f., 320f.).

Die ‚Geburt des Jugendfilms' auf diese Weise in den 1950er-Jahren zu verorten, ist aus film- und genrehistorischer Perspektive betrachtet gleichermaßen plausibel wie problematisch. Denn tatsächlich setzte mit den oben angeführten Produktionen ein allgemeinerer Trend zur *juvenilization* (Jerslav 2008; vgl. Doherty 1988) des populär erfolgreichen Kinos ein, der sich eben nicht nur in der Produktion von Jugendfilmen (als Filme *über* und *für* Jugendliche), sondern auch in einer allgemeinen Verjüngung von Protagonisten in allen Genreproduktionen ausdrückte. Während weibliche Figuren im Mainstreamkino von Beginn an eher von jungen Frauen verkörpert werden, lässt sich ab den 1950er-Jahren bereits eine Hinwendung vom ‚gestandenen Mann' (der von Stars wie James Stewart, Gary Cooper oder Humphrey Bogart verkörpert wurde) zum jüngeren

Mann als zentrale Hauptfigur feststellen,[11] die bis heute andauert (z.B. Leonardo DiCaprio in TITANIC).[12]

Nichtsdestotrotz weist besonders REBEL WITHOUT A CAUSE einige charakteristische Merkmale auf, die heute noch für eine spezifische Teilgruppe von Jugendfilmen zutreffend sind, die auch als ‚Coming-of-Age-Drama' bezeichnet werden, weil der Prozess des Erwachsenwerdens ihr zentrales Thema ist. Der Protagonist Jim Stark leidet unter einer dominanten Mutter und einem schwachen Vater und fühlt sich von beiden Elternteilen missverstanden und ungeliebt. Deswegen, und um die gleichaltrige Judy zu beeindrucken, lässt er sich zu einem gefährlichen Autorennen verleiten, im Zuge dessen der Anführer einer Jugendgang zu Tode kommt. Als Jim sich selbst bei der Polizei anzeigen will, wollen ihn die anderen Jugendlichen, aber auch seine Eltern, davon abhaltend, die Mitverantwortung an diesem Ereignis zu tragen. Enttäuscht von der unmoralischen Haltung der Erwachsenen ziehen sich Judy, er und sein Freund Plato in eine verlassene Villa zurück. Als sie dort von der Polizei und einigen gewaltbereiten Mitgliedern der Jugendgang aufgespürt werden, flieht Plato mit einer Pistole bewaffnet in ein Planetarium, willens sich zu verteidigen und vorangegangene Schmähungen durch die Gleichaltrigen zu rächen, sollte ihm jemand zu nahe kommen. Jim interveniert und versucht Plato zur friedlichen Rückkehr zu bewegen. Doch als Plato ihm folgend das Gebäude verlassen will, wird er versehentlich von der Polizei erschossen. Jim, der gelernt hat, Verantwortung für sich und seine Mitmenschen zu übernehmen, kann sich letztlich gegenüber seinen Eltern durchsetzen und mit ihnen versöhnen.

REBEL WITHOUT A CAUSE erzählt von einem seelischen Reifungsprozess, der im Erwachsenwerden mündet. Der Protagonist muss sich moralisch beweisen, um den Status des Erwachsenen zu erlangen. Jugend selbst wird als Zustand hoher

---

11 Filme wie ON THE WATERFRONT (1954), SOMEBODY UP THERE LIKE ME (1956) oder THE HUSTLER (1961), die in einem proletarischen Milieu angesiedelt sind, stellen, verglichen mit früheren Produktionen, junge Männer und ihre ‚innerliche Zerrissenheit' ins Zentrum der Handlung, ohne dass sie als Jugendfilme betrachtet werden. Besonders aber im Ende der 1960er-Jahre aufkommenden US-amerikanischen Independentkino, dem sogenannten *New Hollywood*, werden junge bis jugendliche Protagonisten und Erzählungen vom gesellschaftlichen Ausbruch häufiger. BONNY AND CLYDE (1967) ist ein früheres Beispiel für Filme, die zwar aufgrund der dargestellten Gewalt nicht direkt *für* Jugendliche konzipiert waren, durch Thema und ästhetische Gestaltung diese aber besonders anzusprechen vermochten.

12 Die genannten Prototypen des Jugendfilms bzw. Teenpic werden in der Genregeschichte zudem als Vorläufer des Roadmovie geführt, ein Genre, das mit dem Jugendfilm diverse strukturelle und ikonographische Gemeinsamkeiten teilt (Felix 1996: 313). Hierzu gehören u.a. episodische Erzählweisen, die sich durch das Motiv der Reise und der Selbstfindung ergeben (vgl. hierzu auch das Kapitel „Roadmovie" in diesem Band).

Emotionalität, die in zeitweilige Irrationalität mündet, dargestellt. Durch grenzüberschreitende Handlungen (gefährliche Autorennen, Alkohol- und Zigarettenkonsum), Kleidung und Posen der Auflehnung (Lederjacken, Jeans, die Zigarette im Mundwinkel) stellen die porträtierten Jugendlichen einen ‚jugendlichen Habitus' zur Schau, der sie von den Erwachsenen abgrenzt. Diese Zeichen der Jugendlichkeit seien es, so Christoph Brecht, die REBEL WITHOUT A CAUSE aufgrund einer kollektiven fehlerhaften Lesart durch jugendliche Zuschauer zu einem Prototypen des Jugendfilms bzw. Teen Movies machten (2004: 69). Denn anstatt die moralisch wertvolle Botschaft von der Versöhnung der Generationen zu antizipieren, hätten die Rezipienten nur die popkulturellen Zeichen wahrgenommen und als Referenzobjekte ihrer Jugendkultur angenommen (Brecht 2004: 69). Diese These ist hochgradig spekulativ, verweist aber auf die bemerkenswerte Strategie des US-amerikanischen Jugendfilms, jugendliche Subkulturen zu ästhetisieren und somit als konsumierbare Zeichen für Jugend bereitzustellen. Ein prägnantes Beispiel hierfür ist auch die Reihe der BEACH PARTY-Filme, die ab 1963 das Surfen als Sport und Lebenseinstellung in die Kinos brachten. Derartige Filme bezeichnet Neale als ‚Clean Teenpics' (2001: 122): harmlose Späße über Jugendliche, die ihre Rebellion gegenüber der Elterngeneration in Sport, Musik und Kleidung ausdrücken.

Filme wie BEACH PARTY lieferten die strukturelle Vorlage für die komödiantische Tendenz im Jugendfilm. Das dominante Thema des jugendlichen Reifungsprozesses wird hier einer dargestellten Abfolge von Partys und jugendlichen Liebesreigen untergeordnet. Die episodisch strukturierte Erzählweise orientiert sich an Musik- und Tanzeinlagen, an Szenen des (sportlichen) Wettkampfs und an Wortgefechten und weist somit deutliche strukturelle Parallelen zur ‚Nummerndramaturgie' eines Filmmusicals (vgl. Feuer 1993) auf. Mit AMERICAN GRAFFITI veröffentlichte George Lucas 1973 den Prototypen des retrospektiv erzählten Jugendfilms (vgl. Speed 1998), der diese episodisch organisierte und von einem populärmusikalischen Score zusammengehaltene Erzählung mit dem dominanten Coming-of-Age-Thema wieder stärker verband. In seinem Rückgriff auf die Zeichen der bereits vergangenen Teenager-Kultur sollte dieser Film die strukturelle wie ikonographische Vorlage für eine Reihe von populären Jugendfilmen der 1980er-Jahre bilden (z.B. STAND BY ME; BACK TO THE FUTURE) (vgl. Speed 1998). Mit Filmen wie PRETTY IN PINK oder THE BREAKFAST CLUB wurde in demselben Jahrzehnt das Setting der US-amerikanischen High School als Dreh- und Angelpunkt der Handlung des figuren- und konfliktzentrierten populären Teen Movies etabliert.

Der Blick auf die bundesdeutsche Filmgeschichte offenbart eine vergleichbare Entwicklung: Auch hier wurde in der Darstellung von Teenagern zunächst der Topos der „rebellischen Jugend" bemüht (DIE HALBSTARKEN) (Felix 1996:

310). Zur selben Zeit wird von der Jugend in der BRD auch im Genre des Heimatfilms oder des Schlagerfilms erzählt. Exemplarisch hervorzuheben ist hier die IMMENHOF-Reihe, die mit DIE MÄDELS VOM IMMENHOF, HOCHZEIT AUF IMMENHOF und FERIEN AUF IMMENHOF von 1955 bis 1957 das Erwachsenwerden der Geschwister Dicki und Dalli auf einem Ponyhof in der idyllischen Landschaft der Schleswig-Holsteinischen Schweiz darstellen. Neben der Problematik des modernisierten Lebens werden hier keusche jugendliche Liebesnöte verhandelt und die Erzählung immer wieder durch musikalische Einlagen unterbrochen. Ähnlich heiter und musikalisch wenden sich Filme wie WENN DIE CONNY MIT DEM PETER (1958 mit den Schlagerstars Conny Froboess und Peter Kraus) dem jugendlichen Publikum zu (Felix 1996: 325). Diese Tradition wird in den späten 1960er- und 1970er-Jahren in den sogenannten ‚Pauker-Filmen' aufgegriffen, wenn Hansi Kraus in der Hauptrolle als Pepe Nietnagel immer wieder neue Streiche aushecht und, ähnlich wie in der BEACH PARTY-Reihe, durch Gastauftritte von Schlagerstars wie Peter Alexander oder Heintje die Rolle der Musik hervorgehoben wird. Die jugendlichen Protagonisten derartiger Filme sind nicht mit Problemen konfrontiert, die sie zwingen, sich in sozialer oder moralischer Hinsicht ‚am Rande der Gesellschaft' zu bewegen, sondern lassen sich leicht durch verständnisvolle Autoritäten lenken und zur Übernahme von Verantwortung für die Gemeinschaft überzeugen. Der *Neue Deutsche Film* reagiert mit Filmen wie ES (1966) oder ZUR SACHE SCHÄTZCHEN (1968) auch auf diese Darstellung von Jugend im bundesdeutschen Film. Auch diese Filme stellen Jugendlichkeit als Habitus dar, der mit hoher Emotionalität, Freizeit- und Konsumorientierung sowie mit bestimmten Ritualen einhergeht. In der Konzentration auf Identitätsproblematiken entfalten besonders neuere deutsche Produktionen wie z.B. ABSOLUTE GIGANTEN, CRAZY oder SOMMERSTURM eine vorwiegend melancholische Grundstimmung in der Darstellung von Jugend.

Steve Neale kommt zu dem Schluss, dass Teenpics aufgrund ihrer Heterogenität nur über den Fokus auf jugendliche Figuren zusammengefasst werden können (2001: 124). Anhand der filmgeschichtlichen Entwicklung lassen sich darüber hinaus jedoch durchaus dominante Gestaltungsmerkmale nachvollziehen, die als spezifisch für Jugendfilme angeführt werden können.

Narrative und ikonographische Motive des Jugendfilms

Jugendfilme spiegeln auf narrativer und ikonographischer Ebene die kulturell etablierte Trennung zwischen der Welt der Kinder und der Welt der Erwachsenen wider, zwischen denen die Jugend als eine Phase des Übergangs besteht. Sie entwerfen fiktive Welten, die durch eine relative Abwesenheit von erwachsenen Figuren gekennzeichnet sind und verorten ihre Protagonisten zumeist in Situationen, in denen sich das Ende der sorglosen Zeiten bereits ankündigt – wie in den letzten Wochen und Tagen vor dem Schulabschluss, dem letzten Sommer in der Heimatstadt oder den letzten Stunden vor dem Auszug aus dem Elternhaus. Es handelt sich demnach um Situationen, in denen Jugendliche vor Entscheidungen gestellt werden, an denen sie wachsen und erwachsen werden müssen. In einer episodischen Erzählung organisiert, erzählen Jugendfilme von Identitätsfindungsprozessen, die sich grundtypisch entweder als Reise der Selbstfindung oder als komödiantisch angelegte Abfolge von sozialen Wettbewerbssituationen ausdrücken, bei denen es sich genauso um sportliche Wettkämpfe handeln kann wie um Mutproben, Trinkspiele oder erste sexuelle Erfahrungen. Diese Handlungstypen können auch als Übergangsriten (*rites-de-passage*) zum Erlangen des Erwachsenenstatus begriffen werden (Bräunlein 2011: 154; vgl. van Gennep 1909).

Solange die jugendlichen Protagonisten den Status des Erwachsenen nicht erreicht haben, befinden sie sich, ähnlich dem ‚Schwellenzustand', den der britische Ethnologe Victor W. Turner für die mittlere Phase eines Übergangsritus beschrieben hat, „neither here nor there; they are betwixt and between the positions assigned and arrayed by law, custom, convention [...]" (Turner 1969: 95).[13] Dieser Zustand drückt sich auf der Ebene der visuellen Inszenierung in einer konventionalisierten Mise-en-Scène in beiden Grundtypen des Jugendfilms (dem genuinen und transformierenden Jugendfilm) aus, die als „visuelle Stereotype" (Hickethier 2002: 78) für bestimmte Handlungssituationen, aber auch als intertextuelle Verweiskette des Jugendfilms gelesen werden können. Anhand der Motive ‚Schule' oder ‚Reise' lassen sich darüber hinaus auch zwei dominante Tendenzen im Jugendfilm ausmachen.

---

13 Die Brockhaus Enzyklopädie definiert *rites-de-passage* als „Durchgangsriten", die den Übergang von einem Zustand in einen anderen markieren. In einem weiteren Sinne lassen sich *rites-de-passage* als gesellschaftliche Rituale bezeichnen, die eine Statusveränderung begleiten, herbeiführen oder markieren (z.B. die Beschneidung, die Kommunion oder Konfirmation, die Heirat etc.). Im ethologischen Sinne nach Arnold van Gennep werden als *rites-de-passage* Initiations- und Übergangsriten in nicht-industrialisierten Gesellschaften beschrieben. Victor Turner hat diese Riten, welche nach Gennep drei unterscheidbare Phasen – Loslösung, Übergang, Eingliederung – aufweisen, hinsichtlich der mittleren Phase präzisiert. In dieser als „liminal" bezeichneten Phase befinden sich die Initiaten in einem uneindeutigen Zustand und sind „liminal personae", die nicht mehr die alte Person, aber auch noch nicht die neue Person sind. Die „liminale" Phase beinhaltet bestimmte (Teil)Riten, die zur Statusveränderung führen (vgl. Bräunlein 2011). Auch wenn sich das Konzept nach Gennep/Turner nicht auf moderne Rituale bezieht, lässt es sich auf Filme, die über Jugend in sehr verdichteter Weise erzählen, übertragen.

Der US-amerikanische Jugendfilm, dessen Handlung an der High School angesiedelt ist und deswegen vielfach auch als ‚High School-Film' bezeichnet wird, hat seit den 1980er-Jahren ein relativ stabiles Erzählmuster herausgebildet, das über ein stark typisiertes Figurenrepertoire und eine wiederkehrende Konfliktstruktur verfügt: Die zentralen Attribute der Figuren werden vor allem durch das Kostüm markiert – z.B. ‚der Sportliche' in der Team-Jacke, ‚die Prinzessin' in Rosa, der bebrillte ‚Streber' sowie die ‚sensible Verschlossene' und ‚der aggressive Störenfried' in körperverhüllender Kleidung.[14] Der zentrale Konflikt ergibt sich aus dem (kollektiven oder individuellen) Begehren eines sozialen Zieles, dass häufig nur in der Welt der Jugendlichen Relevanz besitzt (wie beispielsweise die Krone der Abschlussballkönigin oder der Verlust der Jungfräulichkeit vor dem Schulabschluss) und als Zeichen für den Traum nach sozialem Aufstieg und Erfolg fungiert. Der zentrale Handlungsort dieser Filme ist normalerweise die High School einer Vor- oder Kleinstadt, deren institutionalisierte Rituale der Handlung ihren Rahmen geben. Der Unterricht selbst ist innerhalb der Handlung von geringer Bedeutung, wie auch der Klassenraum selten gezeigt wird. Vielmehr bilden das Portal und die von Spinden gesäumten Korridore der Schule, die Essensausgabe in der Kantine, die Umkleidekabine oder andere Räume – die gleichfalls als ‚Räume des Dazwischens' bezeichnet werden können – die Handlungsorte, an denen Konflikte der Jugendlichen untereinander ausgetragen werden und somit stereotyp für die Repräsentation der US-amerikanische High School stehen.[15] Das Finale, in dem alle Konflikte kulminieren, bildet häufig der Abschlussball – der *Prom* (z.B. PRETTY IN PINK, TEN THINGS I HATE ABOUT YOU, SHE'S ALL THAT) –, der somit als *das* zentrale Initiationsritual inszeniert wird und bis zu dem alle Entwicklungsaufgaben gelöst sein müssen. Diese Filme erzählen Versöhnungsgeschichten, in denen Individualität

---

14 Häufig gehört es auch zur Erzählstrategie, die Figurentypisierungen innerdiegetisch zu brechen und damit gleichzeitig alltagspsychologische Erklärungsmuster zu stabilisieren, z.B. wenn sich in THE BREAKFAST CLUB die durch ihre jeweilige Rolle stigmatisierten Jugendlichen gegenseitig ihre Hoffnungen und Ängste offenbaren und ‚der aggressive Störenfried' sich dabei als sensibler junger Mann entpuppt, während die zickige ‚Prinzessin' eigentlich unter dem Liebesentzug ihrer Eltern leidet.

15 So finden sich diese Inszenierungen u.a. auch in Musikvideos von jugendlichen Popstars wieder, wie in dem Video *Baby One More Time* (1999) von Britney Spears, auf dessen Mise-en-Scène wiederum in der Parodie NOT ANOTHER TEEN MOVIE oder in der Serie *Glee* (Folge 2/2, „Britney/Brittany") Bezug genommen wird. Die filmische Verwendung des Motivs des Türrahmens lässt sich kulturgeschichtlich zurückverfolgen. So weist auch die Brockhaus Enzyklopädie unter dem Eintrag zur *rites-de-passage* darauf hin, dass Torbögen in der antiken Architektur auf „kultische Reinigungsbräuche beim Überschreiten von einem Zustand in den anderen" verweisen (Brockhaus Enzyklopädie 1973, Bd.16: 5).

nur scheinbar belohnt wird, weil Glück und Erfolg vielmehr in der relativen Anpassung zu finden sind. Das gilt vor allem für die Erfüllung eindeutiger genderspezifischer Rollenvorgaben. So ist die Verwandlung eines schüchternen Mädchens mittels kosmetischer und modischer Hilfe ein zentrales Motiv des High-School-Films. Die Metamorphose vom hässlichen Entlein zum schönen Schwan erfolgt, wie in der Parodie NOT ANOTHER TEEN MOVIE prägnant herausgestellt, häufig allein dadurch, der Protagonistin die Haare zu öffnen und die Brille abzunehmen. Am Fuße der Treppe wartet dann ihr Prom-Date, wenn sie, in Slow Motion inszeniert, das Haar schüttelt und hinunter schreitet. Dieses Stereotyp verweist auf Inszenierungsstrategien weiblicher Schönheit im klassischen Hollywoodfilm. Die Geste und ihre filmische Inszenierung lassen sich jedoch noch prägnanter auf die Fernsehwerbung zurückführen.

Aufgrund ihrer direkten Bezüge zum US-amerikanischen Schulsystem ist die Form des sogenannten High-School-Films nicht eins zu eins auf europäische Verhältnisse übertragbar. Der Erfahrungsort Schule, Gruppendruck durch Mitschüler und ritualisierte Grenzüberschreitungen (Partys, Mutproben) dagegen sehr wohl, sodass diese Elemente auch als konstitutiv für die europäische Ausprägung des Genres betrachtet werden können (z.B. CRAZY, HARTE JUNGS). Als deutsche Adaption des Konzepts kann exemplarisch SCHULE angeführt werden: Hier wird episodenhaft von eher alltäglichen Ereignissen einer kleinen Gruppe von Abiturienten in einer fiktiven Kleinstadt erzählt, die einen ihrer letzten gemeinsamen Sommertage erleben. Die Figuren sind, vergleichbar mit dem US-amerikanischen Vorbild, deutlich typisiert gestaltet und die Handlungsorte ähnlich, aber deutschen Verhältnissen angepasst (so ist beispielsweise das Schulgebäude ein Waschbetonbau und weist auch keine von Spinden gesäumten Flure auf, die in jeder Darstellung der High School zu finden sind, sondern eine Reihung von verschlossenen Türen). Die Episodenhandlungen selbst beinhalten ähnliche Konflikte und Verläufe, die sich aus dem Thema der ersten Liebe und den jugendlichen Ausschweifungen mit Alkohol und Drogen ergeben. So bittet der als ‚Spaßvogel' charakterisierte Dirk den bebrillten ‚Streber' Karbrüggen, ihm durch seine letzte Matheklausur zu helfen. Dieser willigt allein unter der Bedingung ein, dass er zu einer abendlichen Party am See mitgenommen wird. Dort findet er beim Kiffen Anschluss an den Rest der Gruppe und wird von einer älteren Frau verführt.

Auf vergleichbare Episodenmotive nimmt auch der Nachfolgefilm desselben Regisseurs DIE KLASSE VON 99 – SCHULE WAR GESTERN, LEBEN IST JETZT in melancholischer Weise Bezug: Nach einem Studienabbruch kehrt der ca. 23-Jährige Felix in seine Heimatstadt zurück, um eine Ausbildung an der dortigen Polizeischule zu beginnen. Er versucht durch den Besuch der örtlichen Disco, gemeinsames Kiffen und das Ehemaligentreffen seiner Schule die Rituale seiner Jugend zu wiederholen, muss aber feststellen, dass er die positiven Erlebnisse seiner Kindheit und Jugend nicht zurückrufen kann. Da er seinen Freund Sören in dessen Drogenhandel unterstützt, ist er zudem ständig im Grenzland zwischen Deutschland und den Niederlanden in Bewegung ohne jemals konkret irgendwo anzukommen. Beinahe jede Einstellung des Films ist tiefenunscharf aufgenommen. Der Protagonist bewegt sich somit ziellos in einer nicht greifbaren, nebulösen und diffusen Umgebung. Er scheint in der Jugendwelt – der er eigentlich nicht mehr angehört – zwischen den Grenzen gefangen. So ist er auch in entscheidenden Konfliktsituationen immer im Türrahmen platziert, wodurch gleichfalls seine Unentschlossenheit markiert wird. Erst nachdem ein Jugendfreund bei einem Autounfall ums Leben gekommen ist, entschließt er sich, nun in der Uniform der Polizei, Sören von weiteren Grenzüberschreitungen abzuhalten. Am Straßengrab ihres Schulkameraden nimmt er Abschied von seiner Kindheit und verlässt seine Heimatstadt in die entgegengesetzte Richtung, aus der er gekommen ist.

Während sich die DIE KLASSE VON 99 durch die dargestellten Jugendrituale auf die narrative Struktur des High-School-Films bzw. seiner deutschen Adaption bezieht, ist der Topos der zirkulären Reise zentral für die zweite dominante Tendenz des Jugendfilms, die zumeist als Coming-of-Age-Drama bezeichnet wird. In diesem wird der *rites-de-passage* tatsächlich als Reise erzählt, die weniger an einen spezifischen Ort als zur Selbstfindung führt (z.B. STAND BY ME). Das Moment der Bewegung selbst ist dabei wesentlich für diese Form des Jugendfilms. In ihrem Schwellenzustand können Jugendliche keinem festen Ort angehören und scheinen gezwungen, sich ständig weiterzubewegen, bis sie diesen Kreislauf durch die Erwachsenwerdung schließlich durchbrechen können. Während bereits im High-School-Film die jugendlichen Protagonisten (auch wenn sie sich innerhalb des Handlungsorts Schule befinden) in Durchgangsräumen wie Fluren oder Türrahmen platziert sind, werden im Coming-of-Age-Drama die Stationen der Reise häufig bildhaft durch das Motiv der Brücke markiert, auf der keine Umkehr möglich ist. „You can't stop on a bridge!" insistiert fortwährend eine der Protagonistinnen im dänischen Jugendfilm SE MIN KJOLE (engl.: Hush little Baby), wenn eines der drei anderen Mädchen, die sich mit ihr in einem gestohlenen Auto auf der Flucht vor Justiz und Sozialbehörde durch Dänemark und Südschweden befinden, sie zum Anhalten inmitten einer der vielen Brücken, die sie auf ihrer Reise überqueren müssen, bewegen will. Erst in der finalen Szene hält die Fahrerin tatsächlich auf der Öresundbrücke an und muss damit gleichzeitig den Suizid einer anderen Mitfahrerin akzeptieren.

Diese dringliche Bewegtheit als Grundmotiv des Jugendfilms lässt sich vielfach an den hier angeführten Filmbeispielen nachvollziehen und ein Rückgriff auf die Filmgeschichte macht deutlich, dass sich diese Filme in ihrer Darstellung von Jugend immer auch auf vorangegangene Jugendfilme beziehen. So fahren in ABSOLUTE GIGANTEN beispielsweise drei Freunde in einem restaurierten Ford Granada durch Hamburg, bewegen sich von verschiedenen Schauplätzen in St. Pauli hin und her. Ein Ende findet die Reise, als sie im Morgengrauen die Elbbrücken überqueren, um am Hamburger Hafen einen letzten gemeinsamen Halt zu machen, bevor der Protagonist ein Schiff in die große Welt besteigen wird. Nicht nur die nächtliche Autofahrt in einem US-amerikanischen, mit dem Mythos der Freiheit und der Jugend besetzten Wagen, auch die Posen und die expressive Farbästhetik in ABSOLUTE GIGANTEN verweisen auf George Lucas' Film AMERICAN GRAFFITI: In diesem nostalgischen Rückbezug auf die US-amerikanische Jugend der frühen 1960er-Jahre besteht die Hauptbeschäftigung der porträtierten Jugendlichen darin, in liebevoll restaurierten Oldtimern – sogenannten *Hot Rods* – ständig auf der Hauptstraße der kalifornischen Kleinstadt hin und her zu kreuzen. Die episodische Erzählung ist eng mit einer intra- und extradiegetischen Musik verknüpft und weist somit deutlich zurück auf filmische Vorgänger wie BEACH PARTY, während das Szenenbild und einige Figuren wieder auf REBEL WITHOUT A CAUSE rekurrieren.

Fazit

So wie sich das Motiv der Brücke in vielen Jugendfilmen finden lässt, ist der Jugendfilm selbst, als Kategorie und als ästhetische Form betrachtet, eine Brückenkonstruktion. Der Großteil der Jugendfilme bedient sich deutlich erkennbar der Handlungsmotive, Erzählstrukturen und Figuren- und Konfliktkonstellationen klassischer Genres und transformiert diese nach den Interessen und Bedürfnissen eines heranwachsenden Publikums, indem das Figurenensemble nahezu ausschließlich jugendlich ausgestaltet und die Ästhetik jugendlichen Moden und den Maßgaben des Jugendschutzes angepasst werden. Diese ‚transformierenden Jugendfilme' stellen somit jugendorientierte Varianten des Genrekanons dar, die in verschiedene Erzählkonventionen einführen und diese gleichzeitig weiter ausformulieren. In der Konzentration auf jugendliche Rezipienten einerseits und jugendliche Protagonisten andererseits bringt der Jugendfilm jedoch markante dramaturgische und formal-ästhetische Anpassungen sowie „visuelle Stereotype" (Hickethier 2002: 78) hervor, die sich aus der Vorstellung von Jugend als Schwellen- oder Zwischenstadium ergeben. Bildmotive wie Brücken, Türschwellen und Flure kennzeichnen deswegen auch die Handlungsorte, an denen Jugendfilme angesiedelt sind. Der Jugendfilm lässt sich somit generell als Filmgruppe definieren, die in vielen verschiedenen Varianten das kulturelle Konzept von Jugend ästhetisch ausformuliert. Innerhalb des weiten Konzepts des Jugendfilms, das als spezifischer „Verwendungszusammenhang" (Hickethier 2007: 206) oder „Sparte" (Wiedemann 1995: 190) alle jugendorientierten Filme umfasst, treten zwei Grundtypen von Filmen hervor, welche nicht nur die oben angeführten Merkmale teilen, sondern gegenüber anderen Genres eine Eigenständigkeit behaupten können: Denn statt von Detektiven, Bankräubern oder Musicaldarstellern im Alter zwischen 12 und 17 Jahren zu erzählen, rücken sie das Thema des Erwachsenwerdens selbst ins Zentrum der Erzählung. Ob als sogenannter High-School-Film zumeist in eher komödiantischer Tendenz erzählt oder als Coming-of-Age-Drama in melancholischer oder melodramatischer Orientierung, stellen diese ‚genuinen Jugendfilme' die Jugend als Schwellenstadium dar, das durch eine Reihe von ritualisierten Grenzüberschreitungen durchbrochen werden muss. Der Zusammenhang zwischen dem vordergründig dominanten Thema und den strukturellen sowie ikonographischen Merkmalen lässt es sinnvoll erscheinen, *diese* Jugendfilme (in diesem Fall synonym mit Teenpic oder Teen Movie verstanden) als Genre zu konzeptualisieren. Die Einzelfallentscheidung, ob ein Film nur der Jugendorientierung oder dem Genre des Jugendfilms zugeordnet werden kann, ist die Herausforderung der Genreanalyse.

Film- und Medienverzeichnis

ABSOLUTE GIGANTEN (D 1999, Regie: Sebastian Schipper)
AMERICAN GRAFFITI (USA 1973, Regie: George Lucas)
BACK TO THE FUTURE (USA 1985, Zurück in die Zukunft, Regie: Robert Zemeckis)
BEACH PARTY (USA 1963, Regie: William Asher)
THE BLUES BROTHERS (USA 1980, Regie: John Landis)
BONNY AND CLYDE (USA 1967, Regie: Arthur Penn)
THE BREAKFAST CLUB (USA 1985, Der Frühstücksclub, Regie: John Hughes)
DIE BRÜCKE (BRD 1959, Regie: Bernhard Wicki)
CARRIE (USA 1976, Regie: Brian de Palma)
CATCH THAT KID (USA/D 2004, Mission Possible, Regie: Bart Freundlich)
CLUELESS (USA 1995, Clueless – was sonst?, Regie: Amy Heckerling)
CRAZY (D 2000, Regie: Hans-Christian Schmid)
CRUEL INTENTIONS (USA 1999, Eiskalte Engel, Regie: Roger Kumble)
DANGEROUS LIAISONS (USA 1988, Gefährliche Liebschaften, Regie: Stephen Frears)
ES (BRD 1966, Regie: Ulrich Schamoni)
FERIEN AUF IMMENHOF (BRD 1957, Regie: Hermann Leitner)
FUCKING ÅMÅL (SWE 1998, Raus aus Åmål, Regie: Lukas Moodysson)
Glee (USA 2009-, TV-Serie)
DIE HALBSTARKEN (BRD 1956, Regie: Georg Tressler)
HALLOWEEN (USA 1978, Halloween – Nacht des Grauens, Regie: John Carpenter)
HARTE JUNGS (D 2000, Regie: Marc Rothemund)

HIGH SCHOOL MUSICAL (USA 2006, Regie: Kenny Ortega)
HOCHZEIT AUF IMMENHOF (BRD 1956, Regie: Volker von Collande)
THE HUSTLER (USA 1961, Haie der Großstadt, Regie: Robert Rossen)
THE ITALIAN JOB (USA/FR/GB 2003, The Italian Job – Jagd auf Millionen, Regie: F. Gary Grey)
DIE KLASSE VON 99 – SCHULE WAR GESTERN, LEBEN IST JETZT (D 2003, Regie: Marco Petry)
KLATRETØSEN (DK/SWE/NL 2002, Kletterida, Regie: Hans Fabian Wullenweber)
DIE MÄDELS VOM IMMENHOF (BRD 1955, Regie: Wolfgang Schleif)
MISSION: IMPOSSIBLE II (USA 2000, Regie: John Woo)
NOT ANOTHER TEEN MOVIE (USA 2001, Nicht noch ein Teenie-Film!, Regie: Joel Gallen)
OCEAN'S ELEVEN (USA 2001, Regie: Steven Soderbergh)
ON THE WATERFRONT (USA 1954, Die Faust im Nacken, Regie: Elia Kazan)
Die Pfefferkörner (D 1999-, TV-Serie)
PRETTY IN PINK (USA 1986, Regie: John Hughes)
REBEL WITHOUT A CAUSE (USA 1955, ...denn sie wissen nicht, was sie tun, Regie: Nicholas Ray)
SCHULE (D 2000, Regie: Marco Petry)
SCREAM (USA 1996, Scream – Schrei!, Regie: Wes Craven)
SHE'S ALL THAT (USA 1999, Eine wie kein, Regie: Robert Iscove)
SE MIN KJOLE (DK 2009, Hush Little Baby, Regie: Hella Joof)
SOMEBODY UP THERE LIKE ME (USA 1956, Die Hölle in mir, Regie: Robert Wise)
SOMMERSTURM (D 2004, Regie: Marco Kreuzpaintner)
STAND BY ME (USA 1986, Stand by Me – Das Geheimnis eines Sommers, Regie: Rob Reiner)
TEN THINGS I HATE ABOUT YOU (USA 1999, 10 Dinge, die ich an dir hasse, Regie: Gil Junger)
TITANIC (USA 1997, Regie: James Cameron)
WENN DIE CONNY MIT DEM PETER (BRD 1958, Regie: Fritz Umgelter)
THE WILD ONE (USA 1953, Der Wilde, Regie: Laslo Benedek)
ZUR SACHE SCHÄTZCHEN (BRD 1968, Regie: May Spils)

Literaturverzeichnis

Addison, Heather (2000): „Childrens Film in the 1990s". In: Dixon, Wheeler Winston (Hg.): *Film Genre 2000. New Critical Essays*. Albany: State Univ. of New York Press, S. 177-191.
Ariès, Philippe ([1978] 2007): *Geschichte der Kindheit*. München: Carl Hanser.
Bazalgette, Cary/Staples, Terry (1995): „Unshrinking the Kids: Children's Cinema and the Family Film". In: Dies./Buckingham, David (Hgg.): *In Front of the Children: Screen Entertainment and Young Audiences*. London: BFI, S. 92-108.
Brecht, Christoph (2004): „Teenage Negotiations. Gender als Erzähltechnik in Amy Heckelings Teen Movie CLUELESS". In: Liebrand, Claudia/Steiner, Ines (Hgg.): *Hollywood hybrid. Genre und Gender im zeitgenössischen Mainstream-Film*. Marburg: Schüren, S. 67-90.
Bräunlein, Peter J. (2011): „Victor W. Turner: Rituelle Prozesse und kulturelle Transformation". In: Moebius, Stephan/Quadflieg, Dirk (Hgg.): *Kultur. Theorien der Gegenwart*. Wiesbaden: VS, S. 149-158.
Brockhaus Enzyklopädie in zwanzig Bänden (1973). Bd. 16, 17., völlig neubearb. Aufl., Wiesbaden: Brockhaus.

Dixon, Wheeler Winston (2000): „'Fighting and Violence and Everything, That's Always Cool': Teen Films in the 1990s". In: Ders. (Hg.): *Film Genre 2000. New Critical Essays*. Albany: State Univ. of New York Press, S. 125-141.
Doherty, Thomas (1988): *Teenagers & Teenpics. The Juvenilization of American Movies in the 50s*. London: Unwin Hyman.
Eder, Jens (1999): *Dramaturgie des populären Films. Drehbuchpraxis und Filmtheorie*. Hamburg: LIT.
Eder, Jens (2008): *Die Figur im Film. Grundlagen der Figurenanalyse*. Marburg: Schüren.
Felix, Jürgen (1996): „Rebellische Jugend. Die ,Halbstarkenfilme': Vorbilder und Nachbildungen". In: Schaudig, Michael (Hg.): *Positionen deutscher Filmgeschichte. 100 Jahre Kinematographie: Strukturen, Diskurse, Kontexte*. München: Diskurs-Film-Verlag, S. 309-328.
Feuer, Jane (1993²): *The Hollywood Musical*. Basingstoke u.a.: Macmillan.
Freiwillige Selbstkontrolle der Filmwirtschaft unter [http://www.fsk.de]. Zugriff: 21.02.2012.
Genepp, Arnold van (1909): *Les rites de passage*. Paris: Nourry (dt. Übergangsriten. Frankfurt a.M.: Campus 1986).
Horkheimer, Max/Adorno, Theodor W. ([1947] 1969): *Dialektik der Aufklärung. Philosophische Fragmente*. Frankfurt a.M.: Fischer.
Hickethier, Knut (2002): „Genre und Genreanalyse". In Felix, Jürgen (Hg.): *Moderne Filmtheorie*. Mainz: Bender, S. 62-96.
Hickethier, Knut (2007): *Film- und Fernsehanalyse*. Stuttgart u.a.: Metzler.
Jerslev, Anne (2008): „Youth Films: Transforming Genre, Performing Audiences". In: Drotner, Kirsten/Livingstone, Sonia (Hgg.): *The International Handbook of Children, Media and Culture*. Los Angeles u.a.: SAGE, S. 183-195.
Kinder- und Jugendfilmkorrespondenz unter [http://www.kjk-muenchen.de/]. Zugriff: 21.02.2013.
Kinder-und Jugendfilm.de unter [http://www.kjf.de/de/aktuell.html]. Zugriff: 21.02.2013.
Koebner, Thomas/Kümmerling-Meibauer, Bettina (Hgg.) (2010): *Kinder- und Jugendfilm*. Stuttgart: Reclam.
König, Ingelore/Wiedemann, Dieter/Wolf, Lothar (Hgg.) (1995): *Zwischen Bluejeans und Blauhemden. Jugendfilm in Ost und West*. Berlin: Henschel.
Kümmerling-Meibauer, Bettina (2010): „Einleitung". In: Koebner, Thomas/Dies. (Hgg.): *Kinder- und Jugendfilm*. Stuttgart: Reclam, S 9-23.
Luca, Renate/Decke-Cornhill, Helene (Hgg.) (2007): *Jugendliche im Film – Filme für Jugendliche. Medienpädagogische, bildungstheoretische und didaktische Perspektiven*. München: kopaed.
Luca, Renate/Decke-Cornhill, Helene (Hgg.) (2010): *Jugend - Film – Gender. Medienpädagogische, bildungstheoretische und didaktische Perspektiven*. Stuttgart: ibdem.
Motion Picture Association of America unter [http://www.mpaa.org/]. Zugriff: 21.02.2013.
Neale, Steve (2001): *Genre and Hollywood*. London: Routledge.
Schäfer, Horst/Baacke, Dieter (1994): *Leben wie im Kino. Jugendkulturen und Film*. Frankfurt a.M.: Fischer.
Shary, Timothy (2007): „Introduction: Youth Culture Shock". In: Ders./Seibel, Alexandra (Hgg.): *Youth Culture in Global Cinema*. Austin: Univ. of Texas Press, S. 2-6.
Speed, Lesley (1998): „Tuesday's Gone: The Nostalgic Teen Film". In: *Journal of Popular Film and Television*, 26, 1, S. 24-32.
Turner, Victor W. (1969): *The Ritual Process: Structure and Anti-Structure*. Ithaca: Cornell Univ. Press.
Völcker, Beate (2005): *Kinderfilm. Stoff- und Projektentwicklung*. Konstanz: UVK.
Wiedemann, Dieter (1995): „Jugendfilm als Genre?" In: König, Ingelore/Ders./Wolf, Lothar (Hgg.): *Zwischen Bluejeans und Blauhemden. Jugendfilm in Ost und West*. Berlin: Henschel, S. 185-192.

Filmanalyse

AMERICAN GRAFFITI

USA 1973, Regie: George Lucas

AMERICAN GRAFFITI kann als Prototyp des Jugendfilms gelten. Seine episodisch angelegte Ensemble-Erzählung – die das rebellische Verhalten der jugendlichen Protagonisten als Stationen eines *rites-de-passage* deutet – sowie die expressive Farbgebung und der rein popmusikalisch kompilierte Soundtrack können als Vorlage sowohl für das Teen Movie als auch das Coming-of-Age-Drama gelesen werden. In US-amerikanischen Nachfolgeproduktionen wie GREASE (1978) oder STAND BY ME (1986), aber auch in dem deutschen Spielfilm ABSOLUTE GIGANTEN (1999) lassen sich direkte ikonographische Bezüge zu diesem Film ausmachen.

In einer heißen Sommernacht in einer kalifornischen Kleinstadt des Jahres 1962 beschreibt der Film hauptsächlich die Erlebnisse von vier jungen Männern, die an der Schwelle zum Erwachsensein stehen: Für Curt (Richard Dreyfuss) und Steve (Ron Howard) soll es die letzte Nacht in ihrem Heimatort sein, bevor sie ihr Collegestudium aufnehmen. Während Steve von dem geplanten Schritt überzeugt ist, trägt sich Curt mit dem Gedanken, sein Stipendium auszuschlagen und in der gewohnten Umgebung zu bleiben. Für ihre Freunde Terry (Charles Martin Smith) und John (Paul Le Mat) hingegen stellt sich diese Frage erst gar nicht. John will lediglich seinen lokalen Status als Draufgänger aufrechterhalten und Terry ein Mädchen beeindrucken. Am Ende einer ereignisreichen Nacht werden sie alle ihre Ziele revidiert haben. Am Morgen des Folgetages trifft die Gruppe am Flughafen wieder geschlossen zusammen. Curt verlässt allein die Stadt, während Steve sich entschieden hat, zu Hause zu bleiben.

Es lassen sich vier isolierbare Handlungsstränge ausmachen. Gemäß einer figurenzentrierten Narration richtet sich deren Verlauf nach der Erfüllung der Ziele der Protagonisten, sodass alternierend von den Erlebnissen der jeweils narrativ privilegierten Figur erzählt wird (vgl. Eder 2008: bes. Kap. V). Nach dem Prinzip der sogenannten Zopfdramaturgie werden jedoch fortwährend Überschneidungen zwischen den einzelnen Handlungssträngen hergestellt, indem die Figuren an zentralen Orten – wie dem örtlichen Drive-In-Restaurant oder auf einer der von den Jugendlichen in umherkreuzenden Autos bevölkerten Hauptstraßen – zusammentreffen. Obwohl die einzelnen Ereignisse kausal motiviert sind, entsteht so der Eindruck der Zufälligkeit der Ereignisketten. Das Motiv des *Cruising* – das Autofahren ohne Ziel – und der Wechsel von einer Mitfahrgelegenheit zur nächsten bilden dabei die Bedingung der Möglichkeit dieser

Erzählweise. Die Unterbrechungen der kontinuierlichen Bewegung auf den Straßen der Stadt sind als Stationen der *rites-de-passage* zu verstehen, die die männlichen Figuren in AMERICAN GRAFFITI durchlaufen müssen, um die Übergangsphase der Jugend auf dem Weg zum Erwachsenwerden zu überwinden.

Innerhalb der einzelnen Episoden werden vorwiegend die Beziehungen der Figuren miteinander verhandelt und diverse Streiche dargestellt, die die Jugendlichen untereinander oder gegenüber erwachsenen Autoritäten begehen: Es werden nackte Hintern aus fahrenden Autos gestreckt, alkoholische Getränke erschlichen und im Rahmen einer Mutprobe, zu der Curt sich von den Mitgliedern der örtlichen Gang verleiten lässt, ein Polizeiwagen zerstört. Ihren Höhepunkt erreichen diese grenzüberschreitenden Handlungen gegen Filmende in einem Straßenrennen, in dessen Folge sich der Wagen von Johns Rivalen Bob (Harrison Ford) überschlägt und, kurz nachdem er und seine Begleiterin herausgeklettert sind, explodiert.

Durch einen Wechsel des Handlungsortes, des Musikstücks und des Protagonisten bedingt, nehmen die einzelnen Episoden innerhalb der Gesamterzählung jeweils eine Dauer von durchschnittlich zwei bis vier Minuten ein. Dieses dynamische formale Schema und das Alternieren zwischen komischen und ernsteren, melancholischen Stimmungen unterscheidet AMERICAN GRAFFITI von Komödien wie BEACH PARTY (1963) oder melodramatisch orientierten Vorgängerproduktionen wie REBEL WITHOUT A CAUSE (1955). Als Erzählmuster kann er als vorbildhaft gelten für die Teen Movies der 1980er-Jahre, wie beispielsweise THE BREAKFAST CLUB (1985).

Das Figurenensemble ist in AMERICAN GRAFFITI nach binären Oppositionen gestaltet, die durch Kostüm und Auftreten markiert werden. Curt repräsentiert undifferenziert den begabten Träumer, der noch kein klares Ziel vor Augen hat. Steve hingegen, der ehemalige Schulsprecher, steht mit korrektem Seitenscheitel für den ehrgeizigen Typus. Durch seine schmächtige Statur und die große Brille ist Terry als unattraktiver Außenseiter gekennzeichnet. Der etwa fünf Jahre ältere John bildet hingegen das maskuline Gegenbild. Er erinnert an James Dean respektive Marlon Brando und somit an den rebellischen sogenannten ‚Halbstarken'-Typus der 1950er-Jahre.

Die jeweiligen Fahrzeuge der Protagonisten unterstreichen diese Charakterisierungen und das Fahren im *eigenen Auto* markiert ihre autonome Handlungsfähigkeit. So lässt Curt sich die meiste Zeit von anderen mitnehmen und Terry, der nur eine Vespa besitzt, fährt im geborgten Auto von Steve durch die Nacht.

Den Protagonisten sind vier weibliche Nebenfiguren zur Seite gestellt, die letztlich nur der Erzählung des identitären Entwicklungsprozesses der männlichen Hauptfiguren dienen. Eher unfreiwillig nimmt John die 13-Jährige Carol (Mackenzie Phillips) in seinem Auto mit. Ihre Streiche und Flirtversuche konfrontieren ihn mit seinem anachronistischen Rollenverständnis als Anfang 20-Jähriger unter Teenagern. Zunächst lediglich von dessen Auto beeindruckt, verbringt die attraktive und naive Debbie (Candy Clark) die Nacht mit Terry, an deren Ende sie sich trotz diverser Missgeschicke weiterhin an ihm interessiert zeigt. Steve ist mit Curts jüngerer Schwester Laurie (Cindy Williams), dem Teamcaptain der Cheerleader, liiert. Mit der Aussicht auf künftige sexuelle Erfahrungen am College möchte er die Beziehung lösen, bleibt aber letztlich ihretwegen in der Stadt. Curts weiblicher Gegenpart ist bezeichnenderweise eine namenlose blonde junge Frau, die ihm im Verlauf der Nacht immer wieder in ihrem weißen *T-Bird* erscheint, aber niemals konkret ansprechbar ist. Sie symbolisiert die undefinierbare Sehnsucht, die die Figur Curt antreibt.

Das melancholische Moment der Filmerzählung prägt jene Episoden, in denen Curts Abschiedsprozess von der Jugend in der Heimatstadt dargestellt wird. Als er zusammen mit Steve und Laurie einen Ball seiner ehemaligen Schule besucht, versucht er das Zahlenschloss seines alten Spindes zu öffnen. Da die Kombination jedoch nicht mehr gültig ist, bleibt ihm der Zugang zu diesem Requisit seiner Schulzeit verwehrt. Auf der Suche nach der chimärenhaften Frau steht Curt – mehr noch als die anderen Figuren – ohne definierbares Ziel dar. Erst im letzten Drittel der Erzählung wird er selbst aktiv, als er den Diskjockey Wolfman Jack (derselbe) – um dessen Aufenthaltsort sich diverse phantastische Gerüchte ranken – ausfindig macht und seine Suche nach der ‚Blonden im weißen T-Bird' via Radio verkünden lässt. Die Aussicht, sie in der nächsten Nacht auf der Hauptstraße zu treffen, hält ihn aber nicht davon ab, als Einziger die Stadt zu verlassen. Als er in der finalen Szene aus dem Flugzeugfenster blickt, zeigt die vorletzte Einstellung ein weißes Auto, das die einsame Landstraße in seine Richtung hinunterfährt. Die Erscheinung seiner Sehnsucht begleitet ihn, ist aber, wie seine Jugend selbst, in weite Ferne gerückt.

Zum Abschluss werden über eine Totale vom aufsteigenden Flugzeug Schriftzüge geblendet, die über die weiteren Werdegänge der Protagonisten informieren: John stirbt 1964 bei einem Autounfall, Terry wird 1965 in Vietnam als vermisst gemeldet, Steve lebt als Versicherungsvertreter weiterhin in der Heimatstadt, Curt hingegen als Schriftsteller in Kanada. Dass die Lebensläufe der Frauen keine Beachtung finden, verdeutlicht nochmals ihre Funktionalisierung zur Charakterisierung der männlichen Figuren.

Der Epilog erweitert die Bedeutung des zuvor dargestellten jugendlichen Verhaltens. Über das Ende der Jugend seiner Protagonisten hinaus erzählt AMERICAN GRAFFITI auch von den letzten Tagen der ‚jugendlichen Unschuld' Amerikas vor der Ermordung Kennedys und dem Ausbruch des Vietnamkriegs (Speed 1998: 26). Nach Lesley Speed verdeutlich das Ende des Films dessen inhärente retrospektive Erzählhaltung, die einer konservativ ausgerichteten erwachsenen

Erzählinstanz zugeschrieben werden muss (vgl. 1998: 26). In AMERICAN GRAFFITI wird die Vergangenheit nostalgisch verklärt, indem durch bestimmte Merkmale des Szenenbildes (Requisiten, Kostüme) und die musikalische Untermalung, popkulturelle Zeichen unterschiedlicher Zeiträume zu einem geschlossenen Bild einer vergangenen Jugendkultur vereint werden. Aus diesem Grund stellt sich die Frage, ob AMERICAN GRAFFITI überhaupt primär auf ein jugendliches Zielpublikum ausgerichtet ist, oder nicht vielmehr auf Erwachsene, die sich so an eine imaginäre Vergangenheit erinnern können (vgl. Jameson 1986: 61-66).

Darüber hinaus weist AMERICAN GRAFFITI hinsichtlich seines popmusikalischen Soundtracks und besonders der hervorgehobenen Stellung des Autos als Mittel und Symbol autonomer Mobilität konstituierende Elemente des Roadmovie auf. Der Aktionsradius der Protagonisten in AMERICAN GRAFFITI ist jedoch auf die Kleinstadt und ihre unmittelbare Umgebung begrenzt. Sie bewegen sich nicht vorwärts, sondern nur hin und her und kreisen so um sich selbst. Es sind diese semantischen Elemente des Genres, die den Film als Jugendfilm bzw. Coming-of-Age-Drama auszeichnen.

Eder, Jens (2008): *Die Figur im Film. Grundlagen der Figurenanalyse.* Marburg: Schüren.
Jameson, Fredric (1986): „Postmoderne – zur Logik der Kultur im Spätkapitalismus". In: Huyssen, Andreas/Scherpe, Klaus R. (Hgg.): *Postmoderne. Zeichen eines kulturellen Wandels.* Reinbek bei Hamburg: Rowohlt. S. 45-102.
Speed, Lesley (1998): „Tuesday's Gone: The Nostalgic Teen Film". In: *Journal of Popular Film and Television.* 26, 1, S. 24-32.

Julia Schumacher

Animationsfilm

Maike Sarah Reinerth

Einleitung

Es gibt kaum einen Bereich des heutigen Lebens, der nicht von animierten Bildern durchsetzt ist: Im Internet dynamisieren *motion graphics* elektronische Nachrichtenbeiträge und Werbeanzeigen, Computer und Mobilfunktelefone warten mit einer Vielzahl animierter Gimmicks auf und die steigende Anzahl von Bildschirmen in öffentlichen Räumen wird mit Vorliebe durch animierte Werbe- und Unterhaltungsangebote bespielt. Auch für die Filmindustrie ist die Bedeutung von Animationen immens: Mit AVATAR und TOY STORY 3 standen 2009 und 2010 zwei Animationsfilme nicht nur auf dem US-Markt, sondern auch im internationalen Vergleich an der Spitze der jährlichen Boxoffice-Charts. Das Budget für Disneys Neuverfilmung des Rapunzel-Stoffes TANGLED im Jahr 2010 wird auf erstaunliche 260 Mio US-Dollar geschätzt.[1] Dass mittlerweile kaum eine große Hollywood-Produktion ohne animierte *special effects* auskommt, wirft zunehmend die Frage auf, wo überhaupt die Grenze des photorealistischen Films zum Animationsfilm verläuft (vgl. z.B. Eder/Thon 2012; Flückiger 2008; Furniss 1999; Manovich 1995).

Die akademische Auseinandersetzung mit Animation jedoch steht in keinem Verhältnis zur kulturellen und wirtschaftlichen Relevanz animierter Bilder. Obwohl Animationen allgegenwärtig und insbesondere aus der Unterhaltungsbranche kaum mehr wegzudenken sind, war das Interesse der Film- und Medienwissenschaften am Animationsfilm lange Zeit bedauerlich gering. Noch immer gilt der ‚Trickfilm' – so das zu Unrecht oftmals abwertend verwendete Synonym zum Begriff des Animationsfilms – oft genug als harmlose Kinderunterhaltung oder trivialer Zeitvertreib, der im ‚Nebenbei-Medium' Fernsehen in der Dauerschleife läuft.[2]

---

[1] Top-Filme der Boxoffice Charts (weltweit): 2010, TOY STORY 3: ca. $ 1.063 Mio; 2009: AVATAR ca. $ 2.772 Mio; Top-Filme der Boxoffice Charts (US): 2010, TOY STORY 3: ca. $ 415 Mio; 2009, AVATAR: ca. $ 750 Mio (vgl. o.Hg., *Box Office Mojo* [http://www.boxofficemojo.com/yearly/]. Zugriff: 10.09.2012). Für die Budgetdetails von TANGLED (vgl. ebd. [http://www.boxofficemojo.com/movies/?id=rapunzel.htm]. Zugriff: 10.09.2012).

[2] So firmiert beispielsweise in der aktuellen Bestenliste der 100 „Greatest Films of All Time" (2012), welche die Fachzeitschrift des British Film Institute (BFI) *Sight & Sound* seit 1952 alle 10 Jahre durch eine groß angelegte Umfrage unter Filmkritikern und anderen Professionellen

Erst etwa seit den 1990er-Jahren lässt sich eine zunehmende wissenschaftliche Annäherung an den Gegenstand beobachten: 1991 war das von Maureen Furniss herausgegebene *Animation Journal* das erste wissenschaftliche *peer-reviewed* Periodikum zum Animationsfilm, 2006 kamen mit den online erscheinenden *Animation Studies* und *Animation – An Interdisciplinary Journal* zwei weitere zentrale Organe internationaler Animationsforschung hinzu. Zahlreiche aktuelle Publikationen,³ die sich insbesondere mit dem Animationsfilm jenseits des Schaffens der *Disney-Studios* beschäftigen, bezeugen darüber hinaus das wachsende wissenschaftliche Interesse. Erst 2010 wurde schließlich mit der Gründung einer AG Animation bei der Gesellschaft für Medienwissenschaft e.V. (GfM) auch die Basis für ein Netzwerk deutschsprachiger Animationsforscherinnen und Animationsforscher geschaffen.

Genre, Gattung, ‚Parasit': Definitorische Grundlagen

Im Hinblick auf seinen Genre- oder Gattungscharakter scheint sich der Animationsfilm einer eindeutigen kategorialen Zuordnung zu entziehen. Zwar erschien in der populären Reclam-Reihe *Filmgenres* 2007 ein Band zum Animationsfilm – doch ob sich diese Gruppe von Filmen tatsächlich anhand inhaltlich-struktureller Merkmale zusammenfassen lässt, ist zweifelhaft. Vielmehr stellt sich die berechtigte Frage, ob es sich beim Animationsfilm überhaupt um ein Genre handelt.

Knut Hickethier beschreibt Genres als medienübergreifende Verständigungsbegriffe, nach denen verschiedene Medienangebote aufgrund ihrer übereinstimmenden inhaltlichen und formalen Konstituenten zu distinkten Gruppen geordnet werden. Trotz historischer Variation weisen die einem Genre zugehörigen Filme, Romane oder Fernsehserien Kontinuitäten hinsichtlich der erzählten Basisgeschichten oder Mythen, bestimmter Standardsituationen, der Figuren- und Konfliktkonstellationen, der verwendeten Bildsprache, des dramaturgischen Aufbaus und schließlich der emotionalen Rezeptionserfahrung auf (vgl. Hickethier 2007: 62-65). Diskurse über die Genrezugehörigkeit sind daher

---

ermittelt, kein einziger Animationsfilm (vgl. div. A. in: *Sight & Sound* 22.9, S. 39-71). Hayao Miyazakis TONARI NO TOTORO findet sich als bestplatzierter Animationsfilm auf Rang 154 (vgl. o.A. 2012: „Critics' Top 250 Films." In: *Sight & Sound: The Greatest Films Poll* [http://explore.bfi.org.uk/sightandsoundpolls/2012/]. Zugriff: 10.09.2012).

3 Vgl. exemplarisch Hu (2010); LaMarre (2009); Schwebel (2010). Eine aktuelle bibliographische Übersicht über Monographien zum Animationsfilm bietet Bruckner et al. (2012) [http://www1.uni-hamburg.de/Medien/berichte/arbeiten/0131_12.pdf]. Zugriff: 10.09.2012.

nicht nur als retrospektive Versuche der Kategorisierung zu sehen, sondern sie evozieren auch prospektiv bestimmte Erwartungen zum Aufbau und zum Verlauf, zur Ästhetik und zur Emotionalität einzelner Medienprodukte.

Vom Genre grenzt Hickethier den Begriff der Gattung ab: Während Genres vorwiegend inhaltlich und formal definiert werden, bestimmen der darstellerische Modus und der Gebrauch von Medienangeboten ihre Gattungszugehörigkeit (vgl. Hickethier 2007: 62f.):

> Der Unterschied zwischen ‚Genre' und ‚Gattung' läßt sich leicht an einem Beispiel veranschaulichen: Das Krimigenre wird durch das Vorhandensein wesentlicher Handlungskonstellationen (Verbrechen und Aufklärung des Verbrechens) definiert. Dieses Genre kann in unterschiedlichen *Filmgattungen* (Spielfilm, *Animationsfilm*) vertreten sein. (Hickethier 2007: 63; Herv. M.S.R.)

Hickethiers kurzer Exkurs zur Gattung fällt in der Beschäftigung mit dem Animationsfilm schon allein deshalb ins Auge, weil er hier *en passant* eine Zuordnung vornimmt: Der Animationsfilm sei eben gerade kein Genre, sondern neben Spiel-, Dokumentar-, Werbe-, Lehr- und Experimentalfilm (ebd.) eine Gattung, innerhalb derer wiederum ganz verschiedene Genres zu finden sind. In diesem Sinne bestimmt auch Juri Lotman den Trickfilm implizit als Gattung, wenn er ihn als „selbständige Kunst mit eigener künstlerischer Sprache, die in vieler Hinsicht zur Sprache von Spiel- und Dokumentarfilm im Gegensatz steht" (2004: 122) bezeichnet. Einen anderen, nämlich an die narratologische Erzählforschung anschließenden Gattungsbegriff schlägt Jens Kiefer vor, wenn er von „*tellability* als eine[m] Spezialfall eines allgemeiner gefassten Begriffes von Relevanz" (2012: 130; Herv. i.O.) ausgeht,[4] anhand dessen sich „tendenzielle Differenzen zwischen einzelnen Filmgattungen" (ebd.) ablesen lassen. Im Grundsatz geht es Kiefer darum, Gattungen anhand spezifischer Typen von „Ereignishaftigkeit" (2012: 131) zu unterscheiden: In Spielfilmen ist die Handlung – oft in Gestalt eines zentralen Konflikts – das erzählenswerte Ereignis; in Experimentalfilmen ist die experimentelle Form selbst – das „*Wie* (der Darstellung)" (Kiefer 2012: 136; Herv. i.O.) – ereignishaft; und Dokumentarfilme treffen Aussagen über Ereignisse der Realität, deren Relevanz ihre „Erzählwürdigkeit" (2012: 129f.) rechtfertigt. Die Gattungszuordnung, so Kiefer, evoziere beim Publikum bestimmte Erwartungen über das zentrale Anliegen des Films (d.h. seine Relevanz) und erfülle so eine rezeptionsleitende Funktion. Doch der Animationsfilm nimmt hier bereits eine Ausnahmestellung ein: Kiefer bezeichnet ihn

---

4 Für eine narratologische Einordnung des Begriffs der Erzählwürdigkeit oder *tellability* vgl. Baroni (2011).

jenseits seines Gattungsverständnisses als „quasi parasitär zu anderen Filmgattungen" (2012: 131), da er nicht nur verschiedene Genres umfassen, sondern sich prinzipiell auch der Formen anderer Gattungen bedienen könne.

Ein Blick in die Kinogeschichte zeigt allerdings, dass die Kennzeichnung des ‚Trickfilms' bereits um die Jahrhundertwende um 1900 analog zu Genreetikettierungen wie ‚Drama' oder ‚Komisch' zur Verständigung zwischen Distribuenten und Rezipienten eingesetzt wurde (vgl. z.B. Garncarz 2008). Und auch heute bestätigen einschlägige Informationsangebote der Mediengesellschaft in Gestalt zahlreicher Fernsehzeitschriften, der *Internet Movie Database* (*IMDb*) oder gängiger Systematiken wissenschaftlicher Bibliotheken wenigstens zum Teil, dass das Schlagwort ‚Animation' im alltäglichen Gebrauch anscheinend gleichwertig neben Genrebezeichnungen wie ‚Fantasy' oder ‚Comedy' verwendet wird.

Aus wissenschaftlicher Perspektive scheint es jedoch in der Tat schwierig, wenn nicht gar nachlässig, den Animationsfilm über einheitliche, wiederkehrende inhaltlich-formale Elemente oder bestimmte Gebrauchskontexte definieren zu wollen. Zu vielfältig sind dessen Darstellungspotenziale, zu frei die gestalterischen Möglichkeiten, zu verschieden die einzelnen Tricktechniken oder die von Studios, nationalen Kinematographien oder einzelnen Künstlern geprägten Darstellungsstile. Auch Andreas Friedrich, Herausgeber von *Filmgenres. Animationsfilm* meldet „gewisse Zweifel" (2007: 9) an der Gültigkeit klassischer Genredefinitionen für den Animationsfilm an. Aus einer anderen Perspektive will er dennoch einen generischen Zusammenhang konstruieren. Zentral für Friedrich ist die

> fundamentale Erkenntnis: In der Animation lassen sich jegliche beliebige Bilderfolgen miteinander verknüpfen. [...] Was immer sich zwischen zwei Frames ereignet, bestimmt allein der Wille des Animators, es unterliegt keinerlei Gesetzen oder Konventionen. Es ist dieser nahezu grenzenlose gestalterische Freiraum des künstlerischen Zugriffs auf jedes einzelne Bild zur Darstellung von Bewegung [...], der das heterogene Gebilde des Animationsfilms definiert und es zum Genre qualifiziert. (2007: 11f.)

Ist der Animationsfilm nun also doch ein Genre? Zwar birgt die animierte Form distinkte inhaltliche und formale Potenziale und weist gegenüber dem Realspielfilm durchaus gewisse Affinitäten zu bestimmten Themen, Figuren oder dramaturgischen Strukturen auf, die Erwartungen spezifischer emotionaler Gratifikationen und Rezeptionserlebnisse evozieren. Ein Genre zu definieren, in dem alles möglich ist und „keinerlei Gesetze [...] und Konventionen" (Friedrich 2007: 11f.) herrschen, ist allerdings von geringem analytischen Wert.

Einen anderen Ansatz hat Paul Wells (2002) entwickelt: Die Einteilung des Animationsfilms in klassische Genres wie den Western oder das Melodrama lehnt Wells konsequent ab. Er schlägt stattdessen speziell für den Animationsfilm entwickelte generische Kategorien vor, die sich an der „specificity of animation as a process and an engine [... ,] the *particularity* of animation, and its own conditions of enunciation" (Wells 2002: 66; Herv. i.O.) orientieren. Auch Wells' Einteilung[5] wirft die Frage auf, ob es sich nicht weniger um Genres als um die Beschreibung ästhetischer Potenziale handelt. Für die Genre-Analyse erscheint sie zudem überkomplex und wenig anschlussfähig für traditionelle Konzepte der Filmanalyse. Wells' Überlegungen helfen jedoch, die spezifischen Herangehensweisen der Animation differenziert zu betrachten und leisten daher einen systematischen Beitrag zur Analyse animierter Darstellungen. Animation wäre in diesem Sinne vielleicht eher als transformatorischer Prozess zu begreifen, mit dem inhaltlich ganz unterschiedliche Genres durch das animationsspezifische Formenspektrum auf besondere Art und Weise realisiert werden.

Es ließe sich darüber hinaus sicherlich für eine Vielzahl distinkter Stile oder gar Genres im Hinblick auf historisch oder national begrenzte bzw. an einzelnen Studios oder Animatoren orientierte Ausprägungen des Animationsfilms argumentieren, wie es etwa Donald Crafton (1993: 9) für die Periode von 1908-1914 oder Tze-Yu G. Hu (2010: 2f.) für die japanischen Anime vorgeschlagen haben.[6] Anstatt jedoch die Besonderheiten des Animationsfilms – oder gar der Animation – insgesamt beschreiben zu wollen, heben diese Ansätze vielmehr den ästhetischen Reichtum und die inhaltliche Vielfalt animierter Bilder hervor und zeigen dabei die Unzulänglichkeit der Subsumierung unter einem einzigen Genreetikett paradigmatisch auf.

Eine Bestimmung des Animationsfilms als Filmgattung erscheint gegenüber dem Genre pragmatischer, sollte jedoch ebenfalls ausführlicher untersucht werden, insbesondere um die Gattung und deren Ausdifferenzierung in weitere Unterformen oder Subgattungen hier nicht per se mit einzelnen Produktionstechniken gleichzusetzen, wie es z.B. die Unterscheidungen von Bordwell und Thompson (2004) nahe legen.[7] Der Begriff der Gattung insgesamt müsste dabei

---

5 Im Einzelnen zählt Wells (2002: 67-71) die ‚Genres' *formal, deconstructive, political, abstract, re-narration, paradigmatic* und *primal* auf.
6 Hu spricht allerdings vom „medium-genre" Anime (2010: 2f.) und verweist damit implizit auf ein Verständnis von Animation als Medium – eine Einschätzung, die sowohl Paul Wells (1998: 6) als auch Susan Napier (2005: 296, En 1.4) zu teilen scheinen, auch wenn Napier eingestehen muss, keinen Konsens darüber gefunden zu haben „whether animation can properly be considered a ‚medium' or not" (ebd.).
7 In Kapitel 5 von *Film Art. An Introduction* unterscheiden Bordwell/Thompson die ‚Filmtypen' Dokumentarfilm, fiktionaler Film, Experimentalfilm, Mainstreamfilm, Live-Action-Film und Animationsfilm (2004: 128) – diese Aufstellung ähnelt der exemplarischen Nennung verschie-

sorgfältig diskutiert werden, da bereits die hier zitierte Auswahl an Texten zeigt, dass er über so verschiedene Aspekte wie den Modus der Darstellung und den Mediengebrauch (vgl. Hickethier 2007), die „Ereignishaftigkeit" (Kiefer 2012: 131), die „künstlerische Sprache" (Lotman 2004: 122) oder die Herstellungstechniken (vgl. Bordwell/Thompson 2004) definiert wird.

Es zeigt sich, dass eine ausführliche Diskussion des Genre- oder Gattungscharakters des Animationsfilms sowohl in der Genre- und Gattungstheorie als auch in der (oft filmhistorisch ausgerichteten) Animationsforschung bislang eher ausgespart wurde. Auch die vorliegende Einführung kann nicht den Anspruch erheben, eine solche Frage abschließend zu beantworten – zumal sich die wissenschaftliche Beschäftigung mit Animation derzeit noch in produktivem Fluss befindet. Ziel des vorliegenden Kapitels ist es, einen Beitrag zu dieser lebhaften Diskussion zu leisten. Im Folgenden soll daher zunächst die Bezeichnung ‚Animation' selbst einer differenzierten Betrachtung unterworfen werden; dabei werden insbesondere zwei wesentliche Merkmale thematisiert, die auch für die Frage nach der Kategorienzugehörigkeit relevant sind: der Aspekt der Bewegung und das Prinzip des Tricks im Animationsfilm. Auf dieser Grundlage wird anschließend ein pragmatischer Vorschlag skizziert, auf welche Weise der Animationsfilm im Kontext von Genre- und Gattungsanalyse – trotz aller begrifflicher Problematik – durchaus gewinnbringend diskutiert werden kann.

Beleben, beseelen, bewegen: Was ist Animation?

Etymologisch stammt der Begriff ‚Animation' vom lateinischen *animare* ab, was soviel heißt wie ‚zum Leben erwecken', ‚beseelen' (vgl. Friedrich 2007: 10; Wells 1998: 10). Auch die Bezeichnung ‚Anime' – die außerhalb Asiens in Japan produzierte Animationsfilme meint, in Japan selbst allerdings für jede Form von Animation steht – ist eine Verkürzung des aus dem Englischen entlehnten japanischen Wortes *anime-shon* (vgl. Hu 2010: 101f.).[8]

---

dener Gattungen bei Hickethier (2007: 63), auch wenn sie nicht deckungsgleich sind. Bordwell/Thompson differenzieren daraufhin den Animationsfilm in weitere ‚Subtypen' aus, die wiederum den verschiedenen Animations- und somit spezifischen Produktionstechniken entsprechen (z.B. *Cut-out-*, Knet-, Puppen- oder Computeranimation) (vgl. 2004: 162-171).

8 Der Begriff Anime hat sich in Japan in den 1960er- und 1970er-Jahren etabliert und ist für die westliche Hemisphäre mit einem unverkennbaren Stil verbunden, der sich im Film erst in den 1960er-Jahren – insbesondere durch die Arbeiten Osama Tezukas (*Astroboy*) – durchgesetzt hat, dabei jedoch durchaus von früheren Animationen ebenso wie von anderen Kunstformen vorbereitet wurde (vgl. Hu 2010: 97-102).

Zentral für eine erste (etymologische) Wesensbestimmung des Animationsfilms scheint also zunächst relativ unspezifisch die Belebung von etwas vormals Unbelebtem, wobei damit, so S. M. Eisenstein, der sich als einer der wenigen Filmtheoretiker ausführlicher mit dem Trickfilm befasst hat,[9] zwei Dimensionen gemeint sein können:

> The animated drawing is the most direct manifestation of ... animism! That which is known to be lifeless, a graphic drawing, is animated. *Drawing as such* – outside an object of representation! – is brought to life. But furthermore and inseparably, the subject – the object of representation – is also animated: ordinary lifeless objects, plants, beasts – all are animated and humanized. (Eisenstein 1986: 43; Herv. i.O.)

Die Illusion von Bewegung durch die schnelle Abfolge von Einzelbildern kennzeichnet zwar das Medium des Films insgesamt, scheint aber – so legen es zumindest eine nicht unerhebliche Anzahl definitorischer Versuche nahe (vgl. z.B. Crafton 1993; Friedrich 2007; Wells 1998; 2002) – für den Animationsfilm deshalb besonders charakteristisch zu sein, weil es sich um die Illusion einer Bewegung handelt, die in der vorfilmischen Realität in der Regel nicht nur *nicht so* oder *gar nicht* stattgefunden hat, sondern oft auch als physikalisch oder logisch unmöglich gilt.[10] Die Idee, dass es „genau darum geht [, ...] unbelebte Objekte scheinbar in Bewegung zu versetzen" (Friedrich 2007: 10), hat den Aspekt der Bewegung selbst für zahlreiche Wissenschaftlerinnen und Wissenschaftler zu einem zentralen Merkmal des Animationsfilms gemacht.[11] Die Möglichkeit zur Belebung durch Bewegung, die fließenden Bewegungsabläufe animierter Figuren – die von Animatoren oft bis ins Detail studiert und vorskizziert werden und prinzipiell ohne sichtbare Montage auskommen können –, die Rolle von Musikalität und häufig komischen, rhythmisierten Bewegungsschemata werden

---

9 Obwohl Eisenstein selbst als großer Bewunderer insbesondere der Disneyschen Cartoons gelten kann und diesen eine bemerkenswerte Zahl an Schriften gewidmet hat, lehnte er ironischerweise die Betrachtung von Animation im Kontext von Hochkultur ab: „He who takes it into his head to bite hold of Disney by the [...] demands of ‚high' genres of art – will gnash his teeth on empty air" (Eisenstein 1986: 9).
10 Für eine differenzierte Betrachtung verschiedener Formen solcher ‚Inkongruenzen' im Animationsfilm und ihrer Effekte vgl. Siebert (2005).
11 Dass der essentialistischen Fokussierung auf die Bewegung eine euro- und (US-)amerozentrische Sichtweise zugrunde liegt, zeigt ein Blick nach Japan, wo sich aus der zunächst aus arbeitsökonomischen Gründen verbreiteten *limited animation* schnell eine Tradition der bewegungsarmen Animation entwickelte (vgl. Hu 2010: 99). Der bewusst kontrapunktische Einsatz von Momenten des Stillstands hat sich inzwischen auch außerhalb Asiens als ästhetisches Mittel der Animation durchgesetzt (z.B. in THE GREEN WAVE).

daher immer wieder als zentrales Potenzial der Animation verhandelt, das es auszuschöpfen gelte.

In *Understanding Animation* (1998) stellt Wells mehrere Definitionen des Animationsfilms gegenüber. Eine gängige Bestimmung zielt demnach – neben dem Aspekt künstlich erzeugter Bewegungsabläufe – vor allem auf die Bearbeitbarkeit der einzelnen *frames* eines konventionellen Animationsfilms durch den Animator:

> A working definition [...] of animation practice, is that it is a film made by hand, frame-by-frame, providing an illusion of movement which has not been directly recorded in the conventional photographic sense. (Wells 1998: 10)

Zu den Hauptproblemen einer solchen Definition gehört jedoch, dass die Spezifikation der Herstellung *by hand* weder computergenerierte Animationen noch experimentelle Verfahren wie das der Pixilation einschließt, bei dem in Einzelbildschaltung nicht zwangsläufig *von Hand* veränderte Objekte oder Zeichnungen, sondern auch sich selbst bewegende Personen abgefilmt werden und das sich vielleicht am treffendsten als *Real-life*-Stopptrick beschreiben lässt (z.B. NEIGHBOURS; TOPIC I). Darüber hinaus bezieht die Definition Verfahren wie die Rotoskopie oder deren technologische Weiterentwicklung, das (optische) *motion/performance capturing* nur bedingt mit ein, sind es dort doch gerade die Bewegungen, die tatsächlich photographisch aufgezeichnet und später lediglich übermalt, projiziert und abgezeichnet oder per Computer in die finale Form transformiert werden (z.B. OUT OF THE INKWELL; WAKING LIFE) (für eine Übersicht der gängigsten Animationstechniken vgl. Tab. 1).[12]

Auch normative Bestimmungsversuche, für welche die zweite von Eisenstein aufgeführte, inhaltliche Dimension der Belebung des Unbelebten zentral wurde,[13] bergen das Problem der Exklusivität, indem sie oft ganz bewusst zwischen ‚richtigen' und ‚falschen' Formen von Animation unterscheiden. Solche Charakterisierungen unterstreichen ein besonderes Potenzial der Animation

---

[12] Es lässt sich darüber hinaus fragen, inwiefern überhaupt von im konventionellen Sinn photographischen Bewegungsaufzeichnungen die Rede sein kann, die im Unterschied zu denen des Animationsfilms stehen. So hat zuletzt Erwin Feyersinger durchaus überzeugend dafür argumentiert, „den Realfilm als einen quantitativ dominanten Teilbereich oder Sonderfall der Animation [zu bezeichnen,] bei dem die Aufnahme kontinuierlich abläuft und die Bewegungen vor der Linse maschinell in diskrete Teile gliedert [sic!] werden" (2007: 115, FN 6).
[13] Zu solchen Positionen zählen u.a. die avantgardistische Gruppe der so genannten *Zagreber Schule* (vgl. Wells 1998: 10f.) oder Erwin Panofsky, für den der besondere Wert der Animation darin bestand, „[to] endow lifeless things with life, or living things with a different kind of life" (Panofsky 1967: 23).

und mögen als kunstpädagogische oder künstlerische Programmatik taugen. Zur Definition der animierten Form sind sie für sich genommen zu eindimensional, schließen sie doch den um Realismus bestrebten und unter Schlagworten wie *illusion of life* oder *Hyperrealismus*[14] zusammengefassten Animationsfilm eines Walt Disney, Hayao Miyazaki oder Isao Takahata häufig ganz absichtlich aus.

Dass die artifizielle Erzeugung von Bewegungsabläufen einigen Animationstechniken zugrunde liegt, steht zwar ebenso außer Frage wie der Befund, dass „[e]xtrem hohe Geschwindigkeiten [...] typische Formen der Bewegungsdarstellung im Trickfilm" (Siebert 2005: 18) sind. Die Wesensbestimmung eines Animationsfilmgenres oder der Gesamtheit animierter Formen über den Begriff der Bewegung erscheint hingegen unzulänglich.

Kein ‚alter Hut': Animationsfilm als Trickfilm

Ein weiterer Bestimmungsversuch des Animationsfilms geht auf einen Pionier der Animation selbst, den kanadischen Künstler Norman McLaren zurück:

> McLaren reinforces the notion that the true essence of animation is in the creation of movement on paper, the manipulation of clay, the adjustment of a model etc., *before* the act of photographing the image, i.e. the activity that has taken place between what become the final frames of film. (Wells 1998: 10; Herv. i.O.)

McLaren betont den Aspekt der für den Zuschauer unsichtbaren Manipulation zwischen einzelnen *frames* des fertigen Films. Interessanterweise erscheint so ein allgemein als veraltet und pejorativ geltendes Synonym zur Bezeichnung ‚Animationsfilm' wiederbelebt – der Begriff des ‚Trickfilms'. Wells' auf McLaren aufbauende Definition isoliert den dem Animationsfilm zugrundeliegenden kinematographischen Trick – das, was die Zuschauer durch eine filmtechnisch mögliche Auslassung eben *nicht* zu sehen bekommen – als dessen konstituierendes Merkmal. Ganz egal, ob der Film von Hand gezeichnet oder im Computer berechnet ist, ob er die Realität zu imitieren oder zu transformieren sucht.

Ein zeitlicher Sprung in die Vor- und Frühgeschichte des Animationsfilms zeigt, dass der Trick bereits dessen direkten Vorläufern im *pre-cinema* des 19. Jahrhunderts inhärent war. Die ‚Re-Animation' der Bezeichnung ‚Trickfilm' kann also nicht nur dabei helfen, den Animationsfilm präziser und umfassender

---

14 Vgl. z.B. Thomas/Johnston (1995); Wells (1998: 24-28).

zu definieren – eine solche Herangehensweise lässt sich auch in der Historie des Animationsfilms selbst begründen.

Die Nähe von Animationsfilmen zu den graphischen Künsten ist immer wieder hervorgehoben worden (vgl. z.B. Friedrich 2007: 22; Hu 2010) und scheint insbesondere bei Filmen mit klassischer Zeichentrickästhetik offensichtlich.[15] Der dabei häufig angeführte direkte Einfluss des Comic Strips auf den frühen Animationsfilm (vgl. z.B. Wells 1998: 12f., 17-20) ist zwar umstritten (vgl. Crafton 1993: 36-43), dennoch lassen die personellen Überschneidungen der Zeichenabteilungen illustrierter Zeitungen und später der Animationsproduktion, die früh einsetzende und noch heute andauernde Praxis der bevorzugten Adaption populärer Bildergeschichten für den Animationsfilm sowie die zeitlich nahezu parallele Entwicklung von Animationsfilm und Comic Strip auf eine enge Verzahnung beider Kunst- und Unterhaltungsformen schließen (vgl. Crafton 1993: 37, 45; Wells 1998: 17-20).[16] Was diesen sequenziell in Bild und (geschriebener) Sprache erzählenden Kürzestnarrationen im Vergleich zur späteren Animation jedoch fehlte, war die Illusion von Chronizität und Bewegung. Stand in den oben zitierten Definitionen – u.a. von Eisenstein, Friedrich und (etwas differenzierter) Wells – die Bewegung selbst als zentrales Merkmal im Mittelpunkt der Bestimmung von Animation, lohnt es nun, den Aspekt der Illusion genauer zu betrachten.

Als Trickfilm weist der Animationsfilm auch eine besondere Nähe zum Zauber- oder Bühnentrick auf, der um die Jahrhundertwende in vielfältigen Formen eine beliebte Attraktion der Varieté- und Vaudeville-Theater darstellte: Bereits seit dem 17. Jahrhundert und weiter verbreitet dann während des 19. Jahrhunderts unterhielten Künstler ihre Zuschauer mit (teilweise) bewegten Bildergeschichten aus der Laterna Magica – eine Kulturpraxis übrigens, aus der sich im ausgehenden 19. Jahrhundert auch im ostasiatischen Raum eine ganz eigene

---

15 Dies spiegelt sich nicht nur in der wissenschaftlichen Literatur wider, sondern auch in essayistischen Filmkritiken, die in der Rezension animierter Angebote in der Regel dem ‚Zeichenstil' besondere Beachtung schenken, und wird seit den Anfängen der Filmgeschichte auch vom Animationsfilm selbst medienreflexiv thematisiert, z.B. in PAS À DEUX oder im Abspann von WALL·E.

16 Donald Crafton verweist dabei insbesondere auf das Biograph-Studio, das zu Beginn des 20. Jahrhunderts mehrere – nicht immer animierte – auf Comic Strips basierende Filme herausbrachte (z.B. TROUBLE IN HOGAN'S ALLEY) sowie auf den amerikanischen Comic-Künstler Richard Felton Outcault, der nicht nur für die Figur des Yellow Kid bekannt ist, sondern sich insbesondere mit seinen zunächst gezeichneten Geschichten um Buster Brown auch in Richtung auf das Kino (und die Werbebranche) hin orientierte (u.a. mit BUSTER BROWN, TIGE AND THEIR CREATOR, R.F. OUTCAULT) (vgl. Crafton 1993: 40). Auch Animationsfilmpioniere wie Winsor McCay und Émile Cohl waren als Karikaturisten und Illustratoren tätig.

Tradition, das *utsushi-e*, entwickelte (vgl. Hu 2010: 41ff.). Gleichzeitig lernten die nach wie vor in der Regel gezeichneten Bilder in Guckkastenautomaten wie dem Mutoskop – einer Art stationärem Daumenkino[17] – oder dem Zoetrop und dessen teils hochkomplexen Weiterentwicklungen[18] das Laufen. Die Attraktion solcher Unterhaltungsangebote mag einerseits dem Vergnügen an der Bewegung an sich geschuldet gewesen sein, andererseits muss jedoch gerade der diesen Apparaten allesamt zugrunde liegende Aspekt der Illusion und Vergegenwärtigung dieses scheinbar Unmöglichen selbst eine zentrale Faszination auf das Publikum ausgeübt haben.

Als direkte Vorläufer des Animationsfilms gelten die so genannten *lightning* und *chalkboard sketches* – eine Bühnenattraktion, die im ausgehenden 19. Jahrhundert fester Bestandteil vieler populärer Vaudeville-Shows war (vgl. Crafton 1993: 48; Siebert 2005: 68). Es handelte sich bei den *lightning* oder *chalkboard artists* um live auftretende Zeichenkünstler, die in schneller Folge Bilder auf eine Tafel oder Papierbahnen zeichneten und so ihrem Publikum in kürzester Zeit Bildergeschichten vor die Augen ‚zauberten'. Interessant ist diese Form der Live-Zeichnung vor allem, weil das frühe Kino sie aufgezeichnet, durch die Erweiterung um filmtricktechnische Elemente in die filmisch-photographische Animation überführt und darüber hinaus z.T. auch ästhetisch adaptiert hat.[19]

Die Jahrhundertwende lässt sich somit als eine Zeit bereits in Bewegung begriffener Bilder und Bildergeschichten verstehen, denen durch das filmische Medium das Mittel zur perfekten Illusion an die Hand gegeben wurde. Wo der Bühnenmagier seinen Trick geschickt hinter einem Tuch oder im doppelten Boden zu verbergen hatte, wo der Leser des Comic Strips eine kontinuierliche Zustandsveränderung von Bild zu Bild selbst imaginieren musste, wo der *lightning sketcher* durch rasante Zeichenbewegungen und immersives Erzählen von seiner eigenen Rolle als Hilfesteller abzulenken suchte – da postulierte der Trickfilm auf einmal Kontinuität und fantastische Zusammenhänge, ohne dass

---

[17] Zur Bedeutung von Daumenkinos (*flipbooks*) für die ersten Animationsfilmer vgl. Crafton (1993).
[18] Einer der Pioniere auf diesem Gebiet war der Franzose Charles-Émile Reynaud, der seit den 1870er-Jahren das Zoetrop zu einem mehrteiligen Projektionsinstrument, dem *théâtre optique* weiter entwickelte, mit dem er seine als *pantomime lumineuse* bezeichneten Bewegtbildergeschichten im Musée Grevin vor einem größeren Publikum vorführte.
[19] Die früheste bekannte kinematographische Aufnahme eines *lightning sketchers* ist auf das Jahr 1895 datiert und zeigt den britischen Künstler Tom Merry beim Zeichnen eines Porträts des damaligen Kaisers Wilhelm. Georges Méliès zog wenig später nach und beschleunigte seine eigene Zeichengeschwindigkeit im fertigen Film noch durch Zeitrafferaufnahmen (vgl. Crafton 1993: 50). Auch in den späteren Filmen Winsor McCays oder, gleichwohl subtiler, der Fleischer-Brüder wird die Tradition der *lightning sketches* adaptiert.

sich diese durch einen Blick hinter den Vorhang hätten enttarnen lassen. Um noch einmal auf Wells' Definition zurückzukommen: Der den Trick konstituierende künstlerische Akt, der zwischen den im fertigen Film aufeinander folgenden Einzelbildern stattgefunden hat, liegt im Animationsfilm, anders als im Zaubertrick, außerhalb des fertigen Kunstwerks – und bleibt diesem doch eingeschrieben.

Von einer nahen Verwandtschaft zeugen denn auch viele der frühen Trickfilme[20]: Pioniere wie J. Stuart Blackton und Georges Méliès, die beide auch live als Magier oder *lightning sketcher* auftraten, nahmen diese populären Formen der Bühnenunterhaltung in ihren Filmen auf und erweiterten sie um den genuin kinematographischen Stopptrick: „[T]here were no straight recordings of a performance; each was altered by camera tricks to create a magic illusion" (Crafton 1993: 57). So wird in Blacktons THE ENCHANTED DRAWING die auf eine Leinwand gezeichnete Weinflasche in der Hand des Zeichners zum diegetisch realen Gegenstand, während ein ebenfalls gezeichnetes Gesicht diesen Vorgang mit ausdrucksstarker Mimik kommentiert. In Méliès' L'ANTRE DES ESPRIT werden nicht nur durch Überblendungen, Mehrfachbelichtungen und einfache (Stopptrick-) Auslassungen zahlreiche Verwandlungen dargestellt, sondern mittels des elaborierten Verfahrens der Pixilation sogar ein Tisch durch den Raum ‚bewegt'.

Im Unterschied zu populären – filmtechnisch bzw. historisch – enger formulierten Positionen, die zwischen den aufgeführten Beispielen als „trickfilm" [sic!] (Crafton 1993: 9), „Filmtrick" (Friedrich 2007: 10, 16) oder „protoanimation" (Wells 1998: 13) einerseits und „full animation" (ebd.) andererseits unterscheiden wollen, möchte ich hier gegen eine ohnehin nicht scharf zu ziehende Trennlinie[21] zwischen dem durch Einzelbildmontage erzeugten kinematographischen Trick und anderen, avancierteren Formen der Animation

---

20 Das frühe Kino lässt sich vereinfachend unterteilen in ein realistisches einerseits, das sich der photographischen Abbildung der vorfilmischen Wirklichkeit verschrieb und als dessen prominente Vertreter die Gebrüder Lumière gelten und ein illusionistisches andererseits, das sich die Möglichkeiten der Inszenierung im Studio ebenso wie der Trickaufnahmen zunutze machte, um insbesondere das sichtbar werden zu lassen, was in der Realität als unmöglich gilt (vgl. z.B. Albersmeier 2003: 14).

21 Für Wells besteht der Unterschied darin, dass die von ihm als *proto-animation* bezeichneten Filme nicht „strictly and wholly made frame-by-frame" (Wells 1998: 13) sind, womit er implizit – und höchst problematisch – Mischformen aus Animation und Realfilm ausschließt. Friedrich versucht die beiden Bereiche auseinander zu halten, indem er – noch problematischer – dem Filmtrick im Gegensatz zum Trickfilm das Ziel höchstmöglicher Realitätsnähe unterstellt (vgl. Friedrich 2007: 16f.), womit er sich zwangsläufig in den Bereich des Spekulativen und in die nicht zu entscheidende Diskussion um die Frage nach dem ‚Realitätsgehalt' von Bildern begibt (vgl. dazu Lotman 2004; Manovich 1995).

argumentieren. Was Wells als *full animation* bezeichnet, ist letztlich nichts anderes als der Trick der *proto-animation* ‚in Serie' – dieser wohnt jener auf essentielle Weise inne und ist dabei Grundbedingung für die Bewegungsillusion im Animationsfilm überhaupt.[22]

Auch auf inhaltlicher und stilistischer Ebene lassen sich Bezüge zwischen den noch-nicht-kinematographischen Bühnentricks und den frühen Trickfilmen herstellen: Émile Cohl, der als einer der ersten Animationsfilmer überhaupt gilt (vgl. Crafton 1993: 59-88) schuf 1908 mit seiner bahnbrechenden, nahezu vollständig als Zeichenanimation fertig gestellten FANTASMAGORIE ein Werk, das auch international Aufsehen erregte (vgl. Hu 2010: 60). In diesem, wie auch in zahlreichen anderen Filmen, setzt Cohl einerseits auf ein an der Ästhetik von Kreidetafelzeichnungen angelehntes Äußeres seiner simplifizierten, weiß auf schwarzem Hintergrund gestalteten Figuren und Objekte.[23] Andererseits speist sich die ‚Geschichte' von FANTASMAGORIE aus einer nicht enden wollenden, kontinuierlichen Verkettung von Metamorphosen (vgl. Buchan 1998; Siebert 2005: 62-73): In der Metamorphose, so könnte man es formulieren, wird der filmtechnische Trick des Animationsfilms auf die inhaltliche Ebene übertragen und als magische Verwandlung dabei oft genug selbst zur narrativen Triebfeder des Geschehens (vgl. Wells 1998: 69-75).

Es mag nun auf den ersten Blick naheliegend scheinen, aus diesem inhaltlich-formalen Zusammenhang von Metamorphose, Phantastik und dem Trick des Animationsfilms eine Genredefinition abzuleiten, die sich auf den Begriff der Metamorphose im zweifachen Sinn bezieht – auf der einen Seite als inhaltlich-ästhetische Veränderung eines visuellen Zustands in einen anderen, und auf der anderen als tricktechnische Überführung eines Einzelbildes in ein nächstes. Durch das Nebeneinander inhaltlich-ästhetischer und die Herstellungsweise betreffender Kriterien würden dabei allerdings nicht nur genre- und gattungsrelevante Elemente vermischt – eine derartige Begriffsbestimmung würde zudem denselben Fehler begehen, der zuvor den essentialistisch an Bewegung orientierten Definitionsversuchen unterstellt wurde: Während der im weitesten Sinne filmtechnische Trick als grundlegend für den Animationsfilm

---

[22] Für ähnlich inklusive Ansätze, die dennoch nicht mit der Radikalität Manovichs (1995) oder Feyersingers (2007) argumentieren, vgl. z.B. Flückiger (2008: 22-25, 105-153); Furniss (1999: 5f.); Siebert (2005: 16-ff., 62f.).

[23] Die Ähnlichkeit zur Kreidezeichnung scheint zwar bewusst eingesetzt, entspringt jedoch nicht dem vorfilmisch-künstlerischen Produktions-, sondern dem filmtechnischen Entwicklungsprozess: Cohls Technik bestand darin, schwarze Zeichnungen auf weißem Papier anzufertigen und anschließend den Negativfilm zu projizieren, sodass der Eindruck einer Kreidezeichnung entstand.

angenommen werden kann, ist eine inhaltlich-formale Beschränkung der animierten Form auf Transformations- und Verwandlungsplots kaum haltbar.

Fazit

Das vorliegende Kapitel sollte zum einen zeigen, dass der Versuch, den Animationsfilm als Genre zu definieren, mit zahlreichen problematischen Implikationen verbunden und daher wenig vielversprechend ist. Damit sind freilich weder Positionen gemeint, die *innerhalb* der Gesamtheit des Animationsfilms Einzelgenres oder paradigmatische Stilepochen aufzeigen (vgl. z.B. Crafton, 1993; Hu 2010), noch solche, die dem Animationsfilm genreähnliche Tendenzen oder spezifische, die klassischen Genres transformierende Herangehensweisen zuschreiben (vgl. z.B. Wells 2002, insbes. 41-71) – in diesen Kontexten kann die genretheoretische und genreanalytische Diskussion des Animationsfilms durchaus produktiv sein. Eine Kategorisierung des Animationsfilms als Filmgattung erscheint aus anderem Grund problematisch: Da der Begriff der Gattung in verschiedenen Kontexten nach wie vor sehr uneinheitlich definiert und verwendet wird, ergeben sich hier bereits auf der basalen Ebene der Begriffsbestimmung verschiedenste Schwierigkeiten. Doch obwohl es also zunächst einer grundlegenden systematischen Untersuchung der einer Bestimmung von Gattungszugehörigkeit zugrundeliegenden Kriterien bedürfte, die im Rahmen des vorliegenden Kapitels nicht zu leisten war, erscheint die Diskussion des Animationsfilms als Gattung dennoch besser begründbar: Prototypische Animationsfilme unterscheiden sich in ihrer Produktionsweise – wenn auch nur graduell – von *Live-Action*-Filmen mit dokumentarischem oder fiktionalem Charakter (vgl. Bordwell/Thompson 2004: 128-174); sie fingieren, dokumentieren und experimentieren in einem spezifischen „darstellerischen Modus" (Hickethier 2007: 63), welcher trotz der Vielzahl existierender Animationstechniken von Rezipientinnen und Rezipienten in der Regel als ‚Animation' wahrgenommen wird; und sie sind schließlich in der Lage, sich prinzipiell jedes beliebige Genre zueigen zu machen (vgl. Hickethier 2007: 63) und sogar die Grenzen zu anderen Filmgattungen zu überschreiten (vgl. Kiefer 2012). Auch der Gattung kann also, analog zum Genre, die Aufgabe der vereinfachenden Verständigung über eine Gruppe von Filmen zugesprochen werden, mit der bestimmte Erwartungshaltungen – wenn nicht hinsichtlich des Inhalts so doch z.B. in Bezug auf die Darstellungsweise – verbunden sind.

Andererseits habe ich als Antwort auf häufig verkürzt argumentierende Versuche, Animation durch den Aspekt der Bewegung auf essentialistische Weise zu definieren, den Bereich der Illusion und des kinematographischen

Tricks stark gemacht: Unbelebtem Material oder virtuellen Daten qua Animation ‚Leben einzuhauchen' bedeutet eben in erster Linie, dieses scheinbar Unmögliche durch einen Filmtrick möglich zu machen – auch wenn dieser in den *motion pictures* oft eine Bewegungsillusion zur Folge hat. Die Beziehung zum Trick erweitert, präzisiert und historisiert den theoretischen wie analytischen Blick auf die animierte Form und führt in der hier verwendeten Weise zu einem inklusiven Verständnis dessen, was Animation ist oder sein kann.

Damit ist keineswegs die Forderung verbunden, den Animationsfilm nunmehr ausschließlich als Trickfilm zu bezeichnen –, doch neben der diesem veraltet erscheinenden Terminus inhärenten Schwerpunktsetzung hatte dessen Wiederbelebung noch einen weiteren Zweck: Durch einen auf den Filmtrick fokussierten filmgeschichtlichen Blick zurück ließ sich das historische Kontinuum von den Vorläufern der Animation im *pre-cinema* über das illusionistische Stopptrick-Kino eines Georges Méliès oder J. Stuart Blackton zu den als klassisch geltenden Animationsfilmen Émile Cohls und letztlich bis hin zum computeranimierten Familienfilm (z.B. TOY STORY 3) oder zur rotoskopierten Independentproduktion (z.B. WAKING LIFE) der Jahrtausendwende herstellen.

Durch diese Beobachtung lässt sich schließlich noch einmal an die Frage nach dem Gattungscharakter von Animation anknüpfen: Das skizzierte historische Kontinuum bietet gleichzeitig einen Entwurf, der den Animationsfilm zwar prototypisch distinkt und unterscheidbar, aber eben nicht wesensverschieden vom Realfilm denkt. In diesem Sinne hat Maureen Furniss einen Vorschlag erarbeitet, der jegliche *motion pictures* zwischen den beiden Polen „mimesis" (oder „live action") und „abstraction" (oder „animation") (1999: 5f.) verortet: Ein vollständig abstrakter Animationsfilm wie Oskar Fischingers KREISE befindet sich am äußersten ‚Abstraktions'-Pol, dem anderen Ende der Skala ist Andy Warhols SLEEP zugeordnet – ein über fünfstündiger Film, der den schlafenden John Giorno in Echtzeit zeigt. Zwischen den beiden Extremen finden andere Werke Platz: Die hyperrealistische Disney-Produktion SNOW WHITE AND THE SEVEN DWARFS entfernt sich bereits ein Stück von der reinen Abstraktion; ein von *special effects* durchdrungener Spielfilm wie JURASSIC PARK wird deutlich in der Nähe des ‚Mimesis'-Pols platziert usw. (vgl. Furniss 1999: 5f.). Furniss' Modell zeigt einen Weg auf, wie sich Animations- und Realfilm zueinander in Beziehung setzen lassen, ohne dabei jedoch eine strikte Trennlinie zu ziehen (die z.B. bei der Analyse von Hybridfilmen wie WHO FRAMED ROGER RABBIT? oder SIN CITY Schwierigkeiten verursachen dürfte) oder aber die Unterscheidung ganz aufzugeben (womit z.B. ein Vergleich zwischen Ralph Bakshis und Peter Jacksons THE LORD OF THE RINGS-Verfilmungen eines wertvollen Referenzpunktes beraubt wäre). Neben dem pragmatischen Nutzen, den ein solches Kontinuum bietet, birgt es auch den analytischen Mehrwert, dass der einzelne Film stets im Kontext anderer Filme und Bildtraditionen betrachtet wird, wodurch sich die Untersuchungsperspektive weiter schärfen lässt.[24] Das Modell wäre zudem anschluss- und ausbaufähig im Sinne einer allgemeinen Gattungstheorie, die Filmgattungen nicht als ontologisch distinkt, sondern als sich graduell unterscheidende, verwandte Formen audio-visueller Darstellung versteht.

Die traditionell postulierte Grenze zwischen dem Animations- und dem Realfilm (vgl. u.a. Bordwell/Thompson 2004: 128; Siebert 2005: 18), so lässt sich abschließend festhalten, gibt es nicht nur *nicht mehr* – es hat sie vielmehr *nie gegeben*. Die zunehmend offenkundige Vermischung beider Formen, die fortschreitende Entwicklung der Digitalisierung ebenso wie die in den letzten Jahren immens gesteigerte wirtschaftliche Bedeutung und alltägliche Omnipräsenz animierter Bilder sind eine Herausforderung, der sich filmwissenschaftliche Forschung – egal ob animationsspezifisch oder nicht – jetzt und in Zukunft in stärkerem Maße als bisher wird stellen müssen.

Film- und Medienverzeichnis

L'ANTRE DES ESPRIT (FR 1901, Regie: Georges Méliès)
Astroboy (JP 1963-1966, TV-Serie)
AVATAR (USA/GB 2009, Avatar – Aufbruch nach Pandora, Regie: James Cameron)
BUSTER BROWN, TIGE AND THEIR CREATOR, R.F. OUTCAULT (USA 1913, o.R.)
THE ENCHANTED DRAWING (USA 1900, Regie: J. Stuart Blackton)
FANTASMAGORIE (FR 1908, Regie: Émile Cohl)
THE GREEN WAVE (D 2010, Regie: Ali Samadi Ahadi)
JURASSIC PARK (USA 1993, Regie: Steven Spielberg)
KREISE (D 1933, Regie: Oskar Fischinger)
THE LORD OF THE RINGS (USA 1978, Der Herr der Ringe, Regie: Ralph Bakshi)
THE LORD OF THE RINGS – THE FELLOWSHIP OF THE RING (USA 2001, Der Herr der Ringe – Die Gefährten, Regie: Peter Jackson)
THE LORD OF THE RINGS – THE RETURN OF THE KING (USA 2003, Der Herr der Ringe – Die Rückkehr des Königs, Regie: Peter Jackson)
THE LORD OF THE RINGS – THE TWO TOWERS (USA 2002, Der Herr der Ringe – Die zwei Türme, Regie: Peter Jackson)
NEIGHBOURS (CAN 1952, Regie: Norman McLaren)
OUT OF THE INKWELL (USA 1918-1963, Regie: Dave Fleischer et al.)
PAS À DEUX (NL 1988, Regie: Monique Renault, Gerrit van Dijk)
SIN CITY (USA 2005, Regie: Frank Miller et al.)
SLEEP (USA 1963, Regie: Andy Warhol)

---

24 Wie sich Furniss' Kontinuum für die Analyse des Animationsfilms gewinnbringend weiterentwickeln lässt, zeigt Renoldner (2010: 25-38).

SNOW WHITE AND THE SEVEN DWARFS (USA 1937, Schneewittchen und die sieben Zwerge, Regie: David Hand et al.)
TANGLED (USA 2010, Rapunzel – Neu verföhnt, Regie: Nathan Greno, Byron Howard)
TONARI NO TOTORO (JP 1988, Mein Nachbar Totoro, Regie: Hayao Miyazaki)
TOPIC I (CS/FR 1989, Regie: Pascal Baes)
TOY STORY 3 (USA 2010, Regie: Lee Unkrich)
TROUBLE IN HOGAN'S ALLEY (USA 1900, o.R.)
WAKING LIFE (USA 2001, Regie: Richard Linklater)
WALL·E (USA 2008, Wall·E – Der letzte räumt die Erde auf, Regie: Andrew Stanton)
WHO FRAMED ROGER RABBIT? (USA 1988, Falsches Spiel mit Roger Rabbit, Regie: Robert Zemeckis)

Literaturverzeichnis

Albersmeier, Franz-Josef (2003): „Einleitung". In: Ders. (Hg.): *Texte zur Theorie des Films*. 5. Auflage. Stuttgart: Reclam, S. 3-30.
Baroni, Raphaël (2011): „Tellability". In: Hühn, Peter/Meister, Jan Christoph/Pier, John/Schmid, Wolf (Hgg.): *the living handbook of narratology*. Hamburg: Hamburg University Press [http://hup.sub.uni-hamburg.de/lhn/index.php?title=Tellability&oldid=1577]. Zugriff: 10.09.2012.
Bordwell, David/Thompson, Kristin (2004): *Film Art: An Introduction*. 7. (internationale) Auflage. Boston: McGraw-Hill.
Bruckner, Franziska et al. (2012): „Monographische Angaben zum Animationsfilm: Eine Bibliographie". In: *Medienwissenschaft/Hamburg: Berichte und Papiere 131: Animationsfilm* [http://www1.uni-hamburg.de/Medien/berichte/arbeiten/0131_12.pdf]. Zugriff: 10.09.2012.
Buchan, Suzanne (1998): „Graphic and Literary Metamorphosis: Animation Technique and James Joyce's ‚Ulysses'". In: *Animation Journal* 7.1, S. 21-34.
Buchan, Suzanne (Hg.) (2006ff.): *Animation – An Interdisciplinary Journal* [http://anm.sagepub.com/]. Zugriff: 10.09.2012.
Crafton, Donald (1993): *Before Mickey. The Animated Film 1898-1928*. Chicago: The University of Chicago Press.
div. A. (2012): „The Greatest Films of All Time. The Results". In: *Sight & Sound* 22.9, S. 39-71.
Dobson, Nichola (Hg.) (2006ff.): *Animation Studies* [http://journal.animationstudies.org/]. Zugriff: 10.09.2012.
Eder, Jens/Thon, Jan-Noël (2012): „Digitale Figuren". In: Segeberg, Harro (Hg.): *Film im Zeitalter digitaler Medien II. Digitalität und Kino*. München: Fink, S. 139-181.
Eisenstein, S. M. (1986): *Eisenstein on Disney*. Hg. von Jay Leyda. Calcutta: Seagull.
Feyersinger, Erwin (2007): „Diegetische Kurzschlüsse wandelbarer Welten: Die Metalepse im Animationsfilm". In: *montage/av* 16.2, S. 113-130.
Flückiger, Barbara (2008): *Visual Effects: Filmbilder aus dem Computer*. Marburg: Schüren.
Friedrich, Andreas (2007): „Einleitung". In: Ders. (Hg.): *Filmgenres. Animationsfilm*. Stuttgart: Reclam.
Furniss, Maureen (Hg.) (1991ff.): *Animation Journal* [http://www.animationjournal.com/]. Zugriff: 10.09.2012.
Furniss, Maureen (1999): *Art in Motion: Animation Aesthetics*. Sydney: John Libbey.

Garncarz, Joseph (2008): „Öffentliche Räume für Filme. Zur Etablierung der Kinos in Deutschland". In: Müller, Corinna/Segeberg, Harro (Hgg.): *Kinoöffentlichkeit (1895-1920): Entstehung, Etablierung, Differenzierung/Cinema's public sphere (1895-1920)*. Marburg: Schüren, S. 32-42.

Hickethier, Knut (2007): „Genretheorie und Genreanalyse". In: Felix, Jürgen (Hg.): *Moderne Film Theorie*. 3. Auflage. Mainz: Bender, S. 62-96.

Hu, Tze-Yue G. (2010): *Frames of Anime. Culture And Image Building*. Hongkong: Hongkong University Press.

Kiefer, Jens (2012): „Gattungsbezogene Unterschiede in der Inszenierung von Ereignishaftigkeit und der Zuschreibung von Relevanz im Kurzfilm". In: Aumüller, Matthias (Hg.): *Narrativität als Begriff. Analysen und Anwendungsbeispiele zwischen philologischer und anthropologischer Orientierung*. Berlin: De Gruyter, S. 129-140.

LaMarre, Thomas (2009): *The Anime Machine. A Media Theory of Animation*. Minneapolis: University of Minnesota Press.

Lotman, Juri (2004): „Über die Sprache der Trickfilme". In: *montage/av* 13.2, S. 122-126.

Manovich, Lev (1995): „What is Digital Cinema?" In: *Lev Manovich Official Website* [http://manovich.net/TEXT/digital-cinema.html]. Zugriff: 10.09.2012.

Napier, Susan (2005): *Anime from ‚Akira' to ‚Howl's Moving Castle': Experiencing Contemporary Japanese Animation*. 2. Auflage. New York: Palgrave Macmillan.

o.A. (2012): „Critics' Top 250 Films". In: *Sight & Sound: The Greatest Films Poll* [http://explore.bfi.org.uk/sightandsoundpolls/2012/]. Zugriff: 10.09.2012.

o.A. (o.J.): „Tangled". In (o.Hg.): *Box Office Mojo* [http://www.boxofficemojo.com/movies/?id=rapunzel.htm]. Zugriff: 10.09.2012.

o.A. (o.J.): „Yearly Box Office". In (o.Hg.): *Box Office Mojo* [http://www.boxofficemojo.com/yearly/]. Zugriff: 10.09.2012.

Panofsky, Erwin (1967): „Style and Medium in the Motion Pictures". In: Talbot, Daniel (Hg.): *Film: An Anthology. A diverse Collection of Outstanding Writing on the Film*. 3. Auflage. Berkeley/Los Angeles: University of California Press, S. 15-32.

Renoldner, Thomas (2010): „Was ist Animation?" In: Dewald, Christian/Groschup, Sabine/Mattuschka, Mara/Renoldner, Thomas (Hgg.): *Die Kunst des Einzelbilds. Animation in Österreich – 1832 bis heute*. Wien: filmarchiv Austria, S. 11-39.

Schwebel, Florian (2010): *Von Fritz the Cat bis Waltz with Bashir. Der Animationsfilm für Erwachsene und seine Verwandten*. Marburg: Schüren.

Siebert, Jan (2005): *Flexible Figuren: Medienreflexive Komik im Zeichentrickfilm*. Bielefeld: Aisthesis.

Thomas, Frank/Johnston, Ollie (1995): *The Illusion of Life. Disney Animation*. New York: Hyperion.

Wells, Paul (1998): *Understanding Animation*. New York/London: Routledge.

Wells, Paul (2002): *Animation: Genre and Authorship*. London: Wallflower Press.

2D-Animation	3D-Animation	Computeranimation
Animationstechniken, deren Ausgangsmaterial zweidimensional ist, also Höhe und Breite, aber keine Tiefe aufweist (z.B. Papier oder Glasplatten).	Animationstechniken, deren Ausgangsmaterial dreidimensional ist, also Höhe, Breite und Tiefe aufweist (z.B. Puppen oder Legobausteine).	Animationstechniken, die mithilfe spezieller Software aus virtuellen Daten am Computer Bewegtbilder errechnen; computergenerierte Animationstechniken können prinzipiell jede Form der 2D- oder 3D-Animation simulieren oder mit diesen traditionelleren Animationstechniken kombiniert werden, z.B. aus arbeitsökonomischen Gründen.
Zeichentrick: Gezeichnete oder gemalte Einzelbilder werden mit kleinen Veränderungen aufgenommen und nacheinander geschaltet, sodass sich ein kontinuierlicher Bewegungsablauf ergibt. Als Basis können u.a. Papier oder Glas verwendet werden. Eine Sonderform des Zeichentrick ist die *Cel*-Animation, bei der verschiedene Folien (*cels* von engl.: *celluloid*) mit einzelnen Bildbestandteilen übereinander gelegt werden – auf diese Weise kann z.B. eine Figur verändert werden, während der Hintergrund gleich bleibt.	**Puppentrick:** Dreidimensionale Puppen (oder auch Objekte) werden zwischen den einzelnen photographischen Aufnahmen minimal in ihrer Position verändert, sodass sich ein kontinuierlicher Bewegungsablauf ergibt. Professionelle Trickpuppen haben in der Regel Holz- oder Metallskelette mit hochgradig beweglichen Gelenken, um natürliche Bewegungsabläufe möglichst realistisch nachahmen zu können. Bestandteile des Gesichts oder der ganze Kopf der Puppe lassen sich häufig austauschen, um eine wirkungsvolle Mimik zu realisieren.	**2D-Computeranimation:** Bei der so genannten 2D-Computeranimation wird in der Regel ein Anfangs- und ein gewünschtes Endbild, die so genannten *key frames*, angegeben – der Computer errechnet dann anhand bestimmter Parameter die entsprechenden Zwischenschritte, z.B. eine metamorphotische Verwandlung (*morphing*) oder einen Bewegungsablauf.
Legetrick oder *cut out*: Zweidimensionale Ausschnitte, z.B. aus Pappe, werden zwischen jeder Aufnahme verschoben, sodass sich ein kontinuierlicher Bewegungsablauf ergibt. Eine Sonderform ist der von hinten beleuchtete Scherenschnitt- oder Silhouettenfilm, der ähnlich einem Schattentheater funktioniert.	**Knetanimation oder *claymation*:** Objekte oder Figuren aus Lehm (engl.: *clay*) oder Knetmasse werden zwischen den einzelnen photographischen Aufnahmen modelliert, sodass sich eine kontinuierliche Veränderung ergibt. Auch diese Puppen können zur besseren Stabilität ein Drahtskelett haben.	**3D-Computeranimation:** Verfahren zur 3D-Computeranimation nutzen Drahtgittermodelle, um einen virtuellen dreidimensionalen Raum zu simulieren, innerhalb dessen dann Objekte und Figuren bewegt oder Kamerabewegungen imitiert werden können.
Kameralose Animation: Das Filmmaterial wird direkt bearbeitet, z.B. durch Kratzen, Bemalen, Bekleben oder das Auftragen von Chemikalien. Bei dieser Animationstechnik ist keine Aufnahme notwendig, der Bewegungsablauf ergibt sich durch die kontinuierliche Veränderung jedes einzelnen *frames* des Films.	**Pixilation:** In Einzelbildschaltung werden Menschen oder Objekte der vorfilmischen Realität aufgenommen, die sich bzw. ihre Position zwischen den einzelnen Aufnahmen leicht verändern. Es entsteht eine leicht unruhige, unnatürliche Bewegung, auf die der englische Begriff *pixilated* (dt.: seltsam, verrückt) anspielt.	
Rotoskopie: Bei diesem Verfahren werden reale, dreidimensionale Bewegungen photographisch aufgezeichnet und anschließend in zweidimensionale Bilder übertragen, z.B. durch die Projektion auf eine Leinwand oder *cels*.	**motion capturing:** Beim *motion* oder *performance capturing* werden reale Bewegungen mit speziellen Sensoren registriert und deren Daten anschließend zur Weiterbearbeitung in ein Computermodell übertragen.	

Tab. 1: Prototypische Animationstechniken. Die Darstellung orientiert sich z.T. an Furniss (1999) und erhebt keinen Anspruch auf Vollständigkeit.

Filmanalyse

THE GREEN WAVE

D 2010, Regie: Ali Samadi Ahadi

THE GREEN WAVE ist nach einer Dokumentation und einem fiktionalen Spielfilm die dritte Regiearbeit des iranischstämmigen deutschen Regisseurs Ali Samadi Ahadi für das Kino. Der teilweise animierte Film mit dokumentarischem Anspruch behandelt die Proteste im Umfeld der iranischen Präsidentschaftswahl im Sommer 2009, die als ‚Grüne Bewegung' oder ‚Grüne Revolution' in die Geschichte eingegangen sind. Als aussichtsreichster Kandidat für das Amt des Präsidenten galt damals noch wenige Monate vor der Wahl der Reformer Mohammad Chatami. Nachdem er im März überraschend seine Kandidatur zurückzog, konzentrierte sich die Unterstützung der Regierungsgegner auf den gemäßigten Mir Hossein Mussawi. Entgegen vieler Prognosen ging laut offiziellem Ergebnis jedoch der radikal fundamentalistische Amtsinhaber Mahmud Ahmadineschad als klarer Sieger aus der Wahl hervor. Mussawi und seine Anhänger äußerten den Verdacht der Wahlfälschung und protestierten gegen den offiziellen Wahlausgang. In der Folge kam es zu Unruhen und teils brutalen Straßenschlachten zwischen Demonstranten und Revolutionsgarden mit zahlreichen Festnahmen und Todesfällen. Wegen der anhaltenden Aufstände und des wachsenden internationalen Drucks wurde eine Überprüfung der Wahl angeordnet, die allerdings zu keinem neuen Ergebnis führte. Externe Beobachter ließ der Iran nicht zu. Der Wahlausgang blieb im eigenen Land wie auch international umstritten.

THE GREEN WAVE erzählt von den Ereignissen unmittelbar vor, während und nach der Wahl. Dabei werden neben den für viele Dokumentarfilme typischen Interviewsequenzen einerseits kurze Amateur-Videos gezeigt, welche die Proteste aus der Perspektive der Beteiligten dokumentieren. Andererseits verwendet THE GREEN WAVE auch Blog-Einträge von Oppositionellen, die während der Zeit der Unruhen eine der wenigen Möglichkeiten des Kontakts zur internationalen Außenwelt darstellten. Hunderte Beiträge iranischer Blogger verdichtet der Film zu den fiktionalen Biographien der beiden Studenten Azandeh und Kaveh, deren Erfahrungen stellvertretend für die iranische Zivilbevölkerung in animierten Sequenzen audiovisuell zum Leben erweckt werden.

Als „Collage" (André 2010: 8), die „aus einzelnen Teilen ein neues Ganzes" (ebd.) zusammensetzt, vermischt THE GREEN WAVE stilistische und produktionsspezifische Elemente des Dokumentar- und Animationsfilms und verweist paradigmatisch auf die Hybridisierung zweier traditionell als Gegensätze verstandener Filmgattungen mit distinkten Darstellungsmodi. In Anlehnung an Maureen Furniss (vgl. 1999: 5f.) müssen diese allerdings nicht als ontologisch verschieden gedacht werden. So ließe sich THE GREEN WAVE innerhalb eines Kontinuums graduell differenzierbarer (mehr oder weniger) mimetischer und (mehr oder weniger) abstrakter Darstellungsmodi, die zudem sowohl fiktionale als auch faktuale Inhalte wiedergeben können, problemlos verorten (für einen Vorschlag vgl. Abb. 1). Auf diese Weise stellt sich die Frage, ob THE GREEN WAVE ein Animations- *oder* ein Dokumentarfilm sei, gar nicht erst – er ist zweifellos beides zugleich und das nicht nur, weil der fertige Film ganz unterschiedliche Bildtypen vereint.

Die Animationssequenzen nehmen in THE GREEN WAVE allerdings ästhetisch und narrativ einen besonderen Stellenwert ein. Realisiert als *motion comic*, einer Technik, die „Elemente und Stilmittel aus den statischen Print-Comics und dem dynamischen Zeichentrickfilm" (André 2010: 8) verbindet, spielt THE GREEN WAVE gezielt mit der dem Animationsfilm zugeschriebenen Bewegungsaffinität. Dafür wurden aus den verwendeten Blog-Einträgen zunächst bildliche Szenarios entwickelt, die Samadi Ahadi und sein Team mit realen Schauspielern nachstellten und photographisch festhielten. Anschließend wurden einzelne Bilder unter der künstlerischen Leitung von Ali Reza Darvish zeichnerisch umgesetzt und durch ein Team von Animatoren schließlich per Computer in Bewegung gesetzt (vgl. Media Office 2010: 11). Ähnlich wie bei Filmen, die rotoskopische Aufnahmeverfahren verwenden, verwischt also bereits das Herstellungsverfahren die Grenzen zwischen photographisch Aufgezeichnetem und zeichnerisch Fingiertem, obwohl die Bewegungsillusion in THE GREEN WAVE – anders als z.B. bei VALS IM BASHIR (2008, Waltz with Bashir), dessen animierte Bilder auf Grundlage eines Videos entstanden – tatsächlich der ausschließliche Verdienst der nachträglichen Animation ist. Das Ergebnis sind oft bewegungsarme Sequenzen, die zum einen zur Reflexion der von Schauspielern im Voice Over gesprochenen Blog-Einträge einladen, zum anderen den Fokus auf die hochgradig stilisierten Bildkompositionen richten, die als Stimmungsbilder subjektive Erlebensqualitäten der Protagonisten visuell wirkungsvoll transportieren. Schließlich lenkt die auffallende Bewegungsarmut die Aufmerksamkeit gerade auch auf die signifikanten Momente der Bewegung und Veränderung – wenn sich mehrere Bildebenen überlagern und als spiralförmiger Sog der Aufregung des Wahltags Ausdruck verleihen; wenn in einer poetischen Sequenz die Reise eines hoffnungsvoll abgegebenen Stimmzettels zu Füßen des Militärs ein jähes Ende findet; wenn sich in einer drastischen Folterszene artifiziell rote Blutstropfen aus dem dunklen Hintergrund lösen und auf die Kamera zuzufliegen scheinen.

Dem Kontinuitätseindruck von Raum, Zeit, Bewegungs- und Transformationsprozessen liegen, um auf Paul Wells' grundlegende Definition von Animation zurückzukommen (vgl. insbes. 1998: 10), für das Publikum unsichtbar und zwischen den einzelnen *frames* vorgenommene Manipulationen zugrunde. Gerade durch den expliziten Wechsel statischer und bewegter Bildelemente verweist der *motion comic* offensichtlich auf diese gemachte, ‚getrickste' Natur seiner Bewegtbilder und schließt, historisch gesehen, an seine zeichnerischen und magischen Vorfahren gleichermaßen an. Darüber hinaus gelingt dem Film jedoch noch ein weiterer Trick: Erst durch Zuhilfenahme der Animation entstehen in THE GREEN WAVE Bilder für das ansonsten Unsichtbare – Ereignisse, wie die Folter im Kahrisak-Gefängnis, von denen keine photographischen Aufnahmen existieren; subjektives Erleben, wie der euphorische Rausch des in hoffnungsvolles Grün getauchten Aufbruchs, das sich medial nicht aufzeichnen, nur übersetzen lässt; und schließlich eine Version des Geschehenen, welche die offizielle Geschichtsschreibung konterkariert und den vom Regime ratifizierten Bildern wörtlich eine alternative Vision (von lat. *visio:* ‚Erscheinung') entgegensetzt. Mit den distinkten Mitteln der Animation konzentriert sich der Film dabei insbesondere auf das *Wie* der Erfahrung derer, die eine von den offiziellen Erklärungen abweichende Realität erlebten, dabei aber ohne Stimme blieben – eine Metapher, die THE GREEN WAVE gleich zu Beginn aufgreift. Die Darstellung bleibt daher einerseits dokumentarisch, bezieht sich auf Fakten und sucht diese auch argumentativ zu belegen. Die Produktion von Bildern für das Geschehen erfolgt jedoch andererseits dezidiert aus der Perspektive der Betroffenen und der Filmemacher, die eine des Erinnerns, des Imaginierens und des Verdichtens ist. Die Animation stellt dabei allerdings nicht die Referenzialisierbarkeit des Gezeigten infrage, sondern bereichert den Film vielmehr um die auch für das Publikum nachvollziehbar gemachte Dimension subjektiven Erlebens und reflektiert ganz grundsätzlich die Bedingungen einer ‚objektiven' Darstellung von Realität.

Mit THE GREEN WAVE erweitert Samadi Ahadi also das prototypische Darstellungsspektrum des Dokumentarfilms, indem er gattungsspezifische Konventionen der fotorealistischen Authentifizierung und Objektivierung aufbricht, ja sogar infrage stellt. Der darstellerische Modus der Animation hebt demgegenüber Aspekte des Subjektiven sowie des nicht Sicht- oder Zeigbaren hervor. Erst durch die Verknüpfung beider Traditionen mit ihrem je spezifischen Ausdrucks- und Wirkungspotenzial setzt sich in THE GREEN WAVE ein vollständige(re)s Bild der porträtierten Ereignisse zusammen. Animierte Dokumentarfilme bzw. sogenannte *Animadoks*, deren Popularität u.a. durch Filme wie THE GREEN WAVE und VALS IM BASHIR in den vergangenen Jahren stark zugenommen hat, problematisieren damit auch ganz explizit die Unzulänglichkeit konventionell-dokumentarischer Bilder für bestimmte – psychische, biographische, historische, politische, zensierte, tabuisierte – Zusammenhänge. Mit der Animation zeigen sie jedoch zugleich einen Trick auf, diesen Mangel produktiv und kreativ zu nutzen.

André, Bernhard (2011): *Kino & Curriculum. The Green Wave.* Wiesbaden: Institut für Kino und Filmkultur e.V.
Furniss, Maureen (1999): *Art in Motion: Animation Aesthetics.* Sydney: John Libbey.
Media Office (Hg.) (2010): *The Green Wave. Presseheft.* Berlin: Media Office.
Wells, Paul (1998): *Understanding Animation.* New York/London: Routledge.

Maike Sarah Reinerth

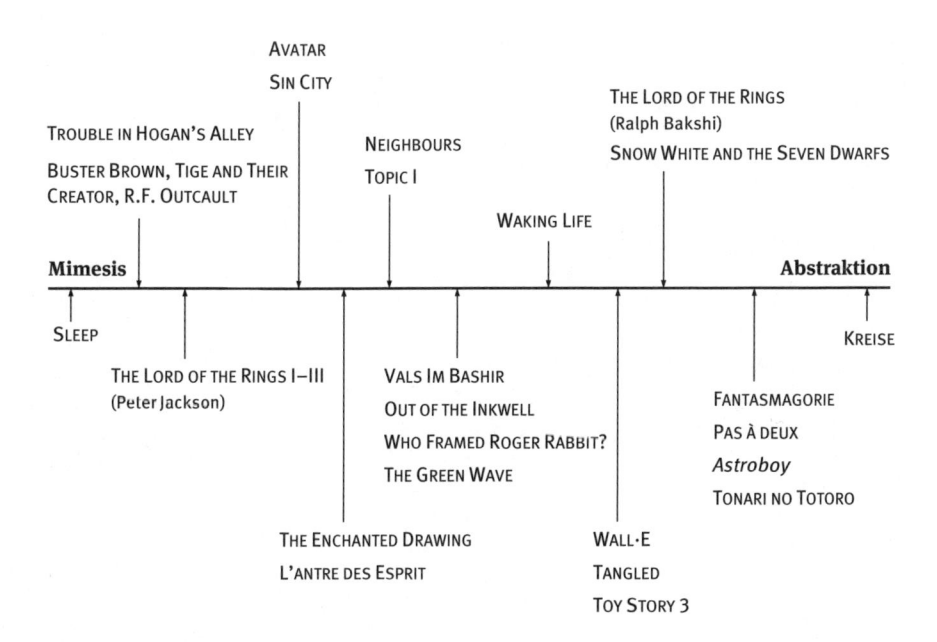

Abb. 1: Entwurf eines Kontinuums mimetischer und abstrakter Darstellungsmodi (nach Furniss 1999: 6) mit allen im Text genannten Filmbeispielen

Teil III: **Die intermediale Dimension**

Genre und Videospiel

Thomas Klein

Einleitung

In seinem Buch *Videogames* wies James Newman 2004 darauf hin, dass das am häufigsten verwendete Konzept zur Klassifikation von Videospielen das Genre sei. Tatsächlich bilden für Spielekonsolen und Homecomputer produzierte Videospiele bereits seit den späten 1970er- und dann vor allem seit den 1980er-Jahren eine Plattform transmedialer Verwertungsketten, die mit Knut Hickethier auch dazu führten, dass sich „Genrebegriffe über das Kino hinaus in anderen Medien durchgesetzt" haben (2002: 64):

> In dem Maße, wie der Film selbst nur noch einen Teil einer medialen Verwertungskette (Kino, Video, Fernsehen, Internet) darstellt, hat sich auch der filmische Genrebegriff verallgemeinert und in anderen Medien Anwendung gefunden. Insbesondere innerhalb des Fernsehens mit seinen Programmstrukturen, aber auch zunehmend in der computergestützten Kommunikation, entspringt die Zuordnung von Genrebegriffen zu Filmen und Sendungen einer kommunikativen Praxis, in der es darum geht, schnell erste Einschätzungen über einzelne Medienprodukte zu ermöglichen. (Hickethier 2002: 64)

Mittlerweile, vor allem im Zuge der Herausbildung neuer 32- und 64-Bit-Prozessoren, ist es bei der Entwicklung von Spielen für Konsolen und PCs eine gängige Praxis, in anderen Medien ins Leben gerufene Erzählwelten zu adaptieren. Die oft nur mit einer geringen Verzögerung auf den Markt kommenden Spiele zu Kinofilmen und Fernsehserien weisen jedoch große Schwankungen im Grad des inhaltlichen und ästhetischen Bezugs zum Ausgangsprodukt auf. Zeitnah zu dieser neuen Extensität der transmedialen Produktverwertung wurde mit der Herausbildung der *Game Studies* zu Beginn des 21. Jahrhunderts auch der Genrebegriff reflektiert. Vergleichbar mit dem Kino seien, so Newman, die Genrebezeichnungen häufig vom Produzenten ausgegangen. Daraus hervorgegangene Genres wie 1. Action and Adventure, 2. Driving and Racing, 3. First-Person Shooter, 4. Platform and Puzzle, 5. Role Playing, 6. Strategy and Simulation und 7. Sports and Beat-'em-ups (Newman 2004: 12)[1] sieht er für die Game Studies aber in vielerlei Hinsicht als problematisch an:

---

[1] In seinem Buch *Trigger Happy – The Inner Life of Video Games* nennt Steven Poole (2000) die etwas anders gelagerten Kategorien Shooter, Racing, Jump'n'Run/Platform Game, Beat'em-Up,

> First, the categories are extremely nebulous and do not represent the fixities that the commentators that utilize them imply. Second, their use perhaps implies not only an overly text-centered approach to understanding videogame play but one in which the text is considered a hermetic, closed system. Studies that seek to evaluate the effect or consequence of one game type in comparison with another necessarily divert attention from the location of play and players within specific socio-cultural, historical, and even interactional or ‚ludic‘ contexts. (Newman 2004: 12)

Wie Britta Neitzel und Rolf F. Nohr betonen, steht eine entsprechende „kritische Reflexion des Genre-Begriffs und seiner Anwendung in den *Game Studies* [...] noch am Anfang, ist aber [...] eine der ‚intuitiven‘ Zugriffsformen zur Erschließung und Nobilitierung des Gegenstandes" (2010: 421). Auf die „Nobilitierung des Gegenstandes" kommt auch Espen Aarseth zu sprechen, wenn er Genreklassifizierungen im Rahmen der Game Studies als wissenschaftspolitische Strategien erkennt: „the fight over the games' generic categorization is a fight for academic influence over what is perhaps the dominant contemporary form of cultural expression" (2004: 45). Darüber hinaus ist es nicht von der Hand zu weisen, dass der Genre-Diskurs in den Game Studies von erkenntnistheoretischer Relevanz ist. Genauso wie die Vielfalt der Genreansätze in der Filmtheorie und Filmwissenschaft den Blick auf das Medium letztendlich weniger verdeckt, als vielmehr nach und nach geschärft hat, wird auch die Genrediskussion in den Game Studies mit der Zeit dazu beitragen, Videospiele besser verstehen und medial verorten zu können. Im Folgenden sollen daher die bislang wichtigsten genretheoretischen und genreanalytischen Ansätze in den Game Studies vorgestellt und kritisch reflektiert sowie abschließend am Beispiel der häufig als Genre bezeichneten Spielform des Shooter kurz diskutiert werden. Dabei soll der Begriff Videospiel und nicht der Begriff Computerspiel Verwendung finden, weil auf diese Weise die ganze Bandbreite an digitalen Spielen wie z.B. auch Konsolenspiele einbezogen werden kann (vgl. Newman 2004; Egenfeldt-Nielsen/Smith/Tosca 2008).

Genre und Film

Eine Ausrichtung der Genretheorie im Bereich der Game Studies hebt Analogien zu Filmgenres hervor. In ihrem Buch *Screenplay: cinema/videogames/interfaces*

God Games, Strategiespiele, Sportsimulationen, Rollenspiele und Puzzle Games. Zur Klassifikation von Videospielen siehe auch Richter (2010).

haben Geoff King und Tanya Krzywinska (2002) auf diese Berührungspunkte zwischen Film und Videospiel hingewiesen:

> Genre is an obvious point of contact, with many of the more film-oriented games occupying territory familiar from the generic categories of cinema – and often drawing on devices specific to these genres in the cinema, rather than elsewhere – prominent examples being action-adventure, horror, science fiction and war. (King/Krzywinska 2002: 10)

Dieser genretheoretische Ansatz kann mit dem *Remediation*-Konzept von Jay David Bolter und Richard Grusin in Verbindung gebracht werden, wonach neue Medien eine Art Umgestaltung (,refashioning') älterer medialer Formen betreiben (1999: 273).[2] Demnach übernehmen Medien wichtige Formelemente früherer Medien, um sie in die neue mediale Form etwa des Videospiels zu transformieren. Die Formelemente des Fernsehens und des Films sind dabei auf der Ebene der Repräsentation zu finden. Die Bilder und Szenarien von Kriegsspielen speisen sich zu einem großen Teil aus einer durch den Film entwickelten Ikonographie. Typische Standardsituationen[3] des Kriegsfilms werden übernommen, wie z.B. Kampf und Schlacht. Der Spieler übernimmt selbst die Rolle einer Figur und beeinflusst mit diversen Schuss- und anderen Waffen ausgerüstet den Ausgang eines Kampfes im Sinne des *Gameplay*.[4] Es sind nicht zuletzt die Standardsituationen des Genres, die beim Medienwechsel vom Kino in das Videospiel *ludisch*[5] transformiert werden, sofern sie Handlungsweisen implizieren.[6] Filmgenres wie insbesondere das Melodrama, deren Standardsituationen eher auf Emotionen abzielen, eignen sich daher weniger für die Adaption als Videospiel.

---

2 Als Strategien von Remediation unterscheiden Bolter und Grusin (1999: 272): 1. Immediacy: „A style of visual representation whose goal is to make the viewer forget the presence of the medium." 2. Hypermediacy: „A style of visual representation whose goal is to remind the viewer of the medium."
3 Standardsituationen sind „Situationen, die immer wiederkehren, unabhängig vom jeweiligen Film, und ein bestimmtes Ablaufschema zur Kanalisierung des erzählerischen Flusses vorgeben [...]. Der ,dramaturgische' Vorteil von Standardsituationen liegt auf der Hand. Das Publikum erkennt die Situation wieder und kann kennerhaft auf die spezifische Nuance reagieren" (Koebner: 2007: 157). Standardsituationen können auch als Handlungsstereotypen bezeichnet werden.
4 Vgl. Egenfeldt-Nielsen/Smith/Tosca (2008: 102): „The game dynamics emerging from the interplay between rules and game geography."
5 Das Adjektiv ,ludisch' leitet sich von der ,Ludologie' ab, einer wichtigen Strömung der Computerspielforschung, die das ,spielerische Moment' von Computerspielen betont (s.u.).
6 Zur Eignung des Begriffs der ,Standardsituation' für intermediale Fragestellungen zwischen Film und Videospiel vgl. Klein (2009).

Auf Standardsituationen im Rahmen einer stärkeren Verknüpfung von Filmgenres mit spezifischen Formelementen des Spiels kommt Andreas Rauscher in *Spielerische Fiktionen – Genrekonzepte in Videospielen* (2012) zu sprechen. Ihm kommt es nicht darauf an, Spielgenres konkret nach dem Vorbild von Filmgenres zu benennen, sondern nachzuvollziehen, wie in Videospielen Strukturen von Filmgenres integriert werden:

> Vor allem das Austauschverhältnis zwischen Genreregeln im filmischen und im spieltechnischen Kontext erscheint im Verhältnis zwischen Spielern und fiktionaler Welt als besonders aufschlussreich. Populäre literarische und filmische Genres wie Science-Fiction, Western oder Abenteuergeschichten verwandeln sich im Kontext von Videospielen in Genre-Settings, die als Kulisse und Zeichensystem für die ludischen Ereignisse dienen. (Rauscher 2012: 19)

Um das Austauschverhältnis begrifflich zu fassen, greift Rauscher auf den *syntactic/semantic approach* zurück, den Rick Altman 1984 für die Filmgenreanalyse entwickelt hat und zu dem er 1999 schreibt: „The semantic approach thus stresses the genre's building blocks, while the syntactic view privileges the structures into which they are arranged" (1999: 219). Das bedeutet wiederum, dass ein Film semantische Elemente eines Genres aufweisen kann, ohne dass er unbedingt nur diesem einem Genre zugerechnet werden müsste. Der Vorteil dieses Ansatzes liegt auf der Hand. Altman erläutert ihn selbst, indem er sich mit dem Western auf das Genre bezieht, das wie kaum ein zweites genretheoretisch reflektiert wurde:

> Stressing common iconography (including six-guns, horses and Western landscapes), a semantic approach to the Western, for example, is readily applied to a large number of films, producing a corpus so inclusive that it may even incorporate some films not usually treated as Westerns. (1999: 89)

Auch Rauscher erläutert die Applikation des semantisch/syntaktischen Ansatzes auf klassische Arcade-Spiele[7] der 1980er- und 1990er-Jahre am Beispiel von Western-Shootern (z.B. *Express Raider*): „Die Semantik des Western liefert das Setting, während die Spielgenres Platform Game oder 1st-Person Shooter die

---

7 ‚Arcade-Spiele' bezeichnet zum einen Spiele für kostenpflichtige Spielautomaten. Weil Spielautomaten zwar noch hergestellt werden, aber eher als Phänomen der Frühzeit des Videospiels gelten, handelt es sich vor allem um einen videospielgeschichtlichen Begriff. In einer erweiterten Bedeutung wird ‚Arcade-Spiel' auch als Terminus für Videospiele im Allgemeinen verwendet, die dem Spielprinzip von Automaten-Spielen folgen, das tendenziell keine narrativen Anteile aufweist. Die Aktion durch den Spieler steht im Vordergrund. Deshalb gelten Arcade-Spiele als mustergültige Action-Spiele (vgl. Egenfeldt-Nielsen/Smith/Tosca 2008: 43).

Spielmechanik und die Game-Syntax bestimmen" (Rauscher 2012: 34). Zu diesem Setting gehören auch die bereits genannten Standardsituationen eines Genres. Arcade-Spiele weisen oft nur eine bestimmte Standardsituation auf, die mit einer konkreten Spielaufgabe und einer entsprechenden Spielmechanik kombiniert wird. Neuere Spiele der letzten Jahre wie etwa *Gun* vereinen eine Vielzahl von Standardsituationen und betten diese in eine Narration ein. Daraus ergebe sich für die Syntax von Videospielen im Allgemeinen:

> In einem Videospiel können die syntaktischen Verknüpfungen auf zwei völlig unterschiedlichen Ebenen entstehen. Einerseits gibt es zwischen den semantischen Komponenten eine Verbindung durch die Regeln. Auf einer abstrakteren, und nicht, wie einige Narrativisten glauben, auf einer konkreten Ebene, existiert eine Syntax der kulturellen Assoziationen, die den Spieler erkennen lässt, ob er im Western-Szenario auf der Seite der Good oder der Bad Guys steht, ob er einen Desperado oder einen Kollegen von Wyatt Earp spielt. (Rauscher 2012: 37)

Den Begriff des ‚Genre-Setting' schlägt Rauscher alternativ zum Begriff des ‚Milieus' vor, den King und Krzywinska (2002: 27) mehr oder weniger analog zum Genre-Begriff im Film auf Videospiele angewandt haben.[8] Der Begriff des ‚Setting' hat den Vorteil, dass nicht nur die Verwendung semantischer Elemente (wie z.B. Orte, Figuren, Objekte), sondern auch syntaktischer Elemente eines Filmgenres in einem Spiel berücksichtigt werden können. In diesem Sinne kann der vom Spieler nicht zu verhindernde Tod des Protagonisten John Marston am Ende des Spiels *Red Dead Redemption* als neues Element im Wandlungsprozess der Western-Syntax vom klassischen zum Spätwestern gelesen werden. Es steht außer Frage, dass der Remediation-Ansatz unter Bezug auf das Medium Film für die genretheoretische Reflexion von Videospielen brauchbar ist. Dies gilt insbesondere für die Cut-Scenes, worunter narrative filmische Sequenzen ohne die Möglichkeit der Partizipation durch den Spieler verstanden werden („[scenes] which are cinematic sequences [...] used by designers to create narrative in a variety of ways"; vgl. Egenfeldt-Nielsen/Smith/Tosca 2008: 176).[9] Doch Rau-

---

8 „We suggest the term milieu to be used in relation to games in much the same way that genre is usually employed in film, to describe the types of worlds, reproduced within games in terms such as location and atmospheric or stylistic conventions. This would include categories such as ‚horror' and ‚science fiction'. [...] The reason for adopting this terminology, however, is to avoid imposing a film-oriented framework upon games, from the outside, rather than working more closely with the dominant discourses surrounding games themselves" (King/Krzywinska 2002: 27).

9 Egenfeldt-Nielsen/Smith/Tosca nennen fünf Anwendungsweisen: 1. „Introduce a central narrative tension", 2. „Shape the narrative in a certain direction", 3. „Compensate for missing

schers zahlreiche Spiele umfassende Studie zeigt, dass auch über diese explizit kinematographischen Elemente hinaus der Film eine kaum zu übersehende Referenz für Videospiele darstellt. Der Terminus des ‚Settings' um die Verwendung filmischer narrativer Strukturen im Videospiel zu beschreiben, erscheint dabei sinnvoll und wird auch von Simon Egenfeldt-Nielsen, Jonas Heide Smith und Susana Pajares Tosca als Bezeichnung des Rahmens der ‚fictional world' eines Videospiels verwendet (2008: 174). Durch die sinnvolle Weiterentwicklung des Remediation-Ansatzes hin zu einer Verzahnung mit Formen des Gameplay zeigt sich zum einen, dass Altmans *syntactic/semantic approach* eine Reichweite besitzt, die auch intermediale Beziehungen zwischen dem Film und anderen Medien erfassen kann. Zum anderen wird deutlich, dass der Bezug zu anderen Medien nicht ausreicht, um Videospiele genretheoretisch zu durchdringen. Es liegt nahe, dass das Videospiel als Form des Mediums Computer auch eine Medienspezifik aufweist. Dies manifestiert sich vor allem in jenen Ansätzen, die Videospielgenres jenseits von Berührungspunkten mit dem Film reflektieren. Einer der wichtigsten Begriffe in diesem Zusammenhang ist der Begriff der Interaktion.

Genre und Interaktion

‚Partizipation' und ‚Interaktion' kursieren bisweilen synonym als Schlüsselbegriffe der digitalen Medien, insbesondere wenn es um die Möglichkeiten des Internets und des Videospiels geht. Während Partizipation indes mehr im Sinne einer ‚participatory culture', der Teilhabe von Rezipienten an medialen Produkten, verwendet wird, kann „Interaktion [...] als ein Überbegriff für ‚eingreifendes', agierendes und reagierendes Intervenieren innerhalb eines vorgegebenen Handlungsrasters" (Neitzel/Nohr 2010: 426) bezeichnet werden. Genreansätze, die Interaktivität in den Mittelpunkt stellen, betonen daher auch eher den Aspekt des Ludischen in Videospielen als den des Narrativen.[10] Ein früher Vorschlag für eine Herangehensweise findet sich bei Mark J.P. Wolf. In seinem Buch *The Medium of the Video Game* (2001) streitet er die Eignung ikonographischer und damit den Film einbeziehender Genreansätze zwar nicht ab, weil es

---

game narrative", 4. „Associate the game with cool modern cinema", 5. „Provide the player with information" (2008: 176f.).
10 Die Videospielforschung bildete anfangs zwei Lager aus, das der Ludologen und das der Narratologen. Die ersten sahen in Videospielen vor allem ‚Spiele'. Die Narratologen akzentuierten das erzählerische Moment (vgl. Egenfeldt-Nielsen/Smith/Tosca 2008: 195ff.; Neitzel/Nohr 2010: 417-420).

in der Tat Videospiele gebe, in denen von entsprechenden Formelementen umfangreich Gebrauch gemacht werde. Doch Interaktivität sei konstituierend für alle Videospiele: „interactivity [...] is an essential part of every game's structure and a more appropriate way of examining and defining video game genres" (Wolf 2001: 114).

Die Art der Aufgabe, die der Spieler zu bewältigen hat, bestimme den Verlauf des Weges dorthin und damit das Genre als spezifische Interaktion. Insgesamt zählt Wolf 42 interaktive Genres.[11] Indem er dergestalt vor allem auf Vollständigkeit abzielt, wird deutlich, dass die Genrediskussion im Bereich des Videospiels Anfang des 21. Jahrhunderts noch in den Anfängen steckte und es zunächst galt, das Forschungsfeld abzustecken.[12] Wolfs Kategorien sind in vielen Fällen sinnvoll, erscheinen teilweise aber hinsichtlich des Kriteriums der Interaktivität fragwürdig. Mit Genrebezeichnungen wie ‚Capturing' oder ‚Collecting' werden bestimmte für das jeweilige Spiel zentrale Handlungsweisen angemessen beschrieben. Begriffe wie ‚Abstract' oder ‚Adaptation' sagen hingegen wenig über Handlungsformen des Spielers aus.

Wolfs Genrekategorien sind auch insofern mit Vorsicht zu behandeln, als sein Buch 2001 erschien, er sich überwiegend auf Atari 2600-Spiele bezieht und seitdem die Spieleentwicklung rasant vorangeschritten ist, was vor allem zur Ausbildung zahlreicher Hybridspiele geführt hat, in denen mehrere Genres kombiniert werden. Andererseits ließe sich einwenden, dass Graphik, Sound, Umfang und auch Komplexität der Spielewelt zwar unaufhörlich verbessert werden, das Gameplay – also der Modus der Interaktion des Spielers mit der Spielewelt – sich jedoch überwiegend an tradierten Videospiel-Genrestandards orientiert. Die Zahl an Spielen, die eine auffällige Innovation im Gameplay aufweisen, ist eher übersichtlich. Dennoch fällt auf, dass Wolf gerade die Spielgenres im Vergleich zu anderen zu kurz beschreibt, die seit einigen Jahren einen wesentlichen Teil des Spielemarktes ausmachen und auch in den Game Studies

---

11 Vgl. Wolf (2001: 117): „Abstract, Adaptation, Adventure, Artificial Life, Board Games, Capturing, Card Games, Catching, Chase, Collecting, Combat, Demo, Diagnostic, Dodging, Driving, Educational, Escape, Fighting, Flying, Gambling, Interactive Movie, Management Simulation, Maze, Obstacle Course, Pencil-and-Paper-Games, Pinball, Platform, Programming Games, Puzzle, Quiz, Racing, Role Playing, Rhythm and Dance, Shoot 'Em Up, Simulation, Sports, Strategy, Table-Top Games, Target, Text Adventure, Training Simulation, Utility". Wolf weist darauf hin, dass Bereiche wie „Diagnostic" und „Demo" zwar nicht wirklich als Spiele bezeichnet werden können, aber auf identischen Trägermedien (Cartridges, Discs) verfügbar sind.
12 Das Format der Liste von Wolf orientiert sich am *Library of Congress Moving Imagery Genre Form Guide* (Wolf 2001: 116f.).

in den Blickpunkt des Interesses gerückt sind, wie z.B. das Strategiespiel. Wolf schreibt hierzu: „Games emphasizing the use of strategy as opposed to fast action or the use of quick reflexes, which are usually not necessary for success in these games" (2001: 132). Bezeichnenderweise führt er hier das Board-Game *Monopoly* auf (vermutlich in Ermangelung anderer Beispiele aus den 1990er-Jahren).

Eine zentrale Rolle spielen Strategiespiele in Thomas H. Apperleys Aufsatz „Genre and game studies: Toward a critical approach to video games genres" (2006), in dem er ihre Form als Argument gegen Bezugnahmen auf den Film und Repräsentationsmodelle anführt. Die konventionellen Genrebestimmungen von Videospielen, die allzu sehr von der Videospielindustrie ausgehen, lehnt er ab, weil sie nicht dazu geeignet seien, die spezifische Form von Spielen zu beschreiben:

> I suggest that the primary problem with conventional video games genres is that rather than being a general description of the style of ergodic interaction that takes place within the game, it is instead loose aesthetic clusters based around video games' aesthetic linkage to prior media forms. (Apperley 2006: 7)

Damit widerspricht Apperley auch der These von Bolter und Grusin, wonach Computerspiele im Sinne der Repräsentation als Remediationen auch und vor allem des Films verstanden werden können. Seiner Kritik an Bolter/Grusin ist aber insofern nicht zuzustimmen, als die beiden Autoren keine Theorie des Computerspiels liefern, sondern in Computerspielen (wie in vielen anderen Medien auch) die Tendenz zum „refashioning" vorheriger Medien erkennen, was die Relevanz anderer medialer Merkmale nicht ausschließt.

Apperleys eigener Ansatz sieht eine Verlagerung von einem repräsentativen hin zu einem ergodischen Verständnis von Genre in Videospielen vor (vgl. 2006: 8). Mit dem Begriff ‚ergodic' schließt Apperley an Espen Aarseths einflussreiches Buch *Cybertext: Perspectives on Ergodic Literature* (1997) an.[13] Ergodische Strukturen macht Apperley vor allem in Simulations- und Strategiespielen aus. Hier seien Formelemente am Werk, die kennzeichnend für Videospiele im Allgemeinen seien und daher als Basis für ein ergodisches Genreverständnis fungieren können. Seine Argumentation läuft allerdings darauf hinaus, anstelle der Bezeichnungen ‚Simulation' und ‚Strategie' mit ‚Interaktivität' als Genrebegriff zu arbeiten. ‚Interaktivität' ließe sich dann in diesem Sinne in zwei Subgenres untergliedern:

---

13 Im Zentrum von Aarseths Buch (1997) stehen ‚ergodische' Textformen, die sich durch nonlineare und auf Interaktivität angelegte Strukturen auszeichnen wie etwa der Hypertext und das Adventure Game.

> The first group are characterized by the players' crucial role in performing the ergodic process, whereas the second group are characterized by the interventions the player must make to bring the ergodic process to the desired end. (Apperley 2006: 14)

Die erste Gruppe bezeichnet Apperley als „performative games" und die zweite als „intervention game". In beiden Formen sieht Apperley fundamentale Unterschiede hinsichtlich der Interaktivität. Eine Genrebezeichnung wie Simulation wird dann fragwürdig, so Apperley, wenn man berücksichtigt, dass eine Rennsimulation als performatives Spiel und eine Wirtschaftssimulation als Interventionsspiel funktioniert. Um diese Argumentation transparenter zu machen, sei noch auf Actionspiele als dritte Kategorie verwiesen, auf die Apperley ausführlicher eingeht (die vierte ist ‚Role Playing'). Dazu zählen First-Person Shooter und Third-Person Games (Apperley 2006: 15). Actionspiele sind intensiv performativ, doch ist das Handeln des Spielers von anderen performativen Spielen zu unterscheiden. Die Besonderheit von Actionspielen sieht Apperley darin, dass vom Spieler eine virtuose Handhabung von Maus, Tastatur oder Gamepad gefordert wird (2006: 16). Auch wenn diese Spiele besonders viele kinematographische Elemente aufweisen, eignet sich nach Apperleys Meinung der Remediation-Ansatz nur bedingt, weil es die Spezifik der Interaktivität und des Handelns durch den Spieler nicht zu erfassen vermag.

Bei einem derart speziellen Ansatz verwundert es nicht, dass Apperley im Unterschied zur (auch in der Filmtheorie) weit verbreiteten Praxis, Genrebegriffe nicht nur als Verständigungsbegriffe, sondern auch als Differenzbegriffe zu verwenden, eher Gemeinsamkeiten von Spielen herausstellen will:

> By shifting the focus of genre in video games from the imbroglio of visual, narrative, and interactive terminology to a specific focus on genres of interactivity, I suggest that a space is created that allows the scholar to examine games in a way that can classify them according to their underlying similarities rather than their superficial visual or narrative differences. (Apperley 2006: 21)

Damit läuft der ergodische Ansatz darauf hinaus, Genre vor allem als ontologisches Theoriemodell zu fassen, das dazu beiträgt zu verstehen, was ein Videospiel im Kern ist und weniger als Modell für die Analyse von Videospielen. Zudem wird deutlich, wie sehr es ihm auch auf eine Genretheorie ankommt, die Hybridkonstellationen berücksichtigt. „What is crucially important to video game genres is to be able to think of each individual game as belonging to several genres at once. This point forms the basis of the critical understanding of genre across all mediums" (Apperley 2006: 19).

An Apperleys und zum Teil auch an Mark J.P. Wolfs Ansatz schließen Egenfeldt-Nielsen, Smith und Tosca in ihrer bereits zitierten Einführung in das Forschungsfeld Video Games an, grenzen die Anzahl an Genres im Vergleich zu Wolf aber massiv auf vier Genres ein: Action Games, Adventure Games, Strategy Games und Process-oriented Games. Die Autorinnen und Autoren orientieren sich an den Skills, also an den notwendigen Fähigkeiten und Fertigkeiten, die der Spieler benötigt, um das Spielziel, das sogenannte ‚Goal', zu erreichen:

> In this book, we propose a genre system based on a game's criteria for success. [...] These criteria for success are quite different. So rather than focus on criteria like theme or narrative, the system we're proposing focuses directly on a feature important to games: goals, and how to achieve them. (Egenfeldt-Nielsen/Smith/Tosca 2008: 41)

Zu den entscheidenden Zielen und Fertigkeiten zählen Egenfeldt-Nielsen/Smith/Tosca Geschicklichkeit und die Koordination von Hand und Auge in Actionspielen, Logik und das Ziehen von Schlussfolgerungen in Abenteuerspielen sowie das sorgfältige Abwägen einer großen Zahl von interdependenten Variablen (während zugleich Strategien anderer Spieler beachtet werden müssen) in Strategiespielen (2008: 43). Prozessorientierte Spiele, zu denen etwa Simulationen (wie *The Sims*) zählen, wiesen dagegen kein eindeutiges Spielziel auf bzw. der Spieler kann im eigentlichen Sinne nicht gewinnen. Zu spielen bedeutet in Simulationen zu allererst, eine dynamische und sich stetig ändernde Welt zu erkunden und zu manipulieren (vgl. Egenfeldt-Nielsen/Smith/Tosca 2008: 44). Im Unterschied zu Apperley geht es hier wieder um Differenzkriterien zwischen Spielegenres, die auch als Elemente einer Game-Syntax bezeichnet werden könnten. In ihrer verkürzenden Prägnanz laufen die von Egenfeldt-Nielsen, Smith und Tosca genannten notwendigen Fähigkeiten des Spielers aber Gefahr, Hybridgenres nicht angemessen erfassen zu können. So erfordern Echtzeit-Strategiespiele wie z.B. *Company of Heroes* durchaus schnelle motorische Reaktionen des Spielers, indem er Figuren zwar nicht unmittelbar lenkt (wie in Third-Person Shootern), aber die von diesen auszuführenden Aktionen innerhalb kurzer Zeit mit Hilfe von Tastatur und Maus auslösen muss.

Wenn Egenfeldt-Nielsen, Smith und Tosca darauf hinweisen, dass es deshalb so viele Genre-Systeme gebe, weil keine vorurteilslose Abschätzung der Unterschiede zwischen zwei Dingen vorgenommen werden könne (vgl. 2008: 40),[14] dann kommen sie genau auf den am weitesten verbreiteten Zweig der Genreforschung zu sprechen, der generische Merkmale als Differenzmerkmale behandelt. Apperleys Ansatz läuft hingegen darauf hinaus, Genre als Teil eines eher

---

14 Vgl. Egenfeldt-Nielsen/Smith/Tosca (2008: 40): „[...] philosophically speaking, the large number of genre systems exist because there is no objective way to measure the differences between two things."

ontologischen medientheoretischen Ansatzes zu verwenden, was in Anbetracht der Tatsache, dass die mediale Form des Videospiels sich erst in den 1970er-Jahren auf breiter Basis herausbildete, nachvollziehbar ist. Eine vergleichbare Phase der Theoriebildung hat es auch in anderen Medien gegeben wie dem Film, wo in frühen Theorieentwürfen etwa von Siegfried Kracauer und Rudolf Arnheim noch häufig die Frage nach dem Wesen des Films gestellt wurde.

Diskursive Genretheorien

In den deutschsprachigen Game Studies findet eine Genredebatte im eigentlichen Sinne nicht statt, was gewiss auch damit zu tun hat, dass sie erst mit einiger Verspätung zu einem Teilbereich der hiesigen Medienwissenschaft wurden. Damit konnte auf der bereits bestehenden Genredebatte der englischsprachigen Game Studies aufgebaut, diese kritisch reflektiert und alternative Wege der Beschäftigung mit Spielen und Spieltypen aufgezeigt werden. Favorisiert werden die interaktionistischen Genreansätze:

> Apperley legt überzeugend die begrenzte Reichweite herkömmlicher Genre-Begriffe in ihrer Applikation auf Computerspiele offen. Als Konsequenz aus dem Vergleich bestehender Genre-Ansätze in den Game Studies argumentiert er hinsichtlich einer Typologie von Computerspielen für Berücksichtigung der Einbettung derselben in mediale und diskursive Systeme sowie [...] für stärkere Berücksichtigung der charakteristischen Anforderungen, die unterschiedliche Spiele an ihre Benutzer stellen, quer zu einem auf inhaltliche oder ikonografische Parameter ausgerichteten Genrebegriff. (Neitzel/Nohr 2010: 421)

Dennoch stellen Neitzel/Nohr die Frage, „inwieweit eine solche Genredebatte überhaupt zielführend für die Game Studies sein kann" (2010: 422). Andere mögliche Zugänge wären etwa der Ansatz von Claus Pias oder pragmatische Herangehensweisen, die eher von der Genrezuschreibung der Rezipienten ausgehen. Einen Mehrwert sehen Nohr und Neitzel in der Genredebatte aber durchaus, weil die „Spezifika unterschiedlicher Ausformungen des Spiel(en)s mit dem Computer in den Blick genommen und Differenzen zu anderen medialen Formen aufgezeigt werden" (2010: 422).

Weil er auf die deutschsprachigen Game Studies einen großen Einfluss ausgeübt hat, sei der Ansatz von Pias hier kurz vorgestellt, auch wenn es sich nicht um eine Genretheorie handelt. Vielmehr benutzt er drei gängige und hier auch bereits diskutierte Genrebezeichnungen – Adventure, Action und Strategie –, um sie als diskursive Praktiken im Sinne Michel Foucaults zu untersuchen:

> Die gebräuchlichen Computerspiel-Begriffe ‚Action', ‚Adventure' und ‚Strategie' [...] stehen nicht für Gattungen ein, sondern für ‚Gegenstandsgruppen oder Äußerungsmengen' (Foucault), die anhand eigentümlicher Probleme ein je spezifisches Wissen in Form von Daten, Verfahren, Darstellungsmodi usw. hervorbringen. (Pias 2002: 4)

Ein solcher diskurstheoretischer Ansatz, wie er etwa auch von Nohr vertreten wird, hat den Vorteil, sich nicht auf Genrediskussionen einlassen zu müssen, sondern von vorhandenen und inhaltlich aus mehreren Perspektiven ‚gefüllten' Genrebegriffen ausgehen zu können. Trotz des diskursanalytischen Zugangs können so wichtige Aussagen über Spielgenres getroffen werden, worauf auch eine sinnvolle Genrereflexion abzielen sollte. So stellt auch Pias jeweils ein zentrales Merkmal heraus, das durchaus im Sinne einer Genre-Syntax gelesen werden kann: Das Actionspiel ist zeitkritisch, das Adventure entscheidungskritisch und das Strategiespiel konfigurationskritisch. Wenn Pias demzufolge als typisch für Actionspiele die Forderung von „Aufmerksamkeit", für Adventures von „optimalen Urteilen" sowie für Strategiespiele die Forderung von „Geduld" (2002: 4) nennt, ist zwar zu berücksichtigen, dass er sich vorzugsweise auf die ersten Exempel der Computerspielgeschichte bezieht. Dennoch können die Ergebnisse dieser Studie produktiv in den Genrediskurs eingebracht werden, ist die Nähe zu den Interaktions-Ansätzen doch unübersehbar, wenn Pias z.B. „die Synthese eines Spielverlaufs aus einer Folge von einzelnen, zeitkritischen Handlungen, ausgewählt aus einer bestimmten Anzahl von Handlungsmöglichkeiten" (2002: 25) als typisch für das Actionspiel bezeichnet.

Abschließend sollen die hier vorgestellten Genreansätze am Beispiel einer sehr populären und vieldiskutierten Form des Videospiels kurz diskutiert werden: dem Shooter.

Fallbeispiel: Shooter

Shooter lassen sich nach Apperley in zwei Subgenres unterteilen: in First-Person Shooter und Third-Person Shooter (2006: 15). Auch wenn die Begriffe von der Erzähltheorie übernommen wurden (vgl. ebd.), meint Apperley damit weniger eine Erzählperspektive als vielmehr die Form der visuellen Wahrnehmung des Geschehens durch den Spieler. Die First-Person-Perspektive im Shooter ist vergleichbar mit Robert Montgomerys Film THE LADY IN THE LAKE, in dem der Zuschauer die Filmhandlung ausschließlich aus der subjektiven Perspektive des Protagonisten sieht. Diese visuelle Engführung erwies sich im Film als unattraktiv, weil sie die Möglichkeiten der Inszenierung des filmischen Raumes zu stark einschränkte.[15] Im Shooter hingegen wird die Handlungsmächtigkeit des Spielers durch die First-Person-Perspektive unterstützt. Der Spieler ‚verschmilzt' mit dem unsichtbar bleibenden Avatar. Zu sehen sind nur die Hände oder Arme, die die jeweilige Waffe tragen. In der Third-Person-Perspektive bewegt der Spieler einen meist aus schräger Aufsicht vollständig sichtbaren Avatar durch die Spielwelt.

In dem von Matthias Bopp, Serjoscha Wiemer und Rolf F. Nohr herausgegebenen Band *Shooter. Eine multidisziplinäre Einführung* (2009) diskutieren die Herausgeber mögliche Definitionen eines Shooters:

> Handelt es sich um ein mediales Genre, vergleichbar anderen Genres, die man in der Literatur oder im Film unterscheidet? Oder beschreibt der Ausdruck Shooter vielleicht eher ein bestimmtes Spielprinzip, das auf die Handlungen der Spielenden verweist? Wenn man Shooter in diesem Sinne schlicht als ‚Schießspiel' verstehen wollte, könnte man die Tätigkeiten des Zielens, Schießens und Treffens zu den notwendigen Definitionskriterien eines Shooters rechnen. (Bopp/Wiemer/Nohr 2009: 8)

Mit Zielen, Schießen und Treffen sind wesentliche Faktoren der Performativität eines Shooters als Actionspiel im Sinne Apperleys genannt, weil die „technische Performance" vom Spieler durch die Bedienung von Tastatur, Maus oder Joystick geleistet werden muss (vgl. Apperley 2006: 16). Mit Egenfeldt-Nielsen, Smith und Tosca erfordern Shooter vom Spieler daher Feinmotorik und eine Koordination von Hand und Auge. Bopp, Wiemer und Nohr fügen einen weiteren performativen Akt hinzu, den des „Raum-Aneignens" (2009: 9). Diese Räume können wiederum eben jenes Setting aufweisen, das Rauscher als Semantik von Videospielen begreift. Es kann sich um den Raum des Wilden Westens (*Gun*), den Raum des Zweiten Weltkriegs (*Call of Duty*) oder einen städtischen Raum handeln, der sich aus Versatzstücken des Gangsterfilms zusammensetzt (*Mafia*). Dabei ist zu berücksichtigen, dass die begehbaren Räume in Shootern stets über einen durch Filmgenres vorgegebenen Handlungsraum hinausreichen (müssen). Da die Nutzung des „navigable space" (Manovich 2001: 247) auch als Definitionskriterium für andere Spielformen wie Role Playing und Strategiespiele genannt werden kann, erscheint es aber sinnvoll, nicht außer Acht zu lassen, dass Shooter medienübergreifende Genres audio-visuell remediatisieren, die Aneignung bestimmter begrenzter und wiedererkennbarer Räume möglich machen, wenngleich dies nicht in jeder Spielphase oder Missi-

---

15 Wobei es im Verlauf der Filmgeschichte mittlerweile einige Beispiele für die ‚First-Person-Perspektive' gegeben hat, in denen die Einschränkungen der Perspektive zugleich für die Narration des Films funktionalisiert wurde, die somit als gelungenere Beispiele gelten können (vgl. Kuhn 2009; 2011: 177ff.).

on der Fall sein mag. Außerdem werden, wie bereits erwähnt, handlungsorientierte Standardsituationen der jeweiligen Filmgenres ludisch transformiert. Ein entsprechendes filmisches Genrewissen kann die Lösung einer Aufgabe unterstützen bzw. auch die Art und Weise der Raum-Aneignung beeinflussen.

Ein Shooter wie *Medal of Honor: Allied Assault* ist dann insofern interessant, als sowohl der Zweite Weltkrieg als auch das Medium Film insbesondere durch Steven Spielbergs SAVING PRIVATE RYAN als Setting und Lieferant von Missionen fungieren. Durch die Konzentration auf Schießen und Aneignung von Raum und den häufigen Bezug zu Standardsituationen einer bestimmten Ausprägung des Kriegsfilms ließen sich die Shooter, die im Zweiten Weltkrieg spielen (z.B. *Call of Duty*), in Anlehnung an Jeanine Basinger (1986) daher auch als „World War II Combat Game" bezeichnen (Klein 2010).

Fazit

Videospiele weisen ein großes Spektrum an medialen Formen auf, die sich nicht ohne weiteres zu einer homogenen Genresystematik zusammenfügen lassen.[16] Es gibt Videospiele, die fast ausschließlich ludische Elemente aufweisen und es gibt Spiele, in denen die Narration als wichtiger Faktor hinzukommt. In diesem Zusammenhang sollte die offensichtliche Nähe einiger Bereiche des Videospiels zum Film nicht ignoriert werden. Andererseits ist der Tatsache Rechnung zu tragen, dass es Spiele gibt, die kaum narrative Elemente geschweige denn Berührungspunkte zum Film aufweisen. Solche Videospiele als genuin aus dem digitalen Zeitalter hervorgegangene mediale Formen zu behandeln und daraus ein medienimmanentes Handeln des Spielers abzuleiten, ist indes ebenso problematisch. Ein Strategiespiel als Brettspiel kann ebenso viel Geduld erfordern wie ein digitales Strategiespiel. Geschicklichkeit ist beim Seilspringen prinzipiell ebenso gefragt wie bei digitalen Action-Spielen. Zumal sich Videospiele, in denen das ludische Moment überwiegt, oft an anderen Spielen wie Brettspiele oder Kartenspiele orientieren oder sich auch in älteren Medien finden lassen. Hier sei etwa auf das Wimmelbildspiel verwiesen, das auch im Medium Buch vorzufinden ist. Das Wimmelbildspiel besteht im Kern darin, versteckte Elemente in einem Bild zu erkennen. Des Weiteren stellt sich die Frage nach dem Genre-Status von *casual games*, die mittlerweile vor allem mit Mobiltelefonen und PDAs (Personal Digital Assistants) in Verbindung gebracht werden.[17] Diese ‚Ge-

---

16 Zu dieser Problematik siehe auch Arsenault (2009).
17 Zu *casual games* vgl. Juul (2010).

legenheitsspiele' sollen auch Konsumenten erreichen, die nicht zu den üblichen Videospielern gerechnet werden. Sie sind einfach zu verstehen und bieten die Möglichkeit temporäre Freizeit zu füllen. Diese Funktion haben aber auch Kartenspiele. Von diesen letzten Beispielen ausgehend, die eine weitere Ausdifferenzierung von Spielegruppen induzieren, erscheint die genretheoretische Auseinandersetzung mit Videospielen dringlicher denn je. Die Beispiele zeigen zudem, dass nicht nur der narrative Anteil von Videospielen mit anderen Narrationen zu vergleichen ist, um genretheoretische Erkenntnisse zu erlangen. Auch in der Analyse ludischer Elemente kann stärker auf Formen älterer, nicht digitaler Spiele zurückgegriffen werden. Zum anderen ist es ratsam, den Aspekt der Remediatisierung auch von Spielsituationen in zukünftige Theorien zu Videospiel-Genres einfließen zu lassen.

Medienverzeichnis

Company of Heroes (Relic Entertainment/THQ 2006)
Call of Duty (Infinity Ward/Activision 2003)
Express Raider (Data East 1986)
Gun (Activision 2005)
THE LADY IN THE LAKE (USA 1947, Die Dame im See, Regie: Robert Montgomery)
Mafia (Illusion Softworks 2002)
Medal of Honor: Allied Assault (Dreamworks Interactive/EA Games 2002)
Red Dead Redemption (Rockstar Games 2010)
SAVING PRIVATE RYAN (USA 1998, Der Soldat James Ryan, Regie: Steven Spielberg)
The Sims (EA Games 2000)

Literaturverzeichnis

Aarseth, Espen (2004): „Genre Trouble: Narrativism and the Art of Simulation". In: Wardrip-Fruin, Noah/Harrigan, Pat (Hgg.): *First Person – New Media as Story, Performance, and Game*. Boston: MIT Press, S. 45-55.
Aarseth, Espen (1997): *Cybertext: Perspectives on Ergodic Literature*. Baltimore/London: The Johns Hopkins University Press.
Altman, Rick (1999): *Film/Genre*. London: Palgrave Macmillan (BFI).
Apperley, Thomas H. (2006): „Genre and game studies: Toward a critical approach to video games genres". In: *Simulation and Gaming. An international Journal of Theory practice and Research*. Volume 37, Issue 1 (March 2006), S. 6-23.
Arsenault, Dominic (2009): „Video Game Genre, Evolution and Innovation". In: *Eludamus. Journal for Computer Game Culture* 3.2, S. 149-176.
Basinger, Jeanine (1986): *The World War II Combat Film. Anatomy of a Genre*. New York: Columbia University Press.

Bolter, Jay David/Grusin, Richard (1999): *Remediation. Understanding New Media*. Cambridge/London: MIT Press.
Bopp, Matthias/Wiemer, Serjoscha/Nohr, Rolf F. (2009): „Shooter. Eine Einleitung". In: Dies. (Hgg.): *Shooter. Eine multidisziplinäre Einführung*. Münster: LIT, S. 7-20.
Egenfeldt-Nielsen, Simon/Smith, Jonas Heide/Tosca, Susana Pajares (2008): *Understanding Video Games. The Essential Introduction*. New York/London: Routledge.
Hickethier, Knut (2002): „Genretheorie und Genreanalyse". In: Felix, Jürgen (Hg.): *Moderne Film Theorie*. Mainz: Bender, S. 62-103.
Juul, Jesper (2010): *A Casual Revolution. Reinventing Video Games and their Players*. Cambridge/London: MIT Press.
King, Geoff/Krzywinska, Tanya (Hgg.) (2002): *Screenplay: cinema/videogames/interfaces*. London: Wallflower Press.
Klein, Thomas (2009): „Verfolgungsjagd und Suche in Film und Computerspiel. Zur Intermedialität der Standardsituationen". In: Beil, Benjamin/Simons, Sascha/Sorg, Jürgen/Venus, Jochen (Hgg.): *„It's all in the Game" – Computerspiele zwischen Spiel und Erzählung*. (= Navigationen. Zeitschrift für Medien- und Kulturwissenschaften. Hrsg. von Peter Gendolla. Jg. 9, H. 1), S. 109-120.
Klein, Thomas (2010): „Wie ich den Krieg immer wieder neu gewinnen kann. Das World War II Combat Game". In: Riedel, Peter (Hg.): *„Killerspiele". Beiträge zur Ästhetik virtueller Gewalt* (=Augenblick. Marburger Hefte zur Medienwissenschaft. Hrsg. von Heinz B. Heller/Angela Krewani/Karl Prümm, Heft 46), Marburg: Schüren, S. 54-72.
Koebner, Thomas (2007): „Dramaturgie". In: Ders. (Hg.): *Reclams Sachlexikon des Films*. Stuttgart: Reclam, S. 156-161.
Kuhn, Markus (2009): „Gibt es einen Ich-Kamera-Film? Überlegungen zum filmischen Erzählen mit der subjektiven Kamera und eine exemplarische Analyse von Le scaphandre et le papillon". In: Birr, Hannah/Reinerth, Maike S./Thon, Jan-Noël (Hgg.): *Probleme filmischen Erzählens*. Münster: LIT, S. 59-83.
Kuhn, Markus (2011): *Filmnarratologie. Ein erzähltheoretisches Analysemodell*. Berlin/New York: de Gruyter.
Manovich, Lev (2001): *The Language of New Media*. Cambridge/London: MIT Press.
Neitzel, Britta/Nohr, Rolf F. (2010): „Game Studies". In: *Medienwissenschaft. Rezensionen, Reviews* 04/2010, S. 416-435.
Newman, James (2004): *Videogames*. New York: Routledge.
Pias, Claus (2002): *Computer-Spiel-Welten*. München: Sequenzia.
Poole, Steven (2000): *Trigger Happy – The Inner Life of Video Games*. London: Fourth Estate Press.
Rauscher, Andreas (2012): *Spielerische Fiktionen – Genrekonzepte in Videospielen*. Marburg: Schüren.
Richter, Angelika (2010): *Klassifikationen von Computerspielen*. Potsdam: Universitätsverlag Potsdam.
Wolf, Mark J.P. (2001): *The Medium of the Video Game*. Austin: University of Texas Press.

Genre und Fernsehen

Joan Kristin Bleicher

Einleitung

Die Differenzen, aber auch Ähnlichkeiten der beiden audiovisuellen Massenmedien Film und Fernsehen sind zentraler Gegenstandsbereich der Medialitätsforschung. Das vorliegende Kapitel beschreibt auf Grundlage der bisherigen medienwissenschaftlichen Forschung das Genrespektrum des Fernsehens. Neben den für die Fernsehentwicklung entscheidenden Rahmenbedingungen und den historischen Entwicklungen werden auch Ordnungsmodelle, das Genrespektrum unterschiedlicher Programmbereiche, Aspekte der Produktion und der Rezeption thematisiert.

Das medienspezifische Genrespektrum des Fernsehens ist durch unterschiedliche mediale Einflüsse, etwa des Films, sowie kulturelle, ökonomische und gesellschaftliche Kontexte und Produktionsfaktoren geprägt. Gleichzeitig spielen Genres als Ordnungsmodelle in allen Bereichen der Fernsehvermittlung eine maßgebliche Rolle. Jason Mittell betont: „Genres work within nearly every facet of television – corporate organizations, policy decisions, critical discourses, audience practices, production techniques, textual aesthetics, and historical trends" (2004: xi). Diese Einbindung wird von kontinuierlichen Veränderungen des Fernsehens beeinflusst und bildet somit einen Schwerpunkt der fernsehhistorischen Forschung.

Bedingt durch die Angebotskomplexität des Mediums sind Genrebezeichnungen im Fernsehen umfassender und ausdifferenzierter als im Kino, da sie neben Fiktion und Dokumentation auch Angebotsformen der Programmbereiche Unterhaltung, Information, Bildung und Werbung kategorisieren.[1] Bezeichnungen wie ‚Affektfernsehen' (Bente/Fromm 1997) signalisieren die besonderen Erlebnispotenziale des Mediums in seinen Angebotsformen wie etwa in Live-Übertragungen, Unterhaltungssendungen, aber auch in fiktionalen Sendeformen. Hinweise auf spezifische Erlebnispotenziale verweisen auf die Bedeutung von Genrebezeichnungen für die Fernsehnutzung. Die Nutzungspräferenzen für

---

[1] Bereits 1987 erfasste eine Studie des Siegener Sonderforschungsbereichs „Ästhetik, Pragmatik und Geschichte der Bildschirmmedien. Schwerpunkt: Fernsehen in der Bundesrepublik Deutschland" ca. 1.300 unterschiedliche Genrebezeichnungen in Programmzeitschriften (Rusch 1987).

bestimmte Genres wiederum bilden den Ausgangspunkt einer kulturellen und sozialen Hierarchiebildung (vgl. Mittell 2004: xvi). Auf dieser Basis werden bereits die Genres selbst auf einer Skala von intellektuell bis weniger anspruchsvoll angeordnet; Mittell spricht von einer „highbrow/lowbrow axis": „medical dramas are positioned as more socially valued and intrinsically ‚better' than soap operas" (2004: 15). Er fordert daher die sozialen Kontexte von Fernsehgenres in die Interpretation von Sendungstexten einzubeziehen und auch die unterschiedliche Nutzung von Genrebezeichnungen in verschiedenen Zielgruppen zu berücksichtigen (2004: 4, 14). Erst ein komplexes Genrespektrum ermöglicht es dem Fernsehen, als Forum der gesamtgesellschaftlichen Kommunikation zu fungieren (vgl. Newcomb/Hirsch 1983: 45-55).

Wechselwirkungen von Fernsehgenres mit anderen kulturellen Ausdrucksformen

Das sich im medienhistorischen Verlauf kontinuierlich verändernde umfassende Genrespektrum des Fernsehens ist geprägt von den allgemeinen ästhetischen Charakteristika des Mediums, das aufgrund seiner Angebotskomplexität und der dauerhaften Distribution auch als Erzähl- oder Bildmaschine charakterisiert wurde (vgl. Bleicher 1999: 16). Als Programmmedium integriert das Fernsehen neben eigenen Angebotsformen wie etwa dem Fernsehspiel eine Vielzahl von Angeboten aus anderen Kulturbereichen (z.B. aus dem Theater und Kabarett) und aus anderen Medien wie etwa dem Kinospielfilm (vgl. Bleicher 1999: 89) oder dem Radio (vgl. Rose 1985: 3). Diese Integration schlägt sich in einem breiten Spektrum an Genrebezeichnungen unterschiedlicher Herkunft nieder. So liegen die Ursprünge der Magazine im Bereich der Printmedien (vgl. Schumacher/Kreuzer 1988: 9-22). Seinem frühen Versprechen, als ‚Fenster zur Welt' zu fungieren, entspricht das Fernsehen durch Live-Übertragungen ebenso wie durch ein breites Spektrum an Dokumentationen oder Informationssendungen.

Das Fernsehen als Erzählmaschine, die fortlaufend Welt erklärt (vgl. Bleicher 1999: 283ff.), nutzt innerhalb seiner Programmschwerpunkte eine Vielzahl thematisch spezialisierter fiktionaler und nonfiktionaler Angebotsformen, die mit unterschiedlichen Reichweiten nach Programmformen-, Gattungs- und Genrekategorien sortiert werden (vgl. Hickethier 2001: 190ff.).[2] Die Erfahrungen

---

2 Mit seinem die Bereiche Fiktion/Nonfiktion umfassenden Genrespektrum schließt das Fernsehen an kulturhistorische Entwicklungen an, in denen neben der rationalen Welterklärung durch die Wissenschaft das Gegenmodell der Welterklärung durch Erzählungen erhalten blieb.

der Zuschauer mit Angebotsformen anderer Medien beeinflusst die Nutzung der Fernsehgenres. Knut Hickethier betont, das Interesse des Publikums sei „im Grunde auf tradierte Formen ausgerichtet, die sich in der Befriedigung der Unterhaltungs- und Informationsbedürfnisse bewährt haben" (2001: 221). Somit stehen Fernsehgenres in enger Wechselwirkung mit kulturellen und anderen medialen Ausdrucksformen.

Genrebezeichnungen im Produktions- und Rezeptionsprozess des Fernsehens

Viele Genrebezeichnungen entstehen – den Kinofilmgenres vergleichbar – im Bereich der Produktion (vgl. Schatz 1981). Aus der Perspektive der Fernsehwissenschaft konstatiert Mittell:

> Some important practices include sponsorship decisions (how do sponsors use genres to target customers and ‚purchase' appropriate audiences?) corporate synergy (how do conglomerates employ specific genres to further profits and cross promotions?) regulations and policies (how do both self-regulation and governmental policy utilize generic distinctions in defining their regularity scope?), technological shifts (how might technical developments favor or discourage certain genres?) and intermedia relations (how do institutions transfer genres across media, such as film adaptions of television, or shifting radio programs to television?). (2004: 58)

Ein Ziel der Konstruktion und Verwendung von Genrebezeichnungen ist es, über spezifische Nutzungs- und Erlebnisversprechen die Zuschauererwartungen zu steuern. Dabei entstehen immer neue Bezeichnungen wie etwa ‚Dramedy', das auf die Kombination aus Tragik (*drama*) und Humor (*comedy*) hinweist. Die Fernsehproduktion und -distribution lässt sich als Prozess unterschiedlicher Stadien beschreiben, der wechselnde Genrezuordnungen aufweist, d.h., in verschiedenen Diskursen auf Produktions-, Distributions- und Rezeptionsseite werden verschiedene Genrelabel für vergleichbare oder sogar die gleichen Produkte gewählt. So setzen Produktionsunternehmen z.B. für TV-Movies Genrebezeichnungen wie ‚Krankheit der Woche' ein (vgl. Davis 2000: 37f.), die Standardisierungen in Drehbuch, Produktion und Postproduktion nach sich ziehen. Innerhalb der Sendeanstalten operierende Redaktionen (die als Auftraggeber der Produktionsunternehmen tätig sind) verwenden Genrebezeichnungen zur Planung von Timeslots innerhalb der Programmschemata (wie etwa den Time-

---

Hans Jürgen Heinrichs bezeichnet diese erzählte Welt auch als das „Unbewusste der Gesellschaft" (1996: 16).

slot des ‚Dienstagabend-TV-Movies' auf SAT.1). Redakteure nutzen eher etablierte Bezeichnungen wie Melodrama. In den Sendungsankündigungen der Programmzeitschriften werden dagegen wechselnde Zuordnungen wie ‚Rührstück' oder ‚Schmonzette' verwendet. Die Sendung selbst wird im Programmtrailer der ausstrahlenden Sendeanstalt werbewirksam als ‚Movie der Woche' bezeichnet. Die Zuschauer wiederum gehen vom Erlebnisversprechen als Auswahlkriterium aus und kommunizieren über Fernsehsendungen etwa mit Bezeichnungen wie ‚Krankenhausfilm' (vgl. Hepp 1998; Keppler 1994). Auch in öffentlichen Diskursen über das Fernsehen – etwa im Bereich der Fernsehkritik – spielen Genrebezeichnungen eine zentrale Rolle (vgl. Mittell 2004: 11ff.).[3]

Die Einbindung von Fernsehgenres in das Ordnungsmodell des Programms

Im Unterschied zur derzeitig vorherrschenden Form der Distribution eines Spielfilms im Kino ist die einzelne Angebotsform im Fernsehen in den durch additive Zeitraster strukturierten dauerhaften Programmfluss unterschiedlicher Sendeanstalten eingebunden, sodass die Grenzen der Angebotseinheiten in Distribution und Rezeption verschwimmen.[4] Das Erscheinungsbild des Programms als Angebotsfläche des Fernsehens ist geprägt vom Zusammen- und Widerspiel der unterschiedlichen gesellschaftlichen Erwartungen, von den politischen, ökonomischen und juristischen Anforderungen, den technischen Möglichkeiten der Vermittlung und des Empfangs, den wirtschaftlichen Interessen und inhaltlichen Zielsetzungen der jeweiligen Anbieter, von der Organisationsform und thematischen Struktur ihrer Sendeanstalten und der von ihnen adressierten Zielgruppe sowie dem Nutzungsverhalten der Rezipienten. Änderungen in einem dieser Bereiche führen auch zu Veränderungen des Erscheinungsbildes und der Inhalte des Fernsehens.

In der bisherigen medienwissenschaftlichen Fernsehforschung wurden folgende Ordnungsmodelle des Programms erfasst, die die formalen, thematischen und ästhetischen Dimensionen des Genrespektrums beeinflussen (Tab. 1):

---

3 Mittell verweist darauf, dass Genres diskursive Praktiken darstellen und gleichsam aus diesen hervorgehen. Diese Praktiken lassen sich nach Mittell in Bezug auf ihre Genrekonstitution in drei Basistypen einteilen: „[a] definition (‚this show is a sitcom because it has a laugh track'), [b] interpretation (‚sitcoms reflect and reinforce family values') und [c] evaluation (‚sitcoms are better entertainment than soap operas')" (2004: 16).
4 Zu den Besonderheiten der Ordnungsmodelle des Internetfernsehens vgl. Bleicher (2009: 520-537).

A. Programmformen	B. Programmmodelle	D. Sendeformen
Vollprogramme	*Lineares Programm*	Nachrichten
Öffentlich-rechtliche Programme	Fluss, Raster	Magazine
Kommerzielle Programme		Dokumentationen
Zielgruppenprogramme	*Konzentrisches Programm*	Live-Übertragungen
Kinderprogramme	Thementag,	Fernsehfilme
Jugendprogramme	Themenabend	Serien
Frauenprogramme		Shows
Männerprogramme	**C. Programmbereiche**	Werbespots
Spartenprogramme	Information	
Musikprogramme	Bildung	
Kirchlich-religiöse Programme	Fiktion	
Hobbyprogramme	Unterhaltung	
Nachrichtenprogramme	Sport	
Sportprogramme	Werbung	

Tab. 1: Ordnungsmodelle des Fernsehprogramms

Strukturelle Analogien kennzeichnen die Beziehung zwischen *Programmmodellen* und Strukturen von *Sendeformen*. Beispielsweise bilden Nachrichten und Magazine in ihrer additiven Struktur eine Analogie zur Rasterstruktur des linearen Programms. Die episodenübergreifende Handlungsstruktur von Langzeitserien bildet in ihrer zeitlichen Ausdehnung eine Analogie zum Modell des Programms als Fluss (vgl. Bleicher 1999: 157-163). Die unterschiedlichen Sendeformen lassen sich auf der Basis ihrer additiven Binnenstruktur potenziell unendlich in die Zukunft ausdehnen und passen sich auf diese Weise dem linearen Zeitpfeil an. Das gleichbleibende Raster lässt sich mit jeweils neuen Inhalten füllen. Werbeleisten bilden eigene Raster innerhalb von Sendungen, die in ihrer additiven Struktur eine Analogie zu dem linearen Programmmodell aufweisen.

Mit der Entwicklung digitaler Produktions- und Distributionstechniken veränderten sich schrittweise auch die Ordnungsmodelle des Fernsehens. In unterschiedlichen Formen der Onlineverbreitung von Fernsehangeboten etwa durch Mediatheken öffentlich-rechtlicher Sendeanstalten findet sich eine Loslösung von diesen Zeitbindungen der Ausstrahlung und der Rezeption (vgl. Bleicher 2009). Gleichzeitig ist eine Fragmentierung der Programmformen und Sendungseinheiten erkennbar.

Fernsehgenres lassen durch die genannten Prinzipien der additiven Binnenstruktur, der seriellen Ausrichtung im Programmfluss und durch die kontinuierliche Veränderung parallel zur Programmentwicklung eine höhere Variabilität und Flexibilität im Vergleich zu Filmgenres erkennen.

Das Gattungs- und Genrespektrum der Programmbereiche des Fernsehens

Das Gattungs- und Genrespektrum des deutschen Fernsehens lässt sich den unterschiedlichen Programmbereichen Information, Bildung und Unterhaltung, aber auch Sport und Werbung zuordnen. Die drei Kernbereiche Information, Bildung und Unterhaltung haben ihren historischen Ursprung in den Rundfunkstaatsverträgen, die den Programmauftrag der öffentlich-rechtlichen Sendeanstalten regeln (Bleicher 1993: 94f.).

Die Themenschwerpunkte innerhalb der Programmbereiche orientieren sich zum einen am Funktionsversprechen des Fernsehens, als ‚Fenster zur Welt' zu fungieren, und zum anderen am spezifischen Dispositiv der Einbindung des Empfangsapparats in das direkte Lebensumfeld der Zuschauer. So bilden z.B. aktuelle Informationen und Auslandsberichterstattung im Bereich Information sowie fiktionale Erzählungen über Liebe und Familie genreübergreifende Themenschwerpunkte. Liebesgeschichten sind beispielsweise sowohl in Fernsehfilmen und Serien (z.B. in den Rosamunde Pilcher-Verfilmungen im ZDF oder in der Serie *Verbotene Liebe* in der ARD) anzutreffen als auch in realitätsbasierten Unterhaltungsformen wie dem Format *Bauer sucht Frau*, in dem der kommerzielle Sender RTL einsamen Bauern eine heiratsfähige Frau zu vermitteln versucht.

In ihrer paratextuellen Funktion etwa innerhalb von Programmschemata oder -zeitschriften markieren Fernsehgenre-Bezeichnungen unterschiedliche Formen des Weltbezugs, deren Spektrum von der Information über aktuelle Weltereignisse bis hin zur Spannung des offenen Ausgangs von Wettkämpfen innerhalb von Gameshows reichen. Diese Schwerpunkte sind von unterschiedlichen kulturellen und medialen Vorbildern beeinflusst: im Bereich Information und Bildung von den Printmedien sowie im Bereich der fiktionalen und nonfiktionalen Unterhaltung von den Medien Literatur, Theater, Kino und Hörfunk. So lässt der TV-Movie *Haialarm auf Mallorca* (RTL) deutliche Anlehnungen an den Kinofilm JAWS von Steven Spielberg erkennen. Diese intermedialen Bezüge bilden eine wesentliche Grundlage der Genreentwicklung im Fernsehen (vgl. Mittell 2001: 6).

Volker Gehrau bezeichnet aus der Perspektive der Kommunikationswissenschaft Fernsehgattungen als „all jene Begriffe [...], die Fernsehangebote nach ihrer Form systematisieren" (2001: 18). Hickethier ergänzt aus filmwissenschaftlicher Perspektive den Aspekt der Verwendung (2003: 151). Er sieht in der inhaltlich-strukturellen Bestimmung von Genres einen Unterschied zum Gattungsbegriff, der in der Literaturwissenschaft entwickelt wurde. Innerhalb der

Medienwissenschaft werde „die Gattung nicht durch eine inhaltliche Struktur, sondern durch den darstellerischen Modus (z.B. Spiel-, Dokumentarfilm) und durch die Verwendung (z.B. Werbe-, Lehr-, Experimentalfilm)" (Hickethier 2002: 63) definiert. Hickethier illustriert diese Differenz zwischen Gattung und Genre am Beispiel des Krimis. „Das Krimigenre wird durch das Vorhandensein wesentlicher Handlungskonstellationen (Verbrechen und Aufklärung des Verbrechens) definiert. Dieses Genre kann in unterschiedlichen Filmgattungen (Spielfilm, Animationsfilm) vertreten sein" (ebd.). Hickethiers Genre- und Gattungsverständnis wird im Rahmen dieses Kapitels auf das Fernsehen übertragen. Beispiele für die thematische Ausdifferenzierung der verschiedenen Fernsehgattungen in Genres innerhalb der Programmbereiche zeigt Tab. 2 (die keinen Anspruch auf Vollständigkeit erhebt).

Gattungs- und Genrebezeichnungen in der bisherigen Fernsehforschung

Die in unterschiedlichen Bereichen wie etwa der Fernsehproduktion, aber auch in Paratexten der Sendeanstalten oder in Artikeln der Fernsehkritik entstandenen Genrebegriffe wurden von Medien- und Kommunikationswissenschaftlern aufgegriffen und in ihre Studien und Publikationen integriert. In den 1970er-Jahren standen die Gattungen *Serie* und *Fernsehspiel* im Fokus der damals neuen germanistischen Medienforschung, da sie dem klassischen literaturwissenschaftlichen Gegenstand der fiktionalen Narration zuzuordnen waren (vgl. Hickethier 1980; Knilli 1971). Die beiden Germanisten Karl Prümm und Helmut Kreuzer adaptierten einen in der Literaturwissenschaft entwickelten gattungstypologischen Ansatz für die Kategorisierung von Fernsehsendungen. Mit ihrem Sammelband *Fernsehsendungen und ihre Formen* (1979) legten sie Ende der 1970er-Jahre eine die weitere Forschung beeinflussende Analyse formaler und inhaltlicher Charakteristika der Fernsehgattungen und -genres vor. Zwar haben sie dabei auch auf die Bedeutung der zeitlichen Programmplatzierung für die Wirkung einer Sendung hingewiesen, nicht jedoch das Ordnungsmodell Programm berücksichtigt.

Die Programmgeschichte sowie die Geschichte der einzelnen Programmbereiche und Genres des Fernsehens waren Forschungsgegenstand des Siegener und Marburger Sonderforschungsbereichs „Ästhetik, Pragmatik und Geschichte der Bildschirmmedien. Schwerpunkt: Fernsehen in der Bundesrepublik Deutschland" (1986-2000). Hier entstand eine Vielzahl von Einzelpublikationen, die charakteristische Erscheinungsformen etwa der Fernsehmagazine neben Veränderungen im Kontext allgemeiner Programmentwicklungen thematisierten.[5] In der weiteren Entwicklung der Fernsehforschung wurden Gattungsbezeichnungen als Dachbegriffe für Genres verwendet. Innerhalb dieser Hierarchie erfassen Gattungsbezeichnungen als kommunikative Begriffe formale Vermittlungskonventionen (vgl. Hickethier 2002: 63) während Genrebezeichnungen stoffliche und thematische Schwerpunkte erkennen lassen (ebd.) und folglich stärker ausdifferenziert sind. Mittell verweist auf die unterschiedlichen Kriterien ausdifferenzierter Genrezuordnungen: „some are defined by settings (western), some by actions (crime shows), some by audience effects (comedy), and some by narrative forms (mystery)" (2004: 8).

Im Unterschied zu den Gattungen haben Genres aus der Sicht des Kommunikationswissenschaftlers Volker Gehrau „eher etwas mit dem Dargestellten zu tun, also mit dem Inhalt" (2001: 18). Innerhalb der thematischen Zuordnung beinhaltet die Gattungsbezeichnung ‚Fernsehfilm' etwa das thematisch sortierte Genrespektrum von Sozial-, Liebes-, Familien- oder Kriminalfilmen. Die als fernsehcharakteristisch bezeichnete additive Ausstrahlung von Serien lässt sich u.a. in Genres wie Familien-, Kriminal- oder Krankenhausserien unterteilen. Die Gattung Informationssendung umfasst Genres wie die thematisch ausdifferenzierten Nachrichten (z.B. Wirtschaftsnachrichten) und Magazine (z.B. Kulturmagazine). Die Gattung Dokumentation lässt Genrezuordnungen etwa von Langzeitdokumentationen oder Reise-Reportagen erkennen.[6]

Mittell untersucht Fernsehgenres in Abgrenzung von bisherigen textorientierten Ansätzen als kulturelle Kategorien, die sich aus der Zirkulation von Formen, deren Verbreitung und den Konsumpraktiken der Nutzung herausbilden. Er verweist auf die Variabilität von Genrebezeichnungen, die aus seiner Sicht als Clusterbildungen fungieren, um verschiedene, gleichartige Texte zu bündeln. Diese Bildung, aber auch andere Prozesse der Bewertung und Nutzung von Ordnungsmodellen, vollziehen sich in kulturellen Kontexten (vgl. 2004: 11).

---

5 Vgl. hierzu die innerhalb der Laufzeit jährlich aktualisierten Publikationslisten des Sonderforschungsbereichs [http://www.sfb240.uni-siegen.de/german/Ergebnisse/ergebnisse.htm]. Zugriff: 23.08.2012.
6 Die häufig wenig trennscharf verwendeten Kategorien Gattung und Genre lassen sich auf die unterschiedlichen Ursprünge der Begriffe etwa in der Produktion und der Forschung zurückführen: „Viele Gattungsbezeichnungen sind in der Praxis entstanden und nicht systematisch entwickelt worden" (Hißnauer 2011: 143). Andere Gattungs- und Genrebezeichnungen entstammen, wie bereits erwähnt, den Paratexten der Sendeanstalten und der Programmzeitschriften.

Mittell schlägt auf Basis dieses diskursiven Genreverständnisses folgendes Analyseverfahren vor, das vor allem die Quellen der Beschäftigung mit Genres (auf Ebene der Produktion, Rezeption und Distribution) in die Untersuchungen mit einbezieht:

> For example, to examine the quiz show genre, we should look beyond singular sites such as texts or production practices. Instead, we should gather as many diverse enunciations of the genre from the widest possible range of sources, including corporate documents, press reviews and commentaries, trade journal accounts, parodies, regulatory policies, audience practices, production manuals, other media representations, advertisements, and the texts themselves. Linking together these numerous discourses will begin to suggest more large-scale patterns of generic definitions, meanings, and hierarchies, but we should arrive at these macro-features through an analysis of micro-instances. Although discontinuities and ruptures among definitions, meanings, and values will certainly emerge, generic discourses point toward larger regularities that provide the appearance of stability and coherence in a genre. (2001: 9)

Andere Modelle wählen weitere Ansatzpunkte: Im Entwurf einer Fernsehpoetik habe ich an anderer Stelle auf die thematischen und funktionalen Schwerpunkte der Fernsehgenres innerhalb des mythologischen Erkenntnissystems des Mediums hingewiesen (vgl. Bleicher 1999: 143-148). Weitere Kategorisierungsversuche unterscheiden neben inhaltlichen auch formale Aspekte. So lassen sich Genres aus Sicht von Hickethier „als eine spezifische Rahmung von Geschehnisdarstellungen verstehen" (2002: 62). Auch Werner Waldmann orientiert sich bei seiner Unterteilung des Fernsehspiels (in Livespiel, Theater, Literatur, Kriminalspiel, Dokumentarspiel und Zielgruppenspiel) primär an formalen Gesichtspunkten (1977). Thomas Koebner legt Fernsehspiel-Genres anhand der vermittelten Stoffe fest: Dazu zählen beispielsweise „die zerrüttete Familie", „Plädoyer für die Ausgestoßenen: Alte und Strafgefangene" oder „die verdrängte Vergangenheit" (zit. nach Hickethier 1989: 62).

In seiner Zusammenfassung unterschiedlicher Forschungsansätze schlägt Christian Hißnauer ein hierarchisiertes Ebenenmodell der Gattungs- und Genretypologie des Fernsehens vor. Die erste Ebene umfasse „die allgemeine Unterscheidung zwischen fiktionalen Programmen, nicht-fiktionaler Unterhaltung, *factual*-Sendungen, Werbung, Programmverbindungen/On-Air Promotion et cetera" (2011: 154). Auf der zweiten Ebene werde nach weiteren formalen Kriterien differenziert (ebd.). Innerhalb der Medienwissenschaft hat sich – trotz der in den bisherigen Ausführungen erkennbaren Differenzen – die Gattungsbezeichnung für die Beschreibung formaler Spezifika und die Genrebezeichnung für die inhaltliche Spezialisierung etabliert.

Information

Nachrichten: Weltnachrichten, Wirtschaftsnachrichten, Sportnachrichten, Boulevardnachrichten

Magazin: Politisches Magazin, Kulturmagazin, Boulevardmagazin, Frauenmagazin, Männermagazin, Sportmagazin

Dokumentation: Langzeitdokumentation, Porträtdokumentation, Naturdokumentation, Historische Dokumentation, Doku Soap

Reportage: Live-Reportage, Historische Reportage, Themenreportage

Live-Übertragungen: Übertragung öffentlicher Ereignisse, Sportübertragungen, Konzertübertragungen, Showübertragungen

Bildung

Wissenschaftsmagazin, Geschichtsmagazin, Ratgebermagazin, Kulturmagazin

Feature

Vortrag

Dokumentation

Dokudramen

Quizshows

Kochshows

Unterhaltung

Kinospielfilm: Liebesfilm, Horrorfilm, Western, Komödie, Thriller, Kriminalfilm, Roadmovie, Science Fiction, Animationsfilm, Melodrama, Film Noir, Biopic, Kriegsfilm

Fernsehspiel, Fernsehfilm: Liebesfilm, Sozialdrama, Dokudrama, Familienfilm, Kriminalfilm

TV-Movie: Liebeskomödie, Schlagzeilenfilm, Biopic, Krankheit der Woche, Mamifilm, Frau in Gefahr, Krimi, Roadmovie, Katastrophenfilm

Scripted Reality Formate

Fernsehtheater: Volkstheater, Boulevardtheater, Live-Übertragungen von Theateraufführungen

Serie: Familienserie, Krimiserie, Arzt-/Krankenhausserie, Science Fiction, Comedyserie, Tierserie, Schulserie, Pfarrerserie, Reality Soap, Scripted Content

Show: Game Show, Musikshow, Casting Show, Quizshow

Kabarett: Comedy Show

Reality Show

Werbung

Werbespots: Product as Hero, Presenter Spot, Slice of Life Spot

Sponsorenhinweise

Product Placement

Trailer, Teaser, Appetizer als Formen der Programmwerbung

Tab. 2: Das Gattungs- und Genrespektrum der Programmbereiche (Übersicht). Bei den Genrebezeichnungen handelt es sich um eine Auswahl. In den Programmzeitschriften werden diese Bezeichnungen häufig kombiniert (z.B. in Formulierungen wie Science-Fiction-Komödie).

Der institutionelle Einfluss auf die historische Entwicklung von Fernsehgenres

Trotz der auch von Filmwissenschaftlern diagnostizierten historischen Veränderungen von Filmgenres (vgl. Schweinitz 1994) zeichnen sich Fernsehgenres gegenüber Filmgenres durch eine größere Mobilität und schnellere Veränderungen aus. Mittell lehnt das Konzept eines gleichbleibenden Genrekerns, bestehend aus charakteristischen Darstellungselementen, ab und verweist auf die Variabilität der historischen Entwicklung der Fernsehgenres. Verschiedene kulturelle oder historische Kontexte führen aus seiner Sicht zu unterschiedlichen Operationsweisen an sich gleicher Genres. So zeigt sich, dass Genres gleichzeitig fließend und statisch sind sowie sich als Prozesse und Produkte beschreiben lassen:

> Although the gathering and linking of meanings create the appearance of a generic core, this center is as contingent and fluid as more ‚fringe' discourses. At any given moment, a genre might appear quite stable, static, and bounded; however that same genre might operate differently in another historical or cultural context. Using this approach to generic clusters, we can see how genres are simultaneously fluid and static, active processes and stable products. Thus, genre historiography should provide a genealogy of discursive shifts and rearticulations to account for a genre's evolution and redefinition, not just a chronology of changing textual examples. (Mittell 2001: 11)

Im Kontext der Programmentwicklung unterliegt auch das Genrespektrum des Fernsehens kontinuierlichen Veränderungen. Diese müssen vor dem Hintergrund von ökonomischen und technischen Rahmenbedingungen, Zielgruppenstrategien, Programmkonzeptionen der Sendeanstalten, Rezeptionsinteressen und anderen medialen Einflüssen betrachtet werden. So waren beispielsweise bereits entwickelte Programmformen des Hörfunks und ihre Ausdifferenzierungen maßgebliches Vorbild für Konzeption und Rezeption in der Frühphase der Entwicklung des westdeutschen Nachkriegsfernsehens ab 1950. Nach dem Modell des Hörfunks gehörten zum Fernseh-Programmbereich Information die Programmformen Nachrichten, Magazin und Dokumentation.[7] Bildung wurde in Vorträgen, Diskussionssendungen und in teilweise aus dem Fernsehsender *Paul Nipkow* der NS-Zeit stammenden Kulturfilmen[8] vermittelt. Der Bereich Unterhal-

---

7 Auch im Rahmen der Organisation des Fernsehens als Teilbereich des Rundfunks hat sich eine dem Hörfunk vergleichbare Struktur der Redaktionen entwickelt, die für Konzeption und Produktion der Programmformen zuständig sind.
8 Der Begriff ‚Kulturfilm' ist seit den 1920er-Jahren und bis in die 1950er-Jahre die übliche Bezeichnung für dokumentarische beziehungsweise nicht-fiktionale Kurzfilme in Deutschland.

tung wurde in fiktionale Formen (Fernsehspiel, Serie, Volkstheater), Show (Bunter Abend, Varieté, Kabarett) und in spielerische Programmformen (Ratespiele, Gameshows) aufgeteilt. Die damaligen Fernsehzuschauer waren bereits durch die Nutzung der Printmedien und den Hörfunk mit der Ausdifferenzierung bestimmter Gattungen wie Bericht, fiktionale Erzählung oder Kommentar vertraut. Diese Kenntnisse bestimmten ihre Erwartungshaltung gegenüber den Funktionen der einzelnen Programmformen des Fernsehens (vgl. Rose 1985: 3).

In der Zeit der Durchsetzung des Fernsehens als Massenmedium in der zweiten Hälfte der 1950er-Jahre experimentierten die Programmverantwortlichen mit grundlegenden formalen und inhaltlichen Möglichkeiten der Fernsehvermittlung (vgl. Bleicher 1989: 40ff.). Dem additiven Charakter der Programmstruktur und dem technisch bedingten Zwang zur Live-Ausstrahlung kamen etablierte kulturelle Angebotsformen wie die Varieté-Show entgegen, die im Deutschen Radio und im Deutschen Fernsehen der 1950er-Jahre als *Bunter Abend* ausgestrahlt wurde (vgl. Bleicher 1993a).

In den 1960er-Jahren kam es im Rahmen der erweiterten Anbietersituation durch neue öffentlich-rechtliche Programmanbieter zu weiteren Ausdifferenzierungen im Bereich etablierter Angebotsformen und zu ersten Genrevermischungen. Programmverantwortliche der neuen Sendeanstalt ZDF entwickelten in Abgrenzung von der ARD das Dokumentarspiel als Mischform zwischen Fernsehspiel und Dokumentation, was dem allgemeinen Unterhaltungsprofil der Sendeanstalt entsprach. In den 1970er-Jahren differenzierten sich die Magazin- und Seriengenres immer weiter aus, sodass eine Vielzahl von Subgenres entstanden. An die Seite der politischen Magazine traten nun auch Kultur- und Seniorenmagazine; innerhalb der Fernsehserien war in der ARD mit *Ein Herz und eine Seele* auch die erste Sitcom zu sehen.

Fernsehgenres passten sich immer wieder den spezifischen medialen Bedingungen des Fernsehens innerhalb des Mediensystems an. Dabei lassen sich beispielsweise Wechselwirkungen mit der Genreentwicklung von Kinospielfilmen beobachten. Seit den 1970er-Jahren ist die doppelte, zeitversetzte Distribution von Filmen im Kino und im Fernsehen im deutschen Mediensystem vorherrschend. Günter Rohrbach – Chef der Fernsehspielabteilung des WDR in den

---

Der Definition von Jeanpaul Goergen folgend, wurden im Nationalsozialismus unter der Bezeichnung ‚Kulturfilm' solche Filme zusammengefasst, die im Unterschied zum Spielfilm, „keine fortlaufende Spielhandlung um ihrer selbst willen" enthalten und außerdem in Abgrenzung zur Wochenschau nicht über tagesaktuelle Ereignisse berichteten (2006: 32f.). Kulturfilme gaben Einblicke in unterschiedliche Sachgebiete wie Wissenschaft und Forschung, Kunst und Technik, die Berufswelt sowie gesellschaftliche Themen.

1970er-Jahren – nannte Filme, die für eine Auswertung in Kino und Fernsehen konzipiert waren und deren Erzählweise den spezifischen Anforderungen beider Medien entsprechen mussten, „amphibische Filme" (Rohrbach 1978: 95-100). Das Konzept des amphibischen Films mündete, so Hickethier im fernsehhistorischen Rückblick, in den Neuen Deutschen Film, der sehr häufig als Auftragsproduktion von Fernsehsendern wie dem WDR entstand (vgl. 1998: 353).

Seit Einführung des dualen Rundfunksystems 1984 bestimmen verstärkt ökonomische Interessen der werbetreibenden Industrie und die Senderstrategien im Zusammenspiel mit Rezeptionsinteressen das Genrespektrum sowie seine inhaltlichen und formalen Schwerpunkte (vgl. Bleicher 1997). Die Orientierung des Sendungskonzepts, aber auch des Sendungsaufbaus an den Interessen der jeweils von der werbetreibenden Industrie adressierten Zielgruppe schlägt sich in der Verwendung des Formatbegriffs nieder (vgl. Hißnauer 2011: 169ff.).[9]

Weitere Veränderungen der Senderlandschaft führten zu Veränderungen der intertextuellen Bezüge zwischen den Fernsehgenres und der Fernsehwerbung. Die kommerziellen Anbieter kreierten nach Einführung des dualen Rundfunksystems in der zweiten Hälfte der 1980er-Jahre Gameshow-Formate, die Elemente von Werbegenres in die Sendung selbst integrierten. In *Der Preis ist heiß* (RTL) war zum einen der Preis von unterschiedlichen Markenartikeln Gegenstand der Fragen, zum anderen wurden die Gewinne als Produkte werbewirksam präsentiert. In den 1990er-Jahren verknüpften Home-Shopping-Kanäle wie H.O.T. Werbung und Verkauf in Programmleisten, die nach Produktfamilien wie Schmuck oder Fitness unterteilt waren. Auch fiktionale Sendeformen wie Daily Soaps integrierten Werbung etwa für Reiseunternehmen in ihre Plots (vgl. Lilienthal 2005: o. S.).

Allgemeine Entwicklungstendenzen des Fernsehens wie die stärkere Formatisierung der Programmplanung seit den 1990er-Jahren schlagen sich in veränderten Genrebezeichnungen der Programmankündigungen nieder. Kommerzielle Fernsehfilmproduktionen wiesen seit den 1990er-Jahren mit der Genrebezeichnung TV-Movie auf US-Vorbilder hin. Auch in der US-Produktion von TV-Movies etablierte Genrebezeichnungen wie die ‚Schlagzeile der Woche', ‚Mamifilm', ‚Krankheit der Woche' oder ‚Frau in Gefahr' wurden auf den deutschen Fernsehmarkt übertragen (vgl. Bleicher 2011: 234). Die thematische Spezialisierung der Genrebezeichnungen verwies auf ein spezifisches Erlebnisversprechen und sollte das Nutzerverhalten der Zielgruppe steuern (vgl. Davis 2000: 23).

---

9 Siehe dazu das Unterkapitel: „Der Formatbegriff und die Funktionspotenziale der Fernsehgenres".

Fernsehgenres als Themennetzwerke

Das Fernsehen bildet in seiner senderübergreifenden Angebotsfläche großflächige Erzählnetze aus. Diese Netze werden vor allem durch die senderübergreifenden inhaltlichen Spezialisierungen unterschiedlicher Genres gebildet. Genreübergreifend gleichbleibende Kernerzählungen bilden Knotenpunkte der Netzstruktur. Beispielsweise sind Erzählungen von der (erfolgreichen und/oder gescheiterten) Liebe zwischen Mann und Frau Kernnarrationen von im Fernsehen ausgestrahlten Kinospielfilmen wie etwa PRETTY WOMAN, von Langzeitserien wie *Gute Zeiten, Schlechte Zeiten* (RTL), aber auch der Meldungen von Boulevardmagazinen wie beispielsweise über das Ende der langjährigen Ehe des Models Heidi Klum mit dem Sänger Seal Anfang 2012. Eine Vielzahl offener Narrationsformen wie etwa die Serien brechen die tradierten literarischen und filmischen Grenzen geschlossener Narrationen auf.

Die Erzählnetze des Fernsehens integrieren Symbolsysteme, Formen und Inhalte aus Kultur und Medien, sodass in Ästhetik, Dramaturgie und Inhalten Wechselwirkungen entstehen. Die einzelnen Programmformen markieren verschiedene Erzählweisen gleichbleibender Themenkomplexe mit unterschiedlichen Formen des Weltbezugs zwischen Zeigen, Kommentieren, Spielen und Erzählen. Fortlaufende Erzählformen wie Nachrichten oder Serien aktualisieren standardisierte Inhalte und den in ihnen enthaltenen Weltbezug. Privatleben und Öffentlichkeit kennzeichnen unterschiedliche Erlebnisräume, die in den einzelnen Genres auf verschiedene Weise thematisiert und inszeniert werden. Genres integrieren Lebensmodelle und Wertekonzepte des gesellschaftlichen Umfeldes. Das Fernsehen richtet seine Blicke auf die Welt: zum einen im Abbild der Live-Übertragungen, zum anderen auf die Wirklichkeit im Ensemble dokumentarischer Formen, aber auch in der fiktionalen Verdichtung vorhandener Komplexität in beispielhafte Plots von Fernsehfilmen und Serien. Jedoch, so diagnostiziert es u.a. der US-amerikanische Fernsehwissenschaftler Brian G. Rose, verwischen die Genregrenzen im Verlauf der Fernsehgeschichte immer weiter (1985: 3ff.).

Seit den 1990er-Jahren lassen sich innerhalb des Programmrasters auch vermehrt thematische Übergänge zwischen verschiedenen Genres beobachten. So bilden z.B. Themen der Tatort-Reihe immer häufiger die Diskussionsschwerpunkte der unmittelbar folgenden Talkshows. Das Thema illegale Pflegekräfte der Tatort-Episode *Gestern war kein Tag* wurde am 05.06.2011 in der sich anschließenden Diskussionsrunde bei *Anne Will* (ARD) ebenfalls thematisiert. Diese Platzierungsstrategie folgt dem Programmplanungsideal eines sendungsübergreifenden *Flows*, der das Umschaltverhalten des Zuschauers zugunsten einer thematischen Bindung aufeinanderfolgender Programmangebote abwendet.

Die Hybridisierung von Fernsehgenres

Mittell verweist darauf, dass die Wechselwirkungen von Produktion und Rezeption auch die Grundlage der Genrehybridisierung bildet: „The mixing of genres is a cultural process enacted by industry personnel, often in response to audience viewing practices" (2001: 7). So wird die werktäglich ausgestrahlte Serie *X-Diaries – love, sun and fun* (RTL II) in einer Hybridisierung der Bezeichnungen ‚Dokumentation' und ‚Telenovela' in Programmzeitschriften als ‚Docunovela' betitelt. Als paratextueller Hinweis suggeriert der Titel in seiner Verfremdung des US-Serientitels *X-Files* (dt.: Akte X) nicht nur Einblicke in das Privatleben, sondern er verweist auch auf die Erlebnisdimensionen von Erotik im exotischen Setting.

Auf Drehbuchvorgaben basierende Scripted Content Serien wie *Mitten im Leben* (RTL) mischen Elemente von Familienserien und Dokumentationen, die durch Laiendarsteller und eine subjektive Kamera authentisiert werden. Kochshows lassen sich als Mischung aus Ratgebersendung, Werbung und Talkshow werten (vgl. Lowry 2009: 59). Diese Hybridisierung optimiert die Funktions-, aber auch die Affektpotenziale der Genres. Es lassen sich gleichzeitig unterschiedliche Nutzungsinteressen und Erlebnisdimensionen adressieren.

Formale und inhaltliche Genrecharakteristika ermöglichen implizite Vereinbarungen zwischen Produzenten und Zuschauern über den Authentizitätsanspruch der jeweils vermittelten Botschaft. Programmankündigungen der Sendeanstalten und Programmzeitschriften verwenden Genrebezeichnungen mit dem Ziel, Orientierung zu geben und das Rezipientenverhalten zu steuern. Auf der Angebotsfläche des Fernsehprogramms legen die thematischen Schwerpunkte der Genres Erlebnisräume der Rezeption fest.

Der Formatbegriff und die Funktionspotenziale der Fernsehgenres

Programmbereiche, -formen und Genres des Fernsehens reduzieren die Komplexität der Weltsicht des Fernsehens durch die Aufteilung in abgeschlossene Sinneinheiten mit gleichbleibenden thematischen Bezügen. Sie bestimmen die Perspektiven der Weltvermittlung. ‚Übermächtige Wirklichkeit' wird in überschaubare Narrationseinheiten zergliedert und damit auch in ihrem Schreckenspotential reduziert. Erst in ihrer Addition ermöglichen diese Perspektiven eine umfassende Weltsicht. Das Fernsehprogramm fungiert als kulturelles Forum, das in seinen Narrationen kollektive Vorstellungen und Wertestrukturen vermittelt und damit eine stabilisierende Funktion für die Gesellschaft wahrnimmt.[10] Es vermittelt einen kulturellen Konsens über die Struktur der Gesellschaft (vgl. Bleicher 1999: 281ff.).

Seit der Einführung des dualen Rundfunksystems hat sich mit der wachsenden Zahl an Programmanbietern auch das Angebotsspektrum von Fernsehgenres und -formaten deutlich ausdifferenziert. Gleichzeitig wurden vergleichbare Sendungsideen immer stärker von unterschiedlichen Sendeanstalten verbreitet und von Produktionsfirmen wie *Endemol* international vermarktet. Elisabeth Klaus und Stephanie Lücke sehen eine Ursache dieser Entwicklung in der Verknüpfung verschiedener Genrecharakteristiken in kommerziellen Formaten (2003: 196). Als Formate werden jeweils nach ökonomischen Gesichtspunkten in Gestaltung und Dramaturgie konzipierte und in dieser Form für eine serielle Ausstrahlung vermarktete Angebotsformen bezeichnet. Format lässt sich mit Hallenberger wie folgt bestimmen:

> Konkret bezieht sich der Begriff Format in der Regel auf die unveränderlichen Elemente serieller Produktionen, also auf alles, was einzelne Folgen als Episoden der Gesamtproduktion erkennbar macht. [...] Zu einem Format gehören neben dem zugrunde liegenden Konzept beispielsweise auch das Erscheinungsbild einer Produktion, Sendungsabläufe, optische und akustische Signale oder Logos. (2001: 85)

Christian Hißnauer betont, dass der Begriff sich nicht auf den Programm*inhalt*, sondern auf das Programm*konzept* bezieht. „So zeigt RTL nicht die britischen Folgen von *Pop Idol* (2001-2003), sondern produziert die deutsche Fassung *Deutschland sucht den Superstar* (seit 2002)" (Hißnauer 2011: 173; Herv. i.O.).

Aus ökonomischer Perspektive vollzieht sich der Formatwandel im Wechselspiel von technischen Entwicklungen, globalen und nationalen Veränderungen der Mediensysteme, den Senderstrategien, dem Angebotsspektrum von Produktionsfirmen, den jeweiligen Angeboten des internationalen Formathandels (vgl. Moran 1998), Zielgruppeninteressen der Werbung platzierenden Unternehmen sowie Veränderungen des Zuschauerverhaltens. Aus der Perspektive der Angebote sind natürlich auch internationale Formatveränderungen maßgeblich für Entwicklungen auf dem deutschen Fernsehmarkt (vgl. Koch-Gombert 2005).

---

10 Diese Funktion des Fernsehens als kulturelles Forum haben Newcomb/Hirsch (1983: 45-55) beschrieben.

Fazit

Fernsehgenres spielen, wie sich gezeigt hat, eine zentrale Rolle für die Programmplanung, die Produktionssteuerung, die Kommunikation mit den Zuschauern und die Rezeption sowie für die Fernsehkritik, die Programmzeitschriften, die Mediatheken der Fernsehsender im Internet und viele weitere, das Fernsehmedium begleitende Diskurse. Erst die Vielfalt vorhandener Genres ermöglicht die Komplexität des Programmangebots, lässt das Fernsehen zu einem narrativen Erkenntnissystem werden, das dauerhaft Welterklärung leistet und Lebensmodelle vermittelt. Trotz der Konkurrenz mit dem Internet fungiert das Fernsehen als kulturelles Forum, in dem sich die Gesellschaft über gemeinschaftliche Wirklichkeitsvorstellungen, Werte und soziale Ordnungen verständigt.

Das Genrespektrum des Fernsehens ist noch deutlicher als das des Kinofilms von ständigem historischen Wandel und andauernder, kontextabhängiger Ausdifferenzierung geprägt. Dies ist die zentrale Herausforderung, der sich jede Genrebetrachtung des Fernsehens stellen muss. Genres dürfen dabei nicht ausschließlich hinsichtlich ihrer thematischen und formalen Spezialisierungen untersucht, sondern es müssen immer auch Bezüge zu kulturellen, gesellschaftlichen und ökonomischen Kontexten hergestellt werden.

Medienverzeichnis

Anne Will (D 2007-, ARD)
Bauer sucht Frau (D 2005-, RTL)
Deutschland sucht den Superstar (D 2002-, RTL)
Ein Herz und eine Seele (D 1973-1976, WDF/ARD)
Gute Zeiten, Schlechte Zeiten (D 1992-, RTL)
Haialarm auf Mallorca (D 2004, Regie: Jorgo Papavassiliou)
JAWS (USA 1975, Der weiße Hai, Regie: Steven Spielberg)
Mitten im Leben (D 2007-, RTL)
Pop Idol (GB 2001-2003)
Der Preis ist heiß (D 1989-1997, RTL)
PRETTY WOMAN (USA 1990, Regie: Garry Marshall)
Tatort: Gestern war kein Tag (D 05.06.2011, Regie: Christian Görlitz, ARD)
Verbotene Liebe (D 1995-, ARD)
X-Diaries – love, sun and fun (D 2010-, RTL II)
The X-Files (USA 1993-2002, Akte X - Die unheimlichen Fälle des FBI, D 1994-2003, Pro 7)

Literaturverzeichnis

Bente, Gary/Fromm, Bettina (1997): *Affektfernsehen. Motive, Angebotsweisen und Wirkungen.* (Schriftenreihe Medienforschung der Landesanstalt für Rundfunk Nordrhein-Westfalen, Bd. 24) Opladen: Leske und Budrich.

Bleicher, Joan Kristin (1989): „Familienglück, Kochstunde und Bunter Abend. Programmformen des Fernsehens der 50er Jahre". In: *Unsere Medien – Unsere Republik*, Nr.2, S. 40-42.

Bleicher, Joan Kristin (1993): „Institutionsgeschichte des Deutschen Fernsehens". In: Hickethier, Knut (Hg.): *Institution, Technik und Programm. Rahmenaspekte der Programmgeschichte des Deutschen Fernsehens.* München: Fink, S. 67-134.

Bleicher, Joan Kristin (1993a): „Fernsehnachbarn, Kochstunden und Showstars im Zauberspiegel. Grundzüge des Fernsehprogramms der 50er Jahre". In: Heller, Heinz B./Zimmermann, Peter (Hgg.): *Schriften des Film- und Fernsehwissenschaftlichen Kolloquiums 1990.* Münster: MAkS Publikationen, S. 114-118.

Bleicher, Joan (1997) (Hg.): *Programmprofile kommerzieller Anbieter. Analyse zur Entwicklung von Fernsehsendern seit 1984.* Opladen: Westdeutscher Verlag.

Bleicher, Joan Kristin (1999): *Fernsehen als Mythos. Poetik eines narrativen Erkenntnissystems.* Opladen: Westdeutscher Verlag.

Bleicher, Joan Kristin (2009): „Vom Programm zur Navigation? Ordnungsmodelle des Internet-Fernsehens". In: *Medien & Kommunikationswissenschaft* 57.4, S. 520-537.

Bleicher, Joan Kristin (2011): „Das kleine Kino im deutschen Fernsehen". In: Segeberg, Harro (Hg.): *Film im Zeitalter Neuer Medien I.* München: Fink, S. 225-250.

Davis, Sam (2000): *Quotenfieber. Das Geheimnis erfolgreicher TV Movies.* Bergisch Gladbach: Bastei Lübbe.

Gehrau, Volker (2001): *Fernsehgenres und Fernsehgattungen.* München: Reinhard Fischer.

Goergen, Jeanpaul (2006): „Der giftige, giftige Apfel. Kulturfilm im Nationalsozialismus". In: Reichert, Ramón (Hg.): *Kulturfilm im ‚Dritten Reich'.* Wien: Synema, S. 29-44.

Hallenberger, Gerd (2001): „Das Konzept ‚Genre': zur Orientierung von Medienhandeln". In: Gendolla, Peter (Hg.): *Bildschirm – Medien – Theorien.* München: Fink, S. 83-110.

Heinrichs, Hans Jürgen (1996): *Erzählte Welt. Lesarten der Wirklichkeit in Geschichte, Kunst und Wissenschaft.* Reinbek: Rowohlt.

Hepp, Andreas (1998): *Fernsehaneignung und Fernsehgespräche. Fernsehnutzung aus der Perspektive der Cultural Studies.* Opladen: Westdeutscher Verlag.

Hickethier, Knut (1980): *Das Fernsehspiel in der Bundesrepublik. Themen, Form, Struktur, Theorie und Geschichte 1951-1977.* Stuttgart: Metzler.

Hickethier, Knut (1989): *Fernsehspielforschung in der Bundesrepublik und der DDR 1950-1985.* Bern: Lang.

Hickethier, Knut (1998): *Geschichte des Deutschen Fernsehens.* Stuttgart: Metzler.

Hickethier, Knut (2001): *Einführung in die Film- und Fernsehanalyse.* Stuttgart: Metzler.

Hickethier, Knut (2002): „Genretheorie und Genreanalyse". In: Felix, Jürgen (Hg.): *Moderne Film Theorie.* Mainz: Bender, S. 62-96.

Hickethier, Knut (2003): *Einführung in die Medienwissenschaft.* Stuttgart: Metzler.

Hißnauer, Christian (2011): *Fernsehdokumentarismus. Theoretische Näherungen, pragmatische Abgrenzungen, begriffliche Klärungen.* Konstanz: UVK.

Keppler, Angela (1994): *Tischgespräche. Über Formen kommunikativer Vergemeinschaftung am Beispiel der Konversation in Familien.* Frankfurt a.M.: Suhrkamp.

Klaus, Elisabeth/Lücke, Stephanie (2003): „Reality TV-Definition und Merkmale einer erfolgreichen Genrefamilie am Beispiel von Reality Soap und Docu Soap". In: *Medien & Kommunikationswissenschaft* 51.2, S. 195-212.

Knilli, Friedrich (Hg.) (1971): *Die Unterhaltung der deutschen Fernsehfamilie. Ideologiekritische Kurzanalysen von Serien.* München: Hanser.

Koch-Gombert, Dominik (2005): *Fernsehformate und Formatfernsehen. TV-Angebotsentwicklung in Deutschland zwischen Programmgeschichte und Marketingstrategie.* München: Meidenbauer.

Kreuzer, Helmut/Prümm, Karl (Hg.) (1979): *Fernsehsendungen und ihre Formen. Typologie, Geschichte und Kritik des Programms in der Bundesrepublik Deutschland.* Stuttgart: Reclam.

Lilienthal, Volker (2005): „Die Bavaria Connection. 10 Jahre Schleichwerbung im Marienhof". In: *epd medien* 42, o. S.

Lowry, Stephen (2009): „Die Ambivalenz des Brutzelns: Kochsendungen als populäre Fernsehunterhaltung". In: Ders./Göttlich, Udo (Hgg.): *Die Zweideutigkeit der Unterhaltung. Zugangsweisen zur populären Kultur.* Köln: von Halem Verlag, S. 59-76.

Mittell, Jason (2001): „A Cultural Approach to Television Genre Theory". In: *Cinema Journal* 40.3, S. 3-24.

Mittell, Jason (2004): *Genre and television: from cop shows to cartoons in American culture.* New York u.a.: Routledge.

Moran, Albert (1998): *Copycat TV. Globalisation, Program Formats and Cultural Identity.* Luton: University of Luton Press.

Newcomb, Horace/Hirsch, Paul M. (1983): „Television as a Cultural Forum: Implications for Research". In: *Quarterly Review of Film Studies* 8.3, S. 45-55.

Rohrbach, Günter (1978): „Das Subventions TV. Plädoyer für den amphibischen Film". In: *Jahrbuch Film* 1977/78. S. 95-100.

Rose, Brian G. (1985): *TV Genres. A Handbook and Reference Guide.* Westport: Greenwood Press.

Rusch, Gebhard (1987): „Kognition, Mediennutzung, Genres. Sozialpsychologische Aspekte von Medien und Genres: Fernsehen und Fernseh-Genres in der Bundesrepublik Deutschland". In: *SPIEL* 6.2, S. 227-272.

Schatz, Tom (1981): *Hollywood Genres: Formulas, Filmmaking, and the Studio System.* New York: Random House.

Schumacher, Heidemarie/Kreuzer, Helmut (1988): *Magazine audiovisuell.* Berlin: Volker Spiess.

Schweinitz, Jörg (1994): *„Genre und lebendiges Genrebewusstsein".* In: *montage/av* 3.2, S. 99-118.

Waldmann, Werner (1977): *Das deutsche Fernsehspiel. Ein systematischer Überblick.* Wiesbaden: Athenaion.

Genre und Comic

Sebastian Bartosch

Einleitung

„When I was a little kid I knew exactly what comics were. Comics were those bright, colorful magazines filled with bad art, stupid stories and guys in tights." (McCloud 1994: 2)

Mit seinem erstmals 1993 erschienenen, vielfach rezipierten *Understanding Comics* widmet sich Scott McCloud dem Versuch, in einem Comic die Funktionsweise des Comics zu beschreiben.[1] Zu Beginn seiner Ausführungen trennt McCloud den Comic als Form von seinen Inhalten und entwirft das Bild eines gefüllten Gefäßes. Zu den Kategorien, mit denen sich dessen ‚Inhalte' sortieren und beschreiben lassen, zählt McCloud neben Autoren, Zeichnern, Trends, Stilen und Thematiken auch die Genres (1994: 3-6). Doch lässt sich eine solche Trennung zwischen dem Medium[2] und den in ihm zu findenden Genres aufrechterhalten?

Auch in der Genretheorie wird von einer prinzipiellen Unabhängigkeit zwischen Medium und Genre ausgegangen. So beschreibt etwa Knut Hickethier

---

1 *Understanding Comics* ist seinerseits zum Ausgangspunkt zahlreicher theoretischer Auseinandersetzungen mit dem Medium geworden. Dabei werden McClouds Beschreibungen und Annahmen z.T. auch kritisch hinterfragt (vgl. Christiansen/Magnussen 2000: 10; Heer/Worcester 2009: xiv; Ditschke/Kroucheva/Stein 2009: 10).

2 Dass Comics als ein eigenständiges Medium verstanden werden können, hat der Literaturwissenschaftler Günter Dammann bestritten: Demnach seien Comics in ihren unterschiedlichen Erscheinungsformen – als Comic-Strip in einer Zeitung, als Heft oder als Buch – Bestandteil eines übergreifenden Mediums, in dem Informationen „flächenhaft" gespeichert vorlägen. Ihre spezifische Kombination der unterschiedlichen Zeichensysteme von Schrift und Bild würde in diesem Zusammenhang keine eigenständige Medialität begründen; Comics seien daher letztlich „eine (Grenz-)Gattung der Literatur" (1997: 17). Wird der Comic in aktuellen theoretischen Auseinandersetzungen dennoch als Medium verstanden, so ist dies auch mit den engen Beziehungen zu begründen, die zwischen Comics und anderen Massenmedien im Kontext der populären Kultur bestehen (vgl. u.a. Eder/Klar/Reichert 2011: 12; Becker 2011: 7; Ditschke/Kroucheva/Stein 2009: 13ff.). Derartige Überlegungen decken sich mit Theorieansätzen der Intermedialität und der *Remediation*, in denen davon ausgegangen wird, dass ein Medium gerade auch aufgrund seiner intermedialen Beziehungen zu anderen Medien als ein solches erkennbar wird (vgl. Bolter/Grusin 2000: 65; Rajewsky 2008: 50). Im Folgenden wird Genre hier als eine Dimension von Intermedialität beschrieben, die als solche zur Wahrnehmung von Comics als einem distinkten Medium beiträgt.

Genres als Begriffe zur Kategorisierung von Medienangeboten anhand einer „inhaltlich-strukturelle[n] Bestimmung" (Hickethier 2002: 62). Einzelne Genrebegriffe würden dabei auch medienübergreifend verwendet; Genres seien daher „nicht nur Kategorien der Intertextualität [...], sondern auch der Intermedialität." Allerdings bilden sie dabei „innerhalb der einzelnen Medien eigene Traditionen aus" (ebd.: 63). Genres beschreiben also nicht nur die intertextuellen Beziehungen innerhalb eines Mediums, sondern darüber hinaus auch die intermedialen Beziehungen zwischen Werken unterschiedlicher Medien. Wenn sich dabei andererseits in den jeweiligen Medien verschiedene Traditionen ergeben, verweist dies auf einen spezifischen Zusammenhang zwischen Medium und Genre. Es wären dann nicht nur die jeweiligen Beiträge unterschiedlicher Medien zu den Genres zu untersuchen, sondern auch die ästhetischen Transformations- und Adaptionsprozesse, die dabei zwischen den Erscheinungsformen eines Genres in differenten Medien ablaufen (Neale 1990: 62).

Welche Rolle spielen also die Comics bei der Konstruktion von Genres als intermedialen Kategorien? Und welche spezifischen Traditionen bzw. Dynamiken entwickeln diese Genres innerhalb der Comics? Um diese Fragen zu beantworten, wird hier zunächst am Beispiel der US-amerikanischen *comic books* umrissen, welche Bedingungen zur Herausbildung von Genres in Comics führen. Daran anschließend wird am Beispiel des Western untersucht, wie die medialen Eigenschaften des Comics ein Genre beeinflussen. Inwiefern mit den Superhelden, die Scott McCloud „guys in tights" nennt, im Kontext der Medialität des Comics ein distinktes Genre entsteht, wird dann abschließend beschrieben.

Bedingungen einer Genredynamik im Comic

Die Herausbildung von Genres wird in der Genretheorie vielfach als Resultat einer nach ökonomischen Maßstäben organisierten kulturindustriellen Produktion beschrieben, die in ihrer Orientierung an Publikumsbedürfnissen auf Standardisierung drängt (vgl. Hickethier 2002: 75; Neale 1990: 63; Schatz 1981: 5). Eine derartige Entwicklung lässt sich für den Comic anhand der US-amerikanischen *comic books* und der sich um diese zu Beginn des 20. Jahrhunderts formierenden Industrie nachvollziehen.

So entstand mit dem *comic book* eine mediale Form zur eigenständigen Veröffentlichung von Comics, die zuvor insbesondere als *comic strips* in Zeitungen erschienen waren. Dies veränderte nicht nur den Markt für Comics[3] (Gordon 1998: 128; Wright 2001: xiv) – es ergab sich auch ein verstärkter Bedarf an neuen, gezeichneten Geschichten.

Die ersten *comic books* wie die 1897 in Spielzeugläden verkauften Sammlungen von *Yellow Kid*-Comics oder das zwei Jahre später erscheinende Heft *Funny Folks* waren zusammengeheftete Wiederabdrucke unterschiedlicher *comic strips* aus Zeitungen oder Zeitschriften (Gordon 1998: 129; Harvey 1996: 16). Diese Hefte erschienen ab den 1930er-Jahren regelmäßiger – 1929 startete der Verlag Dell mit der wöchentlichen Veröffentlichung eines Comicmagazins unter dem Titel *The Funnies*, das an Zeitungskiosken verkauft wurde (Wright 2001: 3). Als die *Eastern Color Printing Company* ab 1934 damit begann, Hefte der Reihe *Famous Funnies* ebenfalls über Zeitungsstände zu verkaufen[4] und mit der zwölften Ausgabe schließlich einen Gewinn von 30.000 Dollar erzielte, drängten weitere Anbieter auf den neuen Markt für *comic books* (Gordon 1998: 130f.; Harvey 1996: 17; Wright 2001: 4). Zu diesem Zeitpunkt sind die Inhalte der Hefte heterogen; neben den durch den Titel suggerierten komischen Inhalten sind in Sammlungen wie den *Famous Funnies* auch Abenteuerstrips enthalten, um so mit dem Inhalt eines *comic book* ein möglichst breites Publikum anzusprechen (Benton 1989: 154; Savage 1990: 5). Da die Zeitungssyndikate für den Wiederabdruck ihrer *comic strips* Lizenzgebühren verlangten, begannen Verlage wie *National Allied Publishing* ab 1935 und die *Comics Magazine Company* mit der Veröffentlichung neuer Comics unabhängiger Zeichner – womit wiederum die Nachfrage nach neuem Material stieg, das exklusiv für die *comic books* gezeichnet wurde (Harvey 1996: 17; Wright 2001: 5). Zugleich entstanden 1936 mit den *Detective Picture Stories* der *Comics Magazine Company* und 1937 mit den *Detective Comics* – die dem Verlag *National Allied Publishing* schließlich den neuen Namen *DC* geben sollten – Hefte, die sich auf einzelne Themen, Figuren und Geschichten spezialisierten (Harvey 1996: 18; Gordon 1998: 131; Wright 2001: 5). Auch Titel wie *Western Picture Stories* und *Cowboy Comics* sind frühe Beispiele dieser Spezialisierung; Western- und Detektivgeschichten werden dementsprechend auch als frühe Genres des *comic book* genannt (Benton 1989: 154).

---

3 In diesem Zusammenhang wird auch auf die prinzipiell verschiedenen Publika von *comic strip* und *comic book* verwiesen: Erstere würden sich demnach an erwachsene Zeitungsleser richten, letztere dagegen überwiegend an Kinder und Jugendliche (Gordon 1998: 128f.; Wright 2001: xiv).

4 Zuvor waren Ausgaben der *Famous Funnies* als Werbegeschenke vertrieben, im Radio verlost oder in Einzelhandelsgeschäften verkauft worden (Gordon 1998: 129f.; Harvey 1996: 17; Wright 2001: 3).

Um den steigenden Bedarf der Verleger nach immer neuen Comics für die nun regelmäßig erscheinenden Hefte zu erfüllen, etablierten sich in den 1930er-Jahren *comic art shops*, in denen Autoren und Zeichner neues Material produzierten. Die Produktionsmethoden in den einzelnen *shops* variierten, jedoch ist ein grundsätzlicher Trend der arbeitsteiligen und standardisierten Herstellung von Comics zu verzeichnen (Harvey 1996: 23; Wright 2001: 6). Will Eisner, der ab 1936 gemeinsam mit Jerry Iger ein *comic art shop* betrieb, beschreibt die Produktion wie folgt: „[W]e made comic book features pretty much the way Ford made cars. I would write and design the characters, somebody else would pencil them in, somebody else would ink, somebody else would letter" (Eisner zit. nach Steranko 1972: 112). Ein derartiges Vorgehen hatte nicht zuletzt ökonomische Ursachen: Die pauschalen Seitenhonorare für die Autoren und Zeichner orientierten sich an jenen Lizenzgebühren, die ursprünglich von den Zeitungssyndikaten für den Wiederabdruck ihrer *comic strips* erhoben worden waren. Damit war der Verdienst bei der Produktion einer Seite für die *comic books* von deren letztendlicher Auflagenstärke und ihren Verkaufserlösen unabhängig, weshalb die *comic art shops* eine schnelle sowie quantitativ möglichst hohe Produktion anstrebten (Harvey 1996: 24f.). Schon in der Frühphase der *comic books* entsteht somit eine an ökonomischen Faktoren orientierte, auf Standardisierung ihrer Abläufe abzielende Produktion. Dass diese Produktion im Zuge erster größerer Publikumserfolge auch zur Standardisierung der Inhalte führt, wird paradigmatisch zumeist anhand der Superheldencomics beschrieben, die in der Folge des ersten Auftretens von Superman in den *Action Comics #1* (1938) entstehen (Harvey 1996: 35).

Die verstärkte Ausdifferenzierung der *comic books* in weitere Genres wird schließlich mit dem Ende des Zweiten Weltkrieges und dem Wegfall entsprechender Produktionsbeschränkungen in Verbindung gebracht. Zum einen drängten nun neue Verleger, die sich zum Teil auf spezifische Genres spezialisieren, auf den Markt für Comichefte – in dieser Phase nahmen auch die Anzahl der Superheldentitel in den Verlagsprogrammen sowie deren Absatzzahlen ab (Wright 2001: 57f.).[5] Zum anderen lassen sich Bemühungen der Verlage ausma-

---

[5] Der Bedeutungsverlust der Superhelden nach 1945 wird mit den veränderten sozialen und politischen Kontexten in den USA in Verbindung gebracht: Der Zweite Weltkrieg, zuvor narrativer Schauplatz zahlreicher Superheldencomics, war gewonnen. In der folgenden Phase ökonomischer und sozialer Stabilisierung verloren reformistische Ansätze, welche die Erzählungen um Superhelden noch in den 1930er-Jahren geprägt hatten, an Bedeutung (Wright 2001: 59). Auch eine generelle Erschöpfung der narrativen Varianten wird für diesen Zeitraum konstatiert (Savage 1990: 12f.).

chen, die verschiedenen von ihnen veröffentlichten Heftreihen entlang unterschiedlicher Genres auszurichten (Benton 1989: 154).

Modelle der Kategorisierung

Die *comic books* sind wiederholt als Medium beschrieben worden, das sich einer Vielzahl unterschiedlicher Genres bedient hat. Richard A. Lupoff und Don Thompson zählen 1970 – ohne Anspruch auf Vollständigkeit – neben den Superheldencomics folgende Arten des *comic book* auf:

> westerns, romances, detective stories, tales of magic, war stories, aviation stories, jungle adventures, realistic dramas, funny animals, teen-age comedies, sports stories, true-fact comics, medical and psychoanalytic stories [...], Bible stories, political biographies, movie and television tie-ins, adaptations of books, historical fiction, horror stories, science fiction (1997: 16).

Mike Benton benennt und bespricht in seinem 1989 veröffentlichten *The Comic Book in America* insgesamt 17 Genres, welche er für die bedeutsamsten hält, darunter „Superheroes", aber auch „Educational Comics" sowie „Movie and TV Comics".[6]

Bradford W. Wright nennt schließlich 2001 in *Comic Book Nation* als Belege dafür, dass *comic books* in letztlich jedem Genre der populären Unterhaltung erschienen seien, exemplarisch „adventure, horror, mystery, crime, romance, the western, and humor" (2001: xiv). Anhand dieser Aufzählungen lassen sich die zentralen Probleme genretheoretischer Auseinandersetzungen mit Comics benennen. Nicht nur muss für Kategorien wie „Movie and TV Comics" (Benton 1989) oder „adaptations of books" (Lupoff/Thompson 1997) der Genrebegriff grundsätzlich in Frage gestellt werden, sofern sie eher die allgemeine Bezugnahme auf Formen anderer Medien anzeigen als inhaltlich-strukturelle Gemeinsamkeiten. Auch unterscheiden sich die aufgezählten Kategorien hinsichtlich des Grades, mit welchem sie an die spezifischen medialen Bedingungen des Comics geknüpft sind. So werden Begriffe wie ‚Western', ‚Horror' oder ‚Science Fiction' identisch auch in anderen Medien verwendet; für Kategorien wie ‚funny

---

[6] Crime Comics, Educational Comics, Funny Animals, Horror Comics, Jungle Comics, Kid Comics, Movie and TV Comics, Mystery and Detective Comics, Newspaper-Comic Characters, Romance Comics, Satire Comics, Science-Fiction Comics, Superheroes, Teen Comics, Underground ‚Comix', War Comics, Western Comics (Benton 1989: 154-188).

animals' oder ‚Underground Comix'[7] ließe sich jedoch problematisieren, inwieweit sie an einen comicspezifischen Modus der Darstellung oder die Orientierung an bestimmten Verwertungszusammenhängen geknüpft sind und damit eher als Gattungen im Sinne Hickethiers (vgl. 2002: 63) denn als Genres beschrieben werden können.

Eine nach inhaltlichen Gemeinsamkeiten und dem Stil der comicspezifischen Darstellung differenzierende Kategorisierung hat – für den Comic insgesamt – Ulrich Krafft (1978) anhand von Begriffen unternommen, die er als Vorgaben von Seiten der Comicproduktion versteht. Den „Funny", einen „in Inhalt und Zeichenstil" lustigen Comic, unterscheidet Krafft dabei vom „Real-life-Strip", bei dem „nicht ganz klar ist, ob dem inhaltlichen auch ein zeichnerischer Realismus entsprechen muß" sowie schließlich vom „Wildwest-, Detektiv-, Super-, Horror- usw. -Comic", deren Kategorisierungen sich auf „rein inhaltliche Unterscheidungen" beziehen (1978: 10). Das Western- und das Superheldengenre werden im Folgenden als Beispiele einer solchen inhaltlich-strukturellen Kategorisierung weitergehend untersucht.[8] Neben den durch die jeweiligen Genrebegriffe angezeigten Gemeinsamkeiten der Inhalte ist in einem intermedialen Zusammenhang gleichwohl auch die Differenz ihrer je spezifischen Aufbereitung in unterschiedlichen Medien zu berücksichtigen.

Westerncomics: medienspezifische Beiträge zu einem intermedialen Genre

Der Western ist als Genre wiederholt in einem engen Zusammenhang mit dem Film beschrieben worden. So sieht André Bazin, der den Western „das amerikanische Kino par excellence" (2004: 255) genannt hat, in diesem das „Zusammentreffen einer Mythologie und eines Ausdrucksmittels" wirksam; eine wirkli-

---

7 Mike Benton fasst unter diesem Begriff Comics zusammen, die im Kontext gegenkultureller Bewegungen der 1960er-Jahre entstanden. Diese Comics seien, so Benton, insbesondere durch die Unabhängigkeit ihrer Autoren und Zeichner sowie die Verbreitung über alternative Vertriebswege jenseits der etablierten Comicverlage gekennzeichnet. Daraus ergebe sich eine verstärkte Hinwendung zu sozialen Fragen und eine Ausrichtung auf ein erwachsenes Publikum (1989: 183). Durchgehende inhaltlich-strukturelle Gemeinsamkeiten werden damit nicht angesprochen.
8 Dass Genres im Sinne inhaltlich-struktureller Kategorien mit der Ausbildung comicspezifischer Darstellungstraditionen wie z.B. Zeichenstilen zusammenhängen können, soll damit nicht ausgeschlossen werden.

che Verbreitung habe das Genre erst durch den Kinofilm erfahren (2004: 257).[9] Die These vom mythologischen Kern des Western wurde wiederholt aufgegriffen. In diesem Sinne speist sich das Genre einerseits aus dem Bezug auf die historische Phase der Kolonisation des nord-amerikanischen Kontinents durch europäische Siedler und der Durchquerung des Landes in Richtung Westen (vgl. Grob/Kiefer 2003: 12; Seeßlen 2011: 7-18), andererseits aus einem „Komplex traditioneller, amerikanischer Erzählungen", die der kulturellen Aufbereitung und Interpretation dieser historischen Phase dienten (Grob/Kiefer 2003: 15). Sofern dabei der Bezug auf eine historische Situation mit Formen ihrer kulturellen Deutung zusammenfalle, verwandele der Western im Sinne eines Mythos „Geschichte in Natur" (Barthes 2010: 278). Mythisch sei am Western schließlich auch das Verhandeln grundlegender thematischer Oppositionen wie denen zwischen Zivilisation und Wildnis oder Gesellschaft und Individuum (Grob/Kiefer 2003: 15f.; Seeßlen 1980: 7; Schatz 1981: 48) bzw. eines „großen epischen Dualismus" zwischen Gut und Böse schlechthin (Bazin 2004: 261).[10]

Der so konstatierte Mythos wird mitunter qua der Figur des Westernhelden und seiner Bewegung mit der Medialität des Filmes in Verbindung gebracht. So hat Robert Warshow den Westerner als Figur beschrieben, die sich zwischen den oben genannten Oppositionen von Zivilisation und individueller Freiheit bewege, wobei sie einerseits die Durchsetzung von Gerechtigkeit und Ordnung gewährleiste, andererseits aber gerade damit ihr eigenes Weiterziehen erforderlich mache: „It is just the march of civilisation that forces the Westerner to move on" (2001: 111). Es sind folglich Elemente wie die weite Ausdehnung des Landes und die freie Bewegung von Männern auf Pferden, aufgrund derer Warshow den Western als besonders geeignet für den Kinofilm ansieht (2001: 109). Aber auch insgesamt wird der Western als Genre, welches „das Prinzip der Grenzüberschreitung verallgemeinert" (Hickethier 2002: 85) bzw. „mythisiert" (Seeßlen 1980: 7), qua der Bewegung mit dem Medium Film in Verbindung gebracht: So macht Georg Seeßlen bereits anhand von THE GREAT TRAIN ROBBERY (1903) die Bewegung als Essenz sowohl des besprochenen Filmes als auch des Westerngenres insgesamt aus (2011: 19).

Gegen diese Einheit von Held, Mythos und Medialität des Filmes lässt sich aus einer intermedialen Perspektive argumentieren, die den Beitrag des Comics zum Westerngenre in den Blick nimmt. Dass Comics wie letztlich alle Arten

---

9 Diese These findet sich in ähnlicher Form etwa bei Thomas Schatz wieder, der zwar auf Wurzeln des Western in der US-amerikanischen Folklore sowie der *pulp*-Literatur verweist, aber zugleich konstatiert: „Not until its immortalization on film [...] did the Western genre certify its mythic credentials" (1981: 46).
10 Vgl. hierzu auch das Kapitel „Western" in diesem Band.

massenhaft produzierter Fiktion an der Etablierung und Verbreitung eines Genres wie dem Western entscheidend beteiligt sind, ist etwa von Steve Neale betont worden (1990: 61). In die *comic books* gelangt das Westerngenre durch zwei Praktiken: Erstens durch den Wiederabdruck von Zeitungsstrips, in denen die Verarbeitung von Westernsujets zu Beginn des 20. Jahrhunderts einsetzt (Horn 1977: 19).[11] Dabei enthielten die frühen Comichefte auch Westerncomics; mit der Spezialisierung einzelner Heftreihen entstanden dann ab 1937 zum Teil kurzlebige Serien wie die *Western Picture Stories*, *Western Action Thrillers*, *Cowboy Comics* oder *Star Ranger*. Das erste über einen längeren Zeitraum erscheinende Westernheft, die *Red Ryder Comics*, wechselt im Veröffentlichungszeitraum von 1940 bis 1957 vom Wiederabdruck von Zeitungsstrips zur Veröffentlichung von Originalmaterial (Benton 1989: 188; Horn 1977: 67-70). Zweitens werden nun Heldenfiguren des Westerngenres aufgegriffen, die bereits zuvor in der *pulp*-Literatur, in Filmen oder in Hörspielen etabliert worden waren (Benton 1989: 188). Durch beide Praktiken gelangt die Figur des Lone Ranger in die *comic books*: Am 30. Januar 1933 strahlte der Detroiter Sender *WXYZ* zum ersten Mal eine Hörspielepisode mit dem Westernhelden aus, der als einziger von sechs Texas Rangers einen Überfall überlebt, von einem Indianer namens Tonto gerettet wird, seinen eigenen Tod vortäuscht und fortan als maskierter Lone Ranger gegen die Ungerechtigkeit kämpft. Der Erfolg der Hörspielserie führte dazu, dass der Lone Ranger ab 1938 sowohl in der Kinofilmserie THE LONE RANGER als auch in einem Zeitungsstrip auftrat (Horn 1977: 35f.; Knigge 1990: 13). Nachdem die ersten Wiederabdrucke dieses Strips in verschiedenen Comicheften veröffentlicht worden waren, erschien ab 1948 schließlich ein *comic book* unter dem Titel *The Lone Ranger* (Horn 1977: 81f.).

Bei der Betrachtung der ersten Panels der Episode *Disputed Territory*, der 39. Ausgabe der *Lone Ranger*-Reihe (1951), scheint die Zuordnung zum Westerngenre offensichtlich: Zu sehen sind die Figur des Lone Ranger und des Indianers Tonto, die auf Pferden durch eine steppenartige Landschaft reiten, dort das Instrument eines Landvermessers und Kampfspuren entdecken und im dritten Panel auf der Suche nach Hinweisen in Richtung einer Stadt aufbrechen, um sich bei den dort lebenden Eisenbahnarbeitern nach dem Verbleib des Land-

---

11 Maurice Horn verweist auf die Westernsujets in einzelnen Episoden von Strips wie *Hairbreath Harry*, *Little Jimmy* oder *The Katzenjammer Kids* (1977: 19). Andreas C. Knigge erkennt in diesen frühen Beispielen eher die Verarbeitungen einer allgemeinen „*outdoor*-Thematik der damaligen Gegenwart", der „erste wirkliche Western-Comic" sei die ab 1921 erscheinende Reihe *Out Our Way* des Zeichners J.R. Williams gewesen (1990: 11). Für eine ausführliche Geschichte des Westerngenres in den US-amerikanischen Zeitungsstrips bis in die 1970er-Jahre siehe Horn (1977: 17-65).

vermessers zu erkundigen. Georg Seeßlen geht davon aus, dass jedes Genre ein „sehr limitiertes Zeichenrepertoire" zur Kennzeichnung seines historischen Ortes entwickele, das zudem im Laufe der Genreentwicklung zur Abstraktion tendiere (2002: 78). Folgt man diesem Verständnis, so ließen sich hier die Figuren und ihre Ausstattung (der Cowboyhut, der Federschmuck des Indianers, die am Gürtel getragenen Revolver, die Pferde) sowie die sie umgebende Landschaft (die Steppe, die schemenhaft im Bildhintergrund angedeuteten Berge, die Häuser der Stadt) als ikonographische Verweise[12] zugunsten einer Genrezuordnung lesen.

Auch die erzählte Geschichte scheint diese Zuordnung zu bestätigen. Der verschwundene Landvermesser wurde im Auftrag eines Grundbesitzers entführt, der im Laufe der Erzählung durch weitere Gesetzesübertretungen sicherzustellen versucht, dass die Route einer geplanten Eisenbahnlinie durch sein Land verlaufen wird – um dann mittels Landspekulation einen entsprechenden Gewinn zu erzielen. Dem Lone Ranger gelingt es nicht nur, diese Absichten aufzudecken und den Grundbesitzer dem Sheriff zu übergeben; er kann anhand von Vertragsdokumenten schließlich auch belegen, dass die geplante Eisenbahnlinie keineswegs durch privates, sondern durch öffentliches Land verlaufen wird. Die Erzählung verhandelt insofern einen Konflikt zwischen krimineller individueller Bereicherung und gesellschaftlichen Interessen im Zuge einer Übergangssituation der Zivilisierung bzw. des Eisenbahnbaus.[13] Als Westernheld setzt der Lone Ranger einerseits das Recht bzw. die Ordnung der zivilisierten Gemeinschaft durch, andererseits wird gerade dadurch sein erneutes Aufbrechen erforderlich.

Neben diesen Übereinstimmungen mit den für einen Westernmythos typischen Elementen zeigt sich jedoch auch eine Differenz, die sich insbesondere aus den medialen und materialen Bedingungen des Comics ergibt. Comicspezifisch ist zunächst die Figur des maskierten Westernhelden selbst. Wenngleich er zum ersten Mal in einem Hörspiel auftritt, steht der Lone Ranger in den *comic*

---

12 Als Ikonographie bezeichnet der Kunsthistoriker Erwin Panofsky denjenigen Bereich der Analyse von Kunstwerken, welcher Bilder als Formen der Verknüpfung von Motiven mit einer „sekundären oder konventionalen Bedeutung", d.h. bestimmten „Themen oder Konzepten" sowie deren Kombination in „Anekdoten" und „Allegorien" untersucht (1975: 39). Steve Neale vollzieht die Bedeutung des Begriffs für Ansätze der Genretheorie nach und weist zugleich darauf hin, dass die Ikonographie bzw. die visuellen Konventionen nicht in allen Genres derart evident sind wie im Western (2000: 13ff.).
13 Der Bau der Eisenbahnlinien sowie der Transport per Eisenbahn und Planwagen, insbesondere aber die dabei jeweils auftretenden Hindernisse sind als Motive bereits in den *comic strips* vielfach verarbeitet worden (Horn 1977: 191f.).

books am Beginn einer Reihe weiterer Westernhelden, die mit Masken auftreten.[14] Dies mag sich auch als Versuch der Verleger erklären lassen, eine Konvention aus den immer erfolgreicher werdenden Superheldencomics zu übernehmen, um damit an deren Erfolg anzuschließen (Fuchs/Reitberger 1971: 98; Horn 1977: 203ff.). An der Maske des Lone Ranger verdeutlichen sich darüber hinaus aber dessen spezifische Eigenschaften als Comicfigur. Die Maske kennzeichnet den Helden und macht ihn von anderen Figuren deutlich unterscheidbar. Sie verweist im Sinne eines Anzeichens[15] auf den Lone Ranger; über ihre Wiederholungen von Panel zu Panel bildet sich so seine Identität.[16] Dies wird exemplarisch in den letzten Panels der *The Lone Ranger*-Episoden sichtbar, in denen der Westernheld regelmäßig nicht allein aufgrund seiner Taten, sondern auch wegen seiner Maske als solcher identifiziert wird.

Eine Parallele zwischen der mythologischen Bewegung des Westernhelden und der Bewegung als einem Mittel seiner Darstellung, wie sie für den Film konstatiert worden ist, lässt sich für den Comic nicht in gleicher Weise annehmen. Denn anders als ein Film besteht der Comic aus Folgen unbewegter Einzelbilder mit weißen Zwischenräumen. Ansätze, die sich der Bewegungsdarstellung im Comic widmen, schreiben insbesondere diesen Zwischenräumen eine zentrale Rolle zu. So beschreibt McCloud einen Vorgang der *closure*, bei dem der Comicleser anhand der unbewegten Einzelbilder eine umfassende Vorstellung der Bewegungen entwickeln würde, die sich zwischen diesen Bildern ereignen, um so zum Gesamteindruck einer „continuous, unified reality" zu gelangen (1994: 67). Gegen diese These lässt sich einwenden, dass aus unbewegten Bildern kaum eine eindeutige, allgemeingültige Vorstellung einer Bewegung rekonstruiert werden kann, die mit jener vergleichbar wäre, die das ‚Bewegungs-Bild' des Filmes[17] auf der Leinwand zeigt. Zwar kann der Comicleser bei der

---

14 Horn nennt Durango Kid, the Outlaw Kid, the Masked Rider, Nighthawk und the Ghost Rider als weitere Beispiele für maskierte Heldenfiguren in den *comic books* und sieht die Ursprünge dieser Konvention in den *comic strips*, aber auch in Figuren der *pulp*-Literatur wie z.B. Zorro (1977: 203).
15 Als ‚Anzeichen' beschreibt Krafft Elemente, die der – als ‚Zeichen' verstandenen – Comicfigur untergeordnet sind und zugleich zu deren Identifizierung beitragen (1978: 33f.).
16 Ole Frahm verwendet den Begriff der Maske, um auf die spezifische Konstitution von Comicfiguren hinzuweisen, deren Identität sich erst über ihre Wiederholungen in Varianten (von Panel zu Panel, von Heft zu Heft usw.) bilden würde. Frahm zufolge liege jenseits der zeichnerischen Ausführungen einer Comicfigur in wechselnden Zusammenhängen keine einheitliche Identität. Frahms Ausführungen (2010) beziehen sich hierbei auf die Überlegungen zur Wiederholung von Gilles Deleuze (vgl. 1992: 34).
17 Zwar besteht auch der photographisch aufgezeichnete Film aus unbewegten Einzelbildern. Nach Deleuze heben sich jedoch bei der Projektion des Filmes die 24 Einzelbilder pro Sekunde

Lektüre die unbewegten Panels der *Lone Ranger*-Episode „im Rezeptionsprozess dann zusätzlich in Bewegung bringen" (Schüwer 2008: 45) und eine Vorstellung der Bewegungen des Lone Ranger, seines Begleiters Tonto und der beiden Pferde entwickeln. Gleichwohl bleiben hier drei einzelne, jeweils unbewegte Bilder in ihrer Materialität sichtbar. Es hängt also, wie Ole Frahm beschrieben hat, eng mit den medialen Eigenschaften eines Comics zusammen, dass die Vorstellung einer kontinuierlichen ungebrochenen Bewegung ‚zwischen' den Comicpanels hier nur eine Lektüremöglichkeit bzw. Bedeutungszuschreibung unter vielen ist: „Die Materialität der Zeichen lässt sich in keiner einfachen, vollständigen Bedeutung aufheben" (Frahm 2010: 139). Im Ergebnis verhält sich ein Comic wie *The Lone Ranger* gegenüber der ständigen Bewegung des Westernhelden grundsätzlich anders als ein Film.

Somit verweisen vor allem zwei Punkte auf die spezifische Rolle der *comic books* im Westerngenre und dessen Mythos. 1.) Anhand der Maske des Lone Ranger lassen sich dessen Eigenschaften als Comicfigur aufzeigen, deren Identität das Ergebnis von Wiederholungen in Varianten ist. 2.) Die für das Genre elementare Bewegung zeigen die Sequenzen aus unbewegten Einzelbildern nicht unmittelbar, sondern erst als das Ergebnis einer projizierenden Vorstellung im Lesevorgang, welche stets auch als solche reflektiert werden kann. Beide Dimensionen liegen in der Medialität des Comics begründet, in dem unterschiedliche Modi der Wiederholung – hier der Figur von Panel zu Panel, aber auch als Struktur der Panelfolge – immer auch auf der Ebene des Materials als solche sichtbar sind.[18]

Wenn für den Western in der jüngeren Vergangenheit verschiedentlich konstatiert worden ist, dass er als Filmgenre einen Großteil seiner ehemaligen kulturellen Bedeutung, zumindest aber an Dominanz innerhalb der filmindustriellen Produktion Hollywoods eingebüßt habe (Neale 2000: 142; Rebhandl 2007: 22; Seeßlen 2011: 146), so gilt vergleichbares auch für den Western in den US-amerikanischen *comic books*. Die *The Lone Ranger*-Hefte erschienen bei *Dell* bis 1962, der Verlag *Gold Key* kaufte schließlich die Rechte an der Serie auf und setzte sie bis ins Jahr 1977 fort (Horn 1977: 82; Knigge 1990: 14). Vom Ende der 1960er- bis in die 1970er-Jahre entstehen Westerntitel verschiedener Verlage,

---

und ihre Differenzen in einem bewegten „Durchschnittsbild" (1997: 14) auf, dem keine Bewegung mehr hinzugefügt werden muss.

18 Dabei bleiben „[b]eide Lektüren [...] möglich: Die unterschiedlichen Wiederholungen in Comics können in ihrer Differenz als Bestätigung eines Referenten gelesen werden oder aber als Überschreitung der Referentialität" (Frahm 2010: 54).

die zum Teil Wiederabdrucke, aber auch Geschichten um neue Figuren[19] enthalten – einen vergleichbaren Umfang wie in den 1950er-Jahren erreichte der Western im Comic jedoch nicht mehr (Benton 1989: 189; Horn 1977: 108-115; Knigge 1990: 16f.).[20] Gleichwohl spielt das Westerngenre auch in der aktuelleren US-amerikanischen Comicproduktion noch eine Rolle: So wird unter dem Titel *The Lone Ranger* seit 2006 eine Heftreihe von *Dynamite Entertainment* herausgegeben und bei den Verlagen *DC* und *Marvel* erscheinen nach wie vor Erzählungen um Westernhelden wie Jonah Hex oder Rawhide Kid.

Superhelden: ein Comicgenre?

Gelten die maskierten Westernhelden des Comics als Versuch, an eine Konvention der Superheldencomics anzuknüpfen, so werden die Geschichten um Superhelden ihrerseits auch als Fortsetzung des Westernmythos verstanden: Demzufolge wäre mit Helden wie Superman eben jener Archetypus eines Westerners aktualisiert, der sich zwischen grundlegenden Oppositionen bewegt und die Spannungen zwischen ihnen harmonisiert. Die Figur des Superhelden erscheint so als eine Erweiterung des Helden im Western und seiner individuellen Freiheit (Hausmanninger 1989: 220), die an die urbanisierte Gesellschaft des 20. Jahrhunderts angepasst (Wright 2001: 10) und mit gesteigerten Fähigkeiten ausgestattet wurde (Harvey 1996: 65). Dass auch die Superheldenerzählungen Funktionen von Mythen übernehmen würden, dass ihnen mythenähnliche Strukturen zugrunde lägen, ist bereits vielfach beschrieben worden.[21]

---

19 So entstehen ab 1968 bei *Marvel* Bat Lash und ab 1972 bei *DC* Jonah Hex, die als exemplarische Fälle eines neuen, ambivalenten, durch Neurosen geprägten Typus des Westernhelden beschrieben werden (Benton 1989; Horn 1977: 110f.). Ab 1972 veröffentlicht *Marvel* mit *Red Wolf* eine Heftreihe um einen maskierten und kostümierten Helden indigener Herkunft sowie die Reihe *The Gunhawks* mit einem afroamerikanischen Protagonisten (Horn 1977: 114).
20 Verwiesen sei hier auch auf die interkulturelle Dimension, die das Westerngenre über die US-amerikanischen *comic books* hinaus erlangt hat. Eine Übersicht der Sekundärliteratur zum Westerngenre in den europäischen Comicalben hat Randall W. Scott zusammengestellt (2007). Auch Andreas C. Knigge und Otto Janssen beschreiben deutsche sowie europäische Traditionen, zu deren Vertretern Titel bzw. Reihen wie *Lucky Luke*, *Jerry Spring*, *Umpah-Pah* oder *Blueberry* gehören (Knigge 1990: 17-21; Janssen 1990). Horn zieht eine Verbindungslinie von Westerncomics aus Europa, Kanada und Südamerika bis hin zu den Motiven japanischer Samurai-Manga (1977: 137-174).
21 Grundlegend für diese Betrachtungsweise ist Umberto Ecos Essay *Der Mythos von Superman* (1986: 187-222). Dem Verständnis der Superhelden als Mythologie folgt auch Richard Reynolds mit *Super Heroes. A Modern Mythology* (1992). Die Genrebeschreibungen von Peter Coogan

Zugleich wird das Superheldengenre – ähnlich dem Western – mit einem konkreten Medium in Verbindung gebracht. Mit dem ersten Auftreten von Superman in den *Action Comics #1* (1938) sei demnach in den *comic books* ein neues Genre um einen neuen Heldentypus entstanden, dessen Erfolge beim Publikum maßgeblich zum steigenden Absatz der Hefte – und damit letztendlich zur Etablierung eines neuen Industriezweiges – beigetragen hätten (Benton 1989: 174; Gordon 1998: 132f.; Harvey 1996: 35; Hausmanninger 1989: 54; Wright 2001: 14).

Trotz dieser konstatierten Verknüpfung mit dem Comic generell gehen Ansätze, die das Superheldengenre systematisch definieren, von der prinzipiellen Unabhängigkeit zwischen Medium und Genre aus und beschreiben letzteres anhand inhaltlich-struktureller Merkmale. Den zentralen Ausgangspunkt bilden dabei die Heldenfiguren, denen das Genre seinen Namen verdankt. Demnach ließen sich Genres anhand eines jeweiligen Heldentypus bestimmen, mit welchem sie exklusiv gekoppelt sind. Dieser Prämisse folgt etwa Peter Coogan in seiner Monographie *Superhero: The Secret Origin of a Genre*, wenn er konstatiert: „hero-types do not exist independently of genres" (2006: 176). Coogan benennt drei zentrale Konventionen, anhand derer er den Superhelden zu definieren und gegen andere Heldentypen abzugrenzen versucht: Erstens die ebenso prosoziale wie selbstlose Bestimmung des Superhelden, zweitens seine gegenüber dem Umfeld übersteigerten Kräfte und Fähigkeiten sowie seine Superheldenidentität, die drittens ikonisch durch sein Kostüm und seinen Namen repräsentiert werde (2006: 32f.). Anhut und Ditschke gehen bei ihrem Definitionsansatz ebenfalls von der Figur des Superhelden aus und formulieren zwei Bedingungen, welche für die Zuordnung einer Erzählung zum Superheldengenre erfüllt sein müssen: „Mindestens ein Protagonist der Erzählung (i) verfügt in Relation zur ihn umgebenen Umwelt über herausragende Fähigkeiten und (ii) handelt ‚heldenhaft'" (2009: 135). Eindeutig abgrenzen lässt sich ein Superheldengenre mit diesen beiden Merkmalen nicht. Auch eine Figur wie der Lone Ranger ließe sich als Figur beschreiben, die dem Umfeld in ihren Fähigkeiten überlegen ist und zugleich den von Ditschke und Anhut aufgezählten Kriterien heldenhaften Handelns[22] folgt – gleichzeitig lässt sie sich dem Westerngenre zuordnen. Um dennoch einer möglichst eindeutigen Genrebestimmung

---

(2006: 116-125) sowie von Anjin Anhut und Stephan Ditschke (2009: 156-162) greifen auf den Begriff des Mythos zurück. Für eine kritische Auseinandersetzung mit dem Verständnis des Superhelden als Mythos siehe Frahm (2010: 246-266).

22 Laut Anhut und Ditschke handelt ein Protagonist heldenhaft, sofern „in akuten Notsituationen" durch sein absichtliches Handeln „die existenziellen Bedürfnisse anderer gesichert sind." Die „eigenen existenziellen Bedürfnisse" sowie die „Maximierung des eigenen Nutzens" blieben dabei vom Protagonisten unberücksichtigt (2009: 135).

gerecht zu werden, ergänzen die Autoren weitere Merkmale, die allerdings nur „den Status von Konventionen" hätten, d.h. nicht von allen zum Superheldengenre gezählten Erzählungen geteilt werden müssen (Anhut/Ditschke 2009: 137). Die bedeutsamsten Konventionen in diesem Sinne seien ein prägendes, traumatisches Ereignis in der Vergangenheit des Superhelden, dessen doppelte Identität, das Superheldenkostüm sowie das Auftreten mehrerer Superhelden in Teams (ebd.: 138). Um zu beschreiben, wie die zu einem Superheldengenre gezählten Erzählungen durch Konventionen miteinander verbunden sind, greifen Anhut und Ditschke ebenso wie Coogan auf Ludwig Wittgensteins Konzept der Familienähnlichkeiten zurück: Die unter einem Begriff zusammengefassten Erscheinungen müssen laut Wittgenstein keine Eigenschaft teilen, die ihnen allen gleichsam gemein wäre – vielmehr seien sie miteinander verbunden durch „ein kompliziertes Netz von Ähnlichkeiten, die einander übergreifen und kreuzen" (2003: 57). Diese Ähnlichkeitsbeziehungen verhielten sich gegenüber dem Begriff wie die einzelnen Fasern zu einem Faden, in dem nicht „irgend eine Faser durch seine ganze Länge läuft, sondern [...] viele Fasern ineinander übergreifen" (Wittgenstein 2003: 58). In diesem Sinne gäbe es letztlich kein invariantes Merkmal bzw. keine Konvention, in der alle Superhelden einander gleichen würden. Andererseits gehen sowohl Coogan als auch Anhut/Ditschke davon aus, dass auch Helden, die ihrerseits bereits in anderen Genrekontexten verortet sind, durchaus alle Konventionen des Superheldengenres erfüllen können und fügen entsprechend eine weitere Bedingung zur Klassifikation des Superheldengenres hinzu. Ausgehend von den aufgeführten Konventionen ließen sich eine Erzählung und ihr Held dann eher zum Superheldengenre zählen, wenn sie nicht in einem anderen Genre verortet werden können (Coogan 2006: 40; Anhut/Ditschke 2009: 140). Dieses Vorgehen bei der Definition eines Superheldengenres folgt einer genretheoretischen Annahme, die Rick Altman als „type/token model" bezeichnet hat (Altman 1999: 18). Um einzelne Superhelden als eindeutige Vertreter eines Superheldengenres konzeptualisieren zu können, in denen sich dessen Konventionen aktualisieren, muss von möglichst distinkten und dauerhaften Genrekategorien ausgegangen werden. Demgegenüber sei hier ein anderer Ansatz verfolgt. Superhelden werden im Folgenden als Genre verstanden, welches sich unter den medialen Bedingungen des Comics durch Wiederholungen bzw. Ähnlichkeitsbezüge ebenso konstituiert wie durch die Herausbildung von immer neuen Varianten – und damit zugleich einer Vorstellung ‚reiner' Genrekategorien entgegensteht.

Superhelden und das Prinzip der Vervielfältigung

Bei seinem sechsten Auftritt in den *Action Comics* (1938) wird Superman mit seiner eigenen Vervielfältigung konfrontiert: In der Redaktion des *Daily Star* wird dem Reporter Clark Kent ein Mann namens Nick Williams vorgestellt, der sich als Supermans persönlicher Manager ausgibt. Clark Kent – wie zu Beginn im Text betont wird, natürlich selbst der richtige Superman – erschrickt ob der Vielzahl der möglichen Erscheinungsformen eines Superhelden: Williams lizenziert den Namen Superman für eine Hörspielserie, Werbung für Benzin und Autos, Badeanzüge, Kostüme, Heimtrainer und vergibt Rechte für Filme und Comics. Um den zweifelnden Reporter zu überzeugen, engagiert der vermeintliche Manager einen Schauspieler, der sich im blauen Kostüm als Superman ausgibt. Selbst verwandelt in Superman, kann Kent nicht nur die beiden Betrüger überführen, er verhindert auch, dass sie seine Kollegin Lois Lane – der die Fälschung ebenfalls aufgefallen ist – ermorden (Siegel/Schuster 2006: 70-82). Die Vervielfältigungen Supermans, die hier als Werk eines Kriminellen entlarvt werden, verweisen auf die ‚Natur' des Superhelden als Comicfigur. Auf der materialen Ebene des Comics besteht zunächst kein sichtbarer Unterschied zwischen der gezeichneten Superman-Figur, die auf einem Werbeplakat zu sehen ist, und dem gezeichneten ‚echten' Superman, in den sich Clark Kent verwandelt. Das Kostüm und seine Farbe können, wie etwa McCloud annimmt, ikonisch auf die Identität des Superhelden verweisen (1994: 188). Allerdings kann es sich bei ihnen jederzeit auch um eine Fälschung handeln: Superman und der als Superman auftretende Schauspieler tragen das gleiche Kostüm und lassen sich nur durch wenige Anzeichen – die unterschiedliche Farbe ihrer Haare, Supermans etwas ausgeprägtere Muskulatur – sowie durch ihre Fähigkeit zum heldenhaften Handeln voneinander unterscheiden.

Zugleich erscheint der ‚echte' Superman gemäß einer „aufspaltung [...] in zwei identitäten" (Wiener 1970: 96) in stetig wechselnden Konstellationen als Reporter Clark Kent oder als kostümierter Superheld. Wie im Fall des Lone Ranger gibt es keine Identität jenseits dieser wiederholten Erscheinungen in wechselnden Comicpanels. Laut Frahm handele es sich bei Superman nicht einfach um die „Maske" von Clark Kent; vielmehr würden in den Zeichnungen der Comics zwei verschiedene Figuren in unterschiedlichen Handlungszusammenhängen sichtbar. Wenn somit deutlich wird, dass Superman in seinen Wiederholungen – von Panel zu Panel, von Heft zu Heft – von sich selbst abweicht, so hängt dies mit den medialen Bedingungen des Comics zusammen. Unter diesen entsteht die Figur des Superhelden erst durch ihre Wiederholung in jeweils neuen, wechselnden Konstellationen, und „wer diese Wiederholung ausführt, ist offen" (Frahm 2010: 90).

Nicht lange bleiben die Bestrebungen, eben jene Wiederholungen als kommerziellen Mehrwert nutzbar zu machen bzw. zu kontrollieren, auf einen fiktiven, betrügerischen Manager Supermans beschränkt. Im Jahr nach Supermans erstem Erscheinen beauftragt der Verleger Victor Fox den *comic art shop* von Eisner und Iger damit, eine Imitation von Superman anzufertigen. Das Ergebnis, Wonder Man, erscheint in den *Wonder Comics #1* vom Mai 1939 nur ein einziges Mal. Der *DC*-Verlag, im Besitz aller Rechte an der Superman-Figur, reagiert mit einer Klage wegen Verletzung des Urheberrechtes (Coogan 2006: 29; Harvey 1996: 21; Wright 2001: 15). Und noch im Monat des Erscheinens von Wonder Man bringt *DC* selbst einen neuen Helden auf den Markt. In der 27. Ausgabe der *Detective Comics* erscheint Batman zum ersten Mal. Sofern er als konzeptionelles Gegenstück zu Superman verstanden werden kann und seinerseits am Beginn einer Vielzahl weiterer, neuer Superhelden[23] steht, wird Batmans Entstehen auch als Beleg für die Genese eines neuen Genres in den *comic books* verstanden (Coogan 2006: 199f.; Wright 2001: 17f.).

Die Ähnlichkeiten und Differenzen zwischen Superman und Batman bilden in den Geschichten der *World's Finest Comics* der 1950er- und 1960er-Jahre ein wiederkehrendes Motiv. So gelangt in der Geschichte *The Composite Superman* (Juni 1964) Joe Meach, ein Angestellter im *Superman Museum*, durch einen Unfall an Superkräfte. Im Besitz seiner neuen Fähigkeiten verwandelt Meach sich in den Composite Superman, der zur einen Hälfte Supermans, zur anderen Hälfte Batmans Aussehen annimmt und damit droht, deren jeweilige Geheimidentität preiszugeben. Im Composite Superman materialisiert sich die Ähnlichkeit der Helden: Beide tragen ein verwandtes Kostüm, Körper und Gesichtszüge sind ähnlich konturiert, beide lassen sich als Aktualisierungen des Superhelden-Prinzips beschreiben (vgl. Frahm 2010: 87ff.). Andererseits bleibt im Composite Superman als Mischung sichtbar, was die beiden Figuren voneinander trennt. Die Kostüme unterscheiden sich in ihren Farben, als Batman trägt Bruce Wayne eine Maske, während Superman als Clark Kent eine Brille aufsetzt. Darüber hinaus weichen die Fähigkeiten der beiden voneinander ab – wie Batmans Sidekick Robin im Laufe der Geschichte formuliert, verfügt Clark Kent über die

---

23 Zu den Superhelden, die in den Jahren 1939 bis 1941 eingeführt werden, gehören u.a. Amazing Man, Captain America, Captain Marvel, Cat-Man, the Blue Beetle, Doll Man, Dr. Fate, Fantom of the Fair, the Flame, the Flash, Green Lantern, Green Mask, Hawkman, Hour-Man, the Human Torch, Masked Marvel, Plastic Man, the Sandman, Spectre, the Sub-Mariner, Ultra-Man, Wonder Man und Wonder Woman (vgl. Coogan 2006: 200; Harvey 1996: 21; Wright 2001: 21).

"mighty powers of Superman", während Bruce Wayne der "greatest detective in the world" ist (Hamilton/Klein/Swan 2008: 457).

Superman und Batman, die als zentrale archetypische Vertreter des Superheldengenres beschrieben werden (Coogan 2006: 200), lassen sich entsprechend differenten Genretraditionen zuordnen. Das jeweils erste Erscheinen von Superman und Batman in den unterschiedlichen Heftreihen *Action Comics* und *Detective Comics* versteht Henry Jenkins als Beleg für zwei entsprechend verschiedene Genrekontexte (2007b). Coogan beschreibt die Vorläufer des Superhelden in der *pulp*-Literatur und verortet Superman dabei eher in der Tradition von Science-Fiction-Helden mit übermenschlichen Fähigkeiten mit Doc Savage als unmittelbarem Vorgänger, Batman in einer Reihe von das Verbrechen bekämpfenden Rächerfiguren mit doppelter Identität wie The Shadow (2006: 126-164). Neben Figuren wie Zorro wird Batman darüber hinaus auch mit Detektiverzählungen um Protagonisten wie Sherlock Holmes in Verbindung gebracht (Boichel 1991: 6f.; Brooker 2001: 44). Was als Superheldengenre beschrieben wird, entsteht also nicht allein durch die Wiederholung eines Prototyps, in dem alle Konventionen bereits angelegt sind, sondern durch die Vermischung unterschiedlicher Genretraditionen.[24]

Differenzen konstituieren nicht nur das ästhetische Erscheinen des Superhelden unter den medialen Bedingungen des Comics und das Verhältnis einzelner Superhelden untereinander. Sie markieren auch den Entwicklungsprozess, den das Superheldengenre und seine Vertreter seit den ersten Auftritten von Superman und Batman durchlaufen. Coogan geht davon aus, dass das Superheldengenre mit seinen Entwicklungsphasen den Stufen einer allgemeinen Genreevolution folgt, die Thomas Schatz für den Hollywood-Film beschrieben hat: Demnach durchlaufe jedes Genre eine Entwicklung, welche für die Vermittlung bestimmter Inhalte zunächst Konventionen etabliere, ehe die letzteren in zunehmendem Maße reflektiert – und damit zum eigentlichen Inhalt – würden (1981: 38). Die von Schatz benannten vier Stufen dieses Prozesses – vom "experimental stage" über "classic stage" und "age of refinement" bis zum "baroque (or ‚mannerist' or ‚self-reflexive') stage" (1981: 37f.) identifiziert Coogan in der Historie der Superheldencomics. Ausgehend von Supermans erstem Auftritt wären demnach zwischen den 1930er- und 1950er-Jahren im sogenannten *Gol-*

---

24 Altman beschreibt einen derartigen Prozess der Vermischung als Bedingung für das Entstehen neuer Genres: "the practice of genre mixing is necessary to the very process whereby genres are created" (1999: 143). Ein derartiges "genre mixing" macht Jenkins nicht nur in der Entstehungsphase des Superheldengenres aus, sondern auch in einer Phase ab den späten 1950er-Jahren, in denen die Superhelden innerhalb der *comic books* abermals an Umfang gewinnen (2007b).

den Age der *comic books* die Konventionen des Superheldengenres entstanden. Diese Konventionen seien zwischen den 1950er- und 1970er-Jahren im *Silver Age* zunehmend verfestigt und im *Bronze Age* zwischen den 1970er- und 1980er-Jahren weiter ausgestaltet worden. Im *Iron Age* seien ab den 1980er-Jahren die Genrekonventionen in zunehmender Weise reflektiert und damit zum eigentlichen Inhalt der Superheldencomics geworden (Coogan 2006: 193f.). Coogan geht davon aus, dass sich an das *Iron Age* schließlich seit dem Ende der 1980er-Jahre ein *Renaissance* bzw. *Reconstructive Age* der Superheldencomics anschließe, in dem – gleichwohl unter Bezugnahme auf die vorangegangenen Genreentwicklungen – die Konventionen neu etabliert werden würden (2006: 219ff.). Dabei schließt Coogan explizit nicht aus, dass es sich beim *Reconstructive Stage* auch um den Beginn eines erneuten Genrekreislaufs handeln könnte (2006: 197f., 230). Anders wird die aktuellere Entwicklung der Superheldencomics von Jenkins eingeschätzt. Ausgehend von David Bordwells Annahme, dass auch eine auf Standardisierung ausgerichtete medienindustrielle Produktion der Notwendigkeit zur Herausbildung immer neuer Varianten und Differenzen unterliegt (vgl. Bordwell 1985: 70), beschreibt Jenkins eine zunehmende Ausdifferenzierung des Superheldengenres. Sei noch in den 1970er-Jahren das Erscheinen einzelner Superheldenreihen sowie deren gegenseitige Verknüpfung nach dem Maßstab der Kontinuität strukturiert gewesen, hätte ab den 1980er-Jahren eine neue Entwicklung eingesetzt, in der zunehmend unterschiedliche Varianten einzelner Helden nebeneinander stehen:

> Today, comics have entered a period where principles of multiplicity are felt at least as powerfully as those of continuity. Under this new system, readers may consume multiple versions of the same franchise, each with different conceptions of the character (Jenkins 2007a).

In ähnlicher Weise beschreiben Anhut und Ditschke ein „pluralistisches Zeitalter" des Superhelden, in dem unterschiedliche Formen der Bezugnahme auf die vorangegangene Genregeschichte nebeneinander stehen würden (2009: 164f.).

Eine derartige Vielfältigkeit betrifft nicht zuletzt die Formen, in denen die Superhelden bereits kurz nach ihrem ersten Erscheinen in den *comic books* auch in Hörspielen, Movie-Serials, Animationsfilmen, Fernsehserien und Spielfilmen aufgetreten sind.[25] Innerhalb der unterschiedlichen medialen Kontexte erschei-

---

25 Eine Übersicht der Umsetzungen von Superman und Batman im Rahmen von Kinofilm- und Fernsehproduktionen bis ins Jahr 2005 hat Andreas Friedrich zusammengestellt (vgl. 2007: 23-50). Die Hörspielreihe *The Adventures of Superman* findet in Les Daniels Geschichtsschreibung der Superman-Figur Erwähnung (vgl. 1998: 50-57). Für einen Überblick über die verschiedenen Erscheinungsformen von Batman siehe Boichel (1991) und Pearson/Uricchio (1991) sowie

nen die Superhelden in Varianten, für die mithin auch differente Genrezuordnungen vorgenommen werden. Für die Hörspiele der *The Adventures of Superman*-Reihe, die ab 1940 ausgestrahlt wurden, hat Frahm beschrieben, wie „klassische Motive der Verwechslungskomödie in eine dramatische Abenteuerhandlung übertragen werden", wobei sich das komödiantische Moment aus der Doppelidentität des Superhelden und der daraus resultierenden Konstellation der drei Figuren Clark Kent, Lois Lane und Superman ergebe (2010: 253). Stilistische Elemente einer „klassischen Screwball-Komödie" macht Andreas Friedrich auch in der Fernsehserie *Lois & Clark – The New Adventures of Superman* aus, deren inhaltlicher Schwerpunkt weniger auf dem heldenhaften Handeln Supermans als vielmehr auf der Beziehung zwischen Kent und Lane liege (2007: 28).

Die während der 1960er-Jahre vom Fernseh-Network *ABC* ausgestrahlte Serie *Batman* wird wiederholt im Kontext der Diskurse um *Pop* und *Camp*[26] beschrieben. Dabei werden einerseits die intensive Farbigkeit der Mise-en-Scène und Effekte wie die Einblendung von Geräuschworten im Bildraum mit der Ästhetik der *Pop Art* in Zusammenhang gebracht, die ihrerseits als durch die *comic books* beeinflusst gilt (Brooker 2001: 179-194, 216ff.; Jenkins/Spiegel 1991: 122f.). Andererseits wird in der Fernsehserie eine Ergänzung impliziter *Camp*-Qualitäten der Batman-Geschichten[27] um einen explizit ironisch-distanzierten Modus der Darstellung ausgemacht (Medhurst 1991: 156), was zum einen die generelle Akzeptanz durch ein erwachsenes Publikum ermöglicht, zum anderen homosexuelle Lesarten der Batman-Figur befördert habe (Brooker 2001: 223ff.; Medhurst 1991: 156f.; Jenkins/Spiegel 1991: 124f.).

Tim Burtons Kinofilm BATMAN wird dagegen von Will Brooker als „story of freaks and clowns" in Zusammenhang mit dem bisherigen Œuvre und dem individuellen Stil des Regisseurs gebracht (Brooker 2001: 291ff.). In Christopher No-

---

Brooker (2001: 41). Unberücksichtigt bleiben hier die zahlreichen weiteren Erscheinungsformen von Superman und Batman im Zusammenhang mit Lizenzierungen für Spielwaren oder Produktwerbung (Brooker 2001: 211-216; Daniels 1998: 47ff.; Pearson/Uricchio 1991: 182f.) sowie in Musicals bzw. Live-Shows (Daniels 1998: 111).

26 In ihren *Notes on Camp* hat Susan Sontag 1964 den Begriff *Camp* als eine spezifische Sensibilität für artifizielle bzw. stilisierte Ästhetiken beschrieben. *Camp* sei jedoch nicht allein als Wahrnehmungs- bzw. Rezeptionsmodus, sondern auch als Attribut von Objekten oder menschlichem Verhalten wirksam (2009: 275ff.). Sontag unterscheidet einen unbeabsichtigten, „naïve, or pure, Camp", der sich selbst ernst nehme, von selbstironischen und parodistischen Formen eines „deliberate Camp" (ebd.: 282f.). Insgesamt würde *Camp* etablierte Maßstäbe zur Bewertung von Kunstwerken bzw. Kulturgütern unterlaufen (ebd.: 288). Dabei konstatiert Sontag schließlich auch einen Zusammenhang zwischen *Camp* und Homosexualität (ebd.: 290f.).

27 Eine grundlegende *Camp*-Qualität sieht Andy Medhurst bereits in dem Umstand, dass es sich bei Batman um einen erwachsenen Mann in einem Fledermauskostüm handelt (1991: 156).

Ians BATMAN BEGINS sieht Andreas Friedrich schließlich einen „realistischen Ansatz" wirksam, der sich insbesondere in der Darstellung von Batmans Wirkungsort Gotham City als moderner Großstadt äußern würde – wobei das „[b]izarre" Moment der Batman-Figur, wie es insbesondere in den Filmen Tim Burtons hervorgehoben worden sei, wiederum weniger betont werde (2007: 47f.).

Rayna Denison hat nachvollzogen, wie die Fernsehserie *Smallville*, in der Clark Kents Jugendjahre in einer US-amerikanischen Kleinstadt thematisiert werden, zum Start ihrer ersten Staffel als Melodrama beworben worden ist und von der Publizistik weniger im Zusammenhang mit den Superman-Comics als vielmehr in den Genrekontexten von „teen melodrama, horror, or mystery" beschrieben wurde (2007: 169f.).

Die beiden Superhelden Superman und Batman erscheinen insofern zu unterschiedlichen historischen Zeitpunkten in mehreren Medien und bilden dabei zahlreiche Varianten aus. Für die frühesten Erscheinungen der beiden in den *comic books* lassen sich dabei ebenso differente Genrezuordnungen vornehmen wie für ihre jeweiligen Realisierungen in anderen Medien.

Um die Ähnlichkeitsbeziehungen zwischen den jeweiligen Varianten zu beschreiben, wird auf den Begriff des Tropus[28] zurückgegriffen. In diesem Sinne lassen sich zentrale visuelle oder narrative Motive wie etwa das Kostüm, die Ursprungsgeschichte oder die Fähigkeiten eines Superhelden als Tropen beschreiben, die auf ihn verweisen. In den jeweiligen Revisionen des Superhelden in unterschiedlichen medialen Konstellationen werden die Tropen dann stets aufs Neue formuliert (Coogan 2006: 6ff.; Wandtke 2007: 7f.). Nicht alle dieser Tropen fanden ihren Ursprung in den ersten Auftritten der Superhelden in den *comic books*. Kryptonit, das von Supermans Heimatplaneten Krypton stammende Gestein, das den Helden verwundbar macht, spielt in der Hörspielreihe der 1940er-Jahre zum ersten Mal eine Rolle (Daniels 1998: 57). Aus der BATMAN-Filmreihe von 1943 gelangen die Darstellungen von Bruce Waynes Butler Alfred und die Bezeichnung „Bat-Cave" für Batmans Versteck in die zeitgenössischen Comichefte (Brooker 2001: 89f.). Die unterschiedlichen Erscheinungen beider

---

28 Der Tropus wird innerhalb der Rhetorik als eine „Form uneigentlicher Rede" beschrieben, die hervorgeht aus Prozessen der „*Übertragung*" eines Wortes oder einer Wendung auf eine „andere, fremde Sache" sowie – damit verbunden – der „*Vertauschung* bzw. *Auswechslung*" der eigentlichen Sachbezeichnung durch eine „fremde, uneigentliche" (Drux 2009: 809f.; Herv. i.O.). Je nach dem Beziehungsverhältnis der uneigentlichen zur eigentlichen Rede werden dabei unterschiedliche Tropen klassifiziert (Drux 2009: 810; 812ff.; Lausberg 2008: 282-307); insbesondere im Rahmen systematischer Kategorisierungsversuche sind dabei Metapher, Metonymie, Synekdoche und Ironie als die vier Haupttropen beschrieben worden (vgl. Strub 2004).

Superhelden stehen in einem Verhältnis wechselseitiger Anleihen und Bezugnahmen in immer neuen Varianten, die weder auf einen zentralen Urtext zurückgehen (Coogan 2006: 6; Pearson/Uricchio 1991: 185; Wandtke 2007: 13), noch vollständig zu „einem homogenen Ganzen" (Eco 1986: 213) einer Figur oder eines Genres zusammengefasst werden können. Sofern die auf einen Superhelden verweisenden Tropen im Comic und anderen medialen Realisierungen mit unterschiedlichen Genrekontexten kombiniert werden können, folgen sie dabei eher einem „law of impurity" (Derrida 1980: 57) als der Vorstellung klar voneinander abzugrenzender Genrekategorien.

Fazit

Die zwischen 1997 und 1998 im DC-Verlag erschienene *comic book*-Reihe *The Kents* schildert die Geschichte der Vorfahren von Supermans Adoptiveltern Jonathan und Martha Kent zur Zeit des US-amerikanischen Bürgerkrieges. Handelt es sich aufgrund der räumlichen und zeitlichen Lokalisation, dem Auftreten von Figuren wie Buffalo Bill oder Jesse James sowie der ikonographischen Verweise in den Comicpanels um einen ‚reinen' Western (Jenkins 2007a)? Oder reichen die kurzen, auf die Rahmenhandlung beschränkten Auftritte von Clark Kent sowie das in unterschiedlichen Konstellationen wiederkehrende Superman-Symbol als Tropen aus, um *The Kents* dem Superheldengenre zuzurechnen? Beide Kontextualisierungen lassen sich gleichermaßen begründen.

Um die *comic books* hat sich zu Beginn des 20. Jahrhunderts eine Industrie formiert, deren wachsender Bedarf an neu gezeichneten Comics und standardisierte Produktionsabläufe mit der Entstehung von Genres in Verbindung gebracht werden kann. Am Beispiel des Western zeigt sich dabei, welche Rolle die spezifische Medialität der Comics für deren Beitrag im Kontext eines Genres spielt: *Comic books* um maskierte Helden wie den Lone Ranger können als Bestätigung des Western, seiner Ikonographie, seines Mythos der Grenzüberschreitung und des Westernhelden gelesen werden. Wenn dabei zugleich mit der Figur des Westerners und seiner Bewegung zwei Momente des Westernmythos als Ergebnis von Wiederholungen bzw. als Projektion reflektiert werden können, so hängt dies eng mit dem medienspezifischen Umstand zusammen, dass sich die *Lone Ranger*-Comics aus Folgen unbewegter Einzelbilder zusammensetzen.

Unter diesen medialen Bedingungen des Comics entsteht mit den Superhelden in den *comic books* ein Genre, das sich kaum anhand von invarianten Merkmalen als geschlossene Kategorie bestimmen lässt. Schon die ästhetischen Wiederholungen des einzelnen Superhelden in differenten Konstellationen auf den Comicheft-Seiten konstituieren diesen als Vielheit. Eine Differenz prägt auch das Verhältnis von Superhelden wie Superman und Batman, die sich zwar in zahlreichen Eigenschaften ähneln, zugleich aber durchaus unterschiedlichen Genrekontexten zugeordnet worden sind. Unterschiede lassen sich schließlich auch zwischen den Erscheinungsformen des Superhelden im Comic und zahlreichen anderen Medien beschreiben, die wiederum mit unterschiedlichen Genrezusammenhängen in Verbindung gebracht werden. Im Ergebnis steht das Superheldengenre – in den *comic books* sowie darüber hinaus in einem intermedialen Zusammenhang – der Annahme exklusiver Genrekategorien entgegen. Während Roberta E. Pearson und William Uricchio zu Beginn der 1990er-Jahre in dieser Pluralität des Superhelden eine potenzielle Bedrohung für dessen Kohärenz – und damit für seinen kommerziellen Erfolg (1991: 184) – erkannten, sieht Jenkins im Jahr 2007 gerade in dem Potenzial des Superheldengenres, letztlich jede andere Genrekategorie absorbieren zu können, die Ursache für dessen anhaltende Dominanz (2007a).

Wenn Superhelden aufgrund dieses Potenzials nicht nur als Synonym für die *comic books* gelten, sondern auch für das Medium insgesamt als „starker interner Bezugspunkt[,] von dem aus sich das Comic-Feld strukturiert" (Anhut/Ditschke 2009: 131), wirksam sind, können sie im Rahmen genretheoretischer bzw. genreanalytischer Auseinandersetzungen mit Comics kaum ignoriert werden. Dabei wären Superhelden als Genre weniger auf inhaltlich-strukturelle Invarianz hin zu untersuchen denn auf ihre jeweiligen Erscheinungsformen in konkreten historischen Kontexten, die immer auch mit zahlreichen anderen Genretraditionen verknüpft und durch die letzteren geprägt werden. Bei der Beschreibung dieser weiteren Genres und ihrer Entwicklungen im Medium Comic sind dann gleichermaßen Verfahren der Übernahme und Abgrenzung zu berücksichtigen, die sich gegenüber dem Superheldengenre, aber auch im Verhältnis zu anderen Genrekategorien ergeben können. Aus der hier verfolgten intermedialen Perspektive wären insbesondere solche Genres weitergehend zu untersuchen, deren Erscheinungsformen in den Comics sich zu jenen in anderen Medien ins Verhältnis setzen lassen: Unter welchen spezifischen sozialen, ökonomischen und medialen Bedingungen entwickeln sich Horror-, Kriminal-, Kriegs-, Science-Fiction- oder Liebesgeschichten in den Comics? In welchem Verhältnis stehen sie dabei zu den Aktualisierungen dieser Genres in anderen Medien wie Film, Radio, Fernsehen oder populärer Literatur? Welche Wechselbeziehungen zwischen den unterschiedlichen Medien lassen sich dabei beschreiben? Diese Fragen ließen sich bei einer Analyse von Comicgenres, die deren intermediale Dimension berücksichtigt, weitergehend verfolgen. Wie sich hier anhand der Western- und Superheldencomics gezeigt hat, ist Genre dabei stets auch intermedial im Sinne einer Form zu verstehen, in der ein „mediales

Differential figuriert" (Paech 1998: 25). D.h. die Auseinandersetzung mit Genre als einer Kategorie des Intermedialen, welche Medien in ihrer Differenz zueinander in Beziehung setzt, lässt Rückschlüsse auf die jeweiligen Spezifika dieser Medien selbst zu.

Medienverzeichnis

The Adventures of Superman (USA 1940-1951, WOR/ABC/MBS, Hörspielreihe)
Batman (USA 1966-1968, 20th Century Fox Television/ABC, TV-Serie)
BATMAN (USA 1943, Regie: Lambert Hillyer)
BATMAN (USA 1989, Regie: Tim Burton)
BATMAN BEGINS (USA 2005, Regie: Christopher Nolan)
Hamilton, Edmond/Klein, George/Swan, Kurt (2008): „The Composite Superman". In: *Showcase Presents World's Finest* Nr.2, S 445-462.
Cowboy Comics (Centaur Comics, 1938)
Detective Comics (National Allied Publishing/DC Comics, 1937-)
Detective Picture Stories (Comics Magazine Company, 1936-1937)
Famous Funnies (Eastern Color Printing Company, 1934-1955)
The Funnies (Dell Comics, 1929ff.)
Howarth, Franklin Morris (1899): *Funny Folks*. New York: E.P. Dutton.
THE GREAT TRAIN ROBBERY (USA 1903, Regie: Edwin S. Porter)
The Kents (DC Comics, 1997-1998)
THE LONE RANGER (USA 1938, Regie: John English/William Whitney)
o.A. (1951): „Disputed Territory". In: *The Lone Ranger* Nr. 39, o.S.
The Lone Ranger (USA 1933-1954, WYXZ/MBS/ABC, Hörspielreihe)
The Lone Ranger (Dell Comics, 1948-1962)
The Lone Ranger (Dynamite Entertainment, 2006-)
Lois & Clark: The New Adventures of Superman (USA 1993-1997, Warner Bros. Television/ABC, TV-Serie)
Red Ryder Comics (Hawley Publications/Hi-Spot Comics/Dell Comics, 1940-1957)
Star Ranger (Centaur Comics, 1937-1938)
Smallville (USA 2001-2011, Warner Bros. Television/CW Television Network, TV-Serie)
Siegel, Jerry/Schuster, Joe (2006): „Superman's Phony Manager". In: *The Superman Chronicles* Nr. 1, S. 69-82.
Western Action Thrillers (Dell Comics, 1937)
Western Picture Stories (Comics Magazine Company, 1937)

Literaturverzeichnis

Altman, Rick (1999): *Film/Genre*. London: British Film Institute.
Anhut, Anjin/Ditschke, Stephan (2009): „Menschliches, Übermenschliches. Zur narrativen Struktur von Superheldencomics". In: Ditschke, Stephan/Kroucheva, Katerina/Stein, Daniel (Hgg): *Comics. Zur Geschichte und Theorie eines populärkulturellen Mediums*. Bielefeld: transcript, S. 131-178.
Barthes, Roland (2010): *Mythen des Alltags*. Aus dem Französischen von Horst Brühmann. Berlin: Suhrkamp.
Bazin, André (2004): „Der Western oder: Das amerikanische Kino par excellence". In: Ders.: *Was ist Kino?* Hrsg. von Robert Fischer. Aus dem Französischen von Robert Fischer und Anna Düpee. Berlin: Alexander Verlag, S. 255-266.
Becker, Thomas (2011): „Einführung. Legitimität des Comics zwischen interkulturellen und intermedialen Transfers". In: Ders. (Hg.): *Comic. Intermedialität und Legitimität eines popkulturellen Mediums*. Essen/Bochum: Christian A. Bachmann, S. 7-19.
Benton, Mike (1989): *The Comic Book in America. An Illustrated History*. Dallas: Taylor Publishing Company.
Boichel, Bill (1991): „Batman: Commodity as Myth". In: Pearson, Roberta E./Uricchio, William (Hgg.): *The Many Lives of the Batman. Critical Approaches to a Superhero and his Media*. London/New York: Routledge, S. 4-17.
Bolter, Jay David/Grusin, Richard (2000): *Remediation. Understanding New Media*. Cambridge/London: MIT Press.
Bordwell, David (1985): „The Bounds of Difference". In: Bordwell, David/Staiger, Janet/Thompson, Kristin (Hgg.): *The Classical Hollywood Cinema. Film Style & Mode of Production to 1960*. New York: Columbia University Press, S. 70-84.
Brooker, Will (2001): *Batman Unmasked. Analyzing a Cultural Icon*. New York/London: Continuum.
Christiansen, Hans-Christian/Magnussen, Anne (2000): „Introduction". In: Dies. (Hgg.): *Comics and Culture. Analytical and Theoretical Approaches to Comics*. Kopenhagen: Museum Tusculanum Press, S. 7-25.
Coogan, Peter (2006): *Superhero: The Secret Origin of a Genre*. Austin: MonkeyBrain Books.
Dammann, Günter (1997): „Sind Comics ein Medium?" In: *ZMM news*, SoSe 1997, S. 15-17.
Daniels, Les (1998): *Superman. The Complete History. The Life and Times of the Man of Steel*. San Francisco: Chronicle Books.
Deleuze, Gilles (1992): *Differenz und Wiederholung*. Aus dem Französischen von Joseph Vogl. München: Fink.
Deleuze, Gilles (1997): *Das Bewegungs-Bild. Kino I*. Übersetzt von Ulrich Christians und Ulrike Bokelmann, Frankfurt a.M.: Suhrkamp.
Denison, Rayna (2007): „It's a Bird! It's a Plane! No, It's DVD! Superman, Smallville, and the Production (of) Melodrama". In: Gordon, Ian/Jancovich, Mark/McAllister, Matthew P. (Hgg.): *Film and Comic Books*. Jackson: University of Mississippi Press, S. 160-179.
Derrida, Jacques (1980): „The Law of Genre". In: *Critical Inquiry* 7. 1, S 55-81.
Ditschke, Stephan/Kroucheva, Katerina/Stein, Daniel (2009): „Birth of a Notion. Comics als populärkulturelles Medium". In: Dies. (Hgg.): *Comics. Zur Geschichte und Theorie eines populärkulturellen Mediums*. Bielefeld: transcript, S. 7-27.
Drux, Rudolf (2009): „Tropus". In: Ueding, Gert (Hg.): *Historisches Wörterbuch der Rhetorik*. Darmstadt: WBG, S. 809-830.

Eco, Umberto (1986): „Der Mythos von Superman". In: Ders.: *Apokalyptiker und Integrierte. Zur kritischen Kritik der Massenkultur*. Frankfurt a.M.: Fischer.
Eder, Barbara/Klar, Elisabeth/Reichert, Ramón (2011): „Einführung". In: Dies. (Hgg.): *Theorien des Comics. Ein Reader*. Bielefeld: transcript, S. 9-24.
Frahm, Ole (2010): *Die Sprache des Comics*. Hamburg: Philo Fine Arts.
Friedrich, Andreas (2007): „Der Amerikanische Traum und sein Schatten". In: Ders./Rauscher, Andreas (Hgg.): *Superhelden zwischen Comic und Film*. München: edition text + kritik, S. 23-50.
Fuchs, Wolfgang J./Reitberger, Reinhold C. (1971): *Comics. Anatomie eines Massenmediums*. München: Heinz Moos Verlag.
Gordon, Ian (1998): *Comic Strips and Consumer Culture, 1890-1945*. London/Washington: Smithsonian Institution Press.
Grob, Norbert/Kiefer, Bernd (2003): „Einleitung". In: Dies. (Hgg.): *Filmgenres. Western*. Stuttgart: Reclam, S. 12-40.
Hamilton/Klein/Swan (2008): siehe Medienverzeichnis.
Harvey, Robert C. (1996): *The Art of the Comic Book. An Aesthetic History*. Jackson: University Press of Mississippi.
Hausmanninger, Thomas (1989): *Superman. Eine Comic-Serie und ihr Ethos*. Frankfurt a.M.: Suhrkamp.
Heer, Jeet/Worcester, Kent (2009): „The Impossible Definition". In: Dies. (Hgg.): *A Comics Studies Reader*. Jackson: University of Mississippi Press, S. xi-xv.
Hickethier, Knut (2002): „Genretheorie und Genreanalyse". In: Felix, Jürgen (Hg.): *Moderne Film Theorie*. Mainz: Bender, S. 62-96.
Horn, Maurice (1977): *Comics of the American West*. New York: Winchester Press.
Janssen, Otto (1990): „Once Upon a Time in the West. Die europäischen Western-Epen". In: Knigge, Andreas C. (Hg.): *Comic Jahrbuch 1990*. Hamburg: Carlsen, S. 51-64.
Jenkins, Henry (2007a): „Just Men in Capes? (Part One)". *Confessions of an Aca-Fan. The Official Weblog of Henry Jenkins*. [http://www.henryjenkins.org/2007/03/just_men_in_capes.html]. Zugriff: 15.02.2013.
Jenkins, Henry (2007b): „Just Men in Capes? (Part Two)". *Confessions of an Aca-Fan. The Official Weblog of Henry Jenkins*. [http://henryjenkins.org/2007/03/just_men_in_tights_part_two.html]. Zugriff: 15.02.2013.
Jenkins, Henry/Spiegel, Lynn (1991): „Same Bat Channel, Different Bat Times: Mass Culture and Popular Memory". In: Pearson, Roberta E./Uricchio, William (Hgg.): *The Many Lives of the Batman. Critical Approaches to a Superhero and his Media*. London/New York: Routledge, S. 117-148.
Knigge, Andreas C. (1990): „Der Western. Geschichte, Mythologie und Kunst eines Genres". In: Ders. (Hg.): *Comic Jahrbuch 1990*. Hamburg: Carlsen, S. 8-21.
Krafft, Ulrich (1978): *Comics lesen. Untersuchungen zur Textualität von Comics*. Stuttgart: Klett-Cotta.
Lausberg, Heinrich (2008): *Handbuch der literarischen Rhetorik. Eine Grundlegung der Literaturwissenschaft*. Stuttgart: Franz Steiner.
Lupoff, Richard A./Thompson, Don (1997): „Introduction". In: Dies. (Hgg.): *All in Color for a Dime*. Iola: Krause Publications, S. 11-17.
McCloud, Scott (1994): *Understanding Comics. The Invisible Art*. New York: HarperCollins.
Medhurst, Andy (1991): „Batman, Deviance and Camp". In: Pearson, Roberta E./Uricchio, William (Hgg.): *The Many Lives of the Batman. Critical Approaches to a Superhero and his Media*. London/New York: Routledge.
Neale, Steve (1990): „Questions of Genre". In: *Screen* 31. 1, S. 45-66.

Neale, Steve (2000): *Genre and Hollywood*. London/New York: Routledge.
Paech, Joachim (1998): „Intermedialität. Mediales Differential und transfigurative Formen". In: Helbig, Jörg (Hg.): *Intermedialität. Theorie und Praxis eines interdisziplinären Forschungsgebiets*. Berlin: Erich Schmidt, S. 14-30.
Panofsky, Erwin (1975): *Sinn und Deutung in der bildenden Kunst (Meaning in the Visual Arts)*. Aus dem Englischen von Wilhelm Höck. Köln: M. DuMont Schauberg.
Pearson, Roberta E./Uricchio, William (1991): „I'm Not Fooled By That Cheap Disguise". In: Dies. (Hgg.): *The Many Lives of the Batman. Critical Approaches to a Superhero and his Media*. London/New York: Routledge.
Rajewsky, Irina O. (2008): „Intermedialität und *remediation*. Überlegungen zu einigen Problemfeldern der jüngeren Intermedialitätsforschung". In: Paech, Joachim/Schröter, Jens (Hgg.): *Intermedialität analog/digital. Theorien – Methoden – Analysen*. München: Fink, S. 47-60.
Rebhandl, Bert (2007): „Alte Rassen. Der Western als kollektives Übergangsobjekt". In: Ders. (Hg.): *Western: Genre und Geschichte*. Wien: Zsolnay.
Reynolds, Richard (1992): *Super Heroes. A Modern Mythology*. Jackson: University Press of Mississippi.
Savage, William W. (1990): *Comic Books and America, 1945-1954*. Norman/London: University of Oklahoma Press.
Schatz, Thomas (1981): *Hollywood Genres: Formulas, Filmmaking, and the Studio System*. Boston u.a.: McGraw-Hill.
Schüwer, Martin (2008): *Wie Comics erzählen. Grundriss einer intermedialen Erzähltheorie der grafischen Literatur*. Trier: WVT.
Scott, Randall W. (2007): „European Western Comics: A Kind of Round-Up". In: *International Journal of Comic Art* 9. 2, S. 413-424.
Seeßlen, Georg (1980): „Zur Struktur des Western". In: Ders./Roloff, Bernard/Taube, Wolfgang (Hgg.): *Die Kunst des Western*. Schondorf/Ammersee: B. Roloff Verlag, S. 7-18.
Seeßlen, Georg (2002): „Gerahmter Raum – Gezeichnete Zeit". In: Hein, Michael/Hüners, Michael/Michaelsen, Torsten (Hgg.): *Die Ästhetik des Comic*. Berlin: Erich Schmidt, S. 71-89.
Seeßlen, Georg (2011): *Filmwissen: Western. Grundlagen des populären Films*. Marburg: Schüren.
Siegel/Schuster (2006): siehe Medienverzeichnis.
Sontag, Susan (2009): „Notes on ‚Camp'". In: Dies.: *Against Interpretation and Other Essays*. London u.a.: Penguin Books, S. 275-292.
Steranko, James (1972): *The Steranko History of Comics, Vol. 2*. Reading: Supergraphics.
Strub, Christian (2004): „Ordo troporum naturalis. Zur Systematisierung der Tropen". In: Fohrmann, Jürgen (Hg.): *Rhetorik. Figuration und Performanz*. Stuttgart/Weimar: Metzler, S. 7-38.
Wandtke, Terrence R. (2007): „Introduction: Once Upon a Time Once Again". In: Ders. (Hg.): *The Amazing Transforming Superhero! Essays on the Revision of Characters in Comic Books, Film and Television*. Jefferson/London: McFarland, S. 5-32.
Warshow, Robert (2001): *The Immediate Experience. Movies, Comics, Theatre & Other Apsects of Popular Culture*. Cambridge/London: Harvard University Press.
Wiener, Oswald (1970): „der geist der superhelden". In: Zimmermann, Hans D. (Hg.): *Comic Strips. Vom Geist der Superhelden*. Berlin: Gebr. Mann, S. 93-101.
Wittgenstein, Ludwig (2003): *Philosophische Untersuchungen*. Frankfurt a.M.: Suhrkamp.
Wright, Bradford W. (2001): *Comic Book Nation. The Transformation of Youth Culture in America*. Baltimore/London: The John Hopkins University Press.